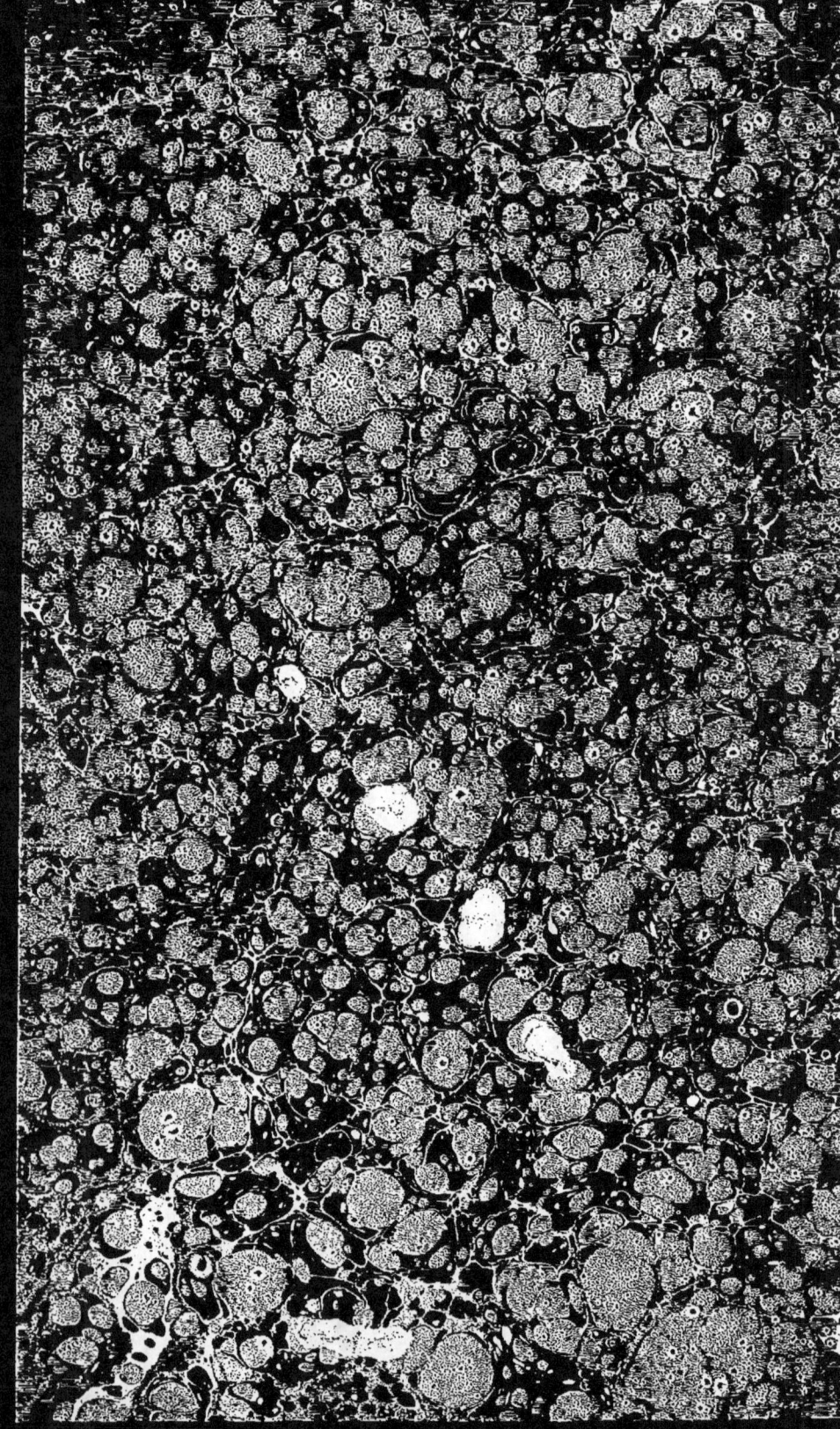

# L'EUROPE

PENDANT

## LE CONSULAT ET L'EMPIRE

### DE NAPOLÉON.

PARIS. — IMPRIMERIE D'AMÉDÉE GRATIOT ET Cⁱᵉ,
11, rue de la Monnaie.

# L'EUROPE

PENDANT LE CONSULAT ET L'EMPIRE

DE

# NAPOLÉON

PAR

## M. CAPEFIGUE

Tome Neuvième.

## PARIS

PITOIS-LEVRAULT ET C<sup>ie</sup>, RUE DE LA HARPE, 81.

A l'Étranger

| | |
|---|---|
| Dulau et C<sup>ie</sup>, à Londres. | Zeelt, à Amsterdam. |
| Rohrmann et Schweigerd, à Vienne. | Bellizard et C<sup>ie</sup>, à Saint-Pétersbourg. |
| Al. Duncker, à Berlin. | Jugel, à Francfort-sur-le-Mein. |
| Bocca, à Turin. | Brockhaus, à Leipzig. |
| Dumolard et fils, à Milan. | Artaria et Fontaine, à Mannheim. |

**1840.**

# LETTRE

SUR

## LA DÉCADENCE ET LA RUINE

### DE L'EMPIRE

(1812-1814).

---

Un spectacle lamentable est celui d'une œuvre qui grandit et tombe dans le court espace de quelques années. L'homme consacre souvent sa vie à une destinée, puis il la voit tout à coup s'évanouir; ce qu'il a créé disparaît à la première tempête, et autour de lui d'amères déceptions viennent lui apprendre la fragilité de ses desseins.

Ainsi se présente la grande chronique de l'Empereur Napoléon; jamais ruine plus rapide; il vient d'établir le pouvoir, et avec le pouvoir un Empire qui s'étend de Hambourg aux bouches du Cattaro; plein de vastes pensées, le front brisé de travaux, il fonde un système fédératif qui comprend l'Allemagne, le Danemarck, l'Italie, l'Espagne : son influence s'exerce à Berlin, à Vienne, à Copenhague, à Stockholm, en Suisse même dont il se proclame le médiateur souverain. A l'intérieur une administration uniforme, une armée de 700,000 hommes, des préfets obéissants, une population soumise; aucune institution qui puisse prétendre au partage de l'autorité; sa volonté c'est le pouvoir; le pouvoir, réduit à des chiffres, se résume dans la conscription et l'impôt.

Comment se fait-il que ces éléments de force si largement organisés s'évanouissent à la première grande crise? quelle cause rapide et profonde a pu entraîner la chute de ce vaste tout élevé avec tant de labeurs et de peines, et cela dans l'espace de dix-huit mois? Au commencement de 1812, la puissance de Napoléon est dans toute sa splendeur; il dispose de la plus belle armée du monde, ses alliés sont à ses pieds, les peuples dans l'admiration de sa force et de son génie; et, le 1$^{er}$ avril 1814, la ruine de l'Empire français est entièrement consommée! il tombe en poussière, il s'éparpille sans laisser trace; Napoléon est obligé de signer son abdication, ou, pour parler plus exactement, la France l'abdique, lui le grand et le fort. L'Europe marchait avec nous, elle est maintenant contre nous ; une sorte de *hourra* de peuples s'est élevé contre le dictateur qui naguère couronné de lauriers promenait sa puissance au milieu de mille nations.

Pour la foule, cette chute de l'œuvre immense tient à une seule cause, la campagne de Moscou ; si l'Empire français est tombé, c'est qu'une armée s'est perdue sous les glaces de la Russie; Moscou a enseveli sous les neiges le pouvoir de Napoléon. Oui sans doute, si l'on examine la cause immédiate, extérieure; la ruine d'un système se révèle toujours d'une manière violente; mais si la catastrophe couronne un événement, elle ne ne le fait pas naître ; il y a un long travail, une action sourde, continue, un mobile intérieur qui affaiblit et use un principe avant qu'il ne croule ; quand le ver a rongé la sève de l'arbre, la tempête l'emporte à la première rafale. Après la campagne de Moscou on a vu décroître et tomber l'Empire français, d'où l'on a conclu que ce qui était si fort avait été ruiné par ce fatal désastre.

Ici est l'erreur. A examiner de près cet Empire, à voir ce vaste ensemble diffus et mal joint, on doit juger qu'il ne pouvait se maintenir longtemps que d'une manière violente, par des efforts extraordinaires, et que cette violence en excitant des guerres, en multipliant les périls, devait naturellement préparer la décadence plus ou moins rapide du pouvoir de Napoléon. L'Empire français était un amalgame d'États maintenus violemment par une dictature militaire, plutôt qu'une monarchie dont les parties auraient dû se lier entre elles et marcher par leur propre impulsion; mille intérêts divers s'y pressaient et luttaient entre eux : quels rapports pouvait il exister entre les villes anséatiques, la Hollande, la Catalogne et l'Italie ? On s'imaginait à Paris qu'envoyer un préfet, des administrateurs français, les lois du Code civil, c'était conquérir à la France ces territoires lointains si opposés à ses mœurs; la crainte pouvait commander l'obéissance, et la gloire entraîner l'admiration; mais il n'y avait rien de fort, de solide dans le contrat moral passé entre les conquérants et les peuples conquis, rien en un mot de ce qui assure la permanence et la durée des systèmes. Que devait-il arriver nécessairement ? l'Empire était destiné à une ruine, si ce n'est pendant la vie de Napoléon, au moins à sa mort plus ou moins éloignée. Comme après Alexandre, comme à la chute des Carlovingiens, les provinces devaient se séparer sous la main des lieutenants ou des feudataires; à la première crise, les peuples devaient courir d'eux-mêmes à leur indépendance et à leur nationalité, à leur intérêt surtout que le système continental ployait si fatalement sous les lois inflexibles de l'idée prohibitive. Dans ce vaste horizon on voulait au moins conquérir la faculté de respirer.

Et c'est ce qui explique, indépendamment des faits militaires, les événements politiques des trois grandes années diplomatiques de l'Europe, 1812, 1813, 1814. Voyez d'abord l'aspect que présente la campagne de Moscou : quand Napoléon marche vers la Russie, il conduit des masses confuses, disparates, réunies contre leurs propres intérêts : les Prussiens, les Autrichiens s'avancent à contre-cœur, guidés par le génie superbe qui fait violence à leur histoire. Après le premier revers, cette fantasmagorie disparaît, chaque peuple revient à lui-même, chaque homme à son pays, chaque soldat à son drapeau ; et ce qui fut alors appelé défection n'était en réalité que le retour simple et naturel de chacun à sa nationalité primitive. On parle souvent de trahison ; c'est l'explication facile, commode, qu'on donne à toutes les chutes ; on ne tient pas assez de compte des causes, des idées ou des systèmes qui se trahissent eux-mêmes. Et voilà pourquoi le soulèvement contre l'œuvre de Napoléon fut si rapide, si puissant ! L'insurrection commença aux extrémités de l'Empire, en Hollande, dans les villes anséatiques, en Italie, en Espagne ; partout l'étendard se leva sans effort; le mot de guerre fut prononcé avec enthousiasme; ce ne furent pas les armées, mais l'Europe entière qui voulut briser l'épée du superbe dictateur.

Depuis les croisades, rien de plus homérique que ce soulèvement de peuples, rien de plus extraordinaire que ces myriades d'hommes qui, partis des extrémités du pôle, des murailles de la Chine, de Cadix ou de la Calédonie, se donnèrent rendez-vous à Paris. Ce vaste mouvement, il faut lui rendre sa mesure réelle et le restituer à l'histoire impartiale, afin de détruire les préjugés que les biographes de Napoléon ont pu jeter sur un tel drame; autrement on ne s'expliquerait jamais ce phénomène d'un empire si grand qui croule en dix-huit mois. C'est qu'il s'agit d'une guerre des peuples se relevant contre celui qui avait courbé le monde sous sa main rude et glorieuse.

L'espace qu'embrasse ce nouveau récit n'est pas très étendu : il parcourt deux ans à peine; je prends l'Empire quelques mois avant la campagne de Moscou, et, passant à travers tous les événements militaires, je cherche à expliquer par les tendances des sociétés, les ruines que je dois décrire. L'esprit de ce livre peut maintenant bien se comprendre et s'apprécier nettement; ce n'est ni une biographie militaire de Napoléon, ni l'histoire exclusive de l'Empire ; c'est la chronique de l'Europe, des peuples, des cabinets et des rois qui se groupent autour de cette image colossale. Cette appréciation comparée des faits peut seule nous mettre sur la voie du grand mystère de cette chute rapide ; il a fallu dire l'esprit et les tendances des nationalités germanique, slave, espagnole, leur énergie, leur force de répulsion ; car l'esprit d'insurrection fut le mobile actif de la résistance contre l'Empire, et ceci explique l'arrivée de Moreau sur le continent, le sens et le but des livres et des pamphlets de madame de Staël ou de Benjamin Constant, au nom de l'Europe. Ce furent les hommes proscrits au 18 brumaire, les ennemis du Consul et de l'Empereur, qui parurent sur la scène pour assister à sa ruine. Tout se lie et s'unit à cette époque, et la conspiration Malet elle-même se reproduit en 1814 ; son sénatus-consulte de déchéance sert de base et de pivot aux actes du Sénat qui en finissent avec le pouvoir de Napoléon : ce ne fut pas le parti royaliste qui brisa cette impériale couronne sur le front du dictateur ; le mouvement de cette époque fut plus républicain que bourbonien ; M. de Talleyrand put jouer le Sénat à la première restauration, comme Fouché joua la Chambre des représentants dans les Cent-Jours ; mais on ne doit pas omettre que l'auteur du sénatus-consulte de la déchéance est l'abbé Grégoire, et le rédacteur des motifs M. Lambrecht, tous deux ardents conventionnels.

Cette puissance des faits démocratiques, parfaitement bien appréciée par les hommes d'État qui conduisaient alors les cabinets, fit la grandeur de leur système et l'habileté de leur diplomatie; lord Castlereagh pour l'Angleterre, le comte de Nesselrode pour la Russie, M. de Metternich pour l'Autriche, et le baron de Hardenberg pour la Prusse comprirent ce qu'ils puiseraient de ressources, de force et de grandeur dans l'énergique attitude des peuples et des nationalités. La poétique histoire des sociétés secrètes en Allemagne, les chants de guerre des étudiants, les mystérieuses affiliations des universités, expliquent en partie le sens véritable, la portée considérable de la guerre de 1813; sans cela tout reste dans le chaos, rien n'apparaît, rien ne se justifie. Action et réaction, voilà le monde. Napoléon a refoulé les peuples, les peuples à leur tour refoulent l'Empereur. C'est Charlemagne qui rejette les Saxons jusque dans le Jutland; puis les Normands qui viennent ravager l'Empire sous Charles-le-Chauve. Au x$^e$ siècle la chrétienté s'ébranla pour conquérir le sépulcre du Christ; en 1815, ce fut pour conquérir leur nationalité que les peuples prirent les armes avec un enthousiasme que rien ne put comprimer.

En partant de ces idées il est plus facile de pénétrer dans les événements qui préparèrent la chute du pouvoir impérial et de juger les hommes avec une impartialité indépendante des passions et des intérêts du jour; à côté des actions il y a des entraînements, et à côté des entraînements des causes puissantes qui agissent sur l'esprit des peuples, et ne laissent plus aucune liberté; quand une cause tombe, elle a l'orgueil d'attribuer sa ruine à un fait ou à un homme qui l'a perdue. Les masses prennent toujours quelqu'un qu'elles sacrifient à leur idée d'humiliation et de défaite : elles veulent qu'il y ait des traîtres, parce que chez elles tout se résume en drame; les chroniques du moyen âge, à côté du fidèle archevêque de Turpin, ont placé le traître Ganelon de Mayence. Cela est vieux comme le monde. Ainsi quand je raconte l'apparition de Moreau et de Bernadotte dans les armées alliées, quand j'ai à discuter les actes du maréchal Marmont, je le fais en dehors de ces préventions étroites que l'école spécialement impérialiste a jetées dans les mémoires; j'ose croire que les esprits graves ajoutent peu de foi aujourd'hui aux compilations de Sainte-Hélène, à ces témoignages qui n'ont pour garantie que le souvenir de quelques hommes; l'ombre de Napoléon doit souvent protester contre les petites idées et les passions étroites qu'on lui prête.

Et moi aussi je comprends tout ce que la fidélité à Napoléon avait de beau et de noble, tout ce que son génie pouvait exercer de prestige sur les imaginations et les âmes. Rester à ses pieds était encore un beau rôle; mais aux époques de 1813 et 1814, au moment où la France épuisée d'hommes, sans liberté, sans commerce, cherchait une situation meilleure, quoi d'étonnant que des patriotes aient pu examiner si les Carbonari d'Italie, les sociétés secrètes d'Allemagne, les Cortès espagnoles n'avaient pas le droit de désirer un peu plus de liberté pour leur patrie ? Napoléon pouvait travailler à la grandeur de la France ; il fallait aussi songer à sa liberté et à sa prospérité. Qu'est-il arrivé de cet éloignement trop absolu du génie de Napoléon pour les causes de la prospérité et de l'indépendance des peuples ? c'est que l'Empire passa vite. On est ébloui de ce qui est brillant, on n'est satisfait que de ce qui est utile. Certes, un mouvement d'orgueil nous porte souvent à contempler cette belle période de l'Empire; nous la voyons avec le même intérêt que nous inspirent les cirques de Rome et la colonne Trajane. L'Empire a laissé de vastes traces à étudier et admirer, mais peu d'exemples à suivre ; c'est un beau livre, brillant d'escarboucles et d'émeraudes, mais court, rapide, et qu'on laisse enveloppé dans le riche velours de sa couverture pour le consulter quelquefois et le refermer aussitôt.

L'Empire fut l'expression de la guerre et de la conquête aboutissant à une vaste domination française imposée par la victoire; Napoléon y consacra sa vie, il s'usa à l'œuvre. Depuis, d'autres temps sont venus, d'autres idées ont surgi! J'écris ces lignes sur le champ de bataille de Leipsick, là où se donna *le combat des Nations ;* dans cette plaine ensanglantée il y a vingt-sept ans, se développe aujourd'hui un magnifique chemin de fer qui conduit de Leipsick à Dresde, et la multitude salue les prodiges de la vapeur et les merveilles de ces mille chars qui parcourent les larges rails; la paix a donc aussi ses travaux : à chaque âge sa tâche, à chaque génération ses efforts.

Cette tendance des idées prépare un avenir immense à la civilisation; ceux qui ont parcouru les plus belles contrées de l'Europe savent aujourd'hui qu'en Russie, en Allemagne, en Prusse, en Autriche, en Italie, partout les efforts se dirigent vers la réalisation des progrès de l'industrie. Les chemins de fer unissent les cités, les canaux fertilisent les contrées les plus arides; sur le Rhin, le Danube, des bâtiments à vapeur pavoisés aux mille couleurs transportent des myriades de voyageurs. Il est curieux de voir et de contempler des peuples paisibles et heureux sous les pacifiques lois des gouvernements protecteurs; de fortes études dans les universités, un bon système de crédit, une habile répartition de capitaux, voilà ce qu'on trouve dans l'Allemagne, appelée désormais à de riches et fortes destinées !

Cependant l'idée napoléonienne n'est point morte ! elle fait bouillonner les cœurs ; elle aura ses entraînements d'honneur, sa gloire éblouissante et le prestige de ce qui est grandiose et beau ! La lice des batailles s'ouvrira-t-elle encore ? les nations vont-elles se mesurer de nouveau dans un fatal duel ? la terre d'Allemagne n'est-elle pas assez arrosée à chaque place du noble sang français ? ces pyramides de morts dans le lointain ne rappellent-elles pas assez de gloires et de défaites ? L'étude profonde de l'époque que je décris doit corriger les générations de ces idées de conquête: une des grandes erreurs de l'école exclusivement impérialiste a été de défigurer les véritables caractères d'un temps qui eut sa gloire et ses malheurs. Consultez les vieux souvenirs, parcourez en pèlerin les champs de guerre labourés par la mitraille; tout vous dira que la victoire fut plus d'une fois balancée, et la lutte longue et fatale. Les illusions perdent les causes, et doit-on s'en faire dans l'examen calme des événements politiques ? Une nation qui s'exagère sa force dans les luttes du monde est destinée aux grands désabusements, je n'ose dire à de grands malheurs.

Ces deux volumes contiennent de nombreux documents ; ils portent principalement sur l'histoire diplomatique de 1813 et de 1814. J'ai mis de l'importance à suivre et à expliquer toutes les négociations entamées dans cette période, et spécialement les congrès de Prague et de Châtillon. J'ai recouru aux sources authentiques des cabinets, pour étudier et justifier chaque fait ; j'ai vu et touché autant qu'il était en moi les hommes politiques de l'Europe, parce que seuls ils peuvent dominer les opinions vulgaires et corriger les jugements puérils. Il faut attribuer en grande partie à cette ignorance historique du passé les erreurs politiques du temps actuel ; quand on vit dans de fausses idées sur les hommes et les événements, comment apprécier la tendance et le but des négociations modernes ?

Tous les récits des batailles, faits jusqu'ici sur les bulletins de Napoléon, ont été comme les plates copies de ces merveilleuses dictées si claires, si élevées, mais souvent aussi pleines de passions et d'injures contre les hommes d'État et les gouvernements ennemis ; faute grave dans cette haute vie de Napoléon que ces injures qu'il jeta aux souverains et à la diplomatie ; quand les malheurs vinrent (hélas ! ils furent grands), on s'en souvint ; il avait trop souvent abusé de la victoire et de sa supériorité intellectuelle ; ces choses-là ne se pardonnent pas.

L'administration politique de l'Empereur a été également recueillie sur les pièces authentiques et secrètes ; le temps est passé des histoires écrites sur *le Moniteur* ; cela est bon pour populariser quelques pamphlets sur la révolution française et les banalités contemporaines ; mais quand on touche le positif des transactions, il faut être plus sérieux et plus grave. Si les affaires du présent aboutissent souvent à des résultats fâcheux, c'est que l'histoire du passé est mal connue ; on se trompe, je le répète, sur le caractère des hommes politiques et sur la puissance des faits, sur la balance des événements et des intérêts ; comment dès lors négocier habilement et avec efficacité ?

Le mouvement de 1813 qui determina le soulèvement des peuples est principalement germanique ; c'est de l'Allemagne que part l'enthousiasme, c'est elle qui entonne les chants d'Arndt et de Kœrner, ou qui apprend du stoïcisme philosophique de Fichte le devoir de mourir pour la patrie. Les universités, les professeurs marchent bannières levées ; ils paraissent comme de fiers hommes aux batailles de Dresde et de Leipsick. C'est en Allemagne donc qu'il faut étudier la cause et l'esprit de cette lutte. A Dresde, voici les portes historiques par lesquelles Napoléon s'élança sur les alliés dans les deux admirables journées du mois d'août pour briser le vaste cercle d'acier de la coalition. Voici Leipsick et le terrain de la grande *bataille des Nations* ; à droite s'étendent, comme une chaîne de verdure, les collines de Wachau, où se fit entendre le canon de la première journée ; elles sont là telles que la création les y a jetées ! les hommes sont tombés, mais la nature vit, robuste, et se nourrit de la mort. A gauche serpente la Partha, que défendirent si vaillamment le vieux général Reynier, Ney et Marmont. Un peu au-dessous est l'Elster, qui entoure Leipsick de ses eaux bourbeuses; les marais sont larges et s'étendent au loin. Là est la belle chaussée, sur la route d'Erfurth, où se précipita le dernier des Poniatowsky, noble rejeton des rois de Pologne. Ces eaux sont aujourd'hui bien paisibles, de pauvres paysans allemands les traversent dans leurs batelets ! Un peu plus loin se dessine Lindenau, enlevé à la baïonnette par le général Bertrand pour assurer le passage du grand Empereur.

Triste souvenir ! Le pont de l'Elster est aujourd'hui restauré ; il y a vingt-sept ans dans quelques jours que sa terrible explosion annonça les funérailles de l'armée française ; maintenant des troupeaux le traversent, des jeunes hommes font entendre les chants du soir, si nobles et si saints en Allemagne. Les vieilles chroniques diront un jour, sur les bords du Rhin et de l'Elbe, les légendes de l'Empereur des Français, comme elles ont raconté les faits et gestes de Charlemagne. Mais le passé ne reviendra plus; le blond Germain aux yeux bleus, à la chevelure flottante, ne subira plus la domination des hommes du Midi. L'Allemagne est séparée par les mœurs, les temps et l'histoire de l'idée française sur la Confédération du Rhin; pour l'Allemagne, Napoléon fut un brillant et terrible météore; elle le salue comme tout ce qui est poétique et grand, mais elle ne lui sacrifierait pas son empreinte de peuple. L'arbre antique de la Germanie a vu reverdir son feuillage, et les générations s'abritent sous sa protection séculaire.

Leipsick, octobre 1840.

# L'EUROPE

PENDANT

# LE CONSULAT ET L'EMPIRE

## DE NAPOLÉON.

## CHAPITRE I.

### ESPRIT DE LA SOCIÉTÉ

#### A LA NAISSANCE DU ROI DE ROME.

La cour. — La ville. — Les dignitaires. — L'administration. — L'armée. — La bourgeoisie. — Les propriétaires. — Les commerçants. — Napoléon et le conseil des Manufactures. — Le clergé. — Le concile à Paris. — Délibérations. — Commencement d'inquiétude dans les esprits. — Les plaintes du commerce. — Mauvaise récolte de 1811. — Menace de famine. — Révolte de Caen. — La comète. — Sinistres présages.

Juillet 1811 à Avril 1812.

L'ivresse du peuple fut grande à la naissance de cet enfant que l'Empereur salua le premier du titre de roi de Rome; il semblait que la paix de l'Europe allait se cimenter autour de ce berceau de pourpre et d'or. Napoléon, père de famille, devait concentrer ses affections sur l'héritier de sa dynastie, l'objet de sa tendresse, l'espoir de son ambition. La société avait une tendance à se civiliser; le type exclusivement militaire s'affaiblissait successivement; il y avait une cour brillante, des fêtes, des ballets dansés à la manière de Louis XIV, des présentations, des étiquettes, des petits et grands levers. On passait sa vie sous les gracieux ombrages de Trianon, dans les bois épais de Compiègne ou de Fontainebleau; on étudiait le regard de Napoléon, les moindres désirs de Marie-Louise; on s'occupait des plus petites anecdotes sur le roi de Rome, comme la vieille cour s'amusait des espiégleries d'un dauphin; on aimait à le voir jouer avec son glorieux père, et l'aiglon grandir sous ses vastes ailes; les accès de colère et d'emportement du petit roi, ainsi que l'appelait l'Empereur, ses caprices, tout était remarqué comme des espérances et des grandeurs d'avenir pour la France; on redisait, en mémoire du chant de guerre de Roland, « que cet enfant serait fier et hautain, fort et impétueux, » et Napoléon souriait à l'espérance de voir dans le roi de Rome, le mâle et belliqueux successeur de sa couronne [1].

Les habitudes civiles s'essayaient à la cour; on y remarquait un caractère plus poli, plus compassé. Les salons du Consulat, composés d'aides-de-camp, de généraux à l'uniforme brillant, étaient toujours la tente dans les salons. Les femmes avaient conservé, en bravant les boutades de vertu et les leçons de Bonaparte, quelque chose des mœurs et des habitudes désordonnées du Directoire; c'était de la causerie à coups d'épe-

---

[1] Un témoin oculaire rapporte ainsi les jeux de Napoléon et de son fils; jamais l'Empereur n'oubliait d'appeler son enfant du titre de roi et de sire:

« Napoléon jouait avec lui comme si lui-même avait eu six ans... il prenait le roi de Rome dans ses bras, le faisait sauter en l'air, le remettait à terre, puis l'enlevait encore avec une vivacité qui faisait rire l'enfant jusqu'aux larmes... puis il se mettait avec lui devant une glace et lui faisait des grimaces, ce qui excitait la joie du jeune prince à lui faire faire des cris et des trépignements. Souvent aussi l'enfant pleurait

ron, un sans façon de soldats. A la première époque de l'Empire, avant Iéna et Friedland, l'Empereur était parvenu avec peine à imposer l'étiquette à cette masse confuse d'officiers-généraux qui tous conservaient trop de rudesse pour obéir à des prescriptions souvent puériles; les hommes d'armes préféraient l'empreinte des camps.

Après le mariage avec l'archiduchesse tout dut changer de forme dans la vie publique ou privée; l'Empereur recherchait avec une joie d'enfant toutes les traditions de la vieille cour, et M. de Narbonne fut l'instructeur émérite de ces écoles d'apprentis nobles qui voulaient imiter l'ancien régime et en épeler les beaux airs. M. de Narbonne poussait jusqu'à la puérilité ces façons de grand seigneur et ces manières surannées; il n'avait pas emprunté aux gentilshommes ces grâces faciles, cette tenue de grande maison, qui constituaient la bonne compagnie; il semblait étudier les singularités d'étiquette plutôt que le bon goût, les ridicules plutôt que la forme sérieuse. L'Empereur avait la faiblesse, comme tous les hommes qui n'ont pas vu dès le berceau la grande compagnie, de se laisser dominer par le vieux manuel de civilité; il s'était épris de M. de Narbonne, parce qu'un jour il lui présenta une lettre sur le bout de son chapeau à plumes, formule consacrée sous Louis XIV; l'Empereur le proclama l'homme des nobles façons, le modèle du goût, et M. de Narbonne n'était souvent qu'un peu la caricature de l'an-

---

parce que la plaisanterie avait été trop vive: alors l'Empereur lui disait : — Comment, sire, tu pleures?... Oh! un roi qui pleure! que c'est vilain!... fi... fi... c'est laid! — L'heure à laquelle on le lui menait n'était pas positivement réglée, et ne pouvait pas l'être; cependant celle du déjeuner était particulièrement adoptée; il lui faisait boire du vin de Bordeaux, ou bien trempait son doigt dans le verre et le lui faisait sucer. Quelquefois c'était dans la sauce qu'il trempait son doigt, alors il en barbouillait le visage du jeune prince qui riait de tout son cœur. » (Mémoires contemporains.)

cien régime, le type du vieux marquis de comédie, coureur de bonnes fortunes. La cour avait pour lui de l'engouement, il faisait fureur ; tous les parvenus copiaient sa coiffure à l'oiseau, sa tournure à la Richelieu, sa tenue à la Pompadour, son épée transversale, son habit pailleté ; l'Empereur n'avait de sourire que pour Narbonne, ainsi qu'il aimait à l'appeler dans sa familiarité impériale [1].

Les idées, les formes, les goûts de la vieille monarchie étaient à l'ordre du jour ; les dames ne parlèrent plus que de chevalerie, de noblesse et de galanterie ; comme sous l'ancien régime, on n'était admis dans les salons qu'en toilette de marquis. C'était une éducation curieuse que celle d'une demoiselle qui devait entrer dans le monde : élevée à Ecouen, chez madame Campan, dans les idées de la cour de Marie-Antoinette, elle y apprenait les belles manières, les révérences, les modes et les romances du jour, beaucoup de musique, le piano et la harpe, la danse particulièrement ; elle devait courir une anglaise à perdre haleine, walser une allemande avec des gestes et des contours de bras voluptueusement jetés ; puis la comédie, les rôles bien appris, la toilette, la coquetterie du pied, de la main, et des dents blanches sous des lèvres roses : à peine présentée à la cour, l'Empereur songeait à la marier selon ses idées politiques ; une élève d'Ecouen était toujours destinée à un officier supérieur qui, deux jours après le mariage, partait pour l'armée, en Allemagne, en Illyrie, en Espagne. Voilà donc une pauvre veuve délaissée, son chevalier allant en guerre ; quelle épreuve difficile pour le cœur que ces longues absences ! autour d'elle papillonnaient des essaims

---

[1] M. de Narbonne fut nommé officier d'ordonnance à plus de cinquante ans.

de diplomates et d'auditeurs au conseil d'État : on dansait, on chantait à la harpe, au piano ; on jouait les proverbes, la comédie ; la romance plaintive était en vogue ; qui ne payait tribut à cette rage de larmoyantes paroles ? Plus d'un homme, aujourd'hui bien grave, avait fait sa fortune politique par les romances : on chantait « le jeune et beau Dunois partant pour la Syrie, la châtelaine jolie, le troubadour amoureux [1] ». La jeune Hortense de Beauharnais, pleine de grâce et d'esprit, ne dédaignait point d'orner son diadème des palmes de l'improvisation ; lorsque Isabey ne dirigeait pas le pinceau de la jeune femme, Redouté lui apprenait à peindre les fleurs, et Paër la musique ; admirable triomphe que de bien se poser devant une harpe d'ébène et d'ivoire qui faisait ressortir une taille svelte, un bras bien dessiné ! Époque futile et légère qui a laissé dans des têtes vieillies aujourd'hui des souvenirs ineffaçables ; les ravages du temps, l'aspect des époques plus sérieuses n'ont pas changé la mémoire de ces amours qui brûlent encore sous les cheveux blanchis.

Cette cour de l'Empire, si pleine de légèreté, brillait néanmoins par les services publics ; la foule des fonctionnaires en emplissait le portique ; la plupart des dignitaires étaient vieux ou trop occupés d'affaires d'État pour amuser de jeunes femmes en veuvage de leur époux ; qu'attendre d'un grave sénateur, d'un conseiller d'État, ou d'un magistrat sévère de la cour de cassation ? Que pouvaient-ils, sortes de tabellions et de financiers de l'ancienne comédie, pour cette troupe frivole ? Le rôle de distraire et de faire oublier l'absence était donc réservé aux

---

[1] Ce fut l'époque où les paroles et la musique de toutes les chansons de chevalerie et de troubadours furent composées. Je crois que M. A. de L... en a plusieurs à se reprocher. Le salon de madame Hortense de Beauharnais était l'académie des troubadours.

auditeurs du conseil d'État, petits marquis qui papillonnaient dans la cour nouvelle : les auditeurs, que l'Empereur faisait courir comme des pages à huit cents lieues pour un portefeuille, étaient les gens d'esprit de la cour ; jeunes, aimables, à la tournure élégante, à l'habit bien coupé, ils remplissaient les soirées comme d'infatigables danseurs ; la plupart portaient des noms de familles de distinction, tels que Brignolles, de Chastellux, Vieil-Castel, de Courtivron, de Choiseul, de Latour-Dupin ou Bastard de l'Étang [1] ; quand ils n'étaient pas en service extraordinaire, on les attachait à quelques-unes des branches nombreuses de l'administration publique. Puis ils étonnaient les salons par des prodiges de bel esprit ; beaucoup chantaient parfaitement la romance, comme les élèves de Martin et d'Elleviou ; ils faisaient des vers, des madrigaux ; quelques-uns s'élevaient jusqu'à la tragédie ; or, faire alors une tragédie, c'était le comble du succès, le triomphe pour un poëte ; une tragédie, c'était la fortune. Il n'y a pas une femme de cette époque qui ne se rappelle les charmants auditeurs ou les gracieux chambellans, MM. Delaborde, de Rambuteau, de la Grange, débris de cette époque. Amère déception que de se reporter aux jours de la jeunesse, quand les rides viennent et que les cheveux blanchissent sur les fronts plissés et vieillis.

La bourgeoisie de Paris restait un peu en dehors de cette aristocratie altière et souvent insolente ; il y avait déjà une ligne de démarcation bien tracée ; l'Empereur, avec ses fausses idées sur la banque et le commerce, méprisait les hommes d'argent et de boutiques ; il les traitait comme des spéculateurs qui, dans leurs vues étroites,

---

[1] Les auditeurs se divisaient déjà en service ordinaire et en service extraordinaire ; en 1811, on en comptait plus de 180.

arrêtaient la pensée générale de la société et du gouvernement. La bourgeoisie n'était point heureuse; des impôts accablants l'affaissaient; on la décimait par la conscription; le système continental abîmait chaque jour ses ressources, le silence régnait autour d'elle; la liberté civile lui était à peine garantie; quand elle parvenait à une certaine richesse, Napoléon lui imposait pour gendres ses officiers d'ordonnance : point d'indépendance même sous le toit domestique; un riche manufacturier, un banquier, un propriétaire de somptueux domaines, devaient donner leur fille aux plus intimes serviteurs de Napoléon, qui commandait en maître; la résistance n'était pas possible; sous prétexte de préparer la fusion des intérêts, le croisement des races, l'Empereur s'emparait de la dictature la plus absolue sur les familles [1]. Nul respect pour la propriété, cette base de l'ordre social; un simple décret ordonna que partout où il existait une place de guerre, un fort construit pour les besoins de l'Empire, les possesseurs de la terre seraient soumis aux caprices des préfets, aux prescriptions de l'autorité militaire. En 1811 fut donc rendu ce décret sur les servitudes des constructions; tout ce qui se trouvait sous le canon des glacis put être rasé aux premiers ordres du génie [2].

Le peuple des ouvriers était glorieux sans doute de son grand empereur, mais le plus souvent la misère l'accablait, quoique Napoléon commandât des travaux extraordinaires et que, pour entretenir l'activité des classes pauvres, il fît d'énormes sacrifices. Or ces mesures supposaient l'absence de débouchés réguliers et

---

[1] M. d'Aligre seul sut lui résister; l'Empereur voulait disposer de sa fille comme du plus riche parti.
[2] Décrets des 23 avril 1810 et 16 septembre 1811.

matériels qui seuls préparent la prospérité publique. En règle générale, le bien-être d'un peuple résulte des rapports du travail avec les besoins; chaque fois que le travail provient de moyens extraordinaires commandés par l'état, c'est qu'il y a gêne dans la situation d'un peuple; il n'y a bien-être réel que lorsque les débouchés se mettent sans efforts au niveau des produits. Ainsi Napoléon commandait aux manufactures de Lyon des ameublements pour ses palais, à l'ébénisterie du faubourg Saint-Antoine les ornements pour ses salons, il multipliait les travaux des vastes galeries du Louvre, les marchés, les greniers publics; mais ces commandes mêmes supposaient un malaise : la liberté du commerce aurait fait toute seule et sans sacrifices ce que le gouvernement réalisait à peine par des dons d'argent immodérés; le besoin exclusif de protection suppose une gêne; c'est le triste aveu du mal.

Aussi voit-on partout un sentiment de peine et de tristesse dominer la partie calme de la population commerçante; les esprits les plus sages comprennent que le système continental, création gigantesque, blesse tous les intérêts en les faisant sortir de leur cours habituel; l'Empereur s'obstine et ne veut entendre aucune objection : au conseil d'État, auprès de ses ministres, dans les conseils de commerce et de manufactures, c'est toujours le même langage de récriminations contre la liberté des transactions commerciales, les mêmes théories contre l'égoïsme des banquiers et des industriels; il les insulte et les blesse. Lorsqu'on étudie profondément les principes d'économie politique, tels qu'ils sont consacrés aujourd'hui par l'expérience, on s'étonne qu'un esprit aussi élevé que le sien ait émis des doctrines si étranges sur la balance du commerce; et ces paroles n'étaient pas dites une seule fois, comme une menace de la colère, un coup de tête du despotisme, elles revenaient sans cesse à sa bouche, aussi bien lorsqu'il visite la Hollande, paisible et industrieuse, avec Marie-Louise, que quand il reçoit le conseil des manufactures à Paris. Ce conseil, présidé par M. Martin, avait fait quelques remontrances sur la pénurie qui affligeait toutes les branches de l'industrie; Napoléon voulant couper court à ces plaintes, manda aux Tuileries le conseil tout entier; il s'agissait de lui faire connaître sa volonté souveraine sur le régime prohibitif.

On était au 25 mars 1811, au temps où venait de naître le roi de Rome; on espérait un meilleur avenir pour le commerce, un système de paix et de repos : la députation du conseil des manufactures vint aux Tuileries; M. Ternaux conduisait les honorables commerçants, comme vice-président de la chambre; Napoléon l'aperçoit à peine et vient droit à lui : « Ah! M. Ternaux, je vous connais. Eh bien! comment vont les affaires? Vous vous plaignez toujours [1], n'est-ce pas? On ne fait pas fortune comme on gagne une bataille; il faut du temps, du travail, de l'économie pour faire fortune. Des gens qui n'ont que 20,000 fr. veulent faire des affaires pour 400,000. Le commerce est un métier. Il ne faut pas vouloir s'y enrichir en un an. J'appelle cela prêter à la petite semaine. Voyez la situation de l'Angleterre avec les spéculations exagérées de ses négociants. La bataille d'Iéna, et la prise de la Hollande, de Hambourg, ont porté des coups mortels à l'Angleterre.... A la paix de Presbourg, j'aurais voulu réunir la Hollande; je ne pouvais pas; la Prusse s'y opposait; elle

---

[1] Cette conversation avec la chambre du Commerce a été recueillie par un témoin oculaire.

était alors une grande puissance. Je la réunis cependant de fait, c'est-à-dire j'y envoyai mon frère. Lorsque j'ai rendu mes décrets de Berlin et de Milan, l'Angleterre a ri; vous vous êtes moqués de moi. Je savais cependant mon affaire; j'avais pesé mûrement ma situation avec l'Angleterre; mais on prétendait que je ne savais pas ce que je faisais, que j'étais mal conseillé... Vous voyez où en est l'Angleterre aujourd'hui [1], elle est perdue. »

Ici Napoléon s'arrêta devant les commerçants étonnés de cette sortie qui ne répondait à aucune de leurs plaintes; puis, s'animant encore, l'Empereur continua : « Louis XIV et Louis XV auraient dû faire la paix depuis longtemps. Je devrais la faire aussi, si je ne gouvernais que l'ancienne France; mais je n'ai pas succédé aux anciens rois de France; j'ai succédé à Charlemagne; c'est une suite de l'Empire français...... Me comprenez-vous? Louis XIV n'avait que Brest : j'ai les côtes de toute l'Europe. Dans quatre ans j'aurai une marine. Je suis maître des côtes jusqu'à Dantzick, j'y trouverai des matelots : Raguse m'a fourni des marins excellents. Je puis bâtir vingt-cinq vaisseaux par an. Lorsque mes escadres auront été trois ou quatre ans sur mer, nous pourrons nous mesurer avec les Anglais. Je sais que je peux perdre quelques vaisseaux, mais nous sommes forts et courageux, et nous sommes toujours armés. Nous réussirons : avant dix ans nous soumettrons l'Angleterre. Je ne désire qu'une force maritime. L'Empire français n'était pas assez pour moi. Je n'ai pris la Hollande, Hambourg, que pour faire respecter mon pavillon. Je considère le pavillon d'une nation comme faisant partie d'elle-même; il faut qu'elle puisse le porter partout, ou bien elle n'est pas libre. La nation qui ne fait pas respecter son pavil-

---

[1] C'était à l'époque des révoltes d'ouvriers contre les métiers en Angleterre.

lon n'est pas une nation à mes yeux[1]. Les Américains! nous allons voir ce qu'ils feront.... Vont-ils comprendre les intérêts de leur honneur? »

Napoléon s'interrompit encore un moment pour examiner l'effet de ses paroles; il reprit d'une voix haute et saccadée : « Nul pouvoir en Europe ne fera le commerce avec l'Angleterre. Six mois plus tôt ou plus tard je l'atteindrai, mon épée est assez longue pour cela. Je n'ai fait la paix de Tilsitt que parce que la Russie s'est engagée à faire la guerre à l'Angleterre. J'étais victorieux, j'aurais pu aller jusqu'à Wilna, rien ne pouvait m'arrêter que les engagements de la Russie. J'ai fait grâce à l'empereur Alexandre; je n'ai pas voulu aller à Riga, à Pétersbourg; mais je saurai lui faire tenir ses engagements secrets. J'ai des millions dans mes caves et je suis toujours botté. J'ai dû prendre la principauté d'Oldenbourg, j'y étais forcé. Je ne pouvais laisser une partie des côtes à un étranger au milieu de mes états. Le Danemarck se conduit bien : s'il se conduisait mal, je le prendrais. Je vous en préviens, ne faites rien avec l'Angleterre, vous serez attrapés tôt ou tard. Il y a quatre ans j'étais à Anvers; je vous conseillai de ne rien faire avec l'Angleterre. J'ai de quoi faire une marine. J'ai tous les produits du Rhin, j'ai du bois, des chantiers; et surtout j'ai des matelots. Les Anglais arrêtent tout ce qu'ils trouvent sur mer; j'arrêterai tout ce que je trouverai à eux sur le continent, leurs mylords, leurs myladies; nous serons à deux de jeu. Le tarif restera tel qu'il est, vous pouvez y compter; ce sont mes douanes qui font le plus grand mal à l'Angleterre. L'Angleterre s'est fait à elle-même le plus grand tort par ses mesures de blocus; elle nous a appris

---

[1] Ces paroles étaient dirigées contre la Suède.

à nous passer de tous ses produits, de ses sucres, de son indigo. J'aurai bientôt assez de sucre de betterave pour en fournir toute l'Europe. Il ne me faut que la grandeur du terrain de la forêt de Fontainebleau pour en recueillir ce qui serait nécessaire à la consommation de la France. J'aurai sous peu de l'indigo, du pastel en abondance. Bientôt de même pour les cotons nous nous passerons en Europe de l'Angleterre et de ses colonies. »

Pas un seul mot ne fut prononcé par les membres du conseil; on écoutait en silence ces paroles si étranges, si peu en rapport avec ce qu'on espérait : M. Ternaux osa dire que les manufactures souffraient : eh bien! reprit Napoléon : « Que les fabriques travaillent en rapport avec la consommation. Vos draps sont trop chers en proportion du prix des laines. Vous aurez la France, l'Italie, Naples, l'Allemagne, une partie de l'Espagne, pour votre trafic de lettres de change; c'est un champ assez vaste. On escompte ici les traites de l'Angleterre; le fils de monsieur (montrant du doigt le fils du président, M. Martin) a travaillé avec l'Angleterre; il a escompté ici des traites anglaises[1]; il a fait banqueroute. Voilà ce qui vous arrivera à tous si vous travaillez avec l'Angleterre. Les Anglais sont de mauvaise foi en tout. Après la paix d'Amiens, ils prétendaient que je voulais faire une descente. Je n'avais pas une frégate armée. J'ai été trompé jusqu'à la bêtise. Les Anglais dépensent annuellement 1,800 millions. Le continent leur est fermé; je leur ai enlevé 600 millions de revenu. Leur force consiste dans le commerce; or, comme il devient nul par l'impossibilité d'entrer sur le continent, leur force doit tomber. J'ai d'immenses revenus de mon propre territoire. J'ai de l'or aux

[1] Tout commerce, même d'argent, avec l'Angleterre était interdit. Je crois que M. Laffitte seul en avait le privilège.

Tuileries, je ne m'en cache pas. Je ne suis point avare, je vous l'ai prouvé; ne vous ai-je point aidés? J'aurais fait plus encore, si la question n'était pas complexe, et si en vous aidant je n'avais aidé les Anglais. Je garde mes trésors pour les cas imprévus. La banque est pleine d'argent : ce n'est pas à moi, c'est à la France; mais il n'y a pas un sou dans la banque d'Angleterre. J'ai fait entrer en France, depuis 1806, plus d'un milliard de contributions. Notre pays est le seul riche, l'Autriche a fait banqueroute, la Russie la fera, l'Angleterre aussi; l'entendez-vous, messieurs? » Et il les quitta brusquement.

On ne peut dire le pitoyable effet que produisaient généralement ces sorties publiques de Napoléon sur des esprits sérieux qui venaient demander un soulagement à leurs souffrances commerciales; l'Empereur se laissait aller aux fortes et vives sensations de la race méridionale : de telles impétuosités de paroles dans la bouche du souverain étaient une malheureuse habitude qui révélait les fautes et les dangers de son système; quand son génie fougueux planait dans les régions des batailles, il paraissait avec son immense supériorité; mais dans les questions de banque, de commerce, il restait passionné, médiocre; la puissance des libres transactions échappant à son esprit, il voulait comme les empereurs du Bas-Empire diriger le commerce, cet habile Protée qui prend toutes les formes et échappe à tous les freins; la banque, ses opérations variées, les transactions du commerce qui embrassent le monde, ne pouvaient s'astreindre à des décrets arbitraires. Les membres du conseil des manufactures, MM. Martin, Ternaux, ne purent faire aucune observation à ces brusques sorties, Napoléon ne les eût pas écoutés. Dans sa haine profonde contre l'Angleterre, il ne voyait que sa ruine; ce phénomène d'une nation qui se soutenait par son crédit, l'étonnait au plus haut point; il aurait voulu placer sous sa protection directe le commerce de l'Empire, et il l'étouffait en voulant le diriger de sa main de fer; comme le navire qui fend l'Océan, le commerce a besoin de ses libres allures.

D'autres inquiétudes tourmentaient encore l'opinion publique; les questions religieuses fermentaient depuis deux années, et dans les pays catholiques ne pouvaient-elles pas prendre un caractère de sédition et de révolte? Après la promulgation du concordat, des réunions successives avaient donné à la France l'Italie, les départements du Rhin, l'Illyrie, la Hollande; l'Espagne devait être ajoutée à ce vaste blason portant pour support l'aigle impériale; tous ces pays étaient fervents catholiques : dans la Belgique, les grandes villes, Liége, Malines, Bruxelles, auraient tout sacrifié pour le principe religieux et leur évêque orthodoxe; la foi y était ardente comme aux temps des confréries du moyen âge[1]; les départements des rives du Rhin, Cologne avec sa belle cathédrale, Aix-la-Chapelle fière de ses châsses de Charlemagne, rivalisaient de piété avec la Belgique. Que comparer au catholicisme de l'Italie et de l'Espagne, peuples à l'imagination si ardente? et si la philosophie moqueuse pouvait soutenir que la foi était éteinte en France, il suffisait de parcourir les provinces méridionales, la Provence, le Languedoc, le Lyonnais, puis la Flandre, l'Orléanais et la Bretagne, pour se convaincre que l'esprit religieux dominait encore les populations, comme la croix ornait le faîte des édifices.

La division profonde qui avait amené l'occupation de

[1] C'est encore le spectacle que présentent les villes belges; le principe catholique y existe dans toute sa force.

Rome continuait toujours entre Napoléon et le pape Pie VII[1], le captif de Savone; l'épiscopat, composé de vieillards vénérables, à conscience éprouvée, déplorait à chaque moment les vacances dans les siéges; il fallait y pourvoir, et d'après les lois canoniques, le pape seul conférait le pallium, l'anneau pastoral signe de dignité dans l'Église; en vain s'était-on adressé au successeur des apôtres, Pie VII avec sa résignation ferme et sa volonté de fer avait déclaré que chassé de Rome, privé de sa capitale, de Saint-Jean-de-Latran comme de Saint-Pierre aux vastes portiques, il ne pouvait se servir de l'anneau pastoral[2] dans sa captivité; et telle était l'admirable constitution du clergé, que sauf deux ou trois évêques, dirigés par le cardinal Maury, tout le corps du clergé se refusait d'accepter les siéges vacants sans l'assentiment du souverain pontife; le cardinal Fesch lui-même en avait donné l'exemple[3].

Dans ces circonstances, Napoléon voulut briser la résistance de Pie VII, et il conçut l'idée de convoquer un concile composé de tous les prélats de son Empire, c'est-à-dire des évêques italiens, français, belges ou des cités des bords du Rhin; les prélats catholiques de la Confédération devaient également s'y rendre; et cette vaste réunion d'évêques et de théologiens devait résoudre les diffi-

---

[1] Napoléon faisait traiter le pape très durement. Voici une pièce fort ridicule.
*Notification à S. S. le pape Pie VII, à Savone.*
« Le soussigné, d'après les ordres émanés de son souverain, S. M. I. et R. Napoléon Bonaparte, empereur des Français, roi d'Italie, protecteur de la Confédération Suisse, est chargé de notifier au pape Pie VII que « *défense* lui est faite de communiquer avec aucun sujet de l'Empereur, *sous peine de désobéissance* de sa part et de sa cour.

« Qu'il cesse d'être l'organe de l'Église, celui qui prêche la rébellion et dont l'âme est toute de fiel; que puisque rien ne peut le rendre sage, il verra que Sa Majesté *est assez puissante* pour faire ce qu'ont fait ses prédécesseurs et *déposer un pape.* »

[2] Correspondance avec Pie VII.

[3] Le cardinal Fesch avait refusé l'archevêché de Paris qui fut confié au cardinal Maury, l'un des prélats les plus faibles. Voyez Tome VIII, chapitre 13.

cultés qui s'étaient élevées au sein de l'Église. Napoléon se complaisait peut-être à l'idée d'imiter Constantin et les empereurs d'Orient qui présidèrent les conciles de Nicée et de Thessalonique dans l'Église primitive ; là, placé sur un trône d'or, le sceptre en main, la couronne au front, il pourrait décider les questions théologiques avec toute l'autorité d'un empereur absolu ; il avait beaucoup fait pour la religion catholique, ses bienfaits augmentaient encore les succursales, les cures et les fabriques ; pourquoi, protecteur de la religion, ne serait-il pas appelé à diriger ses destinées ? comment se faisait-il qu'un simple prêtre osât s'opposer à ses desseins [1] ?

Des lettres encycliques furent donc envoyées à tous les prélats de l'Empire pour se réunir dans un concile général à Paris ; Napoléon avait longtemps travaillé les questions catholiques qui seraient soumises dans cette assemblée ; son esprit si facile se ployait aisément à toutes les études ; deux heures de causeries avec un homme spécial l'initiaient au plus difficile sujet ; mais Napoléon ne pouvait tout faire. M. Bigot (de Préameneu), ministre des cultes, n'avait pas une assez grande capacité pour connaître l'esprit et les opinions des évêques ; M. Portalis, le seul peut-être des conseillers d'état qui savait le personnel de l'épiscopat, était alors en disgrâce ; on l'avait remplacé à la direction de l'imprimerie par le général Pommereul, homme dur, soldatesque, qui se moquait avec le xviiie siècle des idées religieuses. Les notes sur le concile et les prélats furent fournies par l'école sulpicienne, et en partie par l'abbé Emery, un des membres les plus savants de cette congrégation ; Napoléon se persuada qu'une fois les évêques à Paris, il serait maître des délibérations,

[1] Les décrets impériaux sur l'organisation des fabriques et l'augmentation des succursales sont tous datés de 1809 à 1811.

et dans ce but il rédigea de sa main un mémoire fort étendu sur la mission de la grande assemblée épiscopale[1]. Diverses questions durent être soumises au concile : le pape pouvait-il, par des motifs temporels, refuser son intervention dans les affaires spirituelles? Si le Concordat n'avait pas été violé, le pape pouvait-il refuser l'institution canonique aux prélats désignés par l'Empereur? Pouvait-il impunément troubler la paix de l'Église en jetant des bulles d'excommunication contre le prince, le protecteur de la religion sainte? Ces questions habilement posées devaient être discutées en concile gallican ; on voulait ainsi renouveler la *Pragmatique sanction,* si célèbre au moyen âge.

Or les évêques ne devaient-ils pas naturellement poser une première question, quand ils se seraient réunis? Avaient-ils le droit de se rassembler en concile sans la permission du pape, et les canons ne le défendaient-ils pas expressément? Cependant tous les prélats vinrent en personne à Paris ; métropolitains et suffragants, dociles à la voix de l'Empereur, s'empressèrent de le saluer aux Tuileries ; mais lorsqu'il fallut se réunir en assemblée ecclésiastique, discuter en concile, les évêques se souvinrent qu'ils étaient en communion avec le souverain

---

[1] Voici le texte de ce mémoire adressé au concile et qui se résume en questions :

« Le gouvernement de l'Église est-il arbitraire?

« Le pape peut-il, par des motifs d'affaires temporelles, refuser son intervention dans des affaires spirituelles?

« Il est hors de doute que, depuis un certain temps, la cour de Rome est resserrée dans un petit nombre de familles ; que les affaires de l'Église y sont examinées et traitées par un petit nombre de prélats et de théologiens pris dans de petites localités des environs, et qui ne sont pas à portée de bien voir les grands intérêts de l'Église universelle, ni d'en bien juger. Dans cet état de choses, convient-il de réunir un concile?

« Ne faudrait-il pas que le consistoire, ou le conseil particulier du pape, fût composé de prélats de toutes les nations, pour éclairer sa Sainteté?

« En supposant qu'il soit reconnu qu'il n'y a pas de nécessité de faire des changements dans l'organisation actuelle, l'Empereur ne réunit-il pas sur sa tête les droits qui étaient sur celles des rois de France, des ducs de Brabant et autres souverains des

pontife, et nul d'entre eux n'osa se poser comme membre de l'assemblée régulière; individuellement ils se montrèrent soumis à Napoléon, dévoués à sa personne sacrée, sujets à ses lois; appelés à délibérer, ils ne décidèrent que vaguement les questions qu'on avait posées devant eux. La plupart des points théologiques furent éludés; une correspondance s'engagea même clandestinement avec Savone; ils écrivirent secrètement au pape pour lui témoigner leur respectueuse déférence; aucun d'eux ne voulut violer les lois fondamentales de l'Église; s'ils obéissaient à l'Empereur, ils envoyaient toutes leurs volontés au pauvre captif de Savone qui pour eux était saint Pierre-ez-liens. L'Église a cela de fort, qu'elle compte dans ses annales tous les exemples de résignation et de martyre; Pie VII était le chef reconnu des évêques, et ce fut un spectacle imposant que cette admirable intelligence du clergé catholique; il n'y eut pas une seule défection. On brava tout pour faire connaître à Pie VII la volonté universelle du clergé de se soumettre à la tiare; comme au temps des apôtres, l'auditeur de Rote, depuis cardinal d'Isoard, porta, dans les semelles de ses sandales, la lettre de soumission des

Pays-Bas, des rois de Sardaigne, des ducs de Toscane, etc., soit pour la nomination des cardinaux, soit pour toute autre prérogative?

« Sa Majesté l'Empereur et ses ministres ont-ils porté atteinte au concordat?

« L'état du clergé de France est-il en général amélioré ou empiré depuis que le concordat est en vigueur?

« Si le gouvernement français n'a pas violé le concordat, le pape peut-il arbitrairement refuser l'institution aux archevêques et évêques nommés, et perdre la religion en France comme il l'a perdue en Allemagne, qui depuis dix ans est sans évêques?

« Le gouvernement français n'ayant pas violé le Concordat, si, de son côté, le pape refuse de l'exécuter, l'intention de S. M. est de regarder ce Concordat comme abrogé; mais, dans ce cas, que convient-il de faire pour le bien de la religion? S. M. adresse cette demande à des prélats distingués par leur savoir dans les matières ecclésiastiques, comme par leur attachement à sa personne.

« La bulle d'excommunication a été affichée; elle a été imprimée et répandue clandestinement dans toute l'Europe. Quel parti prendre pour que, dans des temps de trouble et de calamité, les papes ne se portent pas à des excès de pouvoir aussi contraires à la charité chrétienne qu'à l'indépendance et à l'honneur du trône? »

évêques français à ce vénérable pontife en captivité ; et c'était un des souvenirs dont le vieux cardinal se faisait le plus d'honneur [1].

Le concile fut donc un mobile d'unité loin d'être un moyen de schisme dans l'église de France ; la résistance partit spécialement des évêques de Belgique, villes de piété et de soumission ecclésiastique. L'Empereur plein de colère brisa le concile ; il agit violemment avec eux comme avec le pape ; Pie VII était captif à Savone, les cardinaux exilés, M. d'Astros jeté à Vincennes ; à la suite du concile, quatre archevêques furent aussi plongés dans les prisons d'état. Le ministre de la police Savary fouilla les papiers, s'assura des personnes, avec ce caractère d'activité soldatesque qui le dominait : les évêques de Gand, de Tournay, reçurent de mauvais traitements ; on les priva de livres et des moyens de communiquer avec leurs diocésains ; on les força de donner leur démission [2] ; la volonté de l'Empereur ne permettait aucune résistance ; il avait désiré un concile flexible, et le concile osait résister ! L'agitation était au comble dans les provinces belges : il se forma une petite église en dehors des évêques intrus que l'Empereur avait désignés, véritable embarras pour le gouvernement ; les fonctionnaires publics dans la Belgique, les lieutenants de police ne furent occupés que de visites de papiers, d'arrestations de prêtres, sorte de violence toujours sérieuse, car

---

[1] Le cardinal d'Isoard, vieillard vénérable, racontait lui-même les précautions qu'il avait dû prendre pour suivre cette correspondance pontificale.

[2] « Comme les diocèses de Gand, Tournay, Troyes et Toulouse étaient ceux d'où revenaient les plus mauvais rapports, ce furent les titulaires de ces sièges qui furent frappés. Je reçus ordre de les mettre à Vincennes, et cela fut fait le même jour. Quelques-uns avaient des papiers dont l'examen n'apprenait pas grand'chose relativement aux affaires politiques, si ce n'est qu'ils avaient reçu, lu et fait connaître la bulle et l'instruction papale qui avaient été la cause de l'arrestation de M. d'Astros et des cardinaux. »

(Notes du général Savary.)

elle touchait aux consciences. C'est par la religion que la Belgique s'est presque toujours agitée, elle a conservé quelque chose de la vieille foi espagnole ; elle aime les monastères, ses cathédrales, ses processions, ses béguinages de Gand, de Bruges, de Liége, et lors de l'invasion de 1814, comme à la Révolution de 1830, ce fut encore la religion qui souleva les Belges [1].

Une autre cause de trouble aussi profonde se manifestait au milieu de ces agitations religieuses ; la récolte des céréales, en 1811, avait partout manqué, les épis restaient flétris sur leurs gerbes dans les champs désolés par des nuées d'insectes comme en Égypte ; d'après les rapports des préfets, l'Empire était menacé de la famine dans un terme très rapproché ; le système continental avait séparé la France des autres pays d'Europe ; le commerce ne pouvait suppléer au vide de nos propres greniers ; l'Angleterre bloquait tous les ports, on ne pouvait avoir de ressources que dans les terres qui dépendaient de l'Empire, et les céréales, difficilement transportées d'une province en une autre, coûtaient de grands frais. De vives alarmes répandues sur tous les points s'exagéraient par la peur ; comme on craignait de manquer, on s'approvisionnait outre mesure, et dans ces circonstances fatales, plus on accapare, plus les marchés se vident. L'Empereur, toujours inquiet en face des rumeurs populaires, voulut porter à ces dangers un remède prompt et efficace ; il avait en sa mémoire les journées ardentes où les faubourgs, s'agitant une pique en main, venaient demander du pain ou la Constitution de 1793. Lui, l'Empereur couronné, craignait le retour

---

[1] C'est une institution bien curieuse au point de vue du moyen âge, que le béguinage de Gand. J'en ai visité les petites cellules avec un indicible battement de cœur. Il existe des béguinages à Gand, Malines, Bruges, la ville des maîtrises.

de ces hideux spectacles ; il savait la force d'une multitude qui meurt de faim ; il déploya une immense activité : chaque semaine réunissant un conseil de subsistances, il voulut savoir quel était l'approvisionnement des magasins de tout l'Empire et de Paris surtout ; sa capitale tourmentée par la faim lui offrait un spectacle terrible. Ce fut alors qu'il traça le premier modèle de son grenier d'abondance [1] sur les ruines de la vieille Bastille ; des milliers de sacs devaient s'y amonceler aux yeux de tous pour rassurer les esprits ; le prix du pain menaçait de s'élever avec rapidité à une taxe excessive : il fit des sacrifices d'argent sur son propre trésor pour que le peuple ne le payât pas trop cher ; M. Maret, frère du secrétaire d'État, fut désigné comme directeur-général des vivres, et on lui adjoignit une commission d'administrateurs pour veiller aux ressources dans les magasins de l'État. Des ordres furent donnés pour régler les moyens d'approvisionnements ; les archives de la préfecture de police sont encore remplies des études de M. Pasquier sur les subsistances ; ce fut la préoccupation du jour, l'affaire essentielle des bureaux. De cette époque datent les meilleurs règlements de la boulangerie [2].

L'Empereur, voulant aussi prévenir les progrès de la misère publique, protégea les ateliers et commanda des travaux d'utilité publique : le canal Saint-Martin, les écluses, les bâtiments et les routes ; on voyait çà et là, des ateliers ouverts à la misère ; des fourneaux permanents étaient établis pour distribuer des soupes à la Rumford ; on en exagérait les bienfaits : le peuple ressemblait

---

[1] Les idées de la vieille Égypte sur les greniers dominaient toujours Napoléon.
[2] Les travaux de M. Pasquier sur les subsistances furent consultés, en 1816, lors de la triste pénurie de cette année, aussi grande que celle de 1811.

alors à une grande troupe de mendiants auxquels le gouvernement donnait l'aumône, le pain de l'hospice et les haillons. Au lieu de l'aisance noble et naturelle que le libre commerce procure à un pays, l'administration était obligée de créer pour l'ouvrier de chaque faubourg des espèces de dépôts de mendicité; elle leur assurait des travaux grossiers en échange de ces soupes d'hospice, obligation forcée d'un système despotique. Heureusement la conscription venait arracher la génération forte et énergique des faubourgs et la poussait dans les camps; s'il y avait peu d'ouvrage, il y avait peu d'ouvriers; à dix-huit ans, il fallait courir aux armées; les tirages annuels, les levées extraordinaires diminuaient ces masses qu'il fallait nourrir; on avait privé ce peuple de la liberté, maintenant il fallait lui donner du pain et des spectacles.

Durant cette pénible année, la province fut encore plus accablée que Paris; la famine rongeait là le peuple tout à l'aise, parce que si l'Empereur s'occupait par politique de la capitale, il prenait moins de soin des villes éloignées, où la révolte était moins à craindre. Il n'y a rien de terrible comme des cités affamées; quand une population est ainsi réduite, elle a recours à toutes les extrémités, il lui faut du pain; mourir d'une balle ou les entrailles déchirées par la faim, qu'importe? Il y avait donc une grande tourmente: ici l'on arrêtait la libre circulation des grains; la crainte s'emparait des hommes, le propriétaire et le paysan s'approvisionnaient outre mesure [1], on n'avait nulle confiance; là, le peuple pil-

---

[1] Aussi Napoléon publia-t-il un décret qui défendait les accaparements. — Art. 3. Il est défendu à tous nos sujets, de quelque qualité et condition qu'ils soient, de faire aucun achat ou approvisionnement de grains ou farine, pour les garder, les emmagasiner et en faire un objet de spéculation.

lait les charrettes et s'agitait comme si la famine décharnée le poursuivait déjà. L'émeute qui retentit plus profondément, et laissa des souvenirs fatals dans les annales de Normandie, fut celle de Caen. Le 15 mars 1812, des masses d'hommes et de femmes se portèrent sur la vieille ville des ducs normands; le pain était hors de prix : on disait parmi le peuple qu'un accapareur s'en emparait pour le faire mourir de faim ; on se porta en troupe, avec violence, aux maisons où, disait-on, le blé était amoncelé ; rien ne put arrêter cette multitude, qui poursuivait les grains comme la sauterelle des champs; on ne put arrêter ce premier mouvement du peuple. Tout ce que put faire M. Méchin, alors préfet, fut de s'assurer des noms des principaux auteurs du tumulte, et dès que les troupes furent arrivées, de les livrer à une commission militaire organisée au château de Caen. Déplorable spectacle que de voir 64 accusés sur les bancs de justice, pêle-mêle, hommes et femmes, au teint have et mourant de faim! La commission se montra impitoyable ; 4 hommes et 5 femmes furent condamnés à mort; leur crime était d'avoir crié : *J'ai faim*[1]*!* Lorsque les dignitaires de l'Empire, vieux révolutionnaires eux-mêmes, savouraient les mets exquis

---

« 4. **En conséquence tous individus ayant en magasin des grains et farines seront tenus** : 1° de déclarer aux préfets ou sous-préfets les quantités par eux possédées, et les lieux où elles sont déposées ; 2° de conduire dans les halles et marchés qui leur seront indiqués par lesdits préfets ou sous-préfets, les quantités nécessaires pour les tenir suffisamment approvisionnés. »

[1] Il faut lire la manière froide, indifférente dont ces exécutions furent annoncées par le *Moniteur*.

Caen, 19 mars 1812.

« Il y a eu, ces jours derniers, des rassemblements tumultueux dont le prétexte était la cherté des provisions, mais dont l'objet réel était de piller. Quelques mauvais sujets s'étant réunis, des femmes se sont portées aux maisons des propriétaires de blé, où elles se sont contentées de voler du linge et d'autres effets.

« Les autorités ont donné des preuves de prudence et de fermeté. On a remarqué les principaux meneurs, et on a pris note de leurs demeures. Pendant ce temps, les troupes qui avaient été requises, se sont réunies ; les chefs de l'émeute ont été arrêtés, et la tranquillité a été rétablie. »

de l'archi-chancelier et les tables somptueuses de Saint-Cloud, de pauvres ouvriers étaient livrés aux bourreaux et condamnés à mort, sans grâce; 5 femmes furent exécutées et avec elles 4 hommes, dont 1 vieillard; d'autres complices furent condamnés aux travaux forcés, et la masse des accusés aux prisons. Un article, froidement inséré au *Moniteur*, annonça presque ironiquement cette exécution fatale, qui laisse planer un triste souvenir sur les autorités de Caen. Le nom du préfet est là tristement noté; on revenait aux jours où les têtes roulaient sur l'échafaud; les commissions militaires, les cours prévôtales, les cours spéciales promenaient l'instrument de mort dans les provinces; il fallait constater qu'on ne pouvait impunément insulter l'autorité de l'Empereur.

Tandis que ces lugubres préoccupations agitaient les esprits, il parut au ciel une comète flamboyante. Tacite, dans les annales de Rome, ne manque jamais de rapporter ces présages qui marquèrent presque toujours les catastrophes; quand les nations sont occupées de grandes calamités, elles se rattachent superstitieusement à quelques-uns de ces signes célestes qui scintillent à la voûte des cieux; la comète parut donc comme un signe de mort et de calamité; on s'interrogeait de tous côtés; le peuple, en voyant l'astre resplendissant, disait : « Quels malheurs nous menacent encore? N'est-ce pas la fin de l'étoile de Napoléon, qui va s'éteindre comme cette

---

« Lé 14 de mars, une commission militaire s'est assemblée au château de Caen ; les accusés, au nombre de soixante-un, ont paru devant elle. Neuf personnes (quatre hommes et cinq femmes), ont été convaincues d'être les auteurs du rassemblement séditieux, qui avait menacé les magistrats, et dont l'intention était de porter la dévastation dans la ville de Caen. Elles ont été condamnées à mort. Huit autres ont été condamnées aux travaux publics pour huit ans, et dix autres à cinq ans de prison. Le 15, à dix heures du matin, ce jugement a été exécuté. Cet acte de sévérité apprendra aux mal intentionnés que toutes leurs tentatives contre les magistrats chargés de maintenir l'ordre et de protéger les propriétés avorteront. »

flamme à l'Orient? Quelle guerre va-t-il entreprendre, et quel nouveau cercueil va-t-il creuser pour la génération? » On voyait le soir des groupes d'hommes et de femmes sur les boulevarts, dans les faubourgs, qui contemplaient la fatale comète flamboyant sous un ciel pur; sa queue d'argent, sur un fond bleu, paraissait comme la croix blanche sur un drap de mort. Le peuple en était fortement préoccupé et la police cherchait à tourner en plaisanterie cette frayeur des multitudes; on chansonna officiellement la comète; on fit des caricatures sur ces pauvres badauds et les Gilles qui accouraient en masse pour contempler l'astre fatal; les cartons de la préfecture en sont remplis; le ridicule ne dissipait point la frayeur des masses, et mille histoires sinistres furent racontées.

Il ne faut pas, même dans l'histoire grave, se moquer de ces pressentiments; lorsqu'un peuple tout entier s'effraie d'une vision, d'une prophétie, d'une date, d'une prédiction, ce n'est pas à mépriser; la cause en est dans le pressentiment secret qu'il éprouve de sa destinée : aux jours heureux on ne croit pas aux apparitions et aux pronostics; quand les calamités se préparent, on se rattache aux moindres circonstances; c'est comme le sentiment intime qu'un malheur vous menace, et l'âme, éprouvée par l'infortune, craintive devant l'avenir, se reflète dans la prédiction.

## CHAPITRE II.

### SITUATION DIPLOMATIQUE DE L'EMPIRE

#### AVANT LA GUERRE DE RUSSIE.

Changement dans le ministère des relations extérieures. — Les trois périodes. — M. de Talleyrand. — M. de Champagny. — M. Maret. — Caractère de M. Maret. —Rapports avec la Russie. — Premiers griefs. — Le commerce. — Occupation militaire de la Prusse. — Le grand duché d'Oldenbourg. — Diplomatie russe. — Le prince Kourakin à Paris.—Les voyages du comte de Czernicheff.—Échange de notes.— Relations avec l'Angleterre. — Le ministère anglais. — Assassinat de M. Perceval. — Double base de négociations. —Développement de la puissance de lord Castlereagh. — Rapports de la France et de la Prusse. — Proposition d'alliance. — Situation respective de Napoléon et de l'Autriche. — Difficultés dans les négociations. — Griefs de la Suède. — Le commerce. — Le pavillon neutre. — Correspondance de Napoléon et de Bernadotte. — La Porte ottomane avant l'expédition de Russie.

#### Mai 1811 à Mai 1812.

Ce caractère d'inquiétude et de trouble qui paraissait dominer la génération, ne prenait pas exclusivement son principe dans l'aspect profondément étudié de la situation intérieure de la France ; les feux qui éclataient au ciel, les premiers symptômes de la pénurie des grains n'étaient rien pour l'homme prévoyant, à côté des sollicitudes plus graves que faisait naître le véritable état des relations extérieures. A travers tous les symptômes de paix, tandis que l'Europe abaissée devant Napoléon suivait en captive les roues de son char de victoire, partout surgissaient des mobiles d'effervescence et de guerre; l'avenir paraissait comme une mer immense d'une couleur pourprée et sanglante. L'Empereur, ne renonçant à aucune de ses idées, poursuivait la réalisation de son système continental; poussé par la fatalité, cette main de fer qui brise les hautes têtes, il remuait le monde pour une idée impossible. Malheur aux générations quand les hommes de génie se préoccupent de quelques sophismes, hélas! c'est peut-être une des conditions des grandes destinées que de se jouer ainsi des forces humaines : un sophisme dans un crâne immense, c'est un cataclysme social ou politique.

La diplomatie de Napoléon avait été représentée dans les trois périodes de sa durée par des ministres d'une nature bien différente : sous le Consulat et pendant l'Empire jusqu'à la paix de Tilsitt, la diplomatie de l'Empereur fut dirigée par M. de Talleyrand, esprit supérieur, qui savait apporter des formes distinguées dans les transactions politiques et des ménagements dans les conditions de la victoire. M. de Talleyrand savait faire la place des hommes et des choses, des éventualités et des positions; il ne poussait pas la conquête jusqu'à ses excès, et les vaincus jusqu'au désespoir; il ménageait et temporisait, en s'opposant même plus d'une fois aux volontés de l'Empereur [1]; il avait l'art de savoir attendre et lorsqu'il recevait un ordre impératif il ne l'exécutait qu'à demi; il en appelait du conquérant hautain au souverain réfléchi, et souvent la nuit avait porté conseil sous la tente. Après M. de Talleyrand était venu M. de

---

[1] Voyez T. VI de cet ouvrage.

Champagny, plus vif, plus emporté que lui, obéissant à l'Empereur avec moins d'hésitation, ayant conservé même de sa primitive carrière dans la marine royale, une sorte de franchise et de liberté d'expressions qui pouvait déplaire; au total, ministre médiocre; l'Empereur ne voulait plus de ces hommes, lorsque, surtout, ils ne compensaient pas cette importunité de résistance par un talent réel et une capacité éminente; Napoléon entrait dans une voie politique qui exigeait une obéissance continue, prompte et aveugle; M. de Champagny ne lui convint plus, surtout au moment de ses nouvelles relations avec l'Autriche, et il résolut de le sacrifier à la première négociation importante. Après la naissance du roi de Rome, la démission de M. de Champagny fut demandée.

Depuis longtemps M. Maret paraissait à l'Empereur le seul de ses ministres en position de traduire ses idées sans contrôle; secrétaire d'État, M. Maret était habitué à sa dictée vive, ardente, saccadée; il l'arrangeait en phrases moins décousues; M. Maret avait de la déclamation dans le style, une certaine manière de colorer les notes intimes et les manifestes de l'Empereur, quelque teinture d'histoire et de géographie; il citait les traités avec plus ou moins d'exactitude, témoin les prétendus articles du congrès d'Utrecht sur les pavillons, toujours rappelés avec un sang-froid imperturbable. En substituant M. Maret à M. de Champagny, l'Empereur concentrait toutes les affaires dans son cabinet, il simplifiait le travail et le réservait sous sa main. La nomination de M. Maret fut accueillie avec une certaine méfiance [1]; on vit bien que Napoléon voulait secouer tous les obstacles

---

[1] La nomination de M. Maret aux affaires étrangères est du mois d'avril 1811.

de bureau, briser les dernières chaînes qui pouvaient restreindre ses vastes volontés et son ambition immense. Le corps diplomatique n'avait pas grande foi dans la capacité de M. Maret; le secrétaire d'État se donnant des allures impériales, traitait les ambassadeurs avec un air de protection qui n'allait ni à sa naissance ni à la grandeur de son génie. M. Maret était long causeur de salon, avec la prétention au bel esprit; sous prétexte d'imiter les ministres de l'ancien régime, il déployait un grand faste d'aristocratie; il affectait de s'entourer de beaucoup de mystère, et, pour un œil pénétrant, il n'était pas difficile de le deviner, car il y avait de la candeur dans sa foi en sa propre capacité; il était toujours mille moyens, par des liaisons intimes, de connaître le dernier mot de M. Maret, et la diplomatie n'y manquait pas [1].

A cette époque, un certain refroidissement commençait à se manifester entre la Russie et la France. Les hommes qui avaient suivi attentivement les faits politiques depuis le traité de Tilsitt et l'entrevue d'Erfurth avaient dû s'apercevoir qu'une lutte sanglante, immense, s'engagerait tôt ou tard entre les deux empires, alors rapprochés par la seule volonté de leurs souverains. Les pensées qui avaient présidé à l'alliance intime entre Alexandre et Napoléon étaient celles-ci : « Établissement de deux vastes empires, l'un à l'orient, l'autre à l'occident de l'Europe, c'est-à-dire le partage moral du monde; puis, pour éviter l'entrechoc de ces deux souverainetés, on proclamerait la neutralité de certains états intermédiaires, tels que la Prusse, l'Autriche, et la confédération germanique dont Napoléon s'était proclamé

---

[1] M. Maret a été jugé avec trop de sévérité par M. de Pradt; c'était au reste un homme probe et sûr, mais à vues très limitées.

le chef[1]. » Or, depuis l'entrevue d'Erfurth, cet équilibre était brisé ; loin de laisser respirer les États neutres dans leur indépendance, Napoléon s'en était rendu pour ainsi dire maître absolu ; ses armées occupaient la Prusse et ses forteresses ; Dantzick même voyait dans ses murs un corps d'armée sous l'aigle française. Les villes Anséatiques étaient réunies[2] ; le maréchal Davoust commandait à Hambourg, comme Rapp à Dantzick ; on n'avait pas même respecté le grand-duché d'Oldenbourg, quoique le souverain fût allié de la famille impériale de Romanoff. Le duché de Varsovie, qui s'étendait jusqu'au Niémen sous la souveraineté nominale du roi de Saxe, avait une armée puissante, soutenue par des corps français échelonnés sur la Vistule, l'Oder, l'Elbe et le Rhin. La Prusse étouffait sous le poids d'une occupation oppressive ; la Confédération germanique obéissait aux ordres de son protecteur ; l'Autriche, domptée dans la campagne de 1809, venait de se rapprocher de Napoléon par une alliance de famille. Ainsi l'équilibre établi par les conventions de Tilsitt et d'Erfurth était brisé ; il n'y avait plus d'intermédiaire entre les deux empires ; ils pouvaient se heurter comme deux vastes corps en présence dans un frottement immense, semblable à celui de deux planètes au ciel ; restait à savoir quand éclaterait l'épouvantable cataclysme.

---

[1] Voyez sur les conférences d'Erfurth tome VII, chapitre 12, de cet ouvrage.

[2] M. de Hardenberg s'occupait beaucoup de ce passage incessant des troupes françaises.

« Comme la marche des troupes françaises sous les ordres du maréchal d'empire duc de Reggio (Oudinot) a lieu d'après un accord avec la France, ces troupes appartenant à une puissance amie doivent être reçues et traitées avec égard et avec soin. Comme les habitants de cette ville ne doivent être en aucune manière incommodés, le magistrat ne manquera pas de publier aussitôt que possible les règlements à observer pour le logement et le traitement de ces troupes. Le maréchal a donné l'assurance que la discipline la plus stricte serait observée. »  *Signé*, Hardenberg.

D'autres motifs existaient encore d'une inévitable rupture entre le Nord et le Midi. La conséquence des rapprochements des deux empereurs avait été l'adoption par la Russie du système continental ; Alexandre s'était obligé à rompre toute communication avec l'Angleterre, à lui fermer ses ports de la Baltique à la mer Noire. Cette condition inflexible, cette rupture de tout commerce avait excité de violents murmures dans toutes les provinces de la Russie qui ne vivaient que par l'échange des marchandises anglaises contre les produits du sol ; la ruine des boyards et des grands propriétaires était consommée par cet ukase destructeur ; que devenaient le produit des mines et le revenu des vastes forêts ? Autant le Czar Alexandre était disposé à maintenir son alliance politique avec Napoléon, autant le peuple, la noblesse, avaient d'éloignement et de répugnance pour cet homme de la destinée que le clergé russe reproduisait sans cesse sous les traits du génie du mal. Les plaintes étaient devenues si vives à la suite du système prohibitif que le Czar Alexandre lui-même fut obligé de le modifier ; l'opinion publique se soulevait irritée. Un ukase du mois de décembre 1810 [1], en prohibant les vins et les soies de France, modifia le tarif dans un sens favorable à l'Angleterre. Cet ordre fut reçu avec enthousiasme, et la Russie tout entière s'associa à ce retour de son empereur vers les intérêts du commerce ; par cet ukase le système continental éprouvait une large brèche, l'idée de Napoléon cessait d'être réalisable, car elle n'était plus rien dès qu'elle n'était plus universelle. Tant que le commerce anglais trouverait une issue, le continent serait soumis à ses manufactures, et le Czar avait

---

[1] Voyez l'ukase du 19 (31 décembre 1810.

bien senti que Napoléon ne lui pardonnerait pas cette infraction. Tout en gardant les apparences de la paix, l'empereur Alexandre se disposait à la guerre avec une ardeur indicible, et les levées d'hommes se continuaient sur tous les points de la Russie [1]. Tilsitt et Erfurth n'étaient plus qu'une trêve dont le terme allait bientôt expirer ; on préparait les arrangements avec la Porte Ottomane et la Perse, afin de rendre toutes les forces de la Russie disponibles dans le cas d'un choc qu'il était difficile d'éviter, et cette situation n'échappait pas à l'attention vigilante de l'empereur Napoléon. Ce génie impétueux ne reculait jamais devant une idée de bataille.

Presqu'au moment même où M. Maret prit le portefeuille des affaires étrangères, l'ambassade française à Saint-Pétersbourg changea de mains. Tant qu'il s'agissait d'obtenir une correspondance admirative pour Alexandre, M. de Caulaincourt paraissait parfaitement placé auprès de cette cour. Ce prince avait complétement subjugué, fasciné l'ambassadeur ; ses paroles paraissaient sacrées, ses moindres désirs des ordres ; c'était un culte de l'ambassadeur pour le prince auprès duquel il résidait ; M. de Caulaincourt n'était plus capable de suivre, d'apprécier une situation de guerre en dehors de son esprit, de son imagination, j'oserais dire de son amour. Ses dépêches n'offraient plus aucun intérêt véritablement politique : Alexandre lui faisait écrire à peu près ce qu'il

---

[1] *Ukase.*
« Alexandre, par la grâce de Dieu, empereur et autocrate de toutes les Russies, etc., etc.

« La situation présente de l'Europe exige l'adoption de mesures fermes et énergiques et une vigilance infatigable pour mettre notre vaste Empire en état de résister aux entreprises hostiles dont il pourrait être l'objet. Notre brave et courageuse nation russe a été accoutumée à vivre en paix avec toutes les nations voisines ; et quand la tempête a menacé notre empire, les patriotes de tous rangs ont été prêts à tirer l'épée pour défendre la religion et les lois. Les circonstances du moment exigent impérieusement que notre armée soit augmentée. Les forces existantes sont déjà à

voulait. Dans les circonstances délicates qui allaient élever tant de nuages entre les deux grands empires, Napoléon crut indispensable d'avoir un autre envoyé à Saint-Pétersbourg, et il confia cette légation à un de ses aides-de-camp, officier poli et bien né, le général Law de Lauriston, qu'il avait pris en amitié et confiance. Ce n'était point un militaire sans capacité sur le champ de bataille; on pouvait le croire un observateur assez fin pour apprécier la véritable situation de la cour: avait-il assez d'étude pour saisir le véritable caractère du Czar Alexandre, mélange de noblesse et d'ambition, de loyauté et de finesse, expression élevée de cet esprit russe qui tient simultanément à la force et à la fierté du Slave et à l'habileté des Grecs du vieux monde? Le général Law de Lauriston se rendit à Saint-Pétersbourg avec la promptitude d'un courrier; il était porteur de lettres adressées par Napoléon au Czar dans les termes d'une grande intimité; personnellement bien accueilli, il ne jouit pas de la faveur qu'avait obtenue M. de Caulaincourt. Les dépêches de M. de Lauriston ont néanmoins une portée militaire; il entretient l'Empereur des préparatifs que fait la Russie dans l'objet d'une guerre prochaine et inévitable; c'est qu'en effet ces préparatifs, aussi secrets que prompts, s'opéraient sur une vaste échelle.

A Paris, l'empereur Alexandre était toujours représenté par le prince Kourakin, très prononcé pour la paix,

leur poste pour défendre l'Empire; leur courage est connu de l'univers. Elles jouissent de la confiance de leur empereur et du gouvernement. Leur fidélité et l'amour de leur patrie les rendront invincibles, et elles sauront résister à des forces très supérieures.

« Afin d'assurer encore davantage l'indépendance et le bien-être de l'Empire par des mesures que nous ont dictées la prévoyance et notre sollicitude pour le bien de nos sujets, nous ordonnons :

« Que dans tout l'Empire il soit levé deux recrues sur cinq cents hommes ;

« Que cette levée commencera à se faire dans tous les gouvernements deux semaines après le reçu du présent ukase, et sera achevée dans l'espace d'un mois. »

et qui s'était fait des habitudes de luxe et d'ostentation au milieu de la cour impériale. S'il n'était pas sans quelque intelligence des événements, la situation échappait un peu à ses préoccupations de mollesse; auprès de lui, Alexandre avait placé des conseillers d'ambassade d'une éminente capacité, et parmi eux on avait compté longtemps M. de Nesselrode que sa cour, juste appréciatrice de services incontestables, venait d'élever à un poste plus important dans le cabinet de l'empereur; sans avoir la portée du comte de Metternich, M. de Nesselrode avait fait une étude profonde, avancée, de tous les événements et de toutes les transactions qui depuis des siècles avaient élevé la Russie à son apogée de grandeur et de puissance.

Parmi les agents les plus actifs de la diplomatie russe se trouvait toujours l'aimable et habile comte de Czernicheff, le messager assidu du Czar Alexandre, le favori de son palais, le dépositaire de sa confiance; Czernicheff faisait incessamment les voyages de Saint-Pétersbourg à Paris en véritable Richelieu, tournant la tête à toutes les princesses de la cour de Napoléon [1]; on ne parlait que de lui, de sa tournure élégante et *guêpée*, comme le dit une femme aux longs souvenirs; c'était l'engouement du jour. M. de Czernicheff n'avait pas comme le comte de Metternich une figure spirituelle, une tournure noble, élevée, sous l'habit rouge au revers en velours noir des chevaliers de Malte comme l'ambassadeur d'Autriche en 1807; M. de Czernicheff était un grand jeune homme, blond, aux traits moitié tartares et allemands, ce qui indiquait la double origine de son blason,

---

[1] Voyez les Mémoires de madame d'Abrantès; elle ne partagea pas l'engouement général pour ce beau diplomate; elle ne lui trouva rien d'extraordinaire.

valsant avec la rapidité d'une boule lancée dans un mail, sémillant, joueur, dépensier, brave, disait-on, comme son épée, et avec cela le favori des femmes, le seul officier peut-être à qui Napoléon adressa quatre ou cinq fois la parole dans un même bal ; on lui donnait partout des maîtresses, bien haut et bien bas ; mais apportant un tel discernement dans ses choix, que presque toutes étaient pour lui des moyens d'observation diplomatique.

Il en était une surtout parmi elles qui, très rapprochée des confidences de M. Maret, lui faisait part de toutes les résolutions du cabinet, et c'était inappréciable pour le jeune officier. Le comte de Czernicheff se montrait encore plus dissipé qu'il ne l'était réellement ; on voyait sa voiture dans une maison de jeu, sa livrée chez une femme à la mode, ses grands laquais à l'Opéra ou chez une actrice célèbre ; tout cela pour tromper la police ; et pendant ce temps, lui seul, déguisé, allait furtivement s'enfermer avec un commis de la guerre, ou quelques femmes souvent vulgaires mais bien instruites des secrets du cabinet[1]. Ce manége allait si bien, qu'à l'aide des confidences d'un nommé Michel, le comte de Czernicheff obtint tous les mystères du mouvement qui se préparait contre la Russie ; il eut le pied de guerre des régiments, le personnel des troupes de la garde impériale et de la ligne, tout ce qui pouvait intéresser la Russie au cas d'une grande guerre ; et pendant ce temps l'aide-de-camp, nouveau Fiesque, fai-

---

[1] De là naquit la triste affaire de Michel. Ce fut la lettre qu'on va lire, trouvée dans hôtel du jeune officier russe, qui mit sur les traces du complot :

« Vous m'accablez par vos sollicitations, puis-je faire plus que je ne fais pour vous ? Que de désagrément j'éprouve pour mériter une récompense fugitive !

« Vous serez surpris, demain, de ce que je vous donnerai. Soyez chez vous à sept heures du matin. Il est dix heures ; je quitte ma plume pour avoir la situation de la grande armée d'Allemagne.

« A demain, à sept heures du matin. »

M.

sait d'incessants voyages de Paris à Pétersbourg et de Pétersbourg à Paris. Le général Savary, qui avait à se venger de quelques infidélités publiques, commanda au poëte Esménard un article qui faisait allusion à l'élégant comte de Czernicheff : on y rappelait l'histoire de Potemkim, ce favori de Catherine II, qui faisait mille voyages pour une fleur, pour une mode, et avait conquis sa faveur par ces légèretés. Le rapprochement était piquant ; le jeune comte s'en plaignit ; aussitôt toutes les femmes furent pour lui ; on attaquait leur idole ; Napoléon, qui n'était peut-être pas étranger à l'article, ordonna l'exil d'Esménard, il ne voulait point rompre trop brusquement avec la Russie ; il avait donné une leçon, et cela suffisait. Esménard [1] dut voyager en Italie ; les fonds de l'Empereur en payèrent les frais ; une catastrophe à la manière antique finit la vie d'Esménard ; des chevaux fougueux l'entraînèrent sur la route de Naples, et il se brisa le crâne aux vastes rocs d'un précipice.

Czernicheff continuait ses observations à Paris, sous l'aile de Napoléon même, son plus chaud protecteur. Le jeune comte voyait bien car il voyait haut ; il fit encore deux voyages rapides, tandis qu'une négociation sérieuse et diplomatique se continuait entre les deux cabinets de Saint-Pétersbourg et de Paris. Les notes de M. Maret portaient sur plusieurs points essentiels ; dans la situation respective des deux puissances, Napoléon demandait les motifs réels des armements que préparait la Russie depuis six mois ; des ukases multipliés appelaient quatre hommes sur mille : on parlait des rassemblements de corps d'armées sur les frontières mêmes du grand-duché de Varsovie : de telles mesures étaient tout

---

[1] Esménard avait l'imagination ardente d'un Provençal ; il était de Pélisanne.

à fait en dehors des conditions pacifiques stipulées aux traités de Tilsitt et d'Erfurth ; elles supposaient un dessein de guerre : par quel motif expliquer l'ukase qui modifiait le système continental, à ce point de prohiber les marchandises de France au profit du commerce anglais ? était-ce là le sens des dispositions arrêtées entre les deux souverains ? était-ce ainsi que devaient agir deux gouvernements unis par un principe d'alliance ?

Les griefs de la Russie contre l'empereur Napoléon n'étaient pas moins graves ; quand il s'agissait de précautions militaires, Napoléon n'était pas homme à rester en arrière ; que de choses accomplies ! depuis Erfurth la Hollande était réunie, les provinces anséatiques après les Pays-Bas ; l'Illyrie restait au pouvoir des Français, et tout récemment le duché d'Oldenbourg avait été envahi sous le simple prétexte que son territoire était dans les convenances du système continental : comment se plaindre des armements de la Russie, lorsque la vieille Prusse était occupée et que Dantzick même avait dans ses murs une armée française prête à franchir le Niémen? Les bases essentielles sur lesquelles avaient reposé les traités de Tilsitt et d'Erfurth étaient ainsi ouvertement violées ; les puissances intermédiaires n'existaient plus entre les deux vastes empires ; la Prusse restait sans indépendance, l'Autriche semblait se lier de plus en plus au système de Napoléon. En aucun cas l'Empereur des Français n'aurait voulu abandonner un seul point de sa politique en Europe : reculer n'était pas un mot qui pût entrer dans son vocabulaire, son système était une destinée inflexible qu'il fallait accomplir ; il avait d'ailleurs de justes compensations à opposer? La Russie n'était-elle pas maîtresse de la Finlande et ne l'avait-on pas laissée librement agir dans la Moldavie et la

Valachie? Les réunions opérées par l'Empereur des Français pouvaient-elles équivaloir aux conquêtes accomplies par l'empereur Alexandre? Cet échange de notes diplomatiques se continuait entre M. Maret, sous la dictée de l'Empereur, et le prince Kourakin qui recevait ses instructions directement de Saint-Pétersbourg ; le ton était poli, amical, et les armements se continuaient dans des proportions extraordinaires [1]; si l'on se ménageait par les paroles, on se menaçait par les armes ; l'œil le moins exercé pouvait voir que la France et la Russie se heurteraient dans une lutte puissante et acharnée ; l'instant arrivait où les deux empires, comme les héros d'Homère, se menaçaient du geste et de la voix avant de saisir leur pesante armure.

Cette situation du cabinet russe n'avait pas échappé à l'Angleterre, qui réchauffait sur tous les points de l'Europe les éléments hostiles au pouvoir de Napoléon. Les modifications que l'empereur Alexandre avait apportées au système continental, la libre entrée des marchandises anglaises, l'ukase du mois de décembre 1810, toutes ces mesures avaient successivement rapproché la Russie de l'Angleterre ; tous les hommes de quelque portée à Londres apercevaient que la lutte serait inévitable entre Napoléon et Alexandre. Le parti anglais était nombreux à Saint-Pétersbourg ; des relations intimes existaient entre la vieille aristocratie des tories et la noblesse russe ; des agents secrets sillonnant toutes les provinces, agissaient près de toutes les cours; bientôt l'on passerait d'une bienveillance intime à une alliance formidable.

L'Angleterre, travaillée par quelques séditions d'ouvriers et un certain malaise d'industrie, déployait néan-

---

[1] Je donnerai plus tard cette correspondance diplomatique.

moins une énergie de volonté remarquable à cette époque difficile. Ce fut, en effet, la période où la puissance britannique se manifesta dans toute sa force de haine et d'habileté; Napoléon la pressait de toutes parts, il l'attaquait par tous les points, le commerce, l'industrie; le système continental lui interdisait les deux tiers de l'Europe; les embouchures du Rhin, de l'Elbe lui étaient fermées; depuis Dantzick jusqu'à l'Illyrie, elle n'avait pas une seule côte à elle; dans l'intérieur, la question des catholiques s'était réveillée plus vive que jamais; lord Wellesley se retirait du ministère parce que leur pétition n'était point accueillie; des troubles agitaient les districts manufacturiers, le peuple se levait en masse. La répression fut dure et implacable, et pour la première fois, à la chambre haute, on entendit la voix poétique de Byron réclamer quelque adoucissement à la loi fatale qui punissait de mort tout ouvrier qui brisait un métier. Le prince régent, investi de la plénitude du pouvoir royal, avait cherché des remèdes efficaces à une situation si difficile, en sollicitant ses anciens amis, les wighs, de lui prêter aide dans une administration mixte et commune. Grenville et Grey[1] reçurent des communications intimes du prince afin de s'entendre sur la constitution d'un cabinet fort et national; ils firent des conditions bien dures pour prêter leur concours; exigeant le renvoi de tous les officiers du palais attachés à la personne du prince régent, ils demandèrent des places au conseil pour eux et leurs amis, et la disposition entière de tous les emplois, et encore ne donnèrent-ils au prince régent qu'un plan incomplet de poli-

---

[1] *Annual Register*, ad ann. 1811-1812.

tique extérieure, dans des négociations qu'il fallait conduire avec tant de tenue et de fermeté !

Ces négociations se poursuivaient au moment où M. Perceval tombait, en pleine séance du parlement, sous les coups d'un assassin obscur que la vengeance et l'esprit de parti avaient armé, catastrophe inattendue qui bouleversa de nouveau toutes les combinaisons de cabinet. Lors de la démission du marquis de Wellesley, lord Castlereagh; ministre de la guerre sous l'administration Canning, avait accepté la direction des affaires étrangères ; élève de Pitt, il en avait la ténacité, sans avoir pourtant ces vastes combinaisons de génie qui mesurent et dominent les destinées d'un empire. A aucun prix les lords Grey et Grenville ne pouvaient s'entendre avec lord Castlereagh; les négociations avec les wighs tout à coup interrompues, lord Liverpool, encore l'un des modérés de l'école de Pitt, accepta la direction du cabinet. Liverpool pouvait s'entendre avec lord Castlereagh, c'étaient les mêmes opinions avec des caractères différents, tous deux tendant au même but, la haine implacable contre le système continental de Napoléon[1]. Grande tâche que conduire la destinée du gouvernement britannique au moment où se formait, en effet, le cabinet Liverpool-Castlereagh; la situation de l'Angleterre était grande encore, mais bien délicate et embarrassée ; indépendamment de la guerre avec la France, l'Angleterre se trouvait exclue commercialement et politiquement d'une vaste partie des contrées de l'Europe ; elle se vengeait de cet état négatif auquel on voulait la réduire ; son matériel de vaisseaux de guerre innombrable portait son pavillon partout ; elle entretenait

---

[1] Le nouveau ministère ne fut complété qu'en juin par les nominations suivantes : lord Eldon chancelier ; les lords Harrowby, Sidmouth, Bathurst, Melville, Westmoreland, Mulgrave.

une armée nombreuse en Espagne, en Portugal, en Sicile, en Sardaigne et dans plusieurs des îles de l'Archipel; elle attaquait toutes les colonies; son drapeau paraissait à Rio-Janeiro, à Buénos-Ayres; habile à tout épier, elle allait en tout lieu, la bourse à la main, pour chercher des ennemis à Napoléon, et le personnel de sa diplomatie était si rompu aux négociations secrètes que sur tous les points du globe on trouvait des agents anglais : un cabinet prenait-il les armes contre la tyrannie du système continental, aussitôt l'Angleterre lui offrait des subsides; sa diplomatie était la plus habile; quand ses ambassadeurs ne pouvaient trouver accès auprès des rois et des ministres, ils s'adressaient à la haute aristocratie, à la noblesse jalouse de l'éclat que jetait l'empire de Napoléon.

L'Europe était ainsi travaillée contre le génie qui dirigeait les destinées de la France; tout marchait avec unité, comme si une main mystérieuse en dirigeait les ressorts. Indépendamment des puissances de l'Europe qui lui fermaient leurs ports, l'Angleterre allait se trouver engagée dans une lutte nouvelle et inattendue. D'après les dispositions des décrets de Berlin et de Milan, Napoléon fermait le continent à l'Angleterre, et cette puissance avait répondu par des mesures non moins implacables. « Les neutres peuvent être visités, disait l'Angleterre. — S'ils sont visités, répondait Napoléon, ils se dénationalisent, et je les déclare de bonne prise. » La Grande-Bretagne avait néanmoins continué la visite des neutres, et elle avait proclamé le droit (nécessité impérative pour elle) de s'emparer des matelots neutres pour les employer à son service. Quand elle avait besoin de compléter ses équipages, elle prenait sans scrupules les matelots américains, danois, suédois [1]; elle croyait que c'était son droit de reine des mers, en vertu du *dominium maris* de Selden. Les États-Unis d'Amérique s'étaient plaints soit à la France, soit à l'Angleterre, de ce mépris des priviléges de la neutralité; Napoléon leur avait répondu en les poussant à la guerre par des offres brillantes, leur déclarant qu'ils étaient appelés à venger les droits des neutres. A peine le cabinet Castlereagh-Liverpool était-il établi que les États-Unis menacèrent la Grande-Bretagne d'une prise d'armes maritime; les hostilités commencèrent dans le Canada. Les circonstances pour une guerre atlantique étaient bien choisies par les Américains; jamais de plus grands embarras n'avaient surgi en Angleterre : en hostilité partout, sa marine avait besoin de surveiller les flottes de France depuis Anvers jusqu'à l'Adriatique, et par une prise d'armes soudaine, les Américains jetaient leurs vaisseaux légers, leurs frégates bonnes marcheuses, contre le pavillon anglais. Napoléon applaudit à une telle résolution de l'Amérique du Nord, car elle était une diversion puissante à ses desseins; il se hâta de négocier une alliance intime.

A ce moment néanmoins le cabinet des Tuileries voulut donner un témoignage public de sa modération [2]

---

[1] Voyez les notes des ministres américains, avril 1811 à février 1812.

[2] *Lettre de M. Maret à lord Castlereagh.* Paris, 17 avril 1812.

« Monsieur, S. M. l'Empereur et Roi, toujours animée des mêmes sentiments de modération et de paix, a voulu faire de nouveau une démarche authentique et solennelle pour mettre un terme aux malheurs de la guerre. La grandeur et la force des circonstances dans lesquelles le monde se trouve aujourd'hui placé déterminent Sa Majesté. Elle m'autorise, monsieur, à vous entretenir de ses dispositions et de ses vues.

« Beaucoup de changements ont eu lieu en Europe depuis dix ans : ils ont été la suite de la guerre qui s'était allumée entre la France et l'Angleterre. Beaucoup de changements arriveront encore, et ils résulteront de la même cause. Le caractère particulier que la guerre a pris peut ajouter à l'étendue et à la durée de ces résultats. Des principes exclusifs et arbitraires ne peuvent se combattre que par une opposition sans mesure et sans terme ; et le

NOTE DE LA FRANCE A L'ANGLETERRE (AVRIL 1812). 45

avant de se jeter dans une vaste campagne. Toutes les fois que l'Empereur préparait une puissante guerre d'extermination, il mettait un certain prix à constater que ce n'était pas lui qui provoquait les hostilités; s'il marchait sur de nouveaux champs de bataille, à qui la faute? n'avait-il pas appelé la paix de tous ses vœux? les pièces officielles étaient là, et il avait écrit à Londres, à Saint-Pétersbourg. Cette manière d'agir le mettait à même de demander ces grandes levées d'hommes qui servaient à ses desseins; à l'approche de chaque guerre nouvelle, Napoléon avait fait les mêmes démarches, à Tilsitt, à Erfurth; et en remontant plus haut, n'avait-il pas écrit de sa main au souverain de la Grande-Bretagne dès son avénement à l'Empire pour lui proposer la paix? Cette fois, M. Maret s'adressa, par une démarche officielle, à lord Castlereagh : c'étaient les phrases d'humanité et de philanthropie que l'on retrouve dans tous les actes pu-

système de la préservation et de la résistance doit avoir le même caractère d'universalité, de persévérance et de vigueur.

« La paix d'Amiens, si elle avait été maintenue, aurait prévenu bien des bouleversements. Je renouvelle le vœu que l'expérience du passé ne soit pas perdue pour l'avenir.

« Sa Majesté s'est souvent arrêtée devant les perspectives des triomphes les plus certains, et en a détourné ses regards pour invoquer la paix. En 1805, tout assurée qu'elle était des avantages de sa position, et quelque confiance qu'elle dût à ces présages que la fortune devait si tôt réaliser, elle fit au gouvernement de S. M. B. des propositions qui furent éludées sur le motif que la Russie devait être consultée. En 1808, de nouvelles propositions furent faites de concert avec la Russie : l'Angleterre allégua la nécessité d'une intervention qui ne pouvait être que le résulat de

la négociation elle-même. En 1810, Sa Majesté ne pouvant se dissimuler plus longtemps que les arrêts du conseil britannique de 1807 rendaient la conduite de la guerre incompatible avec l'indépendance de la Hollande, autorisa des ouvertures indirectes qui tendaient également à la paix, elles n'eurent aucun effet, et de nouvelles provinces durent être réunies à l'Empire.

« Le moment présent rassemble à la fois toutes les circonstances des diverses époques où Sa Majesté montra les sentiments pacifiques qu'elle a constamment éprouvés, et qu'elle m'ordonne de manifester aujourd'hui.

« Les calamités qui désolent la péninsule et les vastes contrées de l'Amérique espagnole doivent exciter l'intérêt de toutes les nations, et les animer d'une égale sollicitude pour les voir cesser.

« Je m'exprimerai, monsieur, d'une ma-

blics du cabinet : « L'empereur Napoléon voulait la paix immédiate, générale, pour l'Italie, pour l'Espagne, pour le monde entier; assez de sang avait coulé; si l'Angleterre persistait dans sa guerre implacable, les malheurs qu'elle avait suscités retomberaient sur sa tête; » style habituel de M. Maret lorsqu'une pièce diplomatique était destinée à la publicité. Lord Castlereagh, en réponse à ce document, réduisit la question à plus de netteté; sortant de ce vague et de ces généralités un peu banales, il en revint aux questions positives; M. Maret avait offert une sorte de *statu quo* dans l'*uti possidetis*, c'est-à-dire, à l'Angleterre ce qu'elle avait conquis, pourvu qu'on réservât à la France ce qu'elle possédait aussi. Sur tout cela, lord Castlereagh demanda des explications : « Qu'entendait-on par le roi d'Espagne maintenu dans sa souveraineté? L'Angleterre ne reconnaissait que Ferdinand VII; sans cette reconnaissance il était impossible de traiter. Qu'en-

---

nière que V. E. trouvera conforme à la franchise de la démarche que je suis chargé de faire; et rien n'en montrera mieux la grandeur et la loyauté que les termes précis du langage qu'il m'est permis de tenir. Dans quelles vues, et pour quels motifs m'envelopperais-je de formes qui ne conviennent qu'à la faiblesse qui a seule intérêt de tromper?

« Les affaires de la péninsule et des Deux-Siciles sont les différends qui paraissent les plus difficiles à concilier. Je suis autorisé à vous proposer d'en établir l'arrangement sur les bases suivantes.

« L'intégrité de l'Espagne serait garantie, la France renoncerait à toute extension du côté des Pyrénées; la dynastie actuelle serait déclarée indépendante, et ce royaume régi par une constitution des Cortès.

«L'indépendance et l'intégrité du Portugal seraient également garanties à la maison de Bragance, qui continuerait à y régner.

« Le royaume de Naples resterait au roi Joachim.

« Le royaume de Sicile serait garanti à la maison actuelle de Sicile.

« Par suite de ces stipulations, l'Espagne, le Portugal et la Sicile seraient évacués par es troupes françaises et anglaises de terre et de mer.

«Chaque puissance garderait ce que l'autre ne pourrait pas lui ôter par la guerre.

« Telles sont, monsieur, les bases de conciliation et de rapprochement offertes à S. A. R. le prince régent.

« S. M. l'Empereur et Roi ne calcule dans cette démarche ni les avantages, ni les pertes que la guerre, si elle est plus longtemps prolongée, peut présager à son Empire. Elle se détermine par la seule considération des intérêts de l'humanité et du repos des peuples. Et si cette quatrième tentative doit être sans succès, comme

tendait-on par le roi de Naples et de Sicile ? L'Angleterre ne reconnaissait que la branche des Bourbons pour souverains légitimes de ces contrées. Si le chef du gouvernement français comprenait dans un autre sens les souverainetés européennes, il n'y avait pas moyen de se rapprocher et de s'entendre, car des traités positifs liaient l'Angleterre avec les rois et les souverains de ces pays. » Dans le fait, aucun des deux cabinets en négociation n'avait envie de faire la paix ; ni M. Maret ni lord Castlereagh ne pensaient à un rapprochement réel ; trop d'intérêts étaient en opposition, et la guerre devait continuer implacable entre les deux puissances rivales.

Rien ne pouvait se comparer à la situation abaissée de la Prusse, même après l'entrevue d'Erfurth. Ce n'était pas assez des conditions qu'elle avait subies dans les traités et les conventions; l'empereur Napoléon avait exigé d'elle des sacrifices incessamment répétés ; les places fortes étaient occupées par des garnisons aussi nombreuses que des corps

celles qui l'ont précédée, la France aura du moins la consolation de penser que le sang qui pourrait couler encore retombera tout entier sur l'Angleterre.

« J'ai l'honneur, monsieur, d'offrir à Votre Excellence l'assurance de ma haute considération. »

*Signé*, Le duc de Bassano,
Ministre des relations extérieures.

*Réponse de lord Castlereagh.*

« Monsieur, la lettre de V. E. du 17 de ce mois a été reçue et mise sous les yeux du prince régent.

« S. A. R. a cru qu'elle devait à son honneur, avant de m'autoriser à entrer dans aucune explication sur l'ouverture transmise par V. E., de s'assurer du sens précis que le gouvernement français attache au passage suivant de la lettre de V. E. : « La dynastie actuelle sera déclarée indépendante, et l'Espagne sera gouvernée par la constitution nationale des Cortès. »

« Si, comme le craint S. A. R., le sens de cette proposition est que l'autorité royale en Espagne, et le gouvernement établi par les Cortès, seront reconnus résider dans le frère du chef du gouvernement français et les Cortès formées sous son autorité, et non dans le souverain légitime, Ferdinand VII, et ses héritiers, et l'assemblée extraordinaire des Cortès, investies en ce moment du pouvoir du gouvernement dans ce royaume, en son nom, et par son autorité ; j'ai ordre de déclarer franchement et explicitement à V. E. que les devoirs de la bonne foi ne permettent pas à S. A. R. de recevoir la proposition d'une paix fondée sur cette base.

« Mais si les expressions citées ci-dessus s'appliquent au gouvernement actuel d'Espagne qui exerce l'autorité souveraine au nom de Ferdinand VII ; sur une assurance de V. E. à cet effet, le prince régent sera disposé à entrer en explication sur la base

d'armée ; les principales villes se trouvaient sous le régime militaire des Français, levant des contributions avec une rigueur impitoyable, qui n'admettait aucun ménagement [1]. Lorsque le dévouement de M. Hardenberg se chargea des affaires de la monarchie, esprit d'un ordre très élevé, il vit tout ce qu'avait d'affreux pour son pays cette situation; le roi Frédéric-Guillaume versait des pleurs abondants sur la mort de la reine Louise, héroïne nationale ; l'héritage du grand Frédéric lui paraissait un fardeau. Plus il y avait d'abaissement, plus on devait redouter un de ces coups de désespoir qui jetteraient la Prusse dans une révolte ; quand on a le front trop abaissé on éprouve un besoin de relever la tête et d'essayer la vengeance ; il en est des nations comme des individus, on ne les flétrit pas toujours impunément ; vient une journée où il faut compter avec le désespoir.

Depuis le ministère de M. Hardenberg l'esprit public s'était un peu régularisé ; l'homme d'État avait d'a-

qui a été transmise pour être soumise à la considération de S. A. R.; son désir le plus ardent étant de contribuer, de concert avec ses alliés, au repos de l'Europe, et à une paix qui soit à la fois honorable non seulement à la Grande-Bretagne et à la France, mais aussi aux États qui sont en relations d'amitié avec chacune des deux puissances.

« Ayant fait connaître sans réserve les sentiments du prince régent relativement à un point sur lequel il est nécessaire de s'entendre clairement avant toute discussion ultérieure, je me conforme aux instructions de S. A. R. en évitant tout commentaire superflu et toute récrimination sur les objets particuliers de votre lettre. Je pourrais avec avantage justifier la conduite du gouvernement britannique aux époques auxquelles V. E. fait allusion, en me référant à la correspondance qui a eu lieu à ces époques, et au jugement que le monde en a depuis longtemps porté.

« Quant au caractère particulier que, malheureusement, la guerre a pris, et au principe arbitraire que V. E. dit avoir marqué son cours, tout en niant que ces maux puissent être attribués au gouvernement anglais, je puis assurer V. E. qu'il déplore sincèrement leur existence, parce qu'ils aggravent sans nécessité les calamités de la guerre, et que son plus ardent désir, soit qu'il soit en paix ou en guerre avec la France, est de voir les relations entre les deux pays rétablies sur les principes qui ont été suivis dans des temps antérieurs. »

Castlereagh.

[1] Le roi de Prusse cherchait tous les moyens de calmer la haine de celui qui se plaisait à l'opprimer. Sur une insinuation, qui pouvait être considérée comme un ordre, il écrivit, le 14 mai 1811, au général Krusemarck, son ministre à Paris : « Je pro-

bord songé à restaurer les finances de la Prusse, si considérablement arriérées à la suite des contributions imposées au nom de la France. L'opinion du ministre était : « que si l'argent reprenait sa circulation habituelle, les hommes ne manqueraient pas à la patrie, ni les armes aux soldats. » M. de Hardenberg avait adopté un mode de recrutement parfaitement combiné pour créer une armée au premier coup de baguette. Les traités secrets ne permettaient pas à la Prusse d'avoir un état militaire au-dessus de 30,000 hommes ; le roi exécutait strictement cette condition, les finances d'ailleurs ne permettaient pas davantage; mais par le nouveau mode de recrutement chaque année il rentrait 30,000 hommes dans leurs foyers ; on appelait sans cesse de nouvelles recrues qui s'exerçaient aux armes pendant un an, puis rentraient en réserve ; dès que la patrie donnerait le signal on rappellerait les congédiés, soldats éprouvés déjà, ce qui pourrait élever immédiatement l'effectif de l'armée prussienne de 100 à 120,000 hommes sans frais et sans dépenses. Ensuite, des forces extraordinaires se trouvèrent à la disposition de la Prusse par les sociétés se-

fite avec plaisir de l'interpellation de S. M. l'Empereur des Français pour lui proposer, à cette fin et pour tous les cas, une alliance offensive et défensive en vertu de laquelle, dans toutes les guerres qui ne seraient pas étrangères aux intérêts de ma monarchie, et où la France se trouverait engagée, soit en Allemagne, soit sur les confins de la Prusse, celle-ci mettrait à la disposition de la France un corps de troupes auxiliaires proportionné à ses facultés, de la force duquel on conviendrait encore plus particulièrement. De son côté, S. M. I. garantirait l'indépendance et l'intégrité de l'état actuel des possessions prussiennes, et m'assurerait sa puissante assistance et les secours nécessaires toutes les fois que je me croirais dans le cas de les réclamer. Elle ferait de plus, par sa haute intervention, entrer dans cette alliance les membres de la Confédération du Rhin et le duché de Varsovie. Les troupes auxiliaires prussiennes n'agiraient que réunies dans un seul corps conduit par un officier supérieur de leur nation, et obéiraient à ses ordres spéciaux. Ce corps serait employé de préférence à la défense de la Prusse et de ses frontières, mais il concourrait à l'exécution du plan d'opérations. Sous ce rapport, il serait sous les ordres immédiats de S. M. l'Empereur et Roi, ou sous les ordres du commandant en chef que S. M. I. préposerait à l'armée entière. Le cas de guerre échéant, on conviendrait de ce qui

crètes que le baron de Stein dirigeait, et toutes en rapports avec M. de Hardenberg, esprit aussi libéral de principes qu'étendu de vues et de desseins.

La Prusse se trouvait donc dans une situation complexe bien essentielle à remarquer pour l'intelligence des faits ultérieurs. Si on la considérait dans ses rapports publics avec Napoléon, elle était descendue au dernier degré dans la hiérarchie; mais au fond de sa nationalité, elle avait des ressources, des forces, une armée de réserve facilement réunie, le patriotisme des universités, les finances bien administrées, et à sa tête un homme d'État de la capacité la plus incontestable, M. de Hardenberg, caractère de fermeté et de ménagement, appelé par la nature même de ses œuvres, de ses amitiés, de ses antécédents, à saisir toutes les éventualités d'une situation qui pourrait rendre à la Prusse son éclat et sa force. M. de Hardenberg avait désigné pour ministre à Paris M. le baron de Krusemarck, homme d'esprit, diplomate élevé à son école; sa position n'était pas tenable auprès du cabinet des Tuileries; en butte d'abord à toutes les boutades de Napoléon qui se permettait tant de choses avec les faibles, il avait à soutenir

concerne la marche et le passage des troupes d'après les besoins et les circonstances du moment; mais en attendant, les troupes françaises qui entreraient dans mes États ou les traverseraient ne pourraient marcher que par leurs routes militaires, stipulées conformément aux conventions subsistantes, l'épuisement des ressources de la Prusse mettant dans l'impossibilité de suffire aux frais que me causeraient ces nouveaux engagements, à moins qu'il ne plaise à l'Empereur de me faciliter les moyens de les remplir. »

(Mémoires de M. de Hardenberg.)

Une lettre du baron de Hardenberg, ou plutôt un ordre transmis par ce ministre au général de Krusemarck, en date du 30 août 1811, contenait ce qui suit : « Si les motifs de ménagement pour la Russie, qui ont engagé l'empereur Napoléon à surseoir à toute explication sur les propositions d'alliance que le roi lui a faites dans le cours du mois de mai dernier, ont pu à cette époque paraître plausibles à S. M., il n'en est pas de même aujourd'hui que les préparatifs guerriers de la France contre cette puissance ont pris et prennent encore tous les jours un caractère plus imposant, et que S. M. I., trop grande pour dissimuler, ne cache pas à la cour de Pétersbourg elle-même le but éventuel de ces mesures. Nous armons donc, puisque les circonstan-

l'orgueil protecteur de M. Maret qui le traitait avec cette puérile fierté que l'on supporte difficilement en toute hypothèse et que le génie même ne fait point excuser. Les instructions de M. de Krusemarck se résumaient en ces paroles : « Bien expliquer à l'empereur Napoléon que la situation de la Prusse n'est pas tenable, telle qu'elle se trouve ; le peuple échappe au cabinet ; il lui faut du soulagement. On devait rendre à la Prusse l'honneur et la force, et cela pouvait résulter d'une alliance sincère ; le roi Frédéric-Guillaume la désirait ; elle était d'autant plus indispensable que le cabinet de Berlin devait prendre un parti dans l'état d'effervescence des esprits allemands. Le roi de Prusse s'en rapportait à la sagesse et à la juste appréciation de l'Empereur dans une position aussi délicate. »

Ces premières démarches de M. Krusemarck, qui dataient de 1811, n'avaient pas obtenu de résultat ; on les avait à peine écoutées ; Napoléon prenait plaisir à abaisser la monarchie de Frédéric sans s'inquiéter de ses murmures ; il en retirait de l'argent[1], il occupait ses forteresses, que pouvait-il désirer de plus ? Mais

---

ces en imposent impérieusement le devoir au roi, et que mieux vaut, comme je l'ai dit à M. de Saint-Marsan (ambassadeur de France à Berlin), mourir l'épée à la main que de succomber avec opprobre ; mais c'est pour la France que nous armons si elle veut d'un allié fidèle, et si, s'arrangeant de gré à gré avec nous, elle préfère sincèrement notre libre assistance à cette lutte dont la voix de ses guerriers nous menace, lutte qui, de la part du roi, ne pourrait jamais être que celle du dernier désespoir. Voilà, mon cher général, ce que j'ai exposé avec franchise à M. de Saint-Marsan, en lui donnant en même temps des renseignements authentiques sur les moyens que nous avons de rendre notre alliance utile à son auguste souverain. Il sait que toutes nos forteresses sont ou vont être dans un état de défense respectable ; il sait que le signal nous en étant donné, il ne nous faudrait que peu de temps pour mettre 100,000 hommes sur pied. Le comte de Saint-Marsan a paru pénétré de la loyauté de nos déclarations et les juge propres à faire un effet favorable sur l'esprit magnanime de l'Empereur. »

[1] Le roi de Prusse cherchait à gagner les bonnes grâces de Napoléon en promulgant des ordres sur le système continental.

*Ordonnance du roi de Prusse.*

« Afin de rendre encore plus complètes nos ordonnances qui ont pour objet l'interruption de tout commerce avec l'An-

lorsqu'il songea sérieusement à son expédition de Russie, il comprit alors qu'une alliance avec la Prusse pourrait lui être utile pour assurer la marche de ses troupes à travers l'Allemagne du nord, et obtenir un corps auxiliaire s'avançant vers Kœnigsberg et Riga, tandis que lui manœuvrerait sur le centre du vaste empire moscovite.

Cette alliance ne fut point négociée avec équité comme l'avait comprise M. de Krusemarck ; Napoléon l'imposa subitement, comme il l'entendit et dans les proportions à sa convenance, sans permettre une réflexion. Un petit billet en quelques lignes de M. Maret ne laissa plus aucune alternative à la Prusse sur le parti à prendre dans les vingt-quatre heures ; M. Maret déclarait à M. de Krusemarck, *son cher baron* : « Que l'existence de la Prusse était compromise si elle hésitait un seul moment à accepter les conditions proposées [1] ; » il y avait dans ce petit billet un ton d'insolence et de vanité qui devait aller au cœur d'un gouvernement et d'un peuple. M. de Krusemarck obéit aux ordres de M. Maret ; une formule de traité fut envoyée par le cabinet et transformée en conven-

---

gleterre et ses colonies, et rendre illusoires toutes les tentatives pour les éluder :

« A compter du jour de la publication de la présente, toute importation, de la Russie, des productions coloniales est prohibée sans exception ; tous produits coloniaux, venant de la Russie par terre, dans nos provinces, soit qu'ils aient payé ou non, en Russie, le *tarif continental,* ou autres tarifs existants, et quoiqu'ils soient accompagnés de certificats non suspects d'origine conformément au *système continental*, seront confisqués, sans autres formalités quelconques, au profit de notre trésor. Le commerce des autres marchandises continuera d'être permis entre la Russie et nos États. Les produits coloniaux déjà importés, et ceux qui viendraient de la France (qui les tire de l'Angleterre, puisqu'il n'y a que l'Angleterre qui ait des colonies), ou des autres états qui observent strictement le système continental, seront accompagnés d'un certificat de notre assise, déclarant qu'ils ne viennent pas de la Russie, sous peine de confiscation. »

Frédéric-Guillaume.

Charlottenbourg, 15 avril 1812.

[1] *Billet de M. Maret à M. de Krusemarck.*

« Mon cher baron, le moment de prononcer sur le sort de la Prusse est enfin venu. Je ne puis vous cacher que cette question est pour elle une question de vie ou de mort. A Tilsitt, vous le savez, l'Empereur avait des intentions bien sévères.

tion : « la Prusse s'engageait à fournir un corps auxiliaire de 20,000 hommes pour le soutien de l'alliance défensive et pour le cas où l'on viendrait à entrer en guerre; on se garantissait mutuellement l'intégrité de territoires; les ports de la Prusse seraient fermés à tous les bâtiments qui auraient subi la visite de l'Angleterre. » A Berlin on adoptait en tout point le système continental; une clause secrète interprétait le mot *défensif* stipulé dans le traité; la Prusse ne serait pas tenue de fournir son contingent pour le cas d'une guerre portée en Espagne, en Turquie ou en Italie. Était-il besoin de comprendre qu'il ne s'agissait que des hostilités contre la Russie, seul cabinet avec lequel l'empereur Napoléon fût en différend? Il était bien entendu que les 20,000 Prussiens formeraient un corps de la grande armée sous les ordres d'un maréchal français [1].

L'Autriche devait à son alliance de famille, à sa belle défense de 1809, le droit et le pouvoir de se poser dans une situation meilleure vis-à-vis de Napoléon; le cabinet de Vienne se croyait sûr de trouver dans le gendre de son souverain et dans sa propre puissance une garantie suffisante d'indépendance et d'intégralité. Le comte de

---

Ces intentions sont toujours les mêmes et ne peuvent être contenues que dans le cas où la Prusse serait notre alliée fidèle. Les moments sont chers et les circonstances des plus graves. »

[1] *Traité avec la Prusse.*

« 1. Il y aura une alliance défensive entre S. M. le roi de Prusse et S. M. l'Empereur des Français, roi d'Italie, leurs héritiers et successeurs, contre toutes les puissances de l'Europe avec lesquelles l'une des parties contractantes est ou sera en guerre.

« 2. Les deux hautes parties contractantes se garantissent réciproquement l'intégrité de leur territoire actuel.

« 3. Dans le cas où la présente alliance sera mise à exécution, et toutes les fois que le cas arrivera, les puissances contractantes fixeront par des conventions particulières les mesures nécessaires à prendre.

« 4. Toutes les fois que l'Angleterre attentera aux droits du commerce, soit en déclarant en état de blocus les côtes de l'une ou l'autre des parties contractantes, ou par toute autre disposition contraire aux droits maritimes consacrés par le traité d'Utrecht, tous les ports et toutes les côtes desdites puissances seront également interdites aux bâtiments des nations neutres qui souffriront que l'indépendance

4*

Metternich, néanmoins, s'était expliqué à plusieurs reprises avec M. Otto, ambassadeur de France à Vienne, sur la nécessité de donner quelque satisfaction à l'opinion publique en Allemagne. M. Otto, de l'école de M. de Talleyrand, était capable de comprendre et d'apprécier la situation des intérêts en Germanie ; M. de Metternich lui avait déclaré que : « dans l'état des bons rapports où se trouvaient les deux familles, une guerre continentale ne pouvait avoir lieu sans que l'Autriche jouât un rôle digne et utile pour elle ; il ne dissimulait pas que les mécontentements étaient considérables et que le système français ne pourrait se maintenir en Allemagne qu'avec d'extrêmes ménagements ; il ne suffisait pas de vaincre, il fallait encore consolider. »

C'est ce que répétait sans cesse le prince de Schwartzenberg, à Paris, dans ses causeries intimes avec Napoléon ; l'Autriche semblait dire : « Ne me laissez pas en dehors d'une question européenne, car je suis une puissance de premier ordre ; j'ai beaucoup perdu, il est vrai, mais mes forces suffisent encore pour faire respecter mon honneur et ma sécurité ; je n'ai que trois positions à prendre : pour vous, contre vous, ou bien encore comme médiateur armé, mais en toute hypothèse, la guerre ne peut se faire sans moi. »

---

de leur pavillon ne soit pas respectée.

« Le présent traité sera ratifié, et les ratifications échangées à Berlin, dans l'espace de dix jours, ou plus tôt si faire se peut.

« Fait et signé à Paris, le 24 février 1812.

*Signé,* le duc de Bassano.

le baron de Krusemarck.

*Articles secrets.*

« 1. Le traité de ce jour sera offensif et défensif.

« 2. Cependant il est convenu dès à présent que, dans les guerres que la France pourrait avoir à soutenir au-delà des Pyrénées, en Italie et en Turquie, la Prusse ne sera point tenue à fournir son contingent ; faisant cependant, sous les autres rapports, cause commune avec la France.

« 3. Les présents articles ne pourront être rendus publics ni communiqués à aucun cabinet par l'une des parties contractantes que du consentement de l'autre. »

Si l'influence politique de Marie-Louise était nulle sur l'esprit raide et entier de Napoléon, toutefois le tendre sentiment qu'éprouvait pour elle l'Empereur, son époux, devait contribuer à le rendre bienveillant pour la politique autrichienne.

Dans cette idée s'ouvrit une négociation sérieuse à Paris et à Vienne pour un traité d'alliance offensive ou défensive entre les deux cabinets de France et d'Autriche ; il paraissait plus convenable à M. de Metternich de prendre un rôle que d'être complétement annulé ; et l'Autriche préféra se mettre dans l'alliance de Napoléon, parce qu'elle espérait à la suite de la conquête un lot territorial, soit dans la Turquie, soit dans la Pologne. Il y eut à l'égard de l'Autriche, comme pour la Prusse, un traité public et un traité secret[1] ; dans le premier on s'assurait l'intégralité territoriale des deux empires aux mêmes termes stipulés à l'égard de la Prusse ; on répétait aussi les prohibitions relatives au système continental et au respect du pavillon neutre. La seule condition essentielle du traité reposait dans l'article secret sur le contingent de troupes que l'Autriche devait fournir et les points de leur réunion.

---

[1] *Traité avec l'Autriche.*

« 1. Il y aura une perpétuelle amitié et une perpétuelle union et alliance entre S. M. l'Empereur des Français, etc., et S. M. l'empereur d'Autriche, etc. En conséquence, les hautes parties contractantes prendront les plus grands soins possibles pour maintenir la bonne intelligence qui existe si heureusement entre elles, leurs États et leurs sujets respectifs, pour éviter tout ce qui pourrait y porter atteinte, et pour concourir en toute occasion à ce qui pourrait contribuer à l'utilité, à l'honneur, et à l'avantage des deux hautes parties contractantes.

« 2. Les deux hautes parties contractantes se garantissent réciproquement l'intégrité de leurs territoires actuels.

« 3. Comme résultat de cette garantie réciproque, les deux hautes parties contractantes travailleront de concert aux mesures qui paraîtront les plus propres pour maintenir la paix ; et au cas que les États de l'une ou de l'autre fussent menacés d'invasion, elles prendront leurs bons offices de la manière la plus efficace pour détourner le danger.

« Mais si ces bons offices ne produisent pas l'effet désiré, elles s'engagent à se fournir des secours mutuels, dans le cas

Puis la clause expresse que si, par suite des circonstances de la guerre, l'Autriche consentait à céder la Gallicie polonaise, elle recevrait en échange l'Illyrie, que le traité de 1809 avait donnée à Napoléon; stipulation qui faisait pressentir qu'il pourrait être question de reconstituer la Pologne dans ses proportions antiques. L'Autriche trouvait dans ce traité des garanties remarquables et, par exemple, que le corps mobilisé de 30 à 40,000 hommes serait placé sous les ordres d'un général autrichien, sans pouvoir jamais être confondu; formant ainsi un corps à part de la grande armée, il serait auxiliaire, sans se dépouiller de sa nationalité, sans pouvoir être morcelé dans les divisions françaises durant toute la campagne.

Par cette stipulation, l'Autriche ne donnait rien; tous ses engagements restaient conditionnels; elle mobilisait un corps, et, dans les éventualités de l'avenir, elle pouvait aussi bien le diriger contre Napoléon que pour sa cause; M. de Metternich se réservait aussi toutes les chances de la guerre; au cas de revers on se déterminerait par la circonstance. Le prince de Schwartzenberg, qui commanderait le corps auxiliaire, était aussi brave que prudent; et, dans tous les cas, l'Autriche opérant en Po-

---

que l'une ou l'autre fût attaquée ou menacée.

« 4. Le secours stipulé par l'article précédent sera de 30,000 hommes (24,000 d'infanterie et 6,000 de cavalerie), toujours entretenus sur le pied de guerre, et d'un parc d'artillerie de soixante pièces de canon.

« Ce secours sera fourni à la première de celles des parties contractantes qui serait attaquée ou menacée. Les troupes se mettront en marche le plus tôt possible, et au plus tard avant l'expiration de deux mois après que la demande en aura été faite.

« 5. Les deux hautes parties contractantes garantissent l'intégrité des territoires de la Porte ottomane en Europe.

« 6. Elles reconnaissent également et garantissent le principe de la libre navigation des neutres, tel qu'il a été reconnu et consacré par le traité d'Utrecht.

« 7. S. M. l'Empereur d'Autriche renouvelle autant qu'il est nécessaire ses engagements d'adhérer au système prohibitif contre l'Angleterre pendant la guerre maritime actuelle.

« 8. Le présent traité d'alliance ne sera publié ni communiqué à aucun cabinet,

logne, il lui reviendrait quelques lambeaux de conquête, et elle serait toujours prête à en profiter. Jusque-là l'alliance n'avait que ce sens : qui pouvait s'engager sans arrière-pensée, sans prévoyance de revers, dans le plan gigantesque de l'Empereur des Français? quel était le cabinet assez imprudent pour se donner complétement aux conceptions immenses de l'esprit aventureux qui rêvait la conquête du monde?

Au milieu de ces négociations diplomatiques avec les grands cabinets, Napoléon devait s'assurer deux auxiliaires indispensables, pour seconder ses desseins contre la Russie. J'entends parler de la Suède et de la Porte ottomane, puissances ennemies qui pouvaient attaquer la Russie par les deux extrémités; compter sur la Perse était un rêve trop éloigné, un projet oriental; une politique habile devait soulever la Suède et la Porte contre le vaste empire russe; or la question n'était plus entière; dans le traité de Tilsitt et l'entrevue d'Erfurth, Napoléon avait sacrifié la Suède, en disant à la Russie : « Prenez la Finlande si c'est à votre convenance, je ne m'en inquiète point. » Abandon impardonnable d'un vieux allié de la

---

sans le consentement des deux hautes parties contractantes.

« Le présent traité sera ratifié, et les ratifications échangées à Vienne, dans l'espace de quinze jours, ou plus tôt si faire se peut.

« Fait et signé à Paris, le 14 mars 1812.
*Signé*, Le duc de Bassano,
le prince Charles de Schwartzenberg.

*Articles secrets.*

« 1. Les secours à fournir, conformément à l'art. 4 du traité précédent, ne regarderont pas la guerre faite contre l'Angleterre au-delà des Pyrénées.

« 2. La guerre venant à éclater entre la France et la Russie, ces secours seront fournis; les régiments doivent dès à présent être mis en marche et concentrés, de manière qu'à dater du premier mai ils pussent, en moins de quinze jours, être réunis sous Lemberg, pourvus d'un double approvisionnement de munitions, d'artillerie, ainsi que des équipages militaires nécessaires au transport des vivres pour vingt jours.

« 3. L'Empereur des Français fera de son côté des dispositions pour opérer contre la Russie à la même époque avec toutes ses forces disponibles.

« 4. Le corps autrichien sera commandé par un général autrichien, mais agira dans la ligne prescrite par S. M. l'Empereur des Français et d'après ses ordres immédiats, sans toutefois pouvoir être séparé; et il

France; depuis que Bernadotte avait été élevé à la haute position de prince royal, Napoléon n'avait pas perdu de vue la Suède et ce général que la fortune rapprochait du trône; il avait pensé d'abord que là était établi un de ses lieutenants comme à Naples, en Espagne ou en Westphalie, et qu'il pourrait lui imposer ses idées, ses desseins politiques.

Il exigeait donc de Bernadotte l'obéissance la plus absolue aux projets de son avenir. M. Alquier, diplomate emporté, maladroit, résidait à Stockholm; on ne s'explique pas ce choix, à moins que l'on ne voie là un de ces coups de colère que Napoléon se permettait souvent : M. Alquier appartenait à l'opinion des Jacobins; Napoléon l'envoyait auprès d'un prince, vieux Jacobin lui-même; l'un et l'autre prirent les négociations sur un pied hautain et fier. Bernadotte n'était pas homme à céder : il s'agissait toujours de l'éternel système continental, la pensée invariable de l'Empereur; la correspondance de Napoléon se résumait toujours en ces mots : « Fermez vos ports aux Anglais, absolument et sans exception¹ »; et la Suède ne

---

sera pourvu selon le mode établi pour les corps de l'armée française.

« 5. Dans le cas où le royaume de Pologne serait rétabli, S. M. l'Empereur des Français garantit à l'Autriche la possession de la Gallicie.

« 6. S'il convient à S. M. A. de l'échanger avec les provinces illyriennes, S. M. l'Empereur des Français s'engage à y consentir.

« 7. Il s'engage aussi, dans le cas d'une heureuse issue de la guerre, à procurer à l'Autriche des indemnités et des agrandissements, comme dédommagement des charges de sa coopération.

« 8. S. M. l'Empereur des Français regardera toute attaque de la Russie contre l'Autriche comme lui étant personnelle.

« 9. La Turquie sera invitée à accéder à ce traité.

« 10. Ce traité devra demeurer secret. »

¹ La correspondance de Bernadotte avec Napoléon est de la plus haute curiosité. Je la donne depuis l'origine.

Stockholm, le 19 novembre 1810.

« Sire, par ma lettre du 11 novembre, j'ai eu l'honneur d'instruire Votre Majesté que le roi était prêt à faire tout ce que les lois constitutionnelles lui permettraient pour arrêter l'introduction des marchandises anglaises. Le ministère s'occupait d'un règlement très sévère à ce sujet, lorsqu'une dépêche de M. de Lagerbjelke est venue porter la douleur dans l'âme du roi et déranger sa

pouvait respirer qu'avec le commerce. Le prince royal, s'identifiant avec les intérêts du peuple qui l'avait élevé, multipliait les observations sur les notes de M. Alquier : « il n'était pas en Suède pour consommer la ruine de la nation. » Bernadotte était sans illusion sur Bonaparte ; dans son cœur même, il y avait de la haine, de la jalousie, et l'Empereur les lui rendait bien. Bernadotte se confondait en explications publiques et dans des termes convenables ; Napoléon lui répondait sur un ton qui commandait l'obéissance.

Il n'était pas dans les habitudes de l'Empereur de se contenter d'échanger des paroles amères ; et bientôt, par une mesure impolitique, il ordonnait à ses régiments d'envahir la Poméranie suédoise, sous prétexte de donner un complément au système continental, sa pensée fixe. Pourquoi blesser au cœur un peuple noble, généreux, tel que les Suédois, au moment même où on pouvait en avoir besoin pour agir au Nord contre la Russie ? était-ce habile ? et un tel acte ne jetait-il pas la politique de la Suède dans les mains de l'Angleterre et de la Russie ? Dès ce moment, les offres les plus sédui-

---

santé d'une manière bien sensible. Cette dépêche nous prouvait à quel point V. M. était prévenue contre nous, puisqu'en nous donnant cinq jours pour répondre, elle nous traitait avec la même rigueur qu'une nation ennemie ; et la note officielle remise par M. le baron Alquier n'a laissé à la Suède que l'affligeante alternative, ou de voir rompre les liens qui l'unissent à la France, ou de se livrer à la merci d'un ennemi formidable, en lui déclarant la guerre sans posséder aucun moyen pour le combattre. En me décidant à accepter la succession au trône de Suède, j'avais toujours espéré, Sire, concilier les intérêts du pays que j'ai servi fidèlement et défendu pendant trente années, avec ceux de la patrie qui venait de m'adopter ; à peine arrivé, j'ai vu cet espoir compromis, et le roi a pu remarquer combien mon cœur était douloureusement combattu entre son respectueux attachement à V. M. et le sentiment de ces nouveaux devoirs. Dans une situation si pénible, je n'ai pu que m'abandonner à la décision du roi, et m'abstenir de prendre part aux délibérations du conseil d'État. Le conseil ne s'est pas dissimulé : 1° qu'un état de guerre ouverte provoqué par nous causera infailliblement la capture de tous les bâtiments qui sont allés porter du fer en Amérique ; 2° qu'à la suite d'une guerre malheureuse, nos magasins sont vides, nos arsenaux sans activité et dépourvus de tout, et que les fonds manquent pour parer à

santes sont faites à Bernadotte ; l'Angleterre lui propose des subsides, la Russie lui fait entrevoir la souveraineté de la Norwège, indemnité pour la Finlande réunie à l'empire russe après Tilsitt. Bernadotte, prince royal de Suède, capacité militaire du premier ordre, se séparait de la France; il était maladroit à Napoléon de le jeter dans les bras d'Alexandre : n'était-ce pas se donner des ennemis par plaisir? Il pouvait arriver un soulèvement libéral contre Napoléon dans l'armée, et alors un général tel que Bernadotte pouvait devenir dangereux en combattant au nom du peuple contre la dictature gigantesque qui pesait sur la France et l'Europe. En Suède, la politique de Napoléon échouait, parce qu'elle était violente, au lieu de se contenter d'être habile ou équitable.

Des résultats aussi défavorables pour la diplomatie française étaient réservés auprès de la Porte ottomane ; évidemment une diversion au midi était indispensable à Napoléon dans un mouvement armé contre la Russie ; et dans cet objet l'ambassade du général Andréossy à Constantinople était importante. La guerre se continuait

tous les besoins ; 3° qu'il faut des sommes considérables pour mettre à couvert la flotte de Carlscrona et réparer les fortifications de cette place, sans qu'il y ait aucun fonds pour cet objet ; 4° que la réunion de l'armée exige une dépense extraordinaire d'au moins 7 à 8 millions, et que la constitution ne permet pas au roi d'établir aucune taxe sans le consentement des États-Généraux ; 5° enfin, que le sel est un objet de première et absolue nécessité en Suède, et que c'est l'Angleterre qui l'a fourni jusqu'ici. Mais toutes ces considérations, Sire, ont disparu devant le désir de satisfaire V. M. Le roi et son conseil ont fermé l'oreille au cri de la misère publique, et l'état de guerre avec l'Angleterre a été résolu, uniquement par déférence pour V. M., et pour convaincre nos calomniateurs que la Suède, rendue à un gouvernement sage et modéré, n'aspire qu'après la paix maritime. Heureuse, Sire, cette Suède, si mal connue jusqu'à présent, si elle peut obtenir, en retour de son dévouement, quelques témoignages de bienveillance de la part de V. M., qu'elle se plaît toujours à considérer comme son protecteur et son appui ! »

2ᵉ *lettre.*

« Sire, lorsque les vœux du peuple suédois m'appelèrent à succéder au trône, j'espérais, en quittant la France, pouvoir toujours allier mes affaires personnelles aux intérêts de ma nouvelle patrie ; mon

mollement entre les Russes et les Turcs; il s'agissait de la rallumer, et la France avait perdu toute influence à Constantinople. En diplomatie, si l'on veut se conserver des alliés, il ne faut jamais les trahir; or, qu'avait fait Napoléon à Tilsitt et à Erfurth? Dans son engouement pour Alexandre, l'Empereur avait semblé lui dire : « Prenez de la Turquie ce que vous voudrez, ceci est votre affaire. » Les mêmes concessions qu'il avait faites pour la Finlande, il les consentit pour la Moldavie et la Valachie : quelle promesse pouvait donc faire le général Andréossy à Constantinople, et serait-il écouté par le Divan? Napoléon n'avait point été prudent; plus d'une fois il avait tracé sur la carte le partage de l'empire ottoman; dans ses rêves, il se distribuait les lambeaux de la Turquie d'Europe. L'Angleterre, qui pendant l'intimité d'Alexandre et de Napoléon avait favorisé les hostilités des Turcs contre les Russes, venait de se poser médiatrice afin de faire conclure la paix. On communiquait à la Porte toutes les pièces qui pouvaient compromettre Napoléon, ses plans sur la conquête de Constantinople, de la Syrie et de l'Égypte; l'ambassadeur anglais

---

cœur nourrissait l'espoir qu'il pourrait s'identifier avec le sentiment de ce peuple, tout en conservant le souvenir de mes premiers penchants, et en ne perdant jamais de vue la gloire de la France ni l'attachement sincère qu'il a voué à V. M., attachement fondé sur une confraternité d'armes que tant de hauts faits avaient illustrée. C'est avec cet espoir que je suis arrivé en Suède. J'ai trouvé une nation généralement attachée à la France, mais plus encore à la liberté et à ses lois ; jalouse de votre amitié, Sire, mais ne désirant jamais l'obtenir aux dépens de son honneur, de son indépendance. Sire, l'humanité n'a déjà que trop souffert. Le sang des hommes inonde la terre depuis vingt ans et il ne manque à la gloire de V. M. que d'y mettre un terme. Si V. M. trouve bon que le roi de Suède fasse connaître à S. M. l'empereur Alexandre la possibilité d'un rapprochement, j'augure assez bien de la magnanimité de ce monarque pour vous assurer qu'il se prêtera à des ouvertures également équitables pour votre empire et le nord. »

Au reste, l'occupation de la Poméranie suédoise se fit sans obstacles.

*Le major-général Berthier au maréchal Davoust.*

Paris, le 22 février 1812.

« L'Empereur, prince, me charge de vous faire connaître qu'il faut prendre des plus grandes précautions à l'égard de la Poméranie suédoise, et faire en sorte de n'être

s'était procuré les copies des traités d'alliance récemment conclus avec l'Autriche et la Prusse, et dans ces traités M. Maret avait indiqué comme possibles les hostilités contre la Porte ottomane. A l'aide de ces moyens et d'un peu de corruption habilement semée, l'Angleterre était parvenue à rapprocher la Russie et le Sultan.

On était à la veille d'un armistice, lorsque le général Andréossy vint offrir des conditions avantageuses au divan; l'ambassadeur de France proposa les provinces russes à la Porte, les anciennes conquêtes accomplies par le czar depuis Catherine II; on le repoussa complétement parce qu'on n'avait pas confiance. Les dépêches constatent les mauvaises dispositions du Divan pour la France; Napoléon l'avait trop souvent trompé : en Égypte, il avait blessé la Porte en s'emparant d'un de ses grands pachaliks; à Tilsitt, à Erfurth, il l'avait abandonnée à l'empereur Alexandre; or, cette politique n'était pas celle que les vieux rois de France suivaient à l'égard de la Turquie : ils la faisaient entrer dans leurs rapports de diplomatie

pas dupe des Suédois. L'Empereur désire qu'il n'y ait dans l'île de Rugen aucune troupe de cette nation; en conséquence, vingt-quatre heures après la réception de cette lettre, s'il restait des troupes suédoises dans cette île, et que ce fussent des troupes de ligne, il faut les faire passer dans la Poméranie. S'il y a des milices dans l'île de Rugen, il faut, sous différents prétextes, leur ôter leurs armes; enfin il faut prendre avec sagesse toutes les mesures pour que l'on n'ait rien à craindre de cette île. Envoyez-moi de suite l'état des troupes suédoises qui sont dans la Poméranie : les soldats qui seront natifs de cette province, vous pouvez les congédier et les renvoyer chez eux. Quant aux soldats des troupes de ligne suédoises qui seraient natifs de la Suède proprement dite, vous leur laisserez faire le service, mais vous aurez l'œil sur eux; ne leur laissez aucuns canons ni munitions, mais seulement leurs fusils. Enfin, prince, toutes les mesures doivent être prises afin que, pour un Suédois, il y ait cinq ou six alliés, et qu'ils soient surveillés de manière à ne pouvoir pas bouger. Vous enverrez à Stettin les armes des milices, ainsi que les munitions appartenant aux Suédois. S. M. approuve les mesures de prudence qui ont été prises; il ne faut pas qu'un seul Suédois puisse s'échapper. Le sort des soldats de cette nation qui sont en Poméranie dépendra des circonstances. Vous devez, monsieur le maréchal, ne laisser aucune communication avec la Suède : tout ce qui pourra débarquer devra être arrêté et envoyé à Stettin. »

Alexandre.

et de commerce, système habile qui avait assuré la prépondérance du nom franc à Constantinople.

De tous ces faits résultaient divers points diplomatiques d'une grande importance: la rupture avec la Russie était inévitable; les deux colosses devaient se heurter, parce qu'il n'y avait plus entre eux d'intermédiaire. En vain espérait-on un rapprochement avec l'Angleterre; les bases d'un traité étaient trop diamétralement opposées pour qu'on pût tenter de les réunir dans une commune convention; lord Castlereagh et M. Maret ne pouvaient se comprendre, pas plus que le système continental ne pouvait s'identifier avec la politique anglaise sur la souveraineté du pavillon britannique. L'Autriche et la Prusse marchaient comme auxiliaires de la France; mais ces deux puissances n'abdiquaient pas assez leur personnalité pour se priver des chances de l'avenir. La Suède se déclarait hostile à Napoléon, et la Turquie, rapprochée du cabinet de Saint-Pétersbourg, allait laisser disponibles, par la paix, toutes les forces russes qui avaient fait campagne dans la Moldavie et la Valachie.

# CHAPITRE III.

## LES PEUPLES ET LES ENNEMIS PERSONNELS

#### DE NAPOLÉON.

Développement de la haine des Espagnols. — Les Cortès. — La constitution de 1812. — Embarras de Joseph. — Négociations de M. Hamilton. — Énergie de l'insurrection. — Le peuple anglais. — L'aristocratie. — Union des wighs et des tories. — Progrès des sociétés secrètes. — Mot d'ordre des conjurés. — L'unité allemande. — La triple association. — Les universités. — Organisation des Carbonari en Italie. — Patrie et liberté. — Les nations slaves. — L'aristocratie russe. — Le peuple. — Plan de délivrance. — Premières communications faites à Moreau. — Correspondance avec Bernadotte. — Propositions de l'empereur de Russie. — Dumouriez. — Sa correspondance avec lord Wellington. — Son plan de campagne. — Pozzo di Borgo. — Son activité. — Ses voyages. — Arrivée en Angleterre. — Sir Robert Wilson. — Madame de Staël. — Benjamin Constant.

### Mai 1811 à avril 1812.

Les gouvernements politiques procédaient avec un certain ordre dans les transactions suivies auprès de l'Empereur Napoléon : l'Angleterre, la Russie, la Prusse, l'Autriche, avaient un système diplomatique en rapport avec leur situation, leur pensée, leurs besoins, et que chacune d'elles pouvait modifier selon les événements ; les cabinets étaient maîtres de leur politique ; les hommes d'État, enfin, étaient dans une sphère de méditations régulières qui pouvait tour à tour s'agrandir ou se resserrer d'après les phases de la crise. Il n'en était pas ainsi des peuples ; ceux-ci demeuraient dans un état d'agitation et de désordre, impatients de secouer le joug qui pesait sur leur nationalité : phénomène remarquable de l'époque que nous allons décrire que cet esprit énergique des nations, s'élançant elles-mêmes sur la scène des batailles ; toutes prirent part à la lutte ; il se forma au milieu des peuples une opinion publique tellement formidable qu'elle domina plus tard la tendance même des affaires ; on vit en quelque sorte une république européenne, impatiente, insubordonnée, prête à marcher contre la dictature de Napoléon. Pour bien comprendre cette situation nouvelle, il faut jeter un coup d'œil sur chacune des nationalités engagées dans ce grand conflit, en étudier l'esprit, en pénétrer la destinée.

La nation espagnole luttait avec une énergique persévérance contre les efforts glorieux de l'armée française ; la marche rapide du maréchal Soult, la ferme conduite militaire de Suchet à Valence avaient refoulé les Cortès à l'extrémité même de la monarchie ; Séville était au pouvoir de Joseph Napoléon, et l'assemblée nationale des Espagnes, les antiques Cortès s'étaient retirées dans les murs de Cadix pour défendre leur indépendance ; tandis que les Français pressaient le siége de la noble cité, les Cortès, au bruit des mille décharges d'artillerie, donnaient l'élan à toute la Péninsule [1] ; composées de la bourgeoisie, du clergé et du peuple, ces Cortès en avaient conservé les traditions ; elles avaient

---

[1] Voici les bases fondamentales de la constitution espagnole du 7 août 1811, mais promulguée le 19 mars 1812 : « L'Espagne appartient au peuple espagnol et n'est le patrimoine d'aucune famille ; le gouvernement d'Espagne est une monarchie héréditaire ; les Cortès font les lois et le roi les exécute ; sa personne est inviolable et sacrée ; il sanctionne les lois, il ne peut refuser sa sanction que dans deux sessions consécutives, et est obligé de la donner sur la demande faite dans une troisième ; il déclare la guerre et la paix, nomme aux emplois civils et militaires sur la proposition du conseil d'État, dirige les négociations, surveille l'emploi du revenu

fouillé dans les archives, aux fueros d'Aragon et de Castille, et mêlant à ces idées de liberté nationale quelques-uns des principes philosophiques de l'école plus récente du xviiie siècle, elles préparaient une constitution dont la souveraineté du peuple était la première base. Il n'est pas de monument, dans l'histoire des dernières années, plus fortement marqué de démocratie que la constitution des Cortès de 1812, article de foi pour l'Espagne : la nation prenait ses garanties contre le despotisme ; le roi n'était qu'un véritable délégué, comme dans la Constitution de 1791, promulguée par l'Assemblée Constituante ; le peuple avait tout fait pour le prince : il avait donné son sang pour la couronne ; quoi d'étonnant qu'il se posât vis-à-vis de Ferdinand VII dans des conditions de liberté politique ? Cette constitution des Cortès, décrétée sous le canon des batteries françaises, devint l'Évangile politique de l'Espagne insurgée. Il y avait quelque chose de mâle, de romain, dans cette énergique fermeté des députés de la nation délibérant la loi fondamentale d'un peuple au milieu des fatigues de la guerre et des désordres d'un siége.

Dès ce moment, les Cortès donnèrent l'impulsion à toutes les provinces de la vieille monarchie de Charles-Quint ; elles devinrent l'autorité centrale en l'absence de tous pouvoirs réguliers ; la constitution fut, désormais, le point de ralliement contre l'usurpateur Joseph, qui régnait, à l'aide des armées françaises, campées au

---

public. Il n'apportera aucun obstacle au rassemblement des Cortès, qui seront composées d'une seule chambre ; ne suspendra ni ne gênera leurs séances ; ne pourra voyager, se marier, abdiquer sans leur permission. Don Ferdinand VII est déclaré roi d'Espagne par les Cortès ; en cas de minorité une régence surveillera l'éducation du prince des Asturies ; elle se composera de deux des plus anciens députés des Cortès, de deux conseillers d'État ; et le conseil d'État, de quarante membres, dont quatre grands d'Espagne, quatre ecclésiastiques, douze Américains et vingt Espagnols. »

Prado et au Buen-Retiro; les Espagnols assez lâches pour se donner à Joseph furent désignés sous le nom de *Serviles*; le noble titre de *Liberales* fut réservé aux patriotes qui luttaient au couteau contre les Français. Rien n'était donc changé en Espagne, la haine contre Napoléon restait la même; elle le présentait comme le tyran du monde, le dominateur des peuples abaissés dans la poussière; les chants des guérillas dans les sierras, les romanceros et les *scagna* des filles de Tolède ou de Cadix disaient les imprécations de ce peuple contre l'usurpateur. Il y eut des actes atroces, et le nom de Mina se mêle aux plus exécrables excès [1] : tout prisonnier devait être impitoyablement massacré, serait-il l'Empereur en personne; la guerre à mort fut partout déclarée, et l'on dut pendre aux figuiers de Navarre et aux oliviers de Catalogne les malheureux Français saisis par les guérillas.

La promulgation de la constitution des Cortès contraria vivement le gouvernement anglais; l'intervention nationale paraissait porter un coup fatal à la domination militaire que lord Wellington voulait se réserver

---

[1] « Moi don Francisco Espoz y Mina.

« La Navarre retentit des gémissements de ses habitants. Les pères ont vu leurs enfants conduits au supplice pour leur conduite héroïque en défendant leur patrie : les enfants ont vu périr dans les prisons leurs pères, dont le seul crime aux yeux de leurs bourreaux était d'être les pères de ces braves défenseurs de la patrie. Un esprit de modération, conforme à la religion, au caractère et à l'éducation des Navarrais, a dicté aux volontaires une conduite diamétralement opposée à celle du tyran; ils se sont montrés aussi humains et aussi généreux envers les ennemis qui se rendaient, que braves et intrépides dans le combat. Je suis donc justifié de prendre le décret suivant :

« Art. 1er. Guerre à mort, sans aucun quartier, est déclarée à tous les soldats e officiers français, sans excepter l'Empereur lui-même.

« 2. Les officiers et les soldats français faits prisonniers, avec ou sans armes, dans un combat, seront pendus et exposés dans leurs uniformes sur les grandes routes.

« 3. Tout officier, soldat qui aidera ou souffrira un Français à s'échapper, sera fusillé.

« 4. Toute personne qui censurera le présent décret, sera fusillée.

« 5. Toute maison dans laquelle un Français sera trouvé caché, sera brûlée, et les habitants fusillés. »

Voici maintenant la marche des guérillas.

« Le curé de Villadrigo a envoyé à Potes plus de 100 Français prisonniers.

« Une partie de la troupe de Marquinez

en Espagne; le chef de l'armée anglaise visait à la dictature de la guerre, à la suprême direction des forces publiques, et les Cortès semblaient vouloir les retenir pour elles-mêmes; l'assemblée nationale ne devait-elle pas diriger la nation vers une héroïque résistance? Dans ces circonstances s'ouvrit une négociation qu'on doit regarder plutôt comme un moyen de guerre[1] que comme une résolution sérieuse et politique dans la pensée du ministère anglais; des ouvertures furent essayées par M. Hamilton auprès de Joseph à Madrid; le cabinet anglais posait la question suivante : « Si le gouvernement britannique reconnaissait Joseph comme roi des Espagnes, ce prince se déclarerait-il indépendant de l'empereur Napoléon, à ce point de renvoyer les Français et les maréchaux qui en dirigeaient l'armée? »

On savait à Londres les ennuis du frère aîné de Napoléon, ses velléités d'indépendance; le séparer de la politique de la France, c'était un moyen de lutter contre le dictateur : on jetait la désunion dans les armées, la discorde était semée au milieu de l'Espagne; l'Angleterre cherchant partout des ennemis à cet Empereur qui s'était

---

a surpris à Amusco un détachement français qui levait des contributions, et en a tué 150.

« Le curé Merino a surpris une colonne française de 600 hommes, a tué tous les officiers et bas-officiers en représailles de l'assassinat des membres de la junte de Soria. Les simples soldats, qui sont prisonniers, et qui sont au nombre de 490, sont incessamment attendus à Oviédo.

« Le curé de Villarao a fait 500 prisonniers à Poza.

« Le général Mendizabal a réuni à Aguilar 12,000 hommes d'infanterie et 2,000 de cavalerie pour marcher sur Torrella Veja.

« Mina assiège Logrono, et la garnison de Burgos a en vain essayé de lui faire lever le siége. »

[1] « Ce que je ne dois pas omettre ici, c'est que le ministre anglais Hamilton conçut, en 1811, l'idée de traiter avec Joseph. Les conditions proposées par le cabinet de Saint-James eussent été que la Grande-Bretagne reconnaîtrait le frère de Napoléon en qualité de roi légitime de l'Espagne et que celui-ci s'unirait avec l'Angleterre. Ce projet fut adressé au monarque que les Espagnols repoussaient, par la voie du comte Charles de Châtillon, émigré français. Mais cette négociation, fruit du dégoût que les juntes, les régences, les Cortès et les généraux espagnols inspiraient au gouvernement britannique, et qui était de nature à flatter à la fois l'ambition de Joseph et ses idées théoriques, demeura sans succès. »

(Note de M. de Hardenberg.)

posé contre elle dans une si redoutable rivalité, l'Angleterre devait proposer à Joseph l'indépendance, comme plus tard elle l'offrit à Murat, à Eugène de Beauharnais [1]; dans la guerre la ruse est permise; au fond, le cabinet de Londres, lié intimement avec Ferdinand VII, croyait sa restauration indispensable à l'équilibre européen.

A ce moment le ressentiment contre Napoléon, si vif parmi les hommes d'État de l'Angleterre, était commun à la population des trois royaumes. Le peuple anglais a un noble côté : essentiellement national, il a haine de l'étranger; cet isolement que lui fait la grande mer qui l'entoure le porte à se replier sur lui-même. Ensuite l'Anglais a une répugnance grossière, instinctive, pour tout ce qui se rattache à la France, à sa prospérité, à sa gloire; si, pendant le Consulat, il y avait eu quelques tendances pour la paix, depuis elles s'étaient complétement effacées; les clubs, les tavernes de Londres, les spectacles publics, tout retentissait des chants hostiles aux Français; on représentait sur ses théâtres nautiques les combats de la Hogue et de Trafalgar, funérailles de la marine de France; et cela plaisait à la populace. Les deux grandes fractions de l'aristocratie, les

---

[1] La correspondance de Joseph à cette époque constate tout son mécontentement; il y a de la bonhomie dans ce caractère.
*Joseph Bonaparte à son frère Napoléon.*
Madrid, 23 mars 1812.

« Il y a bientôt un an que je demandai à Votre Majesté son opinion sur mon retour en Espagne : Votre Majesté m'exprima le désir que j'y revinsse, et j'y suis. Votre Majesté eut la bonté de me dire que je serais toujours à temps de quitter l'Espagne, si les espérances que j'avais conçues ne se réalisaient point, et que dans ce cas Votre Majesté m'assurerait dans le sud de l'Empire un asile où je pourrais passer tranquillement mes jours.

« Sire, les événements n'ont pas répondu à mes espérances; je n'ai fait aucun bien, et je n'espère pas pouvoir en faire. Je supplie donc Votre Majesté de me permettre de déposer en ses mains les droits que vous avez daigné me donner avec la couronne d'Espagne, il y a quatre ans. En l'acceptant, je n'ai eu d'autre objet que le bonheur de ce vaste Empire. Il n'est pas en mon pouvoir de réaliser ces espérances. Je prie Votre Majesté de me recevoir avec bonté au nombre de ses sujets, et d'être assurée que vous n'avez jamais eu un serviteur plus fidèle que l'ami que la nature vous a donné, le frère affectionné de Votre Majesté I. et R. » Joseph.

whigs et les tories, s'étaient rapprochées ; on ne comptait plus en Angleterre de partisans de la paix ; dans le parlement quelques voix, bien rares, appelaient une pacification ; l'immense majorité, votant les subsides, secondait le ministère ; il semblait que les temps d'Azincourt et de Crécy fussent de nouveau arrivés pour la génération ; l'ivresse populaire éclatait à toutes les victoires navales ; on caricaturait Napoléon, des pamphlets circulaient par toute l'Europe ; l'Angleterre réveillait les questions de rivalité ; il y avait dans toutes les classes une grande énergie pour seconder la guerre à mort.

En Allemagne, ce caractère de haine, d'agitation contre l'Empire, se manifestait aussi puissant encore ; les sociétés secrètes du *Tugend-Bund* étendaient leurs vastes ailes du Nord au Midi. Si les gouvernements étaient assez faibles, assez abaissés, pour signer une alliance avec Napoléon ; si la Confédération du Rhin faisait marcher ses armées asservies sous les drapeaux de la France ; si l'Autriche et la Prusse s'engageaient à livrer le plus pur de leur sang à l'aigle dirigeant son vol sinistre vers les pôles, les nobles enfants de la Germanie, les fils des

---

*Joseph à sa femme.*
Madrid, 25 mars 1812.

« Ma chère amie,

« M. Deslandes (secrétaire de Joseph), qui te remettra cette lettre, te donnera tous les détails que tu désires avoir sur ma situation. Je vais te parler de moi-même, afin de te mettre en état de parler à l'Empereur, et qu'il prenne une détermination quelle qu'elle soit.

« Tout me fait désirer de sortir de ma situation actuelle. 1° Si l'Empereur fait la guerre à la Russie, et juge que je sois utile ici, j'y resterai si j'ai le commandement général et l'administration générale. S'il fait la guerre, et ne me donne pas le commandement, et ne me laisse pas l'administration du royaume, je désire retourner en France.

« 2° S'il ne fait pas la guerre à la Russie, qu'il me donne le commandement ou non, je resterai, pourvu qu'il ne demande de moi rien qui puisse faire présumer que je consens au démembrement de la monarchie, et qu'il me laisse un nombre suffisant de troupes, et m'envoie le million qu'il a promis de me prêter par mois.

« Dans ce cas, je resterai aussi longtemps que possible, parce que je crois mon honneur intéressé à ne pas quitter l'Espagne brusquement ; car, en la quittant pendant la guerre avec l'Angleterre, on exigerait de moi des sacrifices que je ne peux et ne dois faire qu'à une paix gé-

universités, la génération virile, ne partageaient pas la résignation des gouvernements; tous allaient attentifs écouter les théories des écoles, les doctrines allemandes professées à Berlin, à Leipsick, à Iéna. Le système des sociétés secrètes commençait à se formuler; s'il y avait quelques dissidences dans le fond des idées, elles n'empêchaient pas que le même but ne fût proposé par tous les associés du *Tugend-Bund*.

Trois systèmes paraissent néanmoins se grouper à cette époque comme un ensemble de doctrines : le premier, que semble favoriser l'Autriche, est la reconstitution allemande du vieil empire à la bulle d'or, sous un empereur qui étendrait son sceptre sur toutes les populations germaniques; retour vers les idées impériales détruites par la paix de Presbourg; théorie d'unité que l'Autriche avait cherché à faire dominer, même depuis la réforme. Le second système réunissait également l'Allemagne sous l'empire d'une même idée, mais avec une division fondamentale pour le Nord et le Midi, faisant ainsi la part à l'influence simultanée de la Prusse et de l'Autriche, divisant la Germanie en deux grandes fractions, sous une constitution néanmoins

nérale, pour le bien de l'Espagne, de la France et de l'Europe. Un décret qui réunirait les provinces jusqu'à l'Ebre, arrivant inopinément, me déciderait à partir le lendemain. Si l'Empereur remet l'exécution de ses projets jusqu'à la paix, qu'il me donne les moyens d'exister pendant la guerre. S'il désire que je quitte l'Espagne, ou se détermine aux mesures qui produiraient cet effet, j'aimerais mieux ne pas me brouiller avec lui, et retourner avec son consentement entier et sincère. J'avoue que la raison me fait pencher pour cette détermination, si convenable à ce malheureux pays dans le cas où je ne puisse rien faire pour le soulager, et si conforme à mes relations de famille. Alors je désirerais que l'Empereur me donnât une terre en Toscane ou dans le midi de la France, à trois cents lieues de Paris, où je passerais une partie de l'année, et l'autre à Morfontaine. Les événements qui ont eu lieu et la situation dans laquelle je me trouve placé, et qui répugne si fort à la droiture de mon caractère, ont singulièrement affaibli ma santé; j'avance aussi en âge, et l'honneur et le devoir seuls me retiennent ici. Mes dépenses m'obligeront à quitter ce pays-ci, à moins que l'Empereur n'y pourvoie d'une manière différente qu'il ne l'a fait jusqu'à présent. »

Joseph.

unique. La troisième théorie, résumée par le docteur Jahn, partait d'une base purement républicaine et idéale : « l'Allemagne, disait-on, ne se doit à nulle domination, à aucun protectorat ; c'est une vierge assez forte, assez robuste pour se défendre elle-même ; la philosophie la réunit par la doctrine, comme l'insurrection lui imprime l'unité de gouvernement ; c'est la république philosophique. Le docteur Jahn ne proclamait aucun principe de souveraineté légitime, aucune loi pour les gouvernements établis ; tout devait se faire par l'Allemagne revêtue de sa robe blanche et virile ; c'était le royaume des saints de Cromwell, avec les formes du germanisme[1].

Des doctrines si hardies ne devaient pas trouver une sympathie absolue dans les gouvernements monarchiques de l'Allemagne ; toutefois le système de Napoléon était si pesant, si oppresseur, qu'on devait se servir d'abord de tous les moyens pour secouer le joug, sauf ensuite à repousser les résultats exagérés. Les sociétés secrètes paraissaient une arme utile dans une lutte d'affranchissement ; on les ménageait à Berlin et à Vienne pour préparer la délivrance de la patrie commune. M. de Hardenberg, le comte de Stadion, n'avaient pas cessé un moment d'être en rapport avec Stein, le grand organisateur de la résistance politique de l'Allemagne ; tous savaient qu'un jour viendrait où ces forces réunies pourraient renverser le système envahisseur de Napoléon, et l'étoile de la liberté se lèverait resplendissante contre l'étoile du

---

[1] « Cette recrudescence d'intime union fut l'ouvrage de Stein, Hardenberg, Dohna et Scharnhorst, zélés patriotes allemands et utiles serviteurs de Frédéric-Guillaume, mais dont, par une singularité remarquable, aucun n'était Prussien. Nous devons en outre noter, parmi les principaux agents, mis en action par ces hommes d'État les Ficht, Arndt, Jahn, Massenbach, ainsi que les associés du Tugend-Bund, dont l'activité propagandiste entraîna bientôt toutes les populations germaniques. On ne négligeait rien de ce qui pouvait enflammer l'ardeur de la patrie allemande. Scharnhorst avait préparé le recrutement de l'armée ; Hardenberg correspondait avec les principaux

dictateur. Rien n'était comparable aux exigences de l'occupation militaire des Français : à Hambourg, tout était organisé sous le plus dur des maréchaux, Davoust, qui y a laissé de tristes souvenirs. Daru avait levé des contributions sur la Prusse avec l'implacable volonté d'un homme inflexible qui remplit une mission de confiance, récompensée alors par la place de secrétaire d'État auprès de Napoléon, en remplacement de M. Maret. A Dantzick, à Hambourg, à Stettin, à Lubeck, les plaintes éclataient, et ces mécontentements trouvaient de l'écho dans les sociétés secrètes partout répandues : « Jusqu'à quel jour subirait-on ces harpies qui s'acharnaient au noble cœur de l'Allemagne, ces vampires qui suçaient le sein de la chaste vierge? » Ainsi disaient les chants des poëtes aux cheveux blonds et pendants, à la taille serrée d'une lanière de cuir, nobles enfants des universités allemandes : comme en Espagne et en Angleterre, la haine était grande, et le génie de Napoléon paraissait comme un de ces phénomènes malfaisants qui pèsent sur les destinées d'une génération ; ces météores passent avec la tempête.

Les carbonari d'Italie prenaient une organisation plus vaste à mesure que les mécontentements grandissaient. L'Allemagne rêvait la patrie germanique sous le ciel grisâtre du Nord; les carbonari, ardents comme le soleil de Naples et de Rome, se rappelaient les temps antiques de la liberté romaine ou lombarde; les mécontente-

écoliers des universités, qui, excités par Kotzebüe, agent de la Russie, fondèrent l'association dans laquelle, sous le nom de Burschenschaft, les élèves étaient exercés militairement par le docteur Jahn : elle avait pour but le rétablissement complet du grand empire germanique avec ses cercles, ses électeurs. Si la chose eût été possible, elle aurait convenu à la seule maison de Habsbourg ; mais sous le ministère à vues saines du comte de Metternich, cette maison devait ambitionner une existence plus indépendante et affranchie de nombreux et redoutables rivaux. Le séparation de ce même empire en deux souverainetés impériales, pour le nord

ments étaient sérieux à Milan, à Ravenne, à Venise, à Trieste. Eugène de Beauharnais, dévoué à son père, aurait en vain épargné ces populations; les ordres du souverain implacable l'obligeaient à multiplier les impôts et les sacrifices. Le budget était doublé depuis dix ans; en 1811, la conscription d'Italie donna plus de 50,000 hommes; ces régiments, assouplis sous les armes, devaient suivre les aigles depuis les Colonnes d'Hercule jusqu'au Niémen; rien n'était exempté, l'âge et la faiblesse n'étaient point une excuse, et la tristesse fut si grande dans toutes les classes de la société que M. de Melzi lui même, créé duc de Lodi, ce président de la République cisalpine qui avait livré l'Italie à Napoléon, était parmi les ennemis les plus hardis du système français : quelques monuments publics à Milan, des fouilles à Rome, de larges voies commandées sur les Alpes, ne pouvaient compenser les levées incessamment faites pour répondre à la gloire insatiable de Napoléon.

Les populations de l'Italie se divisaient en plusieurs classes; la bourgeoisie rattachée facilement au carbonarisme, dans les professions libérales surtout; les commerçants, que le système continental abîmait depuis Raguse jusqu'à Gênes et Nice; puis le bas peuple subissant avec tristesse les questions religieuses. La captivité du pape était le sujet de tous les entretiens secrets des contadini de la campagne de Rome, des lazzaroni de Naples et de la populace de Savone et de Gênes. La police

---

et le midi de l'Allemagne. Enfin, l'établissement d'une vaste république une et indivisible, rêve de tous les cœurs généreux dénués d'expérience, et calcul personnel de médiocrités ambitieuses; ce qui eût précipité le centre de l'Europe dans une interminable anarchie; car le peuple allemand qui prend sa lenteur pour de la prudence pèse également sur le mal et sur le bien. Le premier de ces systèmes ne pouvait convenir ni aux deux religions qui divisent l'Allemagne, ni à la différence de direction morale du Nord et du Midi de cette vaste contrée; la Prusse d'ailleurs y eût vu sa dégradation et la Russie un danger réel. Le second système aurait eu contre lui

ne pouvait contenir les plaintes qui s'élevaient partout ; les têtes brûlantes se seraient jetées dans l'insurrection, et l'Autriche instruite de cette situation réelle de l'Italie, couvrait les provinces de ses agents secrets en rapport avec les carbonari et préparant tôt ou tard le triomphe de ses armes. L'Italie se plaignait des autorités administratives et du fléau des droits réunis, jeté même sur les villes de la Toscane ; les employés français s'attachaient comme la cigale aux pampres qui pendent en guirlandes et se marient aux peupliers dans les belles campagnes de Pise et de Florence.

Tout ce système de préfectures, cette administration uniforme, ne convenaient pas à un peuple divisé de mœurs, de lois et de coutumes : que pouvaient produire quelques travaux grandement conduits, çà et là jetés au sein d'une population privée des éléments de prospérité publique ? Gênes, Livourne, Venise, sans commerce, étaient des cités mortes ; l'herbe croissait dans leurs rues désertes, la mousse verte apparaissait sur les canaux de la Piazzetta, que la rame n'agitait plus. Que pouvait être Rome sans le pape et privée de ses chefs-d'œuvre, du *Laocoon*, de *l'Apollon* antique, et des bas-reliefs de la villa Borghèse ? Que pouvait être la basilique de Saint-Pierre sans pontife ? Le voile noir du Vendredi-Saint était sur le sanctuaire ; les artistes pleuraient Pie VII ; et qui ne se rappelle la touchante conversation de Canova avec Napoléon, lorsque le puissant Empereur lui commanda le buste de Marie-Louise ? Canova, à la

---

toutes les puissances germaniques d'un ordre inférieur. Le troisième, en brisant tous les trônes teutoniques, eût armé contre lui et ceux qui les occupaient les deux grandes puissances du nord et de l'ouest. Cette dernière combinaison, conçue par le docteur Jahn, acquérait une faveur alarmante dans les universités, dont les nombreux écoliers repoussaient les idées impérialistes de Schegel, homme qui, né dans la communion évangélique, avait passé d'une philosophie sceptique au catholicisme. »

(Note de M. Hardenberg.)

face du souverain immense qui abaissait tant de têtes, ne parla que du pontife captif, de ses bontés pour lui, de la protection éclairée qu'il accordait aux arts et aux pauvres peintres de Rome [1]; que lui importait l'Institut, le Sénat, les dignités prodiguées par Napoléon? Canova préférait son atelier de la villa Médicis, ses marbres de Carrare, et ses jeunes élèves qui le suivaient comme les clients antiques de Rome, éveillés au chant du coq, sous les larges portiques du patron. Napoléon avait arraché à l'Italie ses véritables sources de délices et de joie; il lui avait enlevé les trésors de ses villes, les châsses de Notre-Dame-de-Lorette, les tableaux de ses églises, les chefs-d'œuvre de ses artistes, le pape, la pompe de ses cérémonies religieuses; il ne lui restait plus, à ce peuple, que son soleil, ses campagnes, et son imagination ardente qui appelle toutes les choses jeunes et fortes.

Ce n'était pas assez de ces mécontentements des peuples soumis à la domination de l'Empereur des Français : voici maintenant une autre nationalité contre laquelle Napoléon allait heurter sa tête; je veux parler de l'empire russe, de ces populations slaves, alors presque inconnues à la France et à l'Empereur lui-même. Le livre de M. Levesque, l'*Histoire de Pierre-le-Grand* de Voltaire, n'avaient donné que de bien fausses idées sur ces populations moscovites qu'une haute destinée appelait à jouer un si vaste rôle en Europe. Ces livres, écrits sous l'empreinte du xviii$^e$ siècle, en portaient la fausse livrée; vous auriez dit en lisant ces pamphlets que : « Pierre I$^{er}$ ou Catherine II avaient à gouverner de petits philosophes, des populations encyclopédiques, qui se seraient assises au banquet de Frédéric II ou d'Helvétius, lorsque dans les nuits de Sans-Souci on dissertait couronnés de

---

[1] Voyez la Notice de Canova, par M. Quatremère de Quincy, si capable de l'apprécier

fleurs sur la loi naturelle. » Rien n'avait été dit de cet énergique dévouement à la patrie et au Czar inspiré par la religion, et de cette fierté indomptables des peuples primitifs ; nulle nation n'en offrait un exemple plus puissant et plus ferme ; en Russie, on trouvait de nombreuses classes d'hommes toutes empreintes d'un caractère à part : la noblesse était instruite, puissante de moyens, brave comme son épée [1] ; les vieux boyards comme les jeunes hommes se dévouaient à la cause commune sans hésitation comme sans crainte ; turbulents et soumis, aimables, instruits, ces fils de grande maison ne connaissaient d'autre état que la guerre ; tous les rangs se classaient par les grades, toute la hiérarchie se résumait par des distinctions dans l'armée ; tous les employés financiers, judiciaires, civils, avaient un grade, depuis les diplomates jusqu'aux hommes de justice ; et ceci était destiné à relever l'armée, force de l'empire russe, le seul degré connu d'avancement.

La bourgeoisie existait à peine dans ces vastes provinces ; les czars avaient tout fait néanmoins pour la favoriser, émancipant les serfs, grandissant les priviléges du commerce, avec une vive et profonde sollicitude ; beaucoup de commerçants restaient étrangers. Le Czar,

---

[1] J'ai trouvé sur l'esprit et la conduite du cabinet de Saint-Pétersbourg et sur ses hommes influents une dépêche secrète d'une haute curiosité :

(Mars 1812.)

« Parmi les ordres reçus de V. E. j'avais celui de lui peindre ceux qui ont réellement, croient, ou pourraient croire acquérir quelque importance dans les circonstances actuelles. Pour ne rien oublier et procéder avec certitude, je les partagerai en cinq catégories, comprenant : 1º les ministres accrédités près le cabinet de Saint-Pétersbourg ; 2º les principaux administrateurs du gouvernement russe ; 3º ceux qui semblent réellement y jouir d'un véritable crédit ; 4º les militaires le plus en évidence ; 5º enfin, les agents ou serviteurs du prétendant.

« A la tête de la première se trouve le duc de Serra-Capriola, l'homme qui connaît le mieux ce pays. Je ne répéterai pas ce que j'en ai déjà dit, mais j'y ajouterai qu'il est devenu ici une véritable puissance : car depuis que la France est l'objet de la terreur générale, tous les ministres étrangers, à l'exception de celui d'Autriche, ont ordre de se concerter avec lui, et

chef du culte, représentant de la puissance militaire et religieuse, était comme le père de tous dans la langue mystérieuse des Grecs ; la patrie se résumait en lui, comme il se confondait avec la patrie. Le peuple avait une grande foi dans les reliques de Moscou-la-Sainte, ou de Novogorod, l'antique patrie, dans les vénérables patrons de l'empire, dans ces images bénies que les popes exposaient à sa vénération ; le christianisme avait là cette empreinte primitive que l'on trouve dans l'église grecque, avec ses larges croix sur fond d'or ; d'immenses églises ornaient Smolensk, Moscou, Wladimir ; l'empereur, suprême pontife, recevait les hommages de cette population dévouée que son épée conduisait aux combats ; un ukase suffisait pour lever des masses d'hommes, un, deux sur mille paysans ; au premier cri d'armes la volonté du Czar pouvait retentir jusqu'en Tartarie, et des nuées de Cosaques et de Baskirs précédaient ses armées.

Depuis longtemps l'esprit de ces populations était travaillé contre les Français : on les présentait comme des hommes qui n'avaient aucune foi humaine, des peuples sans religion qui déversaient leurs mauvaises mœurs sur le monde. Aux époques de Tilsitt et d'Erfurth, les boyards avaient ouvertement désapprouvé l'alliance d'Alexandre et de Napoléon ; aucun d'eux n'avait voulu comprendre

---

de suivre ses directions. Bessera ne voit que par ses yeux ; de Maistre, dont le souverain est réduit à la Sardaigne, quoique homme d'esprit et de savoir, est sans importance ; le besoin de s'allier intimement avec Bernadotte en donne une réelle à Lowenhielm ; Zéa Bermudez, envoyé secret de l'Espagne, chez qui le zèle supplée aux talents, serait nul sans l'influence qu'exerce le duc de Serra-Capriola. Avant les événements de la péninsule, l'Espagne était représentée ici par le noble et loyal Norogna, elle l'est publiquement depuis par l'érudit et inconsistant Pardo, traître à Ferdinand VII qu'il regrette, et fidèle à Joseph dont il a honte ; en face de ces missions plus ou moins anti-françaises, nous voyons celle où la nullité bourgeoise du général Hédouville fit place à la légation dans laquelle Caulaincourt et Rayneval eussent été bien plus utiles à leur gouvernement, si celui-ci n'était pas un de ces hommes qui veulent être en mesure avec tous les futurs contingents, et celui-là dans une fausse position depuis le meurtre du duc d'Enghien. Le ministre actuel (Lauriston)

les sacrifices que la politique commandait pour le salut de la Russie; sauf quelques nobles gagnés à Napoléon, tous les gentilshommes russes se rattachaient à l'impératrice-mère, qui était prononcée pour une guerre ferme et énergique; on ne désignait Napoléon qu'en termes de mépris : *le parvenu*, *l'espèce*. Le clergé russe, si puissant sur les masses, avait également voué une haine à celui qu'il dénonçait dans ses prières comme l'Antéchrist et le diable armé.

Lorsqu'on montrait dans les églises la croix grecque de Saint-Ivan, ou l'image de Saint-Serge selon les rites de Byzance, un prêtre s'élevait dans la chaire pour lire au peuple des paroles foudroyantes contre le chef implacable des Français; aux yeux de cette multitude prosternée, Napoléon était un mauvais génie, que la Russie serait destinée à étouffer de ses bras vigoureux; le peuple ardent demandait la guerre à grands cris, et telle était l'irritation des esprits que le Czar Alexandre était obligé de comprimer l'élan de tous contre ces étrangers des pays lointains du midi; la cour, les nobles, les serfs, tous demandaient à mourir pour la patrie, et cette énergique résistance, les agents de Napoléon n'avaient pu la comprendre; il fallait ici se désabuser sur des succès rapides, immanquables; maintenant les nations de

---

leur est très inférieur sous tous les rapports. Quant à la légation autrichienne, je l'ai vue passer de l'honorable et véritablement grand seigneur prince de Schwartzenberg à l'honnête et ridicule comte de Saint-Julien, puis tomber jusqu'à Lebzeltern, ministre actuel, mais aussi fin qu'habile et zélé, espèce d'aventurier politique. Quant à l'Angleterre, elle n'a que des agents secrets, mais pris dans toutes les classes et dont l'action frappe sur toutes les portions de la société, sur le commerce principalement.

« J'aurai peu à dire sur les personnages placés à la tête de l'administration. V. E. connaît ce médiocre mais très respectable comte Romanzoff, ministre du commerce, dont il ne sait pas juger les besoins, et des affaires étrangères, qu'il ne voit que sous un faux jour. V. E. sait son opiniâtre direction. Sollikoff lit beaucoup mieux dans les intérêts de son pays, mais sa timide modestie fait tort à un crédit dont il serait digne; Gourieff dirige les finances comme un travailleur laborieux, et Koladavleff lui est très inférieur dans l'admi-

l'Europe entraient en lice, les armées n'étaient que des auxiliaires; le peuple était le souverain avec lequel Napoléon allait lutter, le dictateur pouvait-il l'abaisser sous son épée? Les masses sont moins faciles à dompter que les rois.

Cette situation de l'Europe, tout entière agitée par une résistance soudaine, n'avait point échappé aux ennemis nombreux de Napoléon. A mesure que la fortune du simple lieutenant grandissait jusqu'au rôle de Charlemagne, lorsque tout ruisselait d'or autour de l'Empereur revêtu de la pourpre, il y avait de près ou de loin des ennemis qui suivaient attentivement les fautes de celui que la République avait flétri du nom de despote; tous suivaient le progrès des haines que l'homme de génie excitait en Europe. Alors, au sein des forêts vierges de l'Amérique, le général Moreau, proscrit par l'Empereur, habitait en philosophe une maison solitaire. Moreau affectait un grand éloignement des affaires publiques; mais son esprit inquiet, actif, se préoccupait des campagnes merveilleuses de son rival de gloire; Moreau continuait à vivre en planteur d'Amérique, à Morisville, sans abdiquer aucun de ses souvenirs; ceux qui

---

nistration de l'intérieur. Ce qu'il y a de mieux, c'est Mordvinoff, homme vertueux et désintéressé, mérite peu commun ici, homme qui sait beaucoup, peut-être trop, très anti-napoléonien et très ami de sa patrie dont il déplore l'abaissement. Le reste mérite à peine d'être cité.

« Deux hommes, dans des positions personnelles et morales bien différentes, semblent avoir maintenant le plus de crédit; ce sont le général Arastchieff, généralement abhorré, mais sur qui repose la sûreté de l'Empereur; puis le baron d'Armfelt, ardent ennemi de la France révolutionnaire et poussant à la guerre contre elle de tout son pouvoir. Bien vu de l'impératrice mère et de l'adorable impératrice régnante, d'Armfelt est lié avec le duc de Serra-Capriola et ceux qu'il dirige; il est enthousiaste de Stein; il choie Lowenhielm et mène Kacheloff; repoussé jadis par Catherine II comme illuminé, et recherché aujourd'hui par la faction anti-française comme lié à quelques-uns des chefs du *Tugend-Bund*. Du reste, l'Empereur, sans éprouver aucune opinion, ne semble encore en accueillir aucune; bien fin qui le serait assez pour pénétrer au fond de son âme. »

(Dépêche adressée à M. de Hardenberg.)

l'avaient visité dans son exil le trouvèrent plus d'une fois en veste de coton, en chapeau de paille, poursuivant, un fusil à la main, les castors du grand fleuve ; il semblait en apparence insouciant des événements de l'Europe ; mais lorsqu'on lui parlait de Bonaparte, de l'éclat de l'Empire, de ses campagnes et de ses victoires, Moreau n'était plus le même, son front se plissait, ses joues se coloraient d'un rouge pourpre, il discutait les plans d'Austerlitz et de Wagram, critiquant les combinaisons, jugeant la stratégie avec une grande sévérité ; souvent la passion même l'entraînait à nier les résultats des campagnes de Napoléon. Son appréciation du caractère et des talents de l'Empereur avait peu varié ; selon Moreau, Bonaparte était toujours le même, remarquable par la hardiesse de ses plans, s'aventurant trop ; sa stratégie n'était qu'une marche en avant calculée sur l'étonnement et l'effroi de ses ennemis ; vingt fois il s'était exposé à tout perdre, un coup de dé pouvait en finir avec cet empire et cette fortune ; tout consistait à savoir résister jusqu'au bout.

Moreau avait conservé de nombreux amis en Europe[1], dans l'armée surtout, Lecourbe, Gouvion-Saint-Cyr, Macdonald ; son agent le plus actif était l'adjudant-général Rapatel ; souvent visité dans sa retraite, il avait reçu tour à tour des offres de l'Angleterre pour l'Espagne, de Louis XVIII, du duc d'Orléans, et déjà au commencement de 1812, lorsque l'orage grondait à l'horizon, un agent secret de l'empereur de Russie était venu jusqu'à Morisville pour proposer au général proscrit un commandement supérieur ; les Langeron, les Richelieu, les Saint Priest, n'étaient-ils pas au service de la Russie ? proscrit de la pa-

---

[1] Moreau correspondait surtout avec le général Lecourbe.

trie, il pouvait comme eux prendre service à l'étranger. Les rapports secrets qui existent de ces premiers pourparlers de Moreau indiquent le véritable esprit dans lequel ces ouvertures sont faites : on y parle de la cause européenne, c'est-à-dire de ce soulèvement de peuple, de cet esprit d'insurrection qui anime les nations contre la dictature de Bonaparte. Ce n'est point au nom des rois que l'on invoque l'épée de Moreau, il n'aurait pas compris ce langage; on sait qu'au fond de l'âme il est républicain, comme Carnot, comme Lecourbe, et tout dévoué au parti patriote; sa haine contre Bonaparte vient de ce que l'ambitieux s'est fait empereur; consul il l'eût soutenu. Moreau s'explique franchement : « S'il s'engage, c'est à la condition que l'Europe doit laisser à la France ses frontières naturelles, le Rhin, les Alpes, les Pyrénées; on s'arrêtera à l'aspect de ce territoire sacré; il veut ce que la République a donné à Napoléon, sans en excepter une seule ville, un seul coin de terre. » C'est ainsi qu'il répond aux lettres que lui adresse son vieux camarade Bernadotte; républicains tous deux d'origine, ils sont faits pour s'entendre; leur langue est toute démocratique, leur haine commune contre Bonaparte; l'exil avait effacé aux yeux de Bernadotte la conduite faible et pusillanime de Moreau au 18 brumaire ; dans cette journée, Moreau avait secondé Bonaparte. Le général exilé hésite encore, on le presse, on lui demande des plans de campagne; il a quelque répugnance à quitter sa retraite des forêts vierges de l'Amérique pour reparaître encore sur le théâtre d'une guerre européenne. Il veut des garanties écrites; ses conseils à l'empereur Alexandre se résument à ceci : Résistez ! résistez !

Bernadotte à son tour est fortement travaillé par les

influences secrètes des cabinets : patriote comme Moreau, il examine le sens de la guerre qui va se poursuivre contre Napoléon : partout ce sont les peuples soulevés, les nationalités en révolte; les rois ne sont qu'en seconde ligne ; ils marchent même timidement derrière le char de Napoléon, tandis que les masses fermentent comme la mer agitée ; le joug leur pèse, elles cherchent à s'en affranchir en Allemagne, en Espagne, en Italie ; et en France même il existe un parti révolutionnaire fatigué de la tyrannie. Le sens de l'énigme va bientôt trouver son explication : « La république européenne des peuples a besoin de l'épée de deux républicains, de Moreau et de Bernadotte ; il ne s'agit pas de faire la guerre contre la France, mais contre Napoléon, et doit-on hésiter? » Tel est le développement des dépêches, tel est le mobile qu'on fait agir pour armer [1] les émules de l'Empereur des Français. On espère que Masséna, Jourdan, Augereau, viendront à la cause européenne ; Moreau n'a-t-il pas un parti dans le Sénat? En toute hypothèse on veut la France dans ses limites du Rhin.

Pour donner une empreinte plus patriotique, le vieux Dumouriez paraît en scène ; son infatigable activité ne se ralentit pas ; il n'a pas cessé un moment de prendre parti pour les insurgés espagnols ; la constitution des Cortès, où la souveraineté du peuple est proclamée, vient de nouveau exciter l'enthousiasme du général de 1792; l'Espagne, selon lui, foyer des principes de liberté, doit servir de tombeau au despote ; de là doit partir le mouvement qui délivrera l'Europe opprimée. Dumouriez est en correspondance avec Castaños, avec tous les membres des Cortès patriotes comme lui ; infatigable dans sa

---

[1] Le ministre américain à Stockholm était l'intermédiaire entre Moreau et Bernadotte.

baine, il trace les opérations militaires de lord Wellington avec une remarquable supériorité; sa correspondance très active a pour but de rebâtir la monarchie constitutionnelle sur les bases de 1791.

Le duc d'Orléans est, d'après Dumouriez, le type d'un monarque libéral, le protégé de son affection; des intrigues ont empêché ce prince de prendre un commandement dans la Catalogne, où il était appelé; Dumouriez s'en plaint ouvertement à lord Wellington qu'il suit pas à pas dans les siéges, dans les batailles : « Pourquoi repousser le duc d'Orléans, qui seul pourrait donner un sens politique à la guerre? Ce prince, jeté dans la Catalogue, peut noblement parler aux soldats qui servent le tyran en France; croyez, Mylord, qu'il y a plus d'un général dont la poitrine palpite aux souvenirs de 1789. La constitution des Cortès est la liberté; la dictature de Napoléon, le despotisme : il faut donc bien comprendre les services que peut rendre le duc d'Orléans en paraissant sur les Pyrénées avec la cocarde tricolore et le drapeau national; l'intrigue maladroite qui l'a repoussé est une faute immense dans ses résultats. » Lord Wellington, en réponse, rend hommage aux qualités et aux sentiments du duc d'Orléans[1] : « Les amis du prince lui ont fait commettre des fautes; ce n'est pas lui que l'on redoute, mais

---

[1] Voici la curieuse correspondance entre Dumouriez et lord Wellington; elle touche à M. le duc d'Orléans.

*Lord Wellington à Dumouriez.*

« J'ai reçu il y a quelques jours votre lettre du 27 décembre. Je vous écris quelques mots sur ce que vous me dites du duc d'Orléans. Ce prince, que je ne connais que de réputation, et pour lequel j'ai le plus grand respect, a mal débuté en Espagne. Appelé, je crois, ou au moins encouragé de venir par la régence de Castanos, pour commander une armée que dans ses songes le gouvernement espagnol comptait former sur les frontières de France, et composée la plupart de Français, il a été débarqué à Tarragone; on m'a dit qu'il fut mal reçu; il s'est rembarqué et il est venu à Cadix. Il avait des personnes auprès de lui fort indignes de sa confiance et fort indiscrètes, qui, le même jour qu'il est arrivé, ont commencé à parler du bien que cela ferait à la nation espagnole que le duc d'Orléans en fût régent. Enfin, les

ses alentours qui n'ont ni sa prudence ni son habileté. » Dumouriez insiste ; la correspondance du prince avec la junte constate que c'est aussi au nom de la liberté que le duc d'Orléans prend les armes ; il parle « des services rendus par son aïeul lors de la guerre de succession, du besoin qu'il a de mériter la confiance des Cortès ; l'héroïsme du peuple espagnol est le signal de la grande délivrance ; il espère beaucoup dans la force et la puissance des droits du peuple. » Ainsi, qu'on le remarque bien, un caractère patriotique est empreint sur toute la correspondance du duc d'Orléans avec la junte et Dumouriez ou dans les dépêches de Bernadotte et de Moreau ; les idées de 1789 se lèvent contre la dictature de Napoléon ; les constitutions de l'Empire blessent les patriotes qui murmurent contre la cour de Bonaparte ; ces façons aristocratiques de Marie-Louise, ces nobles, ces princes improvisés et ces rois, à la façon de Joseph, de Murat et de Louis.

Parmi les ennemis implacables de Napoléon paraît aussi le colonel Pozzo di Borgo, que les bulletins de la grande armée ont déjà signalé comme un des agitateurs de l'Europe, avec Stein, Stadion et le professeur Jahn. Quelle carrière longue, aventureuse, que celle du colonel Pozzo di Borgo, depuis que, né en face de la *casa*

---

Cortès s'assemblent, et leur premier acte est d'envoyer dire au duc de s'en aller dans les vingt-quatre heures ; et après, quand le duc est allé dans l'île, tout seul, je crois, pour leur rendre ses respects, les Cortès lui ont fait dire de s'en aller tout de suite, et elles ont fait dire au général Castanos d'être préparé à les protéger par la force. Vous croyez que le général Castanos favorisait les vues du prince : eh bien ! je vous dis qu'il s'est fait un mérite des préparatifs qu'il avait faits ce jour-là pour protéger et faire obéir les ordres de ces Cortès. Je sais très bien qu'on vous a dit que le duc croit que tout ce qui est arrivé a été produit par les intrigues des Anglais... mais je déclare que si j'avais voulu perdre le duc d'Orléans en Espagne, j'aurais été satisfait de le laisser continuer le chemin dans lequel il était malheureusement entré, et j'aurais cru que je ne pourrais m'opposer à sa perte qu'en m'opposant comme Anglais à sa marche. »

*Réponse du général Dumouriez.*

« Mylord, je vous remercie de votre lettre qui répond à ce que je vous ai mandé

des Buonaparte, ils se sont séparés par une vendetta corse! Quand les deux empereurs se sont pressé la main à Erfurth, Pozzo di Borgo voit bien qu'il ne peut rester près d'Alexandre, l'ami de Napoléon; il court à Vienne aider la guerre populaire de 1809; diplomate aux idées fortes, il se met en rapport avec le comte de Stadion, M. de Stein, M. de Hardenberg, les chefs des sociétés secrètes en Allemagne, pour opérer un mouvement révolutionnaire contre la dictature.

Aussi Napoléon, victorieux de l'Autriche, ne cesse de désigner Pozzo dans ses bulletins comme un factieux, un intrigant, un de ces esprits de république devenus un obstacle à ses desseins; Pozzo di Borgo, l'enfant de Corte, quitte Vienne pour échapper à la vengeance de Buonaparte, l'enfant d'Ajaccio : le voilà donc errant, obligé de parcourir la Turquie et la Syrie pour chercher une frégate anglaise qui le transporte à Malte et de Malte à Londres! Que de peines, que de temps! A Londres, la métropole anglaise, le colonel est accueilli auprès des lords Castlereagh et Liverpool; il vient du continent; en rapport avec les ministres influents des cabinets de l'Europe, il a pu en apprécier le fort et le faible; il sait la valeur relative des hommes et l'esprit des peuples; il relève le courage de ce qu'il appelle la

---

sur le duc d'Orléans. Vous pouvez être très sûr qu'il a été ministériellement invité par la régence de Castanos; que son départ a été un objet de négociation du ministre espagnol résidant à Palerme avec le roi et le duc, et que la *Venganza* a été envoyée pour l'amener directement en Espagne; j'ai vu toutes les preuves écrites de ce fait. Quant à sa bonne réception en Catalogne, je vous envoie le *Diario de Tarragona* qui en donne le détail. A son arrivée à Cadix tout changea; les Cortès furent prévenues contre lui, et la régence prit contre le prince des précautions aussi ridicules que malhonnêtes... Je crois que c'eût été un bien réel pour le succès de cette guerre, et pour les vôtres propres, que ce prince fût resté en Catalogne comme la province entière le désirait : j'en suis si persuadé, je crois même qu'il pourrait encore être si utile pour nos opérations ultérieures, que je souhaiterais que vous vous fissiez autoriser par le ministre d'ici à permettre que le prince vînt rejoindre le plus tôt possible,

cause de l'Europe. Pozzo joint à une intelligence supérieure, une perspicacité fine et spirituelle, une manière de juger et d'apprécier les hommes à leur juste valeur ; c'est pour le cabinet anglais un précieux renseignement ; et de plus ne professe-t-il pas une haine indicible contre Bonaparte ? Il le représente toujours comme un joueur jetant imprudemment ses cartes ; la fortune le sert, la fortune peut le perdre. Ce jugement est celui de Dumouriez, de Moreau et de Bernadotte ; telle avait été l'opinion de ce Pichegru que la main du Consul avait jeté dans les prisons du Temple : « avec Bonaparte, disent-ils, il ne faut que de la persévérance ; la faute des cabinets a été de s'engager mal et de se décourager trop tôt. » Lord Castlereagh se lie avec le colonel Pozzo di Borgo d'une étroite amitié politique ; c'est un agent actif, utile, contre Napoléon ; il le sait par cœur, et l'Angleterre en a besoin dans la lutte à mort qui se continue [1].

Un autre officier aux idées exaltées joua aussi un rôle contre Bonaparte, c'est le colonel Robert Wilson ; esprit ardent, aventureux, il a voué une haine à l'Empereur ; radical de principes, dans la plus absolue acception du mot, Wilson a adopté avec enthousiasme les doctrines proclamées par les sociétés secrètes : la délivrance de l'Europe, la mystérieuse république des peuples. En Portugal, on le voit apparaître à la tête

comme volontaire, lord William Bentinck, son ami intime, pour que vous l'eussiez sous la main, afin de former sur la frontière du Béarn un corps pour pénétrer le plus tôt possible dans la patrie du grand Henri IV, son ancêtre en ligne directe. La présence du duc d'Orléans dans ce canton, soutenu par le corps d'armée anglo-sicilien et par les Catalans, ferait une grande sensation dans les provinces méridionales de la France et favoriserait l'insurrection générale en faveur des Bourbons, dont le succès peut seul amener une paix solide. Le duc d'Orléans est dans vos mains un instrument dont l'emploi dirigé par votre génie vous donnera des avantages incalculables. »

[1] Il fallait entendre le comte Pozzo di Borgo raconter lui-même cette active époque de sa vie avec son imagination et son ardeur italiennes. C'était admirable de couleur. C'était une des plus vives et des plus saisissantes intelligences.

d'un corps de partisans qui combattent à outrance contre les expéditions que Soult et Masséna dirigent successivement. Wilson est un de ces caractères dévoués à une idée, à un principe d'amour ou de haine qui domine leur vie; l'amour de sir Robert Wilson est pour la liberté, chaste et sainte image qu'il caresse dans ses rêves de jeune homme; sa haine est pour Bonaparte; il la lui voue tout entière. Les lettres qu'il écrit sont remarquables par le ton d'amertume et de raillerie d'une âme profondément ulcérée; ce n'est pas l'homme qu'il déteste, mais le despote; il annonce l'aurore d'un nouveau système. Sir Robert Wilson parcourt l'Allemagne, pressant la main à tous les amis de la vertu, aux chefs des sociétés secrètes : quand il voit que des symptômes de guerre éclatent en Russie, Wilson y accourt encore pour combattre l'aigle de Napoléon; il porte ses conseils et son épée à l'empereur Alexandre, comme un valeureux chef de partisans, un de ces hommes qui en finissent par des *hourras* contre les pouvoirs établis; sir Robert Wilson est le type d'une vie tout entière consacrée à la liberté; son épée vagabonde s'offre à toutes les résistances; il est pour la guerre ce que Byron est pour la poésie, un destructeur de tout pouvoir, un esprit excentrique, caractères aventureux qui se retrouvent à toutes les époques des annales britanniques.

A ce moment, et pour témoigner le véritable sens de la guerre qui s'engage entre Napoléon et les nationalités, les écrits abondent en Allemagne dans le but d'une prise d'armes; ce ne sont pas seulement les leçons du professeur Jahn, la philosophie mystique de Kant, qui portent ravage dans toutes les imaginations germaniques; des rêveries d'école on passe aux réalités. Les écrits de Frédéric Schllegel, l'ami de madame de Staël, remuent, sous le point de vue littéraire, les questions d'indépendance et de liberté politique. Madame de Staël a quitté Genève, les bords du lac trop solitaire pour son esprit actif ; elle traverse l'Allemagne et vient jusqu'à Saint-Pétersbourg, la ville ardente contre Bonaparte ; sa réputation l'y a précédée. Ce n'est pas seulement comme femme éminente, comme l'auteur de *Corinne* ou de *l'Allemagne*, qu'elle est accueillie par la haute société russe ; chacun sait la haine qu'elle porte à Napoléon, les mots durs et tranchants qu'elle a jetés au colosse, la répugnance qu'elle a conçue pour lui. Madame de Staël est admise partout ; l'empereur Alexandre la présente à sa mère ; elle règne avec les rois, elle excite l'aristocratie russe contre celui qu'elle appelle le tyran du monde ; ses mots spirituels circulent dans les salons ; son épithète lancée à Napoléon, son apostrophe du *Robespierre à cheval* est répétée avec enthousiasme.

Schllegel rédige les manifestes, les gazettes, et, ce qu'il y a de plus curieux au milieu de ce témoignage de la haine que porte une femme à la tyrannie de Napoléon, c'est que Benjamin Constant se prononce plus ouvertement qu'elle encore, en faveur de la coalition des peuples contre l'Empereur. M. de Constant prépare un pamphlet *sur l'esprit d'usurpation et de conquête*, écrit des plus animés, dans lequel il se déclare pour l'Europe contre l'Empire. Ce pamphlet, en manuscrit encore, lu à Saint-Pétersbourg, est réservé pour des temps plus avancés ; les journaux russes en publient des fragments. Benjamin Constant est très rapproché des idées d'alliance et d'insurrection allemandes ; ses liaisons avec M. de Hardenberg et madame de Staël l'entraînent dans la cause européenne ; il s'affilie aux sociétés secrètes. Bonaparte l'a expulsé du Tribunat ; l'Empereur a tué la liberté et détruit les dernières formes représentatives; c'est donc au nom du peuple que Benjamin Constant attaque l'Empire, et, je le répète, tel est le véritable caractère de la lutte qui va s'engager; les batailles n'en sont que les accidents et les auxiliaires : les gouvernements sont sous le joug de Napoléon, il les traîne à son char, il en domine les hommes; mais les masses restent debout. Terrible et sanglante querelle entre deux géants : l'un qui marche avec l'éclat de la victoire et d'une glorieuse dictature, l'autre qui invoque l'indépendance et la nationalité, puissance avec laquelle on remue le monde! Désormais empereurs, rois et peuples ont le glaive en main!

# CHAPITRE IV.

## LES FORCES ET LES ARMÉES EN PRÉSENCE.

L'armée française en 1812. — La garde. — Les régiments de ligne. — La cavalerie. — L'artillerie. — Les arsenaux. — La marine. — Les armées d'Espagne. — Les garnisons d'Allemagne. — Les alliés. — Troupes italiennes. — Polonaises. — La Confédération du Rhin. — Armées prussienne, autrichienne, anglaise, portugaise, espagnole. — Organisation militaire de la Russie.— Ses généraux. — Ses cadres. — Effectif de ses corps. — Esprit de son armée. — Bernadotte. — L'armée suédoise.

### Mars et Avril 1812.

L'année 1812 s'ouvrait ainsi comme à la veille d'un immense conflit; lorsqu'il s'agit d'une campagne sérieuse, les seules forces actives, vivantes, sont les armées; l'insurrection n'est qu'un auxiliaire; il est rare qu'elle prenne une assez grande importance, qu'elle se développe dans des proportions assez larges, pour se passer des forces régulières. Puisque je vais arriver à la fatale expédition de l'Empereur des Français contre la Russie, il est indispensable, comme dans les divins poëmes d'Homère, de dénombrer le personnel des armées, les moyens d'action et d'influence, l'administration politique, financière de chaque État, les éléments matériels et moraux que les gouvernements pouvaient appeler dans la sphère de leur activité.

La spécialité de Napoléon, c'était l'armée ; nul ne pouvait l'égaler dans cette surveillance attentive, dans l'emploi des moyens presque fabuleux qui créaient tant de ressources dans un espace de temps si resserré ; chef d'une nation militaire, profondément pénétré du caractère et de l'esprit français, il savait que c'était plaire à cette belliqueuse nation que de l'entraîner sur les champs de bataille. Jamais le monde n'avait vu une plus magnifique réunion de soldats d'élite et de corps plus vaillamment exercés ; tout était parfaitement choisi, les états-majors, les armes spéciales ; partout régnait un dévouement absolu à l'Empereur ; les aigles et Napoléon étaient confondus dans un même culte, placés sur un même autel, au milieu de vétérans de cent victoires. Rien ne pouvait se comparer à cet enthousiasme du soldat pour le souverain ; la garde, l'élite même parmi ces corps d'élite, n'était plus cette modeste troupe consulaire, avec les quatre régiments qui l'avaient formée ; elle était devenue comme une nouvelle armée, avec ses parcs, son génie, ses marins ; la colonne de granit de Marengo avait son histoire tracée sur cette autre colonne de bronze où mille triomphes brillaient au soleil d'Austerlitz et de Wagram [1]. Dans la réorganisation complète, accomplie en 1811, elle ne s'appelait même plus la garde, mais la *Maison militaire de l'Empereur* pour rappeler les formes de l'ancien régime ; si les vieux pouvaient encore s'honorer de la dénomination de garde impériale, le formulaire du palais

---

[1] La garde a eu plusieurs organisations. Elle fut divisée en vieille, jeune et moyenne garde dans la campagne de Russie en 1812. L'année suivante, elle fut encore modifiée.

n'admettait plus ce titre glorieux. Alors on comptait des colonels-généraux, comme sous le prince de Condé et le comte d'Artois; des maréchaux, tous ducs et princes commandaient la maison militaire [1]; Davoust, Soult, Bessières et Mortier, voyaient leur beau nom de bataille défiguré par des titres nobiliaires. Parmi les aides-de-camp de l'Empereur, des généraux, illustres déjà sous la République, la plupart patriotes, prenaient le titre de comtes; les officiers d'ordonnance répondaient presque tous aux noms illustres de la monarchie; les Anatole de Montesquiou, les Mortemart, les Raoul de Montmorency, les Chabriant, ainsi qu'à l'époque des rois et des dauphins de France.

La garde se composait de deux régiments de grenadiers à pied, les vieux grognards de la grande armée, les fils des campagnes de la République depuis Sambre-et-Meuse, l'Italie et l'Égypte; et, par un de ces bizarres changements, que l'esprit monarchique avait préparés, la plupart de ces officiers, nés sous le drapeau tricolore, au *Chant du Départ*, de *la Marseillaise*, étaient devenus des comtes, des barons, des chevaliers, avec des majorats, comme les gentilshommes de la monarchie. A la suite de ces vieux de la garde, venait une compagnie de vétérans, couverte de cicatrices; on y comptait des gardes-françaises, et plus d'un de ces soldats qui, sans souliers, sans munitions, avaient glorieusement dé-

---

[1] *État-major.*
Joseph Napoléon, lieutenant de l'Empereur en Espagne.
Murat, lieutenant de l'Empereur en Sicile.
Eugène de Beauharnais, lieutenant de l'Empereur en Italie.
Berthier, vice-connétable, colonel-général des Suisses.
Les dix-huit maréchaux.

*Inspecteurs et colonels-généraux.*
Gouvion-Saint-Cyr, colonel-général des cuirassiers. — Baraguay-d'Hilliers, colonel-général des dragons. — Junot, colonel-général des hussards, gouverneur de Paris. — Grouchy, colonel-général des chasseurs à cheval. — Decrez, inspecteur-général des côtes de la Méditerranée. — Gantheaume, inspecteur-général des côtes de l'Océan. — Dejean sénateur, inspecteur-général du

bordé sur l'Europe ; et, chose bizarre encore, dans cette étrange transformation, l'officier qui les commandait, créé sous le sabre des représentants, avait reçu un titre nobiliaire et signait le *chevalier Charpentier*, à l'instar des cadets de grandes maisons. Dans la garde, on comptait un régiment de fusiliers-grenadiers, quatre de tirailleurs; puis les chasseurs qui comprenaient toute une division; là, comme pour les grenadiers, il y avait un régiment de fusiliers et quatre de voltigeurs, auxquels on avait ajouté un bataillon de garde nationale, car toutes les armes devaient être représentées.

La cavalerie de la garde, moins nombreuse que l'infanterie, comptait des régiments de grenadiers à cheval, dragons et chasseurs ; puis les mamelucks, débris de la campagne d'Égypte ; deux régiments de chevau-légers et lanciers, l'un formé de braves soldats polonais, l'autre d'Allemands des bords du Rhin et de l'Elbe : enfin la gendarmerie d'élite, dont le général Savary, ministre de la police, avait cédé le commandement au digne Durosnel ; l'artillerie, sous les ordres du général Sorbier, comptait un régiment à cheval et un régiment à pied; ensuite le train, suivi des pontonniers-ouvriers, des sapeurs-pompiers et de l'équipage de marins qui avait rendu de si beaux services sur le Danube. Ainsi la garde, corps complet, représentation de toute l'armée, dénombrait près de 30,000 hommes de troupes

génie. — Lariboissière, inspecteur-général de l'artillerie. — Winter, inspecteur-général des côtes de la mer du Nord.

*Généraux de division.*

MM. Andréossy. — Arrighi. — Bacciochi (Félix). — Baraguay-d'Hilliers. — Barbou. — Beker. — Bellavesne. — Belliard. — Berthier. — Bertrand. — Bisson. — Bonet. — Bonnard. — Bourcier. — Broussier. — Bruyère. — Caffarelly. — Carcomme-Logo. — Careil. — Carra-Saint-Cyr. — De Caulaincourt. — De Caulaincourt (Auguste). — De Cassac — Chabot. — Chambarlhac. — Charpentier. — Chasseloup-Laubat. — Claparède. — Clausel. — Clément de la Roncière. — Compans. — Curial. — Clarke. — Dauthouard. — Darmagnac. — Daultanne. — Delaborde. — Delagrange. — Delaroche. — Desbureaux. — Despeaux. — Dessaix. — Dessoles. — Donzelot. — Dorsenne. — Dufour. — Duhesme.

d'élite, capables de décider un grand mouvement dans une bataille, et Napoléon s'appuyait sur elle pour décider la victoire d'une belle journée.

L'armée, également augmentée depuis deux ans, s'élevait alors à cent vingt-six régiments d'infanterie de ligne de trois ou quatre bataillons, présentant un effectif de deux cent cinquante mille baïonnettes ; trente-trois régiments d'infanterie légère d'un total de 47,000 hommes ; deux régiments de carabiniers à la taille haute, à la poitrine large ; quatorze de cuirassiers, trente de dragons, vingt-neuf de chasseurs, onze de hussards ; ce qui formait une masse de huit cent cinquante escadrons, tous parfaitement recrutés, car l'armée avait alors à sa disposition toute l'Allemagne, où se prenaient les chevaux de la cavalerie légère. Le personnel des officiers était admirable depuis les généraux de division jusqu'au simple lieutenant ; il n'y avait pas une grande instruction théorique, peu avaient pâli sur l'art ; on n'avait pas le temps de lire et d'étudier ; mais tous avaient cette active pratique des combats, ce coup d'œil prompt que donne l'usage de la guerre ; ils avaient parcouru les champs de bataille sans discontinuer ; leur épée ne s'était pas rouillée un moment dans le fourreau depuis quinze ans. Enfin, quel accord, quelle harmonie entre toutes les parties de ce vaste tout qu'animait le génie militaire de Napoléon !

— Dulauloy. — Dumas (Matthieu). — Dumonceau. — Dumuy. — Dupas. — Duroc. — Dupont-Chaumon. — Durosnel. — Durutte. — Dutaillis. — Erlon. — Eblé. — Fay. — Foy. — Frégeville. — Frère. — Fresia. — Friant. — Fririon. — Gassendi. — Gilot. — Gily. — Girard. — Gouvion-Saint-Cyr. — Grandjean. — Grenier — Grouchy. — Gudin. — Harispe. — Heudelet. — Hullin. — Junot. — Kellermann fils. — Lacombe Saint-Michel. — Lacoste-Duvivier. — Lagrange (Joseph). — La Houssaye. — Lamarque. — Lapoype. — Lariboissière. — Lazowski. — Law de Lauriston. — Legrand. — Lemarrois. — Lery. — Leval. — Liébert. — Lobau. — Loison. — Lorge. — Magallon-Lamorlière. — Marchand. — Marulaz. — Maurice (Matthieu). — Merle. — Mermet. — Michaud. — Milhaud. — Miollis. — Molitor. — Monnet. — Montbrun. — Montchoisy. —

En campagne, l'armée se divisait par corps séparés; les maréchaux en recevaient le commandement tout en restant sous les ordres de l'Empereur. Ce qu'on appelait l'état-major général offrait les sommités de l'armée : Joseph s'était inscrit sur le contrôle, sorte de livre d'or, comme commandant et lieutenant de sa majesté impériale en Espagne; Murat, à Naples; Eugène, en Italie; Napoléon seul était le représentant immense de l'armée; sous lui, Berthier, faisait toujours les fonctions de major-général; Moncey avait l'inspection de la gendarmerie; Masséna, mécontent, après la campagne de Portugal, prétextait ses blessures pour ne plus servir Bonaparte dans ses plans aventureux; Augereau boudait un peu à côté de Masséna; le maréchal Soult commandait en Espagne ainsi que Mortier et Suchet; Brune, vieux républicain, ne recevait aucun titre et dédaignant ces vanités impériales, il ne s'affublait pas de duchés et de principautés ridicules; Ney revenait de la Péninsule avide de commander en chef; Davoust était placé à la tête de l'armée d'Allemagne; Bessières et Victor demeuraient encore en Espagne; Oudinot cessait de commander ses grenadiers pour prendre la direction d'un corps d'armée; le noble Macdonald arrivait de la Catalogne où il avait exercé les fonctions de gouverneur.

Indépendamment des maréchaux, chefs de corps, l'armée comptait aussi des inspecteurs et des colonels-généraux; l'intègre et austère Gouvion-Saint-Cyr avait

Montrichard. — Morand. — Morand. — Muller. — Musnier. — Nansouty. — De Narbonne. — Olivier. — D'Outremont. — Pacthod. — Partouneaux. — Pépinville. — Pernetti. — Peyrière. — Pully. — Puthod. — Quantin. — Quesnel. — De la Raffinière. — Rapp. — Reille. — Reynier. — Roget. — Rouyer. — Rozengat. — Ruffin. — Rusca. — Sahuc. — De Saint-Germain. — De Sainte-Hélène. — Saint-Laurent. — Saint-Sulpice. — Sanson. — Schaal — Schawembourg. — Savary. — Sébastiani. — Seras. — Seroux. — Solignac — Sorbier. — Souham. — Thareau. — Thiebaut. — Tilly. — Travot. — Treilhard. — Turreau. — Unsebourg. — Vedel. — Verdier. — Vial. — Vignolle. — Walther.

le titre de colonel-général des cuirassiers ; Baraguay d'Hilliers, des dragons ; Junot, des hussards ; Grouchy, des chasseurs, et Dejean, du génie ; avec cet état-major venait une longue liste de généraux de division, qui tous avaient des dignités, des majorats, quelques-uns même des fonctions domestiques au palais ; M. de Caulaincourt, grand-écuyer ; Duroc, grand-maréchal ; Gassendi, chef de l'artillerie ; Savary, ministre de la police ; Clarke, ministre de la guerre ; Junot, gouverneur de Paris. L'armée comptait plus de 160 généraux de division, 340 généraux de brigade, 110 adjudants-commandants, dont le grade intermédiaire était un souvenir du temps de la République. Et tous ces hommes étaient pleins de force et de vie, à la tête de régiments incessamment exercés ; les camps étaient leurs jeux ; ils avaient appris la victoire à l'école des représentants dans les belles campagnes d'Italie ou d'Allemagne ; tous avec des talents divers savaient faire la guerre bravement, et surtout se faire tuer sur un champ de bataille, sans quitter la place ; à aucun on ne pouvait reprocher un acte de lâcheté : quelle force et quels hommes pour entreprendre les grandes choses de la guerre !

L'Empereur avait aussi voulu créer une marine, et ici son génie avait échoué dans ses moyens. Il y a des choses que la puissance humaine ne peut pas improviser ; pour créer une marine il fallait avoir des hommes habitués à la mer, et c'est à peine si les flottes, même considérables, osaient sortir des ports [1]. En construisant beaucoup de vaisseaux, l'Empereur croyait

---

[1] Voici quel était le personnel et les forces des armées navales en 1812 ; tout cela est aujourd'hui oublié.

*État-major de la marine.*
Murat, grand-amiral.

*Vice-amiraux.*
MM. Truguet. — Villaret-Joyeuse. — De Winter. — Martin. — Rosily. — Decrez. — Ganheaume. — Werhuell. — Burgues. — Missiessy. — Allemand. — Kikkert.

qu'il se donnait une force contre l'Angleterre; les escadres ne sont pas tout; si l'on improvise des soldats, même des officiers, on ne crée pas des matelots. On avait fait des efforts inouïs à Toulon, à Anvers, à Brest et à Cherbourg, dans les arsenaux ; des ports nouveaux étaient creusés, des batteries formidables défendaient les rades, des vaisseaux nombreux étaient construits : à Toulon seulement, on comptait vingt-quatre vaisseaux de ligne, dont cinq à trois ponts portant chacun 120 pièces d'artillerie ; la rade d'Anvers voyait se déployer dix-sept vaisseaux, Brest et Cherbourg vingt-deux, Lorient neuf, Rochefort trois, sans comprendre une masse de frégates qui s'élevait à plus de soixante-dix ; cette armée navale, peut-être aussi considérable en canons que celle de la Grande-Bretagne, osait à peine se hasarder sur l'Océan et la Méditerranée ; les Anglais se plaçaient avec audace devant ces ports pour les bloquer; la marine française hasardait quelques évolutions dans les rades, et si elle sortait au dehors du cap Cipied à Toulon ou des jetées de Brest et de Rochefort, tout aussitôt elle était ramenée par les Anglais : on racontait comme une grande

*Contre-amiraux.*

MM. Bouvet.—Leisseigues.—Lacrosse.—Bedout. — Courand. — Dordelin. — Durand-Linois.—Dumanoir le Pelley.—Emeriau.—Willaumez.—Gourdon.—Cosmao-Kerjulien.—Lhermitte. — Lemmers. — Verdooren. — Ruiskes.— Baudin. — Ruysch. — Lhermite. (P. L.).

*Capitaines de vaisseau.*

MM. Lemarant Boissauveur.—Bonnefoux. — L'Héritier. — Maistral aîné. —Daugier.— Coudé.—Leray.—Vignot.—Etienne — Maureau.—Robin.—Chirsty-Pallière.— Querangal.—Haouen.—Faye.—Molini.-Faure.—Le Veyer-Belair. — Rondeau. — Musquetier. — Holland.—Levêque.—Topsent.—Lehuby.— Lapalisse.—Khrom.— Trullet.— Infernet.— Guillemet — Legouardun.—Henry.— Montagnies-Laroque. — Bergevin.—Garreau.— Siméon.—Barbier.—Lebozec.—Bouchet.— Polony.—Bergeret.—Malin.—Rolland.— Pevrieux.—Clément aîné.—Violette.—Prévost de la Croix.—Lebesque.—Bourdé.—Martin. --- Rysterborg. — Kersaint. — Legrand. — Bruilhac, jeune.—Richer.—Bigot.—Berrenger.— Barré — Lafond.—Guien.— Maistral, jeune.— Delarue.— Petit.— Horra Siccama.—Troude.—Gerbrandts.—Melvil van Barnbec —Hofmeyer.—Martinencq.—Van Nes.— Fradin — Jurien.—Magendie.—Bourayne.— Le Bigot.—Vrignaud.— Montalan. — Lebozec (P. M.)—Jacob. — Soleil. — Bourdet.— Allemand fils.—Laignel.—Brouard.— Epron. —Letellier.—Hamelin.—Louvel.— Senez.—

campagne, que l'escadre de Rochefort ait pu aller jusqu'à Anvers.

Ce n'est pas qu'il n'y eût de braves amiraux et des capitaines distingués : Truguet et Villaret-Joyeuse, Gantheaume et Werhüell, Lallemand, Linois, Dumanoir, étaient des hommes de valeur ; ils avaient fait leurs preuves dans les vieilles campagnes du comte de Suffren et de Lamothe-Piquet, tous avaient de la bravoure ; parmi les capitaines on pouvait citer Duperré, Dubourdieu, Willaumez, Kergariou, Montcabrié ; la plupart avaient gagné la croix de commandeur ou d'officier au milieu des feux de mousqueterie ; mais, soit fatalité, soit impuissance, les combats d'escadre à escadre n'étaient pas heureux ; si l'on se battait bien coque à coque, lorsqu'il fallait assurer le triomphe par les manœuvres, la supériorité incontestable restait aux Anglais. Dans la marine de France tout était organisé par régiments et équipages de bord ; chaque matelot valait son homme, chaque officier son pareil ; mais ce qui manquait à ces flottes, c'était l'ensemble des manœuvres, l'esprit d'unité dans le commandement, et la confiance en elles-mêmes. Que pouvait être une marine qui ne se jouait

Morel-Beaulieu. — Motard.— Duranteau. — Segond.—Moras.—Lamarre-Meillerie.—Lucas.—Proteau.—Ouwens.— Méquet.—Bourand.—Henri.—Billard.—Girardias.—Billiet. —Bonami. — Halgan.— Leduc.— Epron. — Chaunay-Duclos. — Peytès-Montcabrié. — Bazin.—Lejaulne.— Coudin.— Le Forêtier. —Bérard.—Gaingaut.—Fauveau.—Chabert. —Gueguen —Prigny.—Legras.—Dornaldeguy.—Péridier.—Willaumez.— Kergariou.— Cocault. — Collet. — Baste. — Tourneur. — Mahé. — Meynard-Lafarge.— Dubourdieu. — Duperré. — Vanderstraten.— Tarrega. — Twent.— Lantsheer.—Monfort aîné.—Solminihac.—Roquebert.— Saizieu.— Leféc.— Bedel du Tertre.—Regnauld.— Polders.— Deman.—Le Marant.—Bouvet (Pierre).

*État de la marine française.*
*A Toulon.*

| | | |
|---|---|---|
| L'Austerlitz, | 120 | canons. |
| Le Commerce de Paris, | 120 | — |
| Le Grand-Napoléon, | 120 | — |
| Le Majestueux, | 120 | — |
| Le Monarque, | 120 | — |
| L'Ajaccio, | 80 | — |
| Le Brûlant, | 80 | — |
| Le Sceptre, | 80 | — |
| Le Wagram, | 80 | — |
| L'Ajax, | 74 | — |
| L'Annibal, | 74 | — |
| L'Atlas, | 74 | — |
| Le Bellone, | 74 | — |
| Le Borée, | 74 | — |
| Le Breslau, | | — |

jamais avec les grands flots de l'Océan? Ces escadres étaient comme un immense cétacé qui aurait manqué de nageoires sur les vagues agitées.

Tous ces éléments de force militaire étaient mis en jeu par une administration unie et ferme elle-même; les finances de l'Empire avaient de nombreuses ressources; l'impôt, légalement réparti, produisait des revenus réguliers qu'un bon système d'économie savait appliquer. La Révolution avait légué au Consulat le système des départements, sorte d'unité dans l'action; les préfets exerçaient la puissance absolue; la conscription et l'impôt donnaient sans obstacle des hommes et de l'argent. C'était merveille que l'action de cette machine : un sénatus-consulte, un décret, trouvaient partout obéissance; nulle autorité ne contrôlait la volonté de l'Empereur quand elle s'était une fois manifestée; la presse enchaînée ne parlait que d'après les inspirations du gouvernement; Napoléon était maître de toutes les ressources se groupant sous sa main; il pouvait les porter sur un point ou sur un autre sans distinguer. Indépendamment des produits de l'impôt, des richesses du trésor, le gouver-

| | | | | |
|---|---|---|---|---|
| Le Danube. | 74 | — | Le Friedland, | 74 | — |
| Le Dönawerth, | 74 | — | L'Illustre, | 74 | — |
| L'Imprenable, | 74 | — | Le Joséphine, | 74 | — |
| L'Indomptable, | 74 | — | Le Kœnigsberg, | 74 | — |
| Le Phaéton, | 74 | — | Le Stettin, | 74 | — |
| Le Suffren, | 74 | — | Le Thésée, | 74 | — |
| Le Trident, | 74 | — | Le Trojan, | 74 | — |
| L'Ulm, | 74 | — | Le Pultusk, | 74 | — |
| *A Anvers.* | | | La ville de Berlin, | 74 | — |
| L'Albanais, | 75 | — | *A Brest et Cherbourg.* | | |
| L'Anversois, | 74 | — | L'Invincible, | 120 | — |
| L'Audacieux, | 74 | — | L'Océan, | 120 | — |
| Le César, | 74 | — | Le Foudroyant, | 80 | — |
| Le Charlemagne, | 74 | — | Le Batave, | 74 | — |
| Le Commerce de Lyon, | 74 | — | Le Brutus, | 74 | — |
| Le Dantzick, | 74 | — | Le Castor, | 74 | — |
| Le Duguesclin, | 74 | — | Le Conquérant, | 74 | — |

FINANCES ET ADMINISTRATION DE L'EMPIRE (1811-1812). 99

nement avait encore le domaine extraordinaire, propriété spéciale du glorieux chef à qui la France confiait ses destinées; les contributions levées à l'étranger venaient s'empiler en pièces d'or dans les caves des Tuileries; on évaluait à plus de 150,000,000 les masses de valeurs sous la main de Napoléon en ouvrant la campagne de 1812; trésor personnel du prince, dont nul ne pouvait lui demander ni le but ni l'emploi. Dans cette belle période de l'Empire, on trouvait donc unité d'administration, ressources d'argent, vote de conscrits, zèle de fonctionnaires, fermeté dans le pouvoir, la plus belle armée de la terre, le trône le plus respecté : tous ces éléments, la France les mettait à la disposition d'une forte dictature, et ce n'était pas tout.

D'après le traité de la Confédération du Rhin, une armée allemande devait marcher à la suite de son puissant protecteur; à sa voix, chaque prince devait fournir son contingent; au premier de ses messages, chaque électeur prenait les armes, comme les vassaux de Charlemagne quand le comte du palais les mandait pour la guerre; l'armée confédérée se plaçait

| | | | |
|---|---|---|---|
| La Constitution, | 74 — | Le Jemmapes, | 74 — |
| Le Cassart, | 74 — | Le Magnanime, | 74 — |
| Le Desaix, | 74 — | *A Gênes.* | |
| L'Éole, | 74 — | Le Génois, | 74 — |
| Le Gaulois, | 74 — | *A Lorient.* | |
| Le Jean-Bart, | 74 — | L'Alcide, | 74 — |
| Le Ménandre, | 74 — | Le Courageux, | 74 — |
| Le Patriote, | 74 — | L'Eylau, | 74 — |
| La Révolution, | 74 — | Le Guillaume Tell, | 74 — |
| Le Tourville, | 74 — | Le d'Hautpoult, | 74 — |
| L'Ulysse, | 74 — | Le Marengo, | 74 — |
| L'Union, | 74 — | Le Polonais, | 74 — |
| Le Valeureux, | 74 — | Le Régulus, | 74 — |
| Le Vétéran, | 74 — | Le Vainqueur, | 74 — |
| Le Watigny. | 74 — | Soixante-cinq frégates de 30 à 50 canons. | |
| *A Rochefort.* | | | |
| La Ville de Paris, | 120 — | | |

sous les ordres d'un maréchal ou quelquefois même d'un simple général désigné par l'Empereur : Vandamme et Rapp, par exemple, menaient toujours les Saxons. Ces troupes de la Confédération du Rhin, excepté les Bavarois du général de Wrède, étaient presque entièrement confondues dans les rangs de l'armée française; les Saxons, les Wurtembergeois, les Badois formaient des brigades sous des généraux désignés par l'Empereur; auxiliaires actifs, les Allemands étaient comme les Italiens, les Napolitains, sous une sujétion aussi absolue. Napoléon les menait comme ses propres troupes, leur commandait les mêmes miracles en leur inspirant le même dévouement [1].

Toutefois au sein de ces auxiliaires commençait à se montrer l'esprit des sociétés secrètes introduit jusque dans l'armée; le *Tugend-Bund* avait ses affiliations parmi les Westphaliens de Jérôme Bonaparte, parmi les Bavarois et les Saxons surtout. Tant que la fortune serait favorable à Napoléon, ces troupes devaient le suivre, parce que l'aigle planait si haut que nul ne pouvait contrarier son essor; supposez une de ces défaites irrésistibles qui marquent dans l'histoire, qu'allait devenir alors la jeune et forte armée germanique, travaillée par l'esprit de liberté et de nationalité, par l'enseignement des écoles et la presse qui faisaient entendre des accents de douleur sur l'abaissement de la Germanie? Les officiers allemands, fort instruits, lisaient beaucoup, et il leur était difficile de rester étrangers à l'esprit des universités en fermentation dans leurs rangs : fallait-il leur faire un reproche de préférer la nationalité

---

[1] Une simple lettre même de Berthier suffisait pour mettre les contingents de la Confédération en activité.

de la vieille patrie à la cause du vainqueur ambitieux qui abaissait leurs nobles fronts [1] ?

D'après les traités conclus avec la Prusse et l'Autriche, dès le début de cette année, deux corps d'armée devaient être mis à la disposition de l'Empereur des Français ; c'était un point convenu dans les transactions diplomatiques. Le corps prussien, placé sous les ordres des généraux d'Yorck et Kleist, serait incorporé parmi les troupes du maréchal Macdonald. Ces 20,000 hommes parfaitement choisis étaient une force pour Napoléon, mais à la condition expresse de la victoire et de la conquête ; l'Empereur pouvait-il espérer que ces troupes prussiennes qu'il avait tant humiliées, que ces soldats dont il avait flétri les lauriers cueillis sous le grand Frédéric, que ces jeunes frères d'armes de Schill et du duc de Brunswick-OEls, resteraient fidèles à ses aigles, si jamais le malheur lui faisait subir à son tour son poids accablant? C'était trop exiger de l'abnégation humaine ; l'armée prussienne marchait à contre-cœur et comme traînée au char du vainqueur ; soit dédain, soit méfiance, on ne lui avait pas même confié ses places fortes ; généraux, officiers et soldats ressentaient cet outrage, et presque tous attendaient les jours de délivrance pour saisir l'épée au nom de la nationalité allemande. Les généraux Yorck et Kleist étaient braves de leur personne, mais tous deux étaient en correspondance avec le vieux Blü-

---

[1] Jamais influence n'avait été plus grande que celle de Napoléon en 1812; ce génie conquérant commandait à 72,000,000 d'âmes; il n'est pas étonnant qu'il y eût souffrance pour quelques-unes.

| | |
|---|---:|
| La France avec les nouveaux départements réunis de la Hollande, des villes anséatiques, du Valais, etc. | 42,000,000 |
| A reporter. | 42,000,000 |
| L'Italie, en y comprenant Naples, Lucques et Piombino, etc. | 10,600,000 |
| Les provinces illyriennes. | 1,100,000 |
| La Confédération du Rhin. | 11,000,000 |
| Le royaume de Westphalie. | 2,100,000 |
| Le grand-duché de Varsovie. | 3,600,000 |
| La Suisse. | 1,600,000 |
| Total | 72,000,000 |

cher et Gneisenau[1], vétérans patriotes qui s'étaient retirés du service, plutôt que de marcher avec les Français, auxquels ils avaient conservé tant de haine. Blücher et Gneisenau reparaîtraient un jour à la tête de la mystérieuse armée qui se préparait dans les longues soirées de Leipsick, de Berlin, d'Iéna, lorsque, la tête penchée sur le bol de punch à la flamme bleue, les étudiants rêvaient la délivrance de l'Allemagne. La patrie n'était pas morte ; viendrait le jour où le voile de deuil serait déchiré !

L'armée autrichienne, placée sous les ordres du prince de Schwartzenberg, devait également marcher comme auxiliaire de Napoléon dans l'expédition depuis longtemps préparée. Cette armée portée à 30,000 hommes était composée de troupes d'élite. Le caractère du prince de Schwartzenberg plaisait à Napoléon ; il le savait calme, modéré, et dans les intérêts de l'alliance ; il l'avait connu ambassadeur à Paris ; militaire prudent et sûr, incapable de trahir son devoir ou de s'associer à quelques folies d'université, il obéirait aux ordres du cabinet de Vienne sans arrière-pensée. L'armée autrichienne était belle, avec un personnel bien choisi, une artillerie formidable qui pouvait préparer une trouée en Pologne ; le comte de Metternich avait stipulé dans le traité une clause qui le laissait maître de cette armée, purement autrichienne ; agissant à part, elle

---

[1] Voici ce que disaient les journaux anglais sur le mauvais vouloir de l'armée prussienne pour Napoléon :

« Nous avons déjà dit, et nous le répétons, parce que nous en avons la certitude, que plusieurs officiers prussiens, en apprenant que l'armée prussienne devait agir de concert avec celles de Napoléon, avaient donné leur démission, et que le gouvernement prussien avait ordonné la confiscation de leurs biens. L'arsenal de Magdebourg a sans doute été brûlé parce qu'il se trouve à Magdebourg des patriotes prussiens, et que tout Prussien qui aime sa patrie doit détruire tout ce qui peut être entre les mains de Bonaparte un moyen d'opprimer la Prusse et l'Allemagne. Les blés de la Prusse, la subsistance du peuple prussien, ont été rassemblés dans des magasins et sont destinés à nourrir les armées

ne se confondait pas dans le grand tout sous l'aigle de France.

Il résultait de là que Napoléon ne pouvait compter sur la coopération des Autrichiens que conditionnellement ; le même concours ne lui était pas promis dans toutes les hypothèses : sans doute avec la conquête et des victoires assurées, l'Autriche resterait fidèle à l'alliance et en profiterait pour un agrandissement territorial, soit en Illyrie, soit dans les provinces polonaises ou turques qu'il plairait à Napoléon de céder à la suite d'une campagne heureuse en Russie ; en cas de revers au contraire, l'armée autrichienne ne pouvait être considérée que comme un corps d'observation agissant selon les ordres reçus de Vienne. M. de Metternich avait prévu la possibilité d'une mauvaise campagne ; rien de plus naturel que de préparer, dans l'intérêt de sa monarchie, le système le plus propre à lui assurer la prépondérance. Or, dans le cas d'une catastrophe inattendue, l'armée autrichienne, toute formée, se trouvait naturellement appelée à prendre un rôle de médiation armée, à se poser non plus comme auxiliaire exclusif de la France, mais comme puissance active, pour décider la vaste querelle entre Napoléon et Alexandre. Il est même inconcevable que cette situation n'ait pas été mieux comprise par l'esprit si pénétrant de Bonaparte ; comment, après une oppres-

---

de Bonaparte qui ont ravagé la Prusse. Les vrais patriotes prussiens serviraient utilement leur patrie et le genre humain, s'ils mettaient le feu à ces magasins, et forçaient par là Bonaparte à retirer ses troupes de l'Allemagne. En brûlant ces magasins, ils ne privent aucun Prussien d'une livre de pain, car Bonaparte n'en laisserait pas sortir une livre pour sauver la vie à un Prussien. Les Espagnols sont encore Espagnols, ils ne sont pas esclaves de Bonaparte, parce qu'ils ont brûlé leurs blés récoltés, leurs blés sur pied, leurs moulins, afin que les armées de Bonaparte qui venaient pour réduire les Espagnols en servitude ne pussent pas subsister. Si les Prussiens ne veulent pas être réduits à la condition d'esclaves de Bonaparte, qu'ils imitent les Espagnols ! » (*Times.*)

sion si pesante pour l'Allemagne, pouvait-il compter sur la Prusse en cas de revers? Il avait tellement flétri la gloire de Frédéric, outragé la reine Louise, démembré la monarchie, qu'il devait bien savoir que la force seule conduisait sous son drapeau les corps d'Yorck et de Kleist. Et l'Autriche n'était-elle pas encore toute saignante des plaies que le traité de Vienne lui avait faites? sa monarchie était déchirée en lambeaux réunis à l'Italie où à la France : l'Illyrie, le Tyrol, l'Italie, Venise et Trieste, tout lui avait été arraché par le traité de Vienne, et l'on voulait que dans une hypothèse facile à prévoir, celle d'un échec pour Napoléon, elle ne cherchât pas à reprendre l'influence perdue! Le cœur humain ne va pas à ce système de résignation ou de bonne volonté, et les cabinets cherchent toujours à ressaisir la fortune.

En outre, ces innombrables forces dont Napoléon disposait étaient considérablement amoindries par les armées d'Espagne où se trouvaient les troupes les meilleures, les mieux exercées. Si l'on voulait avoir en Allemagne des soldats habitués aux sérieuses et longues batailles, il fallait les tirer d'Espagne; on avait beaucoup trop de conscrits; la première opération du département de la guerre fut de rappeler la garde de la Péninsule, vieux régiments qui avaient marché aux Colonnes d'Hercule pour assurer la victoire : des ordres exprès appelèrent donc à marches forcées près de 40,000 hommes de troupes d'élite, de la cavalerie surtout dont on avait un pressant besoin; on en retira presque tous les régiments polonais, car Napoléon avait des idées déjà sur la nationalité de la Pologne; et pour y arriver, il lui fallait d'abord une armée nationale. La plaie militaire de l'Espagne était profonde; de deux choses l'une : si on y laissait un vaste état militaire pour assurer la victoire, on se privait des troupes les plus aguerries, des soldats les plus exercés; si au contraire on faisait venir sous les drapeaux de la grande armée l'élite des troupes d'Espagne, on perdait les avantages des conquêtes récentes dans les provinces soumises. L'Angleterre avait choisi le champ de bataille de la Péninsule; elle y avait lord Wellington, son meilleur général; bientôt peut-être les Français seraient refoulés aux Pyrénées : était-il prudent de marcher à cinq cents lieues des frontières quand on laissait un gouffre derrière soi? Napoléon ne raisonnait point ainsi; il avait hâte d'accomplir son projet contre la Russie par une marche rapide, l'Espagne aurait son tour.

La puissance implacable qui se trouvait toujours en première ligne parmi les ennemis de Napoléon, la Grande-Bretagne, offrait un développement de forces aussi extraordinaire, surtout lorsqu'on les compare à l'exiguité des populations indigènes[1]. En cette année 1812, la Grande-Bretagne avait presque 800,000 hommes sous les armes, soit dans la marine, soit dans les troupes auxiliaires, en y comprenant la milice des comtés. Cet empire si fabuleusement composé, qui comprenait l'Inde, les deux Amériques, fournissait, indépendamment de ses nombreuses garnisons, des expéditions aux îles Canaries, à Rio de Janeiro, dans les républiques américaines, au Canada, partout enfin où il pouvait porter le pavillon et le commerce britannique. Ce qui était merveilleux et formidable à la fois, c'étaient

---

[1] Cependant la population de l'Angleterre s'était accrue pendant la guerre.
« Un dénombrement fait en 1811 prouva que depuis 1801, époque où la population anglaise montait à 10,942,646 âmes, elle s'était accrue de 1,611,882 âmes; ce qui la portait en 1811 à 12,554,528 habitants, accroissement prodigieux dans un espace de dix ans. »

ses flottes ; d'après l'état secret de l'amirauté, la marine comptait cette année cent vingt-sept vaisseaux de ligne à flot, portant plus de douze mille canons en batteries, cent cinquante-huit frégates, deux cent quatre-vingts bricks ou goëlettes ; ces bâtiments étaient montés par 200,000 matelots ; il les lui fallait à tout prix. Sans s'arrêter devant les moyens violents de visite, de presse et de prises, la marine britannique ne respectait le droit des gens que lorsqu'il était utile à sa politique ; l'empire de la mer lui était réservé ; devant chaque port de France était une escadre de blocus ; sans être des amiraux aussi éclatants que Nelson, les lords Keith, Exmouth, Pelew, sir Sidney Smith, s'étaient fait de remarquables réputations ; quelques-uns n'avaient pas touché la terre depuis six années, et quand ils avaient besoin de quelques radoubs, Gibraltar, Malte, Plymouth ou Portsmouth étaient les ports désignés pour donner les rafraîchissements aux équipages qui vivaient à bord comme dans la ville de leur enfance ; le matelot était riche, car les lois anglaises donnaient la moitié des prises aux équipages.

L'armée de terre, moins bien composée que les troupes de mer, offrait néanmoins de bons soldats, fermes à leurs rangs ; les Écossais formaient des régiments de premier ordre, et leurs feux passaient pour les mieux nourris dans les batailles. L'armée anglaise comptait peu de régiments purement nationaux ; le gouvernement avait l'habitude de prendre à sa solde les étrangers, Allemands, Espagnols, Siciliens, des Français même, dont elle formait des légions réunies sous une discipline rigoureuse ; le soldat, sorte de machine, obéissait en aveugle, et les officiers se faisaient tuer par ce dévouement qui ne permet pas à un gentilhomme anglais de quitter son rang. Si les flottes suivaient le pavillon de France partout, l'armée de terre anglaise n'avait qu'un champ de bataille, l'Espagne, ouvert pour la lutte ; là, elle se déployait avec une certaine fermeté, et les gardes surtout s'y firent remarquer dans de brillantes charges. Autant les amiraux avaient une supériorité incontestable, autant les généraux anglais restaient dans une sorte d'infériorité sur le continent ; j'en excepte lord Wellington, capacité du premier ordre, génie militaire passif, que la destinée réservait pour adversaire au puissant Empereur. A ses côtés on pouvait placer, quoique lui étant bien inférieur, lord Cathcart, depuis ambassadeur en Russie, qui avait fait les guerres en Allemagne et en Sicile ; les généraux Hill, Béresford, et sir Charles Steward, diplomate instruit et actif capitaine, raisonnant l'art militaire avec une certaine supériorité. Dans un rang subordonné, sir Robert Wilson pouvait rivaliser avec les meilleurs officiers de partisans et les généraux de troupes légères.

On pouvait aussi compter dans les cadres de l'armée anglaise les troupes d'Espagne et de Portugal, partout en armes, adversaires implacables de Napoléon qui avait brisé leur nationalité. Ce sol d'insurrection avait enfanté des miracles ; les Portugais, se distinguant par une meilleure tenue militaire, une fermeté digne d'éloges à la face de l'ennemi, marchaient aussi fièrement que les troupes anglaises ; lord Wellington en écrivait dans les termes les plus laudatifs au parlement. Les Espagnols, peu redoutables en ligne régulière, valaient mieux que les Portugais en guérillas et troupes détachées : nulle bande portugaise n'égalait les guérillas de Mina ou du curé Mérino harcelant les vainqueurs ; et, je le répète, un des malheurs de la situation de l'Empereur engagé dans une expédition au nord, c'était de laisser cette plaie de l'Espagne sans avenir de guérison ; la présence de 200,000 hommes était nécessitée par les progrès des armées anglaises et les courses des insurgés qui sillonnaient la Péninsule depuis Cadix jusqu'aux Pyrénées.

La puissance de l'Angleterre résultait de son gouvernement énergiquement aristocratique, de ses institutions, de son esprit public, et de cette faculté illimitée de crédit qui lui faisait trouver incessamment des ressources ; son commerce, ses colonies, la richesse publique et privée, étaient mis à contribution pour soutenir une guerre nationale ; les revenus étaient immenses ; chaque année il fallait procéder à un emprunt de dix ou quinze millions de livres, et chaque année les prêteurs se trouvaient sans efforts ; jamais la confiance ne fut le moins du monde altérée [1]. Les discussions du parlement, libres et hautes, étaient magnifiques ; l'indépendance la plus entière régnait pour les journaux ; et telle était la puissance de l'esprit public, qu'aucune feuille ne se serait permis une réflexion, une épithète favorable à la France et contraire à la Grande-Bretagne ; cette presse, arme active dans les mains des Anglais, valait des armées, en versant le sarcasme et le mépris sur ce gouvernement impérial, tout de vanité et de formules. L'aristocratie de l'Europe riait à gorge déployée à l'aspect des caricatures que jetaient les journaux anglais sur

---

[1] Voici un exemple de crédit :
Londres, 16 juin 1812.

« Les compagnies qui se présentent pour fournir l'emprunt de cette année se sont rendues chez M. Vansittart, chancelier de l'échiquier.

« L'emprunt sera de 22,500,000 livres sterling, savoir : pour l'Angleterre 15,650,000 livres ; pour l'Irlande, 4,350,000 livres ; pour la compagnie des Indes orientales, 2,500,000.

Les compagnies qui se sont présentées sont :
MM. Baring et compagnie.
MM. Reid, Irwing et compagnie.
MM. Barnes, Steers et compagnie.
MM. Robarts, Curtis et compagnie.

le cabinet de Saint-Cloud et la famille de Napoléon. Un rapprochement excita l'hilarité de tous les gentilshommes dans les salons de Saint-Pétersbourg; le nègre Christophe se proclamant empereur sous le nom de Henri I, forma sa cour à l'imitation des Tuileries; il fit des ducs de Marmelade, des princes de Sale-Trou, des comtes de Limonade, un baron de Seringue ¹, ce qu'ensuite les journaux anglais comparaient avec un sourire moqueur à tel noble improvisé par le système impérial, dont la fortune était au moins aussi étrange. Cette arme du ridicule n'était pas la dernière qui fît une vive impression en Europe; l'Angleterre était plus forte avec sa presse libre, que le pouvoir de Napoléon censurant tous les articles de journaux. Le ridicule est une arme irrésistible; quand une presse est animée du véritable esprit public, elle peut servir fortement aux époques de guerre et pénétrer l'ennemi par tous les pores.

Il reste à parler du colossal empire contre lequel Napoléon levait ses masses d'hommes; quelles étaient les forces de la Russie, les peuples, les armées, les généraux qu'elle pouvait opposer à Napoléon? Avait-elle les ressources suffisantes pour résister à ces troupes si braves qui sous leur grand Empereur se préparaient à une croisade politique contre elle? examen d'autant plus indispensable qu'il faut faire tomber beaucoup de préjugés et rendre à chacun sa force et sa gloire. L'armée russe ne se recrutait pas comme en France par un système de conscription régulièrement établi; quand le

---

¹ Henri-Christophe vient de se faire sacrer (3 juin 1811) au Cap français, roi de Haïti avec de l'huile de cacao par le capucin Corneille Brell, qu'il crée à cet effet grand-aumônier, duc de Lance. Le roi Henri 1ᵉʳ institue des cordons, des titres, et crée des grands dignitaires; on voit à sa cour un prince de Sale-Trou, un duc de Marmelade, un comte de Limonade, de Dondon, un baron de la Seringue, des chevaliers de Coco et du fort de Tourne-Broche. » (Journaux anglais.)

Czar jugeait indispensable d'ordonner une levée d'hommes pour la patrie, un ukase impérial déclarait qu'il serait pris tant de recrues sur cent ou mille sujets, et chaque gouvernement répondait à l'appel de son empereur. Les possesseurs de terres, de villages et de familles recrutaient les hommes à leurs frais pour le service du prince; chaque seigneur devait habiller ses soldats, les envoyer au gouverneur qui les enrégimentait ensuite dans les divers corps composant l'armée de l'empire.

De là résultaient bien des fraudes dans la répartition des contingents; souvent les cadres étaient immenses, et l'effectif peu considérable. Quand l'empereur passait personnellement l'inspection, il se trouvait des vides remplis seulement sur le papier, et c'est un abus que le ministre de la guerre poursuivait inflexiblement [1]. Le soldat russe, une fois instruit, était ferme sur le champ de bataille, habitué à la fatigue, restant à son poste parce qu'il y savait mourir, habile et propre à la manœuvre, leste, habitué à passer les rivières glacées, à dormir sous le

---

[1] L'état nominatif de l'armée russe était immense, mais l'effectif ne s'élevait pas aussi haut. (1812.)

*Infanterie de terre.*

| | bat. | hom. |
|---|---|---|
| 6 régiments des gardes. | 19 | 13,933 |
| 14 régiments de grenadiers. | 42 | 30,800 |
| 97 régiments de fusiliers. | 291 | 213,400 |
| 50 régiments de chasseurs | 150 | 10,000 |
| 167 régiments. | 502 | 468,133 |

*Infanterie de marine.*

| | | |
|---|---|---|
| Marins de la garde. | 1 | 733 |
| 4 régiments de marine. | 12 | 8,800 |
| Bataillon de la mer Caspienne. | 1 | 700 |
| Matelots de la garde. | 2 | 1,400 |
| Matelots de la flotte. | 86 | 60,200 |
| Rameurs de la flotte. | 2 | 1,400 |
| Ouvriers de la flotte. | 1 | 700 |
| | 105 | 73,933 |

*Cavalerie.*

| | escadr. | hom. |
|---|---|---|
| 6 régiments de gardes. | 30 | 5,142 |
| 5 régiments de cuirassiers. | 40 | 6,856 |
| 36 régiments de dragons. | 188 | 30,852 |
| 11 régiments de hussards. | 110 | 18,678 |
| 5 régiments de houlans | 30 | 8,490 |
| 63 | 398 | 70,018 |

*Cosaques.*

| | |
|---|---|
| 92 pulks de Cosaques du Don. | 46,000 |
| 30 pulks de Cosaques d'Oural. | 15,000 |
| 10 pulks de cavaliers de Grobenski. | 5,000 |
| 20 pulks d'Orenbourg. | 10,000 |
| 2 pulks de Teptar. | 1,000 |
| 10 pulks de Sibérie. | 5,000 |
| 8 pulks de Tatars. | 4,000 |
| 172 pulks. | 86,000 |

sapin des forêts. La cavalerie était nombreuse, l'artillerie formidable; et puis, comme complément à cette organisation militaire, les Cosaques gardaient ses flancs, ses derrières, en éclairant sa marche; admirable cavalerie légère, parce qu'elle n'était propre qu'à surprendre, disperser, à briser les convois; sorte d'Arabes du désert qui couraient sur la neige et la glace avec autant de sûreté que les Mamelucks d'Égypte sur le sable brûlant.

La Russie avait plusieurs moyens de défense, dont les uns lui étaient propres, intimes, tandis que les autres venaient de la forme même de son gouvernement : un des plus importants était la nature de son territoire, s'étendant à l'Asie, et dont les villes sont fort éloignées, ou coupées les unes des autres par des villages de bois qu'on peut brûler et rebâtir presque sans frais; les peuples vivent avec une sobriété extrême; au milieu de ces vastes territoires, couverts de forêts, de noirs sapins, de landes, de bruyères et de marais; la nature s'y développe

| Artillerie. | comp. | hom. |
|---|---|---|
| Grosse artillerie de la garde. | 2 | |
| Artillerie légère de la garde. | 2 | 1,188 |
| Artillerie à cheval de la garde. | 1 | |
| 27 régiments d'artillerie de campagne. | 135 | 32,076 |
| 10 régiments de réserve. | 50 | 11,880 |
| 4 régiments de dépôt. | 20 | 4,752 |
| 6 régiments de la marine. | 30 | 7,125 |
| 6 régim. d'artillerie de place. | 11 | 11,400 |
| 13 de Cosaques à cheval. | 13 | 1,950 |
| 65 | 264 | 70,371 |

| Pionniers et pontonniers. | |
|---|---|
| 2 régiments de pionniers | 4,651 |
| 1 régiment de pontonniers. | 1,756 |
| 3 | 6,407 |

| Réserve. | |
|---|---|
| Infanterie. | 80,247 |
| Cavalerie. | 11,560 |
| Artillerie. | 7,513 |
| 2e ligne de réserve. | 50,000 |
| | 149,320 |

| | hommes. |
|---|---|
| Troupes de garnisons. | 77,664 |
| Troupes de police du gouvernement. | 109,000 |

| Récapitulation. | |
|---|---|
| Infanterie de terre. | 468,133 |
| Infanterie de marine. | 73,933 |
| Cavalerie. | 70,018 |
| Troupes irrégulières. | 86,000 |
| Artillerie. | 70,371 |
| Pionniers et pontonniers. | 6,407 |
| Réserve. | 149,320 |
| Garnisons. | 77,664 |
| Troupes de police. | 109,000 |
| | 1,110,846 |

Avec ces forces immenses, peut-être exagérées, la Russie ne mit d'abord sur pied que 230,000 hommes. Ce fut à l'active administration du prince Barclay de Tolly que l'on dut d'avoir rempli les vastes cadres, malheureusement négligés.

avec énergie, mais elle meurt vite sous trois mois de soleil. Les Russes, habitués aux privations, étaient parfaitement propres à la guerre; de plus on avait eu le soin d'entretenir par la religion un dévouement sans bornes à leur empereur.

La noblesse et les officiers russes, élégante génération, se battaient par le principe de l'honneur et le devoir envers la vieille nation slave; de jeunes hommes à peine adolescents se confondaient, avec leur taille frêle et guêpée, au milieu de ces hommes forts et hauts qui formaient les rangs des grenadiers de la garde; cette garde magnifique s'était dignement montrée à Austerlitz, à Prussich-Eylau et à Friedland, en face des grenadiers de la vieille garde de Napoléon. L'armée moscovite ne manquait pas de bons généraux, d'officiers supérieurs de quelque distinction [1]; comme commandant en chef, capable de conduire une armée, on pouvait compter le vieux et ferme Kutusoff, de l'école de Suwarow, et de Korsakoff, célèbre dans les campagnes d'Italie; le vieux Kutusoff était aimé de l'armée, qui exalte tous ceux qu'elle est habituée à saluer; la campagne que Kutusoff venait de conduire sur le Danube était considérée comme un chef-d'œuvre de persévérance et de stratégie; mais pouvait-on y comparer la lutte qui allait s'engager contre Napoléon? Sur le Danube, Kutusoff

---

[1] La Russie s'organise dans les fonctions même civiles par des rangs militaires; or voici cet ordre des rangs en Russie :

*Militaires.* — Feld-maréchal; général en chef; général-lieutenant; général-major; colonel; lieutenant-colonel; major.

*Artillerie.* — Grand-maître; lieutenant-général; général-major; colonel; lieutenant-colonel; major; inspecteur.

*Flotte.* — Grand-amiral; amiral; vice-amiral; contre-amira ; capitaine; capitaine en second; capitaine en troisième.

*Cour.* — Grand-maréchal; grand-écuyer; demoiselle d'honneur; chambellan actuel; chambellan; médecin de S. M.; gentilhomme de la chambre.

*Civil.* — Chancelier; conseiller privé actuel; conseiller privé; conseiller d'état actuel; conseiller d'état; conseiller de cour; exécuteur du sénat; conseiller titulaire; assesseur du collége.

n'avait devant lui que les Osmanlis, braves, mais mal disciplinés ; dans la guerre qu'on allait engager, les Russes se trouveraient en présence des troupes françaises, si bonnes manœuvrières, si audacieuses tout à la fois, dirigées par Napoléon en personne, et avec lui, les plus vaillants, les plus habiles maréchaux [1].

Toute l'armée russe conservait le souvenir de Bennigsen, dont le nom se trouvait fatalement mêlé à la catastrophe de Paul Ier ; Bennigsen avait donné des preuves d'une activité inouïe, d'une bravoure incontestable ; à Eylau il avait balancé les destinées de l'armée française, et à Friedland, s'il avait commis une faute par excès de courage, elle avait été réparée par l'intrépidité avec laquelle il avait dirigé les attaques des colonnes serrées, masses formidables que Napoléon dut écraser à coups de mitraille. Bennigsen, le plus hardi des généraux russes, aimait cette guerre de surprise, qui plus d'une fois avait servi ses plans de campagne ; alors un peu en disgrâce, on le disait vieilli, baissé d'activité et d'intelligence ; on lui reprochait d'avoir exposé les destinées de l'armée russe en 1807. Au moment du danger, Alexandre lui écrivit de sa main pour lui offrir un poste d'honneur et de péril dans la guerre qui se préparait sur le Niémen.

[1] Voici ce qu'écrit un agent anglais à son gouvernement sur l'armée russe :

« Si c'est avec espoir qu'Alexandre jette ses regards sur son armée, ce n'est cependant pas sans crainte. Bennigsen dans la dernière guerre montra de la fermeté ; mais ce général, ardent sans être audacieux, n'osa pas, à Eylau, écraser, comme il le pouvait, l'armée française. Kutusoff vient de faire une brillante campagne, mais c'est contre des Turcs ; la balle qui traversa sa tête d'une tempe à l'autre est pour ce militaire un trophée que partout il porte avec lui ; cependant il faut autre chose que cette honorable blessure, il faut même plus qu'un esprit fin, rusé, adroit, pour être opposé à Napoléon. En écartant donc ici des sabreurs tels que Bagration, Miloradowitch, ce Bayard de l'armée russe, et autres, je ne vois de général réellement recommandable que Barclay de Tolly, digne d'une haute illustration par son passage du golfe de Bothnie, et dont la valeur froide et l'audace réfléchie est abondamment nourrie d'expérience. »

Le meilleur tacticien de l'armée russe était Barclay de Tolly, esprit d'étude et de réflexion, l'officier aux grandes manœuvres, aux vastes plans de campagne; il servait depuis plus de quarante ans; soldat dès l'âge de douze ans [1], il avait passé par tous les grades dans les longues guerres de Catherine et de Paul Ier contre les Turcs, les Suédois, les Polonais. A Eylau, il fut blessé; son passage sur la glace en Bothnie témoignait de son froid courage; général-major d'infanterie, il fut ensuite appelé au ministère de la guerre, poste si difficile aux époques de crise militaire. Si son nom n'était point populaire parmi les Russes comme celui de Kutusoff, s'il n'avait point l'intrépidité de Bennigsen, Barclay de Tolly avait étudié l'art militaire dans les meilleurs maîtres; bon administrateur, tacticien remarquable, il combinait une bataille avec un grand instinct et une merveilleuse habileté; il était de l'école qui soutenait la nécessité d'user Napoléon par la résistance.

Bagration, dont j'ai beaucoup parlé déjà, était le plus brave de tous les officiers de l'armée russe avec Miloradowitch, désigné sous le nom du *Bayard moscovite*. Puis on comptait une masse de généraux tous plus ou moins remarquables, entre autres l'amiral Tschichakoff, Saken, Palhen, Doctoroff, Ouwaroff et Czernicheff lui-même, cet officier aux manières si distinguées, qui avait élégamment brillé aux salons de l'Empire. Dans cette armée encore un bon nombre de généraux d'origine allemande ou française servaient sous les or-

---

[1] Le prince Michel Barclay; de Tolly était né en 1755, dans la province de Livonie. Entré au service avant sa 12e année, le 1er janvier 1767, bas officier en 1769, enseigne en 1778, lieutenant au commencement de 1786, capitaine en 1788, major en 1790, lieutenant-colonel en 1794, colonel le 7 (19) mai 1798, il avait déjà quarante-huit ans, et plus de trente et un ans de service, quand il parvint au grade où il put manifester les talents qu'il avait acquis dans ses campagnes contre les Turcs, les Sué-

dres de l'empereur Alexandre : le comte de Wittgenstein, Ostermann, Winzingerode, étaient d'origine germanique ou courlandaise, tandis que les comtes de Langeron, de Saint-Priest, appartenaient à cette école de gentilshommes français exilés de la patrie par la révolution. Le duc de Richelieu était resté au gouvernement d'Odessa, avec le titre de général-major; les habitudes du duc de Richelieu le portaient à cette vie orientale des bords de la mer Noire; il y avait commencé sa jeune carrière militaire par le siége d'Ismaïl, où Byron a placé son Don Juan.

Des nuées de Cosaques, troupes irrégulières, se groupaient autour de leur hetman, le vieux Platoff, que l'empereur Alexandre traitait avec la vénération d'un fils pour un père; car dans l'armée russe il y avait pour le souverain ce culte de la famille grecque. Lorsque les cérémonies religieuses faisaient monter l'encens vers le Dieu protecteur de la patrie, les hetmans des Cosaques, à l'uniforme brillant, à la veste orientale, venaient embrasser l'empereur sur les joues, et toute la tribu avait le même droit, car le Czar était le père commun; la religion était la base de ce gouvernement; tout se faisait comme devoir prescrit par les commandements de Dieu; les images de saint Serge, de saint Nicolas et de saint Ivan, placées sur les étendards, étaient vénérées avec autant d'enthousiasme que l'aigle impériale qui s'élevait sur les drapeaux de Napoléon.

Il ne fallait pas méconnaître cet esprit, la force nationale en Russie; or les idées religieuses n'étaient pas

---

dois et les Polonais. Sa fortune fut dès lors rapide : car, général-major un an après qu'il eut été fait colonel, il devint lieutenant-général en 1807, après avoir fait la campagne de 1806 contre les Français, et assisté à la bataille d'Eylau où il fut blessé. En 1808, il concourut à la conquête de la Finlande, et fut nommé en 1809 général d'infanterie, puis, en février 1810, ministre de la guerre.

comprises par cette génération de fiers guerriers qui partaient des bords de la Seine pour passer le Niémen; l'éducation du xviiie siècle les avait corrompus; ils tenaient peu de compte de ce sentiment patriotique qui se mêlait à l'image des saints en Russie, comme en Espagne; ils croyaient retrouver là l'esprit sceptique et railleur de Voltaire. C'était pourtant avec ces idées religieuses qu'on remuait les peuples; en Espagne, n'était-ce pas le catholicisme uni au sentiment de liberté qui avait si fortement protesté contre Napoléon? On ne doit jamais se jouer des émotions qui partent de l'âme; malheur aux pouvoirs assez aveugles pour les méconnaître!

L'administration entière de la Russie reposait sur des idées primitives et simples; il n'y avait pas d'impôts précisément réguliers et répartis comme en France; les provinces étaient plutôt soumises à des tributs qu'à des impôts; l'empereur avait des domaines immenses, et ses revenus servaient à l'État; le commerce extérieur produisait de grandes ressources en douanes. La force du recrutement résultait des obligations que chaque famille contractait avec l'empereur, souvenir des vieux devoirs féodaux; pour une guerre ordinaire ces ressources étaient limitées par les coutumes; pour une guerre nationale et religieuse tous les sacrifices devaient être accomplis. Ainsi raisonnait le patriotisme de la Russie; comme il s'agissait du salut de tous, tous étaient prêts à se donner pour la cause commune: ces éléments de résistance, joints à la situation du pays, à la rareté des cités, aux vastes déserts qui entouraient leurs murailles, à ces froids rigoureux qui faisaient de ces terres, pendant huit mois de l'année, des mers de glace et des marécages boueux; toutes ces causes d'une résistance continue, implacable, il fallait les faire entrer dans les calculs de cette campagne lointaine que rêvait alors un génie audacieux.

Napoléon avait repoussé les négociations rationnelles avec Bernadotte; on devait présumer que depuis le rapprochement de la Russie et de la Suède, une armée scandinave serait amenée sur le champ de bataille en Allemagne, au moins dans la Prusse du Nord, peut-être même en Pologne [1]. Sous Gustave-Adolphe les Suédois avaient partout laissé des traces de leur passage; à Lutzen une pierre immortelle restait debout! Les Suédois n'avaient rien perdu de leur bravoure, de leur discipline, de leur fermeté sur le champ de bataille; ils étaient les mêmes qu'à l'époque où Richelieu leur payait des subsides; c'étaient toujours ces troupes composées de paysans sobres et de jeunes officiers, tous gentilshommes, bien élevés dans les écoles, braves au feu, militairement organisés. Ce qui manquait à la Suède, c'était l'argent, l'Angleterre seule pouvait lui en fournir; les mines de fer, ses fortes mâtures étaient ses seules ressources, et pour cela il fallait le commerce avec la Grande-Bretagne; quelques subsides accordés par le parlement au cabinet de Stockholm, et l'armée suédoise devenait formidable. Depuis son avénement à la succession de la couronne, Bernadotte avait donné une nouvelle impulsion à l'armée qui pouvait mettre sur pied 50 à 55,000 hommes, cavalerie, infanterie, artillerie; sa tenue était belle, son instruction avancée; elle comptait des généraux distingués, tels que les comtes d'Essen et Lowenhjelm, et Bernadotte n'était-il pas un général d'élite, capable de conduire

---

[1] Dès le mois de janvier 1812 tout était préparé pour la guerre en Suède. Bernadotte s'y était décidé parce que, disait-il, « je connais Bonaparte, et il ne s'arrêtera devant rien. Il veut Saint-Pétersbourg ou Stockholm; je l'en empêcherai bien, ou je redeviendrai laboureur. Quant à lui obéir comme Joseph, jamais! »

l'armée suédoise aux brillantes destinées? Il n'était point à la hauteur de Napoléon pour les grandes conceptions de guerre, mais il connaissait la stratégie dans les éléments les plus sûrs; et le prince royal de Suède ne devait-il pas se décider à prendre les armes lorsque Napoléon, sans s'inquiéter du droit et des principes, venait d'envahir la Poméranie?

Ainsi une lutte allait s'ouvrir sur la plus vaste échelle; ce n'était plus de ces petites guerres du xviiie siècle qui finissaient par quelques siéges, quelques batailles et rien après. Napoléon conduirait contre la Russie la plus belle des armées; cette garde magnifique, ces régiments d'élite sous de glorieux maréchaux, partaient pour une expédition qui n'avait de comparable dans l'histoire que les croisades religieuses du xie siècle contre l'Orient; il y régnait quelque chose de chevaleresque; l'enthousiasme était pour l'Empereur; les chants de départ allaient partout retentir sous les aigles, et cette armée si puissante trouverait à sa face des soldats de fer, tels qu'ils s'étaient mesurés à Eylau et à Friedland, un peuple dévoué à sa patrie et aux idées religieuses, un fanatisme ardent sous un ciel de neige et sur un sol de glace.

Marchez donc, nobles enfants de la France; quel sort vous réserve le Dieu qui de sa main élève et brise les empires? Il sait poser un terme à la puissance des forts; souvent il a mis la faiblesse aux bras de ceux qui prétendent grandir démesurément les limites de leur destinée!

# CHAPITRE V.

### DERNIÈRES NÉGOCIATIONS DES CABINETS.

##### MESURES DU GOUVERNEMENT AVANT LA CAMPAGNE DE RUSSIE.

Explications diplomatiques avec le prince Kourakin. — Audience de l'Empereur. — Notes des deux cabinets. — Organisation en trois bans de la garde nationale. — Levées en masse. — Inquiétude des esprits. — Rupture avec la Suède. — Mauvais résultat des négociations avec la Porte Ottomane. — Exécution des traités d'alliance avec la Prusse et l'Autriche. — Communication au Sénat. — Tristesse des opinions. — Organisation du gouvernement. — Départ de Napoléon pour Dresde.

#### Mars à Mai 1812.

Tandis que les deux empires se préparaient à une lutte gigantesque, les négociations se continuaient à Paris dans le but illusoire d'un rapprochement ; en diplomatie, lorsque la pensée militaire domine, les actes ne sont plus qu'une forme, qu'un moyen de déguiser les préparatifs de guerre : Napoléon et Alexandre voulaient-ils la paix et leurs démarches pour empêcher une rupture étaient-elles faites avec sincérité ; ou bien n'y voyaient-ils qu'un moyen de se rendre favorable l'opinion publique, au moment où les deux princes demandaient à leur peuple de si grands sacrifices? Napoléon savait que la France était fatiguée de guerre, son vaste système de conquête et de réunion effrayait les esprits ; il fallait constater que les hostilités n'étaient pas son ouvrage, et que s'il courait encore sur un champ de bataille, c'était à la suite d'une provocation outrageante. Toutes les négociations entre M. Maret et le prince Kourakin sont marquées de ce caractère ; il y a des phrases, des principes hautement exprimés ; au fond il s'y formulait des propositions telles que Napoléon et Alexandre ne pouvaient ni les entendre ni les accepter [1].

La position du prince Kourakin à la cour des Tuileries avait toujours été bonne vis-à-vis de Napoléon ; on le savait dessiné pour le parti français ; l'Empereur pendant trois années mit un grand prix à l'alliance de Tilsitt et d'Erfurth ; la bonne grâce avec laquelle Napoléon avait traité le comte de Czernicheff montrait que nul projet n'était hostile dans sa pensée depuis 1808 jusqu'à 1810. Ensuite toute la discussion dut porter sur le système continental, véritable cheval de bataille de M. Maret, qui faisait mille phrases pour constater que l'Europe devait repousser les marchandises anglaises comme si elles étaient pestiférées ; cette idée du système continental dominait Napoléon, et lorsqu'il admit le prince Kourakin dans une audience particulière, pour recevoir les communications de sa cour, il s'exprima dans les termes d'une certaine ténacité pour faire adopter par l'empereur Alexandre le principe de son droit maritime, l'exclusion de tout navire anglais des ports russes [2]. Le prince Kourakin avait sollicité une nouvelle audience afin de résumer devant l'Empereur les griefs de son cabinet ; elle fut accordée. Napoléon se promenait à grands pas selon son usage ; il se montra poli, très caressant pour le prince Kourakin : « Vous êtes un esprit juste, dit-il,

[1] Pièces diplomatiques, novembre 1811 — mars 1812.
[2] Cette conférence fut envoyée par le prince Kourakin à sa cour. — Mars 1812.

M. de Kourakin; nul mieux que vous ne peut comprendre l'intérêt commun qui nous lie, l'empereur Alexandre et moi; en cet état il est besoin d'une décision : vous ne voulez pas la guerre, mais vous ne voulez pas la paix; j'ai une grande affection pour votre maître; nous nous sommes toujours parfaitement entendus; je veux la paix, la paix générale, et pour y arriver il faut suivre le système continental dans toute sa rigueur; il faut anéantir l'Angleterre; il faut faire le siége des manufactures anglaises. L'empereur Alexandre veut-il entrer dans ces idées? il me l'a promis à Erfurth, et c'est d'après ces promesses que je me suis jeté en Espagne dans une lutte qui aura bientôt son terme; et croyez-vous, d'ailleurs, que je me serais engagé dans cette guerre si je n'avais eu la sécurité des promesses d'Erfurth? »

A ces paroles, le prince Kourakin répondit avec une extrême modération « que le système continental était la mort de la Russie, de son commerce, des produits de son sol; à notre vaste territoire il faut des débouchés certains; Votre Majesté l'a si bien senti pour son propre empire qu'elle accorde des licences pour le commerce avec l'Angleterre. Soyons égaux, au moins : laissez-nous appliquer à la Russie ce que vous autorisez pour la France; l'empereur Alexandre ne demande pas mieux que de régler un système de licences sur des bases d'une parfaite égalité; la Russie a besoin qu'on lui permette de respirer, c'est un corps privé de vie si elle ne peut répandre ses produits par la Baltique et la mer Noire. » — « Mais vous armez, répliqua Napoléon; j'ai sous les yeux votre état militaire, le voici, prince Kourakin (et il étendit des tableaux synoptiques sur une vaste table); lisez : vos troupes du Niémen sont au moins de 150,000 hommes, que voulez-vous faire de tout cela? qui menacez-vous? la Saxe? le duché de Varsovie, que vous avez garanti? »

Le prince Kourakin fit observer que ces forces, beaucoup exagérées par les officiers français, n'étaient que pour protéger la sûreté des frontières russes. Y avait-il sécurité pour elles? « Les troupes de Votre Majesté, continua l'ambassadeur, occupent toute la vieille Prusse; quelques marches suffisent pour arriver au Niémen; n'est-il pas juste de se préparer contre un état aussi formidable? Nous avons des recrues, Votre Majesté lève ses conscriptions; les armements appellent les armements. » — « Vous êtes mal informé, prince Kourakin, reprit l'Empereur; ce que je fais, j'ai droit de le faire; si j'ai des troupes en Prusse, c'est d'après les traités positifs. Relisez nos conventions de 1807; je les tiens là pour faire percevoir les contributions; et d'ailleurs je les fais vivre en pays étranger, c'est autant de soulagement pour mes peuples; votre maître ne doit pas l'ignorer, n'a-t-il pas été partie contractante dans le traité de Tilsitt? la maison de Brandebourg nous doit beaucoup à tous deux. Voyons, au reste, allons au fait, monsieur l'ambassadeur, et quelles sont vos communications? » Ici le prince Kourakin indiqua l'ultimatum de la Russie, se résumant en ces trois points : 1° l'évacuation militaire de la Prusse; 2° indemnité pour le duché d'Oldenbourg; 3° fixation d'un système de licences qui permettrait à la Russie un commerce indispensable avec l'Angleterre. Enfin, si Napoléon voulait accepter la médiation du Czar Alexandre pour un rapprochement avec la Grande-Bretagne, cette médiation était offerte avec bonne foi et pourrait amener une pacification [1], si vivement attendue

---

[1] Dépêche du prince Kourakin à sa cour. — Mars 1812.

par l'Europe. « C'est bien, prince, reprit Napoléon, j'examinerai ; mais dites à votre maître que si je commence la guerre, je la mènerai jusqu'au bout. »

Cette conversation s'était engagée et accomplie dans les termes les plus affectueux et les plus mesurés ; Napoléon s'en était tenu aux expressions les plus calmes, les plus amicales; on voyait que son désir était d'entraîner la Russie dans ses idées sur le système continental, son but gigantesque ; il n'aurait pas commencé les hostilités s'il avait pu décider le cabinet de Saint-Pétersbourg à une ratification pleine et complète de tous les faits accomplis depuis une année par la réunion et la conquête. Napoléon disposait alors d'une population de 72 millions d'âmes; au nord, son gouvernement s'étendait jusqu'aux villes anséatiques, et un décret récent venait de réunir la Catalogne à ce vaste tout décoré du titre d'Empire français ; les limites étaient posées sur l'Èbre. C'était une idée historique que le puissant Empereur réalisait peu à peu ; il avait lu dans les vieilles chroniques que Charlemagne avait poussé son empire jusqu'à l'Èbre à l'époque des Sarrasins et des Maures, et le chroniqueur Turpin avait conté comment Charles avait conquis Pampelune, Jacca et Barcelonne. Napoléon agissait dans des proportions aussi vastes : les Saxons au nord, les Sarrasins au midi, tels étaient les ennemis de Charlemagne, le vieil empereur d'Occident. Les mêmes querelles se reproduisaient au xixe siècle, Napoléon allait lutter au nord avec les Slaves, et au midi avec les peuples qui avaient conservé toute l'énergie du sang maure. La Catalogne dut former quatre départements sous deux commissaires impériaux [1] : M. de G****, philosophe

---

[1] Le décret qui réunit la Catalogne à l'Empire français est du 26 janvier 1812

érudit, qui, en vertu des principes philanthropiques, servait néanmoins les actes les plus rigoureux de Napoléon; M. de G\*\*\*\* venait d'organiser Rome, et l'Empereur avait approuvé l'idée d'unité et de centralisation qu'il avait fait triompher; plaie profonde pour l'Italie que les administrateurs artistes ou érudits; les commissaires du Directoire ou les préfets savants lui enlevèrent ses chefs-d'œuvre d'arts; les souvenirs de M. Denon et de David ont laissé de tristes empreintes à Rome et à Florence. Sous le Directoire, les érudits Daunou et Ginguené, et sous l'Empire M. de G\*\*\*\*, recherchèrent curieusement les livres, les chartes, les antiquités, pour transporter à Paris les archives du Vatican; on sépara les trésors du catholicisme de cette église de Saint-Pierre, qui est comme le témoignage vivant de la foi; que pouvaient être les bulles sans le Vatican? M. Daunou put paisiblement travailler à Paris, sur les archives du pontificat, à son ouvrage *sur la puissance temporelle des papes*; selon M. Daunou, il ne fallait plus de gouvernement civil aux pontifes; on devait leur enlever cette puissance temporelle, créée comme pour abriter les grandes infortunes; car, dans les tristes secousses du monde, lorsque les partis, les dynasties, les familles, croulent les uns sur les autres, Rome est comme un asile où viennent vivre et mourir toutes les grandeurs déchues; le républicain Lucien y trouvait un abri comme les rois de Sardaigne; Rome, pays de sainte tolérance, où se réfugient les âmes fortement éprouvées; oasis pieuse et paisible au milieu des passions du monde.

La conversation diplomatique de Napoléon et du prince

---

Un second décret du 2 février la place sous l'administration de deux conseillers d'État intendants, de Gérando et Chauvelin; leur résidence était fixée à Barcelonne et à Gironne; ils étaient très peu aptes à comprendre l'esprit de ces populations belliqueuses.

Kourakin n'avait abouti à d'autre résultat que de simples communications; M. Maret, chargé de traduire les idées de l'Empereur, dut remettre une longue note [1] au gouvernement russe, rédigée en forme de manifeste et destinée à plusieurs fins. Cette note générale, qui contient près de cent pages d'une écriture assez fine, est la répétition de tout ce qui avait été dit dans les déclarations de guerre à la Russie et l'Autriche en 1807 et 1809 ; le langage n'a point changé ; M. Maret a certaines formules, il n'en sort pas : « l'empereur Alexandre, y est-il dit, avait reconnu à Tilsitt l'indépendance des pavillons ; le respect dû aux neutres devait être proclamé principe inaltérable dans tout traité pour la paix maritime. » M. Maret, revenant sans cesse sur les principes du traité d'Utrecht, déclarait que la Russie avait offert plusieurs fois dans cet esprit sa médiation à l'Angleterre, aucun résultat n'avait été obtenu, cette puissance persistait dans son système ; l'entrevue d'Erfurth avait retrouvé les souverains dans une même résolution; c'est en vain qu'on avait essayé une nouvelle négociation avec l'Angleterre, celle-ci avait tout refusé. Alors il fallait prendre un parti, l'empereur

---

[1] Voici quelque extrait de cette note en forme de manifeste :
*Note adressée par M. Maret au comte de Romanzoff, chancelier de Russie.*
Paris, 25 avril 1812.
« Monsieur le comte, S. M. l'Empereur de Russie a reconnu à Tilsitt les principes suivants : que la génération actuelle ne peut se flatter d'obtenir de bonheur qu'autant que les nations jouissant pleinement de tous leurs droits pourront sans entraves s'adonner à leur industrie; que l'indépendance du pavillon est un droit appartenant à chaque nation, et que maintenir ce droit est un devoir réciproque qu'elles se doivent entre elles ; qu'elles ne sont pas moins tenues de défendre l'inviolabilité de leur pavillon que celle de leur territoire ; que de même qu'une puissance ne peut, sans cesser d'être neutre, souffrir qu'une des parties belligérantes s'empare de son territoire, de même elle ne peut prétendre être considérée comme neutre, lorsqu'elle souffre qu'une des parties belligérantes s'empare, malgré la protection de son pavillon, des propriétés que l'autre partie belligérante a placées sous cette protection; que toute puissance a conséquemment le droit d'exiger que les nations qui prétendent être neutres fassent respecter leur pavillon, de la même manière qu'elles font respecter leur territoire ; qu'aussi longtemps que l'Angleterre, persistant dans son système de guerre, refuserait de reconnaître l'indépendance de quelque pavillon que ce fût, aucune puis-

Alexandre devait se décider à une séparation de la politique anglaise; au lieu de cela, qu'avait-on vu? La Russie avait abandonné le principe qu'elle s'était engagée à soutenir par le traité de Tilsitt, celui de faire cause commune avec la France, principe qu'elle avait proclamé dans sa déclaration de guerre contre l'Angleterre, et qui avait servi de base aux décrets de Berlin et de Milan. « Résumons les souvenirs, ajoutait M. Maret. Ces décrets furent éludés par un ukase qui ouvrait les ports de la Russie aux vaisseaux anglais chargés de denrées coloniales, pourvu qu'elles fussent sous pavillon étranger. Ce coup inattendu annula et le traité de Tilsitt et les importantes conventions qui avaient mis fin à la lutte entre les deux plus grands empires du monde, et donné à l'Europe l'espoir probable d'obtenir la paix maritime; on devait, en conséquence, s'attendre à de nouvelles commotions et à des guerres meurtrières. A cette époque la conduite de la Russie annonça constamment ces désastreux résultats; la réunion du duché d'Oldenbourg, enclavé en quelque manière dans les pays récemment soumis aux mêmes principes de gouvernement que la France, était une

---

sance possédant des côtes ne pouvait être considérée comme neutre à l'égard de l'Angleterre.

« Avec cette pénétration et cette élévation de sentiments qui le caractérisent, l'Empereur avait aussi senti qu'il ne pouvait y avoir de prospérité pour les états du continent que dans l'établissement de leurs droits par une paix maritime. Ce grand intérêt avait eu la principale influence dans le traité de Tilsitt, et tout le reste lui avait été subordonné.

« L'empereur Alexandre offrit sa médiation auprès du gouvernement anglais, et au cas que ce gouvernement refusât de faire la paix, en prenant pour base le principe que les pavillons de toutes les nations jouiraient en pleine mer d'une égale et parfaite indépendance, il s'engagea à faire cause commune avec la France, à sommer, de concert avec elle, les trois cours de Copenhague, de Stockholm et de Lisbonne, de fermer leurs ports aux Anglais, et de déclarer la guerre à l'Angleterre. Sa Majesté s'engagea en outre à insister pour que les autres puissances adoptassent les mêmes mesures.

« L'Empereur Napoléon accepta la médiation de la Russie, mais l'Angleterre ne répondit à ces ouvertures qu'en violant les droits des nations d'une manière jusque-là sans exemple dans l'histoire. En pleine paix, et sans aucune déclaration de guerre préliminaire, elle attaqua le Danemarck, surprit sa capitale, brûla ses arsenaux, et prit possession de sa flotte, qui

conséquence nécessaire de la réunion des villes anséatiques à l'Empire français. On offrit une indemnité! Il eût été aisé de s'entendre à ce sujet à l'avantage mutuel des parties intéressées, mais votre gouvernement en fit une affaire d'État, et pour la première fois on vit paraître un manifeste d'une puissance alliée contre son allié. La réception des vaisseaux anglais dans les ports russes, et les réglements de l'ukase de 1810, avaient prouvé que les traités étaient annulés. Le manifeste fit voir que non seulement les liens qui unissaient les deux gouvernements étaient rompus, mais même que la Russie avait publiquement jeté le gant à la France, par suite d'un différend qui lui était étranger, et qui ne pouvait être arrangé que de la manière proposée par Sa Majesté. Il était impossible de se dissimuler que le refus de cette offre annonçait un plan de rupture déjà formé. La Russie s'y préparait au moment même qu'elle dictait aux Turcs des conditions de paix. Elle rappela soudainement cinq divisions de son armée de Moldavie ; et au mois de février 1811, on savait à Paris que l'armée du duché de Varsovie avait été obligée de repasser la Vistule, afin de se

---

était désarmée et en pleine sécurité dans ses ports. La Russie, conformément aux conditions et aux principes du traité de Tilsitt, déclara la guerre à l'Angleterre, proclama de nouveau le principe de la neutralité armée, et s'engagea à ne jamais abandonner ce système. A cette époque, le cabinet britannique jeta le masque, en proclamant, dans le mois de novembre 1807, ses arrêts du conseil, en vertu desquels l'Angleterre prélevait un droit de péage de 4 à 5,000,000 sur le continent ; et elle obligea les pavillons de toutes les nations à se soumettre aux réglements émanés de ses principes de législation. Ainsi, d'un côté, elle faisait la guerre à l'Europe, et de l'autre elle s'assurait les moyens de prolonger la durée de cette guerre, en prenant pour bases de son système de finances les tributs auxquels elle s'arrogeait le droit d'assujettir tous les autres peuples.

« Dès l'année 1806, et lorsque la France était en guerre avec la Prusse et la Russie, elle avait proclamé un blocus qui frappait d'interdit toutes les côtes d'un empire. Lorsque Sa Majesté fit son entrée à Berlin, il répondit à cette monstrueuse présomption par un décret de blocus contre les îles britanniques. Mais pour déjouer les arrêts du conseil de 1807, il était nécessaire d'avoir recours à des mesures plus directes et plus spéciales, et Sa Majesté, par le décret de Milan du 17 décembre de la même année, déclara tout pavillon dénationalisé lorsqu'un bâtiment aurait permis

replier sur les forces de la Confédération, parce que les armées russes sur la frontière étaient déjà très nombreuses et avaient pris une attitude menaçante. Lorsque la Russie ordonnait ainsi des mesures si contraires aux intérêts de la guerre active qu'elle avait à soutenir, lorsqu'elle donnait à ses armées un développement ruineux pour ses finances, et sans aucun objet, vu la situation dans laquelle toutes les puissances du continent se trouvaient alors, toutes les troupes françaises étaient en-deçà du Rhin, excepté un corps de 40,000 hommes stationné à Hambourg pour défendre les côtes de la mer du Nord, et pour maintenir la tranquillité dans les pays récemment réunis; les places réservées en Prusse n'étaient occupées que par les troupes des alliés. On n'avait laissé à Dantzick qu'une garnison de 4,000 hommes. Sa Majesté, cependant, demeura immuable. Elle conserva toujours le désir d'en venir à un arrangement; elle croyait qu'il serait toujours temps d'avoir recours aux armes; elle demanda seulement qu'on envoyât les pouvoirs nécessaires au prince Kourakin pour entamer une négociation sur les objets en litige, qui n'étaient

que sa neutralité fût violée en se soumettant à ces ordres.

« L'attaque de Copenhague avait été soudaine et publique. Mais l'Angleterre avait préparé en Espagne des attaques d'une autre nature, dont le plan avait été mûri dans l'ombre avec réflexion. N'ayant pu ébranler la résolution de Charles IV, qui refusait de lui sacrifier les intérêts de son royaume, elle forma un parti contre ce prince. Elle se servit du nom du prince des Asturies, et le père fut chassé de son trône au nom de son fils. Les ennemis de la France et les partisans de l'Angleterre s'emparèrent de l'autorité souveraine.

« Sa Majesté, à la demande de Charles IV, envoya des troupes en Espagne, et la guerre commença dans la péninsule.

« Par une des conditions du traité de Tilsitt, la Russie devait évacuer la Moldavie et la Valachie. Cette évacuation fut différée. De nouvelles révolutions qui avaient eu lieu à Constantinople avaient plus d'une fois teint de sang les murs du sérail.

« Ainsi s'était à peine écoulée la première année depuis le traité de Tilsitt. Les affaires de Copenhague et de Constantinople, et les ordres du conseil publiés en Angleterre en 1807, avaient placé l'Europe dans une situation si inattendue, que les deux souverains jugèrent à propos de se concerter, et une entrevue eut lieu à Erfurth.

« Avec les mêmes intentions et inspirés par le même esprit qui avait dirigé leur conduite à Tilsitt, ils convinrent des nou-

pas de nature à nécessiter une effusion de sang. On pouvait les réduire à quatre points principaux : 1° l'existence du duché de Varsovie, une des conditions de la paix de Tilsitt, et qui depuis la fin de 1809 avait donné à la Russie de fréquentes occasions de manifester une méfiance que Sa Majesté avait tâché de calmer par tous les ménagements que l'amitié la plus exigeante pouvait demander et que l'honneur pouvait permettre ; 2 la réunion du duché d'Oldenbourg, que la guerre avec l'Angleterre avait rendue nécessaire, et qui était conforme à l'esprit du traité de Tilsitt ; 3° les réglements relatifs au commerce de marchandises anglaises et aux vaisseaux dénationalisés, qui devaient être conformes à l'esprit et aux termes du traité de Tilsitt ; 4° et enfin les réglements de l'ukase de 1810, qui, en détruisant toute relation commerciale entre la France et la Russie, et en ouvrant les ports russes aux pavillons simulés couvrant des marchandises anglaises, étaient contraires aux termes exprès du traité de Tilsitt. Quant à ce qui regardait le duché de Varsovie, Sa Majesté eût été disposée à adopter une convention dans

velles mesures qu'exigeaient des changements aussi considérables. L'Empereur consentit à retirer ses troupes de la Prusse, et en même temps consentit aussi que la Russie non seulement n'évacuât pas la Moldavie et la Valachie, mais même qu'elle réunît ces deux provinces à son empire.

« Les deux souverains, animés d'un seul et même désir, celui de rétablir la paix maritime, et aussi disposés alors qu'à Tilsitt à maintenir ces principes, pour la défense desquels ils avaient formé une alliance, résolurent de faire un appel solennel à l'Angleterre. En conséquence, vous, M. le comte, vîntes à Paris, et il s'établit une correspondance entre vous et le gouvernement anglais. Mais le cabinet de Londres, qui avait découvert que la guerre était sur le point de s'allumer de nouveau sur le continent, refusa toute ouverture pour entamer les négociations. La Suède avait refusé de fermer ses ports à l'Angleterre, et la Russie, d'après les conditions du traité de Tilsitt, lui déclara la guerre. Le résultat fut que la Suède perdit la Finlande, qui fut réunie à l'empire russe, et en même temps les armées russes occupaient les forteresses sur le Danube, et faisaient la guerre aux Turcs avec un succès marqué.

« Cependant le système de l'Angleterre triomphait ; ses ordres du conseil menaçaient de produire les résultats les plus importants, et les tributs qui devaient alimenter la guerre perpétuelle qu'elle avait déclarée étaient perçus en pleine mer. La

laquelle elle se serait engagée à n'encourager aucune entreprise qui pût directement ou indirectement tendre ou conduire au rétablissement de la Pologne. Quant à Oldenbourg, Sa Majesté offrit d'accepter l'intervention de la Russie, qui cependant n'avait aucun droit d'intervenir dans ce qui concernait un prince de la Confédération du Rhin, et Sa Majesté consentit à lui donner une indemnité. Quant au commerce des marchandises anglaises et aux vaisseaux dénationalisés, Sa Majesté désirait en venir à un arrangement, afin de concilier les besoins de la Russie avec les principes du système continental et l'esprit du traité de Tilsitt. Enfin, quant à l'ukase, Sa Majesté consentait à conclure un traité de commerce qui, en assurant à la France ses relations commerciales, pourvoirait à tous les intérêts de la Russie. »

Toute la suite de cette note se continuait dans les termes les plus pacifiques en apparence; on ne voulait point heurter l'opinion publique en se montrant trop dessiné pour la guerre : que demandait l'Empereur? disait-on; l'exécution des traités de Tilsitt et d'Erfurth, rien de plus, rien de moins. L'esprit de la note de

Hollande et les villes anséatiques continuant à trafiquer avec l'Angleterre, leur commerce neutralisait l'effet des réglements décisifs et salutaires établis par les décrets de Berlin et de Milan, et qui seuls pouvaient offrir une réaction suffisante aux ordres du conseil.

« L'Empereur s'était flatté que de semblables dispositions, si évidemment inspirées par un esprit de conciliation, auraient enfin conduit à un arrangement : mais il fut impossible d'engager la Russie à envoyer les pouvoirs nécessaires pour entamer une négociation. A chaque offre nouvelle qui lui était faite, elle répondait constamment par de nouveaux armements; et la conclusion naturelle qu'il fallut enfin tirer de cette conduite fut, qu'elle ne se refusait à toute explication que parce qu'elle n'avait rien à proposer qu'elle osât avouer, ou qui pût lui être accordé : elle ne désirait pas obtenir des conditions qui, en identifiant encore davantage le duché de Varsovie avec la Saxe, eussent mis ce duché à l'abri de toute communication qui eût pu alarmer la Russie pour la tranquillité de ses provinces, mais c'était le duché même qu'elle voulait réunir à son empire; ce n'était pas son propre commerce, mais celui de l'Angleterre, qu'elle voulait favoriser, afin de sauver cette puissance de la catastrophe dont elle était menacée : ce n'était pas par intérêt pour le duc d'Oldenbourg que la Russie désirait intervenir dans l'affaire de la réunion de ce duché, mais c'était pour se ménager un sujet de

M. Maret était surtout destiné à servir de manifeste de guerre; il voulait prouver une étrange chose, « que Napoléon, en portant ses armées jusque sur le Niémen, à cinq cents lieues de sa capitale, n'attaquait pas la Russie, et qu'Alexandre prenait l'initiative de la guerre; » tel était le but de ces notes que les ministres de l'Empereur rendaient publiques toutes les fois qu'une entreprise de guerre imposait à la nation de nouveaux sacrifices: à Bayonne, on avait supposé des abdications volontaires pour autoriser l'invasion en Espagne, et maintenant à l'entendre ce n'était pas Napoléon qui commençait la guerre, la Russie la déclarait par ses actes. Les choses étaient tellement avancées et décidées pour une guerre sur le Niémen, qu'en vain M. de Kourakin avait demandé une entrevue définitive à M. Maret; plusieurs fois il s'était présenté à son hôtel sans pouvoir le rencontrer; on évitait avec grand soin une nouvelle conférence.

Ce fut alors que l'ambassadeur de Russie résolut une communication dernière et officielle avec la demande de ses passeports; puisqu'il ne pouvait y avoir une explication de vive voix, tout se fit par écrit. Il règne dans

querelle avec la France, sujet qu'elle cherchait à entretenir jusqu'au moment de la rupture qu'elle préparait.

« L'Empereur sentit alors qu'il n'avait pas un moment à perdre. Il eut recours aux armes. Il prit des mesures pour opposer armée à armée, afin de protéger une puissance du second ordre (la Saxe), si souvent menacée, et qu plaçait toute sa confiance dans la protection de Sa Majesté et dans sa bonne foi.

« Cependant, M. le comte, Sa Majesté continua à saisir toutes les occasions de manifester ses vrais sentiments. Elle déclara publiquement, le 15 août dernier, la nécessité de mettre un terme à la marche dangereuse que prenaient les affaires, désirant en même temps atteindre ce but par des arrangements, et elle n'avait jamais cessé de demander qu'on entamât des négociations à ce sujet.

« Vers la fin du mois de novembre suivant, Sa Majesté crut pouvoir se flatter de l'espoir qu'enfin votre cabinet serait disposé à entrer dans ses vues. Vous annonçâtes, M. le comte, à l'ambassadeur de Sa Majesté, que M. de Nesselrode devait être envoyé à Paris avec des instructions. Quatre mois s'étaient écoulés avant que Sa Majesté apprît que cette mission projetée ne devait pas avoir lieu. Elle envoya sur-le-champ chercher le colonel Czernicheff, et lui remit une lettre pour l'empereur Alexandre : c'était un nouvel effort pour entamer des négociations ; M. de Czernicheff arriva à Saint-Pétersbourg le 30

cette dernière note un ton de fermeté et de décision qui exige une réponse. Le prince Kourakin avait mission d'en finir : « Il m'est ordonné, disait-il, de déclarer à Votre Excellence que la conservation de la Prusse et de son indépendance de tout lien politique dirigé contre la Russie est indispensable aux intérêts de sa majesté impériale. Pour arriver à un véritable état de paix avec la France, il faut qu'il y ait entre elle et la Russie un état neutre. La politique de l'empereur, mon maître, tend à établir entre les deux puissances des rapports solides et stables, ce qui ne saurait avoir lieu tant que des armées étrangères continueront de séjourner à proximité des frontières russes. La première base de toute négociation est l'entière évacuation des États prussiens, une diminution de la garnison de Dantzick, et un arrangement avec le roi de Suède. Quant au commerce, Sa Majesté s'engage à ne rien changer aux mesures prohibitives adoptées et observées en Russie contre le commerce direct avec l'Angleterre, et à convenir d'un système de licence à introduire à l'exemple de la France ; elle s'engage à faire certaines modifications désirées au tarif de 1810,

mars, cette lettre est encore sans réponse.

« Comment est-il possible de dissimuler plus longtemps que la Russie élude tout rapprochement? Depuis dix-huit mois, la Russie s'est fait une règle constante de mettre la main à la garde toutes les fois qu'on lui proposait des arrangements.

« Se voyant ainsi forcé d'abandonner tout espoir du côté de la Russie, Sa Majesté, avant de commencer une lutte dans laquelle tant de sang doit être répandu, crut de son devoir de s'adresser au gouvernement britannique. La gêne qu'éprouve l'Angleterre, les agitations auxquelles elle est en proie, et les changements qui ont eu lieu dans son gouvernement déterminèrent Sa Majesté à prendre ce parti.

« Un désir sincère de faire la paix dicta cette proposition que j'ai ordre de vous communiquer. Nul agent n'a été envoyé à Londres, et il n'y a pas eu d'autres communications entre les deux gouvernements. La lettre dont V. E. trouvera copie ci-jointe, et que j'adressai au ministre des affaires étrangères de S. M. B., a été envoyée par mer au commandant de la station de Douvres.

« La démarche que je fais dans ce moment-ci auprès de vous, M. le comte, est en conséquence des conditions du traité de Tilsitt, que Sa Majesté désire observer jusqu'au dernier moment. Si les ouvertures faites à l'Angleterre produisent quelque résultat, je saisirai la plus prochaine occasion de les communiquer à V. E. S. M. l'empereur Alexandre interviendra dans

et à conclure un traité d'échange pour le duché d'Oldenbourg. Telles sont les bases qui seules peuvent rendre possible un arrangement entre les deux cours; mais si la nouvelle me parvenait que le comte de Lauriston ait quitté Saint-Pétersbourg, il serait de mon devoir de demander mes passeports [1]. »

La réponse de M. Maret fut très laconique, on était impatient de commencer la guerre; elle consistait en ces mots : « Je dois demander à Votre Excellence si elle a des pleins pouvoirs pour arrêter, conclure et signer un arrangement sur les différends entre les deux cours. » La réplique du prince Kourakin témoignait sa surprise d'une question à laquelle il croyait répondre en indiquant d'une manière positive le dessein de son maître de maintenir la paix; il ajoutait qu'il était prêt à signer une convention conforme à ses communications; ses instructions même lui prouvant qu'elle serait ratifiée par l'empereur Alexandre; il lui paraissait difficile de croire que l'arrivée de nouveaux pouvoirs aurait pour but d'avancer la négociation. M. Maret répliquait encore : « Il faut attendre M. de Nesselrode; lui seul peut avoir des pouvoirs suffisants pour négocier. »

Cet échange de notes officielles de cabinet à cabinet n'empêchait pas la correspondance intime avec

---

ces négociations, ou en vertu du traité de Tilsitt, ou comme allié de l'Angleterre, si ses relations avec cette puissance sont déjà établies.

« J'ai ordre formel, M. le comte, d'exprimer, en terminant cette dépêche, le désir de Sa Majesté, déjà communiqué au colonel Czernicheff, de voir les négociation qu'il ne cesse de solliciter depuis dix-huit mois, prévenir enfin ces événements que l'humanité aura tant de raisons de déplorer. » Le duc de Bassano.

[1] *Note du prince Kourakin au ministre des affaires étrangères.*
Paris, 18 (30) avril 1812.

« Monsieur le duc,

« Depuis l'entrevue que j'ai eue, mardi dernier, avec V. E., et dans le cours de laquelle vous m'avez donné raison de supposer que la proposition verbale que j'avais eu l'honneur de vous faire, d'après la teneur de mes dernières instructions, serait admise comme base des arrangements que nous étions à la veille de former, de-

Alexandre; Napoléon était persuadé qu'il exerçait toujours une sorte de prestige sur l'imagination du Czar; les dernières lettres rapportées par le comte de Czernicheff furent parfaitement amicales; mais la révélation de la triste affaire de Michel, poursuivie comme espionnage, avait interrompu les voyages d'observation qui rendirent célèbre l'aide-de-camp favori d'Alexandre.

Qui pouvait d'ailleurs empêcher les hostilités? tout n'était-il pas à la guerre? les troupes filaient de l'Allemagne sur le grand-duché de Varsovie et la Vieille-Prusse, les contingents appelés étaient prêts pour une campagne, et des communications importantes venaient d'être faites au Sénat conservateur. Napoléon avait réuni son conseil privé pour lui annoncer son départ : il fallait régler les formes de son gouvernement pour les actes que sa longue absence pourrait occasionner : dans sa pensée, la guerre avec la Russie une fois résolue, il ne s'agissait plus que de rendre une campagne courte et décisive par le développement d'une force immense : la guerre d'Espagne, si meurtrière, si tenace, et la campagne qu'on allait entreprendre à cinq cents lieues des frontières, laisseraient l'intérieur dégarni de soldats, sous l'unique protection de quelques troupes de dépôt; la garde impériale était absente de Paris, les arsenaux n'avaient pour les préserver que les troupes de marine et les équipages des

puis cette entrevue, dis-je, il ne m'a pas été possible de vous rencontrer chez vous ou d'avoir une seconde conférence pour discuter cet objet et établir le plan de cette convention.

« Il m'est impossible, monsieur, de différer plus longtemps à rendre compte à l'empereur, mon maître, de l'exécution des ordres qu'il m'a donnés. Je m'en suis acquitté vis-à-vis de S. M. l'Empereur et Roi dans l'audience particulière qu'il m'accorda lundi. Je m'en suis aussi acquitté de la même manière vis-à-vis de V. E. dans mes entrevues avec vous, vendredi, lundi et mardi. Je m'étais flatté que l'adoption d'un projet de convention d'après les bases que j'avais eu l'honneur de proposer, et qui, j'espérais, serait agréable à S. M. l'Empereur et Roi, me mettrait à même de prouver immédiatement à S. M. l'empereur, mon maître, que j'avais rempli ses intentions, et que j'avais eu le bonheur de

vaisseaux; il fallait sur-le-champ remplir les vides de la guerre.

En face de ce conseil privé, Napoléon, avec la supériorité de son génie, traça un plan d'organisation militaire qui se rattachait aux idées de la campagne de 1809. On se rappelle qu'à cette époque les Anglais, profitant de l'absence de l'Empereur et des lointaines opérations des deux armées, alors en Espagne et en Autriche, préparèrent une expédition contre l'arsenal d'Anvers, avec le dessein de brûler l'escadre et de soulever le peuple; Fouché leva la garde nationale par une simple circulaire[1]. Cet appel immédiat de la vieille milice de 1789 avait empreint d'un caractère démocratique la prise d'armes du pays; avec ses hautes idées d'aristocratie et d'ordre, Napoléon aperçut l'inconvénient de laisser une fois encore à un tumulte de gardes nationales la défense des frontières; cette levée en masse rappelait trop les idées et le souvenir de la Révolution française. Il fallait protéger le territoire, les arsenaux; l'Empereur trouvait tout naturel de faire prendre les armes aux citoyens, mais il voulait une garde nationale soldée, avec des chefs nommés par lui, une réserve mobile, qui pût soutenir la ligne, tout entière occupée à l'extérieur. Par un simple tracé de sénatus-consulte, Napoléon divisa la France militaire

---

réussir. Privé depuis deux jours de la possibilité de voir V. E., de suivre et de terminer de concert avec vous un ouvrage important et si urgent, d'après les circonstances qui nous sont soumises, qu'il n'admet même pas la perte d'un seul jour; me voyant trompé dans l'espoir que j'avais formé que cet ouvrage serait terminé sans délai, et qu'il produirait l'effet qu'il devait avoir, savoir, de prévenir les conséquences fatales qui doivent résulter de la marche de l'armée de S. M. l'Empereur et Roi si près de celle de S. M. l'empereur mon maître, il me reste à pourvoir à ma responsabilité vis-à-vis de ma cour, en communiquant officiellement à V. E. la proposition que j'ai eu ordre de lui soumettre, ce que je n'ai fait jusqu'ici que verbalement. »   Prince Kourakin.

[1] Voyez tome VIII, chapitre 8.

en trois bans [1], tous devaient porter le titre de garde nationale ; le premier ban comprenait les hommes de 20 à 26 ; le second, ceux de 26 à 40 ; le troisième, ceux de 40 à 60 ; ainsi toute la population virile était englobée dans cette immense levée d'hommes ; la France se groupait en myriades de baïonnettes, appelées à soutenir le territoire impérial et la dynastie de Napoléon.

La pensée de l'Empereur, plus immédiatement réalisable, était surtout de lever le premier ban de cette garde nationale, conscrits de 20 à 26 ans, génération mâle et généreuse, afin d'avoir des hommes forts et d'élite, des recrues aux bras nerveux qui pourraient lui fournir une réserve de bons soldats, sorte d'appel sur les dernières conscriptions : imaginez-vous cent cohortes composées d'hommes robustes de 20 à 26 ans, exercés pendant une année par de vieux officiers, quelle force en cas de revers ! Instituées comme garde nationale, la condition était bien que les cohortes ne sortiraient pas de l'empire, mais une fois organisées, le sénat pourrait, par un simple acte, les confondre avec l'armée active ; les frontières étaient si vite franchies, et l'impatience du soldat était de combattre ! Le sénatus-consulte fut préparé par le conseil d'État, et

---

[1] Voici les principales dispositions du sénatus-consulte du 13 mars 1812.

« La garde nationale de l'Empire se divise en premier ban, second ban et arrière-ban. — Le premier ban se compose des hommes de vingt à vingt-six ans qui appartenant aux six dernières classes de la conscription mise en activité, n'ont point été appelés à l'armée active lorsque ces classes ont fourni leur contingent.—Le second ban se compose de tous les hommes valides de vingt-six à quarante. — Le troisième depuis l'âge de quarante à soixante ans.— Cent cohortes du premier ban sont mises à la disposition du ministre de la guerre. — Les conscrits des six dernières classes qui se seront mariés avant la publication du présent acte ne feront point partie de ces cohortes. — Les hommes composant les cohortes du premier ban se renouvelleront par sixième chaque année ; et à cet effet, ceux de la plus ancienne classe seront remplacés par les hommes de la conscription de l'année courante. — Le

les raisons ne manquèrent point pour en démontrer la grandeur ; M. Regnauld (de Saint-Jean-d'Angely) porta le projet au Sénat, et son éloquence de rhéteur justifia les motifs mensongers d'une mesure qui enlevait, par un seul acte, la population active et travailleuse ; les terres manquaient d'hommes, et on félicitait l'Empereur de ce que ses mesures avaient de favorable à la population. Il faut lire le discours de M. de Lacépède pour se faire une idée de l'abaissement des esprits dans ce Sénat [1]. C'est un hymne qui s'élève vers Napoléon : à lui seul devait venir la gloire, la reconnaissance des générations ; tant de prévoyance unie à tant de nobles desseins ; les cohortes, selon l'orateur du Sénat, devaient se livrer à des jeux militaires, comme à Sparte et à Rome ; il était d'hygiène pour ces hommes de s'habituer au métier des armes, il fallait remercier l'Empereur de cette sollicitude qui leur assurait de si grands avantages. Ainsi le Sénat vota les trois bans, et la France fut organisée en légions et en cohortes, comme s'il ne s'agissait plus que d'établir de grandes tentes sur nos places publiques.

Un sentiment de tristesse se mêlait à tous ces violents préparatifs de conquête ; les esprits railleurs se moquèrent des trois bans qui partageaient la vie de l'homme; on ne s'abordait plus qu'en se demandant « à quel ban appartenez-vous ? » On fit paraître des gravures où

---

premier ban ne doit point sortir du territoire de l'Empire ; il est exclusivement destiné à la garde des frontières, à la police intérieure et à la conservation des grands dépôts maritimes, arsenaux et places fortes. — Jusqu'à ce qu'il ait été pourvu par un sénatus-consulte à l'organisation du second et de l'arrière-ban, les lois relatives à la garde nationale sont maintenues en vigueur. »

[1] *Extrait du Rapport fait par M. Lacépède au Sénat. — Séance du 12 mars 1812.*
« Et quel grand changement va produire cette conception profonde de l'Empereur ? l'ordre s'établit à sa voix parmi ce nombre immense de Français que leur zèle et leur bravoure même, non encore réglés par la prévoyance, auraient entraînés vers le désordre et la confusion, et ce mouvement admirable et régulier est le résultat

le vieillard était jeté à l'arrière-ban des amours. Jamais l'esprit français ne se montra plus ouvertement pour censurer ce retour vers les levées en masses, et les malédictions des mères se mêlèrent plus d'une fois aux accents de cette gaieté française.

La tristesse était partout ; on déplorait cet égarement de Napoléon qui le poussait incessamment à des sacrifices nouveaux pour des conquêtes inutiles ; des hommes, de l'argent, il en fallait, et le Sénat servile s'était empressé d'accorder toutes les demandes ; il y eut des caricatures placardées, et on lut, en caractère de sang, d'atroces paroles contre l'Empereur. L'exécution du sénatus-consulte n'en eut pas moins son effet avec la promptitude du système administratif; on leva les cohortes, on les organisa, on vit les préfets à l'œuvre se hâter de satisfaire et de prévenir tous les désirs de Napoléon ; les cohortes devaient se composer de 1000 à 1100 hommes avec une compagnie d'artillerie et deux pièces de 8, et tel fut le zèle des préfets que presque partout les cohortes furent d'un tiers plus nombreuses. Comme les officiers manquaient, on rappela la plupart de ceux qui avaient été destitués sous le

de la haute sagesse de celui qui, combinant avec les fruits de son génie les produits de l'expérience, porte sa vue sur les siècles à venir pour donner le sceau de la durée à tous les monuments qu'il élève.

« Quand bien même toutes les armées actives dépasseraient nos frontières et iraient faire éclater la foudre impériale à d'immenses distances, la vaste enceinte de l'empire présenterait encore de nombreux défenseurs; et l'Empire français, considéré, si je puis parler ainsi, comme une immense citadelle placée au milieu du monde, montrerait sa garnison naturelle dans une garde nationale régulièrement organisée, et réunissant à la constance et à l'instruction des vieux guerriers toute la vigueur d'une jeune armée.

« Voilà ce que le héros croit devoir faire pour rendre les frontières inviolables, pour tranquilliser les esprits les plus prompts à concevoir des alarmes, pour garantir la sécurité publique de toutes les atteintes du faux zèle, de l'impéritie et d'une malveillance perfide.

« Voilà ce que fait le père de ses sujets pour que ce grand bienfait exige le moins de sacrifices. »

Consulat ou au commencement de l'Empire pour leur opposition républicaine, et cette circonstance donna aux cohortes l'empreinte patriotique qui se manifesta lors de la conspiration Malet. Si les cohortes se composaient d'hommes braves, dévoués à la France, il y avait, parmi les officiers surtout, des amis de Moreau et de Pichegru, de nobles cœurs qui préféraient la démocratie aux constitutions de l'Empire, les souvenirs de l'égalité républicaine aux décrets et aux formules des palais impériaux.

Ainsi la fatale et grandiose expédition qu'on allait entreprendre n'avait rien de populaire : à Paris surtout on croyait la guerre éternelle ; on savait que de graves remontrances étaient venues jusqu'aux oreilles de Napoléon, des mémoires lui étaient adressés chaque jour pour le détourner d'une expédition en Russie. Au conseil-d'État même, elle trouva de l'opposition, et Fouché, de sa sénatorerie d'Aix en Provence, envoya une note contre cette campagne ; on disait que M. de Talleyrand avait fait les mêmes observations, et les maréchaux les plus expérimentés s'étaient dessinés avec beaucoup de franchise ; Masséna, alors en disgrâce, s'exprima avec l'énergique familiarité des jours de la République [1], et Masséna connaissait les Russes depuis qu'il avait battu Suwarow et Korsakoff. Il existe un mémoire de l'adjudant-général Donnadieu qui parvint à l'Empereur avant son départ pour la Russie ; il lui parlait du péril d'une campagne où l'on ne trouverait que des landes et des déserts comme en Portugal. Napoléon

---

[1] « L'insensé ! disait Masséna, il va conduire à six cents lieues des frontières de France l'élite des armées, la plus belle, la plus forte armée qu'un souverain ait jamais eue ! et il ne sait pas ou il ne veut pas savoir qu'une nuit peut détruire son armée. »

ne tint compte de rien, il avait son but, il semblait dire à tous : « A Moscou, à Moscou ! » et il y marchait par la fatalité ; et nous tous ne la portons-nous pas au cœur ! l'Empereur n'aurait pas compris une autre destinée ; il voulait écraser les Russes dans quelques-unes de ces grandes journées qui en avaient fini avec la Prusse et l'Autriche ; l'ambition aveugle ne lui permettait plus de rien écouter ; comme le Nabuchodonosor de l'Écriture, ses oreilles étaient insensibles comme l'or et l'airain ; fallait-il une épouvantable catastrophe pour le rendre aux conditions de l'humanité ? si haut qu'il était il ne pouvait voir que le gigantesque panorama des guerres immenses comme son imagination et sa volonté. A ce moment rien ne l'arrête, les obstacles s'aplanissent, les précautions les plus vulgaires, il les dédaigne ; il brise même avec la Suède d'une manière brutale et il la pousse à se réunir avec la Russie, comme s'il n'avait pas assez d'obstacles à vaincre et d'ennemis à dompter !

C'est encore une des fatalités de la vie de Napoléon que cette rupture avec la Suède ; la conduite de l'Empereur envers le roi Charles XIII et Bernadotte ne pouvait se concevoir ; une main inflexible le poussait à une inévitable rupture ; l'invasion de la Poméranie suédoise était consommée ; les troupes françaises s'étaient même emparées de l'île de Rugen, et le maréchal Davoust, toujours implacable exécuteur des ordres de son maître, avait porté une division de l'armée française jusqu'aux extrémités de la Poméranie. Bernadotte en écrivit encore à Napoléon en conservant un ton de politesse respectueuse [1], mais avec une fermeté d'expressions capable de

---

[1] *Le prince royal de Suède à l'Empereur Napoléon.*

« Sire, les rapports qui viennent d'arriver portent qu'une division de votre armée, aux ordres du prince d'Eckmühl, a envahi le territoire de la Poméranie sué-

blesser profondément le génie conquérant que l'adulation avait accoutumé à une obéissance passive ; lorsque tout autour de l'Empereur on faisait entendre des paroles abaissées, Bernadotte lui disait : « Que, quels que fussent les liens de cœur et d'intérêt qui unissaient la Suède à la France, elle ne subirait pas l'outrage que l'Empereur lui faisait en s'emparant de la Poméranie suédoise ; le prince et le peuple combattraient plutôt jusqu'à la dernière extrémité. » Napoléon avait cité dans ses lettres Coriolan et les Volsques, allusion à la prise d'armes possible du prince royal ; Bernadotte répondit : « qu'il n'était pas, lui, Coriolan, et les Suédois ne seraient pas des Volsques ; seulement lui Bernadotte savait ce qu'il devait à la Suède, et ce qu'une brave nation se devait à elle-même. »

Dès lors Napoléon ne respecta plus rien à l'égard de la Suède ; sous divers prétextes il fit saisir les bâtiments qui naviguaient sous ce pavillon ; dès qu'ils avaient été visités par les Anglais, l'Empereur soutenait leur capture légitime : à Hambourg, à Stettin, toutes les marchandises suédoises furent confisquées, plus de cent navires saisis ; M. d'Ohsson, ministre suédois à Paris, s'en plaint

doise, dans la nuit du 26 au 27 janvier. Cette division a poursuivi sa marche, est entrée dans la capitale du duché, et s'est emparée de l'île de Rugen. Le roi attend que Votre Majesté fasse connaître les motifs qui ont pu la porter à agir d'une manière aussi contraire aux traités existants. Mes anciens rapports avec Votre Majesté m'autorisent à la supplier de ne pas tarder à faire connaître ces motifs, pour que je puisse donner au roi mon opinion sur le système politique que la Suède doit adopter désormais. L'outrage qui lui est fait si gratuitement est vivement senti par la nation, et doublement par moi, sire, qui suis chargé de l'honneur de la défendre. Si j'ai contribué à rendre la France triomphante, si j'ai constamment souhaité de la voir heureuse et respectée, il n'a jamais pu entrer dans ma pensée de lui sacrifier les intérêts, l'honneur et la nationalité du pays qui m'a adopté. Votre Majesté, si bon juge dans les cas de ce genre, a déjà pénétré ma résolution. Peu jaloux de la gloire et de la puissance qui vous environnent, Sire, je le suis beaucoup de ne pas être regardé comme vassal : Votre Majesté commande à la majeure partie de l'Europe ; mais sa domination ne s'étend pas jusqu'au pays où j'ai été appelé. Mon ambition se borne à le défendre et je le regarde comme le lot que la Providence m'a départi. L'effet que l'invasion dont je me plains a produit sur le peuple peut

vainement à M. Maret; ses réclamations restent sans réponse [1]; l'Autriche, avec sa sagacité habituelle, offre sa médiation pour calmer les différends qui peuvent blesser si fortement les intérêts de l'alliance : cette médiation est de part et d'autre repoussée. Si Napoléon reste implacable envers la Suède, Bernadotte demeure inflexible; il offre sa neutralité dans la lutte qui va s'engager entre la France et la Russie, à la condition expresse que la Poméranie entière lui sera restituée, et avec la Poméranie les bâtiments saisis soit à Hambourg, soit dans les ports de France. Dans une note adressée à M. de Niepperg, ministre autrichien à Stockholm, et dans une autre rédigée par M. d'Ohsson, à Paris, on renouvelle cette offre de neutralité; Napoléon ne veut rien entendre; il est blessé du ton que prend Bernadotte, l'Empereur ne comprend pas d'arrangement possible tant que l'on n'a pas le front abaissé dans la poussière; c'est une des fautes de son orgueil; repoussée par Bonaparte dans sa médiation, dans sa neutralité, qu'avait à faire la Suède? Elle devait chercher appui dans l'alliance militaire de la Russie et solliciter des subsides à Londres

---

avoir des conséquences incalculables, et, quoique je ne sois pas Coriolan et que je ne commande pas à des Volsques, j'ai assez bonne opinion des Suédois pour vous assurer, sire, qu'ils sont capables de tout oser et de tout entreprendre pour venger des affronts qu'ils n'ont point provoqués, et pour conserver des droits auxquels ils tiennent peut-être autant qu'à leur existence. »

[1] Le 20 mai 1812, M. d'Ohsson, chargé d'affaires de Suède à Paris, s'exprimait ainsi dans une note remise à M. Maret.
« Des vexations inouïes étaient exercées sur les bâtiments suédois par des corsaires français croisant sur les côtes pour les capturer. Afin d'y mettre ordre on fit prendre celui nommé le *Mercure*, mis, par égard pour S. M. l'Empereur, à la disposition du ministre de France, mais avec demandes réitérées de faire cesser ces désordres; on ne répondit que par l'envahissement de la Poméranie. De nouvelles réclamations furent adressées de Stockholm les 4 et 7 février; elles ne parvinrent point, toute correspondance étant interceptée; de plus on fit à Hambourg la recherche des fonds qui s'y trouvaient pour le compte de la Suède; on vendit les bâtiments suédois dans les ports de Mecklembourg et à Dantzick; un plénipotentiaire envoyé en Poméranie fut repoussé; on y commit des déprédations; on arrêta les fonctionnaires publics suédois; on con-

pour entrer finalement en lice contre Napoléon. Bernadotte s'y décida avec fermeté; l'opinion du peuple suédois et du roi s'était prononcée depuis longtemps avec tant de fermeté que le prince royal n'aurait pu suivre une autre ligne : il fallait abdiquer ou se préparer aux batailles; l'option ne fut pas d'une longue durée. Par cette disposition de la Suède, le flanc gauche de Napoléon était entièrement découvert; Bernadotte et les Anglais pouvaient faire une diversion dans les provinces anséatiques, et c'était un danger[1].

A Constantinople, toutes les propositions de la France avaient aussi un mauvais résultat; le général Andréossy, depuis longtemps habitué aux négociations, fin et disert comme l'école méridionale, aurait pu se faire comprendre du Divan, à l'époque où la Porte Ottomane avait toute son inquiétude vers la Russie. Mais l'influence de la France à Constantinople était perdue; le temps n'était plus, comme sous Louis XIV, et même sous Louis XVI, où la France seule était écoutée au Bosphore; la Révolution française avait singulièrement changé les vieilles traditions. En Orient, la parole

---

fisqua les navires de commerce au profit de la France, et l'on écrasa le pays d'impôts. Telle fut la conduite du gouvernement français, tandis que les Anglais ménageaient le cabotage suédois. Sa Majesté ordonne donc au soussigné de déclarer officiellement à S. E. le duc de Bassano que le roi proteste formellement contre l'invasion française de la Poméranie, qu'il la considère comme une violation des traités entre les deux États, qu'il ne se regarde cependant pas comme en état de guerre avec la France, mais qu'il demande une explication franche, au défaut de laquelle il se croirait libéré de ses engagements et en état de neutralité vis-à-vis de la France et de l'Angleterre. Le roi désire pouvoir allier ses affections pour la France avec le maintien de l'indépendance du Nord, et serait peiné d'être forcé de sacrifier son penchant aux intérêts de la patrie. »

[1] On pouvait déjà depuis longtemps présumer la tournure de cette négociation; elle marchait à une rupture.

Vers le mois de mars 1812 le baron d'Engerstroem, sur l'offre de médiation de l'Autriche, avait adressé au ministre autrichien, comte de Niepperg, une note où il était dit : « Que l'enlèvement de cent bâtiments suédois et l'invasion de la Poméranie justifiaient tous les engagements que la Suède aurait pu prendre avec les ennemis de la France; que, répugnant pourtant à se prononcer contre elle, S. M. Suédoise écoute-

donnée est une chose sainte, inviolable, et en combien de circonstances n'avait-on pas trahi la foi jurée, témoin l'expédition d'Égypte, et les stipulations consenties par Napoléon dans les entrevues de Tilsitt et d'Erfurth? En toutes circonstances, Napoléon avait abandonné la Porte, et Andréossy ne put rien connaître des délibérations secrètes qui amenèrent la paix entre la Russie et le Divan. L'ambassadeur ne se douta pas du rapprochement inévitable entre les deux cours de Constantinople et de Saint-Pétersbourg; sa mission, toute d'informations et de renseignements, fut médiocre en résultats; sa correspondance aux affaires étrangères constate qu'il ne sut même que tardivement la marche des négociations russes et ottomanes et la prochaine conclusion d'un traité : il annonce bien une trêve, défavorable à la Russie qui a besoin d'en finir; mais la paix surprit la légation, et l'ambassadeur lui-même; le général Andréossy se fait encore des illusions sur la possibilité d'un traité avec la Porte, ou peut-être n'ose-t-il pas tout dire parce qu'il craint de blesser le caractère de Napoléon et de l'irriter contre lui.

Telle est en effet la susceptibilité presque nerveuse du génie qui conduit les destinées de la France: il ne veut pas être contrarié; il faut plutôt répondre à ses idées que lui dire les faits; il croit qu'on le sert mieux à mesure que l'on entre dans l'unité aveugle de sa direction, et c'est ce qui fait auprès de lui la fortune de M. Maret, le mime

rait toutes les propositions conciliatoires; que si elle acquérait la conviction des armements de l'empereur Alexandre dans le but d'asservir l'Europe, elle n'hésiterait pas à combattre pour arrêter cette ambition; mais que si la Russie n'armait que pour sa propre défense et n'obéissait qu'à une impérieuse nécessité, la Suède ne balancerait pas à défendre les intérêts du Nord; qu'une guerre entreprise pour reconquérir la Finlande n'était nullement dans les intérêts de la Suède et lui occasionnerait des dépenses qu'elle n'était pas en état de supporter; que même le succès n'en balancerait point les dangers tant à l'égard de l'Angleterre, qui brûlerait ses

de ses idées ; on doit lui plaire, s'il le faut même en lui disant des mensonges, et c'est souvent ce qui retient la vérité dans la bouche de ses ambassadeurs : tout le monde n'aime pas à braver des colères.

Napoléon reste pourtant maître de deux traités, l'un avec la Prusse, l'autre avec l'Autriche, les deux puissances qui doivent seconder la campagne : par ses ordres, M. Maret en hâte l'exécution ; une correspondance est engagée avec MM. de Hardenberg et de Metternich : les volontés de Napoléon doivent être exécutées avec promptitude, car la campagne presse ; des masses de troupes, nourries et logées aux frais des habitants, passent incessamment à travers la Prusse, et les commissaires des guerres font des réquisitions en vivres et en chevaux. Non seulement on s'empare des points fortifiés, mais encore la Prusse est occupée par les Français ; le commandant militaire à Berlin est le général Durute ; en pleine paix la capitale est au pouvoir de l'étranger ; le roi n'est plus à Potsdam, il s'est réfugié à Breslau pour échapper à cette honte. Plusieurs généraux prussiens se sont séparés du traité humiliant souscrit avec la France ; Blücher et Gneiseneau ont brisé leur épée plutôt que de servir l'étranger ; beaucoup d'officiers ont suivi cet exemple d'honneur et de patriotisme dont le signal est donné par les sociétés secrètes, qui considèrent Frédéric-Guillaume comme captif. L'humiliation est au comble, et cependant les ordres de Napo-

---

ports, que vis-à-vis de la Russie qui tôt ou tard s'en vengerait. Si donc la France veut admettre la neutralité armée de la Suède et restituer la Poméranie, le roi accepte la médiation de l'Autriche et de la Russie. Persuadée que les préparatifs de l'empereur Alexandre sont purement défensifs et dans l'unique vue de préparer à son empire cette même neutralité armée, S. M. désire l'établir de concert avec la Russie et s'engage à faire tous ses efforts pour qu'une rupture n'ait pas lieu avant qu'on ait pu réunir à cet effet les plénipotentiaires suédois, français, autrichien et russe, afin de terminer le différend existant entre le Nord et la France. »

léon sont exécutés avec une docilité exemplaire; M. de Hardenberg s'abdique pour ne plus être que l'intendant de Napoléon; l'homme diplomatique devient une espèce de commissaire de guerre ou de fournisseur; les généraux Kleist et d'Yorck sont mis sous les ordres du maréchal Macdonald, noble et digne chef, qui tâche de faire oublier aux officiers prussiens leur position abaissée. Le roi a presque abdiqué le pouvoir; la partie forte de l'armée s'est retirée dans ses foyers; les incertains seuls restent sous les armes.

A Vienne, les ordres sont aussi précis : le corps mobilisé sous le prince de Schwartzenberg est une véritable troupe d'élite, avec une artillerie formidable; l'Autriche ne veut rien risquer : composer une armée n'est rien pour cette monarchie à grandes ressources; elle se réserve par ce moyen toutes les chances de l'avenir. M. de Metternich ne donne au prince de Schwartzenberg que 55,000 hommes, il peut en mobiliser 100,000 au premier signal : situation parfaitement appréciée à Londres et à Saint-Pétersbourg; on ne croit pas à la sincérité de l'alliance avec Napoléon; c'est un provisoire, une attente, une armée d'observation; qu'il arrive un revers, et l'Autriche se portera comme puissance neutre et médiatrice armée. A Saint-Pétersbourg, des opinions motivées expriment parfaitement l'avenir de l'Autriche; tel est l'avis du duc de Serra-Capriola, diplomate napolitain, qui, sans fonctions avouées, exerce la plus haute influence en Russie : selon lui, l'Autriche sortira de sa position fausse dans un terme très prochain; son alliance avec la France n'est pas naturelle, et tout cabinet dans une telle situation s'en affranchit à la première ouverture. Une dépêche de Vienne à Londres indique la résolution inévitable que prendra, dans l'avenir, le cabinet de M. de Metternich; on donne même des conseils sur la résistance que doit opposer la Russie à l'invasion des Français : selon cet agent, « celui qui persiste à combattre Napoléon doit vaincre; il faut beaucoup résister et rarement traiter ». Il suffit donc de bien connaître l'Europe pour en conclure que les alliances des gouvernements doivent échapper à Napoléon dès le premier revers; il marche sur un sol brûlant, il heurte les cabinets et les peuples [1].

A Paris, les traités avec la Prusse et l'Autriche sont communiqués au Sénat; pour rassurer l'opinion publique, on veut montrer que toute l'Europe marche avec Napoléon contre l'empire russe; lui seul ne s'aventure pas; c'est une croisade dans laquelle les deux races franque et germanique vont s'élancer sur les Slaves; c'est pour Napoléon comme la vieille guerre de Charlemagne contre les Saxons, racontée par les chroniques de Fulde et de Saint-Bertin. M. Maret, dans le Sénat, expose la diplomatie française avec la phraséologie accoutumée : « Le succès est certain, la justice est pour la cause de Napoléon, le vengeur des principes. » Le traité d'Utrecht est cité à satiété par M. Maret; éternel souvenir qui déguise la pensée de l'Empereur : on ne prend plus la peine, dans ces communications, de démontrer la vérité au Sénat; tout se résume en un langage de convention; on y parle de

---

[1] Voici l'extrait d'une dépêche du commandeur Ruffo qui me paraît d'une grande sagacité; elle juge les événements.

« Il paraît certain que la cour de Vienne ne demeurera pas simple spectatrice des événements qui se préparent, car on voit ses efforts pour éteindre la dette nationale; aussi espère-t-on ici qu'elle agira mieux qu'elle ne l'a fait encore; les mesures prises sont parfaites. Le nouveau ministre a une âme de fer, chose presque miraculeuse dans ces temps de pusillanimité universelle. S'il réussit et que le Nord agisse avec vigueur, l'équilibre se rétablira et l'Europe peut encore être sauvée; mais si l'on en vient aux mains, il ne faut pas opérer légèrement. L'ennemi a pris pour axiome cette maxime de Machiavel : une

la liberté des mers, de la dignité du pavillon, du système continental, et pour réaliser ces idées vagues, une armée innombrable s'ébranle et bientôt elle s'élancera sur le Niémen.

Aussi la tristesse est-elle partout dans les esprits; si le Sénat adulateur exagère la grandeur du dessein, le peuple en est inquiet; ce ne sont pas seulement les sacrifices que son Empereur lui impose qui excitent en lui cette fatale préoccupation, c'est surtout l'aspect de l'expédition en elle-même; on se rappelait Prussich-Eylau, Essling : à quoi la victoire a-t-elle tenu? et maintenant ce n'était plus seulement à trois cents lieues de la capitale de l'Empire que le champ de bataille serait choisi; on attaquait une nation qui n'avait de limites qu'aux murailles de la Chine. Des caricatures pouvaient railler le Czar, les soldats russes raides et guindés, c'était affaire de police; on savait la bravoure de ces soldats, ils avaient plus d'une fois croisé le fer avec la garde, à Prussich-Eylau, à Friedland : comment l'Empereur s'engageait-il dans une si périlleuse campagne, et reverrait-il jamais sa capitale? En jouant un si gros jeu, il pouvait perdre la couronne; le prestige pouvait tomber. Les partis à peine calmés avaient-ils renoncé à toutes leurs espérances? Les journaux anglais publiaient déjà de fatales prophéties sur la campagne; le général Lauriston, ambassadeur à Saint-Pétersbourg,

---

guerre courte et forte; on doit lui en opposer une longue et fine, de petits corps, mais nombreux, point de batailles; harceler ses troupes, épuiser son argent et sa patience. C'est ainsi qu'en agissent les Espagnols, et leurs affaires vont bien. Mais le plan de campagne arrêté et suivi avec fermeté doit, en évitant de se compromettre, avoir pour principal objet d'enlever à l'ennemi ses vivres et ses convois, toutes ses ressources. Il faut donc qu'une forte armée principale lui oppose successivement des positions respectables et soit secondée par des corps de réserve; il faut fatiguer l'ennemi, le ruiner en détail, le désespérer, telle est ici l'opinion des militaires les plus distingués; un bon plan, disent-ils, est facile à exécuter, et l'on doit trouver

avait envoyé copie d'un mémoire du commandeur Ruffo où toutes les chances d'une expédition en Russie étaient résumées, et il y en avait de malheureuses. Chacun prenait la carte de ce gigantesque empire; on en suivait les routes ville par ville, et partout un grand saisissement venait au cœur.

Chaque fois que Napoléon quittait Paris, son premier soin était d'organiser l'administration publique, de manière à ce qu'aucun des ressorts ne fût embarrassé; il l'avait fait ainsi lors de la campagne d'Italie couronnée par Marengo; en 1805, lorsqu'il partit pour Austerlitz; dans la campagne de Prusse de 1806, et dans sa dernière guerre avec l'Autriche en 1809; alors il avait laissé des pleins pouvoirs pour le gouvernement, et cette dernière fois même il avait couru risque d'une conjuration préparée par les intrigues de Fouché, de Murat, et l'esprit républicain du Sénat. Lorsque l'expédition de Russie était résolue, Fouché n'avait plus de portefeuille; il était remplacé à la police par un homme de dévouement aveugle et sur lequel l'Empereur pouvait compter; Savary ne conspirerait jamais contre son idole; il serait l'ennemi implacable de toute conjuration contre son souverain; en quelque lieu qu'il plantât ses aigles, Napoléon saurait tout; chaque jour un rapport écrit de la main de Savary l'informerait des principaux faits et des mouvements de l'opinion; il n'y avait à craindre que trop de zèle, un service trop dévoué. C'est en ce sens que Na-

---

aisément une tête et un cœur capables de le faire réussir. *Celui qui persiste vaincra.* Telle doit être la maxime de tout souverain opposé à un adversaire qui possède de la sagacité et qui emploie des moyens supérieurs à sa véritable puissance. Songez que Napoléon dégarnit aujourd'hui l'Espagne pour marcher sur vous, et que des 500,000 hommes qui composent l'effectif de ses troupes, d'après un rapport exact du commencement de mars dernier, il pourrait vous attaquer avec 400,000 hommes. Pensez-y sérieusement; autant de prudence que de fermeté, car il vous faut un succès décisif pour vous assurer un cabinet qui désire et n'ose s'unir à vous. »

poléon s'exprima quand Savary prit congé de lui : « Point de rigueur inutile; faites-vous aimer plutôt que craindre. » Ce conseil était difficile à suivre, car il fallait imprimer une grande énergie à l'administration de l'Empire. Le général Clarke, ministre de la guerre, était également un homme sûr et ferme, et qui inspirait une extrême confiance dans les moyens de gouvernement; l'Empereur n'avait qu'à se louer de lui depuis qu'il tenait le portefeuille; on avait fort apprécié sa correspondance. L'intérieur était aux mains de M. de Montalivet, qui devait s'entendre avec le général Savary pour l'administration des départements; les autres ministres n'avaient que des spécialités. En tête de tous, l'Empereur plaçait Cambacérès; il le savait dévoué, avec une certaine tempérance de volonté, susceptible d'arrêter les excès de zèle des ministres tels que Clarke et Savary; en temps calme, Cambacérès était un homme précieux; aux époques de troubles, nul choix n'eût été plus mauvais. Le conseil des ministres dut se réunir tous les jours, sous la présidence de l'archi-chancelier qui recevait directement les ordres de l'Empereur. Marie-Louise, qui devait suivre son glorieux époux jusqu'à Dresde, ne reçut aucun pouvoir politique; l'idée de régence n'était point venue alors, on était trop fort pour cela; compagne attentive de Napoléon dans son voyage en Allemagne, Marie-Louise devait embellir la cour plénière que l'Empereur se proposait de tenir à Dresde, où le ban des souverains était convoqué.

Lorsque tout fut ainsi arrêté, Napoléon présida deux fois le conseil d'État, recommandant aux ministres de maintenir dans un bon degré d'enthousiasme l'esprit de Paris; son langage semblait s'empreindre d'un ton d'inspiration et de solennité; il ne parlait plus que par sentences : « il allait dompter Alexandre; deux batailles gagnées, et il serait à Saint-Pétersbourg et à Moscou, là il dicterait la paix; son absence serait de trois mois à peine, et la guerre limitée. Il recommandait aux fonctionnaires leur devoir : « Qu'on ne craigne pas de m'importuner; des correspondances, s'il le faut, tous les jours. » A Clarke, il dit de faire activer les levées d'hommes, l'organisation des cohortes; à Savary, il demanda des bulletins journaliers de l'esprit de Paris. « Du zèle, beaucoup de zèle, messieurs, et dans trois mois je vous apporte la paix. »

Le 9 mai, à cinq heures du matin, un roulement de voitures se fit entendre dans la cour du palais de Saint-Cloud; il y avait de grands équipages, toute la maison de l'Empereur et de l'Impératrice partait; les officiers d'ordonnance, les pages, les préfets du palais, tout cela pêle-mêle dans des voitures de cour; et le *Moniteur* du lendemain annonça que LL. MM. l'Empereur et l'impératrice Marie-Louise avaient quitté Paris pour un voyage en Allemagne. C'est ainsi que Napoléon faisait à chaque campagne; on n'aurait plus de ses nouvelles qu'à la première victoire !

## CHAPITRE VI.

### SÉJOUR A DRESDE, NÉGOCIATIONS.

Dresde. — La cour plénière des rois. — Napoléon. — Marie-Louise. — François II. — L'impératrice d'Autriche. — Le roi de Prusse. — Caractère et activité de Napoléon. — Ses rapports avec les cabinets. — Préparatifs militaires à Dresde. — Organisation du corps diplomatique. — Dernière démarche pour la paix. — Préparatifs d'Alexandre. — Ses rapports de cabinet. — Traité avec la Suède et Bernadotte. — Suite et développement des négociations avec l'Angleterre. — Préliminaires signés avec la Turquie. — Négociations avec les Cortès espagnoles. — L'armée russe.

### Mai et Juin 1812.

Dresde, la ville coquette d'Allemagne, se parait comme un jour de fête ; une vive et joyeuse agitation se manifestait sur les bords de l'Elbe où se jouent avec candeur les étudiants et les jeunes filles aux cheveux cendrés de Wilsdruff ou de Friederichstadt. Depuis la porte de Dohna jusqu'à la verte prairie de l'Osterwise, du faubourg de Pirna jusqu'aux portes noire et blanche de Neustadt, tout se ressentait d'une activité inaccoutumée ; le beau palais Marcollini, avec ses jardins fleuris, son superbe parc, ses pièces d'eau où se baignent les cygnes [1],

---

[1] J'ai vu Dresde, et nulle ville d'Allemagne ne m'a laissé une plus vive impression de joie ; j'ai visité toutes les portes par lesquelles Napoléon sortit pour repousser les armées innombrables des alliés en 1813. C'est un de ses merveilleux faits d'armes.

ses galeries des écoles italienne et allemande, attendait des hôtes d'une puissante illustration, et, parmi eux tous, l'Empereur des Français, le protecteur de la Confédération du Rhin. Là, autour de lui, devait se grouper un royal cortége : François II, qui venait visiter son gendre, avec l'impératrice, fille de l'archiduc Ferdinand, du nom de Marie-Louise comme la jeune femme de Napoléon [1]. On ignorait encore si le roi de Prusse quitterait Breslau pour venir saluer l'Empereur à Dresde ; on s'en souciait peu de part et d'autre ; Napoléon, dans les caprices de sa toute-puissance, avait déclaré qu'il ne tenait pas à voir le roi de Prusse, et le petit-neveu de Frédéric II avait le rouge au front en songeant aux tristes destinées de la patrie allemande ; il vint pourtant, sur les instances de l'empereur François II.

Les rois de Bavière, de Wurtemberg, les grands-ducs de la Confédération, Jérôme qui régnait en Westphalie, princes, archiducs, tous saluèrent chez le roi de Saxe le chef puissant [2] de la coalition qui se formait contre la Russie. Le temps était beau comme à la fin d'un printemps d'Allemagne ; on se promettait des fêtes dans ce délicieux palais Marcollini, que le roi de Saxe avait si noblement embelli : pittoresques

---

[1] François II avait été marié trois fois.

[2] Voici le récit de M. de Beausset sur ce voyage :

« LL. MM. partirent de Saint-Cloud à cinq heures et demie du matin (le 9 mai) et furent coucher à Châlons, à l'hôtel de la préfecture ; le lendemain à Metz, le 12 à Mayence au palais impérial. Le soir même le prince primat fut reçu par LL. MM. qui, le lendemain 13, furent dîner chez lui à Aschaffembourg et coucher à Wurtzbourg, chez le grand-duc : elles avaient traversé Francfort où les habitants et toutes les autorités leur firent une brillante réception. Le soir même de son arrivée à Wurtzbourg, Napoléon reçut la visite du roi de Wurtemberg et du grand-duc de Bade. Le 16, LL. MM. arrivèrent à dix heures du soir à Dresde, après avoir trouvé à Freyberg le roi de Saxe, qui était venu au-devant d'elles. Dans la journée du 17, arrivèrent l'empereur et l'impératrice d'Autriche. Ce jour même la reine de Westphalie et le grand-duc de Wurtzbourg se rendirent à

palais que ces résidences des princes d'Allemagne à Wurtzbourg, à Stuttgard, Carlsruhe et Munich!

Le grand Empereur, parti de Saint-Cloud à l'aurore du 9 mai, dans ses voitures de cour attelées de huit chevaux avec toute la pompe impériale, avait le même jour couché à Châlons dans l'hôtel de la préfecture, somptueusement préparé pour recevoir le souverain. Le 10 il était à Metz, dont il visitait les fortifications; la Moselle avait pour préfet le comte de Vaublanc, souvenir de la Législative : Napoléon daigna l'entretenir de ses desseins, ils avaient pour horizon le monde ; l'Empire s'étendait si loin, que Metz était devenue une place presque abandonnée, une frontière de second ordre ; les limites du Rhin n'étaient plus qu'un souvenir de la République, on parlait maintenant de l'Elbe, de l'Oder, de la Vistule et du Niémen; le grand fleuve que Louis XIV avait traversé n'était plus qu'un point intermédiaire. A Mayence, Napoléon et Marie-Louise vinrent habiter le palais impérial, ancienne résidence archiépiscopale; Napoléon aimait Mayence, parce qu'elle lui reproduisait le souvenir de Charlemagne; c'était la ville des Empereurs et des archevêques : au Rhin commencèrent les visites des princes d'Allemagne qui vinrent féliciter leur protecteur; le grand-duc de Wurtzbourg s'empressa de le recevoir

Dresde ! le 26, ce fut le roi de Prusse, et le 27, le prince royal de Prusse. Un jour les cours réunies dînaient chez lui, et le lendemain chez le roi de Saxe. L'impératrice Marie-Louise devait tenir le même état de maison pendant le séjour qu'elle devait aller faire à Prague. Une partie du beau service en vermeil dont la ville de Paris avait fait présent à l'occasion du mariage avait été apportée.

« J'abrège toutes les cérémonies d'étiquette, elles sont les mêmes dans toutes les cours ; grands dîners, grands cercles, grandes illuminations, quelques promenades en voiture, de longues stations dans de grands salons. L'empereur et l'impératrice d'Autriche partirent le 29 pour Prague, Napoléon le même jour pour l'armée, le roi de Prusse et le prince royal étaient partis la veille pour retourner à Berlin... L'Impératrice Marie-Louise resta encore quelques jours à Dresde, pour laisser le temps nécessaire à sa réception à Prague. »

par un hommage public; il était parmi les dévoués de Napoléon; oncle de Marie-Louise, il baisa avec respect la main de celle qu'il considérait comme sa suzeraine. On traversa Francfort sous les arcs de triomphe, sans s'y arrêter; Napoléon n'aimait pas les villes de banque et de commerce, et il savait que Francfort souffrait par suite du système continental. Dans le palais de Wurtzbourg, résidence du grand-duc, Napoléon reçut le roi de Wurtemberg et le grand-duc de Bade [1]. Le vieux roi de Saxe accourut même à quelques lieues de Dresde pour faire les honneurs de son palais, et dès que Napoléon y fut installé, lui seul commanda en souverain, Frédéric-Auguste ne fut plus que son grand-chambellan, son échanson ou connétable, selon le devoir féodal, ainsi qu'il est écrit aux Assises de Jérusalem.

Là s'ouvrit dès lors une cour plénière de rois [2]; François II et l'impératrice d'Autriche furent admis dans les intimités de famille; Napoléon apporta une certaine coquetterie à bien accueillir le père de Marie-Louise, l'impératrice d'Autriche, et les archiducs qui les avaient suivis à Dresde; mais son coup d'œil exercé s'aperçut bientôt qu'il y avait dans le cœur, dans l'attitude de ces princes autrichiens, un sentiment de fierté résignée; ils baissaient la tête, mais le cœur restait haut. Napoléon comblait l'impératrice d'Autriche de prévenances, il

---

[1] Napoléon lui annonça qu'il allait mettre la Pologne à cheval.

[2] C'est à Dresde que commence la correspondance militaire :

*Napoléon au major-général.*
Dresde, le 21 mai 1812.

« Mon cousin, faites connaître au duc d'Elchingen que la saison des opérations allant commencer, il est nécessaire qu'il pousse la tête de son infanterie sur Osterode, et que sa cavalerie s'approche également de cette place, car il est probable que, vers le 1er juin, il recevra ordre de porter son quartier-général à Osterode. »
Napoléon.

*Au même.*
Dresde, le 21 mai 1812.

« Mon cousin, envoyez l'ordre au duc de Bellune de faire relever à Spandau les bataillons de marche qui s'y trouvent par un

savait qu'elle ne l'aimait pas ; si cette noble princesse fut polie, remplie de grâce, elle garda toujours un sentiment de dignité ; elle sut tenir sa place au milieu de ces hommages enivrants qui s'élevaient vers la puissance. François II fit des concessions à son gendre, l'impératrice, jamais ; Napoléon fut obligé de faire auprès d'elle le *petit Narbonne*, comme il aimait à le dire ; il fut galant jusqu'à l'affectation. Je remarquerai une fois encore que dans cette longue lutte de l'Europe contre l'Empire français, ce furent les femmes surtout qui protestèrent avec le plus d'énergie contre l'abaissement de leur peuple et de leur couronne ; les impératrices de Russie et d'Autriche, la reine Louise de Prusse, conservèrent leur dignité, quand tout autour d'elles était abaissement. C'est que les femmes éprouvent plus vivement les outrages qui tiennent aux nuances délicates de l'âme et du cœur ; elles ont plus d'entrailles.

Dans cette entrevue de Dresde, toute germanique, Marie-Louise, la jeune femme de Napoléon, la mère du roi de Rome, témoigna sa joie presque enfantine de se retrouver dans cette Allemagne dont le souvenir mélancolique reste au cœur de toutes les jeunes filles comme les fleurs bleues des prairies de l'Elbe et de l'Esler ; toujours guindée à la cour de France, Marie-Louise, expressive, caressante envers tous, fut pleine de tendresse

---

bataillon de Wurtzbourg et par un bataillon français de la division du général Partouneaux. Il donnera à ce régiment une demi-batterie d'artillerie prise sur celle attachée à la division Partouneaux, de sorte que le général Merle se trouve avoir 1,500 hommes et une demi-batterie pour s'assurer de la position importante de Spandau.

« Le duc de Bellune fera venir les différents bataillons de marche à Berlin ; il en passera lui-même la revue, et dirigera tout ce qui appartient au premier, au deuxième et au troisième corps sur Marienwerder, d'où chaque détachement joindra son régiment. Tout ce qui appartient au 4ᵉ corps sera dirigé sur Plock. Faites connaître au duc de Bellune qu'il est nécessaire qu'une partie des deux bataillons que je mets à Spandau entre dans la citadelle pour faire le service, et qu'on procède à l'armement. Il faut qu'un commissaire des guerres et un

pour le père qui, dans les mœurs pures de la race de Habsbourg, est le véritable protecteur de la famille; elle put parler la langue de la patrie; à peine en France osait-elle dire quelques mots allemands, dans la crainte de déplaire à la nation et à l'Empereur; et Marie-Louise parlait disgracieusement français : on causa de Vienne, de Schœnbrünn, des jours d'enfance et de cette éducation des filles allemandes si naïves et si douces. Marie-Louise devait suivre ses parents à Prague, où elle séjournerait, tenant rang d'Impératrice, selon la coutume de France, les archiducs se groupant autour d'elle. Charles, toujours admirateur de Napoléon, vint le saluer comme le génie dont il suivait le vol audacieux depuis les guerres d'Italie; l'archiduc était si capable d'apprécier la haute tactique de l'Empereur! Les autres archiducs conservaient plus de ménagement, je dirai même de fierté, dans leurs rapports avec Napoléon; ils restaient polis et respectueux, avec le sentiment profond des droits et des devoirs de leur maison souveraine; ils ne croyaient pas que tout fût perdu pour l'Autriche dans les destins de l'avenir; le vasselage ne leur convenait pas à eux, Jean et Reynier, descendants de ceux dont il est écrit de si grandes choses aux chroniques du XIII$^e$ siècle.

Le souverain qui arriva le dernier à Dresde fut le roi de Prusse, Frédéric-Guillaume, qu'accompagnait le

---

officier de santé soient envoyés dans cette place; faites donner les ordres en conséquence. Tout cela doit se faire sans parler. Si l'on demande la raison de cet armement, on doit répondre que l'importance de cette place exige qu'elle soit mise à l'abri de tout événement et d'une descente des Anglais. Recommandez au général Merle de donner à dîner aux officiers prussiens et d'être fort honnête avec eux. »

Napoléon.

*Berthier au prince de Schwartzenberg.*
Dresde, le 26 mai 1812.
« Monsieur le prince de Schwartzenberg, S. M. ordonne que vous ayez une police secrète pour connaître les mouvements de l'armée. Je vous ferai solder les dépenses que vous serez dans le cas de faire pour cet objet, s'il y en avait d'extraordinaires. En attendant, S. M. a ordonné que vous fussiez porté sur l'état des dépenses secrètes pour 12,000 francs par

prince royal ; quelque chose de triste et de grave se peignait sur sa figure ; il portait le deuil de Louise, l'épouse chérie de son cœur ; un long crêpe pendait à son chapeau qui conservait les formes et les modes de Frédéric-le-Grand ; importuné d'abord de la présence du roi de Prusse, Napoléon s'y résigna bientôt. Le prince royal portait le deuil aussi d'une mère adorée ; depuis deux ans elle n'était plus, cette noble femme, mais elle avait laissé des traces si profondes dans tous les cœurs allemands que le deuil était alors comme un drapeau de résistance ; l'Allemagne tout entière n'était-elle pas en pleurs ? n'était-elle pas veuve de sa liberté et de son indépendance de nation ? Le vêtement noir du roi de Prusse était donc comme un symbole vivant de l'état abaissé de la patrie.

Un triste intérêt se rattachait au roi de Prusse, on lui serrait la main secrètement, car il avait bien souffert pour la cause commune, pour la nationalité allemande ; on entourait le prince royal, jeune homme à l'esprit ferme et prompt, qui plus tard devait apprendre l'art militaire dans de grandes batailles ; l'impératrice d'Autriche surtout lui montra le plus vif intérêt en lui parlant de Louise, et le fils pleurait à ce souvenir. Dans les imaginations de l'Allemagne, une femme souvent symbolise les idées politiques ; on se rattache à une vierge malheureuse, à une

---

mois, somme accordée pour le même objet dans les différents corps d'armée. »

*Signé*, Alexandre.
*Au même.*
Dresde, le 26 mai 1812.

« Monsieur le prince de Schwartzenberg, S. M. ordonne que vous annonciez à Lemberg l'arrivée de cent mille hommes, comme devant se joindre à votre corps d'armée pour entrer en Volhynie, et former une grosse armée. Faites des dispositions de cantonnement en conséquence : donnez des ordres pour les vivres, et faites tout ce qui est d'usage en pareille circonstance pour le faire croire à l'ennemi. »

*Signé*, Alexandre.
*Au même.*
Dresde, le 26 mai 1812.

« Monsieur le prince de Schwartzenberg, S. M. ordonne que vous écriviez au commandant dans la Transylvanie qu'il fasse courir le bruit de l'arrivée de beaucoup de

chaste épouse persécutée, comme à l'idéalisme de la souffrance; le duc de Brunswick-OEls n'avait-il pas créé les hussards de la Mort, aux cottes de mailles tissues des ossements des sépulcres? Le deuil prolongé du roi de Prusse n'était-il pas pour rappeler au peuple qu'il n'y avait plus de Germanie?

Au milieu de cette cour plénière où les rois venaient lui rendre hommage, Napoléon s'enivrait de tout l'encens qui s'élevait en longs tourbillons autour de lui; on ne voyait à Dresde que la majesté impériale et royale sur son trône resplendissant d'or; dans le palais Marcollini, ce n'était pas le roi de Saxe qui recevait Napoléon, mais Napoléon qui daignait admettre Frédéric-Auguste à sa table, à ses banquets. L'Empereur eut souvent là des façons étranges; on aurait dit qu'il se plaisait à abaisser ces rois, qui traînaient cependant assez bas leurs fronts dans la poussière; il n'y avait plus de diadèmes, de sceptres: les monarques faisaient antichambre devant le glorieux parvenu qui leur faisait sentir à tous la pesanteur de son sceptre : « Un témoin oculaire raconte qu'un jour l'huissier de cabinet annonça les rois de Bavière et de Wurtemberg, et Napoléon dit impatiemment : « Faites attendre », et le mot fut entendu. Cette manière méprisante de traiter ce qui portait couronne laissa de fortes empreintes; la force

---

troupes, ayant pour but de couper l'armée russe de Moldavie. »
*Signé,* Alexandre.
*Au même.*
Dresde, le 26 mai 1812.

« Monsieur le prince de Schwartzenberg, S. M. a ordonné que votre corps d'armée prendrait le titre de *premier corps d'armée d'Autriche.* Le but de l'Empereur, en choisissant cette dénomination, est de faire présumer à l'ennemi qu'il y a plusieurs corps d'armée autrichiens, et que ceux de la Gallicie et de la Transylvanie sont destinés à prendre l'offensive. Il est nécessaire que vous fassiez courir des bruits qui accréditent cette opinion. »
*Signé,* Alexandre.
*Circulaire aux commandants de corps d'armée.*
Dresde le 27 mai 1812.

« L'Empereur ordonne que vous prescriviez à MM. les généraux de division de

victorieuse ne donne pas le droit de blesser les âmes que la destinée a secouées. Il resta au cœur de ces rois de profonds ressentiments ; Napoléon ne gardait pas assez de convenance avec tous ; il outrageait trop, et la munificence de ses dons ne réparait pas l'injure qu'il avait faite. Plus d'un prince ou d'un homme d'État lui fit expier ces audiences du palais Marcollini.

Infatigable, Napoléon passait des distractions aux affaires ; son séjour à Dresde n'avait pas seulement pour but cette cour plénière où son amour-propre, pleinement satisfait, accueillait les souverains et les monarques en vassaux. C'est de ce palais, sous les larges ombrages de ses kiosques, au bruit de ses cascades murmurantes, au battement des ailes des cygnes, que Napoléon réglait le mouvement si compliqué de cette grande masse d'hommes s'élançant sur les déserts de l'ancienne Scythie. Deux soins préoccupaient spécialement Napoléon à Dresde ; s'il faisait attendre les rois dans son antichambre, s'il les appelait à ses pieds pour recevoir leur hommage, sa vaste pensée s'étendait sur des objets plus graves, sur des satisfactions moins puériles ; ce corps de fer suffisait à tout. Le voici maintenant à l'œuvre : d'une main il organise son armée, fixe la marche des maréchaux ; de l'autre, il suit avec une indicible activité les dernières négociations diplomati-

---

passer le 4 juin une revue de leurs divisions. Ils s'assureront que les armes sont en bon état, que chaque soldat est pourvu de cinquante cartouches et de trois pierres à fusil. Les commandants d'armée visiteront les caissons et s'assureront qu'ils sont en bon état et qu'il n'y a point de munitions avariées. S. M. ne veut point que dans les corps d'armée on imprime aucun ordre du jour, aucune proclamation, et son intention est qu'on ne cesse point de tenir un langage pacifique. Toutefois on aura soin de ne laisser passer au-delà des avant-postes personne qui ne soit muni d'un passeport du duc de Bassano ; mais on laissera entrer tous les voyageurs ou courriers qui se présenteront, en ayant soin de les interroger, et on les fera accompagner au quartier-général de S. M. »

*Signé*, Alexandre.

ques. C'est un spectacle admirable que la formation si prompte, si ferme, des différents corps qui doivent composer l'armée d'expédition dirigée contre la Russie ! il ne s'agit plus seulement de 130 à 150,000 hommes, nombre que n'excédèrent jamais les armées conduites par Napoléon en personne sur les plus vastes champs de bataille : ici l'effectif, réglé d'après un état du ministère de la guerre, porte un total d'infanterie de plus de 390,000 baïonnettes avec une cavalerie de 750 escadrons [1]. C'est donc avec près de 500,000 hommes, cent dix-sept mille chevaux, artillerie et bagages compris, et treize cent soixante-douze bouches à feu, que Napoléon prépare sa campagne.

On doit remarquer, comme un témoignage de cette puissance d'esprit, de cette forte organisation qui caractérise l'œuvre fédérale de l'Empereur, que la grande majorité des troupes qu'il conduit ne sont point françaises : sous la tente on parle mille langues ; il y a des régiments suisses, croates, wurtembergeois, italiens, westphaliens, saxons, badois, bavarois, autrichiens, prussiens, napolitains, polonais, et ces mille régiments, sous un même drapeau, se groupent, s'entendent entre eux avec unité et correspondent intimement. L'histoire doit également rendre hommage à l'activité et à la précision des ordres donnés par le maréchal Berthier, chef d'état-major-général ; l'organisation est une aptitude qui lui est propre ;

---

[1] Napoléon menait avec lui en Russie :
60,000 Polonais,
20,000 Saxons,
30,000 Autrichiens,
30,000 Bavarois,
22,000 Prussiens,
20,000 Westphaliens,
8,000 Wurtembergeois,
8,000 Badois,
4,000 hommes de Darmstadt,
2,000 de Gotha et de Weymar,
5,000 de Wurtzbourg et de la Franconie,
5,000 du Mecklembourg, Nassau et autres petits princes,
20,000 Italiens et Napolitains,
4,000 Espagnols et Portugais,
10,000 Suisses,
250,000 Français.
———
498,000

Berthier comprend et exécute à merveille les pensées de l'Empereur, qui le place encore à la tête de l'état-major de cette gigantesque expédition. Il faut lui passer ce ridicule titre princier d'*Alexandre* dont tous les ordres sont signés, car tout est devenu prince et gentilhomme.

Le premier corps, confié au maréchal Davoust[1], est une armée tout entière; il compte plus de 68,000 hommes, groupés en cinq divisions sous les ordres des noms célèbres dans les vieilles campagnes, Morand, Friant, Gudin, Dessaix et Compans : tous dataient leur service de l'Italie et de l'Égypte. Le second corps, moins considérable, car il n'avait que trois divisions, comptait un peu plus de 54,000 hommes et était donné au maréchal Oudinot, se séparant ainsi des vieux grenadiers d'élite qui avaient partagé sa gloire, pour commander en chef un corps de la grande armée. Oudinot avait sous ses ordres une division étrangère, quatre régiments suisses et un de Croates, bons tirailleurs. Le maréchal Ney menait aussi trois divisions, dont l'une tout entière de Wurtembergeois; on confond, on mêle les nationalités afin d'imprimer l'esprit uniforme des manœuvres françaises aux troupes de la Confédération. Eugène, le vice-roi d'Italie, conduit les sujets que Napoléon lui a confiés; la garde royale italienne compose une division; elle a quitté

---

[1] *Tableau des maréchaux et généraux commandant les corps d'armée et les divisions de l'armée de l'expédition de Russie.*

1er corps d'infanterie commandé par le maréchal Davoust.
1er division, général Morand.
2e — général Friant.
3e — général Gudin.
4e — général Dessaix.
5e — général Compans.

2 corps command par le maréchal Oudinot.
6e division, général Legrand.
8e — général Verdier.
9e — général Merle.

3e corps commandé par le maréchal Ney.
10e division, général Ledru.
11e — général Razout.
25e — général Marchand.

4e corps commandé par le prince Eugène.
Garde royale italienne, général Lecchi.

Milan et ses grands quartiers de la cathédrale; si dans le corps de Ney on parle allemand, dans celui d'Eugène la belle langue italienne domine les causeries du soir sous la tente. Oudinot compte pour généraux divisionnaires les noms des vieilles campagnes, Legrand, Verdier, Merle; Ney voit sous ses drapeaux les divisionnaires Marchand, Ledru et Razout; c'est le général Lecchi qui commande la garde royale italienne; trois brigades sont confiées à Broussier, et une division magnifique au général Pino, l'un des remarquables tacticiens qu'ait produits l'Italie.

Voici maintenant les Polonais; ils conservent leur noble nationalité sous le prince de Poniatowski; l'armée polonaise s'élève seule à près de 40,000 hommes. Le brave et sévère Gouvion-Saint-Cyr conduit les Bavarois, groupés dans le 6e corps sous les généraux Deroi et de Wrède. Reynier de l'armée d'Égypte guide les Saxons, et l'impitoyable Vandamme les Westphaliens. Le maréchal Victor mène 50,000 hommes, étrange mélange de Français, d'Allemands et de Polonais. Curieux assemblage que le corps de Macdonald, formé en majorité de Prussiens et d'Allemands! trois régiments polonais sont aussi dans ses rangs, ainsi que deux légions portugaise et espagnole. Le corps autrichien et les Polonais du prince Poniatowski conservaient seuls leur nationalité; l'armée de

13 division, général Delzons.
14 — général Broussier.
15 — général Pino.
5e *corps commandé par le prince Poniatowski.*
16 division, général Zayonscheck.
17 — général Dombrowski.
18e — général Kamiuiecki.
6e *corps commandé par le lieutenant-général Gouvion Saint-Cyr.*
19e division, général Deroy.
20e — général de Wrède.
7e *corps commandé par le lieutenant-général Reynier.*
21e division, général Lecoq.
22e — général Defunck.
32e — général Durutte.
8e *corps commandé par le lieutenant-général Vandamme.*
23e division, général Tharreau.
24e — général d'Ochs.

Schwartzenberg, formée de 5 divisions d'élite, marche sous les lieutenants-généraux Trautenberg, Bianchi et Siegenthal; la cavalerie est conduite par le général de Frimont, devenu célèbre depuis. Napoléon, se réservant la direction de sa garde, en avait fait comme le noble résumé de ces magnifiques corps en marche sur le Niémen. En entrant en campagne, la garde, augmentée de plusieurs divisions, s'élevait à 35,000 hommes, déjà partagés en vieille, moyenne et jeune garde; deux régiments de Polonais, soldats éprouvés dont les services dataient des jours de la République, venaient d'y être incorporés; la garde avait alors à sa tête les maréchaux Lefebvre, Bessières et Duroc; Sorbier en conduisait l'artillerie : au général Claparède était confiée la division polonaise réunie.

Bientôt va se déployer la belle et fringante cavalerie! Murat la conduit : imaginez 60,000 hommes groupés sous les ordres du chef le plus aventureux, du guerrier le plus chevaleresque, dont les aigrettes flottent au vent, comme un héros de théâtre. Cette immense cavalerie est divisée en quatre corps; le premier, conduit par Nansouty, compte les deux divisions de cuirassiers aux casques reluisants, à la latte flamboyante; Valence et Saint-Germain sont à leur tête, tous parfaitement montés des beaux produits du Mecklembourg; huit régiments de cavalerie légère, com-

9e *corps commandé par le maréchal Victor.*
12e division, général Partouneaux.
26 — général Daendels.
28 — général Girard.
10e *corps commandé par le maréchal Macdonald.*
7 division, général Grandjean.
27 — général Grawert.
34e division d'infanterie commandée par le général Loison, elle ne fit partie d'aucun corps d'armée.
*Corps autrichien commandé par le prince de Schwartzenberg.*
Division d'infanterie de l'aile droite, général Trautenberg.
Division d'infanterie du centre, général Bianchi.
Division d'infanterie de l'aile gauche, général Siegenthal.

posés de jeunes hommes, sur des chevaux d'une plus faible encolure, obéissent au général Bruyère. Le deuxième corps de cavalerie compte à sa tête Montbrun; ce sont encore des cuirassiers, colosses de bronze, qui suivent les généraux Wathier et Defrance; six régiments de cavalerie légère marchent derrière Sébastiani, officier brillant à la tête d'une troupe si brillante elle-même, chasseurs, hussards, lanciers. Grouchy mène les dragons de Lahoussaye, au bel uniforme vert, aux épaulettes de laine rouge, les cuirassiers Doumerc et les hussards de Chastel. Enfin le quatrième corps de cavalerie, sous Latour-Maubourg, compte huit régiments de dragons du général Lorge, et les lanciers polonais de Rosinski: digne et noble Latour-Maubourg, ton nom restera aussi célèbre que le souvenir de nos grandes journées!

Toutes ces masses, parfaitement organisées sous l'impulsion d'un seul homme, se sont mises en mouvement au signal de Napoléon à Dresde; l'Empereur connaît tous les corps, en apprécie tous les chefs : rien n'est omis, artillerie, génie, équipages de ponts; ses ordres trouvent partout obéissance. Les convois sont organisés en bataillons; il y a des troupes d'ouvriers, de travailleurs; de longues files de bœufs conduisent des parcs, des charrettes à la comtoise, légères et bien montées; les boulangers sont partagés par divisions; les magasins organisés partout, des approvisionnements re-

---

Garde impériale sous les ordres immédiats de Napoléon.
Jeune garde sous le maréchal Mortier.
1<sup>re</sup> division d'infanterie, général Delaborde.
2<sup>e</sup> division d'infanterie, général Roguet. Vieille garde.
3<sup>e</sup> division, maréchal Lefèbvre.
Cavalerie de la garde, maréchal Bessières.
Cavalerie, général Frimont.
Réserve d'artillerie de la garde, général Sorhier.
Division de la Vistule (infanterie), général Claparède.
(Réunie à la jeune garde.)
Cavalerie commandée par Murat.
1<sup>er</sup> corps de cavalerie commandé par le lieutenant-général Nansouty.
1<sup>re</sup> division (cavalerie légère), général Bruyère.

cueillis; jamais précautions plus multipliées n'avaient été prises pour l'organisation des corps expéditionnaires. Un seul homme dirige et conduit ces merveilleuses opérations avec la puissante intelligence qui le caractérise; les états militaires, les cartes, sont sur sa table, il les feuillette sans cesse; rien n'échappe à cette activité, et son cabinet suffit à peine pour traduire et transmettre ses ordres dans les diverses parties de l'Allemagne.

Tout espoir est donc perdu pour la paix? Est-ce un secret pressentiment sur l'issue de cette campagne qui lui fait souhaiter un dernier arrangement avec Alexandre? avait-il au cœur une pensée de fatalité, ou bien n'est-ce qu'un moyen de pénétrer et de démoraliser le cabinet russe? Napoléon se décide à de nouvelles démarches auprès du Czar; le général Lauriston est encore à Saint-Pétersbourg, comme le prince Kourakin à Paris, mais Lauriston ne peut plus rien; il est sans pouvoirs. Ce n'est pas M. de Caulaincourt que Napoléon envoie auprès d'Alexandre, il le sait trop partisan de la paix et du système russe; l'intermédiaire qu'il choisit pour cette mission c'est M. de Narbonne; depuis deux ans il s'est pris d'un grand engouement pour M. de Narbonne; il le croit propre à tout, à faire campagne, à suivre une négociation diplomatique; M. de Narbonne l'a séduit, et il espère qu'un homme de haute aristocratie

---

1re division (cuirassiers), général Saint-Germain.
5e division (cuirassiers), général Valence.
2e *corps de cavalerie commandé par le lieutenant-général Montbrun.*
2e division (cavalerie légère), général Sébastiani.
2e division (cuirassiers), général Wathier.
4e division (cuirassiers), général Defrance.

3e *corps de cavalerie commandé par le lieutenant-général Grouchy.*
3e division (cavalerie légère), général Chastel.
3e division (cuirassiers), général Doumerc.
6e division (dragons), général Lahoussaye.
4e *corps de cavalerie commandé par le lieutenant-général Latour-Maubourg.*
4e division (cavalerie légère), général Rosinski.
7e division (dragons), général Lorge.

sera bien accueilli à Wilna parmi les aides de camp de l'empereur; il pourra pénétrer dans les intimités du Czar, tout voir, tout écouter; nulle porte ne lui sera fermée, à lui homme de vieille souche, car M. de Narbonne peut lutter avec la grande noblesse de Moscou.

Ce choix avait néanmoins de grands inconvénients; M. de Narbonne, esprit léger, superficiel, épicurien, élevé dans les idées de l'ancienne cour, pourrait-il parfaitement comprendre la tendance et le véritable caractère du cabinet de Saint-Pétersbourg? l'habileté diplomatique n'était point dans l'éducation de M. de Narbonne, gentilhomme spirituel, suranné, résumant les affaires dans l'étiquette. Néanmoins, il faut lui rendre cette justice, que tout en échouant dans ses ouvertures pour la paix, M. de Narbonne apprécia d'une manière assez juste la résolution d'Alexandre; il résuma parfaitement les résistances passives que rencontrerait une campagne en Russie; il avait trouvé l'empereur Alexandre dans une noble résignation, décidé à pousser à bout la résistance à toute expédition militaire qui pénétrerait dans l'empire moscovite; sans jactance et sans faiblesse aussi, il pousserait la résistance jusqu'à sa dernière expression. Napoléon s'était fait une idée fausse du caractère russe, en pensant que par une marche rapide vers Moscou et Saint-Pétersbourg, il pourrait imposer des conditions à l'empereur Alexandre; telle ne fut pas l'opinion de M. de Narbonne; partout il avait vu l'aspect d'une guerre nationale et d'une résignation à tous les sacrifices; sa conversation verbale avec Napoléon fut surtout remarquable sous ce point de vue. Les dépêches du cabinet constatent qu'il n'hésita pas un seul moment à déclarer que la paix était impossible, dans les conditions où les deux empires s'étaient respectivement placés.

C'était d'ailleurs servir les idées de Napoléon qui brûlait d'engager fortement la querelle, et d'en finir par les merveilles d'une campagne conçue sur de fabuleuses proportions ; il se complaisait à l'aspect d'une expédition gigantesque à la manière d'Alexandre le macédonien, de Gengiskan ou de Mahomet, véritable conception orientale comme il les aimait, lui, le génie aux vastes études. L'Empereur se complaisait à remuer les peuples et des armées plus grandes que des peuples ; il avait fait tout pour l'organisation militaire de l'Empire, son activité infatigable avait produit cet amalgame de nationalités, de drapeaux, cette coalition de vingt princes divers sous son sceptre à lui le roi des rois, comme Agamemnon. Mais comment espérer qu'il conserverait sous sa main, au premier revers, ces mêmes troupes obéissant aux prestiges de ses victoires ? Les Allemands allaient-ils de grand cœur sous ses drapeaux lorsqu'ils savaient leur patrie opprimée, le paysan arraché à sa charrue, les champs ravagés comme au temps des Barbares ? De Berlin à Lemberg, on ne voyait que les drapeaux à l'aigle ombrageant les villes soumises et les campagnes désolées.

Tandis que Napoléon au milieu de sa gloire, entouré de ses prodiges, appliquait son esprit organisateur à l'invasion de la Russie, le Czar Alexandre préparait silencieusement les éléments d'une ferme et noble résistance. Le système de guerre conçu et arrêté dans le conseil de Saint-Pétersbourg se rattachait au développement des forces militaires de l'empire telles que je les ai déjà discutées, forces considérables et parfaitement disciplinées, conduites d'après un bon plan de campagne qui serait confié à un général habile et fort. Le Czar, le père commun de la patrie, devait invoquer l'esprit religieux, pour exciter les peuples à une lutte contre les

SYSTÈME DÉFENSIF D'ALEXANDRE (MAI 1812).    169

envahisseurs de la terre des anciens Slaves : à l'invasion d'une puissante armée il fallait opposer une guerre nationale. Le choix d'Alexandre, longtemps médité, tomba sur le comte Barclay de Tolly, ministre de la guerre, le tacticien le plus habile qu'on pût opposer à Napoléon ; Barclay de Tolly, par sa position dans le cabinet, connaissait toutes les ressources de l'armée [1] ; on tiendrait Kutusoff en réserve, pour le moment où l'esprit russe se réveillerait avec les antiques souvenirs, tandis que l'armée de Moldavie, sous l'amiral Tschichakoff, opérerait sur les flancs de l'ennemi.

Le vaste empire russe s'émut bientôt de cette patriotique croisade; on annonça la guerre contre les Français avec tout l'héroïsme de la patrie; on présenta les soldats de Napoléon comme des impies, des hommes sans foi ni religion. L'élan fut général, on fit des dons volontaires; de nobles boyards offrirent des régiments entiers; les femmes mêmes armèrent et équipèrent de grandes compagnies [2]. Depuis l'extrémité des murailles de la Chine jusqu'à Wilna, tout fut en mouvement, les hordes de cosaques agitèrent leurs lances; les Tartares, les

---

[1] *Forces réelles de l'armée russe en campagne.*

| | |
|---|---:|
| Infanterie, | 181,000 hom. |
| Cavalerie régulière, | 41,600 |
| | 222,600 |
| Troupes irrégulières, | 19,000 |
| Total général. | 241,600 |

La garnison de Riga, celle de Dunabourg et le corps en observation à Mozir, qui renforcèrent l'armée russe, ne sont point compris dans ce tableau.

[2] Voici un exemple du dévouement des dames russes.
*Lettre de la grande-duchesse Catherine Paulowna (sœur de l'empereur Alexandre) au ministre de l'intérieur.*

« Au moment où tout sujet russe est poussé par son amour pour la patrie et par son dévouement pour le monarque à faire avec zèle les plus grands sacrifices; au moment où, pour repousser l'ennemi et assurer le salut de l'État, il est nécessaire de faire les plus grands efforts de toute espèce, je n'ai pu résister au désir ardent de prendre une part active dans les mesures nécessaires pour augmenter nos ressources militaires.

« Après m'être adressée à S. M. I., mon bien aimé frère et seigneur, pour obtenir sa permission et son approbation, j'ai à demander votre assistance pour me mettre à même d'exécuter le dessein que m'ont inspiré le zèle qui m'anime pour l'honneur et la prospérité de notre chère

Baskirs quittèrent leurs steppes sauvages pour s'opposer à l'invasion française; ce fut quelque chose de grand et de barbare tout à la fois, les lumières de la civilisation et l'énergie des populations primitives; les images de saint Serge furent promenées dans les vastes cathédrales et les grosses cloches de Moscou et de Nowogorod annoncèrent qu'il fallait saisir le glaive pour la défense de la vieille Russie; on excita la haine contre les Français, à ce point que la persécution s'étendit aux familles d'institution et de commerce établies dans l'intérieur de la Russie.

Ainsi se montrait l'esprit national! le cabinet de Saint-Pétersbourg était trop habile pour ne pas chercher aussi les moyens de résistance dans la diplomatie, son aptitude particulière; ses hommes d'État étaient influents en Europe. Du côté de l'Asie on était en pleine paix; la Perse, suffisamment comprimée, ne donnait plus d'inquiétude; la Russie n'avait plus ce poids sur la poitrine, comme l'avait dit Pozzo di Borgo; Alexandre porta naturellement ses vues vers l'Angleterre, car c'était pour rompre le système continental et reprendre le commerce avec elle que la Russie faisait cette prise d'armes : l'Angleterre devait lui en savoir gré et le reconnaître par des subsides. La négociation était ici simple, naturelle; la Russie venait

---

patrie et mon attachement sans bornes pour son monarque.

« Mon désir est, en conséquence, de lever sur mes biens héréditaires un certain nombre de guerriers, auxquels je donnerai des règlements séparés, et que j'armerai et maintiendrai à mes dépens. (Ici viennent les règlements qu'on aura à observer pour lever ce corps, qui consistera en 1200 hommes et formera un régiment séparé.)

« Je n'ai aucun doute que d'après les instructions que vous donnerez, cette conscription ne réussisse complétement, et que ceux qui seront ainsi choisis pour défendre leur religion et leur pays ne soient bientôt à même par leur zèle d'égaler les plus vieux guerriers.

« Je suis sincèrement, etc. »
  Katérina.

*Réponse de l'Empereur, de sa propre main.*
« J'accepte cette offre avec la plus vive reconnaissance. »

en aide à la cause britannique, rien de plus conséquent que le cabinet de Londres lui offrît des subsides, sous l'engagement formel qu'on ne s'arrangerait avec Napoléon que de concert par un commun traité. Cette clause devenue la base de toutes transactions ultérieures, on négocia très activement sous l'influence de lord Castlereagh, et la signature du traité d'alliance ne fut retardée que pour déterminer la quotité des subsides. En attendant l'arrivée de lord Cathcarth, ambassadeur désigné pour Saint-Pétersbourg, tous les ports russes furent ouverts à la marine anglaise et à son commerce; les deux états entrèrent dans les plus intimes relations [1]; on se communiqua les pensées communes. Dans toutes les crises européennes la Russie et l'Angleterre doivent s'entendre tôt ou tard, parce que ces cabinets, positifs dans leurs intérêts et dans leurs stipulations, se craignent, se pénètrent l'un et l'autre ; ils aiment mieux se réunir pour se partager les dépouilles que de se tromper pour se combattre ensuite et perdre le butin.

Comme gage de sa bonne amitié, l'Angleterre se porta sur-le-champ médiatrice pour mettre un terme à la guerre qui séparait le Divan de la Russie : j'ai dit que le général Andréossy avait entièrement échoué dans sa négociation, la France avait perdu tout crédit auprès

---

[1] Les traités définitifs et ratifiés sont de deux mois plus tard, mais la négociation date de janvier 1812.
Traité de paix entre la Grande-Bretagne et la Russie.
« 1. Il y aura entre S. M. l'Empereur de toutes les Russies et S. M. le roi des royaumes unis de la Grande-Bretagne et d'Irlande, leurs héritiers et successeurs, et entre leurs royaumes et leurs sujets respectifs, une paix solide, sincère et inviolable, de manière que dès ce moment il y aura fin à tout sujet de désagrément qui peut avoir existé entre eux.

« 2. Les relations d'amitié et de commerce entre les deux pays seront rétablies des deux côtés sur le pied des nations les plus favorisées.

« 3. Si, en conséquence du rétablissement de la paix et du bon accord entre les deux pays, il arrivait qu'un pouvoir quelconque fît la guerre à S. M. I. ou à S. M. B., les deux hautes parties contractantes s'engagent à se supporter mutuellement pour l'existence et la sécurité de leurs états respectifs.

« 4. Les deux hautes parties contractan-

du Sultan; elle s'était si souvent jouée de la foi promise! Tout fut conduit à Constantinople par la Russie et l'Angleterre avec une admirable activité. La France n'inspirait plus aucune confiance, Napoléon avait trop tergiversé avec le Divan; l'ancienne politique des Bourbons si fidèles aux alliances était abandonnée depuis 1789; le général Andréossy ignora même qu'un armistice avait secrètement rapproché la Russie et la Porte sous la médiation de l'Angleterre, et il ne connut que très imparfaitement les négociations qui devaient amener le traité définitif.

Ce traité fut délibéré et conclu au moment même où l'empereur Napoléon préparait ses plans à Dresde; la date est de deux mois postérieure, mais tout était fini avant la signature officielle et l'échange des ratifications. Ce fut aux bons offices de l'Angleterre que cette paix dut être attribuée; le principe conquérant, exprimé par Napoléon, était redouté en Europe, et voilà pourquoi la Russie et l'Angleterre se rapprochaient si intimement. Toutes les fois qu'un État sort des formes générales des sociétés qui l'entourent, il se condamne nécessairement ou à conquérir, ou à s'annuler : chose curieuse à remarquer dans l'histoire, presque toujours

tes se réservent le pouvoir d'établir aussitôt que possible un arrangement convenable sur tout ce qui peut avoir rapport à leurs intérêts éventuels commerciaux ou politiques.

« 5. Le présent traité sera ratifié par les deux parties contractantes, et les ratifications échangées dans six semaines, ou plus tôt s'il est possible.

« Fait à Orebro, le 6 (18) juillet 1812. »
*Signé*, Suchtelen,
Paul, baron de Ezterbasi,
Edward Thornton.

« Après avoir suffisamment examiné les atricles du présent traité de paix, nous l'avons approuvé, et nous le confirmons à présent, et le ratifions de la manière la plus solennelle, par ces présentes, dans toute son étendue, promettant, pour nous et pour nos successeurs, d'observer et d'exécuter inviolablement tout ce qui a été exprimé et répété dans ledit traité de paix. En foi de quoi, nous avons signé de notre propre main cette ratification impériale, et y avons affixé le sceau de notre Empire.

« Fait à Kamenroï-Ostrow, le 1er août 1812, et la douzième année de notre règne. »
*Signé*, Alexandre.
*Contre-signé*, comte de Romanzoff.

sur les questions d'Orient la Russie et l'Angleterre s'entendent ; et pourquoi cela ? c'est qu'elles ont un besoin commun d'arbitrage pour régler les conquêtes que l'avenir leur réserve; et dans cette négociation, je le répète, la France révolutionnaire, comme la France conquérante, devait être également repoussée. Avant d'être admis à traiter, il faut admettre vous-même les conditions de vie des autres gouvernements ; la diplomatie ne se fait pas avec des bavardages et des propagandes : si vous êtes un feu qui dévore, on vous repousse comme l'incendie. Ce fut un grand résultat militaire pour la Russie que la signature d'un traité avec la Porte [1] ; il rendait disponibles 80,000 hommes de bonnes troupes pouvant tomber sur le flanc de Napoléon au milieu même de la campagne.

Les négociations avec la Suède étaient aussi poussées avec une grande activité ; la Russie avait un très grave intérêt à s'assurer immédiatement cette alliance ; les premiers actes de la diplomatie lui avaient révélé un fait immense pour elle, c'est que tout espoir de rapprochement était rompu entre Bernadotte et Napoléon. La diplomatie française avait parlé un langage hautain, blessant, dans ses propositions à une nation fière et brave; Bernadotte avait répondu sur le même ton. Dès ce moment, il fut bien prouvé qu'un traité pouvait se conclure

---

[1] Je dois faire la même observation sur la date de ce traité qui est signé quarante-cinq jours après la rupture avec Napoléon, mais par le fait il est antérieur.

*Traité entre la Russie et la Turquie.*

« 1. Il y aura paix et amitié entre les deux puissances, et les deux parties contractantes feront tous leurs efforts pour éviter ce qui pourrait occasionner des hostilités entre leurs sujets.

« 2. Il sera accordé une amnistie générale et entière aux sujets des deux parties contractantes qui ont pris part aux opérations de la guerre contre l'intérêt de leurs souverains respectifs.

« 3. Tous les traités précédents seront exécutés, à l'exception des articles qui seront changés par le présent traité.

« 4. Par le 1er article des préliminaires, il est convenu que la rivière Pruth, dès son

entre l'Angleterre, la Russie et la Suède contre Napoléon ; les seules difficultés seraient relatives aux subsides et aux questions territoriales, qui présentaient quelques sujets de doute relativement à la Suède : la Russie venait tout récemment de conquérir la Finlande, et cette possession d'un beau territoire devait être l'objet ou d'une restitution, ou d'une compensation, si l'on voulait entraîner Bernadotte; la Suède ne pouvait entrer dans un traité intime avec la Russie, sans être indemnisée; le cabinet de Saint-Pétersbourg lui offrit la possession de la Norwége qui l'arrondissait parfaitement ; la Norwége appartenait au Danemarck qui était entièrement soumis à la politique de la France, on n'avait pas à le ménager; la compensation fut admise, et tandis que Napoléon refusait la restitution de la Poméranie suédoise, la Russie s'engagea sur deux points : 1° Donner à la Suède une bonne colonie ; 2° lui assurer la possession de la Norwége. A cette condition, un traité d'alliance offensive et défensive fut conclu; Bernadotte entrait dans les intérêts russes ; si Napoléon lui écrivait des paroles implacables ou imprudentes, Alexandre, au contraire, s'adressait au prince royal de Suède dans des termes affectueux; il désirait vivement une entrevue personnelle avant même la guerre dans une ville commune.

Ainsi parfaitement posé en Europe, Bernadotte hési-

---

entrée dans la Moldavie jusqu'à ce qu'elle se jette dans le Danube, et la rive gauche du Danube depuis ce point de jonction jusqu'au Kild, et de là à la mer, formera les limites des deux empires, l'embouchure de cette rivière étant commune aux deux états. Les petites îles qui avant la guerre étaient inhabitées, et qui sont près de la rive gauche du Danube, continueront à être inhabitées, et il ne sera élevé aucunes fortifications sur lesdites îles.

« D'un autre côté la Porte ottomane abandonne à la Russie toutes les provinces, forteresses, villes, etc., situées sur la rive gauche du Pruth, et le milieu de cette rivière sera la limite entre les deux empires. Les vaisseaux marchands des deux nations pourront naviguer sur le Danube dans tout son cours; mais les vaisseaux de guerre russes ne pourront pas naviguer au-delà du Pruth.

« 5. S. M. I. de toutes les Russies restitue

tait néanmoins à rompre avec la France ; c'est ce qui le détermina à écrire directement à Bonaparte pour lui offrir sa propre médiation dans la querelle engagée avec le Czar Alexandre ; Bernadotte parlait à Napoléon du noble sang qui allait être versé dans une expédition sans but : « pourquoi ne pas se rapprocher ; la paix générale ne viendrait-elle pas consoler les peuples de tant de guerres? » Loin de reconnaître ce que pouvait avoir d'utile une telle offre de médiation, Napoléon ne vit que l'audace du vassal parlant un langage d'égalité à lui l'Empereur ! il en fut profondément blessé : « Quoi ! Bernadotte avait la vanité de se poser en médiateur ! de le traiter d'égal, de lui donner des avis, des conseils en politique ! cela ne pouvait être. »

L'Empereur ne répondit donc que par de la colère aux propositions de la Suède ; Bernadotte avait offert la paix ou sa médiation, et Bonaparte s'écria : « Le misérable ! il me donne des conseils ! il veut me faire la loi ! il m'ose proposer une infamie ! un homme qui tient tout de ma bonté ! quelle ingratitude ! » Puis, se promenant à grands pas, il laissait par intervalles échapper ces paroles : « Je devais m'y attendre ! il a toujours tout sacrifié à ses intérêts ! c'est le même homme qui, pendant son court ministère, a tenté la résurrection des infâmes jacobins !

à la Porte ottomane le territoire de la Moldavie sur la rive droite du Pruth, ainsi que la grande et petite Valachie. Les habitants de ces provinces seront exempts de toute espèce de contributions pendant l'espace de deux ans, et elles seront fixées en proportion du territoire actuel de la Moldavie.

« 6. Les limites du côté de l'Asie demeurent les mêmes qu'elles étaient avant la guerre.

« 7. Les habitants mahométans des provinces cédées à la Russie, et les naturels des autres parties, qui, par une suite de la guerre, sont maintenant en Russie, pourront revenir, dans l'espace de dix-huit mois, en Turquie avec leurs propriétés. Les chrétiens des provinces cédées à la Turquie pourront retourner en Russie dans le même espace de temps. sans être molestés.

« 8. La Porte ottomane accorde un pardon général et une amnistie aux Serviens, qui ne seront sous aucun prétexte et en

quand il n'espérait que dans le désordre, il s'est opposé au 18 brumaire ! c'est lui qui a conspiré dans l'Ouest contre le rétablissement de la justice et de la religion ! son envieuse et perfide inaction n'a-t-elle pas déjà trahi l'armée française à Auerstadt ! que de fois, par égard pour Joseph, j'ai pardonné à ses intrigues et dissimulé ses fautes ! pourtant, je l'ai fait général en chef, maréchal, duc, prince, et roi enfin ! mais que font à un ingrat tant de bienfaits, et le pardon de tant d'injures ! Depuis un siècle, si la Suède, à demi dévorée par la Russie, existe encore indépendante, c'est grâce à l'appui de la France ; mais il n'importe. Il faut à Bernadotte le baptême de l'ancienne aristocratie ! un baptême de sang, et de sang français ! et vous allez voir que, pour satisfaire son envie et son ambition, il va trahir à la fois et son ancienne et sa nouvelle patrie. »

C'était ici de la folie plutôt que de la politique ; Napoléon alors se permettait tout : et ces fureurs déclamatoires déterminèrent tout à fait le prince royal de Suède à signer immédiatement le traité d'alliance intime et défensive avec l'empereur Alexandre, qui lui proposa de tout ratifier prochainement dans une entrevue militaire et politique ; le Czar était aise de consulter Bernadotte sur l'état des esprits en France, sur la composition de

aucune manière molestés pour leurs actions. Les forteresses nouvellement construites dans cette province seront démolies comme inutiles, et la sublime Porte mettra des garnisons dans les anciennes places fortifiées. Mais afin que ces garnisons ne puissent enfreindre en aucune manière les droits du peuple servien, la sublime Porte accorde à la nation servienne les mêmes avantages qu'à ses sujets des îles de l'Archipel et des autres districts, et pour faire partager à la nation servienne les effets de sa magnanimité, lui laisse l'administration intérieure de ses affaires, en fixant elle-même ses contributions qu'elle paiera, et qui seront réglées, ainsi que les autres affaires, de concert avec la nation.

« 9. Tous les prisonniers de guerre, de quelque sexe qu'ils soient, seront rendus des deux côtés sans exception.

« 10. Toutes les demandes et affaires des sujets des deux parties contractantes, qui ont été suspendues en conséquence de la guerre, seront, après la signature de la

l'armée de Napoléon et ensuite sur un plan de résistance. L'entrevue fixée dans la ville d'Abo fut renvoyée à la fin de juin; en attendant, Bernadotte recevait les subsides du cabinet britannique qui l'attachait à la coalition : Angleterre, Suède et Russie durent simultanément intervenir dans la cause commune; s'il y eut d'abord quelques oppositions relatives à la Norwége, l'Angleterre était alors trop séparée du Danemarck pour faire de longues difficultés sur l'acceptation de cette clause; les Danois n'étaient que les vassaux de l'empire de Napoléon; on leur faisait payer cette fidélité par la perte de la Norwége; une clause secrète cédait la Guadeloupe comme nouvelle indemnité à la Suède. Tous ces traités ne furent rendus publics qu'à des époques postérieures [1].

Une alliance frappa plus vivement les esprit; Alexandre reconnut les Cortès espagnoles; il dut paraître étrange qu'à une si lointaine distance, de l'extrémité des Colonnes d'Hercule à Saint-Pétersbourg, deux gouvernements pussent ainsi s'entendre : en ce qui touche le système politique, que pouvait-il y avoir de commun

---

paix, examinées de nouveau, et jugées conformément aux lois.

« 11. Les troupes russes évacueront les provinces, forteresses et villes restituées dans l'espace de trois mois, à compter du jour de la ratification du présent traité, et jusqu'à cette époque elles seront pourvues des choses nécessaires comme auparavant.

« 12. Les deux parties contractantes s'engagent à exécuter les traités de commerce existants.

« 13. La Porte Ottomane s'engage à proposer sa médiation auprès de la Perse pour rétablir la paix entre cette puissance et la Russie.

« 14. Tous actes d'hostilités qui pourraient avoir lieu après la ratification du présent traité seront considérés comme non avenus. »

(Suivent deux articles de protocole.

[1] *Traité de paix entre la Suède et l'Angleterre.*

« Au nom de la très sainte et indivisible trinité.

« S. M. le roi de Suède, et S. M. le roi du royaume uni de la Grande-Bretagne et d'Irlande, également animés du désir de rétablir les anciennes relations d'amitié et d'intelligence entre les deux couronnes, ont nommé à cet effet, etc.

« Art. 1er. Il y aura entre LL. MM. le roi de Suède et le roi du royaume uni de la Grande-Bretagne et d'Irlande, leurs héritiers et successeurs, et entre leurs sujets,

entre le pouvoir absolu du Czar et les Cortès nées de la souveraineté du peuple, signataires de la constitution de 1812? Deux motifs déterminèrent la Russie à la signature de ce traité; le premier, dominant tous les autres, fut la nécessité de multiplier autant que possible les adversaires de Napoléon : on faisait la guerre ; tout ce qui pouvait blesser l'ennemi devait être favorisé; partout on citait comme un bel exemple les guérillas espagnoles, la résistance des cités, la persévérance de leur patriotisme, modèle de tout acte noble et puissant : l'Espagne était une terre glorieuse dont on invoquait les efforts et les souvenirs; on ne s'exprimait sur elle qu'avec un religieux sentiment; on disait partout : « Voilà un peuple digne et fier ; il nous enseigne à secouer le joug de Napoléon ! » Reconnaître une telle nation, c'était donner un modèle et un encouragement au patriotisme de l'Allemagne.

Un mobile d'intérêt politique détermina également la Russie à se rapprocher de l'Espagne : depuis le XVIII$^e$ siècle, elle s'était beaucoup occupée des intérêts méridionaux, s'efforçant ainsi de se créer une importance en France, dans la Péninsule, pour son commerce et sa di-

royaumes et États respectifs, une paix vraie, ferme et inviolable, et une parfaite union et amitié; en sorte que de ce moment tout sujet de mésintelligence qui peut avoir existé entre eux est considéré comme entièrement cessé et anéanti.

« 2. Les relations d'amitié et de commerce entre les deux pays seront rétablies sur le même pied qu'elles existaient le 1$^{er}$ janvier 1791 ; et tous traités et conventions subsistant entre les deux États à cette époque sont considérés comme renouvelés et confirmés, et sont en effet renouvelés et confirmés par le présent traité.

« 3. Si en conséquence de la présente pacification et du rétablissement de la bonne intelligence entre les deux pays, aucune puissance fait la guerre à la Suède, S. M. le roi du royaume uni de la Grande-Bretagne et d'Irlande s'engage à prendre des mesures, de concert avec S. M. le roi de Suède, pour la sécurité et l'indépendance de ses États.

« 4. Le présent traité sera ratifié par les deux parties contractantes, et les ratifications échangées dans six semaines, ou plus tôt, si faire se peut.

« Fait à Orebro, le 18 juillet 1812. »
*Signé*, baron d'Engerstrem.
baron de Wetterstedt.
Edouard Thornton.

plomatie ; elle saisit avec empressement l'occasion d'un traité avec les Cortès. Un consul résidait depuis plusieurs années à Saint-Pétersbourg, M. Zéa Bermudez, fin, distingué ; jeune homme alors, à l'esprit modéré, il pouvait amener à de bons résultats une négociation diplomatique. Ce fut donc par M. Zéa que se négocia le traité de la Russie avec les insurgés espagnols ; il ne stipulait rien que la reconnaissance pure et simple des Cortès agissant au nom de Ferdinand VII, à peu près dans les mêmes termes qu'avait été rédigée la convention signée par l'Angleterre avec la régence de Séville, dès l'origine de l'insurrection espagnole. Ce traité, quelque restreint qu'il pût être, n'en contenait pas moins un des résultats les plus significatifs comme rupture définitive avec Napoléon : à Tilsitt et à Erfurth, l'empereur Alexandre avait reconnu formellement Joseph Bonaparte comme roi d'Espagne ; maintenant tout était changé ; le traité avec les Cortès supposait une alliance avec Ferdinand VII, captif à Valençay. Dès la signature de cet acte, il n'y a plus moyen d'arrangement avec la France ; les bases sont trop opposées ; il ne s'agit plus de Joseph Bonaparte, mais de Ferdinand VII, roi d'Espagne. Alexandre rentre dans le système anglais et commence à se poser contre ces rois intrus que la politique de Napoléon a semés sur le continent[1].

---

[1] *Alliance entre l'Espagne et la Russie.*

« S. M. catholique, don Ferdinand VII, etc., et S. M. I. l'empereur de toutes les Russies, etc.

« Art. 1ᵉʳ. Il y aura non seulement amitié, mais en outre une alliance et une union sincère entre S. M. catholique le roi d'Espagne et des Indes et S. M. l'empereur de toutes les Russies, leurs héritiers et successeurs et leurs monarchies.

« 2. Les deux hautes parties contractantes, en conséquence de cette résolution, s'entendront ensemble, sans aucun délai, sur les conditions de cette alliance qui embrassera tout ce qui peut avoir rapport à leurs intérêts respectifs, et avec la ferme résolution de continuer la guerre avec vigueur contre l'Empereur des Français, leur ennemi commun, et s'engageront dès ce moment à concourir sincèrement à tout ce qui pourra être avantageux à l'une ou à l'autre partie.

« 3. S. M. l'empereur de toutes les Russies reconnaît comme légitimes les Cortès

Ainsi, comme on le voit, la Russie, à la face de ces masses d'hommes qui la menacent, n'est pas dans une mauvaise position ; si elle est attaquée sur son territoire, elle pourra disposer de toutes ses forces : depuis le traité avec la Porte, elle n'a rien à redouter en Orient, elle est en pleine paix avec la Perse; l'armistice qu'elle a conclu sur le Danube, la convention qui en est la suite, va même lui rendre disponibles toutes ses armées du Midi ; son traité avec la Suède lui assure, indépendamment d'un brave peuple auxiliaire, la sécurité de ses frontières par la Finlande; elle peut ainsi déborder l'aile droite et l'aile gauche de Napoléon. Enfin, la convention avec les Cortès est un acte d'une grande habileté politique, en ce qu'elle donne à Alexandre les sympathies de l'Europe libérale ; c'est avec une indicible satisfaction que les sociétés secrètes d'Allemagne ont appris que le Czar se mettait à la tête des idées patriotes et de résistance à l'oppression. Ces sociétés pourront elles-mêmes obtenir un traité dans l'avenir, elles n'ont besoin pour cela que de s'organiser ; le roi de Prusse n'était-il pas moralement captif; les liens qui l'attachaient aux roues du char de Napoléon ne sont-ils pas aussi pesants que les bras des gardiens qui entourent Ferdinand VII à Valençay?

A Saint-Pétersbourg toute la diplomatie s'agite ; comme on sait la guerre inévitable, imminente, on consulte chacun sur les plans de campagne, on les médite tous : il en vient d'Angleterre, du vieux Dumou-

générales et extraordinaires à présent assemblées à Cadix, ainsi que la constitution qu'elles ont décrétée et ratifiée.

« 4. Les relations commerciales seront rétablies dès ce moment, et réciproquement, sur le pied le plus favorable.

« 5. Le présent traité sera ratifié, et les ratifications seront échangées dans l'espace de 3 mois, à compter du jour de la signature, ou plus tôt si faire se peut.»

Fait à Weliki-Louki, 8 (20) juillet 1812.
*Signé,* Francisco de Zea Bermudez,
Comte Nicolas de Romanzoff.

riez qui conseille la résistance et les guérillas russes ; il en vient de Bernadotte et de Moreau même. Dumouriez est entièrement d'accord avec Moreau sur la guerre qu'il faut opposer à Bonaparte, il l'a conseillée à lord Wellington en Espagne : « il faut résister longtemps, laisser passer les premières fougues de Bonaparte ; persister, est le mot de l'énigme ; la Russie est un pays qui ne diffère pas considérablement de l'Espagne, et l'Espagne ne diffère pas de l'Egypte, et l'on doit remarquer que dans ces pays, Napoléon a éprouvé des échecs ; pourquoi cela ? c'est que l'armée a été exposée à des privations, et que l'ennemi a montré de la constance : « résister, répète Dumouriez, est la clef de tout le système ; il faut laisser s'avancer l'armée envahissante, la harceler par des cosaques, comme l'ont fait les Arabes du désert et les guérillas en Espagne ; moins de grandes batailles, et beaucoup de petits combats ; quand on sera forcé à une affaire générale, prendre une position tellement sûre, tellement formidable, que toute attaque soit repoussée avec perte, et si l'on abandonne le terrain, qu'il soit jonché des débris des envahisseurs. »

Ce plan qui révèle les causes profondes des revers en Russie est peut-être encore plus parfaitement développé dans un mémoire du duc de Serra-Capriola[1], diplomate remarquable, sans fonctions depuis la ruine des Bourbons à Naples. C'est un de ces plans à la manière de Pozzo di Borgo, un de ces mémoires secrets qui éclairaient les cours du continent sur les moyens de résistance à Napoléon. « Il faut surtout, disait le vieux diplomate, ne pas livrer le sort de l'empire russe au hasard d'une bataille ; il faut opposer la patience à la fougue, éviter les fautes commises

---

[1] Mémoire communiqué.

à Austerlitz et à Friedland ; faire une guerre de position avec de grands corps hérissés d'artillerie, assurer de poste en poste ses moyens de retraite, opération dans laquelle des masses compactes peuvent être repoussés, mais non pas mises en déroute ; inonder le pays de cosaques pour s'éclairer, pour insulter les flancs de l'ennemi, enlever ses détachements et ses convois, le forcer à se concentrer sur un sol ruiné ; ne jamais se diviser devant un adversaire brave, actif, entreprenant ; former des armées de réserve, propres soit à seconder l'armée principale, soit à couper sa ligne d'opérations ; faire ainsi user à l'ennemi les quatre ou cinq mois de l'été, et attendre, pour agir contre lui, ceux d'hiver, où la longueur des nuits facilite les opérations des troupes légères et rend la campagne pénible à tenir pour des soldats accoutumés à des climats tempérés. Des relations amicales avec la Suède, mécontente de la France, et, comme accessoires, des diversions maritimes en Italie, en Hollande, en Hanovre. Voilà vos moyens d'action. »

Avec ce plan, le duc de Serra-Capriola discutait les opérations militaires pour amener pas à pas l'ennemi aux lieux où sa perte deviendrait inévitable. Il calculait la masse de troupes nécessaires à l'exécution de ce plan de guerre, en prenant pour base, non ce que l'on croyait en avoir, mais ce qu'on en avait réellement. Un supplément à ce mémoire recommandait également de ne point compromettre, par un élan de fausse gloire, le but essentiel de la guerre qu'il ne fallait jamais perdre de vue. C'est quelque chose en politique et en stratégie, de connaître le faible de l'ennemi ; l'Europe commençait à parfaitement apprécier les parties usées du système de Bonaparte : on jugeait les causes qui le feraient vivre, et les causes qui le feraient mourir.

LES ARMÉES RUSSES (1812).  183

Tout retentissait des préparatifs militaires d'un point à l'autre de l'empire moscovite ; Alexandre répartit son vaste personnel en deux grandes armées qui prirent le nom de première et seconde armée d'Occident, comme pour rappeler les époques romaine et de Bysance [1] ; la première fut confiée à Barclay de Tolly qui avait toute la confiance du Czar ; la seconde à Bagration dont la renommée était grande, au milieu même du camp français. Benigsen, vieilli et usé, restait en réserve, et Kutusoff, momentanément écarté, devait bientôt reparaître avec le commandement général. Cette première organisation de l'armée russe était l'œuvre entière d'Alexandre ; bientôt elle fut modifiée par les circonstances. Nulle crainte n'était dans les esprits ; il y avait en Russie un sentiment national susceptible de frapper ceux qui aiment à examiner de haut les causes de victoire et de défaite : c'était une certaine sécurité sans jactance, une fermeté sans bavardage ; on ne faisait point de fanfaronnades, aucune folle démonstration ; on marchait comme pour remplir un devoir de patriotisme et d'honneur ; tous s'imposaient des sacrifices. On éprouvait même un pressentiment que la victoire viendrait à la bonne cause : « Non,

---

[1] *Généraux commandant l'armée russe.*
Le général comte Barclay de Tolly, commandant la première armée d'Occident.
1er corps composé de trois divisions d'infanterie et d'une de cavalerie légère, commandé par le lieutenant-général comte de Wittgenstein.
2e corps composé de deux divisions d'infanterie, le lieutenant-général Bagawout.
3e corps composé de deux divisions d'infanterie, le lieutenant-général Tutchkoff.
4e corps composé de deux divisions d'infanterie, le lieutenant-général comte Schouwaloff.
5e corps (garde impériale) composé de trois divisions d'infanterie et d'un corps de cavalerie, le grand-duc Constantin.
6e corps composé de deux divisions d'infanterie, lieutenant-général Doctoroff.
1er corps de cavalerie (cuirassiers), le lieutenant-général Ouvaroff.
2e corps de cavalerie (dragons), le général-major baron Korff.
3e corps de cavalerie (cavalerie légère), le général-major comte Pahlen.
Troupes irrégulières (Cosaques et Baskirs).
Le général prince Bagration, commandant la deuxième armée d'Occident.
7e corps d'infanterie composé de deux

la sainte Russie ne périrait pas, les vieilles croix grecques ne seraient pas brisées, les étrangers ne souilleraient pas le vieil et héroïque sol; Dieu, pour l'empêcher, armerait les bras, soulèverait des tourbillons de neige, et, dans ces vastes steppes, l'ange protecteur de l'antique Moscovie jetterait son manteau de glace sur ces guerriers d'Occident!

divisions, le lieutenant-général Raiewski.

8e corps d'infanterie composé de deux divisions, le lieutenant-général Barasdin.

Une division de grenadiers réunis, le lieutenant-général comte Woronzoff.

4e corps de cavalerie (cuirassiers), le général-major baron Knorring.

5e id. (dragons), le général-major Siewers.

6e id. (cavalerie légère), le général-major Wassiltchikoff.

Troupes irrégulières (ce corps était composé d'une brigade de chasseurs à pied, d'une de cavalerie légère, et de 11,600 Cosaques, Tatars et Baskirs), le général de cavalerie, comte Platoff.

Le général de cavalerie Tormassoff commandant l'armée de réserve.

9e corps composé de deux divisions d'infanterie et d'une de cavalerie légère, le lieutenant-général Markoff.

Une division d'infanterie et une grosse de cavalerie sous le lieutenant-général Kamenskoi.

Une division d'infanterie et une grosse de cavalerie sous le général-major Lambert.

Troupes irrégulières (Cosaques et Baskirs).

# CHAPITRE VII.

## LA POLOGNE.

PREMIÈRE PÉRIODE DE LA CAMPAGNE DE RUSSIE JUSQU'A WITEPSK.

Idées politiques de Napoléon sur la Pologne. — Envoi de M. de Pradt. — M. Bignon. — M. Maret. — Organisation du grand-duché de Varsovie. — Esprit des Polonais. — La noblesse. — Le clergé. — La bourgeoisie. — Le peuple. — Alexandre à Wilna. — Jérôme et les Allemands à Varsovie. — La Diète. — Les généraux français Vandamme et Dutaillis. — Passage du Niémen. — Aspect du pays. — Retraite des Russes. — Napoléon à Wilna. — Organisation provisoire de la Lithuanie. — Tentative pour le réveil de la Pologne. — Système militaire des Russes. — Suite de combats. — Stratégie jusqu'à Witepsk.

### Juin et Juillet 1812.

Les plans de campagne de Napoléon ne reposaient jamais exclusivement sur les idées militaires ; il avait l'art de mêler aux combinaisons stratégiques d'actives intrigues de cabinets et, s'il le fallait, des insurrections de peuple, de manière à démoraliser les forces qu'un gouvernement ennemi pouvait opposer à l'invasion de ses armées. On l'avait vu suivre cette tactique dans ses campagnes d'Italie, de Prusse et d'Autriche, à ce point que, lors de la guerre de 1809, il avait provoqué l'insurrection des Hongrois contre la maison d'Autriche; des proclamations étaient répandues par des agents secrets, on achetait les ministres, on séparait les partis, et nul ne pouvait oublier le projet que Napoléon avait un moment conçu de placer le grand-duc de Wurtzbourg, archiduc d'Autriche, sur le trône qu'occupait François II [1].

Quand donc l'Empereur médita sa campagne contre la Russie, il dut chercher ses éléments de succès non seulement dans ses forces immenses, mais encore dans un plan de conduite qui pouvait séparer les peuples du gouvernement russe, et l'exécution de ce plan lui paraissait d'autant plus facile que la Russie avait prodigieusement acquis depuis le XVIIIe siècle; ce vaste tout formait un amalgame de provinces presqu'entièrement composées de peuples et de nations diverses unis par de faibles liens; tous étaient venus comme des alluvions se rattacher à l'empire; la race slave à proprement parler n'était que le noyau, autour d'elle se groupaient des populations d'origine et de caractère différents : des Tartares, des Grecs, des Polonais, des Musulmans même; il paraissait dès lors facile, avec un peu d'habileté, d'aider les insurrections dans toutes ces provinces, de manière à les séparer de ce faisceau de peuples qui obéissait à Alexandre, l'empereur de toutes les Russies.

La Pologne d'abord devait se présenter tout naturellement à la pensée politique de Napoléon [2]; ce n'est pas

---

[1] Voir tome VIII, chap. 2.
[2] Une proclamation était adressée pour appeler les Polonais à l'insurrection.

« Polonais! vous êtes sous les drapeaux russes. Ce service vous était permis alors que vous n'aviez plus de patrie; mais tout est changé aujourd'hui. La Pologne est ressuscitée; c'est pour son entier rétablissement qu'il s'agit de combattre maintenant; c'est pour obliger les Russes à reconnaître des droits dont nous avons été dépouillés par l'injustice et l'usurpation. La confédération générale de la Pologne et de la Lithuanie rappelle tous les Polonais du service de la Russie. Généraux, officiers, soldats polonais! entendez la voix de la patrie; abandonnez les drapeaux de vos oppresseurs; accourez tous auprès de nous, afin de vous ranger sous l'aigle des Jagellon, des Casimir, des Sobieski! la patrie vous le demande, l'honneur et la religion vous l'ordonnent également. »

que le cœur sec ou l'âme mathématique de Napoléon pût s'émouvoir beaucoup à l'aspect de cette noble histoire d'un peuple chevaleresque; l'Empereur, avant tout homme positif, avait vu les causes de la décadence de la Pologne, il ne croyait pas à sa résurrection; selon lui, et en cela il avait raison peut-être, toute nation à sentiments exaltés, à pensées ardentes, et qui ne possède pas les éléments de force suffisants pour résister à ses voisins, est par cela même condamnée à un partage inévitable; cette nation trouble, inquiète, sans pouvoir conquérir et dominer; là est l'arrêt de sa mort.

Si l'aigle blanc de Pologne pouvait encore déployer son vol majestueux dans un ciel beau et pur, il n'avait plus ses serres puissantes de la grande époque des Jagellon et des Sobieski. La Pologne était morcelée en quatre ou cinq parties : une fraction composait le grand-duché de Varsovie, sous le gouvernement du roi de Saxe [1]; c'était une administratration séparée, avec sa capitale, son sénat, ses ministres, une annexe de la Saxe, et la Saxe elle-même ne faisait-elle pas partie de la Confédération du Rhin sous le puissant protectorat de Napoléon? Les autres fractions de la Pologne n'étaient plus que des débris aux mains des grandes puissances; la Prusse lui avait enlevé Dantzick,

---

[1] L'armée du duché de Varsovie était composée de :

| | |
|---|---:|
| Dix-sept régiments d'infanterie à 2,400 hommes. | 42,800 h. |
| Seize régiments de cavalerie à 1,200 hommes. | 19,200 |
| Complément des régiments de la Vistule. | 800 |
| Conscrits pour la formation de trois bataillons du train. | 1,200 |
| Pour les chevau-légers de la garde et le 8e régiment de lanciers. | 1,200 |
| Quatrième bataillon des 5e, 10e et 11e régiments d'infanterie. | 2,000 |
| Pour les équipages militaires. | 2,300 |
| Deux régiments d'artillerie à cheval. | 1,200 |
| Génie, pontonniers, sapeurs, vétérans. | 2,000 |
| Recrues envoyées dans le courant de l'été. | 5,000 |
| Division Kosinski, employée en Volhynie. | 8,000 |
| Total. | 85,700 h. |

Thorn et un large district de belles terres jusqu'à Kœnigsberg ; l'Autriche lui avait pris la Gallicie au-delà des monts Krapacks, avec Lemberg la capitale. La Russie, de toutes les puissances, était celle qui avait le plus profité du partage ; elle avait la Volhynie, la Lithuanie, la Podolie, une population de plus de 5,000,000 d'âmes conquise sur les Polonais. Ces réunions dataient d'époques plus ou moins lointaines, et c'était vers ces provinces polonaises que Napoléon devait d'abord porter les yeux pour chercher des auxiliaires dans sa lointaine campagne.

L'Empereur des Français faisait donc entrer dans ses prévisions stratégiques l'insurrection polonaise : la Lithuanie prendrait les armes, les Polonais monteraient à cheval à sa voix ; il avait autour de lui une armée tout entière qui parlait la noble langue des Sobieski ; Poniatowski ou tel autre vassal pourrait placer sur son front la couronne antique de Pologne[1]. Ces éléments étaient puissants contre Alexandre, que l'on pouvait entourer ainsi d'une longue chaîne d'insurrections : l'armée active s'avancerait sur Moscou et Saint-Pétersbourg tandis que les auxiliaires organiseraient la nationalité d'un grand peuple ; ainsi raisonnaient les partisans de la campagne de Russie. Voici maintenant quelles étaient les réalités : les anciennes provinces polonaises se com-

---

[1] On écrivait d'Angleterre, mai 1812 : « Bonaparte a fait croire au prince Poniatowski qu'il lui ferait épouser la fille de l'électeur de Saxe, et qu'il le ferait roi de Pologne. Bonaparte n'y songe nullement ; mais ce prince Poniatowski calcule que s'il peut s'étayer de la protection de Bonaparte en se dégradant bien entièrement, en lui vendant le sang et la liberté des Polonais, Bonaparte le fera quelque chose en Pologne, et qu'à la mort du *grand Napoléon*, que ce prince Poniatowski souhaite comme tous les autres que Bonaparte a flétris de sa protection, mort qu'il juge devoir arriver, tôt ou tard, d'une manière violente, lui, Joseph Poniatowski, conservera une grande influence en Pologne!!! Le prince Joseph Poniatowski calcule bien mal ; il valait mieux ne pas s'avilir au point de devenir une créature de Bonaparte. »

posaient de trois classes : la noblesse, le clergé, le peuple ou le paysan. La noblesse professait des sentiments généreux et libéraux, et dans son sein pourrait se trouver le germe d'une insurrection nationale; la noblesse monterait à cheval au premier cri de patrie, à l'aspect du vieux drapeau. Le clergé catholique était aussi porté à ces idées, et sa lutte avec le schisme grec concourrait puissamment à cette exaltation des pensées patriotiques. Mais la classe bourgeoise, les paysans, la population juive, si nombreuse, étaient entièrement dévoués aux Russes; le gouvernement de Saint-Pétersbourg, protecteur du commerce, avait émancipé beaucoup de serfs, grandi les éléments de prospérité; la masse était plus heureuse alors que sous l'empire de ces diètes turbulentes qui ne profitaient qu'à quelques nobles actifs, ambitieux. La Lithuanie, parfaitement organisée sous l'administration russe, était très ménagée par son gouvernement; les provinces se souvenaient à peine de leur situation première; Alexandre leur portait une attention intime, et Napoléon s'exagérait le secours qu'il pourrait tirer de ces gouvernements de la vieille Pologne, depuis longtemps réunis à la Russie et inhérents à son administration.

Le second moyen qu'on avait proposé pour seconder la campagne, c'était l'insurrection du paysan russe contre le seigneur; résolution violente que caressait M. Maret, car si le ministre des affaires étrangères se posait alors en grand seigneur, il avait conservé des souvenirs de l'idée révolutionnaire, comme la plupart de tous les nouveaux nobles qui suivaient le char de Napoléon, sortes de jacobins dorés : la révolte du paysan russe était encore une de ces illusions dont on berçait Napoléon; le paysan russe est heureux d'après ses propres idées, et sous la loi de son seigneur : on n'aurait pas trouvé un seul Spartacus dans ces steppes; la religion, la patrie, l'empereur, ces images suffisaient pour maintenir le mougik dans l'obéissance ; il n'aurait pas compris le langage des proclamations; son crâne, fait à certaines idées, ne s'en serait pas agrandi ; qui d'entre eux aurait pu entendre les belles phrases de M. Maret et du cabinet de l'Empereur? Le clergé grec avait seul de la puissance morale sur ces esprits ; nul autre n'avait action sur ces paysans russes, élevés dans une religion d'obéissance et de respect pour le seigneur.

Cette manie de propager l'insurrection était si grande, qu'on avait même songé à insurger les Tartares[1]; des proclamations, écrites dans la langue slave, étaient répandues, et on espérait remuer les steppes avec les idées des clubs de Paris et le langage révolutionnaire de 1793. Spectacle étrange que ce travail de bureaucratie de M. Maret, redevenu, pour la circonstance, le journaliste de la Convention nationale, l'homme à qui M. d'André fit accorder une tribune pour raconter les

---

[1] Voici l'étrange proclamation qu'on fit circuler dans l'armée ; rarement les moyens insurrectionnels réussissent en campagne.

*Appel à la nation tartare.*

« Nation tartare ! depuis plusieurs siècles vous vous êtes distingués par votre attachement pour le pays qui vous a adoptée. Lorsque ce malheureux pays succomba sous la supériorité de souverains qui avaient juré d'anéantir le nom polonais, vous versâtes courageusement votre sang. Lorsque votre patrie renaît, montrerez-vous moins d'énergie que vos ancêtres? Se sacrifier pour le bien de la patrie, a toujours été un trait caractéristique de la nation tartare. La patrie ne doute pas que vous ne suiviez l'exemple de vos ancêtres. Déjà plusieurs d'entre vous ont témoigné le désir d'entrer dans un régiment composé de vos frères. Hâtez-vous, braves Tartares, de vous réunir sous les aigles polonaises. Que les hordes tartares prouvent qu'elles n'ont pas dégénéré des héros du temps de Sobieski, de Korycker, d'Azulewieczer, et de tant d'autres guerriers célèbres dans l'histoire, qui, plus d'une fois, ont porté la terreur de leurs armes dans les pays ennemis de la Pologne. La patrie vous appelle, et a la confiance que vous remplirez un devoir aussi sacré. Pour atteindre un but si légitime, nous comptons que vous, ou vos chargés de pouvoirs, ferez connaître vos intentions à la division militaire. »

*Signé*, Romoald,
Prince de Giedroye, général de division.

IDÉE D'INSURRECTION POLONAISE (1812).   191

débats de l'assemblée dans les grands jours de la révolution française.

A Dresde, le cabinet de Napoléon préparait tous les moyens d'organiser l'insurrection polonaise, sans savoir précisément ce qu'on ferait de la Pologne indépendante, avec ses diètes et son roi électif ; or ce fut dans le but de donner une direction rationnelle à ce mouvement que l'Empereur désigna M. de Pradt, archevêque de Malines, comme ambassadeur extraordinaire ; il y avait une pensée dans ce choix ; le clergé catholique, très prononcé pour l'indépendance polonaise, pouvait exercer une grande influence sur les masses dans un mouvement contre la domination russe ; envoyer un archevêque à Varsovie c'était indiquer l'esprit religieux dans lequel tout se ferait. M. de Pradt [1], causeur éminemment spirituel, avait des masses d'idées sur toutes les questions politiques, et il leur donnait à toutes une tournure piquante et pittoresque, depuis sa brochure si remarquable sous le titre d'*Antidote au congrès de Rastadt* ; quoique systématique, il voyait habituellement bien et loin ; c'était le jeter dans un grand tourbillon d'affaires, et il n'était pas apte à suivre l'activité armée de Napoléon dans les rapides desseins de son ambition. Pourvu du titre d'ambassadeur près la diète, M. de Pradt dut y exprimer la pensée de son protecteur ; ses instructions écrites par

---

[1] M. de Pradt, dans son spirituel ouvrage de *l'Ambassade à Varsovie*, nous a fait connaître en détail toutes ces circonstances :

« Le dimanche 24 ou 25 mai, l'Empereur me fit appeler après la messe, et là, après m'avoir parlé de ma santé, il me fit part de ses vues sur moi ; mais il ne s'expliqua qu'à demi, car ce ne fut que chez le duc de Bassano que je connus la nature et le titre de ma mission... Il ne me parla que de m'envoyer en Pologne : « Allez, faites ; je vous essaie. Vous pensez bien que ce n'est pas pour dire la messe que je vous ai fait venir... Il faut tenir un état immense... Soignez les femmes, c'est essentiel dans ce pays. Vous devez savoir la Pologne : vous avez lu Rhulières... Pour moi je vais battre les Russes : la chandelle se brûle. A la fin de septembre il faut avoir fini, peut-être y

M. Maret se résumaient dans cette idée poétique et politique : « mettre la noblesse de Pologne à cheval. » Quant à Napoléon, il voulait que l'on tirât le plus possible de la Pologne pour la campagne qui se préparait. On avait eu jusque-là comme chargé d'affaires à Varsovie M. Bignon, diplomate favori de M. Maret, en parfaite intelligence avec lui d'études, de souvenirs et de vues. Tel était le caractère du cabinet de l'Empereur, qu'on y vivait d'illusions ; ceux qui en donnaient le plus étaient les plus estimés, les plus sûrs de l'avancement. M. Bignon servait un peu ce goût ; ses dépêches sont le plus souvent des jeux d'esprit, des antithèses laudatives pour l'Empereur ; il croyait que c'était là un des objets principaux de sa mission : plaire c'était servir.

M. de Pradt dut partir immédiatement pour Varsovie, où commencerait pour lui un rôle fort difficile. Le grand-duché était le centre, le point dominant où devait s'organiser l'insurrection polonaise ; on le regardait comme un noyau autour duquel devaient se réunir toutes les autres parties de la vieille Pologne. Le grand-duché avait fait d'immenses sacrifices pour Napoléon son protecteur ; plus de vingt-sept régiments de toute arme étaient au service de France, on les avait vus partout dans les glorieuses campagnes ; les braves lanciers qui avaient traversé les sierras au pas de course

---

a-t-il déjà du temps de perdu.. Je m'ennuie ici : je suis depuis huit jours à faire le galant, le petit Narbonne auprès de l'impératrice d'Autriche. » Puis il ajouta : « Je vais à Moscou, une ou deux batailles en feront la façon. L'empereur Alexandre se mettra à genoux ; je brûlerai Thula : voilà la Russie désarmée. On m'y attend. Moscou est le cœur de l'empire. D'ailleurs, je ferai la guerre avec du sang polonais. Je laisserai 50,000 Français en Pologne ; je fais de Dantzick un Gibraltar ; je donnerai 50 millions de subsides par an aux Polonais, ils n'ont pas d'argent ; je suis assez riche pour cela. Sans la Russie, le système continental est une bêtise. L'Espagne me coûte bien cher, sans elle je serais le maître de l'Europe. Quand cela sera fait, mon fils n'aura qu'à s'y tenir ; il ne faudra pas être bien fin pour cela... Allez voir Maret. »

appartenaient au grand-duché de Varsovie; il y avait tant de tendance dans ces âmes exaltées pour aimer le nom de France! les drapeaux s'étaient unis tant de fois! le sang avait coulé dans mille batailles pour la liberté, pour la gloire, pour la patrie et pour l'Empereur! Malheureusement tous les sacrifices de la Pologne étaient durement payés par les exigences d'une hautaine occupation.

Rien de comparable à la brutalité des moyens qu'employaient les chefs de l'armée française dans le grand-duché de Varsovie; le corps commandé par Jérôme Bonaparte campait dans ces nobles cités; 85,000 hommes de toutes armes occupaient les principales villes de la Pologne; Jérôme, maître du palais des rois, vivait avec son indolence habituelle et ses goûts de dissipation et de plaisirs; ses désordres étaient publics, avoués; il avait avec lui Vandamme, caractère si dur, si impitoyable; le général Dutaillis, gouverneur de Varsovie, aussi inflexible que Vandamme, soulevait partout des plaintes : on était accablé de contributions de guerre et de réquisitions militaires; les troupes allemandes, formant la plus grande partie de l'armée d'occupation, n'aimaient pas la race polonaise; Vandamme ne respectait ni cette noblesse chevaleresque, ni ces femmes de haute famille, à la peau si blanche, aux cheveux cendrés : beau sang de race que celui de la Pologne! Lorsque ces généraux arrivaient dans une habitation un peu riche, ils s'emparaient du vin des caves et des plus riches produits de la terre : que d'excès dans cette occupation! Vandamme, selon le récit de M. de Pradt [1], avait souffleté le grand-vicaire de l'évêque de Cujavie parce qu'il n'avait pu lui

---

[1] M. de Pradt, *Ambassade à Varsovie.* Il y a souvent de la passion dans ce livre, mais un charme indicible de diction.

livrer du vin de Tokay, que Jérôme avait fait enlever déjà pour son usage personnel; le général Dutaillis faisait transporter les viandes dans la plus belle calèche de la comtesse Potoska : généraux, officiers supérieurs; se couchaient tout éperonnés, avec leur habitude soldatesque, dans les beaux appartements de Varsovie, sur les tapis de soie et les meubles de Perse. Tout cela devait attiédir les affections pour la France. Le système de réquisition, appliqué impitoyablement, s'étendait aux troupeaux et aux grains; la misère était si grande que les plus riches familles polonaises ne pouvaient plus payer leurs domestiques. Napoléon promettait la liberté nationale, mais en attendant ses généraux dépouillaient la Pologne.

L'empereur Alexandre, alors à Wilna, se faisait remarquer par un système tout opposé; son langage plein de douceur et de mansuétude était mis en rapport avec sa politique; il savait la fermentation que la marche des Français pourrait exciter dans les anciennes provinces polonaises; plus il prévoyait le puissant enthousiasme que le mot liberté exciterait dans la Lithuanie, plus il mettait de soins et de grâce à la contenir dans l'obéissance. Alexandre n'avait fait qu'une levée d'hommes et de chevaux dans cette province, et encore était-elle fort limitée; l'impôt était nul, la prospérité éclatante, cherchant ainsi à faire oublier l'abaissement de la nationalité. La bourgeoisie et les serfs ne désiraient pas, je le répète, le retour de l'ancienne Pologne; ils avaient trop gagné à leur fusion avec la Russie; les paysans avaient été presque tous émancipés par une politique habile et généreuse; les diètes ne profiteraient qu'aux nobles et au clergé; la bourgeoisie, le commerce étaient opprimés au temps des gentilshommes; les

Russes opposaient la classe moyenne à la noblesse. Alexandre, poli, affectueux, se mêlait au peuple, aux marchands, sans distinction ; la Lithuanie avait vu sa population et sa richesse grandir sous la domination russe, et c'était un fait de statistique. A Wilna l'empereur Alexandre reçut M. de Narbonne, porteur des dernières paroles de Napoléon ; l'ambassadeur le trouva parfaitement calme, dans une juste mesure de résignation. Les plaintes du Czar étaient toujours celles-ci : « L'Empereur Napoléon m'attaque sans motifs, sans griefs ; pourquoi vient-il injustement me chercher au-delà de mes frontières ? il ne sait pas ce qu'il fait : est-ce moi qui passe le Niémen ? n'est-ce pas lui qui va briser mes dieux Thermes ? Entre lui et moi il n'y a rien de commun ; entre deux empires aux deux extrémités, il n'y a aucun contact possible ; il me cherche, il me trouvera. » Telle était la dernière pensée d'Alexandre ; et il semblait que le sentiment de son droit lui imprimât une nouvelle et puissante énergie.

Pendant ce temps, Napoléon, tout impatient de victoires, quittait Dresde pour se porter en avant, et donner le signal des batailles. Le 12 juin au soir il était à Kœnigsberg [1] ; partout, sur sa route, il inspectait les corps, prenant un soin particulier des vivres ; pressentait-il que

---

[1] A Kœnigsberg commence la correspondance de Napoléon sur la marche de l'armée.
*Napoléon au major-général.*
Kœnigsberg, le 16 juin 1812.
« Mon cousin, écrivez au duc de Bellune, pour lui faire connaître qu'il est probable que les premiers coups de fusil seront tirés vers le 23 ou le 24 juin. Il est donc probable que vers les premiers jours du mois de juillet, les résultats en seront connus à Berlin. Il est donc convenable qu'au reçu de la présente, il se rende à Spandau pour s'assurer que cette place est bien armée, bien approvisionnée, et dans le cas de faire une bonne résistance ; qu'il y a la quantité de poudre et de boulets nécessaire ; qu'à cette époque la division Lagrange sera arrivée à Berlin, et la division Partouneaux à Stettin ; qu'il est convenable que toutes les troupes qui sont à Berlin ne logent pas chez l'habitant, mais soient casernées ou campées, qu'elles aient quelques pièces d'artillerie, et que tout se trouve dans une situation satisfaisante. » Napoléon.

là serait le danger de la campagne ? A Kœnigsberg, il resta cinq jours ; sa garde le suivait pas à pas, à petites journées ; nobles enfants, ils protégeaient le père de la patrie ! Il remonta la Prégel dont les eaux avaient vu d'autres batailles, à Prussich-Eylau et à Friedland. Ce fut à Wilkowisky, village aux extrémités de la Prusse, que Napoléon, pour la première fois, rompit le silence pour parler à ses vaillantes légions ; il n'avait point oublié la manière antique des Césars, et rappelait aux vétérans de ses armées les victoires d'Austerlitz et de Friedland. « A Tilsitt la Russie avait juré haine implacable à l'Angleterre, et elle violait ses serments ; impérieuse, elle demandait que l'aigle des Français repassât le Rhin ; pouvait-on subir une telle honte ? Lui, Napoléon, que la destinée secouait si tristement, annonçait que la Russie serait entraînée par la fatalité [1] ; ses destins devaient s'accomplir. Napoléon avait encore sous sa noble main les vainqueurs de tant de batailles ; la Russie les plaçait entre la guerre et le déshonneur, y avait-il à hésiter ? Il fallait passer le Niémen, marcher sur les capitales, et là une paix viendrait terminer la guerre. »

Cette proclamation, toujours élevée dans la pensée, révélait néanmoins un ton de tristesse et de prophétie. Napoléon voulait parler à l'imagination de tous ; cette guerre n'était point populaire ; ses soldats avaient gardé

---

[1] *Proclamation de Napoléon.*
« Soldats, la seconde guerre de Pologne est commencée. La première s'est terminée à Friedland et à Tilsitt. A Tilsitt la Russie a juré éternelle alliance à la France et guerre à l'Angleterre : elle viole aujourd'hui ses serments ! Elle ne veut donner aucune explication de son étrange conduite que les aigles françaises n'aient repassé le Rhin, laissant par là nos alliés à sa discrétion ! La Russie est entraînée par la fatalité ; ses destins doivent s'accomplir ! Nous croirait-elle donc dégénérés ? Ne serions-nous donc plus les soldats d'Austerlitz ? Elle nous place entre le déshonneur et la guerre ; le choix ne saurait être douteux. Marchons donc en avant ! Passons le Niémen ! Portons la guerre sur son territoire ! La seconde guerre de Pologne sera glorieuse aux armes françaises comme la première ; mais la paix que nous conclurons portera avec elle sa garantie, et met-

MARCHE DE L'EMPEREUR NAPOLÉON (JUIN 1812).   197

les fatales empreintes des campagnes de Pologne, de ses steppes de sable, de ses marais inondés ; pour relever leur courage, il devait parler en homme inspiré, annoncer la victoire et la paix ; et telle était la puissance des proclamations de l'Empereur, la joie, l'espérance la fierté de l'armée, qu'on les attendait comme la parole des oracles ; la garde surtout les saluait avec enthousiasme. Une guerre pour les vieux soldats, c'était l'honneur aux drapeaux, et tous en ressentaient l'éclat, comme un rayonnement sur leur mâle figure.

L'armée marchait au Niémen sur un vaste développement ; à l'extrémité gauche vers le nord, sur la ligne étroite qui s'étend de Kœnigsberg à Memel, par la route de Mittau et de Riga, devait se déployer le corps du maréchal Macdonald avec les Prussiens qui obéissaient à sa loyale et brave épée. Napoléon avec sa garde, les corps de Davoust, d'Oudinot et de Ney, la belle cavalerie de Nansouty et de Montbrun, sous Murat, suivaient la Prégel, et de Wilkowisky s'avançaient sur Kowno par le Niémen ; c'était l'élite de l'armée, s'élevant par son personnel à plus de 120,000 hommes. Eugène de Beauharnais avec ses Italiens étendait sa ligne un peu à droite, en restant néanmoins en communication avec Napoléon ; il longeait le Niémen par Marienpol sur Pilony ; Eugène dirigeait les corps de Saint-Cyr, de Grouchy, et la garde royale ita-

tra un terme à cette orgueilleuse influence que la Russie a exercée depuis cinquante ans sur les affaires de l'Europe.

« En notre quartier-général de Wilkowisky, le 22 juin 1812. »
                                Napoléon.
*Napoléon au major-général.*
               Wilkowisky, le 22 juin 1812.
« Mon cousin, vous enverrez ma proclamation à l'armée. Donnez ordre aux maréchaux commandant les 1er, 2e, 3e corps de la garde et la cavalerie, de ne la publier que le 24, à la pointe du jour. Ecrivez au duc de Tarente qu'il fasse connaître cette proclamation le 25 à la septième division ; et, quant aux corps prussiens, il ne la leur communiquera pas, mais qu'il leur en fasse une à sa volonté, dans laquelle il leur dira en peu de mots que la guerre a commencé, et que la Russie la veut. Ecrivez au roi de Westphalie de la faire connaître aux 5e, 7e et 8e

lienne, se donnant la main dans ce mouvement militaire. Jérôme quittait Varsovie sur la droite de Napoléon, et avec les corps de Poniatowski, de Reynier et de Vandamme, il devait se porter à marches forcées sur Grodno. Enfin à l'extrême droite, et presque sans communication avec l'armée principale, le corps autrichien du prince de Schwartzenberg opérait au-delà de la Vistule, de Limberg et de Lublin, afin de pénétrer dans le midi de la Lithuanie. Ainsi cette vaste ligne de bataille embrassait plus de cent lieues dans son développement, et tous ces corps s'étaient donné rendez-vous au cœur même de la Russie.

Rien ne peut se comparer à la magnificence d'un mouvement militaire; ces 400,000 hommes agissaient comme une seule tête sous les yeux de leur Empereur; l'infanterie était parfaite de tenue, de santé et d'instruction; on avait convenablement pourvu à sa subsistance; mais la cavalerie manquait de foin et d'avoine; partout où ces masses d'hommes passaient il ne restait pas un brin d'herbe; la gerbe de blé verte encore, la paille des greniers, le chaume qui couvrait les chaumières, tout était dévoré comme si des myriades de chenilles s'étaient attachées au vieil arbre de la Pologne; les paysans, serfs malheureux, conduisaient leurs troupeaux requis par les

---

seulement dans la journée du 26 au matin. Envoyez la proclamation au prince de Schwartzenberg, et comme elle n'est pas convenable pour son corps d'armée, chargez-le d'y substituer celle qui lui conviendra, en faisant seulement connaître que la guerre a commencé; il ne publiera cette communication que le 26. Communiquez ma proclamation au vice-roi; il en donnera connaissance à son corps et aux Bavarois le 25. Les gouvernements de Kœnigsberg et de Dantzick la publieront le 27.

Envoyez-la par l'estafette de ce jour à mes ministres à Vienne et à Berlin. Envoyez-la également à mon ministre à Varsovie, ils ne la feront publier que le 26. Ainsi cette proclamation sera pour toute l'armée, à l'exception des Autrichiens et des Prussiens, auxquels les commandants de ces corps feront des proclamations particulières.

« Sur ce, etc. »

*Signé*, Napoléon.

armées. La chaleur commençait à devenir vive, on était au 22 juin, et c'est, dans ces contrées du nord, le temps du solstice d'été, où le soleil verse ses rayons brûlants dix-neuf heures par jour sur la terre.

Le 23 au soir on vit pour la première fois les eaux du Niémen, célèbre naguère par l'entrevue des deux Empereurs; le fleuve apparut dans sa largeur, et ses flots noirs brillèrent au clair argenté de la lune; Napoléon mit pied à terre, en capote bleue, en bonnet polonais; et avec son activité accoutumée, parcourant la rive gauche du Niémen, il fit sonder les eaux, et les travaux des ponts s'achevèrent avec cette promptitude qui distinguait le génie français; Napoléon, impatient de commencer la campagne, croyait trouver de la résistance pour le passage comme en 1809 sur le Danube : quel étonnement dans l'armée lorsque l'ennemi laissa construire trois ponts sans s'y opposer! tendait-il quelque piége? Des plucks de Cosaques voltigeaient autour des eaux du fleuve, et bientôt on ne vit plus trace d'homme, ce qui jeta de la tristesse parmi les soldats. Le passage du Niémen fut un beau spectacle; le dessin que le génie en a conservé en donne à peine une idée; sur la rive droite la tente de l'Empereur était placée au sommet d'un léger monticule; là se trouvaient quelques sentinelles de la vieille garde en grande tenue; des officiers d'ordonnance, des aides-de-camp se groupaient autour, attendant silencieusement les ordres; après la rive, des plaines de sable coupées par de petites hauteurs; sur ces plaines qui mouraient en s'abaissant vers le Niémen, trois ponts construits par le génie et jetés sur le fleuve; des masses d'hommes, artillerie, infanterie, cavalerie, dirigeant leur marche vers ces ponts et les passant avec précision et régularité. S'il y eut quelques désordres, on les dut à l'impatience qu'avaient les régiments de passer le fleuve; on se disputait àqui viendrait le premier sur cette terre de Russie qui devait dévorer la puissante génération militaire.

Lorsque cette brillante et noble armée française se développait sous les yeux de son glorieux Empereur, l'armée russe s'étendait aussi sur une vaste ligne depuis la Baltique jusqu'à la Gallicie : d'après les ordres donnés par le Czar Alexandre [1], son armée se divisait alors en trois grandes masses, sous les noms modestes de première et seconde armée de l'Ouest et de réserve ; la première avait son quartier-général à Wilna; dans ses rangs brillait la garde impériale russe, sous le grand-duc Constantin; elle s'était dignement montrée à Austerlitz, à Eylau et à Friedland ; avec elle les corps de Wittgenstein, les grenadiers de Doctoroff, d'Ouwaroff, puissante armée, sous Barclay de Tolly, le remarquable tacticien; le second corps, que menait Bagration, était concentré à Wylkowiski, en face de Grodno, prêt à défendre le midi de la Lithuanie ; enfin, Tormassoff occupait la Volhynie avec la réserve qui devait s'appuyer sur l'armée du Danube que le traité de paix avec la Turquie allait rendre disponible. Cette ligne était trop étendue pour trois seules armées, mais elle était indispensable pour arrêter

---

[1] Toutes les pièces émanées du czar Alexandre sont marquées d'une grande modération unie à de la fermeté.
*Ordres généraux de S. M. I. à ses armées, donnés à Wilna le* 13 (25) *juin* 1812.
« Depuis longtemps nous avions remarqué la conduite hostile de l'Empereur des Français envers la Russie ; mais nous n'avions pas renoncé à l'espoir de prévenir les hostilités par les mesures modérées et pacifiques que nous avions opposées à cette conduite. Enfin, malgré notre ardent et sincère désir de conserver la paix, nous avons été forcé par des outrages publics et multipliés de recourir aux armes et de rassembler nos troupes; et, cependant, nous nous sommes tenu sur les frontières de notre empire, tant que nous avons espéré quelque succès des voies de conciliation que nous avons mises en usage. En gardant la paix, nous nous sommes préparé à repousser une attaque indiquée par toute la conduite de l'ennemi. Les mesures conciliatoires n'ont pu nous procu-

les masses d'hommes que Napoléon conduisait sur des frontières sans forteresses défensives. Dans l'ignorance du point qu'attaquerait de préférence l'armée française, le plan adopté par l'armée russe était celui-ci : « dévaster en se retirant tous les moyens de subsistances; combattre par des escarmouches légères, afin d'amoindrir de plus en plus les forces des envahisseurs, à mesure qu'ils s'avanceraient dans un territoire sans limites. » Alexandre était à ce moment à une demi-lieue de Wilna, dans un de ces châteaux polonais que Paul avait donnés en fief à Bennigsen, à la suite de ses moments de familiarité; les Cosaques lui apportèrent la nouvelle du passage du Niémen et quelques exemplaires de la proclamation de Napoléon, adressée à son armée. Alexandre appréciait parfaitement sa position; pouvait-il compter sur la Lithuanie? ses gracieuses manières, ses ukases favorables aux bourgeois, aux serfs, aux paysans, feraient-ils oublier à la noblesse qu'autrefois elle faisait partie de la Pologne, fière et indépendante ?

Du Niémen à Wilna, la distance n'est pas longue, les escadrons de cavalerie, la garde, les Polonais franchirent facilement cette distance. L'impatience de Napoléon était grande, il voulait atteindre l'armée russe, la battre, et surtout propager l'insurrection polonaise

rer la tranquillité que nous voulions assurer. L'Empereur des Français a commencé la guerre en attaquant nos troupes à Kowno, il ne nous reste donc point d'alternative; et, après avoir invoqué l'assistance du maître de l'univers, de l'auteur et du défenseur de la vérité, nous avons opposé nos armées à celles de l'ennemi. Il est superflu de rappeler à nos généraux, à nos officiers et à nos soldats leurs devoirs, et d'exciter leur valeur. Le sang des Esclavons, qui a gagné tant de victoires, coule dans leurs veines. Soldats, vous avez à défendre votre religion, votre pays, votre indépendance. Je suis avec vous. Dieu combat pour nous. »

*Signé,* Alexandre.

*Proclamation de l'empereur de Russie.*

« Les troupes françaises ont passé les frontières de notre empire. L'attaque la plus perfide, une trahison, est le prix de notre fidélité à garder la foi jurée. J'ai épuisé tous les moyens compatibles avec l'honneur du trône et l'avantage de mon

qui pouvait facilement compromettre les opérations de l'ennemi. L'empereur Alexandre, comme surpris par l'irruption soudaine des Français, ordonna en toute hâte l'évacuation de Wilna; lui-même quitta le bal donné par le général Bennigsen, pour rejoindre l'armée de Barclay de Tolly, et dans un dernier adieu adressé aux habitants de Wilna, il fit connaître, avec un accent de tristesse résignée, les intentions de son ennemi et son insatiable besoin de conquêtes. La proclamation d'Alexandre diffère beaucoup, dans l'expression, des paroles hautaines que Napoléon adressait à ses armées; il règne dans cet acte daté de Wilna, le 25 juin, à dix heures du soir, un mélange de résignation religieuse et de justice nationale; Alexandre rappelait tout ce qu'il avait fait pour maintenir la paix avec Napoléon, espérant éloigner toutes les causes de guerre; l'injuste agression de l'empereur des Français l'obligeait à se défendre; Napoléon le premier avait commencé la guerre, il se décidait à opposer les armées russes aux ennemis; le sang slave coulait dans leurs veines : « Guerriers, disait le Czar, vous repousserez l'injuste agression, vous soutiendrez la religion, la patrie; je suis avec vous, Dieu est contre l'agresseur! » Napoléon parlait à des soldats, Alexandre à un peuple.

peuple pour éviter la guerre. Tous mes efforts ont été vains. L'Empereur Napoléon a résolu la ruine de la Russie. Les propositions les plus modérées de notre part sont demeurées sans réponse. Cette surprise soudaine a mis dans tout son jour le peu de sincérité des intentions pacifiques qu'il annonçait tout récemment encore. Il ne m'a donc laissé d'autre alternative que celle de recourir aux armes, et d'employer tous les moyens que la Providence m'a donnés pour repousser la force par la force. J'ai une entière confiance dans le zèle de mon peuple et dans le courage de mes troupes. Menacées dans le sein de leurs familles, elles se défendront avec la bravoure qui caractérise la nation russe. La Providence favorisera notre juste cause. C'est pour défendre la patrie, pour maintenir l'indépendance de la Russie et l'honneur national que j'ai tiré l'épée: je ne la remettrai dans le fourreau que lorsqu'il ne restera plus un seul étranger dans mon empire. »

Alexandre.

Le comte Barclay de Tolly n'avait pas présumé qu'une masse si formidable agirait avec cette promptitude ; et il n'avait pas mesuré dans toute son étendue le génie organisateur de Napoléon ; ces myriades d'hommes qui passaient le Niémen l'épouvantèrent d'abord ; et cependant, plein de patriotisme, Alexandre ne manifesta aucun dessein de conclure une paix abaissée, il se résigna aux arrêts de la providence ; il avait foi dans les destinées de la Russie. Napoléon avait hâte de pénétrer à Wilna, cité à grandes ressources ; des moyens immenses devaient y être réunis ; les soldats pourraient s'y approvisionner ; la Lithuanie, d'ailleurs, c'était la Pologne, avec ses souvenirs, ses institutions militaires : au premier appel, elle s'élancerait contre les Russes, ses antiques ennemis. Faire revivre la Pologne était alors le rêve de quelques âmes dévouées ; dans l'histoire des peuples comme dans celle de l'humanité, est-il possible de faire revivre ce qui est bien mort? un peuple qui déchoit, puis descend au tombeau, peut remuer par le galvanisme, mais il ne revit pas ; et cela qu'il ait été frappé d'apoplexie, qu'il se dépèce et tombe en dissolution, ou bien qu'il se fasse momie comme en Egypte, qu'importe? quand il est au sépulcre, il n'a plus de place que dans l'histoire. Noble côté du caractère français, infirmité de sa politique, que de se faire ainsi le chevalier des nations mortes! les autres cabinets, plus habiles, partagent le cadavre ; en diplomatie l'aigle qui enlève la proie est seul grand et respecté.

Il y eut donc encore une tentative pour réveiller les souvenirs de Pologne. M. de Pradt, avec beaucoup de zèle, cherchait un but politique à travers les désordres d'une campagne ; l'infatigable archevêque de Malines favorisa la convocation des diètes ; la correspondance de M. Maret invitait sans cesse M. de Pradt à poursuivre la réalisation de la pensée généreuse d'une constitution polonaise; il y eut des réunions, des discours, on vit renaître les couleurs de la Pologne, l'aigle blanc reparut sur les étendards [1]; la noblesse fit des sacrifices inouïs d'hommes, de chevaux, d'argent; elle donna son sang, ses trésors; la diète répandit des proclamations et tout ce qui pouvait réveiller l'esprit national; que d'espérance pour les grands cœurs! Tout faisait croire que l'arrivée de Napoléon à Wilna serait l'époque du rétablissement de la Pologne; c'était la partie poétique de la campagne.

L'Empereur des Français avait des idées trop matérielles pour se laisser aller à tant de vague dans des négociations diplomatiques; les souvenirs de la Pologne, je l'ai déjà dit, ne disaient rien à son imagination; s'il employait le courage des Polonais, s'il aimait ce caractère fier, brave et intrépide, il ne déguisait pas une répugnance profonde pour ces formes représentatives et bavardes qui avaient perdu la nation; un trône électif était pour lui du désordre; les délibé-

---

[1] *Proclamation de la confédération générale de Pologne.*

« Polonais, nous vous avons dernièrement demandé des sacrifices qui eussent paru impossibles à tout autres qu'à vous. Mais quelque grands et quelque pénibles qu'ils fussent, ils étaient calculés dans la supposition que les armes victorieuses de notre libérateur auraient un succès constant : ils ne sont pas suffisants à présent. Mais vous qui avez juré de mourir ou de recouvrer ce royaume que la force et la tyrannie seules nous ont enlevé, vous sentez, comme vous le devez, qu'aussi longtemps qu'une seule goutte de sang polonais coulera dans nos veines, nous n'avons pas fait tout ce que nous devions pour la patrie : des événements imprévus, et les conséquences de la guerre actuelle, demandent de nous ce dernier sacrifice. Le danger de la patrie, l'honneur national, notre devoir, nos serments mutuels le demandent impérieusement.

« Aux armes, citoyens ! c'est la patrie qui vous appelle ; ce que vous avez de plus cher en dépend, savoir, cette patrie qu'on veut nous ravir, notre existence présente et le sort de notre postérité. C'est à présent que cette bravoure qui vous est si naturelle doit devenir le rempart de nos frontières menacées par un inique agresseur. Venez pour un moment joindre votre valeur à celle de nos braves soldats, et que votre constance les mette à même d'at-

rations à cheval, un tumulte; la diète, une assemblée de brouillons : causes historiques de la destruction de ce peuple, et la Pologne, selon lui, avait justement péri. Telles étaient les idées de l'homme du 18 brumaire; le soulèvement de la Lithuanie allait à sa politique en entrant en campagne, parce que cette terre courageuse pourrait lui donner de bons régiments contre la Russie, des ressources de guerre, de l'argent; il ne voyait rien au-delà.

A Wilna, on devait organiser la Lithuanie en provinces, en intendances, avec des sous-préfets, ainsi qu'en Prusse et en Allemagne[1]; mais bientôt on demande à Napoléon de reconstituer la Pologne, de dire un mot pour donner l'impulsion; il s'y refuse; on voit qu'il ne s'en soucie pas. Il prend pour prétexte qu'il craint de blesser l'Autriche; en vérité, n'est-il pas maître de la question? Le traité d'alliance défensive avec le cabinet de Vienne ne stipule-t-il pas qu'il peut échanger la Gallicie contre l'Illyrie? cette faculté, l'Autriche la lui laisse encore, et pourquoi hésite-t-il à proclamer la reconstitution de la Pologne? C'est qu'il n'aime pas ce gouvernement, sa nationalité

tendre l'époque où le libérateur de la Pologne reparaîtra parmi nous pour reprendre, à la tête d'une nouvelle armée victorieuse, les avantages dont la saison vient de le priver.

« Aux armes, citoyens! ce cri ne saurait vous être étranger. Vos ancêtres l'ont souvent entendu, souvent ils ont sacrifié pour la patrie leur fortune, leur sang et leur vie; c'est d'après les plus anciens usages, d'après les lois les plus saintes, que vous avez formé le lien sacré qui nous unit tous. Voici le moment d'acquitter cette dette que la loi vous a fait contracter. »

[1] L'ordre du jour pour l'organisation de la Lithuanie est ainsi conçu :

« Il y aura un gouvernement provisoire de la Lithuanie composé de sept membres et d'un secrétaire-général. La commission du gouvernement provisoire de la Lithuanie sera chargée de l'administration des finances, des subsistances, de l'organisation des troupes du pays, de la formation des gardes nationales et de la gendarmerie. Il y aura auprès de la commission provisoire du gouvernement de la Lithuanie un commissaire impérial.

« Chacun des gouvernements de Wilna, Grodno, Minsk et Byalistock, sera administré par une commission de trois membres, présidée par un intendant. Ces commissions administratives seront sous les ordres de la commission provisoire du gouvernement de la Lithuanie.

turbulente ; cette histoire lui répugne, il porte sur la Pologne le même jugement que sur les Grecs ; les Romains seuls lui plaisent, parce qu'ils vont droit au despotisme de la conquête. S'il ménage les Polonais, c'est qu'il en a besoin ; s'il pouvait leur dire la vérité, il leur jetterait à la face : « Vous avez péri par votre faute ; je ne suis pas le chevalier errant des assemblées représentatives ; quand elles tuent un peuple, tant pis pour lui. »

Lorsque la députation de Varsovie arrive à Wilna pour lui demander l'indépendance, la reconstruction de la vieille Pologne, l'Empereur reçoit les adulations exagérées des députés avec une froideur rationnelle et dissertatrice ; c'est le sénateur Wibicky qui lui porte les actes de la Confédération générale : « la Pologne va renaître à sa voix, il ne faut qu'un mot; le roi de Saxe même adhère à tout. » Wibicky fait une longue harangue à Napoléon, en phrases solennelles : « il déclare que la Pologne, indépendante devant Dieu et devant les hommes, est appelée à se reconstituer ; Napoléon est comme le Dieu de la Genèse ; qu'il dise : « Que la Po-

---

« L'administration de chaque district sera confiée à un sous-préfet.

« Il y aura pour la ville de Wilna un maire, quatre adjoints, et un conseil municipal composé de douze membres. Cette administration sera chargée de la gestion des biens de la ville, de la surveillance des établissements de bienfaisance, et de la police municipale.

« Il sera armé à Wilna une garde nationale composée de deux bataillons, chaque bataillon sera de six compagnies ; la force des deux bataillons sera de 1450 hommes.

« Il y aura dans chacun des gouvernements de Wilna, Grodno, Minsk et Byalistock une gendarmerie commandée par un colonel. Il y aura une compagnie de gendarmerie par district, chaque compagnie sera composée de 107 hommes.

« Les officiers, sous-officiers et volontaires-gendarmes seront pris parmi les gentilshommes propriétaires du district ; aucun ne pourra s'en dispenser.

« La gendarmerie fera le service de police ; elle prêtera main-forte à l'autorité publique, elle arrêtera les traînards, les maraudeurs et déserteurs de quelque armée qu'ils soient.

« Le major-général nommera un officier-général ou supérieur, français ou polonais, des troupes de ligne, pour commander chaque gouvernement. Il aura sous ses ordres la garde nationale, la gendarmerie et les troupes du pays.

« Au quartier-général impérial de Wilna, le 1er juillet 1812. »

*Signé*, Napoléon.

logne existe », et elle existera ; tout ce peuple obéira au chef de la quatrième dynastie.

A toutes ces phrases d'une adulation sans frein, Napoléon répond à peine par quelques généralités banales[1]; s'il avait été Polonais, il aurait fait comme eux ; la nationalité est un si grand bienfait ! dans sa position personnelle, il avait beaucoup d'intérêts à concilier ; il aimait cette nation, il ferait tous ses efforts pour réorganiser la Pologne; avant tout il fallait conquérir et combattre, et Napoléon, formulant encore mieux sa pensée, déclarait : « Qu'il avait des traités avec l'Autriche et qu'il ne souffrirait en aucune manière des mouvements en Gallicie qui pourraient en préparer la violation. » Tout cela était bien froid et en rapport avec le sol stérile de la Lithuanie qui semblait attiédir les pensées généreuses de tous. Voici le dernier mot : « En rendant la Gallicie il fallait céder les provinces Illyriennes à l'Autriche, et l'Empereur ne le voulait pas; Napoléon aurait reconstitué la Pologne par un seul mot, par l'expression de sa volonté ; il n'avait qu'à dire à l'Autriche : « Je vous cède l'Illyrie », et toutes les difficultés étaient levées. Je le répète, il n'avait aucun goût pour cette réorganisation ; la Pologne reconstituée eût été un embarras de plus pour la France ; il fallait là 200,000

---

[1] Voici la réponse de Napoléon à la députation du grand-duché de Varsovie :

« Gentilshommes, députés de la Confédération de Pologne, j'ai entendu avec intérêt ce que vous venez de me dire. Polonais, je penserais et agirais comme vous ; j'aurais voté comme vous dans l'assemblée de Varsovie. L'amour de son pays est le premier devoir de l'homme civilisé.

« Dans ma situation j'ai beaucoup d'intérêts à concilier et beaucoup de devoirs à remplir. Si j'avais régné pendant le premier, le second ou le troisième partage de la Pologne, j'aurais armé mes peuples pour la défendre. Aussitôt que la victoire m'eût mis en état de rétablir vos anciennes lois dans votre capitale et dans une partie de vos provinces, je l'eusse fait, sans chercher à prolonger la guerre, qui aurait continué à répandre le sang de mes sujets.

« J'aime votre nation ! Pendant seize ans j'ai vu vos soldats à mes côtés, dans les champs de l'Italie et dans ceux de l'Espagne. J'applaudis à ce que vous avez fait ; j'autorise les efforts que vous voulez faire ; je ferai tout ce qui dépendra de moi pour se-

hommes pour repousser les invasions incessantes de la Russie, et encore la Pologne aurait succombé tôt ou tard sous les coups des nationalités germaniques ou slaves.

A Wilna, comme dans le duché de Varsovie, Napoléon, l'homme politique surtout, avait vu que de grands intérêts s'étaient formés contre la vieille Pologne; la Russie, je le dis encore, avait favorisé la bourgeoisie et le paysan, si vivement opprimés du temps des diètes polonaises; l'union avec la Russie lui était favorable pour les intérêts de son industrie; la Lithuanie, pays de blés, trouvait ses débouchés par Riga et la Baltique. Ces provinces au temps de la Pologne étaient misérables, fallait-il sacrifier ce bien-être pour quelques assemblées? Et d'ailleurs qu'avait de si attrayant ce passage des Français, des Allemands, des Italiens, venant proclamer l'indépendance de la Pologne? Ces troupes d'hommes d'armes, semblables à des torrents, entraînaient tout, pillaient et ravageaient les terres; les généraux, officiers supérieurs, ne respectaient rien; les prêtres catholiques étaient insultés; les temples servaient de campement et d'écuries; quelques nobles débris de la Pologne pouvaient rêver la reconstruction de l'indépendance, mais le peuple était russe par les inté-

---

conder vos résolutions. Si vos efforts sont unanimes, vous pouvez concevoir l'espoir de réduire vos ennemis à reconnaître vos droits; mais dans des contrées si éloignées et si étendues, c'est entièrement dans les efforts de la population qui les couvre que vous pouvez trouver l'espoir du succès.

« Je vous ai tenu le même langage dès ma première entrée en Pologne. Je dois y ajouter que j'ai garanti à l'empereur d'Autriche l'intégrité de ses domaines, et que je ne puis sanctionner aucune manœuvre ni aucun mouvement qui tende à troubler la paisible possession de ce qui lui reste des provinces de la Pologne.

« Faites que la Lithuanie, la Samogitie, Witepsk, Polotsk, Mohilef, la Volhynie, l'Ukraine, la Podolie, soient animées du même esprit que j'ai vu dans la grande Pologne, et la Providence couronnera votre bonne cause par des succès. Je récompenserai le dévouement de vos contrées, qui vous rend si intéressants et vous acquiert tant de titres à mon estime et à ma protection, par tout ce qui pourra dépendre de moi dans les circonstances. »

rêts, et l'on sait que la classe moyenne ne se décide que par les avantages matériels. Le seul but de l'Empereur était d'atteindre et de battre les Russes, l'organisation politique de la Pologne viendrait après si les circonstances lui étaient favorables; Napoléon voulait une grande bataille, il la désirait immédiate pour en finir avec cette guerre, et son plan était conçu dans d'admirables proportions. Lui se portait de Wilna directement sur Witepsk, à l'encontre de Barclay de Tolly; à droite il détachait Davoust qui se plaçait sur les derrières de Bagration encore aux environs de Grodno, tandis que Jérôme le poussait fortement par Varsovie, de manière à le mettre entre deux feux en le coupant de Barclay de Tolly. Par suite de ce plan, une grande colonne quitta Wilna sous les ordres de Davoust pour atteindre les arrière-gardes de Barclay de Tolly.

A Wilna quelques tentatives de paix venaient d'être faites encore, mais en vain; l'aide-de-camp Bachaloff était venu au nom d'Alexandre pour demander l'explication de cette invasion subite au-delà du Niémen : quels griefs mettaient l'épée à la main de Napoléon? et n'avait-on pas tout fait pour maintenir la paix? Dans cette sorte d'ambassade, à la manière antique et orientale, Bachaloff venait secouer la robe de paix ou de guerre; ministre de la police en Russie, il pouvait tout observer, tout voir avec cette finesse d'esprit qui caractérise la nation slave. Napoléon l'accueillit bien, mais il traita Alexandre et ses généraux avec cette fierté qui ne se démentit jamais : « Alexandre, dit Napoléon, n'est qu'un général de parade; Kutusoff, un vieux Russe que le Czar n'aime pas; Bennigsen est usé et fou; Barclay de Tolly n'a que les qualités d'un général de retraite; avec ces infériorités, comment me résisterezvous? » Alors Napoléon déclame contre tout le monde, même contre Jomini le tacticien [1]; on le dirait monté au rang des dieux où personne ne peut l'atteindre; il blesse sans instinct tous ceux qui l'entourent; il insulte M. de Caulaincourt jusqu'à ce point de lui dire : « qu'il est le partisan aveugle des Russes », et M. de Caulaincourt offre sa démission et veut se retirer.

L'esprit de l'armée n'a plus cette expression de gaieté habituelle; on s'arrête aux présages : au moindre malheur mille voix s'élèvent pour accuser Napoléon; on le démoralise déjà. A quelques lieues du Niémen, un escadron polonais de la garde s'est noyé tout entier en passant un bras de rivière, et l'on s'écrie : « Quel mauvais augure ! » Le temps était beau, le ciel bleu, sous la chaleur étouffante de juillet; tout à coup des nuages arrivent, le ciel s'obscurcit, l'orage éclate, et la pluie vient pendant cinq jours déborder les bivouacs; partout se forment des marais, et le thermomètre descend de 15 degrés dans une seule nuit; 10,000 chevaux meurent, des maladies pestilentielles se répandent au milieu des cadavres amoncelés; il n'y a point d'hôpitaux, quelles ressources en vivres va trouver cette armée de 400,000

---

[1] Bachaloff apporta à Napoléon des paroles d'Alexandre : « Il était encore temps de traiter. Une guerre que le sol, le climat et le caractère russe rendraient interminable, était commencée; mais tout rapprochement n'était pas devenu impossible, et d'une rive à l'autre du Niémen on pourrait encore s'entendre. » Il ajouta surtout « que son maître déclarait devant l'Europe qu'il n'était pas l'agresseur, que son ambassadeur à Paris, en demandant ses passe-ports, n'avait pas entendu rompre la paix ; qu'ainsi les Français se trouvaient en Russie sans déclaration de guerre. » Du reste, point de nouvelles propositions, ni par écrit ni dans la bouche de Bachaloff. Bientôt la chaleur de la conversation entraîne Napoléon. Il s'écrie : « Qu'êtes-vous venu faire à Wilna ? Que me veut l'empereur de Russie? Prétend-il me résister ? Il n'est général qu'à la parade. Quant à moi, ma tête est mon conseil; tout part de là. Mais Alexandre, qui le conseillera ? Qui m'opposera-t-il ? Il n'a que trois généraux, Kutusoff qu'il n'aime pas, parce qu'il est Russe ; Bennigsen, trop vieux il y a six ans, aujourd'hui en enfance et Barclay : celui-ci manœuvrera, il est brave, il sait la guerre ; mais c'est un général de retraite. » Et il ajouta : « Vous croyez tous savoir la guerre, parce que vous avez lu Jomini ; mais si son livre avait pu vous l'apprendre, l'aurais-je donc laissé publier ? »

hommes s'avançant dans un pays qui n'avait pu nourrir les 24,000 Suédois de Charles XII [1] ? Qu'importe aux glorieux enfants de la France ? ils marchent sans détourner la tête là où se fixe le doigt de leur Empereur. Murat, l'héroïque sabreur, à la cotte d'armes brillante, au panache flottant, commande la cavalerie d'avant-garde ; il presse les Russes sans relâche ; il atteint quelquefois leur arrière-garde qui presque toujours lui échappe ; Oudinot la pousse sur Dunabourg ; la ligne de la Dwina est occupée par la cavalerie de Montbrun et de Nansouty. On est allé trop loin dans cette bouillante hardiesse ; on se trouve en face de Wittgenstein, alors à la tête d'un corps d'élite ; Wittgenstein attaque et enlève une brigade entière de la division Sébastiani ; satisfait de cet avantage, il échappe aussitôt à la bataille par une retraite rapide.

La marche en avant de Davoust a été plus heureuse, il a compris le plan de Napoléon, et l'exécute avec sa fermeté habituelle ; l'Empereur a jugé que la ligne russe était trop étendue pour ne pas s'affaiblir, et au moyen d'une trouée faite au centre, les corps ennemis se trouveraient séparés : Bagration, encore sur le Niémen, est débordé par sa gauche à plus de cinquante lieues de profondeur ; Doctoroff a perdu sa ligne de bataille, et

---

[1] Les dévastations commises par les armées françaises sont constatées par les rapports de tous les officiers. Le maréchal Mortier, dès Wilna, instruisit Napoléon de tout. « Du Niémen à Wilna, je n'ai vu, dit-il, que des maisons dévastées, que chariots et caissons abandonnés ; on les trouve dispersés sur les chemins et dans les champs ; ils sont renversés, ouverts, et leurs effets répandus çà et là, et pillés comme s'ils avaient été pris par l'ennemi. J'ai cru suivre une déroute. Dix mille chevaux ont été tués par les froides pluies du grand orage, et par les seigles verts, leur nouvelle et seule nourriture. Ils gisent sur la route, qu'ils embarrassent ; leurs cadavres exhalent une odeur méphitique, insupportable à respirer ; c'est un nouveau fléau que plusieurs comparent à la famine : mais celle-ci est bien plus terrible, déjà plusieurs soldats de la jeune garde sont morts de faim. » Et Napoléon, qui avait écouté avec calme, interrompt le maréchal brusquement, il s'écrie : « C'est impossible ! où sont leurs vingt jours de vivres ? les soldats bien commandés ne meurent jamais de faim. Il faut

ses divisions errantes peuvent être facilement coupées. Cette belle conception de l'Empereur, n'est pas également bien exécutée; Jérôme agit mollement. Doctoroff échappe à l'aide de ces vastes plaines qui couvrent la Russie. Il reste Bagration; on peut le couper, l'anéantir; quelles routes lui reste-t-elles ouvertes? par Minsk ou Mohilow il peut toucher Witepsk; aussitôt Napoléon jette Davoust vers Minsk afin de séparer entièrement Bagration; Jérôme doit lui-même avec sa grande masse de troupes acculer le général russe, le refouler sur Davoust qui le recevra à la pointe de ses baïonnettes, et pendant ce mouvement l'Empereur, se plaçant entre les deux armées russes, les brisera l'une après l'autre.

Cet admirable plan tracé à Wilna, comment est-il accompli? Jérôme, chargé de la plus active exécution, doit traverser de vastes plaines çà et là coupées de marais et de petits monticules; nul retard n'est permis; Jérôme dispose de 80,000 hommes; il doit opérer en grand. Bagration s'empare des défilés et les défend avec sa valeur habituelle, digne du brave guerrier d'Eylau et de Friedland; Jérôme essaie deux rencontres à la course, la première reste incertaine; dans la seconde Latour-Maubourg sabre les Russes; Bagration fait sa retraite, et Davoust, suivant le plan de Napoléon, vient se placer

---

bien supporter la perte des chevaux, de quelques équipages, celle même de quelques habitations : c'est un torrent qui s'écoule; c'est le mauvais côté de la guerre, un mal pour un bien; il faut faire au malheur sa part; mes trésors, mes bienfaits le répareront : un grand résultat couvrira tout; il ne me faut qu'une victoire; s'il me reste de quoi la gagner, cela suffit. »

*Observations de plusieurs généraux lithuaniens à plusieurs généraux français.*

« Certes nous ne marchandons pas la liberté, mais nous trouvons en effet qu'elle ne s'offre pas désintéressée. Partout le bruit de vos désordres vous précède; ils ne sont pas partiels, car votre armée marche sur cinquante lieues de front. A Wilna, malgré les ordres multipliés de votre Empereur, les faubourgs ont été pillés; et l'on s'y défie d'une liberté qu'apporte la licence.

« Qu'attendez-vous donc de notre zèle? un visage satisfait, des cris de joie, des accents de reconnaissance, quand chaque jour chacun de nous apprend que ses

sur ses derrières à Minsk; l'ennemi doit traverser la Bérézina, plus tard de funeste mémoire, marais infects dans l'été, rivière de dégel et de glace sous l'âpre température. Davoust s'empare de Minsk; il se croit maître de Bagration refoulé sans doute par l'armée de Jérôme; le général russe parfaitement éclairé s'aperçoit que Minsk est occupé, il se replie au midi, et ses 40,000 soldats d'élite se placent dans les marais de la Bérézina.

Il ne faut plus que de l'activité, de l'énergie pour cerner ce brave corps; Davoust dépêche des aides-de-camp, des estafettes à Jérôme, et il arrive que le frère de l'Empereur, par des susceptibilités de cour, n'exécute pas son mouvement; il est roi, Davoust n'est que maréchal, il refuse d'obéir. Jérôme Bonaparte quitte même son corps d'armée pour sa capitale; Bagration profite de ces incertitudes; il sent qu'il n'est plus poursuivi par l'armée westphalienne; le voilà donc activant sa retraite vers le midi; il a 40,000 hommes avec lui cherchant un passage, et il le trouvera; avec sa belle réserve il peut toujours faire une trouée; Davoust se place en vain pour couper le passage à l'ennemi; Bagration n'est pas un général ordinaire; il tombe sur Davoust, lui enlève tout d'abord un régiment de cavalerie et le place désormais sur la défensive; Jérôme a manqué le mouvement,

villages, que ses granges sont dévastés? car le peu que les Russes n'ont point entraîné avec eux, vos colonnes affamées le dévorent. Dans leurs marches rapides, il s'échappe de leurs flancs une foule de maraudeurs de toutes nations dont il faut se défendre.

« Qu'exigez-vous encore? que nos compatriotes accourent sur votre passage, vous apportant leurs blés, vous conduisant leurs troupeaux? qu'ils s'offrent eux-mêmes tout armés et prêts à vous suivre? Eh! qu'ont-ils à vous donner? vos pillards prennent tout, on n'a pas le temps de vous offrir. Regardez d'ici l'entrée du quartier impérial; y voyez-vous cet homme? il est presque nu, il gémit, il vous tend une main suppliante. Eh bien! ce malheureux qui excite votre pitié, c'est un de ces nobles dont vous attendiez les secours hier; il accourait vers vous plein d'ardeur, avec sa fille, ses vassaux et ses biens; il venait s'offrir à votre empereur; mais il a rencontré des pillards wurtembergeois, et il est dépouillé; il n'est plus père, à peine est-il homme. »

Davoust doit réparer la faute; il le fait autant qu'il est en lui. Bagration passe alors librement la Bérézina pour se réunir aux masses de l'armée russe.

Napoléon éclata de colère contre tous en apprenant que son habile combinaison était manquée : c'est encore un amour-propre de famille qui a brisé ses espérances; pourquoi a-t-il jeté la pourpre sur ces épaules? Toujours à Wilna, l'Empereur précipite l'organisation [1] des régiments lithuaniens; il y reste vingt jours sans diriger lui-même activement son armée; on le dit malade, son teint est plombé, son ventre grossit encore, on murmure à l'oreille qu'il est hydropique; il fait un usage immodéré des bains; ses nuits, ses jours se passent à l'examen des affaires de l'Empire; s'il conçoit en grand, il exécute d'une manière paresseuse. Vingt jours à Wilna, c'était trop; il se réveille pourtant! des renseignements indiquent que les Russes attendent la bataille dans les retranchements de Drissa, ouvrage qu'Alexandre avait élevé pour mettre l'empire à l'abri d'une invasion, sorte de muraille de la Chine entre la Russie et la Pologne; on avait copié les lignes de lord Wellington à Torrès-Vedras. Le camp retranché de Drissa, auquel on travaillait depuis plus d'un an, sem-

---

[1] La correspondance de l'Empereur à Wilna est néanmoins très active.
*Napoléon au major-général.*
Wilna, le 9 juillet 1812.
« Mon cousin, répondez au prince Poniatowski que vous avez mis sa lettre sous les yeux de l'Empereur; que S. M. a été très mécontente de savoir qu'il parle de solde, de pain, lorsqu'il s'agit de poursuivre l'ennemi; que S. M. a été d'autant plus surprise qu'il est seul de son côté avec peu de monde, et que, lorsque les gardes de l'Empereur qui sont venues à Wilna à marches forcées de Paris, au lieu d'avoir demi-ration, manquent de pain, n'ont que de la viande, et ne murmurent point, l'Empereur n'a pu voir qu'avec peine que les Polonais soient assez mauvais soldats et aient assez mauvais esprit pour relever de pareilles privations; que S. M. espère qu'elle n'entendra plus parler de cela. Sur ce, etc. »
Napoléon.
*Napoléon au major-général.*
Wilna, le 11 juillet 1812.
« Mon cousin, on fera partir les prisonniers aussitôt qu'il y en aura 1200, et pas avant le 13. Le 12, on fera partir les offi-

blait un obstacle à la marche des Français; il fallait mal connaître la stratégie pour croire à une telle résistance : qu'est-ce qu'un camp retranché lorsque mille routes diverses laissent la facilité de le tourner? A Torrès-Vedras la ligne formidable était jetée entre le Tage et la mer sur des rochers escarpés; ici, il n'y avait ni mer ni fleuve assez vaste pour arrêter l'impétuosité d'un mouvement en avant; que peuvent être des retranchements entourés de plaines?

Napoléon espère que Barclay de Tolly l'attendra dans ce camp retranché; on essaiera une bataille avant de livrer Witepsk, car Witepsk est comme la porte de la vieille Russie : laissera-t-on toucher Witepsk et Smolensk la sainte? on ne le croit pas sous la tente impériale. Activité et unité, voilà ce qu'il faut alors à l'armée française; malheureusement son chef n'a plus cette force de corps qui lui faisait braver la température, les privations de toute espèce. L'unité n'est plus que sous l'épée de Napoléon, les généraux se montrent indépendants les uns des autres et ne reconnaissent de supériorité que celle de l'Empereur.

Jusqu'au 25 juillet point d'ennemis, la terre silencieuse, de noires forêts, de pauvres villages, l'écho

---

ciers et les sous-officiers, hormis douze sous-officiers que l'on gardera pour tenir les contrôles. Ces prisonniers seront divisés en douze compagnies de cent hommes, ayant un sous-officier à leur tête pour tenir les contrôles. Ils seront commandés par un chef de bataillon français et escortés par une compagnie de Bade de cent hommes, quarante Prussiens à cheval et une brigade de gendarmerie de cinq hommes : les prisonniers iront dans quatre jours à Kowno, et tous les soirs ils seront renfermés dans une église. Ils emporteront du pain de Wilna pour quatre jours à ration complète. Les officiers de gendarmerie et les commandants d'armes de la route seront prévenus du passage de ces prisonniers, et les commandants des colonnes mobiles recevront l'ordre de les faire escorter avec de forts détachements. Tous ceux qui seraient trouvés hors des rangs, cherchant à déserter, seront fusillés : on en fera la déclaration à chaque compagnie avant de partir. A Kowno, ils auront un jour de séjour; on les placera également dans une église. Vous laisserez le commandant de Kowno maître de les embarquer sur les bâtiments qui sont venus chargés de vivres,

des campagnes, des plaines, et puis encore des plaines. Quelques coups de canon se font entendre, on dit qu'Eugène de Beauharnais vient d'atteindre l'arrière-garde de Barclay de Tolly. Aux armes! aux armes! La bataille tant désirée fuit encore, la victoire que l'on espère échappe comme une ombre insaisissable; Doctoroff coupe les ponts et continue sa retraite sur Witepsk. En vain Murat se précipite à sa poursuite à la tête de toute sa cavalerie; çà et là des engagements partiels; les hussards du 8e sous les braves Domon, du Coëtlosquet et de Carignan engagent un combat à coups de sabre avec la cavalerie de la garde russe; il y a des prodiges d'adresse et de valeur; Murat charge à la tête des lanciers polonais comme un sous-lieutenant; et qui ne sait l'histoire de ces deux cents voltigeurs enfants de Paris qui méritèrent tous la croix en croisant la baïonnette contre des régiments entiers de la garde russe? les arts ont perpétué ce souvenir; Napoléon les encourage de son regard, à cinq cents lieues de la capitale il jette aux Parisiens des paroles flatteuses; il ne veut pas qu'on l'oublie.

Le camp de Drissa sera-t-il défendu [1]? on l'espère;

---

et qui opéreraient leur retour à vide à Tilsitt; s'il n'y a pas d'inconvénient on aurait soin de les placer à fond de cale, et de les bien surveiller. Si la navigation est difficile, que le trajet soit plus long par eau que par terre, on les fera aller par terre. Ils prendront du pain pour quatre jours et suivront la rive gauche du Niémen. Ils seront transportés par eau à Kœnigsberg, d'où ils seront dirigés sur Pillau, où ils seront enfermés dans une prison. Les officiers et sous-officiers seront dirigés sur Dantzick. Les prisonniers seront gardés à Pillau jusqu'à nouvel ordre; il ne pourra cependant y en avoir plus de 1,000 à Pillau. Le chef de bataillon qui conduira ces 1,200 hommes prisonniers les accompagnera jusqu'à Pillau; il prendra un reçu du commandant et réglera sa comptabilité avec l'état-major-général. Vous demanderez au gouverneur de Dantzick de préparer dans la place de vastes locaux pour contenir 10,000 prisonniers. Vous ferez préparer à Thorn des locaux pour 1000 autres. Le millier qui sera envoyé à Dantzick s'embarquera sur le Frisch-Haff, et de là sera dirigé par la route la plus courte d'Elbing sur Dantzick. Sur ce, etc. »

Napoléon.

[1] Un ukase d'Alexandre est daté de ce camp de Drissa.

« L'invasion que l'ennemi fait en Russie, et la guerre que malgré tous nos soins nous n'avons pu éviter, nous obligent d'avoir

comment les Russes auraient-ils dépensé tant d'argent de sueurs pour abandonner ensuite ces ouvrages? Napoléon désirait une bataille, comme avant Austerlitz : « Demain le soleil sera beau, » telles furent alors ses paroles, et on était au milieu de la journée; en vain Murat dit à l'Empereur : « Mais, Sire, ils ne nous attendront pas; en avant! en avant! » Le souverain répond toujours : « A demain! » paroles qui faisaient voir combien l'activité de l'homme était perdue; la fortune le rendait peut-être paresseux, et la faiblesse du corps influait sur la mollesse des résolutions : consul, empereur, il n'avait jamais rien renvoyé au lendemain; il savait que la victoire infidèle bat ses ailes joyeuses un jour, et que, ce vol perdu, capricieuse, elle vous abandonne.

Le lendemain tout avait disparu, la bataille tant désirée échappait une fois encore; il fallut recommencer la route sous un soleil ardent; on avait pour se désaltérer de l'eau bourbeuse et malsaine; sur le chemin, du sable et puis encore du sable, de noirs sapins dans les forêts profondes, et des villages en cendres. Ce fut donc après des peines inouïes et des fatigues continuelles que l'armée salua Witepsk : Witepsk, vieille capitale, qui semblait offrir un espoir pour soulager l'armée[1]. Verrait-on trace de la vie humaine? Witepsk était silencieuse comme le désert, le peuple avait fui; quelques pauvres juifs étaient restés seuls; on n'aperçut là que des églises

---

recours à des moyens urgents pour empêcher l'ennemi d'aller plus en avant et de mettre la Russie entière à feu et à sang. Les mesures nécessitent absolument l'augmentation de nos forces militaires; c'est pourquoi nous ordonnons de faire dans le cours d'un mois une nouvelle levée de recrues dans les deux gouvernements de la Russie blanche et dans ceux de Podolie, Volhynie, Livonie et Esthonie, et de prendre 5 hommes sur 500.

« Du quartier-général de Drissa, ce 1er (13) juillet 1812. »         Alexandre.

[1] Napoléon correspond toujours avec

aux clochers élancés et de grands monuments en ruines ; ce que désirait l'armée, elle ne l'avait point atteint. Il y a quelque chose de si triste dans la solitude d'une ville sans peuple ! elle inspire encore plus de mélancolie qu'une campagne désolée ; une cité sans habitants semble une Nécropolis d'Égypte ; on dirait ses enfants couchés sous les larges dalles des tombeaux, et leur voix mystérieuse sort du sépulcre comme pour vous dire que ce silence est celui du désespoir et de la mort !

Berthier pour régler le mouvement des armées.

*Napoléon au major-général.*
Witepsk, le 2 août 1812.

« Mon cousin, envoyez un officier au prince de Schwartzenberg pour lui faire connaître que je mets le 7 corps sous ses ordres ; qu'il rallie ce corps et marche à Tormassoff et à Kamenskoi, et leur livre bataille, et qu'il les doit suivre partout jusqu'à ce qu'il en soit venu à bout. Faites connaître au général Régnier que j'ai donné au prince de Schwartzenberg le commandement supérieur sur les deux corps réunis.

« Sur ce, etc. », Napoléon.

# CHAPITRE VIII.

## RÉSISTANCE DE LA NATIONALITÉ RUSSE,

### DEUXIÈME PÉRIODE DE LA CAMPAGNE JUSQU'A SMOLENSK.

Esprit de la nationalité russe. — Le parti allemand-courlandais. — Le parti moscovite. — Nécessité d'un appel à l'antique nationalité. — Voyage d'Alexandre. — Visite à Moscou. — A Novogorod. — Le métropolitain Platon. — Reliques et processions saintes. — Les nobles russes. — Kutusoff. — Répugnance pour Barclay de Tolly. — Triomphe des opinions moscovites. — Nouveau caractère de la résistance. — Désert et incendies. — Vie et caractère du comte Fœdor Rostopchin. — Proclamation aux Français et aux Allemands. — Alexandre et Bernadotte à Abo. — Promesses de l'entrevue. — Ratifications des traités politiques avec l'Angleterre, la Suède, la Porte et les Cortès espagnoles. — Stratégie des Français depuis Witepsk jusqu'à Smolensk. — Belle résistance des Russes.

### Juillet et août 1812.

Depuis l'énergique impulsion que Pierre I$^{er}$ avait donnée à la civilisation russe, deux partis s'étaient élevés dans le vaste empire des Czars; comme Pierre-le-Grand fut obligé d'emprunter les institutions étrangères pour préparer les destinées de son peuple, il s'était naturellement formé contre la famille des Romanoff un parti de résistance qui prenait sa source dans les boyards, nobles familles slaves; l'intelligence si active, si avancée des Romanoff avait compris que pour assurer les destinées de la Russie, il fallait doter ces antiques populations de quelques-uns des arts, des idées ou des habitudes de la civilisation étrangère; de là cette tendance pour les mœurs, les coutumes, les usages de l'Allemagne, de la France et de l'Italie. Catherine II surtout eut l'habileté d'attirer vers elle les hommes d'intelligence de tous les pays qui pouvaient servir ses grands desseins : il y avait à Saint-Pétersbourg, dans les hauts rangs de l'administration comme dans l'armée, des Français, des Allemands, et le Czar les employait quelquefois de préférence, parce qu'il comptait plus profondément sur leur fidélité [1].

Cette prédilection était simple, naturelle, aux temps ordinaires; elle s'expliquait par le besoin de donner une impulsion plus avancée à la vieille Russie; d'ailleurs l'empire avait tant réuni de populations nouvelles, la Pologne, la Courlande, et tout récemment la Finlande; ne fallait-il pas s'attirer les grandes familles par les emplois donnés à leurs hommes de capacité? Mais cette politique habile, rationnelle, pouvait-on l'employer dans le danger de la patrie? Ne fallait-il pas recourir à l'esprit national et moscovite? un peuple ne se sauve pas par des étrangers, il a besoin de se replier sur lui-même pour retrouver son énergie nationale. L'Espagne avait agi ainsi, et c'était à cet esprit de résistance que cette héroïque nation devait ses triomphes. J'ai déjà peint le caractère des divers généraux en chef à qui l'armée était confiée : Barclay de Tolly, Livonien d'origine, général de haute stratégie, pouvait habituellement conduire une campagne ; ministre de la guerre, il avait compris toute la portée du plan que le duc de Serra-Capriola avait tracé avec une supériorité si éminente; mais Barclay de Tolly n'était point aimé de la vieille

---

[1] La fondation de Saint-Pétersbourg même fut considérée comme un acte anti-moscovite. Moscou a gardé son caractère de nationalité.

Moscovie; on le considérait comme un étranger; la même défaveur d'opinion que Wittgenstein éprouvait depuis sa plus jeune carrière militaire, s'étendait à Barclay de Tolly; Bagration semblait plus aimé, parce qu'il était Russe d'origine et de sang. L'homme populaire, le général seul que les Russes saluaient, c'était Kutusoff, alors mis à l'écart et qui venait de signer le traité de Bucharest; Kutusoff était pour les Russes ce que Suwarow avait été aux époques des grandes guerres, ce que Blücher était pour la Prusse; on attaquait le plan militaire de Barclay de Tolly, parfaitement combiné pourtant, car cette retraite simulée ne faisait qu'entraîner les Français dans le cœur de la Russie. De toutes parts les vieux Russes se remuaient donc pour faire remplacer Barclay de Tolly par Kutusoff, l'homme de la nationalité slave [1].

Après l'abandon du camp retranché de Drissa, Alexandre et le grand-duc Constantin avaient tous deux quitté l'armée pour se rendre dans les villes principales de la vieille Russie, afin de proclamer la guerre nationale; Alexandre renvoya le grand-duc à Saint-Pétersbourg avec mission de recevoir l'armée de Finlande; lui-même, quoique de doux et tendres liens, un amour chevaleresque, lui fissent désirer de revoir sa capitale, il se rendit en toute hâte à Moscou-la-Sainte, la ville des miracles [2],

---

[1] Note adressée à M. de Hardenberg.
[2] Voici tous les détails du séjour d'Alexandre à la sainte ville de Moscou.

Moscou, 27 juillet 1812.

« Ce jour ajoutera un nouvel éclat à nos annales, et le souvenir en passera à la postérité la plus reculée, comme un témoignage éternel d'esprit de patriotisme, de fidélité et d'attachement à notre empereur de la part de notre illustre noblesse et de toutes les autres conditions. D'après une notification publiée la veille, le corps de la noblesse et celui des marchands se rassemblèrent à huit heures du matin dans les salles du palais de la Clobode, pour y attendre l'arrivée de notre gracieux souverain. Quoique le but de ce rassemblement n'ait pas été annoncé d'avance, cependant chacun s'y rendit, rempli des sentiments qu'avait inspirés dans leurs

la cité protégée par la Vierge et les reliques de la patrie. Moscou était rarement visitée par ses Czars qui en redoutaient l'esprit; là vivait, dans des châteaux crénelés, la noblesse la plus fière, la plus dévouée à l'esprit russe, les familles qui depuis d'antiques générations n'avaient point quitté le sol sacré, au milieu de leurs serfs, de leurs paysans, comme les patriciens de l'ancienne Rome, dans les champs de la Campanie, entourés de leurs esclaves et de leurs affranchis. Moscou la sainte comptait plus de cinq cents églises à la coupole dorée; le clergé était tout puissant, les sacrifices s'y célébraient devant une population agenouillée.

Ce clergé grec si vénéré, ces archimandrites, ces popes avaient à leur tête un vieillard de cent un ans, le métropolitain Platon, dont la renommée s'étendait sur tout l'empire. Dans la religion russe l'empereur est le chef du culte national, et c'est pourquoi on lui donne le titre d'autocrate, véritable symbole de sa force et de sa toute-puissance; et quelle admirable action ne devait pas exercer ce vieillard plus que centenaire qui avait vu la fin du règne de Pierre I$^{er}$? quand il paraissait dans les rues de

cœurs l'appel du père de la patrie à ses enfants de la première capitale. Le silence qui régnait dans une assemblée aussi nombreuse annonçait clairement l'union et la disposition à tous les sacrifices. Dès qu'on eut fait, en présence du gouverneur en chef de Moscou, lecture du manifeste de S. M. I. qui appelle tout le monde en général, et chacun en particulier, à la défense de la patrie contre un ennemi qui, l'astuce dans le cœur et la séduction sur les lèvres, apporte des fers et des chaînes éternelles à la Russie, l'illustre postérité des Pojarsky, animée du zèle le plus ardent, témoigna son empressement sans bornes à faire le sacrifice de ses biens, et même de sa vie; afin de le prouver, elle résolut de lever dans le gouvernement de Moscou, pour former une force armée intérieure, 10 hommes sur 100, de les armer comme on le pourrait, et de leur fournir l'habillement et les vivres. Après quoi, le manifeste fut pareillement lu dans l'assemblée des marchands : ce corps, animé du zèle général, décida qu'il serait prélevé sur tous ses membres une somme proportionnée au capital de chacun d'eux, pour subvenir aux frais de l'armement intérieur. Non contents de cela, la majeure partie du même corps témoigna aussitôt le désir de faire encore des sacrifices particuliers, et demanda la permission d'ouvrir à cet effet une souscription volontaire avant de se séparer. On y procéda sans délai, et en

Moscou, toute la population agenouillée attendait la bénédiction du métropolitain étendant sur ce peuple ses mains débiles et froissées par le temps.

Platon, accablé d'années, se revêtit de ses habits sacerdotaux pour célébrer le saint mystère, mais son grand âge ne lui permit pas d'accueillir le Czar à Moscou; la lettre pieuse qu'il écrivit à l'empereur eut son retentissement parmi le peuple, et c'était indispensable pour seconder l'esprit national. « La nouvelle métropole, y disait le vénérable Platon, l'ancienne Jérusalem chantant *hosanna*, espérait un bel et grand avenir; l'insolent Goliath venait en vain des frontières de France, la fronde de David atteindrait le front du superbe Si les infirmités du vieil archevêque ne lui permettaient pas de s'agenouiller devant l'oint du Seigneur, il lui envoyait l'image de saint Sergius, le protecteur de Moscou, le patron des églises; le vieillard bénissait Alexandre pour appeler sur sa tête les grandeurs de la vie éternelle. » Le Czar connaissant la puissance morale de Platon sur la vieille Russie, se hâta de répondre au pieux vieillard : « il le remerciait de ses vœux; cette image

moins d'une heure la somme souscrite passa un million et demi de roubles.

« Telle était la disposition des deux corps, quand S. M., après avoir assisté au service divin dans l'église du palais, se rendit auprès des nobles assemblés. L'empereur, en prononçant une courte harangue, leur dit: « qu'il regardait le zèle de la noblesse comme le plus ferme appui du trône; qu'elle s'était montrée dans tous les temps et dans toutes les occasions le gardien et le fidèle défenseur de l'intégrité et de la gloire de la chère patrie. » Ensuite il daigna leur donner un aperçu de l'état des circonstances militaires, circonstances qui exigeaient des mesures extraordinaires de défense. Instruit que l'assemblée des deux corps avait promis d'habiller et d'armer à ses frais 80,000 hommes pour le gouvernement de Moscou, l'empereur accueillit cette nouvelle preuve de dévouement à sa personne et d'amour pour la patrie, avec les sentiments d'un père qui aime ses enfants et qui s'enorgueillit de leur courage.

« De là Sa Majesté se rendit dans la salle où le corps des marchands était assemblé. Le spectacle de cette matinée demanderait la plume d'un nouveau Tacite, et le pinceau d'un second Apelle : spectacle qui offrait pour tableau le monarque, le père de la patrie, radieux de bonté, recevant de ses enfants, serrés autour de lui, les sacrifices qu'ils viennent faire sur l'autel de la patrie.

de saint Sergius, le protecteur de l'armée russe, le Czar la donnerait à la milice de Moscou, il se prosternait au pied du trône céleste pour demander la bénédiction du Dieu de la patrie. »

Ces pieuses cérémonies se renouvelèrent dans la ville de Moscou, et dans toutes les cités que visita Alexandre, à Novogorod particulièrement, plus sainte encore que Moscou dans les annales de la nation slave; les églises à Novogorod sont aussi riches, aussi antiques que les métropoles de Constantinople et de la Grèce en reliquaires d'or, en larges croix comme l'église grecque en place toujours sur le faîte des édifices. Revenu à Moscou, le Czar excita partout un vif et profond enthousiasme; il habita le Kremlin où tous les marchands du grand bazar vinrent lui rendre hommage; Alexandre leur parla sans déguisement des dangers de la Russie et des sacrifices que la religion et le patriotisme commandaient[1]; il lui fut répondu par des dons multipliés d'argent, et le seul gouvernement de Moscou leva 80,000 hommes de milices. Une sorte de religieux enthousiasme entourait alors Alexandre; le bruit avait couru que Napoléon voulait le faire en-

« Puisse tout cela venir à la connaissance de notre ennemi! de cet homme orgueilleux qui se joue du sort de ses sujets : puisse-t-il l'apprendre et frémir ! Nous marchons tous contre lui; nous sommes guidés par la religion, par un amour fidèle pour le souverain et la patrie. Nous périrons tous ensemble, ou nous serons victorieux. » (Gazette de Moscou.)

[1] Allocution d'Alexandre le 6 juillet aux habitants de Moscou.

« L'ennemi est entré avec de grandes forces sur le territoire de la Russie, il vient ravager notre chère patrie; quoique l'armée russe, brûlante de courage, soit prête à s'opposer aux mauvais desseins du téméraire, notre sollicitude et nos soins pour nos fidèles sujets ne nous permettent pas de les laisser dans l'incertitude sur le danger qui les menace. Résolu à rassembler dans l'intérieur de nouvelles forces pour assurer notre défense, c'est à Moscou, ancienne résidence de nos ancêtres, que nous nous adressons avant tout : elle fut toujours la première des villes de la Russie, et c'est de son sein que sortirent constamment les armées qui terrassèrent les ennemis. Jamais les besoins ne furent plus urgents. Les dangers de la religion, du trône, de l'état, exigent tous les sacrifices... Puisse la destruction dont l'ennemi nous menace retomber sur sa tête, et l'Europe affranchie exalter le nom de la Russie! »

lever et poignarder. Ces rumeurs étaient répandues pour exciter plus encore le dévouement à la personne sacrée du Czar [1].

Cette impulsion donnée aux vieilles mœurs de la Russie, ces hommages rendus au culte national, ces processions de reliques dans les flots d'encens, avaient réveillé partout l'esprit de résistance; jamais la noblesse russe n'avait fait de plus grands sacrifices; les ukases pour les levées d'hommes étaient exécutés avec un enthousiasme indicible à décrire; l'invasion des Français paraissait injuste, impie; la religion, la patrie commandaient une prise d'armes, et rien ne coûtait à ces peuples vivement excités par tous les mobiles du patriotisme. On ne rencontrait dans les vieilles cités de la Russie que de longues files de prêtres portant l'image des saints, et c'était devant ces popes aux larges et somptueux vêtements grecs que le peuple et les milices juraient de défendre la Russie et leur Czar. Chaque gouvernement avait ses milices, chaque ville ses soldats, peu disciplinés et sans tactique, mais prêts à sacrifier leur existence pour les grands intérêts de la vie éternelle; les prédications sur

---

[1] *Lettre de S.E. le métropolitain de Moscou, Platon, du 26 juillet 1812, à S. M. l'empereur Alexandre.*

« Très gracieux seigneur et empereur,

« L'ancienne métropole Moscou, cette nouvelle Jérusalem, reçoit comme une mère l'oint du Seigneur parmi ses enfants, et entrevoyant dans l'avenir, à travers les nuages qui se sont élevés, la gloire future de la monarchie, elle chante dans un transport de joie *Hosanna*. Loué soit celui qui vient au nom du Seigneur. Que l'insolent Goliath se répande en menaces, et porte la terreur de la mort des frontières de la France dans les provinces de Russie; la sainte foi, cette fronde de David, atteindra soudainement le front du superbe, ivre de sang. Je présente à Votre Majesté l'image de saint Sergius, cet ancien champion de notre patrie. Je regrette bien que l'accumulation de mes infirmités m'empêche de jouir de la présence chérie de Votre Majesté. Je porte mes prières au ciel pour que le Tout-Puissant veuille, dans sa grâce, protéger son peuple bien aimé et remplir les vœux de Votre Majesté.

« De V. M. I., très gracieux seigneur, le très soumis intercesseur. »

*Signé*, Platon,
Métropolitain de Moscou.

*Réponse de l'empereur Alexandre.*

« J'ai reçu votre lettre avec l'image de saint Sergius. J'ai reçu la première avec plaisir, comme venant d'un pasteur de

les places publiques, au milieu des mystères de l'église grecque, armaient des milliers de bras, la guerre désormais nationale devait prendre ce caractère de sacrifices qui seul constitue les résistances véritablement patriotiques. Or ces boyards qui donnaient leurs paysans, leurs propriétés, leurs roubles; ce peuple qui jetait sa vie aux pieds de son Czar, désiraient marcher sous un chef dévoué à la nationalité moscovite. Barclay de Tolly n'inspirait pas confiance, tous désignaient **Kutusoff** comme le seul, le digne Moscovite capable de conduire les soldats et les milices à la victoire; il fallait se défendre et repousser les étrangers; Kutusoff était le successeur du vieux Suwarow, dont la mémoire restait éternelle. Un seul cri fut poussé; la Russie demanda Kutusoff pour conduire ses légions à la défense du territoire; l'impératrice-mère, si nationale elle-même, et la Czarine, mélancolique épouse d'Alexandre, se prononcèrent fortement pour le vieux général adoré du peuple [1].

Dès que la guerre toucha le sol sacré de la patrie, un système de résistance fut adopté dans les idées et les mœurs moscovites; le but de tous les efforts devait être la destruction de l'ennemi commun, de la même manière qu'en Espagne; les sacrifices ne devaient rien coû-

---

l'église que je respecte, et la dernière avec vénération. J'ai ordonné qu'on donnât à ceux des habitants de Moscou qui se préparent à défendre leur patrie, la bénite image du saint protecteur des armées russes. Puisse-t-il obtenir la continuation de cette protection par ses prières auprès du trône de Dieu! et puissent aussi ses prières prolonger vos jours qu'accompagnent l'honneur et la renommée.

« Me recommandant à vos prières, je suis avec affection, etc. »

Alexandre.

[1] Alexandre s'adressait en ces termes à son armée.

« Guerriers russes,

« Vous avez enfin atteint le but vers lequel vos regards étaient tournés. Lorsque l'ennemi osa franchir les limites de notre empire, vous étiez sur les frontières, disposés à les défendre; mais jusqu'à ce que l'entière réunion de vos troupes pût être effectuée, il fallut arrêter votre courage intrépide, et se retirer dans cette position. Nous sommes venus ici pour rassembler et concentrer nos forces. Nos calculs ont

ter pour atteindre ce résultat terrible : « accabler sous les ruines les Français qui venaient souiller le sol de la patrie, ces hommes sans foi, sans religion » : tel dut être l'objet de la guerre. Les patriotes russes devaient tout sacrifier à cette pensée de résistance ; ordre fut donné de faire un désert autour de l'armée ennemie ; les palais dorés, les riches manufactures, les belles habitations, tout dut être sacrifié ; les Français ne pourraient trouver de ressources autour d'eux ; incendie et dévastation furent les deux mots d'ordre des fiers enfants des Slaves ; noble sacrifice, énergique dévouement des nations primitives, qui laissa autour des envahisseurs une solitude effrayante ! et avec cela Kutusoff à la tête des légions moscovites ; partout la bannière sainte levée, partout l'oriflamme de saint Serge à la tête des soldats. Les métropolitains, les archevêques, les prêtres, tous parlèrent dans les chaires de vérité pour appeler les peuples à ces fières idées de religion et de patrie.

Alexandre n'accepta peut-être qu'avec regret une guerre dans ces conditions, qui rappelaient les temps de barbarie auxquels les Romanoff avaient arraché le peuple ; il avait à craindre une réaction violente contre les efforts immenses de civilisation tentés depuis Pierre 1er. Ce n'était pas en vain que peuple et noblesse faisaient ces concessions ; la vieille société se retrouverait avec ses exi-

---

été heureux. La totalité de la première armée est en ce lieu.

« Soldats ! le champ est ouvert à votre valeur si noblement docile à modérer, si ardente à maintenir la réputation que votre nom a acquise. Vous allez cueillir des lauriers dignes de vous-mêmes et de vos ancêtres. Le souvenir de leur valeur, l'éclat de leur renommée, vous engagent à surpasser l'un et l'autre par la gloire de vos actions ? les ennemis de votre pays connaissent déjà la valeur de votre bras. Allez donc dans l'esprit de vos pères, et anéantissez l'ennemi qui ose attaquer votre religion et votre honneur jusque dans vos foyers, au milieu de vos femmes et de vos enfants.

« Dieu, témoin de la justice de votre cause, sanctifiera vos bras par la bénédiction divine. »

*Signé,* Alexandre.

gences. Le mouvement russe portait Kutusoff, que l'empereur avait presque disgracié ; le Czar n'était plus le maître ; cet énergique esprit de nationalité ramenait l'empire au temps des boyards et des strélitz ; pouvait-on éviter de se retremper ainsi dans l'histoire si l'on voulait efficacement résister à Napoléon ? Alexandre avait évité autant qu'il avait pu ce retour vers la domination de la noblesse ; mais comme seule elle pouvait amener le triomphe, comme seule elle pouvait soulever les masses contre les Français, il accepta les conditions que les boyards voulurent lui faire. Bientôt on le voit forcé de sacrifier Barclay de Tolly, choix de sa politique et de sa confiance, pour adopter Kutusoff, l'homme national qu'il n'aime pas ; ce n'est point une conspiration qui l'oblige à ce changement, mais une indicible puissance, la nécessité ; il faut repousser l'ennemi : les Moscovites se forment en légions, le patriotisme les anime ; il n'y a plus à hésiter. Alexandre suit l'impulsion de cette guerre, il ne la donne plus ; il se livre généreusement corps et âme à ce peuple qui sacrifie tout, domaines, fortunes, la vie même, pour défendre ses foyers, son culte, ses églises et ses lois.

Parmi les nobles qui se prononcèrent pour ce système d'héroïques ravages se trouvait le comte Fœdor Rostopchin, un des caractères les plus remarquables de la civilisation slave. Sa fortune datait de Paul I$^{er}$, cet empereur véritablement moscovite ; il avait plu au prince par cette empreinte nationale qui dominait en lui ; les traits d'origine slave plaisaient beaucoup à Paul I$^{er}$. Rostopchin était d'une taille au-dessus de la moyenne, d'une figure assez belle, aux traits tartares, le nez aplati, le front haut, avec tous les caractères d'une intelligence active, entreprenante ; Paul l'avait remarqué par ses jeux de mots, ses calembours, qui faisaient la gaieté des longues soirées du palais de Mikaëloff, Rostopchin était un mélange d'énergie et de légèreté[1], sorte de grand moqueur des habitudes efféminées, il suscitait partout l'hilarité grossière même au milieu des périls; il y avait en lui quelque chose de ce gros rire tartare que l'on voit briller sur ces figures de Baskirs qui se chauffent au bivouac; il savait les annales de son pays, les chroniques, les légendes; il les racontait à merveille, et dans ses causeries il était pétillant de bons mots. Le comte Rostopchin s'était fait remarquer dans le gouvernement de Moscou par une volonté ferme et un esprit très prévenu contre les étrangers; un jour railleur, le lendemain cruel, impitoyable comme un Baskir, gracieux et spirituel comme un Français, c'était un de ces mélanges indéfinissables qu'une civilisation hâtive peut seule créer, comme un fruit venu en serre chaude, âpre et mûr tout à la fois. Le côté puissant, élevé, énergique de ce caractère de Rostopchin, celui qui lui réserve une grande place dans l'histoire, ce fut son dévouement à la patrie, son renoncement à toute fortune, à toute condition de richesses et d'honneurs, pourvu que la Russie fût préservée en chassant ses ennemis. Il fut prêt à brûler ses châteaux, ses domaines, les coupoles dorées de ses palais, afin de repous-

---

[1] Le comte Fœdor Rostopchin, descendait d'une famille ancienne de Russie, qui n'avait cependant rempli avant lui aucun poste distingué. Son père vivait encore retiré dans ses terres, âgé de quatre-vingt-un ans à l'époque de la guerre de 1812. Rostopchin se décida de bonne heure pour la carrière des armes, et à l'âge de 21 ans il était lieutenant dans la garde impériale. Il quitta alors la Russie pour voyager, et resta quelque temps à Berlin, sous le règne de Paul 1er; son avancement fut aussi rapide que brillant. Il fut décoré du grand ordre de Russie, et fait comte ainsi que son père; mais bientôt après ils tombèrent l'un et l'autre en disgrâce pour des raisons inconnues, et eurent l'ordre de se retirer sur leurs terres, où ils vécurent en simples cultivateurs. La mort de Paul 1er termina leur retraite; le comte Rostopchin rentra en faveur sous Alexandre, il fut nommé lieutenant-général d'infanterie, et quelques mois avant l'expédition de Russie, gouverneur de Moscou.

ser l'injuste agression des Français. Assis sur les ruines de Moscou, son esprit bouffon aurait encore trouvé quelques jeux de mots, quelques calembours contre les poltrons, les juifs ou les riches marchands des bazars, inquiets de leur fortune, ou contre les pauvres Français que l'animadversion publique poursuivait déjà dans l'antique Moscou. Pour Rostopchin comme pour Kutusoff il n'y avait qu'un seul genre de guerre : se battre jusqu'à la dernière extrémité, défendre pied à pied le territoire, puis faire des déserts afin que les Français ne fussent entourés que de forêts profondes, de marais pestilentiels, de villes en cendres, en attendant les frimas de l'hiver qui dévoreraient les derniers débris de cette armée aux abois. Quoi qu'on ait dit, il y avait une parfaite intelligence entre Rostopchin et Kutusoff; l'un se réserva la dévastation des villes, l'autre la bataille sanglante et la résistance ferme aux Français qui s'avançaient à travers les terres sacrées de la Russie.

Pendant qu'on intriguait contre lui, Barclay de Tolly faisait retraite avec ordre devant l'armée de Napoléon[1] qui étendait ses grands bras de droite et de gauche. La stra-

---

[1] Voici les curieuses proclamations répandues dans le camp des Français et des Allemands :

« Soldats français! l'on vous force de marcher à une nouvelle guerre ; l'on vous persuade que c'est parce que les Russes ne rendent pas justice à votre valeur : non, camarades, ils l'apprécient, vous le verrez un jour de bataille. Songez qu'une armée, s'il le faut, succédera à l'autre, et que vous êtes à 400 lieues de vos renforts. Ne vous laissez pas tromper à nos premiers mouvements, vous connaissez trop les Russes pour croire qu'ils fuient devant vous ; ils accepteront le combat, et votre retraite sera difficile. Ils vous disent en camarades : retournez chez vous en masse ; ne croyez point à ces perfides paroles, que vous combattez pour la paix : non, vous battez pour l'insatiable ambition d'un souverain qui ne veut point la paix ( sans cela, il l'aurait depuis longtemps), et qui se fait un jeu du sang de ses braves. Retournez chez vous ; ou si vous voulez, en attendant, un asile en Russie, vous y oublierez les noms de conscription, de levées, de ban, d'arrière-ban, et toute cette tyrannie militaire qui ne vous laisse pas un instant sortir de dessous le joug. »

*Adresse du général en chef de l'armée russe aux Allemands.*

« Allemands, pourquoi faites-vous la guerre à la Russie? pourquoi franchissez-vous ses frontières, et traitez-vous en ennemi le peuple qui depuis plusieurs siècles vous a traités en amis, qui a reçu dans son sein des milliers de vos compatriotes, et a employé leur industrie ? Qu'est-ce qui

tégie de Barclay, parfaitement exécutée, laissait peu de prisonniers; toutes les fois qu'il essayait de combattre, il se défendait dans des positions bien choisies; aucune bataille, et des surprises perpétuelles; rien de décisif devant une armée alors double en forces. Tous les moyens lui paraissaient bons pour résister; le bruit avait couru en Russie que de grands mécontentements se manifestaient au sein de l'armée française, et qu'il y avait une opposition vive et profonde sous la tente; Barclay de Tolly s'imagina qu'il pouvait briser la puissante organisation militaire de Napoléon, et il s'y prit d'une triste manière; ce fut de répandre au milieu des régiments français et allemands des proclamations pour les inviter à déserter la tente glorieuse sous l'aigle; moyen déjà essayé en Espagne par les Cortès et les insurgés, et que Dumouriez avait sans doute conseillé.

Comment supposer que des soldats bien disciplinés, enthousiastes de leur Empereur, abandonneraient ainsi l'aigle, au moment où elle prenait son noble vol? l'esprit d'obéissance et de dévouement était trop puissant parmi ces hommes. Les moyens de défection échouent presque toujours; on se fait d'étranges illusions sur la possibilité

---

peut vous entraîner à cette injuste agression? Vous êtes les malheureux instruments de l'ambition d'un étranger qui n'aspire qu'à subjuguer la malheureuse Europe. Allemands, infortunés instruments de cet étranger qui vous méprise, levez-vous; rappelez-vous que vous avez été pendant des siècles un grand peuple, renommé dans l'art de la guerre et dans les arts de la paix! apprenez des Espagnols et des Portugais que la volonté ferme et persévérante d'une nation lui suffit pour résister aux agressions et aux perfidies d'un pouvoir étranger. Vous êtes opprimés, mais vous n'êtes pas encore dégradés et anéantis. Quoique plusieurs de vos nobles oublient ce qu'ils doivent à la patrie, la masse de la nation allemande est demeurée loyale, brave, elle est fatiguée du joug de l'étranger; elle est restée fidèle à Dieu et à la patrie. Allemands, que le dévastateur de l'Allemagne a traînés aux frontières de la Russie, abandonnez les drapeaux de la servitude, et ralliez-vous autour de celui de votre patrie, de la liberté, de l'honneur national, qui est uni à celui de la Russie, sous la protection de S. M. l'empereur, mon illustre maître.

« Il vous promet l'assistance de la brave nation russe, d'une population de 50 millions de sujets déterminés à faire jusqu'au der-

d'entraîner le soldat à quitter son drapeau ; les partis le croient possible parce qu'ils s'aveuglent ; comme ils sont nés souvent d'une corruption de pensée, ils s'imaginent étendre et jeter cette corruption autour d'eux : Barclay de Tolly, avec un accent de prophète, annonçait aux Français toutes les difficultés d'une retraite inévitable : « la mort les menaçait de toutes parts. » Le général, en déclamant contre l'ambition de Bonaparte, offrait aux soldats en Russie une retraite commode et à l'abri de la conscription et de ces sénatus-consultes qui dévoraient la génération jeune, adolescente : est-il besoin de dire que ces offres n'amenèrent pas une seule désertion dans les rangs de l'armée ?

La proclamation de Barclay de Tolly aux Allemands devait être mieux entendue. Livonien, il pouvait se dire de race germanique : les Allemands n'étaient point sujets de Napoléon ; pourquoi attaquaient-ils la Russie, cet empire plein de laboureurs et de paysans des bords du Rhin et du Danube ? « Levez-vous, disait Barclay de Tolly, peuples des bords de l'Oder et de l'Elbe, infortunés instruments de cet homme qui vous méprise. » Et leur signalant l'Espagne comme le symbole et l'exemple des

---

nier soupir la guerre pour maintenir l'indépendance et l'honneur de la Russie. Sa Majesté l'empereur Alexandre m'a chargé d'offrir à tous les braves officiers et soldats qui émigreront des places dans la légion allemande. Ils seront commandés par un des princes d'Allemagne qui a donné des preuves de son attachement à la cause de l'Allemagne par des actes et des sacrifices qui vous sont connus, et la conquête de la liberté germanique est l'objet de leur réunion.

« Si ce grand but national est atteint, la patrie reconnaissante récompensera glorieusement des enfants dont l'héroïsme et la fidélité auront prévenu sa ruine. Si cette noble entreprise ne réussit pas, mon empereur assure à tous ces braves un asile dans les belles contrées du midi de la Russie.

« Allemands, choisissez ! écoutez la voix de la patrie et de l'honneur et méritez les récompenses dues au courage ; ou courbez-vous encore davantage sous le joug qui vous a été imposé, et vous tomberez dans l'opprobre, dans le mépris des nations, et vous encourrez les malédictions de la postérité.

« Par ordre de S. M. I. l'empereur de Russie,
« Le général en chef de l'armée russe. »
*Signé*, Barclay de Tolly.

héroïques choses, il rappelait que la nation allemande était restée loyalement attachée à la patrie commune ; comprimée sous une main de fer, elle attendait le signal de la délivrance ; Barclay de Tolly offrait la protection du Czar à tous ceux qui quitteraient l'armée de Napoléon ; on leur partagerait des terres dans la Russie méridionale. Ces appels aux nations étaient devenus un des grands moyens de guerre contre la dictature européenne ; on commençait à séparer Napoléon des masses, et à faire de sa cause une pensée d'ambition dévorante que les peuples ne devaient plus soutenir.

Barclay de Tolly exécutait ici le plan politique tracé par Bernadotte ; le prince royal de Suède, entièrement prononcé contre Napoléon, se dessinait pour le système russe : depuis deux mois une correspondance active se continuait dans les termes de la plus vive intimité, et Alexandre manifesta le désir d'avoir une entrevue personnelle avec le prince royal, afin de convenir de certains grands faits de la campagne [1] ; le Czar irait d'abord visiter ses nouveaux états de Finlande et l'armée qui s'y était réunie ; il avait hâte de joindre Bernadotte afin de convenir de tous les moyens de résistance contre une invasion manifestement injuste. Il faut remarquer qu'une fois l'alliance cimentée entre Bernadotte et Alexandre, l'armée russe de Finlande devenait disponible et pou-

---

[1] *Lettre de Bernadotte à l'empereur Alexandre, du 11 août 1812.*

« Dès l'instant que M. le comte de Lowenhjelm m'eut fait connaître le désir de V. M. I. d'avoir une entrevue avec moi, j'en rendis compte au roi, qui s'empressa d'y donner son assentiment. Je n'attends plus que le retour du courrier pour me mettre en route. Tout me fait présumer qu'il y aura déjà eu une grande bataille entre Orsa et Mohilow ; mais, si elle n'a pas eu lieu, sans doute que les troupes de V. M. occupent déjà Smolensk, et qu'elles y attendent l'ennemi, avec l'intention de se bien battre. Quels que puissent en être les résultats, V. M. n'en doit pas être alarmée : ses corps de réserve répareront ses pertes, tandis que l'empereur Napoléon, s'affaiblissant tous les jours par les maladies et les combats, doit, avant longtemps, se trouver réduit à un nombre bien inférieur à celui de V. M. Il est possible qu'il ait gagné la pre-

vait opérer sur le flanc gauche de Napoléon. Les expressions des lettres du Czar à Bernadotte sont toujours admiratives : « il avait désiré le voir et le consulter comme un grand maître dans l'art de la guerre. » En réponse, Bernadotte accepte l'entrevue sans hésiter; le lieu en est fixé a Abo; on y invitera lord Cathcart, l'ambassadeur britannique; les conseils qu'il donne dans sa correspondance sont remarquablement mesurés et réfléchis : « il faut livrer peu de batailles décisives et toujours se retirer; Bonaparte aurait-il trois grandes journées, la quatrième serait comme celle d'Eylau, et la cinquième serait indubitablement gagnée par les Russes; à mesure qu'on se retire, Alexandre touche à ses renforts et Napoléon s'éloigne des siens. Confiance donc et persévérance. » C'est à la suite de cette correspondance intime que l'entrevue d'Abo fut définitivement fixée, afin de s'entendre sur les moyens de résistance capables d'arrêter le génie hardi des batailles.

Abo, située à l'extrême côte de la Finlande, était le point intermédiaire presque à égale distance de Saint-Pétersbourg et de Stockholm; de part et d'autre on pouvait s'y rendre après une navigation de deux ou trois jours à travers le golfe de Bothnie et de Finlande; Abo, la ville scandinave aux époques d'Odin et des Thorn, vit donc la solennelle entrevue du Czar, de Bernadotte et de lord Cathcart, une des causes actives de la chute de Napoléon; ils

---

mière, la seconde, même la troisième bataille; la quatrième sera indécise comme celle d'Eylau, et si V. M. persévère, il est indubitable qu'elle gagnera la cinquième.

« A toutes les levées que V. M. vient d'obtenir, je pense qu'elle aura ajouté cette armée valeureuse et aguerrie qui a fait trembler le croissant. Je crois que V. M. doit la faire venir en poste et la diriger sur la capitale de la Lithuanie. Cette marche me paraît devoir intimider d'autant plus l'empereur Napoléon, que, quand même il serait vainqueur à Smolensk, aucun de ses renforts ne pourrait plus lui parvenir; et si, au contraire, la bataille a été indécise, ce mouvement audacieux le forcera ou à repasser le Niémen, ou à détacher un grand corps pour aller à la rencontre de ces braves, et dès lors V. M. peut reprendre l'offensive. »

s'y donnèrent les plus hauts témoignages d'amitié et d'estime[1]. Tout fut agité dans de longues conférences, et la fierté jalouse de Bernadotte dut être satisfaite d'avoir, lui aussi, ses entrevues de Tilsitt et d'Erfurth. Alexandre se plaignit vivement de l'invasion des Français; il n'avait en rien blessé Napoléon; l'agression était injuste; aujourd'hui il n'était plus temps de délibérer, il fallait agir. Bernadotte ne varia pas un seul moment sur sa manière de voir : « il connaissait Bonaparte et ses folles hardiesses; une fois compromis à l'étranger, il serait renversé par un mouvement intérieur; là étaient ses véritables ennemis. « Vous ne connaissez pas la France, sire, dit-il à l'Empereur de Russie, il y a partout des résistances à Bonaparte, » et il lui fit connaître les oppositions du Sénat et de l'armée; il insista pour qu'on s'adressât aux généraux patriotes, à Moreau qu'on devrait appeler sur le continent : « Il faut opposer la République à l'Empire, la vieille armée disgraciée par le Consul à celle de l'Empereur, le drapeau tricolore à l'aigle. » Bernadotte indiqua les maréchaux mécontents, Masséna, Brune, Jourdan, Augereau lui-même; il y avait ainsi des éléments de résistance, et, à la première défaite, tous se réuniraient contre Bonaparte. »

Alexandre écouta ces faits avec la plus vive attention; il fut de la plus grande habileté avec Bernadotte, témoignant sa condescendance à tous ses avis; il lui fit entrevoir les espérances qui pourraient le porter, lui, le prince royal de Suède, à la couronne de France, ou bien à un pouvoir suprême sur la République. On discuta surtout la question militaire si pressante, car le Niémen était passé, et Napo-

---

[1] Voici comment les journaux anglais annoncèrent cette conférence :
« Le prince héréditaire de Suède a quitté Stockholm pour Abo, où il doit avoir une entrevue avec l'empereur de Russie. On croit que lord Cathcart, notre ambassadeur à Saint-Pétersbourg, se trouvera à cette conférence. »

léon était au-delà de Witepsk ; Bernadotte établit que tout reposait moins sur la somme de résistance qu'on pouvait opposer que sur le temps. « Point de concessions ! fermeté, et la victoire vous viendra, soyez-en sûr, sire. »

Puis vint la question purement suédoise. Par le traité spécial conclu entre la Russie et la Suède, le cabinet de Stockholm avait consenti la cession de la Finlande, en recevant, comme compensation, la Norwége ; ce traité fut ratifié purement et simplement, le roi le soumit aux états. Un article secret portait que 35,000 Russes se joindraient à l'armée suédoise pour soumettre la Norwége ; ce contingent militaire tenait garnison dans les villes du golfe de Bothnie aux ordres de Bernadotte. Le prince royal déclara « qu'il le rendait pour le moment au Czar dans le but de défendre ses propres domaines envahis ; la Norwége serait soumise plus tard ; en attendant, le Czar pourrait les joindre au corps de Wittgenstein qui seul couvrait Saint-Pétersbourg contre Macdonald, Oudinot et les Prussiens. « Mais, reprit Alexandre, vous savez, prince, que ces troupes sont destinées à vous assurer la conquête de la Norwége par un accord promis entre vous et moi, et ma parole est un acte. — Qu'importe ? dit Bernadotte[1], je vous en dégage ; il faut aller au plus pressé, et sauver à tout prix Saint-Pétersbourg, parce qu'il s'agit de la cause euro-

---

[1] Le dernier jour des conférences, le prince royal dit à l'Empereur :

« J'ai vu les troupes que vous me destinez ; elles sont bonnes et belles, c'est l'élite de votre armée ; mais le moment n'est pas opportun pour les mettre sous mes ordres ; vous en avez vous-même un besoin plus urgent. Wittgenstein se défend comme un lion sur la Dwina ; mais il s'affaiblit, il ne lui reste guère que 14,000 hommes, je le sais. Il est impossible que Macdonald et Oudinot ne finissent pas par lui passer sur le corps et aller à Saint-Pétersbourg. Envoyez-lui de suite ces 35,000 hommes. — Rien de plus noble que ce que vous faites là, dit l'empereur. Mais je ne puis accepter votre offre : car comment auriez-vous la Norwége ? — C'est ce qui presse le moins, répliqua le prince. Si vous êtes heureux, je l'aurai toujours, vous tiendrez vos promesses ; mais si vous succombez, l'Europe sera asservie, ses couronnes seraient flétries, on ne les porterait que sous le bon plaisir de Napoléon, et mieux vaut labourer un champ que régner à cette condition. »

péenne ; si Napoléon triomphe, toutes les couronnes seront asservies, et, sachez-le bien, mieux vaut labourer la terre dans les Pyrénées que de porter un sceptre sous la main pesante de Bonaparte. » Et une rougeur d'indignation se manifesta sur le visage de Bernadotte. « Ce que vous faites là est bien noble, prince, reprit Alexandre ; moi et mes successeurs vous en tiendrons compte, soyez-en sûr » ; et il lui pressa la main avec énergie.

Enfin l'on continua à causer sur les moyens militaires : « Il faut laisser Bonaparte s'user ; là doit être notre seule préoccupation, » ajouta Bernadotte; et il démontra très bien l'impossibilité plus ou moins prochaine où se trouverait Napoléon de maintenir sa ligne à mesure qu'il avancerait davantage. « Vous verrez, sire, qu'avant un mois, cet homme sera débordé; il est impossible que Macdonald prenne l'offensive sur Saint-Pétersbourg dès que Wittgenstein sera renforcé de 35,000 hommes d'élite venus de la Finlande. Jusqu'à Witepsk, Napoléon est sur la ligne; à Smolensk, il la perd, et à Moscou il est plus compromis qu'à Wilna ; car l'armée de Wittgenstein au nord, et l'armée du Danube au midi, le débordent également. Avec un peu d'audace, lorsque Bonaparte sera à Moscou, Tormassoff peut se porter à marches forcées sur Varsovie; Schwartzenberg le repoussera mal, il ne se battra pas; et que deviennent alors les communications de Napoléon avec l'Allemagne et Paris ? Laissez-le marcher, à chaque bataille il joue ses cartes ; il en trouvera une mauvaise, alors tout est perdu pour lui; il n'a de serviteurs dévoués qu'à sa fortune; un revers, et le Sénat l'achèvera ! » et Bernadotte montra au Czar des correspondances intimes de Paris qui annonçaient un mouvement très prochain contre l'Empire. On ne peut dire les expressions de reconnaissance qu'Alexandre prodigua au prince royal pour ses trop généreux conseils ; Bernadotte, fort de l'assentiment de la diète qui venait de s'ouvrir à Stockholm, avait été très avant dans ses idées de résistance à Bonaparte ; il n'avait pas à craindre une opposition dans le peuple suédois, avide de reprendre ses rapports avec les Anglais. Le commerce d'ailleurs venait de retrouver toute sa splendeur, et les subsides votés à Londres avaient mis le gouvernement suédois dans la possibilité de rendre la vie à une grande masse de peuple sans ouvrage et sans ressources. La Suède s'occupa de sa flotte et de ses armées [1].

Alexandre, satisfait de l'entrevue d'Abo, retrouva un peu de force morale au milieu de l'énergie de son peuple ; il venait de recevoir les ratifications définitives des traités qu'il avait conclus avec la Turquie, l'Angleterre et les Cortès espagnoles. La Baltique reprenait toute sa vie commerciale, les ports de la mer Noire s'emplissaient de vaisseaux, et les douanes rendirent en trois mois plus que pendant les trois années du système continental. Tous les traités furent publiés comme des moyens d'action et des espérances de succès, tandis que les dons volontaires venaient grandir les ressources du trésor; Moscou seule vota 80,000 hommes de milice et plus de cinq millions de roubles ; nobles, femmes, boyards, marchands, paysans même de la couronne, tous s'empressèrent d'aider la patrie menacée; Kutusoff n'allait-il pas se mettre à la tête de l'armée nationale? On voyait arriver des steppes les plus

---

[1] Les rapports diplomatiques avec la Russie furent soumis par le roi de Suède aux états.

« Nobles, honorables, dignes, doctes députés suédois.

« Je vous ai rassemblés avec confiance pour vous consulter sur des affaires de la plus grande importance pour notre patrie ; et je termine vos séances avec l'espérance d'un avenir heureux. Vous avez suivi l'avis de votre roi, qui s'est trouvé conforme aux vœux que vous formiez pour le bien et la prospérité de votre terre natale. Animés d'un esprit d'union, vous n'avez consulté que l'intérêt public, et vous avez réuni pour la défense de la Suède les pouvoirs qui sans cette sage détermination l'eussent

DÉVELOPPEMENT DE LA CAMPAGNE (AOUT 1812). 259

déserts ces pluks de Cosaques, de Baskirs, de Tartares aux traits fortement marqués de race asiatique ; ils venaient comme les corbeaux noirs qui s'ébattent aux temps d'orages ; ce fut moins les gouverneurs que les peuples qui levaient des régiments avec l'image de saint Serge, de saint Nicolas, les patrons de la Russie ; chaque jour le Czar adressait des ukases pour appeler la nation aux armes ; les gouverneurs des villes parlaient un langage énergique « pour que nul ne restât dans sa maison lorsque l'ennemi du Christ s'approchait des cités » ; ces ordres étaient exécutés avec un sombre enthousiasme : on brûlait et l'on fuyait sur cette terre semblable à un vaste désert ou à des champs dévorés par l'incendie ; de temps à autre paraissaient quelques Cosaques ; comme les Arabes du désert, ils couraient à toute bride sur les convois isolés ; les cavales de leurs hetmans soulevaient l'épaisse poussière par un soleil de juillet.

Ainsi s'ébranlait la Russie tandis que Napoléon continuait le développement de sa campagne : atteindre l'ennemi, livrer une grande bataille, tel était le plan conçu aux longues journées de Wilna. Tous les ordres étaient donnés dans ce sens ; par quelle fatalité l'armée ennemie échappait-elle incessamment à ces coups ? Voici Napoléon à Witepsk, presque aux frontières de la vieille Russie, et cette armée qu'il cherche de ses puissantes mains, s'évanouit comme une ombre ; il lui semble la voir dans le lointain avec ses masses innombrables, il

---

exposée à la dégradation et à la ruine. Vous avez appris aux peuples qu'un roi qui a des intentions droites et de la candeur ne doit pas craindre, même dans des circonstances d'une grande importance, de se reposer sur les députés de son peuple. Vous leur avez appris qu'aucune puissance étrangère ne peut relâcher ou briser les liens qui unissent l'héritier du trône de Suède aux enfants de la Suède.

« Depuis que je vous ai rassemblés, la guerre a éclaté sur d'autres parties du continent, et les calamités qui l'accompagnent se font ressentir. Convaincu de la vérité de la maxime, confirmée par l'expérience, que le moyen le plus sûr d'assurer la paix

a soif de la combattre, et comme le mirage trompeur du désert, quand il arrive il ne trouve plus à étancher sa soif de gloire; il ne rencontre plus que la solitude des forêts profondes. S'arrêtera-t-il à Witepsk? cette position est-elle bonne? placera-t-il dans cette cité en cendres son quartier d'hiver? De tous côtés des conseils lui arrivent: Murat, Berthier lui font entrevoir la nécessité de prendre position pour une nouvelle campagne de printemps: « la saison est avancée déjà, on touche au mois d'août, et dans soixante jours paraîtra l'hiver avec son manteau de glace; on est déjà loin de Varsovie, à cent cinquante lieues de la Vistule et à soixante de Wilna. On organisera la Pologne, la Lithuanie fournira les vivres, les fourrages dont l'armée a tant besoin. Ce plan on l'avait suivi dans la dernière campagne de Pologne; Napoléon n'avait-il pas passé un hiver à Varsovie jusqu'au sombre réveil de Prussich-Eylau! Witepsk peut être fortifié et devenir une sorte de camp retranché; qui sait? des propositions de paix seront faites et le sang cessera de couler! » Napoléon écoute un moment ces conseils; cette campagne à travers des pays si tristes n'a pas pour lui de grands charmes; il est tenté de passer l'hiver à Witepsk; il y fera venir comme à Erfurth des comédiens de Paris; au printemps on se mettra en marche pour Moscou et pour Saint-Pétersbourg, car les deux routes de Witepsk y mènent également.

Ce plan, qui lui sourit d'abord, ne peut pas supporter

est de se préparer à la guerre, j'ai pensé que l'armée de l'État demandait son attention particulière. Mon caractère et celui de mon fils ont dû vous être garants que l'armée ne sera jamais employée qu'à défendre l'honneur de la nation et les intérêts de la patrie. L'indépendance de la Suède sera toujours l'objet de vos vœux et de vos efforts comme des miens. L'union de la nation suédoise, la valeur de ses enfants en état de porter les armes, l'épée redoutable de mon fils, et l'amour que j'ai pour notre patrie, nous assurent l'indépendance de la Suède.

« Je n'ai pas cru nécessaire de vous informer plus tôt qu'à cet effet j'ai conclu,

pour lui le moindre débat; le génie superbe de l'Empereur réfléchit sur les conséquences d'une telle résolution : « Oui, on pourrait rester à Witepsk, établir son quartier d'hiver si l'on avait battu les armées russes, anéanti Barclay de Tolly ou Bagration, si le plan rapidement conçu par son génie avait été exécuté, si on avait séparé, brisé ces armées, après Wilna, comme l'indiquait l'ordre donné à Jérôme et à Davoust; mais ce grand résultat n'a pas été obtenu, Barclay de Tolly réuni au corps de Bagration peut disposer de 120,000 hommes; ces troupes sont habituées au climat d'hiver, et ces chemins glacés, ces rivières, durs obstacles aux braves compagnons de ses armes, serviraient à des surprises et prépareraient des désastres. » Comment faire subsister tant de soldats quand l'ennemi établira ses camps à quelques lieues de Witepsk? il faut à l'armée un pays neuf, une vaste capitale, Moscou : Moscou est le pays des rêves d'or, le siége d'un grand commerce; l'armée y pourra trouver ses quartiers d'hiver.

D'ailleurs en s'arrêtant six mois à Witepsk ne relève-t-on pas le courage des Russes et ne double-t-on pas leurs ressources? Quel effet moral cette résolution ne va-t-elle pas produire en France sur les opinions et les partis? Est-on sûr de la Prusse, de l'Autriche, lorsque surtout la guerre devenue nationale en Russie pourra fournir 5 ou 600,000 hommes venus de tous les gouvernements du Midi et du Nord de cet empire gigan-

---

le 18 du mois dernier un traité de paix avec le roi du royaume uni de la Grande-Bretagne et d'Irlande; les ratifications de ce traité ont été échangées avant-hier.

« Suédois, continuez d'être ce que vous avez été, ce que vous êtes; continuez d'être fidèles à la mémoire de vos ancêtres, à vos devoirs et aux intérêts de votre patrie.

« Vénérable clergé, animé des principes vrais de la doctrine que vous enseignez, aucun sacrifice ne vous coûtera pour votre patrie; l'union, l'obéissance aux lois seront le fruit de votre zèle.

tesque? Napoléon n'ignore plus rien, il sait que Bernadotte est prêt à se prononcer pour Alexandre; à Constantinople tout est fini, Andréossy vient de l'annoncer, et l'armée du Danube peut le prendre sur ses flancs. Il lui faut donc une victoire pour frapper un grand coup; il lui faut Moscou pour éblouir l'opinion publique, il doit dater ses décrets de cette capitale; coûte que coûte, une grande journée est devenue indispensable; seule elle peut lui assurer cette puissance morale qui est la garantie des succès décisifs en campagne.

L'armée française s'avance en plusieurs corps dont les opérations stratégiques sont toutes distinctes; à l'extrême gauche le maréchal Macdonald s'est porté rapidement du Niémen à la Dwina qui voit sur ses bords Riga, la ville commerçante; par Dunabourg il doit se mettre en communication avec Witepsk, centre de la grande armée; le maréchal Oudinot est chargé de soutenir ce mouvement de gauche à droite. A la face de ces deux maréchaux, l'un habile par la science et l'habitude des champs de bataille, l'autre célèbre par son intrépidité, se trouve le corps de Wittgenstein, troupes d'élite, mais que n'avait pas rejoint encore l'armée de Finlande destinée à couvrir Saint-Pétersbourg; Wittgenstein doit se défendre contre des troupes supérieures, et agir pour les isoler; faisant surveiller Macdonald par des corps de cavalerie légère, il se porte à la face d'Oudinot qui s'avance le long de la Drissa.

---

« Citoyens, le gouvernement sera toujours disposé à seconder votre industrie.

« Paysans, reposez-vous toujours sur l'affection de votre roi; conservez pour lui ces sentiments qui depuis tant de siècles vous ont caractérisés. Un zèle éclairé pour le maintien de vos priviléges vous convaincra de la sagesse qu'il y a à respecter ceux des autres classes. N'oubliez jamais que la vraie liberté repose sur l'ordre et la paix, que des prétentions injustes ne produisent que des divisions intestines, qui tôt ou tard amènent la destruction et de ceux qu'une illusion momentanée a égarés, et de ceux qu'ils ont voulu opprimer. »

Là, des combats se livrent avec une intrépidité égale; les Russes forcent un moment Oudinot à la retraite; puis entraîné par l'espérance d'une victoire rapide, Wittgenstein lance un corps de 12,000 hommes qui passe la Drissa et marche sur Oudinot; le maréchal voit la faute et l'imprudence de l'ennemi : « Il est à nous! s'écrie-t-il; » et il le fait sur-le-champ attaquer par son front et par ses ailes; le général Koulnieff, qui commande les Russes, est tué d'un coup de canon; les Français repassent la Drissa et l'artillerie de Koulnieff leur reste en trophée [1]. Là, le maréchal s'arrête dans la crainte que des masses supérieures ne viennent à lui.

Il faut néanmoins forcer Wittgenstein; Napoléon joint Saint-Cyr à Oudinot, de nouveaux combats s'engagent, mais ils sont mollement conduits, et restent sans avantage décidé. A Polotsk le terrain fut plus longtemps disputé; artillerie, cavalerie, tout donna; Saint-Cyr fut admirable; il contraignit les Russes à quitter le champ d'honneur; c'était au reste leur tactique; se battre avec acharnement, prendre sans cesse des positions en arrière, puis se présenter de nouveau pour se retirer encore, affaiblir et battre l'ennemi. La marche d'Oudinot et de Saint-Cyr eut pour effet d'empêcher Wittgenstein de se porter au-delà du point central où Napoléon opérait; la Drissa n'était pas éloignée de

---

[1] « Le 1er août l'ennemi a fait la sottise de passer la Drissa, et de se placer en bataille devant le deuxième corps. Le duc de Reggio (Oudinot) a laissé passer la rivière à la moitié du corps ennemi; et quand il a vu environ 15,000 hommes et quatorze pièces de canon engagées au-delà de la rivière, il a démasqué une batterie de quarante pièces de canon, qui ont tiré pendant une demi-heure à portée de mitraille. En même temps les divisions Legrand et Verdier ont marché au pas de charge, la baïonnette en avant, et ont jeté les 15,000 Russes dans la rivière. Tous les canons et caissons pris, 3,000 prisonniers, parmi lesquels beaucoup d'officiers, 3,500 hommes tués ou noyés, sont le résultat de cette affaire. »
(Extrait du 11e bulletin de Napoléon.)

Witepsk; vingt lieues à peine séparaient les armées d'opération.

Si vers la gauche Oudinot et Saint-Cyr empêchaient Wittgenstein de se placer sur les flancs de la grande armée, à l'extrême droite un mouvement parallèle était opéré avec autant de fermeté que de constance par le prince de Schwartzenberg. On pouvait voir se développer alors le plan de campagne des Russes; Napoléon poussant avec témérité son centre de Wilna à Witepsk, on le laissait s'engager jusqu'au fond de la province de Smolensk; mais on le débordait par sa droite et par sa gauche, les armées du Danube et de Finlande avançant leurs grandes ailes, le cernaient simultanément : or, si Wittgenstein était arrêté dans l'exécution de cette stratégie par Oudinot, que devenait Tormassoff sur l'extrême droite de l'armée française? Les Russes avaient à leur face la division Reynier et les Autrichiens sous le prince de Schwartzenberg; Tormassoff, déployant son centre sur la frontière de la Pologne, menaça Varsovie; à près de cent lieues sur les derrières de Napoléon, il compromettait ainsi la marche de la grande armée et pouvait lui couper ses communications. La Pologne était en émoi, Varsovie pleine de crainte, Tormassoff pouvait marcher en avant et attaquer la capitale dépourvue de troupes; sur son arrière-ligne et pour le soutenir était l'armée du Danube, rendue disponible par la paix avec la Turquie et qui s'avançait rapidement. Le premier mouvement des Russes fut tellement offensif, qu'ils enlevèrent une brigade saxonne; Reynier se mit en retraite sur les Autrichiens. D'après son traité d'alliance, l'Autriche devait agir fortement pour protéger la Pologne; la position que l'Empereur lui avait assignée n'était qu'à cette fin, l'Autriche ne pouvait y manquer sans rompre ses engagements, et il faut dire à la louange du prince de Schwartzenberg, que, sans trop compromettre ses troupes et son cabinet, il arrêta le mouvement russe; réuni à Reynier il comptait plus de 40,000 hommes, et Tormassoff à son tour fut obligé de se retirer en présence de cette offensive; il se replia en bon ordre. Lorsque les armées russes étaient en retraite, elles trouvaient leurs renforts; au midi Tormassoff allait joindre l'armée du Danube; au nord Wittgenstein attendait l'armée de Finlande, et au centre Bagration se repliait sur les nouvelles levées, sur Barclay de Tolly et la réserve de Miloradowitch.

Ainsi étaient les opérations militaires lorsque Napoléon ordonna la marche en avant de Witepsk sur Smolensk ; entre les deux cités la distance est de vingt lieues à peine; le pays est beau, couvert de villages, et le soleil d'été pouvait permettre encore de longues journées à travers ces campagnes ; les routes étaient dures comme en Russie avant l'automne, les marais desséchés. L'empereur avait rappelé vers son centre toutes les colonnes jetées de droite et de gauche pour la plus entière sécurité de sa marche. Le 13 août les fanfares de la garde annoncèrent que Napoléon quittait Witepsk ; il y était demeuré quinze grandes journées! ses marches dans cette campagne n'ont rien de rapide comme dans les précédentes expéditions; on dirait qu'il est devenu nonchalant : à Dresde il fait l'empereur; à Kœnigsberg, à Wilna, il s'est reposé plus de vingt jours ; à Witepsk, il y demeure quinze; on voit qu'il hésite, il n'a plus autant de foi dans les coups de fortune qui en décident par une seule bataille, il attend toujours; ici pour des propositions de paix, là pour étudier l'ennemi ; la paix et l'ennemi lui échappent également! les Russes sont comme les Scythes dont parlent les historiens de Rome, ils lâchent la flèche et s'enfuient.

L'ordre est donné ; les colonnes s'ébranlent et l'armée sort de Witepsk : à ce moment Sébastiani vient de recevoir un cruel échec ; 10,000 chevaux russes sont tombés sur lui, sa division est culbutée ; c'est un accident, rien de plus. Quand l'armée défila de Witepsk, on put compter 185,000 baïonnettes ; ces colonnes reluisantes d'acier quittent la Dwina pour chercher le Dniéper, le fleuve historique du Borysthène que les légions de Rome saluèrent avec effroi. Le plan de marche de Napoléon est encore marqué de sa supériorité habituelle : à Wilna, il avait tracé les moyens de séparer l'armée de Bagration du corps de Barclay de Tolly, et de les couper par une grande marche de centre ; il veut ici, en se portant sur Smolensk, couper l'armée principale du corps qui opère au midi, et les battre l'un après l'autre. A cet effet, un mouvement de concentration est ordonné : toutes les divisions se déploient sous les yeux de leur Empereur ; on suit la rive droite du Dniéper, l'armée marche en colonnes pressées. Si la campagne est belle, tant d'hommes et de chevaux réunis sur un même point, la ravagent à deux lieues à chaque côté de la route ; le torrent passe et emporte avec une impitoyable rapidité les blés qui ondoient, les troupeaux, les bœufs qui labourent. Les Français sont sur le Borysthène, d'où les barbares se rendaient sous les murs de Constantinople ; pour un esprit historique comme celui de Napoléon, que de rapprochements ne dut-il pas faire? Cette campagne était marquée au coin des consuls et des empereurs romains ; il voyait les eaux de ce fleuve qui verse encore majestueusement ses eaux comme aux jours des légions de Rome ; rien ne change, le murmure est le même, les flots emportent les flots¹; çà et là erraient quelques Cosaques dont la physionomie tartare pouvait rappeler ces peuplades du Nord qui firent gémir sous leurs glaives l'empire de Constantin abaissé; hélas! les pas de leurs chevaux brisèrent les dalles du Capitole et les vastes hippodromes de Byzance; un jour ces pas terribles devaient se faire entendre au pied de la colonne impériale que le nouvel Empereur avait élevée avec le bronze des batailles.

Le 15 août, fête de Napoléon, lorsque le canon retentissait dans tout l'Empire, l'armée salua Krasnoë, petite ville de quatre mille habitants; quelques églises aux dômes dorés annoncèrent pourtant que Krasnoë avait de la richesse et du commerce; un seul régiment russe s'y défendit avec vaillance, les ponts étaient coupés. Murat passe le Dniéper, s'engage avec les Cosaques soutenus d'une belle division russe qui se range en bataillons carrés; Murat les chargea à plusieurs reprises avec son indicible bravoure; les Russes furent à peine entamés, la division laissa des morts et des blessés; on perdit beaucoup de monde, parce que l'impétuosité de Murat ne laissa pas le temps de briser l'ennemi par de l'artillerie. La cavalerie y fut magnifique; elle put célébrer la fête de son Empereur par un de ces bouquets de vaillance dont parlent les vieilles chroniques; la division russe se retira en bon ordre sur Smolensk. Point de batailles complètes! encore des combats partiels, des engagements où la victoire brillait un moment; beaucoup de pertes, rien de décisif; les Russes pouvaient toujours se retirer paisiblement sur leurs renforts.

De Krasnoë à Smolensk la distance est encore peu

¹ Cette impression de tristesse se révèle même dans les bulletins.

étendue; Barclay de Tolly et Bagration ne pouvaient couvrir à temps la grande cité russe; la marche rapide de Napoléon les avait débordés; ils étaient encore à quelques lieues de Smolensk que déjà l'avant-garde de Murat et le corps du maréchal Ney paraissaient devant les murailles crénelées. Du haut des petites montagnes boisées et des tertres verdoyants, l'armée française put voir l'aspect de Smolensk, que les Polonais avaient si souvent assiégée, cité d'assez grande étendue, bien fortifiée, flanquée de tours, comme on en voit encore dans les villes du moyen âge de la Grèce; les murs étaient épais et hauts; on apercevait briller, au-dessus de la ville, les coupoles, les dômes couverts d'or, d'argent, des minarets et des toits reluisants de tôle, et partout mille croix scintillantes aux rayons du soleil, témoignaient la foi russe pour les saintes images de la patrie.

A l'aspect de Smolensk, le maréchal Ney avec son impatience ordinaire se précipite autour des murailles; il lance un bataillon contre la citadelle, ces vaillantes troupes sont arrêtées par une grêle de boulets et de balles; Ney en reçoit une dans sa cravate, qu'importe? il faut s'emparer de la ville; le maréchal accourt auprès de Napoléon, tous deux se placent sur une hauteur et de loin ils aperçoivent d'immenses nuées de poussière, des feux de baïonnettes éclatant sur l'horizon. C'est l'armée de Bagration et de Barclay de Tolly tout entière qui traverse le Dniéper en bon ordre; Napoléon avait cru les couper, les généraux russes, prévenus à temps, se mettaient à l'abri derrière Smolensk. A la vue de l'armée russe, l'Empereur ne se tient plus de joie, il veut la bataille, il la lui faut; pour atteindre cette armée il doit s'emparer de Smolensk. « Smolensk! Smolensk! s'écrie-t-il, messieurs, il me faut cette ville! » L'ordre de bataille est déjà dicté,

# ENTRÉE DE L'ARMÉE FRANÇAISE A SMOLENSK (1812). 249

chaque maréchal a sa place ; on la tient donc, cette armée russe qui fuit depuis un mois ; 120,000 hommes ne peuvent sans cesse se mettre en retraite ! Désespoir, désolation encore ! ces longues colonnes passent les ponts avant que Smolensk soit prise : un large fleuve est entre elles et Napoléon. Si la cité avait succombé la veille, la bataille était inévitable pour les Russes.

Quand le soleil du 17 se leva, on ne voyait plus trace de l'ennemi. Alors toute l'attention de l'Empereur se porte sur Smolensk ; cette ville lui est indispensable comme point d'appui pour ses mouvements : les batteries font retentir une artillerie formidable ; de toutes parts l'assaut est ordonné, et pour cela il faut une brèche ; l'artillerie de la garde en position n'a que des pièces de 12, et les boulets viennent s'émousser contre des murailles épaisses de dix pieds. De part et d'autre on se bat avec acharnement, le feu devient plus vif, l'armée entière s'ébranle devant les murailles de Smolensk ; 5 à 6,000 hommes périrent encore sans résultat, par une de ces impatiences trop fréquentes chez Ney et Napoléon[1]. On fit jeter des milliers d'obus sur la ville ; d'épaisses colonnes de fumée sortirent de toutes les rues de Smolensk ; un affreux incendie sillonna le ciel rouge de feu. Qui avait amené ce malheur? étaient-ce les obus çà et là jetés par l'artillerie? les Russes avaient-ils

---

[1] *Extrait d'une lettre d'un officier.*

« A une heure après minuit, les débris de Smolensk furent abandonnés. Nos premiers grenadiers à deux heures du matin (18 août) se disposaient à monter à l'assaut : lorsqu'à leur grande surprise, ils approchèrent sans résistance, et reconnurent que la place était évacuée. Nous en prîmes possession, et trouvâmes dans ses murs plusieurs pièces d'artillerie que l'ennemi n'avait pu emmener.

« Jamais vous ne pourriez vous retracer l'horrible dévastation qu'offrait l'intérieur de Smolensk. Mon entrée dans cette ville fera époque dans ma vie. Figurez-vous les maisons incendiées, toutes les rues, toutes les places encombrées de Russes morts ou expirants, tandis que des familles désolées bravaient tous les dangers pour arracher les débris de leur fortune à la fureur des flammes qui éclairaient au loin cet affreux tableau. »

répandu l'incendie à travers ces maisons serrées? Smolensk fut en proie aux flammes qui sillonnèrent un horizon brûlant; les épaisses murailles seules restèrent debout.

Napoléon s'était placé hors de sa tente pour contempler l'affreux spectacle; il enjambait une chaise selon son habitude, appuyant sa tête sur ses mains; les lueurs de l'incendie se reflétaient sur ses traits pâles et cadavéreux. On ne dormit point au bivouac, et l'armée resta l'arme au bras; mille feux éclairaient les baïonnettes d'une sinistre lueur! tout cela faisait un funèbre et fantastique spectacle. Il était nuit encore, lorsqu'une division polonaise put pénétrer la première dans Smolensk; le silence régnait partout; pas un soldat, pas un seul habitant, tous avaient fui. Voilà donc encore une Nécropolis, une nouvelle ville des morts; et quand l'armée au son d'une musique retentissante traversa les rues de Smolensk, elle ne trouva que des cadavres, des décombres; pas un seul être vivant. Une tristesse indicible pénétra dans tous les cœurs, elle se laissait voir sur les visages; jamais en aucune campagne l'armée n'avait éprouvé cette consternation le jour où elle plantait ses aigles sur une capitale conquise!

# CHAPITRE IX.

### TROISIÈME PÉRIODE DE LA CAMPAGNE DE RUSSIE.

#### DE SMOLENSK AUX MURS DE MOSCOU.

Napoléon à Smolensk. — Combat de Valutina-Gora. — Développement de la marche militaire. — Espoir d'une bataille. — Mouvement de concentration. — Les armées détachées. — Situation stratégique. — Arrivée de Kutusoff. — Résignation de Barclay de Tolly. — Désordre de l'armée française. — Champ de bataille choisi par les Russes à Borodino. — Dispositions dans les deux camps. — Esprit du soldat. — Piété des Russes. — Raillerie des Français. — Attaque de Ney. — Bagration. — Développement de la bataille de Borodino ou de la Moskowa. — Kutusoff et Napoléon. — Pressentiment moral de l'Empereur. — Refus de faire donner la garde. — Campement des Russes. — Leur retraite. — Esprit des populations. — Dévouement de Moscou. — Assemblée des nobles, des marchands et des serfs. — Héroïsme du comte Fœdor Rostopchin. — Organisation de l'incendie. — Marche des Français sur Mojaïsk. — Aspect des murs de Moscou.

### 19 Août au 14 Septembre 1812.

Les feux du soleil du mois d'août continuaient à rayonner sur l'armée : telle est la puissance active de la chaleur dans ces contrées aux solstices d'été, que les Italiens eux-mêmes, les Napolitains, accoutumés aux tièdes eaux d'Ischia, étaient péniblement affectés de ces tourbillons de poussière brûlants comme le sable de l'Egypte ; les fatigues des hommes, les cadavres des chevaux engendraient dans les rangs des maladies contagieuses ; des multitudes de blessés restaient sans pansement, l'air était infecté de miasmes putrides.¹ A plusieurs lieues de Smolensk c'était encore des funérailles après les morts du combat, et ce qu'il y avait de triste en tout cela, c'est qu'aucun résultat n'était obtenu ¹ ; dans les guerres d'Allemagne, d'Italie, des masses de prisonniers tombaient au pouvoir de Napoléon, on pouvait annoncer que des milliers d'hommes rendaient leurs armes; ici on ne s'emparait que des blessés ; les Russes se faisaient tuer et leurs bataillons ne demandaient pas quartier; de manière que reformés le lendemain, il fallait encore les poursuivre et les combattre.

A Smolensk la bataille n'avait été qu'un fatal carnage; pour dissimuler le nombre des morts, on s'empressa d'enterrer les cadavres des Français et de ne laisser à la vue de tous que les soldats moscovites, froides dépouilles : ils étaient là étendus, et leurs muscles puissants, leur visage aux traits tartares se faisaient facilement distinguer sur la poussière. A Valutina-Gora, il fallut encore combattre; jamais de victoires : des sueurs, des carnages, des morts, des blessés aux larges coups ; telle était la destinée de cette campagne aux contrées lointaines; il n'y avait pas des vainqueurs et des vaincus, mais des soldats qui s'entr'égorgeaient à la baïonnette. Dans ces croisements de fer il se fit des prodiges de valeur, des régiments français s'y couvrirent de gloire en face de leurs fermes adversaires, et l'histoire doit conserver le souvenir de ces éclatantes actions ; la division Gudin fut surtout magnifique, elle y perdit son brave chef, un des vieux encore des campagnes d'Italie; la plupart de ses officiers furent atteints par la mitraille, et Napoléon les récompensa tous avec sa majesté et sa grandeur

---

¹ Tous les témoins oculaires sont d'accord sur les fatigues de cette marche.

habituelles; il fut prodigue de décorations et de titres.

Depuis quelque temps l'Empereur paraissait triste et préoccupé; les uns attribuaient cet état mélancolique de l'âme à la maladie qu'il portait depuis son enfance, quelques-uns à l'aspect de cette expédition stérile, les autres au changement de température arrivé subitement comme par un coup de foudre; dans ces contrées tout est extrême, le passage est rapide de la chaleur au froid; quelqu'endurci que pût être Napoléon, il ne contemplait pas sans quelque émotion les ravages que faisait la mort parmi ces rangs pressés; peut-être aussi sa prescience apercevait-elle de loin les résultats de sa campagne fatale; l'histoire de Charles XII revenait à son esprit si éminemment historique, et l'aspect du Borysthène même n'était pas capable de le détourner de si noires pensées. D'ailleurs il y a dans toutes les âmes quelque chose qui annonce les malheurs de l'avenir; ce n'est point un culte superstitieux que ce pressentiment qui fait frissonner à l'aspect d'une destinée ainsi livrée au hasard; alors on prend tout comme un présage, et le soleil qui s'obscurcit et les nuées d'oiseaux de proie qui battent des ailes autour des tentes. Le génie de Napoléon pouvait, avec sa grandeur habituelle, prévoir d'avance le mauvais état de sa campagne[1]; il était

---

[1] La correspondance militaire du quartier-général est néanmoins extrêmement active.

*Le major-général au maréchal Ney.*

Smolensk, le 19 août à huit heures du matin.

« Monsieur le duc, je reçois votre rapport de ce matin à six heures; l'armée ennemie aura pu prendre deux partis : 1º ou faire sa retraite avec une forte arrière-garde, afin de ne faire par jour que les marches qui lui conviendront; alors il faut suivre la route qu'aura tenue cette arrière-garde. 2º L'ennemi peut avoir fait sa retraite sur toutes les routes, comme il la fit en quittant Witepsk, et alors il faut préférer s'appuyer sur la route de Stabna, point d'intersection des routes de Witepsk et de Dukhowszina, en envoyant de forts partis pour s'assurer que la route de Rudnia est libre; il faut également envoyer de forts partis sur la route de Dorogobaz, route de Moscou. L'empereur a prescrit à la division Bruyère de se rendre à vos or-

entré en Russie avec plus de 450,000 hommes; les corps détachés à droite et à gauche depuis la mer Baltique jusqu'à la Vistule les avaient sans doute amoindris; mais la vaste colonne qu'il conduisait lui-même comptait plus de 240,000 hommes quand elle passa le Niémen. A Smolensk ce fut effrayant à voir : à la revue, et d'après les états de l'armée, on ne retrouva que 157,000 hommes sous les armes; ainsi près de 100,000 hommes étaient dévorés par la guerre; était-ce par suite de ces grandes batailles qui décident du sort des empires et préparent la paix? on n'en avait pas livré; 20,000 hommes à peine avaient péri au champ d'honneur, et cependant plus de cinq fois le nombre manquaient à l'appel; qu'étaient-ils devenus? et ici les rapports répondaient tristement : les maladies, la fatigue, avaient produit ces ravages, l'épidémie n'était pas la moins meurtrière des causes qui avaient décimé les rangs de cette armée.

Maintenant quel parti restait-il à prendre? car plus ces marches dans les contrées lointaines se multipliaient, plus les Russes se renforçaient par leurs milices et les levées en masse, tandis que les soldats de Napoléon voyaient leurs rangs s'éclaircir; on parlait bien des renforts qui venaient appuyer les régiments en marche au fond de la Russie; on formait en toute hâte des légions lithua-

---

dres, et Sa Majesté a été étonnée d'apprendre que vous croyez n'en avoir pas besoin. Sa Majesté pense, au contraire, que non seulement la division Bruyère vous sera nécessaire, mais qu'il faudrait encore y joindre deux divisions de cuirassiers; il faut dans ce pays marcher avec 20,000 hommes de cavalerie, ce qui est le grand avantage de celui qui poursuit sur celui qui se retire; celui qui poursuit doit tenir sa cavalerie à portée, tandis que celui qui fait sa retraite, rencontrant des défilés, est dans le cas de s'en trouver embarrassé. L'empereur a fait réitérer ce matin l'ordre au général Bruyère de vous rejoindre. Envoyez au-devant lui; Sa Majesté pense que sans cela vous ne pouvez rien faire. »

*Signé*, Alexandre.

*Napoléon au major-général.*

Smolensk, le 24 août 1812.

« Mon cousin, vous trouverez ci-joint un bon sur l'intendant pour fournir au prince de Schwartzenberg une seconde avance de 500,000 fr.; faites connaître au prince ma satisfaction de la victoire qu'il a remportée; que demain je marche sur

miennes sur la Vistule et le Niémen ; le corps du maréchal Victor recevait l'ordre de hâter son mouvement sur Smolensk ; mais ces renforts ne remplaçaient qu'avec peine les vides laissés par les désertions, les maladies et la mort. A mesure que l'on pénétrait dans ces contrées, les souffrances s'agrandissaient, les magasins manquaient, le désordre était partout, et comment les troupes auxiliaires pouvaient-elles seconder Napoléon à travers des pays ainsi ravagés? Plus le nombre des combattants serait grand, plus la disette serait cruelle ; la prophétie revenait à la pensée de plus d'un de ces hommes : « comment faire vivre 150,000 hommes dans un pays qui ne put pas même nourrir les 24,000 soldats de Charles XII? »

On voit dès lors la sollicitude de Napoléon pour conserver la garde sous sa main ; il n'engage jamais ce beau corps de réserve ; la garde a une plus forte discipline, elle reçoit une distribution mieux réglée ; tandis que l'armée de ligne se porte sur les routes, dans les champs pour marauder, la garde tient ses rangs, reste tout entière groupée autour de la tente de Napoléon, comme si elle répondait de sa gloire. L'Empereur la caresse, l'entretient dans ses nobles dispositions ; il semble que dans le pressentiment de cette retraite qui

l'ennemi, qui a l'air de prendre position à vingt lieues d'ici, sur la route de Moscou ; que je désire qu'il fasse en sorte que les troupes que l'ennemi a en Wolhynie ne viennent pas se porter sur moi, que je lui recommande de les occuper. Ecrivez au général Reynier dans le même sens. Vous ferez connaître au prince de Schwartzenberg que j'ai demandé à l'empereur d'Autriche que tous les avancements se fissent dans son corps, et qu'il leur fût accordé des récompenses ; que je me réserve, de mon côté, d'en accorder sur le rapport qu'il me fera ; que j'attends ses propositions. Ecrivez au duc de Tarente pour lui faire connaître ce qui s'est passé et que je me mets en marche. Ecrivez aussi au général Saint-Cyr, faites lui savoir que j'attends ses propositions pour accorder des récompenses à son corps d'armée ; qu'il résulte des bulletins russes que Wittgenstein n'a que deux divisions, formées de bataillons de réserve qui ne sont composés que de recrues.

« Sur ce, etc. »

Napoléon.

apparaît à ses yeux sombre déjà, il veut se réserver un corps d'élite, une masse d'hommes éprouvés qui fassent autour de lui comme un bataillon sacré : c'est la dixième légion de César; avec la garde il se fera toujours une trouée, il ne sera pas obligé de se rendre prisonnier à Bender. « S'il était, dit-il, aux limites du monde, avec sa garde, il en reviendrait[1]. »

Napoléon en serait-il déjà au désespoir? il lui reste de belles et nobles voies : une grande bataille, il la lui faut, parce qu'elle relèvera le moral de l'armée en abaissant la jactance des Russes, en brisant leurs dernières ressources. Moscou, il n'en est plus qu'à quatre-vingts lieues; dans quinze jours il faut y entrer triomphalement, les boyards agenouillés lui présenteront les clefs de la ville sainte. Moscou est une ville aussi puissante que Paris; la richesse de l'Europe et de l'Asie y circule à pleins bords; ne pourrait-on pas y prendre des quartiers d'hiver assurés par des retranchements invincibles? On y aurait l'abondance comme à Vienne, à Berlin, dans les grandes capitales de l'Europe! quel faste pour l'armée! quelle gloire pour lui! Et d'ailleurs, est-il présumable qu'une fois Moscou aux mains de Napoléon, l'empereur Alexandre ne demandera pas à traiter avec son ami de Tilsitt et d'Erfurth? n'est-ce pas à Berlin qu'il a dicté la loi au roi de Prusse? n'est-ce pas à Vienne qu'il a préparé le traité si onéreux à l'Autriche et fait passer sous les Fourches-Caudines la maison de Habsbourg? Eh bien! du

---

[1] Voici quelle était la situation de l'armée au 25 août.

| | | | |
|---|---|---|---|
| Vieille garde, | 6,812 | 4e corps, | 32.623 |
| Jeune garde, | 12,925 | 5e corps, | 11,857 |
| Cavalerie de la garde, | 4,208 | 8e corps, | 12,686 |
| Artillerie de la garde, | 2,500 1,000 | 1er corps de cavalerie, | 5,700 |
| 1er corps, | 40 622 | 2e corps, | 3,859 |
| 3e corps, | 16,053 | 3e corps, | 4,930 |
| | | 4e corps, | 4,000 |
| | | | 136,478  23,697 |

Kremlin, palais des anciens Czars, il forcerait Alexandre à signer la paix : on rétablira le système continental pour ressaisir cette dictature militaire et politique qui semble prête à lui échapper; l'Angleterre sera réduite à s'abaisser devant sa pensée impériale.

Ces raisonnements supposaient une ignorance complète du caractère héroïque et puissant qu'avait pris la résistance des Russes; Alexandre n'était plus cet élégant souverain, ce monarque enthousiaste d'une noble amitié qui avait pressé la main à Napoléon à Tilsitt et à Erfurth; le chef de la maison de Romanoff, retrempé dans le sang moscovite, était devenu comme le premier de ses boyards, le digne successeur des Ivans; il ne gouvernait que par eux et pour eux; la guerre était sainte pour le prince, les nobles, le peuple, pour tout ce qui portait l'âme haute et fière. Kutusoff, le Moscovite, l'emportait sur les généraux de Courlande ou de Livonie qui groupés autour d'Alexandre absorbaient sa confiance; Kutusoff, le héros de la nation slave, comme Suwarow, beau vieillard de soixante-sept ans, offrait ses cheveux blanchis pour garantir ses services et le succès de la bataille. Quand il visita Moscou, il vint se placer aux genoux du métropolitain Platon, et l'on vit le vainqueur des Turcs recevoir comme Alexandre l'image de saint Sergius, le patron de la patrie, des mains débiles du pontife centenaire; Kutusoff y fut béni et proclamé l'élu de la Russie; les cloches de Moscou sonnèrent à pleine volée ; les églises d'Uspenskoë, de Saint-Michel, resplendissaient de mille luminaires comme la porte sainte devant laquelle tout Moscovite se découvre. La guerre devenait nationale, et comme au temps des croisades elle était proclamée du haut des chaires par les popes et les archimandrites; les milices s'exerçaient partout comme si elles allaient marcher à la victoire.

Quand Kutusoff parut sous la tente, les régiments pleins d'enthousiasme demandèrent à combattre les Français orgueilleux qui venaient opprimer la patrie; il n'y eut pas un seul opposant à la guerre. Alexandre restait éloigné de l'armée parce que Kutusoff voulait la conduire seul avec les conditions de son sauvage patriotisme; Barclay de Tolly lui-même se mit avec modestie sous les ordres de l'élu du peuple; oubliant qu'il avait dirigé en chef l'armée pour ne plus se rappeler que l'obéissance militaire, il accepta un des commandements des corps; Kutusoff fut salué par ces régiments au visage tartare et basané; on célébra le saint sacrifice selon le rit grec sur des autels en plein vent; les bannières furent promenées dans les rangs, et des proclamations en langue slave furent répandues dans les bivouacs occupés par l'armée russe, afin d'annoncer la bataille. Kutusoff ne parlait point ce langage fier et antique que Napoléon adressait à ses soldats et qu'il empruntait au souvenir de Rome, de ses légions et de ses vétérans; il traitait les soldats russes de frères et de compagnons d'armes, dans la langue mystique et religieuse qui seule pouvait exciter les masses [1], sorte de prière contre le tyran étranger, l'archi-rebelle au Seigneur, qui pénétrait dans le sanctuaire. Kutusoff provoquait donc le saint dévouement des Russes contre ce vermisseau que la toute-puissance du Christ avait tiré de la

---

[1] *Proclamation de Kutusoff.*

« Frères et compagnons d'armes,

« Vous voyez devant vous, dans cette image, objet de votre piété, un appel adressé au ciel pour qu'il s'unisse aux hommes contre le tyran qui trouble l'univers ; non content de détruire des millions de créatures, images de Dieu, cet archi-rebelle à toutes les lois divines et humaines pénètre à main armée dans vos sanctuaires, les souille de sang, renverse vos autels, et expose l'arche même du Seigneur, consacrée dans cette sainte image de notre église, aux profanations des accidents, des éléments et des mains sacrilèges. Ne craignez donc pas que ce Dieu, dont les autels ont été ainsi insultés par ce vermisseau que sa toute-puissance a tiré de la pous-

poussière. « Je suis prêt à mourir, ajoutait-il, mais je suis au moins certain que mes yeux mourants verront la victoire. »

Ces paroles récitées aux soldats produisirent un vif enthousiasme; on serrait les mains calleuses de Kutusoff, on les couvrit de baisers, comme si Dieu avait placé cet homme pour relever les destinées de la Russie. Barclay de Tolly, Bagration, Bennigsen, se soumirent spontanément à ses ordres; on oublia le Czar, le grand-duc Constantin, pour ne plus penser qu'à Kutusoff, et bientôt ce vieillard, expression de la nationalité moscovite, changea toutes les dispositions du plan de campagne; il déclara que le moment était venu de livrer bataille : « Comment hésiter? Napoléon avait marché assez loin, il était au cœur de la Russie : on devait l'arrêter; s'il était défait, sa retraite n'était pas possible à travers tous les périls; victorieux, il s'avancerait incessamment et on lui offrirait deux ou trois batailles encore pour l'épuiser. » Kutusoff, avec son œil exercé, avait apprécié le caractère de l'armée russe; s'il y avait de braves régiments, solides sous la mitraille, on comptait aussi grand nombre de recrues qui n'avaient jamais vu les boulets rebondir sur la terre et les balles siffler entre les baïonnettes : il fallait donc fortifier par de formidables batteries une infanterie qui pouvait faiblir dans le combat; le dévouement à la patrie remplaçait pour beaucoup l'habitude des

---

sière, ne soit point avec vous; ne craignez point qu'il refuse d'étendre son bouclier sur vos rangs, et de combattre son ennemi avec l'épée de saint Michel.

« C'est dans cette croyance que je veux combattre, vaincre et mourir, certain que mes yeux mourants verront la victoire. Soldats, remplissez votre devoir, songez au sacrifice de vos cités enflammées, et à vos enfants qui implorent votre protection; songez à votre empereur, votre seigneur, qui vous considère comme le nerf de sa force, et demain, avant que le soleil ait disparu, vous aurez tracé votre foi et votre fidélité sur le sol de votre patrie avec le sang de l'agresseur et de ses guerriers. »

moyens militaires; il n'était plus possible de retarder une bataille; l'armée russe la désirait de toutes ses forces; pouvait-on toujours se retirer devant l'étranger, faire des déserts sans combattre? Moscou la sainte devait être sauvée par un effort victorieux.

Dans le camp des Français régnait un esprit sceptique et moqueur de tous ces sentiments religieux; l'armée de Napoléon, fille de la Révolution et de l'Empire, ne comprenait pas cette énergique résolution d'un peuple qui marche sous les bannières de ses saints nationaux; l'esprit sensualiste et railleur du xviii$^e$ siècle dominait dans les camps où brillait l'aigle; on pouvait même dire que le patriotisme, pris dans le sens absolu du mot, s'était considérablement amoindri dans ces guerres entreprises à quelques cents lieues des frontières; ces hommes belliqueux, avides de gloire et de fortune, faisaient campagne par état; si parmi eux il y avait un culte, c'était celui de leur Empereur; la religion pour César avait remplacé la vieille foi; souvent il y avait des murmures parmi les généraux et les officiers, souvent des plaintes s'élevaient jusqu'à lui; mais à peine Napoléon avait-il paru sur la ligne qu'il parcourait sur son cheval haletant, qu'aussitôt mille acclamations s'élevaient dans les rangs; l'Empereur avait ses autels dans le cœur des soldats, fanatisme aussi puissant que celui des pensées qui se tournent à Dieu.

Napoléon s'était porté sur la route de Mojaïsk; l'aspect de Smolensk en cendres, de ses ruines amoncelées, avait produit sur lui une impression lugubre; il y resta peu de jours, et son quartier-général fut placé à quelques lieues, sur l'embranchement de la route de Moscou. Là, jugeant et appréciant les opérations militaires avec un sens et une intelligence impatiente, il vit encore que les Russes lui échappaient; ses bulletins étaient souvent la reproduction de sa colère ou de sa jalousie [1]; il distribuait le blâme ou les louanges en raison des déceptions que ces plans éprouvaient; il ne ménageait pas même ses amis les plus dévoués : ce fut dans un de ces bulletins irrités qu'il accusa Junot de manquer d'activité, flétrissure que la pauvre tête du général eut peine à supporter. Napoléon, comme le soldat, avait la conviction qu'il fallait une bataille prompte, décisive, puis des quartiers d'hiver dans une ville comme Moscou; il la fallait pour sortir de ce désert, de ces poursuites sans but dans lesquelles on croyait toujours atteindre l'armée russe, qui échappait comme une ombre devant les démonstrations des Français.

Il se trouvait enfin que les vieux Moscovites étaient alors aussi impatients d'une bataille que pouvait l'être Napoléon; l'influence de Barclay de Tolly était tout entière effacée, et à son plan de retraite, qui laissait les Français s'avancer au cœur de la Russie, avait succédé le projet plus hardi que Kutusoff avait tracé de son épée : « livrer bataille sous la protection des saints de la patrie. » Les Russes avaient fait trop de sacrifices; les populations s'étaient montrées avec trop d'ardeur, pour ne pas appeler de tous leurs vœux une bataille!... Lorsqu'un peuple se lève en masse pour donner tout, son corps, ses biens, à son souverain et à sa patrie, ce n'est pas pour fuir toujours; il a un besoin instinctif de marcher en avant; il se sent capable de remplir de hautes destinées. Dès que Kutusoff eut pris le commandement

---

[1] Napoléon n'épargnait pas même Berthier. Voici ce qu'il lui écrit :
« Mon cousin, vous avez reçu mon ordre du jour pour les bagages; faites en sorte que les premiers bagages que je ferai brûler ne soient pas ceux de l'état-major général (ceux de Berthier). »
*Signé*, Napoléon.

de l'armée, on put juger qu'une bataille devenait inévitable ; les deux camps la désiraient avec une ardeur égale, il s'agissait seulement de choisir une bonne position. Kutusoff pouvait compter sur l'ardeur et la fermeté de ses vieux soldats, sur la vive impatience des recrues et leur dévouement à la mort ; il venait d'être rejoint par le corps de Miloradowitch et la milice de Moscou. Le récit que les paysans faisaient de l'impiété des Français, méprisant les églises grecques, insultant les popes, excitait dans tous les cœurs une vive et profonde indignation. Dans tous les rangs le cri de bataille se fit entendre.

La position choisie par Kutusoff était située entre Smolensk et Moscou, à vingt-sept lieues seulement de la vieille capitale ; le village de Borodino, grand bourg, jusqu'alors inconnu dans l'histoire, forma la gauche de la position russe ; on voyait s'élever sur une hauteur le vaste monastère de Kolotskoy, que les religieux avaient quitté processionnellement la veille. La Moskowa coulait à une lieue du champ de bataille ; une petite rivière, la Kalotcha, allait se jeter dans son confluent ; des bois de sapins, la vieille et grande route de Smolensk à Moscou, par Mojaïsk ; les petites hauteurs çà et là jetées, comme pour accidenter le terrain, faisaient de cette position un bon champ de bataille : plaine, bois, ravin, ruisseau, n'était-ce pas là toutes les conditions d'un terrain stratégique pour une grande journée ? Kutusoff l'avait choisi pour son armée, étudiant tout l'espace entre Smolensk et la Moskowa ; le village de Borodino, sur le devant de la ligne, était fortement occupé, et se liait à la grande redoute, défendant la partie la plus faible du champ de bataille ; un mamelon fortifié dominait le bois, protégé lui-même par la redoute. Les dispositions de Kutusoff étaient pleines de méthode, et en harmonie avec le caractère du soldat russe; habitué à la guerre contre les Turcs, il avait étudié l'art des retranchements et des redoutes; il savait aussi que si l'impétuosité des Français était grande, une fois cette ardeur arrêtée, leur défaite était facile. Les grenadiers du prince Charles de Mecklembourg durent défendre Borodino; l'infanterie fut placée dans le village et les bois, la cavalerie dans la plaine, et Bagration en réserve. Toutes ces masses de soldats attendirent pleines d'ardeur le premier signal de la bataille; les milices de Moscou même brûlaient d'en venir aux mains; soldats de quelques jours, ils ne demandaient qu'à mourir pour la patrie.

Napoléon s'avançait de son côté à marches forcées pour atteindre les Russes de Kutusoff, espérant toujours la bataille. Dans cette progression rapide quelques désordres s'étaient mis dans l'armée française; la discipline n'était plus observée, on traversait les villages incendiés, sans vivres, sans pain, sans autre ressource que la maraude. Rien n'était épargné, ni la chaumière, ni le palais, ni l'église; l'armée était harcelée par des plucks de Cosaques; les paysans eux-mêmes s'armaient déjà. Les munitions de guerre manquaient pour l'artillerie comme pour l'infanterie [1]; les ordres que l'Empereur avait donnés pour éviter l'encombrement des voitures n'étaient point exécutés; cette voix si puissante était à peine écoutée; on courait pour atteindre les troupes de Kutusoff. Ce fut le 5 septembre, après que sa cavalerie fut augmentée du beau corps de Latour-Maubourg, que Napoléon laissa éclater toute sa joie en apercevant l'ennemi dans les magnifiques posi-

---

[1] L'Empereur avait pris les mesures les plus sévères, mais toujours impuissantes, pour la distribution des vivres.

tions de Borodino; sa gaieté fut aussi vive que si la victoire était déjà sous ses aigles. Les voilà donc ces Russes qu'il cherchait depuis si longtemps! les voilà couronnant les hauteurs, et l'attendant de pied ferme, comme s'ils étaient protégés par la main de Dieu!

« La bataille! la bataille! » fut le cri général. Il était une heure, le soleil à son plein, et, sans retarder un moment, Napoléon ordonne d'enlever à droite la première redoute et le mamelon de la route de Kalouga que protégeaient les grenadiers du prince Charles de Mecklembourg. C'était comme la veille des armes ; Napoléon dit aux Polonais : « Voilà les Russes, c'est vous que cela regarde, » et les Polonais chargent la tête haute; Poniatowski les conduit; ils ont à leur face leur antique ennemi; ils y marchent comme en rugissant de colère; Murat les soutient avec sa cavalerie. Trois divisions de Davoust s'avancent en rangs serrés; mais à Compans reste l'honneur d'enlever la redoute; Friant la tourne suivi de la division Morand. Il fallait voir les régiments de Compans s'avancer en colonnes serrées et montant à l'assaut l'arme au bras comme à une fête sous la mitraille! La redoute est prise ; les Russes se rallient et bientôt leur étendard reparaît sur le sommet; deux fois la redoute est prise et reprise; cette terrible redoute voit encore le drapeau russe! une quatrième charge la met enfin au pouvoir des Français. C'était un prélude de la grande journée, une passe d'armes de la veille, comme dans les romans de chevalerie. Dans ce premier choc si rude les coups furent donnés et rendus avec le plus grand acharnement; les morts couvraient le terrain. La redoute chèrement achetée mettait à même Napoléon de tracer avec toute liberté son plan de bataille pour le lendemain. La position de Kutusoff était moins bonne;

maîtres de la redoute, les Français pouvaient se déployer plus facilement sur les flancs des Russes; Kutusoff allait-il encore se retirer après le premier échec? échapperait-il la nuit comme Barclay de Tolly? Napoléon, plein d'inquiétude, était debout déjà à 4 heures du matin : «Où est l'armée russe? » tel est son premier mot. Non, Kutusoff ne s'était point retiré; pour lui était venu le moment de la résistance, il ne refusait pas la bataille; on put le voir sur le vaste terrain où se déployait son armée [1].

Dès la pointe du jour, Napoléon, vêtu de sa redingote grise, sur son cheval blanc, poussa une reconnaissance à toute bride presque jusqu'aux avant-postes russes; il put juger que cette armée attendrait avec une héroïque résignation les coups des Français; elle ne fuit plus, elle s'est arrêtée; l'Empereur voit qu'il est temps de prendre un parti. Il est dix heures, le 6 septembre; retiré sous sa tente, il dicte des ordres, trace les mouvements des corps; chaque maréchal doit ne les exécuter que pendant la nuit, pour qu'on puisse les modifier jusqu'au moment même de la bataille; il consulte, il médite; il fait venir Davoust, Ney, Junot, Eugène; il est là au milieu d'un carré formé par l'infanterie de la vieille garde, impatient, inquiet, agité. La nuit du 6 au 7 septembre le sommeil de la nuit fut peu long; à deux heures l'Empereur était debout; ses paroles furent celles-ci : « Quel temps fait-il ? » « Le ciel est pur, » répondit une sentinelle de la garde, vieux grenadier, à la porte de sa tente. Alors Napoléon répéta sa phrase habituelle : «Nous aurons le même temps qu'à Austerlitz.» L'escadron de service est à cheval et l'entoure; il monte sur son fougueux coursier, et répète encore : « C'est le

---

[1] Ici j'ai besoin de dire que les bulletins sont fautifs, exagérés et souvent fanfarons.

temps d'Austerlitz. » Austerlitz était sa prédilection stratégique, sa bataille aux vastes manœuvres; puis c'était contre les Russes qu'on allait croiser la baïonnette; à Austerlitz c'était aussi contre les Russes ! Kutusoff commande à Borodino, comme il dirigeait les colonnes russes dans la Moravie; rapprochements qui lui plaisent toujours dans sa vie militaire ! Napoléon, debout à 4 heures, alla d'abord visiter la redoute conquise l'avant-veille; cette redoute était remplie par la vieille et la jeune garde; toutes les fois qu'il s'agissait d'une grande bataille, la garde paraissait en grande tenue, c'était sa fête à elle; il fallait faire honneur à la victoire, cette maîtresse chérie; un banquet d'honneur lui était réservé dans des coupes fantastiques pleines du sang ennemi! Le restant de la nuit fut passé à construire des ponts sur la Kolotcha, la petite rivière; on éleva des ouvrages, on multiplia les canons en batterie. L'appel du matin donnait le résultat suivant : onze corps composaient l'armée impériale; huit autour de la redoute devaient se précipiter comme un torrent sur les points indiqués par Napoléon; la redoute conquise le 5 serait le bivouac de l'Empereur au milieu de sa garde! Ainsi se passa cette nuit mémorable, tous les corps sous les armes, les fantassins le fusil au pied, la cavalerie sellée.

Pendant ce temps, Kutusoff developpait sa tactique, puisée aux campagnes du Danube. Voici quelles furent les dispositions prescrites à l'armée russe : « un régiment de chasseurs de la garde, hommes puissants et forts, dut se placer en colonnes pressées dans le village de Borodino; sur le plus vaste plateau, les corps d'élite d'Ostermann et de Bagawout; puis la belle et forte infanterie de Doctoroff, chargée de défendre la principale batterie;

à la droite de cette batterie, des divisions massées, s'appuyant elles-mêmes sur les bois ; à l'arrière-garde, la milice de Moscou, mal exercée et qu'on ne pouvait placer en ligne militaire sans jeter la confusion et le désordre. Enfin, en réserve toute la garde russe et la cavalerie. » Tel fut l'ordre de Kutusoff [1] ; chaque division d'infanterie avait derrière elle un corps puissant de cavalerie ; le vieillard, sur un cheval tartare, s'était placé avec son état-major près de la redoute, au centre du corps de Doctoroff. L'image de saint Serge était gardée comme dans un sanctuaire par la milice de Moscou.

Dans cette nuit qui précéda la bataille, Napoléon put voir les divisions russes dont les feux resplendissaient au loin. Les Français, privés de bois, ne purent allumer les bivouacs ; leurs campements restèrent dans les ténèbres ; ils passèrent la nuit debout sur un terrain déjà froid et humide comme les nuits d'automne. A la pointe du jour, l'Empereur parcourut tous les rangs ; il fut remarqué par tous, car quel était le soldat qui ne portait l'empreinte de son visage en son cœur? Depuis quelques jours Napoléon avait atteint sa quarante-troisième année, il fallait saluer l'anniversaire par une victoire ; tous purent contempler sa petite taille, ses épaules hautes, son embonpoint, sa démarche pesante. Ses regards pénétrants suivaient avec attention tous les mouvements des lignes militaires ; la joie et la colère se peignaient tour à tour sur son visage, parlant à tous d'un ton brusque et saccadé ; il portait un chapeau si bas que de tous les rangs on pouvait le reconnaître à la bizarrerie de sa forme, imitée des officiers du vieux régime.

[1] Bulletin de Kutusoff.

L'ordre de bataille, tracé dans cette longue nuit, se résumait dans les dispositions suivantes : un feu violent d'artillerie, dirigé sur la grande redoute, devait saluer le soleil de ses mille coups redoublés ; alors Poniatowski, avec ses Polonais, devait la tourner par les bois, et Davoust le soutenir dans ce mouvement qui pirouettait vers la gauche sur le corps de Ney et des Westphaliens. Dans l'intervalle, entre Ney et Eugène, de grandes masses de cavalerie : Montbrun, Latour-Maubourg et Nansouty ; la cavalerie devait suivre les différents corps. Eugène, avec les divisions Morand, Broussier et Gérard, attaquerait de face la grande redoute, tandis que la garde resterait à la disposition de l'Empereur pour agir dans des circonstances périlleuses. Cet admirable tracé de bataille avait pour but de refouler l'armée de Kutusoff dans l'angle formé par la Kalotcha et la Moskowa, et la forcer ainsi à mettre bas les armes ; plan magnifique, qui aurait inévitablement réussi avec des troupes moins tenaces, moins fières que les Russes conduits par Kutusoff. A cinq heures du matin un roulement de tambours se fit entendre dans les bivouacs des troupes françaises ; un ban fut battu, les régiments se formèrent en pelotons ; chaque capitaine, à la tête de sa compagnie, lut une proclamation courte et antique, dictée par Napoléon : « La voilà donc enfin cette bataille si désirée ! disait l'Empereur à ses soldats ; » la victoire dépendait d'eux, elle était nécessaire, car elle donnerait l'abondance et de bons quartiers d'hiver. Napoléon finissait par cette apostrophe : « Soldats, la postérité dira de vous : Il était à cette grande bataille, sous les murs de Moscou [1]. »

---

[1] *Proclamation de Napoléon.* « Soldats ! voilà la bataille que vous avez tant désirée ! désormais la victoire dépend de vous ; elle nous est nécessaire, elle nous

Ces paroles correspondaient à tous les sentiments de l'armée, à ses plaintes, à ses désirs; Napoléon avouait la nécessité impérative d'une victoire; aux soldats manquant de tout, il promettait l'abondance; on craignait l'hiver avec ses frimas glacés, il annonçait de bons quartiers dans une cité opulente; on était loin de la patrie, et il leur faisait entrevoir un prompt retour. Sur toute la ligne on n'entendit plus que les cris de : *Vive l'Empereur !* Sous les armes cette armée comptait encore, le 7 au matin, 120,000 hommes; on les voyait manœuvrer dès l'aurore; l'infanterie était solide, la grosse cavalerie d'une force et d'une énergie invincibles; cinq cent quatre-vingt-sept bouches à feu pouvaient se porter de droite et de gauche en face des Russes, qui ne comptaient que 85,000 hommes de troupes régulières, 10,000 de milices et 50,000 environ de cavalerie, irrégulière, mal organisée; quoique les forces numériques fussent à peu près égales, l'armée de Napoléon avait une supériorité militaire incontestable et une science plus étendue; ces armées avaient traversé l'Europe et salué toutes les capitales. Kutusoff avait pour lui l'amour de la patrie et l'énergie des principes religieux et nationaux.

Tout à coup, à six heures du matin, une détonation de cent vingt pièces d'artillerie annonce que la bataille commence; les Russes répondirent par des feux aussi formidables. La terre tremble à deux lieues, les chevaux bondissent dans les rangs, et pas une seule parole!

---

donnera l'abondance, de bons quartiers d'hiver et un prompt retour dans la patrie! Conduisez-vous comme à Austerlitz, à Friedland, à Witepsk, à Smolensk, et que la postérité la plus reculée cite votre conduite dans cette journée; que l'on dise de vous : Il était à cette grande bataille sous les murs de Moscou. »

*Signé*, Napoléon.

Napoléon contemple toute la ligne, et alors commencent à se déployer les mouvements de l'armée française : c'est Davoust qui engage la bataille avec les divisions Compans et Dessaix, soutenues d'un feu très vif de mousqueterie. Là se livre une première bataille; le 106ᵉ régiment s'avance au pas de charge pour s'emparer du point de Semenskoé, Bagration le ramène à la baïonnette; alors s'élance une nuée de cuirassiers, la brigade de Nansouty vient à elle; cuirassiers contre cuirassiers, la mêlée est belle! L'armée française gagne du terrain à sa droite; la résistance est vive et profonde, le plan de Napoléon s'exécute, mais lentement. Eugène, la pensée remplie des grandes paroles de son père et de son Empereur, exécute son mouvement à la gauche sur le village de Borodino; là-bas c'était le cliquetis des lattes des cuirassiers, le froissement aigu des cuirasses; ici c'est un croisement de baïonnettes entre les deux gardes italienne et russe. Les hommes des contrées du Midi, les fils des cités de Venise, de Milan, de Gênes, de Modène, aux grappes d'or, à l'olivier, aux figuiers, croisent le fer à outrance avec les mâles enfants des forêts de sapins et du pôle, avec les fils des boyards de Moscou, de Smolensk et de Novogorod. Eugène soutient ses divisions en-

---

[1] Voici deux pièces essentiellement curieuses sur la bataille de la Moskowa ou de Borodino : c'est d'abord le bulletin russe, puis la dépêche de l'ambassadeur anglais à Saint-Pétersbourg; elles peuvent servir à discuter le bulletin de Napoléon.

Borodino, le 6 septembre 1812.
« Depuis mon humble rapport à V. M. I., dans lequel j'annonçais que je m'attendais à être attaqué dans la position de Borodino, le 5 septembre l'ennemi a envoyé des forces considérables contre notre gauche commandée par le prince Bagration. Observant l'impétuosité avec laquelle la principale force de l'ennemi se jetait sur ce point, je jugeai nécessaire, pour fixer son attaque, de la diriger contre les hauteurs qui avaient été fortifiées. L'action a été opiniâtre et a duré depuis deux heures jusqu'à une heure très avancée. Les troupes de Votre Majesté ont déployé le même courage que j'ai observé depuis que j'ai joint l'armée. La seconde division de cuirassiers qui a attaqué une seconde fois, quand la nuit était déjà venue, s'est surtout distinguée. En général, toutes les troupes, loin de perdre un pouce de terrain, ont partout repoussé l'ennemi, et lui

## BATAILLE DE LA MOSKOWA (7 SEPTEMBRE 1812).

gagées ; il reste maître de Borodino, comme Davoust vient d'enlever la position de Semenskoé.

En commençant la bataille, Poniatowski avait opéré son mouvement de droite à gauche, ainsi que le prescrivait l'Empereur ; il avait déployé ses Polonais, s'élançant sur la droite des Russes avec fureur; il s'était mal engagé dans des marais, et la plus grande confusion régnait dans ses rangs. Kutusoff voit que ce déploiement trop étendu des forces de l'armée française laisse des intervalles et des points que l'on peut briser. L'intrépide Bagration est chargé de repousser Davoust, et de culbuter Ney surtout qui s'ébranle pour tourner la grande redoute ; l'attaque des Russes est furieuse, et des régiments entiers sont refoulés ; à chaque attaque, des officiers-généraux tombent, la mitraille éclaircit les rangs. Ney commence à sentir qu'il ne peut plus tenir ; il envoie aide-de-camp sur aide-de-camp demandant du secours : « Du secours, il m'en faut à tout prix ! » Napoléon se promenait à pied avec le major-général Berthier près de la redoute prise l'avant-veille et qu'occupaient la jeune et la vieille garde ; il causait avec une grande indifférence et une insensibilité apparente, lorsqu'un officier d'ordonnance du maréchal Ney arrive au galop :

---

ont fait éprouver une perte bien plus considérable que la nôtre. Nous avons pris huit canons ; nous en avons laissé sur le champ de bataille trois qui ne pouvaient plus servir. »

*Numéro 2.*
Au village de Borodino, le 8 septembre 1812.

« Depuis mon rapport sur l'attaque que l'ennemi a faite le 5 septembre sur le flanc gauche de notre armée rien d'important n'a eu lieu jusqu'à la pointe du jour, hier matin ; à quatre heures du matin, l'ennemi, à la faveur d'un brouillard très épais, dirigea encore la plus grande partie de ses forces contre notre gauche.

« La bataille devint générale, et dura jusqu'à la nuit. La perte, des deux côtés, est considérable ; celle de l'ennemi, à en juger par ses terribles attaques sur nos positions fortifiées, a dû être beaucoup plus considérable que la nôtre. Les troupes de V. M. I. se sont battues avec un courage incroyable. Les batteries ont successivement passé entre les mains des deux parties, et le résultat a été que l'ennemi, malgré la supériorité de ses forces, n'a pas gagné un seul pouce de terrain. Aussitôt

« Qu'est-ce donc ? » dit l'Empereur comme s'il était importuné. « Sire, Bagration a repris l'offensive, le maréchal Ney ne peut plus tenir, Junot a été envoyé au secours de Poniatowski; il est temps de secourir le maréchal, si vous ne voulez qu'il soit écrasé et repoussé jusqu'ici. » Napoléon se promenait toujours sans dire mot et comme absorbé dans ses rêveries; puis se tournant vers Berthier, il lui dit : « Qu'envoyer là ? » Berthier répondit : « Sire, une division de la jeune garde disponible, le général Claparède, par exemple. » « Oui, dit l'Empereur, vous avez raison; dites à Claparède de marcher. » Puis il rappelle l'aide-de-camp : « Non, non, pas Claparède, il m'est nécessaire; faites dire à Friant de soutenir Ney. » Ce colloque avait duré une demi-heure : c'était trop dans des périls aussi pressants, chaque minute était comptée, il fallait une décision prompte. Les troupes de Ney couraient çà et là éperdues. Alors Latour-Maubourg, ne consultant que la nécessité et son courage, s'élance avec une division de cuirassiers saxons, car il faut arrêter l'ennemi à tout prix; Friant soutient ce mouvement et le développe; les troupes du maréchal reprennent l'offensive. Il était neuf heures et c'était le seul succès obtenu sur ce point; les troupes étaient tellement

que j'aurai recruté mes troupes, approvisionné mon artillerie, et augmenté mes forces des renforts de Moscou, je verrai ce que je peux, me reposant sur l'assistance du Tout-Puissant et sur la valeur incroyable de l'armée, entreprendre contre l'ennemi.

« Le prince Bagration à notre grand regret a été blessé au pied. Les lieutenants-généraux Toutechkoff, prince Kortschakoff, les majors-généraux Bachmstieff, comtes Woronzoff et Kreioff, ont été blessés. Nous avons fait quelques prisonniers, pris quelques canons, et un général de brigade. Il est encore nuit, et je n'ai pu me procurer d'autres détails. »

*A lord Castlereagh.*

Saint-Pétersbourg, 13 septembre 1812.

« Mylord, je m'estime heureux de commencer ma correspondance de Saint-Pétersbourg, en vous annonçant que les troupes de S. M. I. ont été victorieuses dans une bataille opiniâtre et générale qui a eu lieu le 7 septembre, au village de Borodino, entre Mojaïsk et Tjate, sur la grande route de Smolensk à Moscou.

« Il paraît que Bonaparte avait concentré ses forces après l'affaire de Smolensk.

BATAILLE DE LA MOSKOWA (7 SEPTEMBRE 1812). 275

harassées qu'il y eut une espèce de suspension d'armes.

Si Ney échappait au péril par la charge de la grosse cavalerie, Poniatowski fléchissait, lorsque Junot arriva pour le soutenir, et l'offensive fut reprise sur ce point comme sur la ligne de Ney. L'acharnement de l'ennemi déployant ses troupes d'élite ne permettait plus au plan de Napoléon de se développer dans sa régularité; avec des hommes tels que les Russes, on ne faisait pas de prisonniers. Eugène, maître de Borodino, chercha dès lors à se porter au-delà de ce village, et l'on vit les divisions italiennes se former avec régularité à deux cents toises au-dessus de Borodino; fortifié des divisions Morand, Gérard, Broussier et Grouchy, Eugène se prépara dès lors à attaquer de face la grande batterie, centre de la bataille; de ce point dépendait tout le succès : un régiment s'élance la baïonnette au bout du fusil; il court sur la terrible batterie, y pénètre en désespéré; à ses nobles couleurs on reconnaît le 24e, l'armée le salue de ses acclamations! entouré par les Russes, abandonné par la division Morand vivement pressée elle-même, ce régiment reste dans les embrasures de la redoute; il ne peut compter désormais que parmi les morts, et ses grenadiers basanés ne passeront plus d'autre revue que celle des grandes ombres devant l'ombre

« Le prince Kutusoff, de son côté, avait choisi une position et posté ses forces dans le voisinage.

« Le 4 septembre l'ennemi fit une reconnaissance en force, et fut repoussé avec perte.

« Le 5, les Français attaquèrent l'aile gauche, et furent repoussés avec un carnage considérable, tant dans l'action même que dans la retraite, et perdirent sept ou huit pièces de canon.

« Le 6, il ne se passa rien d'important; mais le prince Kutusoff fit avancer ses réserves, compléta ses dispositions, et ajouta plusieurs retranchements et plusieurs batteries sur son aile gauche.

« Le 7, les Français, à la faveur d'un brouillard épais, attaquèrent de nouveau l'aile gauche avec une grande impétuosité, et avec la réunion de tous ces moyens et de ces attaques successives par des troupes fraîches qu'ils ont toujours employées dans leurs plus grands efforts.

« Ils furent reçus par les divisions de grenadiers appartenant à l'aile gauche, sous les ordres du prince Bagration; et le cen-

T. IX. 18

plus majestueuse de leur Empereur. Kutusoff profite de cette hésitation, il lance la division Ostermann sur le flanc d'Eugène : elle renverse et brise une brigade de la cavalerie légère; les Italiens sont en fuite à ce terrible choc, puis obligés de passer sur la rive gauche de la Kalotcha pour rétablir leurs rangs en désordre. Protégé par la garde italienne et les batteries de réserve, Eugène reprend l'offensive; il marche la baïonnette au bout du fusil et parvient à repasser ce ruisseau.

Cependant la grande batterie du centre restait intacte et abimait l'armée de ses feux meurtriers; tant qu'elle est sous le drapeau russe, la bataille est en leur pouvoir; Napoléon indique du doigt qu'il lui faut cette redoute; il la lui faut à tout prix. Ici commence à s'ébranler une division de cuirassiers qui s'élance à toute bride sur la hauteur couronnée par les ouvrages russes; Montbrun la conduit aussi fièrement sous les boulets que dans une revue du Champ-de-Mars ou du Carrousel. Cette première charge échoue devant les retranchements; Montbrun reste dans la redoute la poitrine brisée par un boulet. On se hâte d'annoncer cet échec à Napoléon; il réfléchit un moment; puis il dit au général Auguste de Caulain-

tre de la ligne russe ayant à son tour attaqué les masses dirigées contre l'aile gauche, l'affaire devint générale.

« Le prince Kutusoff date ses dépêches du champ de bataille.

« D'après les rapports, l'ennemi a fait couvrir sa retraite par l'infanterie de Wurtemberg et par un gros corps de cavalerie.

« Mais, le général Platoff, avec ses Cosaques, se mit à leur poursuite, et en tua ou prit un grand nombre.

« L'ennemi se retira au-delà de trente werstes. J'ai retardé cette dépêche deux jours, dans l'attente de nouveaux événements et dans l'espoir de recevoir des rapports plus détaillés; mais comme on a reçu des lettres de l'armée du 9 septembre, j'ai jugé à propos de transmettre dans sa forme actuelle le rapport d'une bataille qui doit à jamais illustrer les annales militaires de cet empire, et qui, sans être peut-être décisive, doit former une époque marquante dans l'histoire de cette guerre.

« J'ai vu des lettres d'officiers distingués ayant beaucoup d'expérience; ils regardent cette bataille comme une des plus terribles et des plus meurtrières qu'ils aient jamais vues, et elle surpasse infiniment celle de Prussich-Eylau.

## PRISE DE LA REDOUTE (7 SEPTEMBRE 1812).

court, le frère du grand-écuyer : « Allons, Caulaincourt, à la redoute : vous savez qu'il nous la faut ! »

Les voilà donc ces cuirassiers aux chevaux pesants, à la crinière rouge et bleue, chargeant, la latte haute, les grenadiers russes et les poussant jusque sur les dernières batteries ; ils y entrèrent par une brèche, en semant la terre de cadavres ; les Russes culbutés se firent tuer sur leurs pièces sans bouger de place. Alors Eugène, protégé par les cuirassiers, pénétra dans la redoute ; le général de Caulaincourt fut frappé de mort au moment où la trompette des victoires sonnait la prise de la grande batterie. Un aide-de-camp vint annoncer à Napoléon ce beau fait d'armes acheté bien cher : deux généraux de division et la moitié des cuirassiers étaient restés dans les décombres ; l'Empereur écouta les merveilles de sa cavalerie, tout en se promenant, sans donner d'ordres pour la suite de la bataille, et comme absorbé dans ses pensées. Ce n'était point là une de ces journées actives, telles qu'Austerlitz ou Iéna ; à ces grandes époques, il n'hésitait pas pour couronner un succès.

Sous la tente de Kutusoff, la prise de la redoute fut annoncée comme un événement qui avait coûté cher

---

« Plusieurs officiers-généraux ont été blessés outre ceux dont les noms se trouvent dans les rapports ; et la perte en officiers d'un grade inférieur est représentée comme étant en proportion de celle des soldats. Je n'ai entendu personne évaluer la perte des Russes à moins de 25,000 hommes.

« La perte des Français a dû être infiniment plus grande, à cause de la poursuite, et parce que le feu de leur artillerie cessa de bonne heure, tandis que les Russes continuèrent à tirer leurs pièces tant que l'ennemi fut à portée.

« Les troupes nouvellement levées à Moscou avaient joint, et paraissent avoir été parfaitement propres au service. Celles qui ont donné se sont bien conduites. L'aile droite n'a pas eu grand'chose à faire, et un seul bataillon des gardes a, d'après les rapports, éprouvé quelques pertes.

« On a appris par les rapports que la tête des colonnes de l'armée de Moldavie avait joint le corps du général Tormassoff, ce qui, avec un autre corps, composé de plusieurs divisions, qui a aussi joint cet officier, forme une armée de 80,000 hommes des meilleures troupes. »

J'ai l'honneur d'être, etc.

*Signé*, Cathcart.

aux Français; le vieux général ne s'en déconcerta pas; tandis que tous les efforts s'étaient portés sur la redoute, il avait aperçu une partie bien faible du champ de bataille, occupée seulement par quelques divisions de cavalerie; son plan fut de suite combiné, sa résolution prise; il pouvait faire une grande trouée au centre de Napoléon, et changer la face du combat, en culbutant les faibles divisions réunies. Sous ses ordres, toute la réserve, la garde impériale, les cuirassiers, les grenadiers, s'avancèrent sur le centre dégarni. Qu'on se représente 50,000 soldats d'élite réunis sur un seul point et marchant en colonnes pressées, jetant leurs feux de droite et de gauche.

Le moment était décisif, la garde de Napoléon était intacte, que fallait-il faire? entourer la colonne et Kutusoff par des masses, et obtenir ainsi un succès immense comme à Austerlitz? L'Empereur persista dans sa résolution de ménager sa garde; et ce fut à l'inspiration d'un homme remarquable, Sorbier, que l'armée dut de reprendre l'offensive. Sorbier commandait l'artillerie de la garde; ne consultant que son courage, il réunit en batterie vingt-quatre pièces de douze, tirant à mitraille sur la réserve russe; Murat, admirable sur le champ de bataille, le seconda; il fait masser soixante pièces en batterie. A cet aspect, la cavalerie russe charge aux cris de hourra! hourra! plusieurs pièces tombent en son pouvoir. « En avant! en avant! » répond Murat, et les cuirassiers, les dragons abordent la garde russe fièrement; la grande colonne, d'abord arrêtée, puis vigoureusement entamée, dut opérer sa retraite, mais elle la fit avec ordre. Comment le génie de Napoléon n'aperçut-il pas qu'avec sa garde intacte, il pouvait achever le combat et remplir les conditions

## BATAILLE DE LA MOSKOWA (7 SEPTEMBRE 1812). 277

de son plan qui était d'aculer les Russes dans l'angle de la Moskowa et de la Kalotcha? Eh bien! cette garde resta immobile, ces vieux grenadiers, en grande tenue, assistèrent impatients et l'arme au bras à tous les mouvements de la bataille; si on les avait lancés sur l'armée de Kutusoff, qui sait ce que ce torrent n'aurait pas renversé? La jeune garde, pleine d'impatience, marquait le pas comme pour se distraire; les chasseurs, les dragons, les cuirassiers, ces beaux grenadiers à cheval murmuraient de tant de mollesse; Napoléon resta muet : quelle était sa pensée? Faut-il répéter qu'il avait le secret pressentiment des services que pouvait lui rendre la garde, si loin de ses frontières? la pensée du retour l'absorbait-elle déjà? La garde, c'était sa destinée, son bras, son cœur, et il ne voulait pas la compromettre.

Le soir on ne compta de part et d'autre que peu de prisonniers; on s'était battu avec acharnement depuis six heures du matin jusqu'à la nuit; le champ de bataille était couvert de morts; on énuméra 70,000 hommes mis hors de combat [1] : quel massacre! Comme à Eylau ce fut un croisement de fer, un carnage, une pâture aux corbeaux, des funérailles sans triomphe; on bivouaqua en face l'un de l'autre sans oser une attaque ou une poursuite du lendemain. Dans cette journée, Napoléon n'osa pas tout ce qu'il pouvait; si loin de

---

[1] Dans cette bataille cent vingt mille coups de canon furent tirés; la perte des Russes s'éleva à 30,000 tués, blessés ou prisonniers; celle des Français à 20,000 hommes hors de combat; deux généraux de division, six généraux de brigade furent frappés de mort; les généraux Compans, Nansouty, Grouchy, Latour-Maubourg, Rapp, Morand, Friand, Lahoussaye, Dessaix, Plausonne et Huard, furent plus ou moins grièvement blessés. L'armée russe comptait outre la perte du prince Bagration, celle de cinquante officiers-généraux tués ou blessés, parmi lesquels le prince Charles de Mecklembourg, les généraux Tutschkoff, Rajesski, Kortschakoff, Kanovitzen, Gregoff, Woronzoff, Krapowitski, et Bochmetieff.

ses renforts; il fut timide, l'idée de ménager sa garde laissa dévorer le corps de Ney, ravagé par la mitraille; les corps d'Eugène, de Poniatowski, les cuirassiers souffrirent beaucoup. Kutusoff eut à son tour à se reprocher les fautes de son grand âge; à Borodino il opéra avec lenteur. Jamais bataille ne compta autant de généraux mis hors de combat; vingt-sept dans l'armée française, et parmi les morts Montbrun et Auguste de Caulaincourt; les Russes perdirent aussi des officiers supérieurs d'une valeur brillante, et parmi eux le prince Bagration; blessé au pied, il mourut quelques jours après; c'était un des généraux les plus capables de l'armée russe.

Nul résultat politique ne fut obtenu par la bataille de Borodino : à vrai dire, elle affaiblit plus Napoléon qu'elle n'accabla les Russes; Kutusoff, en opérant sa retraite, trouvait ses renforts et un peuple derrière l'armée; Napoléon, au contraire, s'éloignait de ses ressources et marchait au milieu d'un pays inconnu et de populations hostiles. A l'appel du matin, le 8 septembre, 90,000 hommes seulement répondirent à leurs officiers, la veille 120,000 étaient sous les armes. Les vides furent affreux; pouvait-on alors se résoudre à une retraite? C'était impossible, quel effet moral cela n'aurait il pas produit sur les Prussiens, sur Schwartzenberg, sur la France elle-même? l'audace n'était-elle pas pour beaucoup dans tous les succès de Napoléon depuis le 18 brumaire? Il fallait surprendre l'opinion, la mener de merveille en merveille. Après le *Te Deum* de la Moskowa, il fallait que l'on sût à Paris que l'armée et son Empereur saluaient Moscou; il fallait qu'à Notre-Dame on pût chanter des hymnes pour célébrer cette immense campagne. A Moscou, d'ailleurs, mille ressources seraient trouvées ; derrière soi on avait un pays dévasté, et à vingt-sept lieues devant soi une riche capitale : y avait-il à hésiter ? Pouvait-on donner l'exemple au monde d'une retraite après une victoire ? Moscou fut donc le mot d'ordre de l'armée, pour la consoler d'une journée glorieuse, mais funèbre. A Moscou ! à Moscou donc, noble armée de France !

Le soir du 7 septembre, sous les tentes russes, un spectacle non moins imposant s'offrait aux regards. Kutusoff, aux cheveux blanchis, se faisait dire les états de tous les régiments, comptant sur ses doigts amaigris les vides qu'avait faits la mort, et les popes récitaient des prières. L'intention de Kutusoff était le lendemain de livrer une nouvelle bataille, car il ne pensait pas avoir été vaincu ; il passa jusqu'à minuit à tracer un nouveau campement capable d'offrir une autre terrible journée aux envahisseurs ; mais en examinant les états des régiments, il s'aperçut que les officiers-généraux tués étaient trop nombreux pour avoir chance d'une bataille sur d'aussi larges proportions. Quoique séparé d'avis sur le plan d'opérations, Kutusoff admit le soir Barclay de Tolly en sa présence, pour discuter l'idée primitive de la campagne, tracée par le duc de Serra-Capriola en ces termes : « se retirer devant l'ennemi, jusqu'au moment où l'on pourrait l'envelopper au moyen des deux armées de Finlande et du Danube, qui, semblables aux deux tenailles du scorpion, viendraient darder l'armée française sur son dos et ses flancs. » En s'acculant sur Moscou, l'armée russe allait trouver des renforts, des troupes fraîches, une insurrection générale comme en Espagne ; n'avait-on pas la certitude que l'Autriche et la Prusse se joindraient à l'idée de délivrance européenne ? Kutusoff se rendit à ces raisons, et la retraite fut ordonnée la nuit, sans que Napoléon osât poursuivre cette victoire si disputée et presque sans prisonniers. Barclay de Tolly avait bien vu! La résistance de la Russie se développait dans des caractères toujours plus sombres et plus patriotiques; Alexandre n'avait jamais désespéré du salut de son peuple; il ne fit aucune démarche, aucune proposition auprès de Bonaparte, et tandis que l'empereur Napoléon adressait son bulletin de la Moskowa en termes pompeux au Sénat et à la France, les vieilles cathédrales de Moscou, au son de la grosse cloche, chantaient un *Te Deum* pour célébrer le succès de Kutusoff [1] à la bataille de Borodino.

A Moscou menacée, la résolution horrible mais patriotique du comte Fœdor Rostopchin fut bientôt prise. J'ai dit la fortune du comte Rostopchin, son origine antique et mystérieuse, son dévouement au vieux parti russe qui voulait à tout prix sauver la patrie [2] : qu'allait être Moscou sans la nationalité slave, sans ses églises, sans la croix de Saint-Ivan? Ce ne sont pas les édifices qui font la force et l'histoire d'un peuple, ce ne sont pas les villes qui font sa grandeur (quelques bâtiments de plus ou de moins, qu' importe?), mais le sentiment

---

[1] Alexandre voulait constater de plus en plus les services du maréchal Kutusoff en l'accablant de dons.

« S. M. I., voulant reconnaître les services distingués du général d'infanterie Kutusoff, l'a nommé feld-maréchal-général, et lui a accordé cent mille roubles; elle a aussi accordé cinq roubles à chaque soldat qui a eu part à la mémorable bataille de Borodino. »

[2] *Discours que tint le comte Rostopchin dans l'assemblée des nobles.*

« Braves Moscovites, notre ennemi s'avance, et déjà vous entendez sa foudre qui gronde non loin de nos faubourgs. Le méchant veut renverser un trône dont l'éclat offusque le sien. Nous avons cédé le terrain, mais nous n'avons pas été vaincus. Vous le savez, notre empire, à l'imitation de nos ancêtres, réside dans notre camp. Nos armées sont presque intactes, et renforcent chaque jour de nouvelles levées; celles du perfide, au contraire, arrivent épuisées, anéanties. Tandis qu'il s'avance vers nous, Tschichakoff et Wittgenstein manœuvrent sur ses derrières avec cent mille hommes de vieilles troupes. L'insensé! il croyait que son aigle victorieuse, après avoir erré des rives du Tage aux sources du Volga, pourrait détruire celle qui, nourrie

intime de son honneur et de sa liberté. Cette noble pensée fut poussée à l'héroïsme par la noblesse moscovite, et l'on doit le reconnaître.

Il est impossible de croire que le projet d'incendier Moscou fût personnel au comte de Rostopchin ; il n'en fut que l'exécuteur, que la main de fer qui remplit l'énergique pensée ; ce dévouement appartient tout entier à la noblesse, au peuple, fortement empreint d'un caractère primitif. Moscou avait tout donné à la résistance, elle avait envoyé ses enfants à la bataille de Borodino ; or, lorsqu'elle vit que ses espérances étaient déçues, quand elle ne put plus éviter la présence de l'odieux étranger, Moscou n'eut qu'une seule chose à faire, ce fut de se détruire. Cette ville chaste fit pour ses édifices ce que firent les dames romaines pour sauver leur honneur ; le feu épure : au moral, elle ne fut que plus belle. On a élevé sur ce point des questions historiques : à quelle époque fut prise cette résolution d'un glorieux désespoir ? fut-elle le résultat d'un ordre exprès du Czar ? la doit-on au hasard et aux malfaiteurs ? Jusqu'à la bataille de Borodino, il est constant que rien ne fut arrêté ; alors on espérait livrer bataille et couvrir Moscou ; quand il ne

---

au sein du Kremlin, a pris son vol rapide, et planant sur nos têtes, étend une aile jusqu'au pôle, et l'autre par-delà le Bosphore. Soyons persévérants, et j'ose vous assurer que la patrie, du sein de ses ruines, ressortira plus grande et plus majestueuse. Pour parvenir à un si beau résultat, songez, amis, qu'il faut faire de grands sacrifices, et renoncer à ses plus chères affections. Prouvez aujourd'hui que vous êtes les dignes émules des Pojarski, des Palitsire et des Minine, qui dans les temps les plus malheureux, à force de courage, établirent la croyance que le Kremlin était sacré ; maintenez cette pieuse tradition, et pour la soutenir que chacun de vous arme son bras contre l'ennemi dangereux qui veut anéantir notre empire et renverser nos autels. Pour obtenir la victoire sacrifiez tout, puisque sans elle vous perdez votre honneur, votre fortune, votre indépendance. Mais si, par l'effet de la colère céleste, Dieu veut, pour un instant, faire triompher le crime, rappelez-vous que votre devoir le plus sacré sera de fuir dans les déserts, et d'abandonner une patrie qui ne sera plus la vôtre sitôt qu'elle aura été souillée par la présence de vos oppresseurs. Les habitants de Saragosse ayant sans cesse sous les yeux le courage immortel de leurs

fut plus possible de la préserver, il fallait l'offrir en holocauste à la patrie, « admirable phénix, dit le poëte allemand Kœrner, dont les cendres ont régénéré l'Europe libre et grande. » Nul n'ordonna l'incendie spécialement, ce fut là une de ces résolutions soudaines qui naissent dans ces esprits superbes par leur nature primitive ; quelque fermeté que l'on supposât à Alexandre, il est constant qu'il n'ordonna rien ; il laissa faire ! à ce moment il n'était pas maître de son gouvernement, la résistance échappée de ses mains était passée aux vieux boyards et aux prêtres grecs : or, il n'y a que trois classes qui puissent se résigner aux sacrifices : la noblesse, le clergé et le bas peuple ; elles seules ont de la foi.

Il faut voir l'activité de Rostopchin lorsqu'il apprend que Napoléon est à Mojaïsk ; il est là parcourant les rues de Moscou ; au Kremlin, il harangue les marchands ; son langage est mordant et moqueur [1] pour les Français ; il dit au peuple ses émotions ; pour être compris, il parle sa langue triviale, bouffonne ; toutes ses proclamations respirent quelque chose de barbare et de railleur ; on ne peut dire qu'il va sacrifier la ville en s'épargnant lui-même ; Rostopchin a de beaux parcs, un château magnifique, des meubles somptueux à quelques lieues de

aïeux, qui, pour éviter le joug des nations étrangères, firent un bûcher où ils ensevelirent leur fortune, leurs familles et eux-mêmes, ont préféré mourir sous les ruines de leur ville plutôt que de plier sous l'injustice. Aujourd'hui la même tyrannie menace de nous accabler. Eh bien ! prouvez à l'univers que l'exemple mémorable de l'Espagne n'a point été perdu pour la Russie ! »

[1] *Proclamation de Rostopchin.*
« S. A. le prince Kutusoff, afin de se réunir plus tôt aux troupes qui allaient le joindre, a quitté Mojaïsk pour venir occuper un endroit fortifié, où il est probable que l'ennemi ne se présentera pas de sitôt. On va envoyer au prince quarante-huit canons et des munitions. Il dit qu'il défendra Moscou jusqu'à la dernière goutte de son sang, et qu'il est prêt à se battre même dans les rues de cette ville. On a fermé les tribunaux ; mais que cela ne vous inquiète pas, mes amis ; il faut mettre les affaires en ordre. Nous n'avons pas besoin de tribunaux pour faire le procès au scélérat ; si cependant ils me devenaient nécessaires, je prendrai des jeunes gens de la ville et de la campagne. Dans deux ou trois jours

Moscou, et il se dispose à les incendier. Dans ses actes d'héroïsme, il est grand et rieur, sauvage et bouffon comme dans les drames de Shakespeare; il se joue avec la destruction; il invoque l'héroïsme de Palafox à Saragosse; il en diffère pourtant, car l'un, sérieux comme les guérillas d'Aragon et de Castille, fait la guerre au couteau, tandis que l'autre, comme les Tartares, prépare l'incendie, jette des ruines à la face de ses ennemis, et sur ces ruines fait encore des jeux de mots, comme plus tard il riait en fou aux saillies de Brunet et de Potier [1].

Le comte Rostopchin fait donc rassembler tous les Français de Moscou, il les raille sur leur Empereur; il va lui préparer un bain, mais il sera chaud; il les emballe tous, professeurs, comédiens, danseurs, maîtres d'escrime, sur un pirographe de la Moskowa qu'il destine pour le fond de l'Asie; il les accable de petits lazzis, de plaisanteries attrayantes, tout en préparant le terrible incendie : plus de pompes dans la ville, l'eau de la Moskowa ne doit point servir à éteindre les flammes dévorantes; dans les grands poêles d'hiver, il fait mettre des artifices, des pétards; le Kremlin est miné; sur un de ses ordres, on déchaînera les malfaiteurs et les condamnés. « Vous voulez tâter de nos bazars, dit le comte Fœdor, de nos femmes et de nos richesses; eh bien! messieurs les Français, au lieu d'eau-de-vie vous aurez du punch brûlant; si vous aimez les chaudes amours, vous en aurez

---

je donnerai le signal. Armez-vous bien de haches et de piques, et si vous voulez faire mieux, prenez des fourches à trois dents. Le Français n'est pas plus lourd qu'une gerbe de blé. Demain j'irai voir les blessés à l'hôpital de Sainte-Catherine : j'y ferai dire une messe, et bénir l'eau pour leur prompte guérison. Pour moi, je me porte bien; j'avais mal à un œil, mais maintenant je vois très bien des deux. »

[1] Le comte Rostopchin est mort à Paris; il était un des assidus du théâtre des Variétés.

aussi dans nos climats bien froids; si vous aimez l'or, vous l'aurez tout fondu, il est plus facile à emporter en lingots; si vous aimez le bal, vous l'aurez aux flambeaux, et je vous réponds que vous y verrez clair; si vous voulez savoir enfin comment l'on danse en Russie, vous y ferez des sauts comme nul n'en sait faire; enfin, messieurs les Français, je veux faire mentir votre almanach qui dit qu'il fait froid en Russie. »

Quand ces sinistres préparatifs se faisaient dans Moscou la sainte [2], Napoléon s'avançait à marches précipitées vers ces murs qui devaient préparer de si bons quartiers d'hiver à son armée; le jour même il voulait coucher à Mojaïsk; Murat, à la tête de sa cavalerie, devait préparer les voies, et sur sa route il rencontra quelques pluks de Cosaques de Platoff; l'hetman et le roi tout clinquant d'or échangèrent des coups de sabre. Les Cosaques devenaient plus nombreux; à mesure que l'on avançait, des nuées de Tartares paraissaient comme des oiseaux de proie dans la plaine; ils manquèrent plus d'une fois d'enlever Napoléon et le quartier-général. On arriva enfin à Mojaïsk; l'Empereur souffrant d'un rhume fut obligé de s'y arrêter quelques jours; l'armée éprouvait déjà des privations dans sa marche victorieuse; les

---

[1] Voici le billet que Rostopchin avait attaché à un poteau après avoir mis le feu à son château :

« J'ai été huit ans à embellir cette maison de campagne, et j'y ai vécu heureux au sein de ma famille. Les habitants de ce domaine, au nombre de dix-sept cent vingt, le quittent à votre approche, et j'ai mis le feu à ma maison, afin qu'elle ne fût pas souillée par votre présence. Français, je vous ai abandonné mes deux maisons, avec un ameublement valant un demi-million de roubles; ici, vous ne trouverez que des cendres. »

« Frères! notre nombreuse armée défendra la patrie au péril de la vie.

« Empêchons le perfide ennemi d'entrer à Moscou; ne pas seconder de tout notre pouvoir les efforts de nos troupes serait un crime.

« Moscou est votre mère; elle vous a nourris, et c'est d'elle que vous tirez vos richesses.

« Je vous somme, au nom de la mère de notre Sauveur, de défendre les temples du Seigneur, la ville de Moscou et toute la Russie.

« Que chaque homme s'arme comme il

magasins ne fournissaient qu'imparfaitement les ressources indispensables ; elle attendait Moscou avec ses richesses, ses bazars, pour réparer tant de souffrances, pour se payer de tant de sacrifices ; elle s'avançait toujours, Murat en tête, pressée de jouir de ces quartiers d'hiver, promis par Napoléon aux soldats fatigués. De temps à autre on abordait quelques divisions russes ; toutes évitant le combat se dérobaient après avoir échangé quelques volées d'artillerie [1].

Que pouvait être la prise de Moscou tant que Kutusoff ne serait pas complétement détruit? et malheureusement la bataille de la Moskowa n'avait pas eu ce résultat ; les Russes s'étaient retirés en bon ordre par la route de Moscou ; Kutusoff célébrait la victoire de Borodino ; avec un accent de patriotisme et de conviction, il disait « que tous les sacrifices n'étaient point finis encore, il fallait réduire l'Antechrist » et Moscou « serait la cage, comme avait répété Rostopchin, qui prendrait le bel oiseau, cage de fer brûlante ». Kutusoff avait d'abord voulu livrer une seconde bataille à quelques lieues des murailles, les retranchements étaient faits ; puis il se laissa convaincre par Barclay de Tolly sur la nécessité d'entraîner Napoléon au cœur de la Russie. Encore un mois, et le manteau de glace engourdirait les membres de ces ennemis venus du Midi ; il fallait préserver l'armée

---

le pourra, soit comme cavalier, soit comme fantassin ; fournissez-vous de pain pour trois jours ; réunissez-vous sous l'étendard de la croix, et rendez-vous aussitôt que possible aux trois montagnes ; je serai avec vous, et nous exterminerons ces misérables. »

[1] Napoléon ignorait où était l'ennemi ; alors le major-général écrivit à Murat :
Au château près Tatarki, le 13 sept. 1812.
« L'Empereur est inquiet de n'avoir pas de nouvelles de l'ennemi. Si vous ne le trouvez pas devant vous, il est à craindre qu'il ne soit à votre droite, sur la route de Kalouga, et il serait possible qu'il se jetât sur nos derrières. On ne sait pas ce que fait le prince Poniatowski, qui devrait être à deux lieues sur votre droite. Ordonnez-lui d'envoyer sa cavalerie sur la route de Kalouga à Moscou. »
   Alexandre.

russe, pour se venger ensuite plus sûrement. Kutusoff abandonna ses retranchements pour traverser Moscou, en se dirigeant vers Kalouga.

Dans une conférence secrète avec Rostopchin, la terrible résolution d'incendie fut enfin arrêtée ; elle allait au caractère du vieux boyard ; Kutusoff traversa Moscou à la tête de son armée, calme, mais fière, portant l'image de saint Serge. Les cloches sonnaient, les popes bénissaient les enfants de la Moscovie ; bientôt le sacrifice serait fini ! Encore quelques jours et l'ennemi du genre humain serait brisé par le peuple de Dieu. Le dévouement fut partout : noblesse, marchands, peuple, abandonnaient les palais, les bazars, les maisons couvertes de tôle, et Rostopchin annonça lui-même qu'il quittait Moscou. Dans son héroïsme toujours bouffon, il disait[1] : « que se rendant auprès du prince Kutusoff, il allait préparer les moyens de renvoyer ces hôtes au diable, » allusion à l'incendie. Les Français n'étaient pas plus lourds qu'une gerbe de blé ; un Moscovite suffisait pour en broyer douze ; il disait au peuple de s'armer de piques, de fourches, pour repousser l'ennemi commun. Tant il y a que cette capitale fut en quelques jours déserte, et que de 500,000 habitants il n'en resta pas plus de 20,000. C'est que ce peuple dans ses palais, dans ses châteaux et dans ses résidences les plus somptueuses, avait toujours conservé quelque chose de sa nature nomade ; les villes étaient pour lui comme un camp, les coupoles d'or une tente ; il y demeurait comme le Cosa-

---

[1] Je pars demain pour me rendre près de S. A. le prince Kutusoff, afin de prendre, conjointement avec lui, des mesures pour exterminer nos ennemis.

« Nous enverrons au diable ces hôtes, et nous leur ferons rendre l'âme.

« Je reviendrai pour le dîner, et nous mettrons la main à l'œuvre pour détruire ces perfides. »

que et le Baskir dans les steeps de la Tartarie ; se déplacer n'était rien pour le Russe.

Quand cette émigration s'opérait avec le plus grand ordre, lorsque le peuple s'écoulait silencieusement, la cavalerie de Murat, toujours à l'avant-garde, s'élançait sur la montagne que les Russes appellent Sainte; de là, on découvre Moscou avec ses coupoles, ses jardins, ses minarets et ses bazars. Depuis les croisades peut-être, jamais armée n'avait désiré voir une cité avec autant d'ardeur; Moscou fut le cri unanime de l'armée de Napoléon, comme Jérusalem le fut pour les Croisés ; c'était pour tous le terme des fatigues, le but de tous les efforts, et le cri général de l'avant-garde annonça jusqu'aux plus vieilles forêts de sapins que les enfants de France saluaient la vieille capitale des Czars. Moscou ! Moscou ! les échos retentirent de cette clameur jetée par des milliers d'hommes.

# CHAPITRE X.

## PARIS ET LA FRANCE PENDANT LA CAMPAGNE

### DE RUSSIE.

L'impératrice Marie-Louise. — Le roi de Rome. — Saint-Cloud. — Trianon. — La famille Bonaparte. — Les eaux d'Aix. — Le pape à Fontainebleau. — Charles IV à Rome. — Ferdinand VII et les infants à Valençay. — Le gouvernement. — Le Sénat. — Le conseil d'État. — Cambacérès. — Les ministres. — Le conseil du gouvernement. — Savary. — La police. — L'opinion publique. — Les bulletins. — L'armée d'Espagne. — Progrès de lord Wellington. — Les bulletins de Russie. — Inquiétude. — Levée prématurée de la conscription. — Les cohortes. — Esprit de Paris. — Littérature. — Philosophie. — Théâtres. — Ouvrages d'arts. — Monuments de Paris. — Travaux publics.

### Mai à Septembre 1812.

Tandis que Napoléon montrait ses aigles à Smolensk, Mojaïsk et Moscou, il est peut-être curieux de jeter un regard en arrière sur Paris, la capitale du grand Empire : en quelles mains la force du gouvernement était-elle restée pendant l'absence de l'Empereur? L'administration conservait-elle son énergie et son unité au milieu des secousses de l'opinion publique? L'esprit de Napoléon continuait-il d'avoir ce prestige qui commandait partout l'obéissance? La patrie séparée de son chef, veuve de son monarque, restait-elle féconde et grande comme aux jours où il habitait Fontainebleau, Saint-Cloud ou les Tuileries ? Quand une expédition gigantesque touche aux dernières limites de l'Europe civilisée, que devient la France elle-même, cette reine de la civilisation ?

L'impératrice Marie-Louise revoyait le sol de sa patrie adoptive après avoir parcouru l'Allemagne, visité Prague et embrassé son père ; Napoléon ne lui ayant confié aucun pouvoir[1], elle ne conservait que la grande dignité de femme de l'Empereur. L'archiduchesse n'avait rien perdu de ce caractère froid, de ces manières guindées qui jetaient autour d'elle la monotonie et l'ennui ; Marie-Louise avait peu de ces entraînements de la jeune femme française; ou bien, adoptant les hauts préjugés de l'aristocratie, elle se trouvait déplacée au milieu de tant de fortunes nouvelles qu'une révolution avait fait naître. On l'entourait d'un grand respect, les fonctionnaires venaient la visiter ; c'était là du cérémonial, et nulle sympathie ne s'était établie entre elle et les dignitaires de la cour de Napoléon ; dans son intérieur, elle ne manifestait de confiance que pour la maréchale Lannes et un peu d'amitié pour Caroline, la sœur de l'Empereur, la femme de Murat, parce qu'elle avait été la première Française venue pour la recevoir lors de l'entrevue de Braünau. Marie-Louise voyait peu les dames de sa compagnie ; elle brodait, dessinait sous la direction d'Isabey, ou bien faisait de la musique avec Paër pour se rappeler ses beaux jours de jeune fille au palais de Schœnbrünn ; restée étrangère au milieu de cette cour, que pouvait-il y avoir de commun entre elle et ces hommes si différents de mœurs et de manières ? Elle écrivait beaucoup à Vienne, et sa correspon-

---

[1] C'était à elle pourtant que les bulletins de la grande armée étaient adressés.

dance intime passait sous le secret de l'ambassade autrichienne à Paris.

L'enfant de Napoléon, le roi de Rome, prenait son dix-huitième mois; baptisé solennellement à Notre-Dame avant le départ de son glorieux père, le pauvre petit avait déjà sa cour, ses pages, ses chambellans, et il n'est sorte d'adulations qu'on ne prodiguât à cet enfant destiné à régner sur tant de millions d'hommes. Dans la saison d'été on voulut le montrer au peuple, comme autrefois le dauphin tant aimé, et on inventa cette petite calèche traînée par deux gros mérinos, se promenant sur la terrasse des Tuileries, à Saint-Cloud, dans le parc de Trianon. Des gravures contemporaines reproduisent ce spectacle de la promenade royale : Marie-Louise en grande tenue d'impératrice, avec ce costume disgracieux de l'Empire; une longue file de dames d'honneur, puis des pages à la livrée du roi de Rome, des petits soldats, garde du corps; des chambellans en jabot et en manchettes, l'épée au côté, le chapeau sous le bras, et le roi de Rome traîné dans sa calèche, couvert de cordons et de croix, car il fallait constater sa dignité [1]. Dans une autre gravure, le prince est montré au peuple par mesdames de Montesquiou et de Mesgrigny dans le pitoyable costume des modes d'alors : on a affublé ses membres, si jolis dans la nudité de l'enfance, d'un costume militaire; on lui a mis sur sa tête ronde et rosée, sur ses touffes de cheveux blonds, un énorme chapeau pointu qu'il doit garder parce que comme roi il ne doit point se découvrir. Les dignitaires de cette époque, même les régicides, étaient essentiellement gardiens de l'honneur et de la dignité des

---

[1] Quelques-unes de ces gravures restent encore à la Bibliothèque du roi.

rois, et le formulaire ne l'avait point oublié. Le roi de Rome devait abandonner ses maillots de dentelles pour se couvrir de plaques et de cordons [1].

La cour n'était point joyeuse et animée durant cette lointaine campagne; le veuvage avait fait fuir bon nombre de ces femmes désolées; leurs maris allant en guerre, que devenaient les châtelaines? D'ailleurs la grandeur de Marie-Louise dépassant la dignité de toutes les princesses, la mère, les sœurs de Bonaparte, n'étaient plus à l'aise aux Tuileries; dans leurs conversations intimes elles se plaignaient de l'Allemande. La signora Lœtitia Ramolini ne pouvait pas plus sentir Marie-Louise qu'elle n'avait subi tranquillement l'influence de Joséphine; elle n'était pas contente de *Napolione*, bien changé à son égard. Madame Lœtitia considérait la campagne de Russie comme un grand malheur; ensuite, bonne mère, elle avait gémi sur la séparation de ses autres fils tant aimés; l'exil de Luciano l'avait considérablement affectée; elle le savait à Londres presque captif. Son pauvre Luiggi la tenait au cœur; car on le disait malade aux eaux et persécuté par l'implacable Napolione, dont elle connaissait les haines de Corse. Madame Lœtitia ne se consolait de toutes ses disgrâces que par ses bonnes économies avec sa vieille servante, d'origine corse comme elle, du nom de Saveria, toute-puissante chez la signora Ramolini; avec Saveria, elle parlait de Luciano, de Luiggi, s'exprimant sur leur

---

[1] « S. M. le roi de Rome s'est promené hier dans le parc de Saint-Cloud. Le temps était très beau, et la beauté de la saison avait attiré une grande quantité de monde dans les jardins. Nous avons remarqué avec plaisir que Sa Majesté paraissait jouir de la meilleure santé. »

Cependant on caricaturait déjà le pauvre enfant; c'est le châtiment des adulations.

Une caricature représente Napoléon coupant des tranches de betterave, qu'il donne à la nourrice de son fils : la nourrice les met dans la bouche de l'enfant en lui disant : « Sucez cela, sire, votre père dit que c'est du sucre. »

malheur comme une mère qui adore et protége ses enfants; elle aimait Napolione, mais elle ne lui sacrifiait ni Luciano, son fils chéri, ni Luiggi qu'elle considérait comme la victime des Beauharnais. La signora Lœtitia même suivait en tremblant la destinée de Giuseppe, l'aîné de sa famille, au milieu de ces maudits Espagnols, de ces guérillas qui pouvaient lui faire un mauvais parti. La maison de la mère de Napoléon était triste, monotone, ses officiers et ses dames se mouraient d'ennui; cette année, sa santé s'étant considérablement affaiblie, elle décida d'aller prendre les eaux d'Aix en Savoie, lieu de mode et de distraction alors, comme Spa sous le Directoire.

A ces eaux arrivait aussi la femme répudiée de Napoléon, Joséphine, abandonnant le domaine de Navarre pour Aix et ses sites pittoresques. Joséphine était considérablement grossie; elle si frêle, si maladive sous le Consulat, avait pris un embonpoint démesuré depuis sa séparation; ses joues étaient colorées [1], et madame Junot avoue qu'elle la reconnut à peine quand elle vint aux eaux d'Aix, tant elle était grasse. Joséphine pouvait éprouver des douleurs intimes, le souvenir poignant d'une vie d'amour-propre et de grandeurs; mais l'existence matérielle était plus heureuse avec une résidence royale, la liberté, 2 millions de

---

[1] Voici ce que dit madame d'Abrantès : « Lorsque je revis l'impératrice Joséphine, ce fut assez longtemps après mon retour d'Espagne; je la trouvai fort engraissée; cela lui allait bien et mal; cela lui allait bien pour son visage, parce que une fois qu'une femme a passé quarante ans, il faut qu'elle engraisse pour que sa figure ait encore une illusion de jeunesse. Cela lui allait mal, parce que sa tournure si ravissante avait presque disparu, et que c'était presque toute sa beauté; elle était devenue fort grasse et sa taille avait pris cette apparence de *matrone* qu'on trouve dans toutes les statues d'Agrippine, de Cornélie, de Livie, etc. Il y avait surtout une portion de sa personne qui s'était accrue d'une manière tout extraordinaire, et la façon dont elle s'habillait, quoique son goût fût parfait, contribuait encore à la faire paraître plus forte. »

revenus et des amis dévoués. On vit arriver à ces eaux d'Aix en Savoie la sœur aimante de Napoléon, qui portait le beau nom de Borghèse; Pauletta venait se baigner par passe-temps plus que pour réparer une santé irréparable; elle contait les misères de sa vie, les douleurs de son pauvre corps, et surtout elle avait ce caquetage des femmes italiennes d'une éducation peu soignée, s'ennuyant chaque jour et voulant être amusée; Pauletta traînait avec elle une nombreuse cour; M. de Forbin venait d'éprouver un peu de disgrâce, et dans le séjour des eaux, où tout se dit, l'on désignait un successeur d'amour, une survivance de cavalliere servente au gentilhomme provençal. Les eaux d'Aix en Savoie faisaient une opposition à Marie-Louise; c'était cour contre cour : on y arrangeait des promenades sur l'eau, des courses dans les montagnes, en attendant quelques bulletins de la grande armée ou des lettres du quartier-général; on avait des nouvelles de partout; chaque courrier faisait quelque veuve, et cette saison fut passée entre les distractions et les ennuis; Talma vint secouer de son beau talent les soirées monotones de Chambéry; car la grande distraction était le théâtre, et la tragédie.

Madame Lœtitia, en passant par Lyon, avait visité son frère, le cardinal Fesch, qui vivait dans une sorte de disgrâce de l'Empereur, comme Lucien, comme Louis. Il y eut quelque chose d'honorable et d'élevé dans la résistance du cardinal à son neveu si puissant; il avait pris la dignité de l'Eglise de la main du Saint-Père avec respect; jamais il ne se sépara de la communion pontificale, préférant subir l'exil à la nécessité d'accepter l'archevêché de Paris que Napoléon lui avait offert, sans le pallium du pape. Madame Lœtitia était fort aimante pour son frère, tous deux plaignirent cet entêtement de Napoléon qui l'avait fait excommunier par Pie VII, ange de douceur; ils causèrent en italien, dans l'épanchement de leur âme. Madame Lœtitia était pieuse, comme toutes les femmes d'Italie, elle avait pour les formes extérieures de la religion ce respect que l'on nourrit en Corse; nièce d'archidiacre, sœur de prêtre, elle avait même conservé dans les temps de sa vie la plus facile une foi très ardente et presque superstitieuse pour la Madone et les saints; il n'était donc pas surprenant que la mère de Napoléon s'affligeât, de concert avec le cardinal, des mauvais conseils qui l'avaient entraîné dans cette voie de persécutions contre le pape; elle frémissait de savoir son fils excommunié.

Le palais de Fontainebleau venait de recevoir le vieillard Pie VII, enlevé captif de Savone. Quand on commence une voie de persécution, on va naturellement jusqu'au bout, c'est la loi inflexible : à Savone, la fermeté du pape avait fait plus d'une fois froncer le sourcil impérieux de Napoléon; comment un septuagénaire faible, exténué, pouvait-il résister à la volonté puissante de l'homme qui abaissait toutes les têtes? Pie VII avait des correspondances avec tous les cabinets, avec le monde catholique; les âmes pieuses étaient incessamment sur les grandes routes; comme les colombes fidèles, elles apportaient avec la branche d'olivier l'espérance au pontife. Des rapports de police instruisirent Napoléon des correspondances du pape avec l'Espagne, l'Italie et l'Autriche même; Savone était sur le littoral de la Méditerranée, non loin de Rome; on rapportait que les Anglais avaient résolu d'enlever le Saint-Père pour annoncer aux peuples sa délivrance. Il eût été curieux, dans la marche des opinions et de la politique des gouvernements, de voir Pie VII protégé par cette nation qui brûlait le pape chaque année. Mais l'Europe et ses opinions étaient bouleversées ; la dictature de Napoléon avait ravagé toutes les idées, changé les pensées et les plans du monde ; l'histoire n'était plus rien. Sur ces rapports de police, Napoléon résolut d'enlever le pape de Savone pour le transporter à Paris ; son intention était d'abord de lui donner le palais de l'archevêché ; il réfléchit que cela ferait trop de rumeur, et il désigna Fontainebleau pour sa résidence.

Napoléon souhaitait avoir le pape sous sa main ; en partant pour une campagne lointaine, il ne voulait pas qu'un motif de troubles pût ainsi demeurer au milieu des provinces méridionales ; il ne s'arrêta point aux souffrances de l'âge, aux infirmités d'une vie avancée : à ses yeux, les motifs d'humanité n'étaient pas un obstacle quand l'intérêt politique avait parlé. Des ordres partirent, et après trois ans jour pour jour, le 9 juin, jour fatal où le pape avait été dépouillé de Rome, trois lignes expédiées par le télégraphe de Paris lui intimèrent la nécessité de quitter Savone sur l'heure ; aussitôt on l'enferma dans une voiture et il dut se mettre en route ; sur le Mont-Cenis, le pape dangereusement malade reçut l'extrême-onction [1]. Aux portes du tombeau on n'eut

---

[1] Voici comment s'exprime M. Artaud dans sa remarquable Vie de Pie VII :

« Le soir du 9 juin, fatal anniversaire du jour où le pape avait été prévenu, il y avait trois ans, qu'on allait le dépouiller de ses États, on intima au pontife l'ordre de se préparer à un voyage pour rentrer en France ; il reçut l'injonction de changer ses habits, qui auraient pu le faire reconnaître en chemin. On avait perfectionné la manière de tourmenter le pape sans courir les risques que sa popularité pouvait attirer, et on le fit partir dans la matinée du 10. Après un pénible voyage, sans aucun repos, il arriva à l'hospice du mont Cenis au milieu de la nuit. A Stupinigi, près de Turin, le gouvernement avait envoyé d'avance monsignor Bertazzoli, qui entra dans la même voiture, et qui ensuite ne fut plus séparé de Sa Sainteté. Dans l'hospice, le

aucun égard pour cette vie angélique; il ne put résider dans l'hôpital des pauvres voyageurs, fondation d'un de ses prédécesseurs au pontificat, et il dut continuer sa route; depuis il ne quitta plus la voiture. Ainsi se passa la route silencieusement jusqu'au palais de Fontainebleau, où, par une fatalité digne de remarque, deux ans après Napoléon signait son abdication, et lui-même conduit par des commissaires des alliés subissait la captivité de l'île d'Elbe.

L'aspect de Fontainebleau fit une triste impression sur Pie VII; pour lui, habitué aux pins des campagnes de Rome, aux plaines odorantes de Tivoli et de Frascati, à l'olivier blanchâtre des villas, sous le soleil, combien ne dut-il pas souffrir à l'aspect de cette nature sombre et des forêts épaisses des vieux rois francs à Fontainebleau? Et cependant Pie VII s'y résigna avec son angélique caractère; des vastes et magnifiques appartements du palais de Fontainebleau décorés par le Primatice, il ne choisit que deux ou trois pièces modestes, « car, disait-il, que me faut-il, à moi? quelque chose dans les proportions d'un tombeau, une place dans les catacombes. » Cette translation du pape, cette captivité d'un prêtre, fit encore une fâcheuse impression au milieu de l'univers catholique; un long gémissement fut poussé par les fidèles, et les temples ne retentirent plus que par les ordres de la

pape tomba si dangereusement malade, que les officiers qui l'escortaient crurent devoir transmettre cette nouvelle au gouvernement de Turin, et demander s'ils devaient s'arrêter ou poursuivre leur route. Il leur fut enjoint d'exécuter ce qui leur avait été ordonné. En conséquence, *quoique le pape vînt de recevoir l'extrême-onction dans la matinée du 14*, la nuit suivante on lui fit continuer le voyage. Mais ce pontife infirme devait conserver, au milieu de tant d'outrages, comme une santé de fer qui résisterait à toutes les barbaries. On marchait jour et nuit. Le 20 juin matin, il arriva à Fontainebleau. Pendant tout ce trajet, il ne sortait pas de voiture, et quand il devait prendre quelque nourriture on la lui portait dans le carrosse, qu'on enfermait à clef dans les remises de la poste, des villes les moins peuplées. »

police du *Domine salvum fac Imperatorem* qu'on récitait naguère avec enthousiasme. Le seul avantage que Napoléon put tirer de l'arrivée du pape à Fontainebleau fut de soumettre le pontife à une surveillance attentive du ministre de la police générale, Savary, et c'était là une bien petite satisfaction en la comparant aux oppositions qu'allait soulever la présence du pape.

Mais alors toute dynastie, tout prince qui refusait d'accéder à Napoléon, toute conscience royaliste, religieuse ou républicaine qui s'opposait à ses ordres, étaient jetés dans un système commun de persécutions ; le pape était à Fontainebleau, et les infants d'Espagne continuaient d'habiter Valençay sous une surveillance active de police qui étourdissait l'Empereur de rapports menteurs ou exagérés. Les pauvres princes, à Valençay, cherchaient à faire oublier, comme les enfants de Lara, leur naissance royale par un flot d'adulation, des lettres bien soumises, des offres de service. A son départ pour la Russie, les ordres de l'Empereur devinrent plus rigoureux ; les infants avaient pris goût pour l'exercice du cheval, la police craignit que ce ne fût un prétexte pour faciliter leur fuite ; le général Savary leur fit donner des chevaux rétifs ou vicieux[1], de manière à ce que leur promenade fût courte et toujours surveillée. Une des infantes, fille de Charles IV, avait montré une énergie de femme pour conserver quelque espoir à sa famille ; Napoléon la fit impi-

---

[1] « Le prince des Asturies se prit tout à coup de belle passion pour le cheval, tandis qu'auparavant il ne sortait presque pas, ou s'il le faisait c'était en calèche. J'étais un peu embarrassé parce que je ne voulais ni être sa dupe, ni lui manquer d'égards, en le privant avec violence d'un amusement qui semblait lui plaire. Je pris mes mesures en conséquence : ses chevaux de selle se trouvèrent tout à coup détestables ; chaque fois qu'il voulait les monter, ils étaient encloués ou boiteux. Comme il n'était pas très bon écuyer, on mettait sur son compte une foule de petits accidents qui étaient le fait d'un homme stationné sur les lieux pour tenir ses chevaux dans un état de coplection continuel. Je fis si bien que l'envie de l'équitation lui passa. J'avoue que j'en fus fort aise. »

Notes du général **Savary**.)

toyablement enlever et la jeta dans un couvent de Rome. Ce fut aussi à Rome que Charles IV dut se retirer sur un ordre de Savary qui fixa jour par jour l'itinéraire du petit-fils de Louis XIV[1]. On craignait à Marseille quelques tentatives pour enlever le roi qui ne songeait, juste ciel! qu'à son violon, à la musique italienne et à la chasse. Sans doute dans l'état de la Péninsule, Charles IV ne pouvait être un drapeau, la reine et le prince de la Paix étaient un trop grand obstacle ; en aucun cas l'abdication n'aurait été révoquée ; mais Napoléon aurait éprouvé un échec moral si les Anglais avaient enlevé la famille royale d'Espagne en quelque sorte sous le drapeau à l'aigle.

A Rome, Charles IV allait trouver des palais comme l'Escurial ou Aranjuez, et Napoléon lui fit insinuer qu'il aimerait à le voir dans la seconde ville de l'Empire, à côté du pieux roi de Sardaigne, captif aussi et dépouillé. Par un jeu de la fortune, le roi des Espagnes allait s'abriter à Rome, et Pie VII quittait le Vatican pour Fontainebleau, le palais de François Ier, autrefois captif à Madrid. Au reste, dans la grande histoire

---

[1] A travers les quelques formules de politesse, on remarque dans la lettre suivante un itinéraire tracé par la police.
*Lettre du général Savary à M. le colonel Cailhé, premier écuyer de Charles IV :*
Paris, le 4 mai 1812.

« Je m'empresse de vous apprendre, monsieur, que S. M. l'Empereur et Roi vient de me donner l'ordre de tout disposer pour le départ du roi Charles IV et de sa famille, de Marseille à Rome.

« Si Sa Majesté désire voir l'escadre de Toulon, elle sera reçue à bord des bâtiments de l'Empereur, comme roi, avec les honneurs qui seraient rendus à l'Empereur lui-même, et pendant son séjour à bord, l'escadre arborera le pavillon.

« Sa Majesté devra revenir par Aix, se dirigera sur Avignon, Grenoble, Fort-Barreau, Chambéry, le mont Cenis. Les ordres seront donnés tant par le ministre de la guerre que par le ministre de l'intérieur pour les gîtes et les honneurs à rendre au roi, quand vous aurez fait connaître les stations où le roi désire s'arrêter.

« A Turin, le prince Borghèse, gouverneur-général ira à sa rencontre, et le conduira dans le palais de l'Empereur et Roi : il lui a été écrit en conséquence. Le roi pourra s'y reposer si bon lui semble.

« Le roi prendra ensuite la route de Parme ; et des ordres seront donnés à l'intendant des palais impériaux d'Italie, pour que le palais de Parme et le château de

du pontificat, ce n'était qu'un point dans l'espace ; on lisait aux vieilles chroniques que les Adrien, les Paul, étaient venus chercher asile dans les monastères de Maguelone en Provence, de Saint-Denis en France ou de Saint-Bertin en Picardie, lorsque les empereurs de Germanie les avaient précipités de la chaire d'or. Patience ! la main des empereurs s'usait, les dynasties croulaient les unes sur les autres, et le pontificat restait debout à travers les âges.

Ainsi étaient les tiares et les couronnes sous cet Empereur dont les pieds de bronze foulaient le monde. Le voilà dans la capitale des Czars ; en face d'une si merveilleuse campagne, que faisait son gouvernement lorsque lui conduisait les aigles loin de la patrie, et quels étaient les hommes qui menaient les destinées du pays ? L'habitude de Napoléon était de centraliser les affaires dans sa main ; il se faisait envoyer les portefeuilles sous la tente quelle que fût la distance ; l'Empereur veut tout savoir, tout connaître, la marche de l'administration, la situation des partis ; il ne veut pas que rien se prépare sans lui ; son gouvernement existe à

Colorno soient en état de recevoir LL. MM.

« S. M. le roi se rendra de Parme à Florence, où elle est également attendue par S. A. I. madame la grande-duchesse de Toscane.

« LL. MM. continueront leur route vers Rome à leur loisir, et j'écris dès ce soir à M. le général Miollis, pour que tout soit prêt à les recevoir.

« L'intention de l'Empereur était de donner au roi son palais du Quirinal, mais les réparations considérables qui s'y exécutent cette année ne permettent pas d'en disposer. Sa Majesté vient de me donner l'ordre d'annoncer au prince Borghèse, à Turin, que son intention est qu'il mette provisoirement à la disposition du gouverneur-général (le général Miollis) son palais et *sa villa* pour l'habitation de ville et de campagne de Sa Majesté, et de toute la famille royale. Je viens d'écrire en conséquence pour qu'aucun des meubles, tableaux et objets précieux ne soient déplacés de ces deux palais, et qu'on les dispose à recevoir le roi. La personne qui ira en avant, en s'annonçant de sa part, en sera mise en possession. Je désire, monsieur, que tout ce qui est relatif à la conservation de ces objets soit réglé dans les intérêts du prince Borghèse.

« Il serait convenable que vous pussiez accompagner le roi jusqu'à Rome, et faire en sorte qu'avant son départ Sa Majesté se séparât d'une quantité d'Espagnols qui ne

Paris, il exécute les ordres qui viennent du quartier-général ; tout en reçoit l'impulsion.

L'administration elle-même a son action et sa responsabilité : sa gloire est de répondre à la pensée de l'Empereur, de la deviner et de la suivre. A sa tête se trouve Cambacérès, l'archi-chancelier ; lui seul reçoit les communications pour le Sénat, c'est le chef du gouvernement en l'absence du monarque. Le caractère de Cambacérès n'a pas changé : esprit d'ordre, avec quelques manies de dignité, il est très capable de mener le pouvoir dans les temps calmes ; en est-il de même aux temps difficiles ? Chaque jour en costume de prince, il va dans la résidence impériale saluer l'Impératrice et le roi de Rome ; il est revêtu de tous les ordres ; on annonce partout S. A. S. le prince de Parme ; il se complaît à ces formules, il se mire dans ses dignités. Marie-Louise voit à sa face cette physionomie blême et cadavéreuse, qui lui reproduit en souvenir le député de la Convention nationale envoyant une archiduchesse à l'échafaud.

Dans l'hôtel de l'archi-chancelier, sous ces lambris d'or, au milieu d'un luxe effréné, se réunit le conseil des ministres depuis le départ de l'Empereur ; on y fait un rapport sur les affaires générales, et l'archi-

---

lui sont plus nécessaires et qui ne peuvent que diminuer les agréments de sa position par les frais considérables qu'ils lui occasionnent.

« L'Empereur m'a chargé de faire connaître au roi qu'il ne s'opposait en rien à ce qu'il vît sa fille et le roi de Sardaigne autant de fois que cela conviendrait à S. M. ; les mesures qui avaient été prises envers cette princesse cessant en grande partie d'avoir leur effet, lorsque le roi peut reprendre son autorité sur elle.

« Sa Majesté m'a fait connaître son intention que le roi et sa famille soient conduits par des chevaux de poste aux frais de l'Empereur. J'écris en conséquence au conseiller d'État Lavallette, avec lequel vous vous concerterez pour tout ce détail.

« Quant à vous, monsieur, quand vous aurez terminé tout ce qui concerne l'établissement de LL. MM. à Rome, je désire que vous reveniez à Paris continuer d'y gérer les affaires de Sa Majesté, la manière dont vous avez déjà suivi ses relations rend ce désir commun à tous ceux qui ont eu à traiter avec vous.

« Recevez, monsieur, les assurances nouvelles de ma considération très distinguée. »
Le duc de Rovigo.

chancelier a voix prépondérante; une estafette part pour le quartier-général; chaque ministre écrit une longue lettre à l'Empereur pour l'instruire sur toutes les branches d'administration. Comme il n'y a pas d'orage, toute chose marche facilement; mais qu'il surgisse un événement extraordinaire, un grain de sable dans la machine, tout sera bouleversé. Et pourquoi en est-il ainsi? C'est que la force disparaît avec Napoléon; quand les esprits se sont trop assouplis à l'obéissance, ils ne valent plus rien pour le commandement : que la voix de l'Empereur se taise un moment, et alors il n'y aura plus de force; qu'un parti ose une surprise, et le gouvernement tout entier sera compromis : témoin l'affaire Malet.

A côté du conseil des ministres est le Sénat, la première des autorités dans l'ordre des constitutions[1]; Cambacérès le préside habituellement; le Sénat agit, délibère et vote. Il y a bien une certaine inquiétude sur les fronts des sénateurs; si quelques-uns ont à cœur d'arrêter Napoléon dans les voies imprudentes où il se précipite, ces sentiments restent comprimés dans les âmes; on dissimule sa pensée, on la rend adulatrice; les rapports ne sont que le panégyrique de Trajan, et toutes les fois que la parole est à un sénateur, des flots d'éloges, des transports d'amour éclatent pour

---

[1] Voici ce fameux sénatus-consulte sur la levée extraordinaire :
*Extrait des registres du Sénat conservateur, 1er septembre 1812.*
« Art. 1er. 120,000 hommes de la conscription de 1813 seront mis à la disposition du ministre de la guerre, pour le recrutement de l'armée.
« 2. Ils seront pris parmi les Français nés entre le 1er janvier et le 31 décembre 1793.
« 3. 17,000 hommes pris dans la conscription de 1813, parmi ceux qui ne seront pas appelés à former partie de l'armée active, seront destinés d'après le cinquième et le onzième article du sénatus-consulte du 13 mars, et le quatorzième article du décret du 14 mars, à remplacer les hommes qui manquent pour compléter les cohortes de la garde nationale, et mis à la disposition du ministre de la guerre, qui les appellera s'il est nécessaire. »

l'Empereur. Le Sénat vote des conscriptions incessantes; à peine a-t-il établi les trois bans de la garde nationale qu'il décrète la conscription de 1813, portée à 152,000 hommes, et les conscrits que cet acte appelle dans les rangs de l'armée ont à peine dix-huit ans et demi; ce sénatus-consulte est rendu sans rapport, sans exposé de motifs; ces formes importunent l'Empereur en campagne. Regnault (de Saint-Jean-d'Angély) créé ministre d'État, formule le sénatus-consulte, et dans une même séance il est voté. Cette manière si brusque d'agir avec le Sénat excite quelques murmures dans son sein; il y a des mécontents qui attendent, espèrent, tout en se taisant; ils cachent leur visage dans leur cœur comme le dit Tacite. Vienne un homme hardi qui mette le Sénat en action, et l'on se vengera par le vote d'un jour de la servitude de dix ans, car ainsi se montrent tous les pouvoirs.

Le conseil d'État s'est résigné à un rôle purement administratif; tôt ou tard il sera destiné à remplacer le Corps législatif, assemblée importune et qu'on a réduite à trois mois de session chaque année [1]. Au conseil d'État se trouvent les lumières, les capacités spéciales; constitué comme conseil administratif, il y règne une discussion sérieuse, calme, approfondie, détaillée; on ne lui confie aucune question de gouvernement, toutes

---

[1] Voici tous les décrets préparés par le conseil d'État depuis le mois de juin jusqu'au mois de septembre 1812.

15 juin.—Décret portant que les révocations de procurations et de testaments pourront être faites et expédiées sur la même feuille que ces actes.

15.—Décret relatif à la durée de la jouissance du traitement de réforme.

20.—Décret portant annulation, pour cause d'incompétence, d'un arrêté du conseil de préfecture de la Haute-Saône, en tant qu'il détermine, d'après d'anciens titres et des convenances locales, les limites d'un bien vendu par l'État.

2 juillet.—Décret qui fixe le délai de la présentation des titres de créance de la dette publique hollandaise appelés à l'inscription sur le grand livre de Hollande.

2.—Décret sur la plaidoirie dans les cours impériales et dans les tribunaux de première instance.

renfermées dans le Sénat ou mieux encore dans la tête de l'Empereur. Le conseil d'État, sous le titre modeste d'*avis,* domine la jurisprudence des tribunaux. Quand on parcourt le *Bulletin des Lois,* on est frappé de la multitude d'avis sur des questions même indifférentes que discute et résout ce conseil d'État. Le despotisme, quand il veut durer et se faire pardonner, doit se montrer juste ; la dictature politique a besoin de rester équitable dans le droit civil, et cette tâche, le conseil d'État en est saisi. Souvent Cambacérès le préside ; en son absence un président de section ; quelle curieuse histoire à écrire que celle de ce conseil sous l'Empire ! ses membres sont des hommes généralement forts : Boulay (de la Meurthe), bon légiste ; Berlier, avocat de quelque capacité ; Réal, l'homme fin de police, le frondeur de principes ; Regnault, qu'une certaine faconde fait remarquer, plus encore que son titre héraldique (de Saint-Jean-d'Angély) ; M. de Ségur, spirituel diplomate et conteur ; Corvetto, avocat génois, fiscal et rusé ; Defermont, le plus processif des hommes domaniaux ; Jaubert et Jollivet qui ont vieilli dans la fiscalité ; pour la guerre ce sont Andréossy, ingénieur remarquable, ambassadeur à Constantinople ; Mathieu Dumas qui écrit sur la stratégie, ou bien l'impitoyable Daru qui par-

2.—Décret portant annulation de deux arrêtés du préfet du département de la Creuse, rendus sur une question de propriété entre deux particuliers.

2. — Décret qui déclare les dames de Montfermeil recevables dans leur opposition à un décret du 4 novembre 1811.

2.—Décret relatif à l'administration des marais de Bordeaux et de Bruges.

11.—Décret qui détermine la forme et les conditions des actes d'échange avec le domaine de la couronne.

11.—Décret relatif à la caisse des employés et artisans.

11.—Décret qui déclare communes aux libraires les dispositions de celui du 2 février 1811 relatives aux brevets des imprimeurs.

14 —Décret portant que les plaintes et dénonciations dirigées contre un administrateur du bureau de bienfaisance de Paris, seront renvoyées au conseil d'État, pour qu'il décide s'il doit ou non être poursuivi devant les tribunaux.

tout a laissé trace; à la marine, Gantheaume, le vieux amiral; aux affaires extérieures, c'est M. d'Hauterive, l'ami de M. de Talleyrand, l'écrivain qui sait l'Europe mieux peut-être que les diplomates les plus avancés. Enfin, ce spirituel duc de Dalberg qui a échangé la cuirasse épiscopale de son blason, pour l'habit civil du conseil d'État. Généralement tous ces hommes ont une grande habitude d'affaires, et leurs discussions jettent de vives lumières sur le droit politique et administratif; ils font jurisprudence dans les questions législatives.

Lorsque Napoléon marchait à la tête de la grande expédition, le gouvernement se résumait dans la police et l'armée; c'était sa force. Le général Savary portait loin le dévouement à la personne de l'Empereur, et c'était justice à lui rendre que ses fautes tenaient à ce culte aveugle. Le général Savary, ignorant le véritable danger de la situation, s'arrêtait à des enfantillages politiques; il croyait servir Napoléon par des rigueurs souvent puériles; sa police pour être dévouée était trop étroite, et il faut l'entendre raconter lui-même les moyens si mesquins, si pitoyables qu'il employait pour dominer l'opinion ; c'était un esprit sans portée, un cerveau composé de toutes petites cases où les petits moyens étaient étiquetés : « l'Empereur le veut, l'Empereur l'a dit », là était tout son catéchisme politique; il ne sait rien en

---

14.—Décret relatif aux comptes à rendre pour les administrateurs, receveurs et autres comptables des établissements de bienfaisance des départements des Bouches-du-Rhin, des Bouches-de-l'Escaut et autres départements réunis ou faisant partie de l'Empire.

31.—Décret qui proroge le délai accordé pour obtenir l'autorisation par lettres-patentes de rester naturalisé en pays étranger ou au service d'une puissance étrangère.

7 août.—Décret qui déclare communes aux avocats près la cour impériale de Nancy, les dispositions du décret du 3 octobre 1811, relatif à la perception d'un droit de 25 fr. sur la prestation de serment des avocats près la cour impériale de Paris.

24.—Décret qui charge la régie des droits

dehors; un gouvernement fort ne doit pas s'occuper de cette inquisition d'antichambre; s'il ne sait faire de la puissance en grand, il se perd; et le général Savary ne comprenait la police que par ses petits côtés; dans un jour de véritable conspiration ou d'effervescence populaire, il n'aurait su rien prévoir, rien prévenir.

La police alors se divisait en quatre grands arrondissements; le premier sous M. Réal, véritable adepte du Directoire et du Consulat; inquisiteur politique dans les conjurations Moreau, Pichegru, qui avaient inauguré l'Empire; le second sous M. Pelet (de la Lozère), esprit sérieux, s'occupant de la police plus en grand et dans une forme tout administrative. M. Anglès avait le troisième arrondissement, qui comprenait les départements de l'Italie; et enfin M. Pasquier comme préfet de police avait la surveillance de Paris, qui formait une circonscription à part; toutes ces divisions se plaçaient dans les mains du général Savary. La police de Paris n'avait rien de commun avec la politique; M. Pasquier, d'après les instructions de l'Empereur, devait borner son action aux simples devoirs de l'édilité et à l'administration publique; au général Savary était réservé le soin de surveiller les partis, les agitateurs, les ennemis de l'Empire, et surtout de former l'opinion; faire l'opinion était une des grandes préoccupations de l'Empereur, on peut dire même sa faiblesse, car l'opinion publique n'est puissante que lorsqu'elle se fait seule et spontanément. Or, quelle espèce d'opinion

---

réunis, de la recherche des poudres fabriquées hors des poudrières du gouvernement.

24.—Décret concernant les pensions des veuves de titulaires de majorats ou dotations.

24.—Décret relatif au traitement des receveurs municipaux des communes qui ont 10,000 fr. ou plus de revenu.

pouvaient créer la police, ses crieurs, ses rapports, ses chansons ou ses agents?

La tâche, lors de l'expédition de Russie, n'était pas sans d'immenses difficultés; le peuple censurait cette campagne lointaine dont il ne comprenait pas le but; en vain au départ de l'Empereur on avait fait chanter de grands refrains contre les Russes pour réchauffer les haines; après Tilsitt et Erfurth tous les couplets avaient célébré la magnanimité d'Alexandre, on avait chanté même le czar Ivan. Tout était changé, on avait armé la poésie contre les Russes, et M. Désaugiers même avait consacré sa muse pleine de gaieté à des couplets contre Alexandre [1]. « Il fallait, disait-il, marcher contre les Moscovites, préluder au feu par mille rasades; la cuve bouillonnait, le vin coulait et le Russe avait tremblé; Alexandre allait fuir devant l'invincible; les lauriers renaissaient et Napoléon allait les moissonner. » La police cherchait par ces couplets chantés dans les rues, sur tous les tons, à dissiper un peu l'inquiétude publique qui gagnait la masse; les faubourgs mêmes étaient fatigués de la guerre : on attendait les bulletins avec anxiété; lorsqu'ils n'étaient pas complétement satisfaisants, le géné-

---

[1] J'ai retrouvé ces couplets assez curieux pour être reproduits. La poésie est toujours la même, elle flatte les passions où le pouvoir.

*Le retour à Tilsitt*, par M. Désaugiers.

Puisque la Russie
Nous a menacés
Et puisqu'elle oublie
Nos exploits passés,
Dans la lice ouverte
Ardents à voler,
Courons, par sa perte,
Les lui rappeler.

Marchons, camarades,
Marchons; mais, morbleu!

Par mille rasades
Préludons au feu.
La cuve bouillonne,
Le vin a coulé;
La trompette sonne,
Le Russe a tremblé.

En vain il vous crie :
Nobles Polonais!
« De votre patrie
« Chassez les Français! »
Rompez ces entraves,
Et dites-leur tous
Que chez les vrais braves
Nous sommes chez nous.

ral Savary y ajoutait des commentaires écrits dans ses bureaux; on récitait le soir ces nouvelles dans les cafés ou sur les théâtres, au milieu d'un flot de paroles moqueuses contre les Russes; le grand Napoléon devait tout vaincre. Mais tel était l'affaissement des esprits que l'impulsion de la police restait cette fois impuissante; la fatigue gagnait les âmes.

Il faut dire aussi que les premiers bulletins n'avaient pas complétement satisfait l'impatience des amis même du système napoléonien; l'Empereur marchait trop dans ces déserts sans obtenir de succès décisif; le caractère de cette campagne avait quelque chose de sauvage et on ne se le dissimulait pas. Les premières nouvelles demeurèrent insignifiantes; du Niémen à Smolensk on avait fait trois cents lieues sans combattre. Quand vint le bulletin de la Moskowa, on vit bien qu'il y avait eu une grande affaire, une journée à outrance; mais quels résultats affreux! le canon des Invalides retentit en vain pour célébrer le succès de l'Empereur; la population, avec son instinct habituel, remarqua les pertes épouvantables de la journée, des généraux tués, blessés, et les lettres qui arrivaient du quartier-général faisaient frémir par le récit de tant de souffrances et de sacrifices; Montbrun, Caulaincourt étaient restés dans la grande redoute!

Du Niémen perfide
Le torrent soumis
S'abaisse et nous guide
Vers nos ennemis.
Tu fuis, Alexandre,
Tu fuis de Vilna.
Ton trône est en cendre :
L'invincible est là.

L'honneur le réclame,
Il devient soldat;
Le danger l'enflamme,
Il vole au combat.

Les Russes paraissent,
Sa voix va tonner;
Les lauriers renaissent,
Il va moissonner.

Terre trop ingrate!
Entends-tu ces cris?
Le salpêtre éclate
Dans les airs surpris...
De feux et de poudre
Quel noir tourbillon!
Tremble! c'est la foudre
Ou Napoléon!

L'opinion publique inquiète suivait donc tristement les pas de l'Empereur ; il fallait quelque grand coup pour la réveiller.

Hélas! à ce moment arrivaient à Paris d'autres bulletins d'une nature non moins fâcheuse; les échecs, les désastres se succédaient avec une effrayante rapidité en Espagne. Le maréchal Soult et le général Suchet (créé maréchal après le siége de Valence et la prise de Tarragone) soutenaient l'honneur des armes françaises au midi de la Péninsule ; on avait mis le siége devant Cadix, la seule place où l'autorité des Cortès fût encore reconnue ; lord Wellington et le maréchal Béresford avaient fait une diversion sur le flanc droit des Français en Andalousie ; sortie enfin du Portugal, l'armée des alliés essaya le siége de Badajoz ; les habiles dispositions du maréchal Soult firent une première fois lever le siége. Le maréchal Marmont, gloire malheureuse, avait contribué à tous les premiers succès ; mais depuis, la grande expédition de Russie ayant forcé Napoléon à retirer de la Péninsule les troupes les plus solides, les corps restèrent dans une triste infériorité ; Marmont eut beau s'en plaindre dans sa correspondance et demander son rappel, on ne lui répondit pas. Enfin lord Wellington avait repris l'offensive et Badajoz fut emporté d'assaut par l'armée anglaise [1]; 5000 Français,

---

[1] Voici comment fut annoncée à Londres la prise de Badajoz :

Londres, 24 avril 1812.

« Une dépêche télégraphique a annoncé, hier matin, que la place importante de Badajoz avait été emportée d'assaut, le 6 de ce mois, par les troupes de Sa Majesté et celles de ses alliés, commandées par lord Wellington. Le capitaine Canning, des gardes, aide-de-camp de lord Wellington, est arrivé ce soir au bureau de la guerre, chargé des dépêches de sa seigneurie.

Une lettre du comte de Liverpool au lord-maire annonça officiellement à la cité de Londres la victoire des armées anglaises.

Downing-street, 23 avril 1812.

« Mylord,

« J'ai la satisfaction d'informer votre seigneurie que le capitaine Canning, aide-de-camp de lord Wellington, vient d'arriver avec la nouvelle de la prise d'assaut de Badajoz dans la nuit du 6 de ce mois. »

sous le général Philippon, s'étaient rendus prisonniers. Poussée par ce premier succès, l'armée anglo-espagnole avait développé avec énergie ses mouvements jusqu'aux environs de Salamanque. Trop d'impétuosité entraîna le maréchal Marmont à livrer bataille; il y avait dans cette vie une empreinte de fatalité, un je ne sais quoi de triste et de découragé qui la faisait se jeter dans le péril pour en finir avec des situations malheureuses. La bataille des Arapiles ou de Salamanque fut livrée; Marmont, grièvement blessé, se vit obligé d'abandonner le champ de bataille couvert de débris [1].

Déplorable journée, car elle nécessita l'abandon de l'Andalousie, du royaume de Léon et de la Nouvelle-Castille; elle rendit toute son énergie à l'insurrection; l'Espagne poussa le cri de joie et de délivrance. Joseph, une fois encore obligé de quitter Madrid, s'enfuit de cette cité de douleur pour lui. L'heure de la délivrance sonnait pour la Péninsule, les étrangers étaient repoussés; un mouvement de peuple rejetait successivement les Français aux Pyrénées; on disait alors que les Cortès étaient à la veille de faire leur soumission à Joseph, le roi intrus; ceci était une intrigue aussi en dehors des

---

[1] *Dépêche de lord Wellington.*
Du champ de bataille, près de Salamanque, 23 juillet 1812.

« L'armée française, commandée par le maréchal Marmont, a été défaite, hier, par celle des alliés, dans les plaines de Salamanque, sur la rive gauche de la Tormès, près d'Arrapela, après sept heures de combat; l'infanterie, la cavalerie et l'artillerie des deux nations ont fait des prodiges de valeur. Les Français ont été successivement délogés de toutes les positions avantageuses qu'ils occupaient, et ont perdu toute l'artillerie qu'ils y avaient. Leur perte en hommes est estimée à 10 ou 12,000, et en ce moment il y a plus de 4,000 prisonniers. Nous avons aussi pris quelques aigles. Marmont a commencé sa retraite à la nuit, par Alba; et comme les vainqueurs le suivent de près, il faut espérer qu'il éprouvera encore des pertes dans sa retraite.

« Le champ de bataille est couvert de morts; du nombre est le colonel du 1er régiment; et parmi les prisonniers le colonel du 101e et quelques autres.

« Les Anglais ont perdu peu de monde; la perte des Portugais est plus considérable, et celle des Espagnols beaucoup moins; on croit que la perte totale des alliés n'excède pas 2,500 hommes. »

opinions du peuple, que la négociation diplomatique de sir Hamilton auprès de Joseph Bonaparte pour le faire reconnaître par l'Angleterre. Joseph, esprit candide, croyait tout ce qui pouvait raffermir sa royauté d'un jour; il se posait déjà même contre son frère en petit-fils de Philippe V et de Louis XIV; comme les pauvres rois de métiers du moyen âge, ces monarques de la Ménestrandie, il souriait de joie à tout ce qui pouvait prolonger sa manière de royauté d'Yvetot. C'était un peu la manie des frères de l'Empereur : ils ne voulaient pas savoir que tout dépendait de la gloire, du génie de Napoléon, semblable au grand aigle de l'écusson des armoiries italiennes, qui embrassait de sa vaste envergure toutes les vieilles armoiries réunies des Lombards, des Milanais, des Romains et des Toscans; tout avec lui, rien sans lui; et c'est ce que cette génération de rois improvisés ne voulait pas comprendre [1].

Tant il y a que les bulletins venus de Russie, d'Espagne, d'Allemagne même, jetaient une vive inquiétude au milieu de ce Paris, habituellement si avide d'émotions; il fallait distraire la capitale de ces préoccupations si tristes, et c'était là un des grands soins de la police. Au commencement de l'année on avait eu la comète; ensuite vint un physicien allemand qui se proposa de fendre l'air avec la rapidité des oiseaux de proie; il se précipita du sommet de l'École militaire avec de grandes

---

[1] Cependant l'Empereur écrit pour que le maréchal Soult n'abandonne pas l'Andalousie. En Prusse, il se préoccupe de l'Espagne, il sent là le danger.

*Napoléon au major-général.*
Thorn, le 6 juin 1812.

« Mon cousin, écrivez au duc de Dalmatie que j'ai reçu ses différentes lettres; que je les ai envoyées au ministre de la guerre qui lui fera connaître mes intentions; que son armée est d'une force telle que je ne doute point qu'il ne conserve l'Andalousie, et ne repousse l'ennemi toutes les fois qu'il voudra l'attaquer; que je lui fais dire par son aide-de-camp que je suis en mouvement pour tâcher d'en finir avec les Russes.

« Sur ce, etc. » *Signé*, Napoléon.

ailes, et malheureusement une chute mit fin à cette expérience mêlée d'audace et de charlatanisme. Puis vint le sinistre événement des houillères, et le dévouement de Goffin qui avait sauvé une centaine d'individus dans un puits inondé ; les journaux ne parlèrent que du brave et digne ouvrier Goffin, qui reçut la croix de la Légion d'honneur des mains du préfet : on fit avec ces récits de la popularité de faubourg parmi les travailleurs, car c'était un des leurs que la munificence de Napoléon avait récompensé. Les causes célèbres ne furent pas oubliées, et l'affaire de madame Morin et de sa jeune fille retentit à grand bruit ; c'était tout un drame : qu'on s'imagine une femme et une fille de quinze ans arrachant dans une cave, un pistolet sur la gorge, à un homme dans la force de la vie, des billets, pour compenser, disait-on, les extorsions de cet homme envers elles ; ajoutons que l'on donna aux débats un éclat inaccoutumé ; gravures, chansons, tout fut exploité pour attirer l'attention des masses. Cette femme et cette enfant si pleine d'énergie furent condamnées à vingt ans de travaux forcés, peine impitoyable qu'elles subirent avec une indicible résignation. Ainsi la police recherchait les causes célèbres [1] dans les fastes de judicature pour détourner les esprits de cette cause plus célèbre qui se plaidait entre la dictature de Napoléon et l'Europe armée.

La littérature ne fut point exempte de ce genre d'exploitation politique ; on voulait du bruit à tout prix pour étourdir sur la situation ; bien des choses aujourd'hui oubliées furent l'objet de mille pamphlets, de mille caricatures qui distrayaient Paris et la province. La situation des lettres est curieuse à étudier sous l'Empire ; la pro-

---

[1] Toutes ces gravures existent encore au dépôt de la Bibliothèque royale ; c'est une curieuse collection à parcourir, parce qu'elle indique l'esprit du temps.

fession d'écrivain se compose et se règle, d'une manière presque administrative; on donne à ce qu'on appelle les littérateurs des places à la préfecture, aux droits-réunis; on leur confie l'esprit public, avec une pension de 1,000 à 2,000 écus sur les fonds de police, moyennant quoi l'écrivain est au service des bureaux ; on lui commande des vers, de la prose; il dîne beaucoup en ville, mais en habit habillé, l'épée au côté, dans une position presque domestique ; on l'admet parmi ces grands seigneurs improvisés, chez MM. Cambacérès, Regnault, ou chez madame Maret, à la condition qu'après son dîner il sortira de sa poche au moins la moitié d'une tragédie, une pièce de vers ; il doit distraire les grands seigneurs d'alors à la manière des poëtes sous Louis XIV; on lui donne du *mon cher ami;* on le protége du haut d'une ridicule grandeur ; il doit faire le madrigal pour la grande dame de l'Empire, sans oublier les naissances, les anniversaires, les fêtes de la maison. M. de Pradt disait : « que le petit chien de madame Maret avait fait des myriades d'auditeurs au conseil d'État. »

L'Empire était pour les hommes médiocres un véritable pays de Cocagne ; heureux quand ils faisaient *Mahomet II, Hector* ou *Ninus ;* plus heureux encore lorsque Talma daignait accepter un rôle, ou que mademoiselle Mars voulait bien dire quelques phrases dans une de leurs comédies ; alors le ministre de l'intérieur les faisait venir, on les écoutait en se pâmant sur chaque alexandrin, et bientôt une pension sur la cassette venait récompenser les applications que le public avait faites au génie qui guidait la France. Temps merveilleux pour les faiseurs de tragédies, pour les poëtes à petite portée, compositeurs de madrigaux, écrivains émérites qui prenaient pour texte les louanges de l'Empereur ! mais aussi temps déplorable pour les hommes à pensées libres et indépendantes! car la main qui caressait ces petits esprits proscrivait, forçait au silence les écrivains aux mâles pensées, tels que M. de Chateaubriand, Chénier, ou madame de Staël; ces têtes-là gardaient la conviction et la fierté d'elles-mêmes et ne se sacrifiaient pas aux petites puérilités.

A cette époque, toute discussion littéraire prenait de l'importance; si le système impérial ne permettait aucune liberté aux débats politiques, il laissait une certaine latitude aux thèses philosophiques et littéraires. Les feuilletons de Geoffroy, objets d'une vive curiosité, attaquaient avec injustice, avec passion même, l'école philosophique du xviii° siècle, ses partisans et ses élèves [1]; or, si cette école avait abdiqué la partie politique de ses opinions, elle conservait un vieux culte pour les impiétés moqueuses, le doute et le scepticisme. Chénier était mort; M. de Chateaubriand, qu'avait repoussé depuis onze ans l'Académie française, s'était mis sur les rangs, protégé par M. de Fontanes et par Napoléon lui-même depuis son mariage avec l'archiduchesse; l'esprit des lettres se modifiant, l'université prenait une autre direction, l'impulsion devenait plus religieuse sous M. de Fontanes : or, nulle objection n'existait plus contre l'auteur du *Génie du Christianisme;* M. de Chateaubriand, poussé par son magnifique talent, fut nommé à l'Académie française en dépit de la rancune du parti philosophique. Que lui opposait-on encore? il ne savait pas écrire en français, son style n'était pas régulier. Ces bouffonneries de la critique passèrent; nommé à l'Académie, M. de Chateaubriand devait l'éloge de Ché-

---

[1] Ces feuilletons de Geoffroy se lisent encore avec une vive curiosité.

nier, selon la méthode qui veut qu'on célèbre, même contre ses convictions, les académiciens morts et les doctrines qu'ils ont soutenues. M. de Châteaubriand s'y refusa; il voulut faire, non point l'éloge, mais la biographie impartiale de Chénier et de la philosophie dont il était l'expression. Le talent de Chénier était à une assez grande hauteur pour supporter un examen grave et sérieux. Ainsi ne l'entendirent pas ses amis, car M. de Châteaubriand se vit attaqué dans les termes les plus dédaigneux, les plus outrageants[1]; on s'en prit à sa vie; le gouvernement même se mêla de cette lutte pour défendre Chénier; la police l'avait persécuté comme homme politique, elle le protégea comme débris du xviii$^e$ siècle, et l'on fit du scandale d'une simple question d'art et de théorie littéraire. En parcourant les écrits qui furent publiés alors, on voit toute l'amère jalousie qu'inspire un talent hors ligne, et qui se faisait lire, tandis que la coterie des philosophes s'en allait; on s'empare de M. de Châteaubriand non seulement comme littérateur, mais encore comme homme; on le flétrit, on l'injurie, ne va-t-on pas même lui rappeler, comme une preuve d'adulation ridicule, qu'il a donné une fiole de l'eau sainte du Jourdain pour le baptême du roi de Rome? idée tout entière de piété chrétienne!

---

[1] Voici quelques-unes des aménités de la critique adressées à M. de Châteaubriand :

« L'exorde de ce discours contient une foule d'idées fausses qu'on ne peut pardonner à l'auteur qu'en supposant que son érudition et son zèle apostolique sont de la même force. On voit qu'il dénature un fait très simple en lui-même et très naturel, qu'il s'écarte à dessein de la vérité pour amener à quelque prix que ce soit une allusion injurieuse à son prédécesseur.

« L'auteur parle de sa franchise, qu'il compare à celle de Duclos, son compatriote. Cette précaution oratoire rappelle à l'esprit la conduite de ces femmes d'une vertu équivoque, qui n'ont d'indulgence que pour elles-mêmes, et parlent de chasteté en sortant des bras d'un amant.

« M. de Châteaubriand a voulu faire de l'effet. C'est depuis longtemps le but de ses écrits et de ses voyages, il veut absolument montrer sur la fin de ses jours « un front sillonné par les longs travaux, par les

Cette lutte littéraire, dans laquelle entre M. de Fontanes pour défendre et protéger son ami, occupait l'attention publique à peine distraite par la publication de quelques ouvrages nouveaux. Cependant un jeune homme, préfet déjà, M. de Barante, publiait un travail résumé sur l'histoire littéraire du xviii$^e$ siècle; sous le titre modeste de simple tableau, il embrassait avec talent et impartialité le mouvement de l'intelligence durant cette crise de travail et de destruction. Les préjugés d'alors ne permettaient pas de tout dire, et peut-être M. de Barante n'osa pas tout braver; ce jeune homme n'était point à son début dans une carrière plus tard féconde; sous-préfet de Bressuire, il avait mis en ordre et rédigé en partie les *Mémoires* si intéressants et si vifs de madame de Larochejacquelein; on y reconnaissait partout les traces de sa plume élégante et réfléchie. C'était beaucoup déjà pour un administrateur de l'Empire que de donner quelques loisirs aux lettres; la grande pensée libre et indépendante, les travaux d'une largeur historique, ne pouvaient venir qu'à l'époque de liberté et de restauration.

Pour les fortes œuvres il faut les solides études; les pensées fécondes viennent de loin; il se révélait à cette période de l'Empire la première trace d'une école mé-

---

grandes pensées et souvent par les mâles douleurs. » Mais ne pourrait-il se donner cette petite satisfaction sans réveiller des haines dont les efforts de tous les gens de bien tendent à diminuer la violence, et sans troubler les cendres d'un homme qui, du moins par son caractère de franchise, valait mieux que lui?

« Si de ces considérations morales nous passons à un examen purement littéraire, nous trouvons dans ce discours tous les défauts que des critiques éclairés ont déjà reprochés à l'auteur : une marche peu assurée, un style péniblement tendu, des efforts continuels pour amener des rapprochements de mots et obtenir des effets aux dépens du goût et de la raison. Cela n'est pas étonnant; pour s'exprimer franchement il faut penser avec franchise. D'ailleurs, rien n'est plus répréhensible, même sous le rapport du goût, que cette affectation continuelle de parler de soi-même, de ses principes, de ses vertus, et plus souverainement ridicule dans la bouche de M. de Châteaubriand. »

ditative comme les vieux monastères, et sous l'aile de la philosophie de MM. Royer-Collard, Maine de Biran, Camille Jordan, on la vit se développer avec une certaine énergie. Ce n'était pas l'examen libre et discoureur de madame de Staël, ni la plate courtisanerie de la littérature impériale; cette école rêveuse, sévère, un peu janséniste, s'éloignait aussi des travaux purement analytiques de M. de Gérando, sorte de philosophe dans l'administration et d'administrateur dans la philosophie. M. Royer-Collard se posa plus haut dans sa pensée systématique; embrassant les idées de l'école écossaise portées à leur plus haut degré, il les fit pénétrer dans la science par l'histoire et la littérature [1]. A cette école de M. Royer-Collard, sous ses leçons sérieuses et brillantes, se forma un autre jeune homme, aux vues fortes, à la grande érudition fondée sur de puissantes études : je veux parler de M. Guizot; laborieux, infatigable, avec une vie consacrée à l'étude et une activité toujours soutenue, il travaillait dans les journaux (à la *Gazette de France,* je crois), puis à la traduction de l'ouvrage de Gibbon, qu'il accompagnait de notes critiques et chrétiennes; un mariage presque poétique de dévouement et d'amour l'avait mis en renommée dans cette société austère qui semblait remplacer le jansénisme du xviiie siècle. L'histoire de M. Guizot et de Pauline de Meulan, touchant épisode dans la vie d'un écrivain, faisait l'éloge de ce cœur en apparence si froid, si en dehors des sensations mondaines.

Quelques jeunes intelligences, plus profondément pénétrées de l'éclat du xviiie siècle, se rattachaient à l'école

---

[1] Là fut l'origine de l'école doctrinaire. Il ne faut pas oublier cette circonstance; elle est importante dans l'histoire politique de notre pays.

de M. de Fontanes, et à ce patronage qu'il accordait à ce qui était noble et beau ; parmi ces jeunes hommes se trouvait un lauréat d'académie, M. Villemain, qui préludait à de grands succès de parole par des discours écrits d'un style si pur qu'on aurait dit le dernier siècle retrouvé, le temps de Louis XIV mêlé aux impressions neuves, aux idées rajeunies, aux études des orateurs anglais, aux discours hardis de la Constituante. J'aime donc ici à montrer à la dernière période de l'Empire l'origine de trois hommes remarquables, MM. de Barante, Guizot et Villemain ; la libre pensée de la Restauration les prit tous trois et leur ouvrit une vaste carrière de politique et d'administration. Un peu de justice donc et de reconnaissance pour elle !

La littérature restait modeste et obscure alors, quand elle ne prenait pas pour théâtre la scène dramatique ; là étaient l'éclat et les couronnes ; qui le dirait ? la France, l'Europe retentirent à ce moment de la querelle littéraire engagée entre les *Deux Gendres* et *Conaxa* ; le temps a maintenant emporté jusqu'aux souvenirs de ces débats qui préoccupaient les feuilletons, les journaux, les académies, les peuples et les grands. M. Etienne, l'homme d'esprit qui avait écrit plus d'une comédie charmante et d'un opéra spirituel, publia ses *Deux Gendres ;* la pièce avait retenti, obtenu au théâtre un succès prodigieux ; l'Institut lui fut ouvert par un mouvement spontané ; que de gloire pour une comédie ! Voilà que tout à coup on dénonce M. Etienne comme un plagiaire, on écrit que les *Deux Gendres* ne sont qu'une copie de *Conaxa*, pièce jouée par les Jésuites dans leurs exercices annuels ; on en cite des vers, des situations ; la querelle s'engage, s'envenime, et pour un moment l'on s'occupa moins des affaires de l'Empereur que des *Deux Gendres* et de *Conaxa*.

Était-ce un plagiat ? la postérité ne s'en inquiète guère ; toute pièce n'est qu'une imitation ; des caractères originaux, il en existe peu ; les génies seuls en trouvent, et sur ces types rares et primitifs on brode. Dans ce temps si futile où la police était intéressée à détourner l'opinion publique des événements politiques, on ne parla plus que de *Conaxa*; il existe des milliers de caricatures sur le dindon paré des plumes du paon, sur M. Étienne habillé en jésuite ; le concevez-vous, juste ciel ? puis chassé de l'Institut avec une couronne brisée [1]. C'est à prendre à pitié que de voir tout un peuple occupé de pareilles puérilités ; et l'homme d'esprit que ces satires voulaient atteindre s'en vengea par des ouvrages d'une grâce charmante, et des opéras qui depuis ont retenti [2].

Oui, c'était vers le chant et les ariettes que se précipitait la génération oublieuse ; il y eut à l'Opéra-Comique un succès prodigieux, ce fut celui de *Jean de Paris*, la musique en était chantante, la prose fort animée, et pendant toute une année les affiches n'annoncèrent que *Jean de Paris*; et puis, il faut le dire, ce gracieux opéra flattait l'orgueil de toute cette noblesse débarbouillée ; toutes les femmes se croyaient alors des princesses de Navarre, tous les princes d'origine nouvelle, des Jeans de Paris empanachés ; on aimait à vivre dans cette atmosphère monarchique ; les baillis,

---

[1] Voir le *Recueil des Estampes* (Bibliothèque du roi).

[2] Les théâtres étaient alors la grande distraction. Voici la statistique qui fut dressée des pièces jouées en 1811 :

*Académie Impériale de musique.* — Cinq, dont deux ballets. Les opéras sont : *le Triomphe de Mars, Sophocle*, et *les Amazones*; aucun de ces ouvrages n'obtint de succès marquant.

*Théâtre-Français.* — Neuf, savoir : deux tragédies, *Mahomet II*, que l'auteur a retiré à la huitième représentation, et qui fut repris avec des changements ; *Annibal*, pièce qui est tombée ; une seule comédie en cinq actes, *la Manie de l'Indépendance*, qui a éprouvé une chute complète ; deux comédies en trois actes qui ont eu le même sort, et quatre petites pièces dont trois ont été sifflées.

*Opéra-Comique.* — Douze, trois ouvrages en trois actes, trois en deux, et six en un

les seigneurs, les sénéchaux, tout cela rappelait le régime des gentilshommes vers lequel on voulait marcher : on chantait donc à tue-tête les grands airs de la princesse de Navarre, et *Jean de Paris* fut même récité en roulade par Murat, qui se croyait évidemment destiné à ce grand rôle ; n'était-il pas toujours en scène ? La musique se jetait dans les airs variés, dans les ariettes; les partitions de Nicolo et de Boïeldieu avaient considérablement contribué à cette tendance ; on renonçait aux nobles et sévères harmonies de Méhul, de Mozart, de Gossec, pour arriver aux scintillantes musiques, aux airs gais et chantants. La première période de cette révolution se prépare depuis *Jean de Paris* jusqu'à *Cendrillon* et *Joconde* : ce sont des airs simples, facilement coupés, que chacun peut répéter avec un peu d'organisation musicale; on a renoncé bien vite aux notes criardes de *la Vestale* et de *Fernand Cortez*, au bruit instrumental de Spontini, pour revenir à cette musique provinciale d'opéras-comiques ; ici c'est le sénéchal de la princesse de Navarre qui fait la désolation et l'admiration de tous les barytons en *fa* de province, là les grandes roulades de la princesse de Navarre, et la gaieté de Jean de Paris fait la gloire de tous les Martins et de tous les Ellevious annoncés sur les affiches de Carpentras ou de Dijon. Que dire de la petite *Cendrillon*, toujours assise au coin du feu? du bel air de mademoiselle Alexandrine Saint-

acte. Dans ce nombre il y a eu quatre chutes; du reste, aucun ouvrage n'a obtenu de succès d'affluence.

*Odéon.* — Dix-huit; la quantité a tenu lieu de la qualité ; on cite cependant avec éloge *la Vieille Tante*, de M. Picard.

*Opéra-Italien.* — Sept.

*Vaudeville.* — Vingt-quatre : il n'en est resté que quatre ou cinq.

*Variétés.* — Vingt-un, parmi lesquels on remarque la monstrueuse *Ogresse* ; néanmoins le répertoire de ce théâtre s'épure peu à peu.

*Ambigu-Comique* — Onze, dont sept mélodrames.

*Gaieté.* — Dix-sept, dont neuf mélodrames.

*Cirque-Olympique.* — Onze.

Aubin, qu'applaudissent encore les vieux émérites de l'Opéra-Comique? Tout cela était faux, clinquant comme les toilettes de l'Empire, brillantes sans intelligence, disgracieuses avec la prétention de frapper et d'éblouir.

La peinture à côté de la musique produisait quelques tableaux remarquables au salon de 1812, car les artistes ne manquaient pas. David, premier peintre de l'Empereur, ne s'occupait plus que de peintures officielles, les portraits, les images, les draperies; le temps était passé où, artiste énergique, il peignait *les Sabines*, *le Serment des Horaces*, et les lignes si mâles des temples romains et grecs copiés sur les séances de la Convention. David, de sa nature courtisan, quoique jacobin, avait été pour Marat, pour Robespierre, ce qu'il fut depuis pour l'Empereur, toujours admirateur ardent. Girodet, dans sa riche paresse d'artiste, ne donna cette année que sa tête de Vierge qui fit l'admiration de quelques âmes contemplatives[1]. Gérard et Gros devenaient aussi paresseux avec la fortune, et l'école se ressentait de ce vide; ils produisaient peu, se contentant de former de jeunes et brillants élèves. Tous devaient travailler pour une seule gloire, pour une unique renommée, celle de l'Empereur; l'art se résumait en portraits et en scènes de batailles; l'image de Napoléon devait être toujours là, traversant les Alpes, au milieu des champs de bataille d'Austerlitz et d'Iéna. Aussi l'art, à proprement parler, ne marche point, pour lui c'est un point d'arrêt; l'école de Vien a laissé des traditions; David les continue dans ses lignes; Gros et Gérard les modifient peu. Girodet seul cherche à ossianiser la peinture, à la grandir par le sentiment poétique et moral. Géricault a du succès par une

[1] Voyez le compte rendu du salon de 1812.

fierté de contours, par une hardiesse de pose qui éclate dans son Chasseur de la garde impériale et son Cuirassier blessé. Chose curieuse et fatale à remarquer! au moment où les masses imposantes de cuirassiers tombaient dans la grande redoute de la Moskowa, Géricault exposait son cuirassier blessé, comme par un instinct sympathique du peintre attristé.

Partout des monuments s'élevaient sous l'impulsion des artistes; les constructions donnaient à Paris une physionomie nouvelle, le vieux Paris s'en allait; la génération ingrate préférait les monuments de la Grèce et de Rome à ces beaux bijoux du moyen âge, à ces débris des temps de chevalerie, de bourgeois et de métiers : ainsi tombaient et la vieille basilique de Sainte-Geneviève, et les tours du Châtelet, et la barrière des Sergents, comme en 1789, un tumulte avait détruit la bastille de Charles VII. Par contre le palais du Corps législatif était embelli de statues et de portiques romains; en face, la Madeleine s'élevait sous la forme éternelle du Parthénon. Sur un des quais de la Seine, quelques pierres jetées annonçaient qu'un grand monument était destiné aux archives ou aux affaires étrangères[1]; au sommet de Chaillot, en face de l'École militaire, on devait construire le palais du roi de Rome, sous le regard de jeunes hommes qui se destinaient à la guerre. On traçait la rue de Rivoli, la place des Pyramides et cette grande voie stratégique qui devait lier l'arc de triomphe de l'Étoile à la barrière du

---

[1] Depuis 1805 jusqu'à 1813 voici les dépenses qui furent faites pour les travaux publics de l'Empire.

| | |
|---|---:|
| Pour les palais impériaux et les bâtiments de la couronne. | 62,000,000 |
| Pour les fortifications. | 144,000,000 |
| Pour les ports maritimes. | 117,000,000 |
| Pour les routes. | 277,000,000 |
| Pour les ponts. | 31,000,000 |
| Pour les canaux, la navigation, les dessèchements. | 123,000,000 |
| Pour les travaux de Paris. | 102,000,000 |
| Pour les édifices publics des départements. | 149,000,000 |
| | 1,005,000,000 |

Trône. Le Grenier d'abondance, l'Entrepôt des vins, la Bourse, la colonne Vendôme, tout était commencé; les ponts d'Austerlitz et d'Iéna étaient jetés sur la Seine; partout des chemins, des canaux, des grandes voies à la manière romaine.

Toutes ces choses étaient loin d'être accomplies; le défaut de Napoléon, et cela tenait à l'étendue de son génie, était de trop embrasser; il ne savait se limiter ni par le temps ni par l'espace. Comme sa pensée se portait plutôt vers l'Empire que vers la France, il laissa des travaux plus considérables à l'étranger que dans la patrie même; tandis qu'il s'occupait de la Spezzia, du Mont-Cenis, d'Alexandrie, il négligeait les routes provinciales, beaux monuments du règne de Louis XV, le roi des travaux, des ponts et grandes chaussées; il fortifiait Alexandrie, Trieste, Hambourg, et négligeait Metz, Strasbourg, qui n'étaient plus à ses yeux que des places de troisième ligne; là fut une de ses fautes. Mais comment attendre des limites dans les œuvres de l'homme effrayant de grandeur qui par une journée du 14 septembre 1812 faisait son entrée dans Moscou, la capitale des Czars?

# CHAPITRE XI.

### NAPOLÉON A MOSCOU.

Préparatifs administratifs pour le gouvernement de Moscou. — M. Daru. —M. de Lesseps. — Entrée de Murat. — Solitude et silence.—Napoléon en vue de Moscou. — La députation. — Le soir du 14 septembre. Désordre. —Pillage. —Le Kremlin. — Premières lueurs de l'incendie. —Le Kremlin.— Le château de Pétrowskoë —Rentrée dans le Kremlin. — L'empereur Alexandre. — Situation des armées russes. — Esprit des populations. — Second séjour de Napoléon au Kremlin. — Ses illusions sur la paix. — Lauriston et Kutusoff. — Murat et Miloradowitch. — Beau projet de Napoléon sur Saint-Pétersbourg. — Découragement des siens. — Le génie et les médiocrités. — Affaiblissement moral de l'armée. — Actes de Napoléon. — Décret de gouvernement. — Projets d'embellissement et de théâtre. — Nécessité de quitter Moscou. — M. Maret à Wilna. — M. de Pradt à Varsovie. — Les trois routes. — Le midi. — Le nord. — Le centre. — Évacuation de Moscou. —Aspect de l'armée. — Le Kremlin et le maréchal Mortier.

**14 Septembre au 25 Octobre 1812.**

Dès que l'armée précédée de ses glorieux étendards eut atteint Mojaïsk, Napoléon dut espérer que l'occupation de Moscou serait la suite et le couronnement de sa vaste campagne. Son esprit éminemment organisateur avait déjà songé à l'administration de la vieille capitale; en d'autres temps il avait occupé Vienne, Berlin, et avant d'ombrager de ses aigles leurs nobles palais, il réglait de son quartier-général les formes de l'occupation militaire, les rapports des municipalités, la perception des impôts, la levée des réquisitions. A Mojaïsk donc, il prépara les actes qu'il devait mettre en exécution dès son arrivée à Moscou; il avait auprès de lui le consul-général français en Russie, M. de Lesseps, qui arrivait de Saint-Pétersbourg; après avoir reçu de lui des renseignements sur les formes de l'administration russe, il voulut que M. Daru, secrétaire d'État, rédigeât un décret daté de Moscou, pour régler l'action administrative sur une masse de population de 300,000 âmes et pour une ville de neuf lieues d'étendue.

M. Daru était précisément un esprit technique, bureaucrate éminent, nourri des formules du conseil d'État et de l'ordre matériel des préfectures; chaque jour lui attirait la confiance de l'Empereur; travailleur infatigable, intègre, inflexible, pour les autres comme pour lui-même, il était ce que sont ses écrits, froid, régulier, sans aucune de ces inspirations soudaines; la poésie chez lui était de la raison. Il n'examina donc pas s'il avait devant lui une nation héroïque qui abandonnerait Moscou avec ses coupoles d'or comme une grande tente; sa préoccupation fut d'administrer presque en préfecture la nouvelle conquête que les armées donnaient à leur Empereur. M. Daru avait gouverné la Prusse et l'Allemagne, il changea donc peu de choses à son formulaire administratif en ce qui touchait la métropole de la Moscovie; tout était jeté dans le même moule qu'à Berlin et à Vienne. Un autre décret désigna M. de Lesseps pour l'intendance de la ville de Moscou; le général Durosnel fut nommé pour le commandement de la place. On ordonnait aux habitants de livrer, au général commandant, tous les soldats russes qu'ils avaient chez eux[1]; ils devaient inventorier

---

[1] Voici cet acte fait à Mojaïsk et qui devait être daté de Moscou:

« L'armée de S. M. l'Empereur et Roi ayant pris possession de la ville de Moscou,

les effets de la couronne, faire connaître les dépôts de vin, d'eau-de-vie, de blé, enfin rapporter toutes les armes, piques, sabres, fusils de défense; après le désarmement de la ville, on devait inviter les habitants à se tenir paisibles, et protection leur serait accordée à tous, comme s'ils avaient encore leur Czar.

Ces décrets étaient signés avant que l'armée française eût même salué les tours de Moscou; au milieu de toutes ces précautions administratives, M. Daru n'avait oublié qu'une seule chose, c'est qu'il fallait un peuple pour exécuter les décrets, et qu'il n'y en avait plus à Moscou. Lorsque Murat vit pour la première fois, du haut de la montagne sainte, se déployer l'antique métropole, le temps était beau comme dans les dernières journées d'été; le soleil se reflétait sur ces mille coupoles; l'enceinte s'étendait sur un terrain de plus de neuf lieues, le Kremlin au centre, cité dans la grande cité; Moscou paraissait une sorte de création fantastique au milieu des vastes forêts de sapins. Murat arrivait par la colline couverte de bois et débouchait de la grande route de Smolensk; de cette hauteur il pouvait plonger sur ces églises, ces coupoles dont les dômes étaient recouverts d'or et d'argent, sur ces jardins, ces mosquées, ces palais, ces bazars; il put voir ces rues longues et sinueuses aux toits brillants, comme les replis d'un boa. La Mos-

---

il est ordonné *aux habitants :* 1° de faire rapport au général Durosnel, commandant la place, de tous les Russes qu'ils pourraient avoir chez eux blessés ou bien portants; 2° de faire, dans les vingt-quatre heures, la déclaration des effets qu'ils peuvent avoir distraits, appartenant à la couronne, ou dont ils auraient connaissance; 3° de faire connaître les blés et eaux-de-vie qui pourraient être chez eux ou dans les magasins du gouvernement russe. 4° Ils déclareront et rapporteront chez le commandant de la place toutes les piques ou autres armes offensives, soit armes à feu, soit armes blanches, qu'ils pourraient avoir chez eux. Au surplus, les habitants paisibles de la ville de Moscou peuvent être sans aucune espèce d'inquiétude sur le maintien de leurs propriétés et la sûreté de leurs personnes, s'ils se conforment religieusement aux dispositions de la présente proclamation. »

kowa partageait la cité en deux parts, et cette belle nappe d'eau sans quai régulier restait pittoresque avec ses bois comme en pleine campagne. Le Kremlin resplendissait au milieu; ainsi que dans les villes orientales ou dans les cités du moyen âge, il y avait plusieurs villes en une seule; l'architecture byzantine s'y mêlait aux coupures moscovites et aux kiosques élégants de l'école sarrazine; l'immense croix de Saint-Ivan dominait cet édifice et le protégeait de ses souvenirs patriotiques; toutes les civilisations étaient ainsi réunies dans Moscou. Murat, qui avait vu dans sa longue et merveilleuse carrière les villes d'Italie, les cités antiques de l'Égypte, Vienne et Madrid, ne put s'empêcher d'une sorte de ravissement à l'aspect de tant de richesses. Un cri partit de l'armée comme poussé par l'enthousiasme: Moscou! Moscou! ainsi les croisés du xi$^e$ siècle s'écrièrent: Jérusalem! Jérusalem! quand ils virent se déployer les coupoles du Saint-Sépulcre.

Aux approches de la ville on avait vu se disperser quelques escadrons de cavalerie russe, des bataillons d'élite et des nuées de Cosaques [1], arrière-garde de Miloradowitch et qui protégeaient sa retraite. Miloradowitch et Murat se connaissaient depuis longtemps; les Bayards des deux armées avaient plus d'une fois croisé le sabre. Miloradowitch lui fit demander une sorte d'armistice pour lui céder Moscou; pendant ce temps tout serait

---

[1] Le bulletin de l'entrée des Français à Moscou déguise toutes ces circonstances. Miloradowitch formait la tête de colonne de Kutusoff; le vieux maréchal écrivait dans les termes suivants à l'empereur Alexandre:
20 septembre 1812.

« L'armée est près du village de Tarutino, sur la rive droite de la Nara; elle y est tranquille et y reçoit des renforts. Les régiments se complètent par les recrues qui arrivent de beaucoup de gouvernements, et qu'organise le général d'infanterie prince Labanoff-Rostowski. Ces recrues s'exercent sans relâche et brûlent de se mesurer avec l'ennemi. De bonne eau et d'abondants fourrages rétablissent notre cavalerie. L'armée ne souffre aucune disette de vivres; tous les chemins sont couverts de convois de subsistances venant de nos gouvernements les plus abondants. Les offi-

prêt pour la solennité de l'entrée de Napoléon. Murat, qui craignait une résistance sérieuse, l'accorda sans difficulté, et les Cosaques caracolant autour de lui sur leurs petits chevaux sauvages, à la longue crinière, avaient vu si souvent Murat charger avec son costume brillant, ces aigrettes scintillantes, qu'ils avaient pris goût et admiration pour lui. Ils se pressaient donc autour de Murat, qui, toujours magnifique, voulant frapper ces Tartares par ses largesses, emprunta toutes les montres aux jeunes officiers d'ordonnance qui l'entouraient et les distribua aux Cosaques; ils emporteraient ainsi dans leurs steppes un souvenir de la munificence des rois du Midi. Murat fut tout vaniteux de ce que ces barbares rusés le saluèrent du nom de leur *hetman;* il les remercia avec grâce et en monarque. Qui sait? cette imagination peut-être rêvait le rôle de Mazeppa, ce grand hetman que la cavale frémissante précipita au milieu des steppes du Volga; Murat plaisait ainsi à la foule, aux lazzaroni de la rue de Tolède comme aux peuples nomades de l'Asie.

Napoléon arrivait aux avant-postes et son œil put plonger avec satisfaction sur cette ville tant désirée; avec sa longue-vue, il dirigea ses regards orgueilleux vers les sinuosités que la Moskowa traçait en se prolongeant; mais ce qui l'étonna au plus haut point à la face de la grande cité, c'est qu'il ne vit

---

ciers et les soldats convalescents rejoignent chaque jour leurs drapeaux, tandis que les malades et les blessés, placés au sein de leur patrie, jouissent de l'avantage inestimable de recevoir les tendres soins de leurs familles.

« Le désordre qui règne dans l'armée ennemie l'empêche de tenter aucune entreprise contre nous; l'éloignement où est Bonaparte des pays soumis à sa domination le prive de tous les secours qu'il pourrait en tirer; il ne parvient à se procurer des vivres qu'avec la plus grande difficulté, et les prisonniers assurent unanimement que les soldats n'ont que de la chair de cheval pour nourriture, et que le pain y est encore plus rare que la bonne viande. Les chevaux de son artillerie et de sa cavalerie souffrent encore davantage. La plus grande partie de cette cavalerie a péri

venir à lui aucune députation de bourgeois ou de nobles; quand il s'était approché de Vienne et de Berlin, des magistrats étaient accourus, lui demandant sa protection militaire et une capitulation; on l'avait harangué, il avait répondu. Cette fois Napoléon avait dessiné dans son imagination son entrée à Moscou; il se voyait déjà sur son cheval de bataille; autour de lui un brillant état-major; à ses pieds les boyards aux longues barbes, aux costumes d'Orient; les marchands des bazars, les chefs des corporations viendraient lui présenter les clefs d'or de la cité des Czars et du Kremlin de Pierre I$^{er}$. Ces spectacles de grandeurs, il les verrait reproduits dans son histoire numismatique comme dans les médailles de Rome; un nouveau Tite-Live raconterait ce grand souvenir dans les annales de la patrie. En vain Napoléon attend, nul ne vient à lui; autour de sa personne il ne voit que sa garde; lui-même remarque que de cette ville, habitée par 300,000 âmes, il ne s'élève pas un seul nuage de fumée, elle est donc déserte? Il se promène à grands pas, « Moscou est abandonnée, comme une tente par l'Arabe du désert; pas de députation! »

Murat s'avançait par la porte principale, qui fait face à la grande route de Smolensk. Fière de sa conquête, pleine d'espérance, toute l'armée s'était mise en grande tenue, non seulement pour célébrer le triom-

dans les combats précédents, et surtout dans la mémorable journée du 26 août (7 septembre), si glorieuse pour les armées russes; le reste, entouré par nos partis, éprouve la plus grande disette de fourrages. Nos principaux détachements sont sur la route de Mojaïsk, Pétersbourg, Kolomna, Serpuchow; il se passe rarement un jour sans qu'ils prennent plus de trois cents prisonniers.

« Les Russes, distingués de tout temps par leur amour pour leurs souverains, brûlent aujourd'hui de défendre le trône de leur empereur et de combattre l'oppresseur de leur patrie. Les paysans s'arment et s'organisent, ils placent des sentinelles sur le sommet des montagnes et des clochers pour épier l'approche de l'ennemi; quand il paraît, le tocsin sonne. A ce signal, les paysans s'assemblent, fondent en

phe, mais encore pour montrer aux habitants que ces soldats étaient comme le symbole du luxe et d'une civilisation avancée. Avec eux rien n'était à craindre; ils n'étaient point ces hommes faibles dont Rostopchin avait parlé, légers comme un brin d'herbe et qu'on pouvait soulever d'un coup de fourche; la cavalerie faisait entendre ses grandes fanfares, la musique des régiments des airs de victoire. Murat s'avance, franchit la porte sans obstacles; toujours le même silence; des rues vides, des places vides! Le pas des chevaux retentissait sur les dalles, le bruit du train de l'artillerie se reflétait en échos sous les longues voutes des maisons désertes; spectacle d'autant plus triste que ces rues étaient brillantes de magnifiques habitations, de palais, de kiosques, semblables aux portiques de Palmyre au désert. L'armée était plus triste qu'à Smolensk, car au moins, à Smolensk, il y avait des ruines, des décombres, et les ruines vont avec la mort. Mais ici c'était une ville entière, grande, magnifique, toutes les richesses de la civilisation; et au milieu de ces rues si brillantes, Moscou était comme un cadavre parfaitement vermillonné, avec des yeux de verre et la bouche peinte aussi, les dents blanches comme des perles, les cheveux noirs et flottants, mais froid, bien froid, et c'est plus que la mort.

Napoléon, l'homme si souvent poétique, éprouva un indicible serrement de cœur quand il pénétra dans les

désespérés sur l'ennemi, lui tuent beaucoup de monde et lui font beaucoup de prisonniers. Chaque jour on voit arriver au quartier-général de ces dignes fils de la patrie qui demandent des armes. Dans plusieurs villages ils sont liés pour leur défense par un serment mutuel, et infligent des punitions sévères aux lâches et aux déserteurs.

« Le bras du Tout-Puissant, qui protége le juste et frappe l'injuste, manifeste en ce moment sa colère contre nos ennemis. J'apprends à l'instant que les Espagnols et les Anglais ont chassé les Français de Madrid. Ainsi les agresseurs sont repoussés partout, et tandis qu'à l'autre extrémité de l'Europe ils sont moissonnés par milliers, leurs tombes se creusent dans le sol de cet empire, qu'ils auront en vain menacé de la destruction. »

rues de Moscou; on lui avait envoyé quelques misérables, comme un simulacre de députation [1], et il les repoussa avec mépris; ce n'étaient pas les notables promis à son impatience; l'Empereur voulut voir par lui-même, et il poussa son cheval vers le faubourg, la garde le précédait attentive; il s'était placé au milieu d'un escadron de chasseurs; on allait lentement, parce qu'on examinait si aucune embûche n'avait été dressée; des coups de fusil furent échangés çà et là par les derniers débris d'une population éparse. Napoléon, l'œil sombre, la physionomie consternée, s'écriait de temps à autre : « Pas un homme! quel peuple! c'est surprenant! fouillez partout! » Lorsqu'il approcha du Kremlin, son front prit une empreinte moins inquiète et plus fière; il allait habiter la demeure des Czars [2], respirer dans les appartements de Pierre I$^{er}$, contempler l'escalier où les Strélitz furent massacrés. Quand il eut touché ces lambris dorés, ces appartements somptueux remplis des richesses de l'Asie, il répéta plusieurs fois avec un mouvement d'orgueil : « Me voici donc enfin dans la demeure des Czars! ce seuil, Pierre I$^{er}$ l'a foulé! »

Napoléon avait ordonné la plus grande discipline à son armée, les ordres étaient sévères; tout était à craindre du passage rapide des privations les plus dures à l'abondance la plus somptueuse; les soldats, ivres de vin et d'eau-de-vie, pouvaient donner le spectacle de la

---

[1] « Qu'on fasse retirer cette canaille, » s'écria Napoléon, en voyant venir une députation déguenillée.

[2] Bernadotte s'empressa d'écrire à l'empereur Alexandre pour relever son courage après la prise de Moscou.

« Des cinq officiers que j'ai eu l'honneur d'adresser successivement à V. M. I., un seul, le baron de Stjerona, est revenu avec les détails de la bataille de Borodino, que V. M. a bien voulu me faire parvenir. Je jouissais déjà du succès que semblait promettre cette sanglante affaire, quand on m'a remis la nouvelle de l'entrée de l'armée française à Moscou. Un avis aussi inattendu m'a vivement surpris.

« L'empereur Napoléon atteint son but : il frappe l'Europe d'étonnement, et il croit par cette occupation effrayer V. M. et la forcer à souscrire aux conditions qu'il

débauche dans les ruines. Mais ces ordres sévères et prévoyants pouvaient-ils s'exécuter par des hommes mourants de faim, de besoin et de désirs? il y avait dans l'âme de chacun une énergie de jouissance qui débordait; tous avaient soupiré après Moscou comme après la cité de joie et d'abondance. Le soir du 14 septembre fut donc une orgie; les chefs furent impuissants; quelques-uns même se mêlèrent à cette débauche, l'armée devint comme une bacchante échevelée; la nuit couvrit tout le désordre, mais le réveil fut triste [1] !

Dans cette soirée du 14 septembre, au milieu de cette ivresse de toute une armée, quelques incendies partiels éclatèrent dans la vaste enceinte de Moscou; le bazar, la bourse, les cours du commerce où les marchandises étaient déposées, en furent les premiers foyers. On s'imagina d'abord que ces incendies n'étaient que le résultat d'accidents; de prompts secours pouvaient les faire cesser, on courut aux pompes; Rostopchin les avait enlevées, on n'en trouva trace nulle part, il fallait porter l'eau à bras. Le lendemain ces incendies devinrent plus nom-

---

dictera. Mais, tant qu'il a devant lui une armée plus forte que la sienne, je ne vois dans la prise de Moscou qu'une gloire qui a pu être obscurcie dès le lendemain. Que la grande âme de V. M. soit au-dessus de cet événement. Je la conjure d'organiser de suite de nouvelles masses pour les jeter successivement dans l'armée régulière. Sans doute que le général Kutusoff aura donné l'ordre à l'armée de Moldavie de se porter par Minsk ou Smolensk, et que le prince Wittgenstein, après avoir battu le corps qui lui était opposé, se sera porté sur Witepsk, et aura opéré sa jonction, au moins par des détachements, avec l'armée de Moldavie. Ces deux corps réunis peuvent organiser des levées dans les pays qu'ils occupent, et les armer des fusils que l'on trouvera dans les dépôts français. Au reste, si l'on ne peut donner des fusils à toutes les masses, on peut du moins leur donner des lances et des piques. »

[1] Le gouvernement russe fut parfaitement informé de tout ce qui se passait à Moscou, occupée par les Français; il y avait des agents de police, et le quartier-général de Kutusoff était très bien renseigné. Les Anglais mêmes savaient la situation des Français à Moscou.

*Dépêche de lord Cathcart.*
1er octobre 1812.

« Nous n'avons pas entendu parler der-

breux, des rapports se succédèrent à l'état-major-général ; les uns disaient que dans plusieurs maisons on avait trouvé des bombes incendiaires jetées dans les poêles, et qui devaient éclater au moment même où les Français prendraient possession des longues rues de Moscou ; d'autres rapports disaient aussi que des bandes paraissaient organisées pour brûler la ville ; on avait rencontré des paysans et des Russes de la dernière classe avec des matières combustibles qu'ils jetaient dans les caves, et aussitôt le feu éclatait. L'Empereur aperçut déjà peut-être l'étendue de ce malheur, et pour l'arrêter dans son principe, une commission militaire dut procéder au jugement des coupables ; les actes de cette commission existent encore, et des arrêts rapides furent rendus et exécutés sur-le-champ[1] ; on fusilla partout sans distinction.

Les ordres de l'Empereur restaient implacables, et cependant telle fut la rage des incendiaires, l'inflexible fatalité de leur mission, que le feu fit des progrès immenses, et le soir du 15 septembre, les flammes, poussées par l'ouragan des équinoxes, se répandirent avec rapidité ; on aurait dit une mer de feu, les flammes lézardaient

nièrement de grandes batailles, et tout ce que nous apprenons de la situation de Bonaparte nous porte à croire qu'il n'est pas en état d'en risquer une. La prise de Moscou, sans frapper un seul coup, lui a coûté au moins 30,000 hommes. La dépense en hommes doit être au moins de 1,000 par jour, si on compte tous les prisonniers que fait Winzingerode avec ses troupes légères sur les routes de Twer, de Jaroslaw, de Wladimir, de Wolokolamsk et de Woskresenk, et ceux que fait le général Dorochoff, sur les routes de Smolensk à Mojaïsk, Zuernegorod, Wiazma et Wereya, sans compter ceux que la grande armée prend journellement (trois cents l'un portant l'autre) et ceux qui périssent par les maladies, l'ivresse, etc. On trouve habituellement dans les rues de Moscou des soldats français morts et mourants ; le désespoir du soldat est à son comble, l'insubordination ne peut être contenue que par des exécutions fréquentes. Comme ils ont trouvé quelques caves bien garnies, les soldats français sont ivres-morts tous les soirs, ce qui n'est pas difficile, ils ont si peu de nourriture ! ils sont réduits à manger de la viande de cheval sans pain. Je suis convaincu que les Russes doivent l'emporter, le patriotisme étant général dans toutes les classes de la société. »

[1] La commission pour juger les incen-

ces beaux monuments, les poutres enflammées tombaient avec un bruissement horrible; le Kremlin lui-même, cette grande forteresse, semblait attaqué par une immense couleuvre de feu qui voltigeait autour de ses remparts et sifflait à travers les vitraux.

Réveillé en sursaut au milieu de la nuit, Napoléon aperçoit l'horizon tout rouge, les flamèches qui voltigent, le feu qui pétille tout autour. Lui, que les idées historiques n'abandonnaient jamais, put se comparer à Néron assistant à l'incendie de Rome, lorsque les monuments tombaient sous les portiques réduits en cendres. Les longues fusées que le vent du midi poussait avec des déchirements affreux atteignaient déjà les dômes du Kremlin; toutes les rues paraissaient de vastes fournaises où des hommes une torche à la main, balafrés par la fumée, semblaient des spectres d'enfer. Le Kremlin, rempli de poudre, de caissons, pouvait devenir comme un Vésuve ardent d'où la flamme s'élancerait sur le ciel rougi; Napoléon n'avait pas un instant à perdre; il devait quitter le Kremlin; le feu de l'incendie se reflétait sur son visage, comme à ses veilles des batailles d'Austerlitz et de Wagram; on aurait dit le bivouac fantastique du monde infernal devant le génie conquérant le plus superbe. Entouré de ses aides-de-camp, au milieu de ses vétérans des vieilles armées [1], l'Empereur quitta le Kremlin par cette nuit fatale; le dévouement et l'héroïsme se

---

diaires fut composée du général Laver, grand-prévôt du général Michel, commandant le 1er régiment des grenadiers de la garde; du général Saunier, grand-prévôt du 1er corps; du colonel Bodelin, commandant les fusiliers-grenadiers de la garde; de l'adjudant-commandant Thiery, commandant du quartier impérial; du chef d'escadron Jeannin, de la gendarmerie d'élite; du général Monthion, exerçant les fonctions de procureur-général, et du chef d'escadron Weber, exerçant les fonctions de juge-rapporteur. Cette commission s'assembla le 24 septembre dans le palais Dolgorouski et condamna dix individus à mort et seize à être détenus dans les prisons de Moscou.

[1] Davoust, qui craignait pour les jours de l'Empereur, vint à sa rencontre auprès du Kremlin, et le serra fortement dans ses bras.

réunirent pour le préserver; il fallut traverser des poutres embrasées, des pans de murailles en ruines : après trois heures de labeur on fut hors de danger.

Napoléon sortit de Moscou pour se retirer à une lieue, dans le palais impérial de Pétrowskoë, où il put contempler encore les progrès de l'incendie; ils furent affreux. Pendant trois jours, sous le souffle violent du vent de l'équinoxe, Moscou brûla, quartier par quartier, avec une régularité infernale; sous les débris de cette vaste ruine il ne se montrait plus que la forteresse du Kremlin, préservée par ses murailles, et quelques quartiers épargnés par les marchands. Dans cette ville en poussière, sous les cendres noircies que la pluie avait délayées, l'armée française restait campée, et comme des forgerons infernaux, les soldats cherchaient, à travers ces cendres, les débris d'une opulence dévorée; il y avait quelque chose de plus affreux encore que l'incendie; c'était le luxe, l'ivresse, la débauche du soldat; ici couvert de riches pelisses, là affublé de joyaux à la manière orientale et de vêtements de soie ; ces tressaillements de joie au milieu des calamités du monde faisaient horreur, et Napoléon dut éprouver une vive douleur, une impression funeste, lorsque quittant Pétrowskoë, le 20 septembre, il vint s'établir pour la seconde fois au Kremlin : l'incendie avait presque cessé, car les flammes n'avaient plus trouvé d'aliments.

Dans l'enquête que Napoléon fit faire pour constater l'affreux évènement de Moscou, des notes curieuses furent recueillies; écrites de la main de M. Daru, elles laissèrent quelques renseignements[1] sur les causes de cette catastrophe; les voici : « Pendant les trois derniers mois, le gouvernement russe, prévoyant le dan-

---

[1] Pour rester dans toute l'impartialité historique, je dois rappeler que le comte Rostopchin a désavoué dans une brochure quelques-uns des faits avancés par l'enquête de Napoléon; il a même désarmé le projet d'incendie.

ger de la lutte et l'impossibilité d'empêcher l'armée française d'arriver à Moscou, avait pris la résolution d'employer comme moyens de défense l'incendie et la destruction. Dans ce dessein, le gouvernement accepta les propositions du docteur Schmidt, Anglais, d'origine allemande, mécanicien et machiniste; il était arrivé en Russie au commencement du mois de mai. Après plusieurs conférences secrètes avec les principaux conseillers, il alla résider au château de Woronzoff, situé à six werstes de la ville, sur la route de Kalouga. Un détachement de 160 hommes d'infanterie et de 12 dragons avait été envoyé au château pour protéger les opérations mystérieuses de Schmidt et empêcher les curieux d'obtenir accès auprès de lui; là, il avait construit un ballon aérostatique de très grande dimension, prétendant qu'il voulait y renfermer une machine destructive qu'il assurait pouvoir diriger à plaisir. Environ quinze jours avant l'entrée de l'armée française à Moscou, dix gros barils de poudre furent envoyés à Woronzoff avec des artificiers qui devaient travailler sous les ordres du docteur Schmidt. Cette prétendue construction d'un ballon n'était qu'un prétexte; on ne faisait autre chose au château de Woronzoff que de préparer des feux et construire des machines incendiaires. Toutes les dépenses occasionnées pour la construction de ces machines furent payées par le gouvernement russe; le comte Rostopchin, gouverneur militaire de Moscou, étant certain après la bataille de la Moskowa que les Français ne tarderaient pas à arriver, se détermina à mettre à exécution le plan de brûler cette capitale par tous les moyens en son pouvoir. Il publia alors une proclamation aux habitants, contenant le passage suivant : « Armez-vous! il n'importe de quelles armes, mais surtout de fourches qui sont ce qu'il y a de mieux à employer contre les Français qui ne pèsent pas plus qu'une botte de paille ; si nous ne pouvons les vaincre, nous les brûlerons dans Moscou, s'ils ont la témérité d'y entrer. » Pour exécuter son dessein plus sûrement, le gouverneur Rostopchin, avant son départ, fit ouvrir les portes des prisons appelées Ostrog et Yamon, dans lesquelles étaient renfermés les malfaiteurs ; il mit en liberté environ 800 criminels, et, comme prix de leur liberté, demanda qu'ils eussent à mettre le feu à la ville. Vingt-quatre agents de police, après l'arrivée des troupes françaises, plusieurs officiers et soldats de l'armée russe reçurent ordre de rester secrètement à Moscou pour conduire les incendiaires et donner le signal de l'incendie ; et afin d'ôter tout moyen de l'éteindre, le gouverneur Rostopchin fit sortir de la ville, dans la matinée du 14 septembre, toutes les pompes des vingt-quatre quartiers de Moscou, avec les voitures, seaux, outils, et tous les chevaux attachés à cette administration. Des matières inflammables de différentes espèces, et surtout des vaisseaux remplis de phosphore enveloppés dans du linge soufré et placés dans différentes maisons, démontrent évidemment que l'incendie avait eu lieu d'après un dessein prémédité. Les mèches et fusées saisies sur plusieurs soldats russes et autres individus au moment de leur arrestation prouvent, au-delà de toute espèce de doute, qu'ils étaient les auteurs de l'incendie, et plusieurs, pris sur le fait, ont été fusillés par les patrouilles françaises ou assommés par les habitants eux-mêmes. »

Ainsi le grand holocauste était fait à la patrie slave, et le stoïque comte Fœdor Rostopchin, à la tête de la triste colonie abandonnant ses palais, avait longé la Moskowa, tandis que les habitants se dispersaient dans les villes autour de la capitale en cendres; tous étaient accueillis comme de glorieuses victimes qui se vouaient à la patrie. L'empereur Alexandre, l'amertume au cœur, se résolut enfin d'annoncer à la Russie la catastrophe de la ville sainte; la proclamation du Czar est pleine de tristesse et de résignation; aucun découragement ne s'y manifeste; il ne déguise pas que l'ennemi est entré à Moscou : « Ce n'était point pour la patrie une cause de découragement[1], mais au contraire un motif d'espérance; les troupes russes, loin d'être vaincues, restaient intactes; la situation de Bonaparte, plus déplorable qu'avant l'occupation de Moscou, conduisait le chef des Français à sa destruction (Alexandre déjà ne prononce plus le mot d'Empereur). En s'emparant de Moscou, ce dévastateur avait espéré imposer la paix à un peuple généreux; c'était là son erreur; bientôt désabusé, l'incendie, la faim, la désertion briseraient cette armée. Aucun Russe n'était tombé au pied de l'usurpateur; nul ne devait désespérer du salut de l'empire, tout ce que l'on pourrait faire serait une bonne action; on donnait l'exemple aux peuples que le tyran avait forcés de combattre pour sa querelle. « Dieu puissant, s'écriait Alexandre en terminant, la cause pour la-

---

[1] Voici la belle et patriotique proclamation de l'empereur Alexandre:

« C'est avec douleur que nous annonçons à tous les enfants de la patrie que l'ennemi est entré à Moscou le 3 (15) septembre. La gloire de l'empire russe n'en est cependant pas ternie. Cet événement n'a fait qu'inspirer à tous les Russes un nouveau courage, une résolution plus ferme, et concevoir l'espoir que les maux que l'ennemi a médité de nous faire retomberont sur sa tête. Ce n'est pas en détruisant, ou même en affaiblissant nos armées, que l'ennemi s'est rendu maître de Moscou; le commandant en chef, à la suite d'un conseil de guerre, a jugé à propos de se retirer dans un moment de nécessité, afin que ce triomphe passager devînt le principe de la ruine inévitable de l'ennemi. Quelque douloureux qu'il puisse être aux Russes d'apprendre que l'ancienne capitale de l'empire est entre les mains de l'ennemi de la Russie, il est consolant de penser qu'il ne possède que des murs dans l'enceinte

quelle nous combattons n'est-elle pas juste? jette un œil sur ton Église et conserve à ce peuple ta protection et sa puissance. » Alexandre ne voulait donc traiter à aucun prix avec Napoléon qu'il n'appelle plus que le chef des Français. Pour lui, ce n'était plus l'ami de Tilsitt et d'Erfurth, mais un tyran mis au ban de la nationalité russe; guerre donc inflexible, implacable à cet homme!

Il y eut cela de significatif dans les mesures stratégiques du Czar, que bien avant les désastres des Français, au temps même de l'entrée de Napoléon à Moscou, tous les ordres partis de Saint-Pétersbourg sont déterminés par la pensée de lui couper la retraite; « l'inflexible nécessité lui commandera de quitter ce climat avant l'hiver, alors il sera perdu; il faut l'empêcher de revoir l'Allemagne et la France; il faut l'avoir captif, il ne doit point sortir de ce désert. » Et ceci résulte de la correspondance personnelle d'Alexandre. Dans le plan primitif de Napoléon, on se rappelle que Macdonald devait opérer à l'extrémité nord de la Livonie sur Riga; Saint-Cyr, récemment créé maréchal, devait appuyer Macdonald et se joindre à lui pour opérer sur Saint-Pétersbourg; à Smolensk, le maréchal Victor amenait à marches forcées 35 à 40,000 hommes de bonnes troupes formant la réserve; et au midi le corps au-

---

desquels il n'a trouvé ni habitants ni provisions. Le superbe vainqueur avait imaginé qu'en entrant à Moscou il devenait l'arbitre de l'empire russe, et dicterait à la nation russe la paix qui devait préparer sa ruine. Il a été déçu dans ses espérances; il n'a pas conquis le pouvoir de dicter la loi; il n'a trouvé aucun moyen de subsistance. Les troupes qui, des provinces voisines, se réunissent chaque jour à l'armée, garderont toutes les avenues de Moscou, et détruiront tous les partis qui en sortiront pour aller chercher des provisions, jusqu'à ce que l'ennemi aperçoive que l'espérance qu'il avait conçue d'étonner le monde par la prise de Moscou était vaine, et en soit réduit à s'ouvrir à travers les braves armées russes un passage pour en sortir.

« La situation de l'ennemi est celle-ci. Il est entré en Russie avec 300,000 hommes, la plupart sujets de différents États qui lui obéissent et le servent, non de leur consentement, non pour défendre leurs pa-

trichien du prince de Schwartzenberg, soutenu par la division Reynier, opérant dans la Lithuanie, pousserait devant lui les corps russes de l'amiral Tschichakoff. Le front et le développement de cette ligne était largement conçu; eh bien! au milieu de cette vaste stratégie tracée par Napoléon, ce qui occupe Alexandre, ce n'est pas la marche rapide de l'ennemi, la prise de Moscou, l'abaissement du Kremlin; il considère Napoléon au vieux palais du Czar comme dans une cage de fer, en attendant le vaste linceul de glace; il semble dire : « Il est à moi! »

Toute la préoccupation des Russes est d'opérer sur les flancs et les derrières de l'armée envahissante et de détruire précisément les corps que Napoléon a destinés à soutenir sa retraite. Que l'Empereur des Français reste à Moscou, peu lui importe; qu'il s'avance même plus loin, tant mieux; sa perte est d'autant plus certaine. Les opérations importantes ne sont plus sur cette ligne qui tôt ou tard appartiendra aux Russes; l'empire tout entier se lèvera pour leur cause. Alexandre a les yeux fixés sur la Bérésina; ce qu'il veut réaliser, c'est cette grande figure du scorpion que le duc de Serra-Capriola, dans son langage figuré, a tracé sur une carte au jeu de la princesse Nariskin; il faut darder

trices, mais par terreur. La moitié de cette armée bigarrée a été détruite, en partie, par les braves troupes russes, en partie par la désertion, et en partie par les maladies et la famine. C'est avec le reste qu'il est entré à Moscou. Son audacieuse irruption, non seulement dans le cœur de la Russie, mais dans son ancienne capitale, satisfera son ambition; son orgueil en jouira; mais c'est par le résultat de cette entreprise qu'il faut en juger.

« Il n'est pas entré dans un pays où chaque pas qu'il fait inspire une terreur générale, et entraîne à ses pieds et les armées et les habitants. La Russie n'est pas accoutumée à la sujétion; elle ne souffrira pas que ses lois, sa religion, sa liberté soient foulées aux pieds; elle versera la dernière goutte de son sang pour les défendre. Jusqu'à ce jour le zèle manifesté contre l'ennemi lui a prouvé que l'esprit indomptable des Russes gardait la Russie contre toute invasion. Il n'existe pas un Russe qui ait désespéré du salut de la Rus-

Napoléon sur ses flancs et sur ses reins, et le prendre dans des tenailles de fer et de feu.

A cet effet deux moyens sont employés par le cabinet de Saint-Pétersbourg : la négociation, la stratégie. Déjà les sociétés secrètes ont mis en rapport le comte de Wittgenstein avec les Prussiens d'Yorck et de Massenbach; longtemps avant qu'elle éclate, on prépare la grande défection; on peut hésiter encore, mais elle est certaine; il ne s'agit que d'attendre, et la police de Macdonald en est informée, ce qui rend lourds et pénibles ses mouvements contre les armées de Livonie, de Courlande et de Finlande. Les Prussiens saisiront avec enthousiasme l'occasion de réduire l'homme qui les a si souvent opprimés; c'est vengeance. D'un autre côté, à Vienne, une correspondance diplomatique est directement entamée avec le gouvernement russe; un parti puissant y parle de la possibilité de s'emparer de Napoléon, jeté par sa témérité dans les déserts inconnus, et de le contraindre à une paix immédiate. L'Autriche ne se prononce pas encore, elle attend, car elle redoute un revers de fortune; la circonspection du prince de Schwartzenberg, qui ne s'engage qu'avec une extrême prudence, constate qu'il a sur ce point des instructions secrètes en rapport avec un grand mouvement euro-

---

sie. Eh! pouvait-on connaître le désespoir quand tous les enfants de la patrie sont animés du plus ferme courage; quand l'ennemi, avec les débris de ses armées, à une immense distance de ses foyers, au sein d'un peuple nombreux, est entouré par nos armées, l'une en front, et trois autres s'avançant pour lui couper la retraite et intercepter les renforts qui pourraient lui être envoyés; quand l'Espagne, après avoir secoué le joug, menace d'envahir le territoire de notre ennemi commun; quand la plus grande partie de l'Europe, épuisée et enchaînée par cet ennemi de tous les peuples, et qui le sert encore par terreur, attend avec une inquiète impatience le jour où elle pourra briser ses chaînes; quand la France elle-même n'aperçoit pas de fin aux torrents de sang français qu'il verse pour assouvir son ambition?

« Dans l'état désastreux où sont les affaires humaines, la nation qui, après avoir éprouvé toutes les calamités de la guerre, réussira par sa patience et son intrépidité

péen. Le lion est pris dans de terribles liens, il fait des efforts pour secouer ses mailles d'acier; qui sait? le moment est peut-être venu de s'affranchir de sa puissante domination.

Le point de vue militaire est également suivi par Alexandre avec une grande persévérance et une habileté remarquable; il écrit au comte de Wittgenstein de refouler devant lui les corps de Macdonald et d'Oudinot sur Dunabourg et Polotsk[1], pour se mettre en communication sur la Bérésina avec l'armée du Midi, conduite par l'amiral Tschichakoff; Wittgenstein lui-même vient d'être renforcé de 55,000 hommes de l'armée de Finlande, libres par la conférence d'Abo, et que Bernadotte a rendus au Czar; puis on se mettra en communication par Minsk avec la Bérésina. L'opération importante est confiée à l'armée du Midi; elle vient de se réunir aux vieilles troupes conduites par Tormassoff, arrivant à marches forcées du Danube. Tout cela donnera plus de 65,000 hommes disponibles. Alexandre écrit de sa main à l'amiral, il le presse,

à se procurer une paix juste et durable, non seulement pour elle, mais pour les autres nations, pour celles mêmes qui nous combattent en ce moment, cette nation acquerra une gloire immortelle.

« Dieu tout puissant! daigne tourner un regard miséricordieux sur l'église de Russie! Soutiens le courage et la patience de ton peuple qui combat pour une cause juste! que par la divine et toute puissante assistance, il triomphe du superbe ennemi qui l'a attaqué; et en préservant la Russie, délivre les rois et les nations opprimées. »

[1] *Extrait des instructions de l'empereur Alexandre relatives aux opérations militaires.*

*Au comte Steinheil.*

« Si les troupes que le maréchal Victor rassemble à Tilsitt ne nous forcent pas à prendre de nouvelles mesures, conservez toujours votre direction sur la gauche, vers le gouvernement de Wilna, sur Widzy et Swentziany, où vous devez arriver le 4 (16) octobre. Venant à rencontrer Oudinot battu par Wittgenstein, vous remplacerez ce dernier; et si vous ne parvenez pas à détruire entièrement Oudinot, vous le poursuivrez au-delà de la Wilia et du Niémen, vous défendrez le Niémen contre les Prussiens, afin de couvrir Riga, et vos troupes serviront en même temps de corps de réserve pour les trois armées réunies à Minsk et sur la Bérésina. »

*Au comte Wittgenstein.*

« Attaquez Polotsk à revers, et, après avoir battu l'ennemi, vous vous réunirez

l'entraîne; il faut marcher. Quand la jonction sera faite, ces troupes doivent également opérer vers Minsk et la Bérésina, de manière à ce que l'armée de Finlande, l'armée du centre, celle du Midi, formant ainsi plus de 120,000 hommes, viennent se placer à deux cents lieues sur le dos de Napoléon pour lui couper toute retraite.

Ce plan vaste et beau demande activité, courage; il n'est pas facile de couper les ailes à l'aigle majestueux dont l'envergure de mille coudées a touché les murs de Moscou! Ainsi l'armée de Kutusoff, qui paraît la plus engagée contre Napoléon, n'est qu'un moyen de l'occuper; ce n'est qu'une seconde ligne, un corps d'observation qui le harcelle et le presse. Le vieux et rusé maréchal n'a d'autre mission que de tromper l'Empereur, de jouer Murat, afin de prolonger la campagne jusqu'à ce que les armées de Finlande et du Danube aient opéré leur jonction sur la Bérésina. La saison avance, Napoléon pourra-t-il résister aux terribles tempêtes de neige? On voudrait le forcer à une capitulation, ne serait-ce pas un immense résultat pour l'Europe? Eh bien! rien ne

au corps du prince Jachkwil, et vous agirez avec la plus grande rapidité possible pour la destruction du corps d'Oudinot, qui se trouvera par là entièrement coupé de la grande armée. Vous le rejetterez sur le corps du général Steinheil, qui, dans ce temps-là, après avoir agi contre Macdonald, doit se trouver près de Widzy et de Swentziany; alors le général Steinheil prendra votre place et continuera la poursuite de l'ennemi.

« Ayant ainsi coupé Oudinot, et ayant votre flanc couvert par les opérations de Steinheil, dirigez-vous avec la plus grande rapidité sur Dokszitzi où vous pourrez arriver le 15 (27) octobre; et, après avoir ouvert vos communications sur Minsk, et vous être réuni au général Tschichakoff en passant la Bérésina, vous occuperez Lepel et tout le cours de l'Ula, depuis la Bérésina jusqu'à l'endroit où elle se jette dans la Dwina.

« Vous devez alors mettre tous vos soins à fortifier les défilés, puisqu'on ne peut pas prévoir sur quel point l'ennemi portera ses efforts dans sa retraite, après avoir passé le Dniéper. »

*A l'amiral Tschichakoff.*

« D'Ostrog vous dirigerez votre marche sur Pinsk, où vous devez nécessairement arriver le 25 septembre (7 octobre). Un des grands buts de toute l'opération est de couvrir vos mouvements par l'armée jadis commandée par Tormassoff, et de gagner

paraît plus facile, enfermé comme il l'est dans le Kremlin, au milieu d'une ville en cendres. Les Russes, aussi fins que persévérants, ont dans leur cœur du sang grec et slave, un mélange de deux nationalités ; Kutusoff, Miloradowitch, les plus rusés d'entre les rusés, savent l'état exact des forces de Napoléon ; sa perte en chevaux est immense. Eux au contraire grandissent leurs moyens militaires ; chaque jour est pour eux un progrès ; les milices s'exercent à chaque soleil d'automne, les deux généraux sont aises d'amuser Napoléon, ils le flattent, le caressent, ils aiment à chatouiller l'orgueil de Murat si vaniteux ; l'état d'appauvrissement de l'armée française, ce besoin qu'elle éprouve de repos et de paix, ne servent que trop bien les desseins de Kutusoff, qui endort ces hommes d'énergie au doux murmure d'armistice et de paix.

Établi pour la seconde fois au Kremlin, Napoléon avait cherché à organiser les débris d'un gouvernement municipal, voulant faire croire que cette grande cité n'était pas un monceau de cendres ; à tout prix il a besoin de constater qu'il n'a pas pour conquête, après tant d'efforts glorieux, la ville des morts ; il revient au

par là quelques marches sur les généraux Reynier et Schwartzenberg, en marchant de Pinsk à Neswich et à Minsk, afin que, les devançant dans ces deux endroits, ils soient entièrement coupés du gouvernement de Minsk, de la Bérésina et de la grande armée française. Vous devez arriver à Neswich au plus tard le 1er (13) octobre ; mais le plus tôt sera le mieux.

« Après avoir établi vos communications avec l'armée jadis de Tormassoff le 5 (17) octobre, vous devez la renforcer, s'il est nécessaire, par un détachement des troupes qui sont sous vos ordres, pour la mettre en état de poursuivre Schwartzenberg et Reynier, et de les chasser du duché de Varsovie, ou de les pousser dans la Gallicie.

« Le 9 (21) octobre au plus tard, et plus tôt même s'il est possible, vous occuperez avec la majeure partie de vos forces Minsk, où vous serez rejoint le même jour par le détachement venu de Mozir. De là vous occuperez au plus tôt le cours de la Bérésina et la ville de Borisow, où vous formerez un camp retranché, vous emparant des bois et défilés qui se trouvent sur le chemin de Borisow à Bobr, et fortifiant tous les points qui sont susceptibles de l'être, afin que l'ennemi à son retour trouve à chaque pas des obstacles, tandis qu'il sera

projet d'établir un gouvernement à Moscou, une grande intendance civile, et M. de Lesseps est désigné, comme il l'était déjà par le décret signé à Mojaïsk; le général Durosnel est nommé commandant de place, et une assemblée municipale composée de marchands, d'étrangers, prend le titre de *conseil de ville*, afin de mettre un peu d'ordre dans l'administration. Ces marchands n'acceptent qu'avec la plus grande répugnance; n'ont-ils pas à craindre la réaction de l'esprit moscovite au premier revers de fortune?

L'Empereur cherchait ainsi à se faire illusion pour mieux tromper les terreurs des autres; chaque jour il attendait la présence d'un parlementaire et la demande d'un armistice, et le soir venait sans nouvelle. A son départ de Dresde, la campagne était calculée dans des termes précis : « Une grande bataille, l'occupation de Moscou, Alexandre à ses genoux pour demander la paix; » le drame ainsi charpenté n'allait pas à son dénouement : la grande bataille avait eu lieu, Moscou était occupé, mais il ne recevait d'Alexandre nul message de paix, aucun acte de soumission : et ceci le faisait fortement réfléchir. Quel silence sur sa route! partout, de Moscou à Saint-Pétersbourg! Napoléon attendit plus

---

poursuivi par nos troupes de la grande armée. D'un autre côté, vous serez réuni le 15 (27) octobre à Dokszitzy avec le général Wittgenstein, ce qui formera et assurera notre ligne de communication la plus droite, tant avec Saint-Pétersbourg qu'avec Kiow.

« Formant ainsi le centre des trois armées réunies, et en ayant une quatrième de réserve à Wilna sous les ordres du général Steinheil, suivant les événements qui arriveront à la première armée, et sur lesquels on ne peut rien prescrire, vous vous tiendrez prêt à anéantir l'ennemi, soit sur votre flanc gauche de l'autre côté de l'Ula, soit au centre à Borisow et sur la Bérésina, soit sur votre flanc droit du côté de Bobruisk. Nos armées réunies doivent se poster avec la plus grande promptitude et activité sur le point où l'ennemi fera quelques tentatives, afin que non seulement aucune portion de la grande armée ne passe la frontière, mais que même les courriers et les espions ne puissent se glisser nulle part, et que l'armée ennemie qui s'est avancée si loin, affaiblie déjà par les marches et les fatigues, soit entièrement détruite avant de sortir de nos frontières. »

TENTATIVE DE PAIX (OCTOBRE 1812). 545

de huit jours ; puis se décidant, il résolut la première démarche.

M. de Caulincourt suivait sa personne comme officier d'ordonnance. Chacun savait l'amitié d'Alexandre pour le loyal ambassadeur ; M. de Caulincourt était devenu maussade et censeur inquiet ; Dieu garde les génies aux grandes destinées de ces hommes qui, ayant prévu une de leurs fautes, restent auprès d'eux pour les démoraliser en leur rappelant leur prophétie ! M. de Caulincourt entreprit ce rôle durant la funeste campagne ; oiseau de sinistre augure, il battait ses ailes sombres autour de la tente de l'Empereur, comme un mauvais présage. On lui préféra Lauriston, le plus récent ambassadeur à Saint-Pétersbourg ; il devait aller aux avant-postes demander passage pour se rendre auprès du Czar, et dans tous les cas remettre au général en chef Kutusoff une lettre autographe de souverain à souverain, avec l'offre d'une entrevue personnelle qui préparerait la paix générale : en attendant, Napoléon offrait un armistice sur des bases très larges pour faire cesser l'effusion du sang humain. Lauriston se rendit aux avant-postes de Kutusoff [1] ; il y fut accueilli avec cette politesse rusée qui

---

[1] Le dialogue que je donne ici est extrait de la correspondance de lord Cathcart, ambassadeur anglais à Saint-Pétersbourg.

« Lauriston ouvrit la conférence par demander un armistice, et pria le prince de transmettre à l'empereur une lettre de Bonaparte contenant des propositions de paix, afin de faire cesser l'horrible effusion de sang que la guerre allait occasionner.

« Je ne suis point autorisé à écouter aucune proposition de paix ou d'armistice, répondit Kutusoff ; quant à la lettre adressée à S. M., je ne m'en chargerai pas. Je dois vous déclarer que l'armée russe a trop d'avantages, et ne les sacrifiera pas ; elle n'a pas besoin d'armistice. »

« Lauriston observa que la guerre ne pouvait être éternelle ; qu'elle devait avoir une fin, surtout quand elle se faisait d'une manière aussi cruelle.

« Les Français ont donné l'exemple de la barbarie, reprit Kutusoff ; et Napoléon a encore ajouté à leurs cruautés. Sans doute, la guerre ne sera pas éternelle, mais il ne faut pas songer à la paix tant que les Français seront au-delà de la Vistule. La Russie n'a point provoqué la guerre : l'empereur pouvait anéantir tous les préparatifs de Napoléon en portant immédiatement toutes ses forces de l'autre côté de la Vistule avant que Napoléon les eût commencés ; mais les tentatives de S. M. pour

se proposait d'endormir les Français à Moscou; Lauriston s'adressant au vieux maréchal lui proposa un armistice pour faire cesser l'effusion du sang; Kutusoff examinant avec ses yeux de vieillard l'attitude du général, refusa d'abord de se charger de la lettre, et lui déclara qu'il n'avait pas de pouvoir suffisant; quant à l'armistice, il refusa également d'y consentir, à moins qu'il ne fût limité à quelques heures, parce que l'armée russe avait trop d'avantages pour les sacrifier. Lauriston, à son tour, fit observer « que la guerre ne pouvait être éternelle, et surtout qu'elle ne pouvait se prolonger d'une manière aussi cruelle. » Alors Kutusoff, avec un sourire et une satisfaction indicibles, déclara qu'on ne ferait pas la paix tant que les Français auraient un seul pouce de terre au-delà de la Vistule. « Qui a poussé Napoléon à venir jusqu'à Moscou? Pour vous c'est là que la guerre finit, pour nous c'est là qu'elle commence. » — Eh bien! dit Lauriston, nous nous battrons, et nous le ferons bien sans demander grâce. — Nous n'en doutons pas, répliqua Kutusoff, alors tirez-vous-en comme vous pourrez. — Mais au moins faites cesser, s'écria l'ambassadeur, le caractère violent

---

l'éviter ont été inutiles Napoléon est entré en Russie sans déclarer la guerre ; il a dévasté une partie de l'empire. Il n'a pas été invité à venir à Moscou ; il faut qu'il en sorte comme il pourra. Nous lui ferons tout le mal que nous pourrons ; c'est notre devoir. Il a proclamé que la campagne était terminée à Moscou ; nous voyons la chose tout différemment ; nous croyons qu'elle a commencé. Si vous ne vous en doutez pas, nous vous en convaincrons incessamment.

« *Lauriston.* — Puisqu'il n'est pas possible d'espérer la paix, il faudra bien marcher ; mais en partant il faudra encore répandre le sang des braves, puisque vos armées marchent de tous côtés.

« *Kutusoff.* — Je vous le répète, vous ferez comme vous pourrez pour vous en retourner, et nous ferons tout ce que nous pourrons pour vous en empêcher. Au reste, s'il n'est question que de votre départ, nous pourrons arranger cette affaire quand le temps sera venu. »

« Lauriston se plaignit de nouveau de la fureur qu'on avait inspirée au peuple, afin de rendre tout rapprochement impossible, en attribuant aux Français l'embrasement de Moscou, tandis que le feu y avait été mis par les habitants eux-mêmes.

de cette guerre, et calmez la fureur que vous avez inspirée aux paysans. — Général, dit Kutusoff, c'est pour la première fois que j'entends faire reproche à un peuple de se défendre avec acharnement contre l'invasion de l'étranger. » Lauriston insista pour que Kutusoff se chargeât de la lettre autographe de Napoléon, destinée à l'empereur son maître. Le rusé vieillard avait saisi les deux avantages qui pouvaient résulter de cette démarche : le premier, c'était de faire connaître au peuple russe l'abaissement moral des Français : ces fiers ennemis venus des pays lointains d'Occident demandaient enfin à traiter, et dès ce moment ils étaient perdus ; on pourrait tomber sur eux sans quartier, la victoire viendrait à la bonne cause. En tous les cas ces négociations devaient donner des espérances de paix à Napoléon et traîner en longueur son séjour à Moscou ; que fallait-il obtenir? le laisser là plein de sécurité jusqu'à l'hiver, attendre cette saison terrible qui enfouirait les Français, tandis que le mouvement des armées de Finlande et du Danube se formait sur la Bérésina. Rostopchin n'avait-il pas dit en raillant : « Il faut amuser le bel oiseau jusqu'à la saison nouvelle? »

« *Kutusoff*. — C'est la première fois que j'entends porter des plaintes de l'enthousiasme et du dévouement d'un peuple tout entier qui défend son sol contre un ennemi qui l'a envahi sans y avoir été provoqué, et qui, par cette agression injuste, excite cette animosité, cette rage, dont cet ennemi se plaint, mais que tous les autres peuples admireront. Quant à l'embrasement de Moscou, je suis vieux, M. Lauriston, j'ai un peu d'expérience à la guerre. Soyez donc bien sûr que je sais tous les jours, à toutes les heures, ce qui se passe à Moscou. J'ai ordonné que l'on mît le feu à quelques magasins ; mais depuis l'arrivée des Français à Moscou, les Russes n'ont brûlé que les magasins des charrons ; les habitants ont brûlé peu de maisons. Vous avez détruit systématiquement le reste, les jours étaient fixés, les quartiers qui devaient être livrés aux flammes étaient marqués. J'ai eu des renseignements précis ; et je pourrais vous dire les édifices dont vous avez abattu les murs à coups de canon, parce qu'ils étaient si solidement construits que les flammes ne les consumaient pas. Attendez-vous à ce que nous nous vengerons. M. Lauriston, notre conférence est finie. »

Aussi Kutusoff, qui, à la première réception de Lauriston, s'était montré dur, tenace, se radoucit bientôt ; le fin vieillard vit bien qu'il fallait endormir Napoléon comme le loir sous la neige ; il témoigna donc un profond respect pour les généraux français et leur Empereur, pour Murat même, lui qui au fond de l'âme gardait un long ressentiment qui eût éclaté comme une traînée de poudre. Berthier écrit à Kutusoff pour demander où en est la négociation, le major-général signe *Alexandre*, ni plus ni moins que le Czar, et s'exprimant en philosophe (ce qui était signe de décadence), il dit : « que l'Empereur Napoléon voyait avec douleur une dévastation nuisible à la Russie », comme si l'invasion des Français n'avait pas été la cause première de ces malheurs! Kutusoff, en lui répondant, le traite de *mon prince*, d'*altesse*, à chaque phrase ; ces flagorneries demi-sauvages cachent un peu de moquerie, et surtout le désir de tromper et de faire attendre ; Kutusoff prend ce monde-là par l'orgueil, il en sait le faible ; il donne à Berthier le titre de prince de Neufchâtel et de Wagram [1] ; comment ne pas espérer la paix quand on vous traite si bien ! Et Miloradowitch faisait aussi tourner la tête

---

[1] *Le prince de Neufchâtel et de Wagram au général en chef Kutusoff.*
Moscou, le 16 octobre 1812.
« Le général Lauriston avait été chargé de proposer à votre altesse de prendre des arrangements pour donner à la guerre un caractère conforme aux règles établies, et prendre des mesures pour ne faire supporter au pays que les maux qui résultent de l'état de guerre. En effet, la dévastation de son propre pays est nuisible à la Russie, autant qu'elle affecte douloureusement l'Empereur ; votre altesse sentira facilement l'intérêt que j'ai à connaître la détermination définitive de son gouvernement.
« Recevez, etc. » *Signé*, Alexandre.

*Le prince Kutusoff au prince de Neufchâtel et de Wagram.*
Au quartier-général le 9 (21) octobre, 1812.
« Mon prince, le colonel Berthemy, que j'ai admis dans mon propre quartier, m'a remis la lettre dont votre altesse l'avait chargé pour moi ; tout ce qui fait l'objet de cette nouvelle démarche a été soumis immédiatement à l'empereur, mon maître, et c'est, comme vous ne sauriez l'ignorer, mon prince, l'aide-de-camp général de Wolkonsky qui en a été le porteur. Cependant, vu la distance des lieux et la difficulté des routes dans la saison actuelle, il est physiquement impossible qu'il me soit déjà parvenu une réponse à cet égard. Je ne

à Murat, en le traitant de *Sire* et de *Majesté* à chaque phrase d'une longue entrevue; Miloradowitch et Murat avaient occasion de se voir tous les jours et de se distribuer des coups de sabre, car ils étaient braves tous deux; il y avait une espèce de suspension d'armes si limitée qu'on n'avait besoin que de se prévenir trois heures d'avance. Voilà donc Murat et Miloradowitch engageant une conversation, comme les héros de l'Iliade qui déposent leurs boucliers, leurs terribles armures, pour dire les victoires des ancêtres, l'hospitalité reçue, les guerres, les inimitiés des races.

Murat se plaint d'abord des excès que commettent les paysans et les Cosaques: « ils nous harcellent contre l'armistice, ils pillent nos fourrages. » Miloradowitch sourit. « Je suis on ne peut plus satisfait de connaître qu'on exécute mes ordres et que les paysans se montrent dignes du nom russe. » Murat déclare que tout cela est contraire aux lois de la guerre; il sera donc forcé d'envoyer des colonnes pour protéger les fourrageurs. « Eh bien! réplique le Russe, nous échangerons encore quelques coups de sabre. » Murat conserve sa dignité et sa fierté; qui peut le lui disputer en bravoure? « Vous savez, général, réplique-t-il, que ce n'est pas avec des

---

saurais donc que me référer personnellement à tout ce que j'ai eu l'honneur de dire à M. le général Lauriston sur la même matière. Je répéterai cependant ici une vérité dont vous apprécierez sans doute, mon prince, toute la force et l'étendue : c'est qu'il est difficile d'arrêter, malgré tout le désir qu'on peut en avoir, un peuple aigri par ce qu'il voit, un peuple qui depuis trois cents ans n'a point connu de guerre intérieure, qui est prêt à s'immoler pour sa patrie, et qui n'est point susceptible de ces distinctions entre ce qui est ou n'est pas d'usage dans les guerres ordinaires. Quant aux armées que je commande, je me flatte, mon prince, que tout le monde reconnaîtra, dans la manière dont elles agissent, les principes qui caractérisent toute nation loyale, brave et généreuse; je n'en ai jamais connu d'autres dans ma longue carrière militaire, et je me flatte que les ennemis que j'ai eus à combattre ont toujours rendu justice à mes maximes à cet égard. Recevez, mon prince, l'assurance de ma plus haute considération. »

Le maréchal commandant en chef les armées, Prince Kutusoff.

mots qu'on nous bat; la victoire nous est venue plus d'une fois, et vous n'avez pas été toujours heureux. » — « Nous ne nous sommes battus qu'à Borodino, » dit fièrement Miloradowitch. Puis il exposa la situation de l'armée française : « Vous êtes de partout pressés et nous le savons bien. » — « Pas tant que vous le supposez, et nous vous en donnerons des preuves. » La causerie prit ici un ton très piqué; on parla réciproquement des pertes des deux armées, et comme cela devait être entre braves chevaliers, les deux généraux déclarèrent qu'ils chercheraient bientôt l'occasion de se donner les preuves de leur estime militaire; puis on parla de choses indifférentes, de la mort du prince Bagration, et Miloradowitch avec beaucoup de courtoisie conduisit Murat jusqu'aux avant-postes, tout en déclarant qu'on ne recevrait plus de parlementaires [1].

Point de nouvelles pourtant de la négociation et de la paix; la lettre de Napoléon restait sans réponse; on n'avait obtenu qu'une trêve de fait et presque illusoire, car il suffisait de se prévenir trois heures à l'avance pour commencer les hostilités; l'armée campait autour de Moscou ou dans l'intérieur de la ville en ruines; l'in-

---

[1] Cette conversation est encore tirée des dépêches de lord Cathcart :

« *Murat.* — Avez-vous connaissance, général, des excès que commettent vos Cosaques? Ils tirent sur mes fourrageurs; vos paysans mêmes, quand ils se croient soutenus par les Cosaques, massacrent les hussards qu'ils trouvent isolés.

« *Miloradowitch.* — Je suis enchanté d'apprendre de la bouche de V. M. que mes Cosaques exécutent strictement mes ordres. Je ne suis pas moins charmé d'apprendre que nos paysans se montrent dignes du nom russe.

« *Murat.* — Cela est contraire aux règles reçues à la guerre; et si cela continue, je serai obligé d'envoyer des colonnes pour protéger mes fourrageurs.

« *Milorad.* — J'en serai charmé, sire; mes officiers se plaignent d'avoir été trois semaines dans l'inaction. Ils voudraient bien prendre quelques canons, quelques drapeaux..

« *Murat.* — Mais pourquoi chercher à envenimer deux nations faites pour s'estimer sous tous les rapports?

« *Milorad.* — Mes officiers et moi sommes prêts à vous donner toutes les marques possibles de notre estime; mais, sire, vos fourrageurs seront toujours pris, et je

fanterie était pleine de santé et réparait ses forces ; la cavalerie avait considérablement souffert, les chevaux mouraient par milliers, car les fourrages manquaient autour de cette campagne désolée. Napoléon savait ces plaies, et sa force d'âme voulait les cacher ; il ne faut pas, dans les grands hommes, attribuer le calme à l'indifférence, ils gardent le trouble pour eux, les déchirements pour leur noble cœur ; au dehors ils ne laissent paraître que la confiance et la sécurité.

A Moscou Napoléon joua le stoïcisme, multipliant les décrets sur des matières même les plus indifférentes ; de nombreux décrets furent datés du Kremlin : le premier établissait un simple droit de balance sur le plomb envoyé des provinces illyriennes en France ; un autre établissait un droit de magasinage pour l'entrepôt de Trieste ; à Moscou il fixe les attributions du ministère de l'intérieur, règle l'emploi des centimes additionnels, prescrit les formalités pour la circulation des eaux-de-vie. Le décret le plus curieux et le plus détaillé, celui qui constate peut-être ce besoin qu'avait l'Empereur de se montrer calme, et cette manie peut-être de s'occuper de tout, c'est l'acte daté de Moscou pour l'organisation

---

crois que les colonnes que vous enverrez pour les protéger seront battues.

« *Murat.* — Général, ce n'est pas avec des mots que l'on nous bat. Jetez les yeux sur la carte ; voyez le pays que nous avons conquis, et jusqu'où nous avons pénétré.

« *Milorad.* — Charles XII a pénétré encore plus avant ; il est allé à Pultawa.

« *Murat.* — L'armée française a été constamment victorieuse.

« *Milorad.* — Mais nous ne nous sommes battus qu'à Borodino.

« *Murat.* — Cette victoire nous a ouvert les portes de Moscou.

« *Milorad.* — Je vous demande pardon, sire, on vous a abandonné Moscou.

« *Murat.* — Quoi qu'il en soit, nous sommes maîtres de votre ancienne et immense capitale.

« *Milorad.* — Oui, sire, et tous les Russes en sont affligés, moi en particulier, j'ai tout fait pour sauver Moscou. La Russie vous a fait un grand sacrifice ; mais elle commence déjà à en recueillir les fruits.

« *Murat.* — Comment ?

« *Milorad.* — Je sais que Napoléon a envoyé Lauriston au général en chef pour traiter de la paix. Je sais que vos soldats n'ont qu'un tiers de la ration ordinaire.

« *Murat.* — Les passeports qu'on vous a demandés étaient une farce.

« *Milorad.* — Et je vois que S. M. le roi

du Théâtre-Français. Sur la grande scène de mort et de désolation, il paraît s'occuper d'un autre spectacle de distractions et de plaisirs : par ce décret, il confiait la surveillance du Théâtre-Français au surintendant des spectacles ; les produits des recettes devaient être divisés en vingt-quatre parts, réparties entre les sociétaires ; tout sociétaire s'engageait pour vingt ans, après quoi il jouissait de sa pension viagère sur les fonds communs ; cent mille francs de rente étaient accordés sur la Caisse d'amortissement au Théâtre-Français ; après vingt ans la pension était acquise ; six comédiens formaient le comité de lecture sous la présidence du commissaire impérial qui distribuait les emplois. Le répertoire se formait par le comité et deux actrices qui lui étaient adjointes ; l'acteur ne pouvait refuser de jouer le rôle de son emploi ; tous les mois un nouvel ouvrage devait être mis en scène. Le répertoire était formé par le comité ; le surintendant donnait seul les ordres de début ; les acteurs ne pouvaient refuser de jouer sous peine de cent cinquante francs d'amende ; les débutantes seraient reçues à l'essai pendant une année. Le comité admettait ou refusait les pièces ; l'auteur avait un huitième du produit

---

de Naples vient au général Miloradowitch demander quartier pour ses fourrageurs, et entamer une espèce de négociation pour apaiser ses troupes.

« *Murat* (piqué). — Ma visite a été purement accidentelle, je voulais simplement vous faire connaître les abus commis par vos troupes. Le défaut de discipline est un grand malheur dans une armée ; il en a souvent causé la ruine.

« *Milorad*. — En ce cas, il vous conviendrait bien mieux de l'encourager. C'est un défaut de discipline précieux que celui qui nous fait tuer les fourrageurs français !

« *Murat*. — Vous vous trompez beaucoup à l'égard de notre situation. Moscou est abondamment pourvue de tout : nous attendons des renforts immenses qui sont déjà en route.

« *Milorad*. (riant). — Nous croyez-vous réellement plus éloignés de nos renforts que vous ne l'êtes des vôtres?

« *Murat*. — Général, j'ai aussi à me plaindre sur un point très essentiel, et j'en appelle à votre justice. Vous avez tiré deux fois sur nos parlementaires.

« *Milorad*. — Sire, nous ne voulons point de pourparler. Nous voulons nous battre, et point négocier. Prenez vos mesures en conséquence.

pour quatre ou cinq actes, un douzième pour trois, et un seizième pour un ou deux actes; on lui accordait les entrées proportionnelles; tous les jours il devait y avoir spectacle sur la grande scène où se formeraient des élèves pensionnés par l'Empereur. Ces dispositions futiles, si en dehors des préoccupations militaires, étaient datées du quartier-général et discutées dans les soirées déjà longues de l'automne. Napoléon avait un goût prononcé pour la scène; c'était un souvenir de jeune homme, une distraction qui lui rappelait le temps où, ami de Baptiste et de Talma, il suivait les théâtres de Paris avec fureur; chose curieuse! il voulut même qu'on jouât la tragédie au Kremlin qui venait de voir une si grande tragédie; sur les décombres de Moscou, on distribua des rôles, et lui prenait plaisir à réciter quelques strophes retentissantes du grand Corneille sur les peuples et les héros qui grandissent et tombent [1].

De telles distractions n'empêchaient pas l'Empereur d'examiner gravement sa situation de plus en plus périlleuse. A ce moment les ordres militaires se multiplient; il consulte, il hésite; rien n'est exécuté avec cette énergie des jours de grandes campagnes. Berthier, occupé jour et nuit à transmettre des ordres et des instructions,

---

« *Murat.* — Quoi! je ne suis donc pas en sûreté ici?

« *Milorad.* — Vous courriez un grand risque, sire, en venant une seconde fois; mais, aujourd'hui, j'aurai l'honneur de vous accompagner moi-même jusqu'à vos védettes. »

Le général demanda son cheval; et Murat, frappé d'étonnement, dit qu'il n'avait pas d'idée de cette manière de faire la guerre. Le général lui dit en souriant qu'il aurait pu en prendre une idée en Espagne. Murat vit bien qu'il valait mieux changer de conversation, et demanda au général où il avait d'abord servi en qualité de général.

« On doit se souvenir encore en France, lui répondit Miloradowitch, de la campagne de Suwarow en Italie. J'ai souvent eu l'honneur de commander l'avant-garde du généralissime. »

Après une conversation assez courte sur la mort du prince Bagration ils se séparèrent. »

[1] Le décret sur l'organisation du Théâtre-Français est du 15 octobre; il est divisé en 8 titres, et contient cent articles.

écrit partout et à tous pour savoir les nouvelles des corps dispersés, prendre des renseignements sur les moindres mouvements militaires [1]. Murat est toujours à l'avant-garde; Berthier s'adresse à lui « a-t-il quelques notions sur l'ennemi ? les Cosaques ont paru sur la route de Smolensk; ils ont surpris un convoi. D'où viennent-ils? que signale leur présence? Un corps menacerait-il les communications? » La peine de mort est prononcée contre tout officier qui parlemente avec l'ennemi; l'Empereur est très impatient de connaître les manœuvres de Kutusoff : dans quelle direction faut-il le suivre ?

Avec Bessières même correspondance; il fait surveiller la route de Smolensk et les Cosaques. « Veillez à tout, maréchal; malheur à nous si nos communications étaient interceptées! » Dans une seconde dépêche, il demande des nouvelles du corps de Poniatowski : « Les cinq ou six cents Cosaques qui ont infesté la route de Mojaïsk nous ont bien fait du mal, dit Berthier; ils ont fait sauter quinze caissons et pris deux escadrons de marche. » Plus tard on voit que l'inquiétude grandit; Berthier écrit à Murat sur la démarche que Napoléon vient de faire auprès d'Alexandre; il parle de la mission du général

---

[1] Voici quelques extraits de cette correspondance de Napoléon à Moscou :

*Le major-général à Murat.*

« Votre aide-de-camp vient de remettre à l'Empereur votre lettre de ce jour, à cinq heures du matin. Vous trouverez ci-joint un second rapport du duc d'Istrie. L'Empereur attend avec impatience des nouvelles positives. Des Cosaques ont paru sur la route de Smolensk à six ou sept lieues d'ici. Ils étaient une trentaine, qui ont surpris un convoi d'une quinzaine de caissons, qu'ils ont brûlés. Sa Majesté vient de me dicter la lettre ci-jointe pour le général Sébastiani. Elle vient de prononcer la peine de mort pour tout officier qui parlementerait sans autorisation avec les avant-postes ennemis. Sa Majesté veut qu'on ne corresponde avec les ennemis qu'à coups de canon et de carabine. Je vous réitère que l'Empereur est très impatient de savoir à quoi s'en tenir sur les mouvements de l'ennemi. »

*Le major-général au maréchal Bessières.*

« Monsieur le maréchal, je vous envoie un rapport du général Sébastiani, que vient de faire passer le roi de Naples, et d'où il résulte que l'ennemi continuerait

Lauriston au quartier-général de Kutusoff; il envoie le billet que Murat doit remettre aux avant-postes de Miloradowitch. Une lettre de la main de Napoléon est relative à la police de Moscou : il donne ordre de fusiller dix soldats russes qu'on a trouvés dans une cave, comme incendiaires. « Que cela soit fait demain matin, à quatre heures, sans éclat. » Ici se retrouve le caractère violent, inflexible du souverain; il veut qu'un sentiment terrible se rattache à sa présence. Napoléon étudiant de plus en plus sa position stratégique voit bien qu'il ne peut pas rester longtemps à Moscou; la proposition de passer l'hiver faite par Daru était absurde; les cendres chaudes engourdiraient plus d'une âme quand les frimas blanchiraient les campagnes. Les nouvelles qu'il reçoit des corps d'armée de Victor, d'Oudinot, de Macdonald, du prince de Schwartzenberg et de Regnier, souvent interceptées, lui donnent l'intelligence du vaste plan conçu par les Russes qui veulent l'enterrer sous les neiges; il est presque sans communication avec Wilna et Varsovie. Voyons au reste quelles sont les nouvelles de ces grandes cités.

son mouvement sur Kolomna. Le roi de Naples a dû arriver à son avant-garde; il aura poussé vivement l'ennemi, ainsi dans la nuit nous aurons des renseignements positifs. L'Empereur désire que pendant la nuit vous lui envoyiez aussi des renseignements sur tout ce que vous aurez appris, et particulièrement des nouvelles du prince Poniatowski, et des rapports qu'il vous aura faits sur ce qu'il saura des Russes. Vous aurez su ce qui s'est passé sur la route de Mojaïsk; mais cela n'est autre chose qu'une quarantaine de Cosaques, qui ont surpris dans un village une quinzaine de nos caissons, qu'ils ont fait sauter. L'Empereur a envoyé le major Letort avec 250 dragons sur la route de Mojaïsk, où nous avons couché. Le major Letort a ordre d'arrêter toute la cavalerie de marche, ce qui lui fera bientôt 1,500 à 2,000 hommes, avec lesquels il protégera la route. Toute l'armée est prête à se mettre en mouvement, et l'Empereur est décidé à rejeter l'ennemi derrière l'Oka Les renseignements ultérieurs que l'on recevra dans la nuit, du roi de Naples et de vous, décideront le parti que Sa Majesté prendra; si l'armée marchera sur la route de Tula ou sur celle de Kolomna. Si l'on suit celle de Tula, la cavalerie que vous avez, celle de la garde, les Polonais de Poniatowski, la division d'infanterie Frédéric se trouveront par votre position former l'avant-garde. Envoyez-nous surtout des renseignements le plus tôt que vous pourrez. »

A Wilna, il a laissé M. Maret tout fier du cortége diplomatique qu'il avait convoqué dans cette capitale de la Lithuanie ; il singeait l'orgueil de Napoléon mandant les rois à Dresde. M. Maret tout puissant, tout vaniteux dans la première période de cette marche en avant, avait régi et gouverné en maître ; ses levers étaient devenus célèbres ; il avait pour mission d'endormir le corps diplomatique, s'imaginant sans doute que les nouvelles n'arrivaient pas de tous côtés. Les ministres d'Autriche, de Prusse, étaient parfaitement renseignés sur les incidents de la campagne ; les bulletins russes et anglais leur arrivaient journellement, et ils rendaient un compte exact à leur cour, tandis que M. Maret croyait les tromper par les faux clinquants et les *Te Deum*. Chaque matin à déjeuner, M. Maret se posait en véritable souverain, distribuant ses paroles faciles, abondantes, comme des faveurs ; on encombrait ses salons autant pour lui présenter des hommages que pour l'étudier ; lui, toujours gai, toujours calme, faisait jouer la comédie par les employés des ambassades ; la tragédie était le grand goût du monde alors : l'Empereur organisait à Moscou

---

*Le major-général au maréchal Bessières.*

« J'ai mis sous les yeux de l'Empereur votre lettre d'hier à onze heures du soir. En conséquence, Sa Majesté attend de nouveaux renseignements avant de mettre l'armée en mouvement. Le prince Poniatowski a dû arriver hier de bonne heure à Podol, et si vous n'en avez pas de nouvelles c'est à cause des Cosaques qui rôdent ; les mouvements que vous avez ordonnés à votre cavalerie doivent infailliblement donner des nouvelles du prince Poniatowski. Sa Majesté attend aussi les rapports que le roi lui aura faits hier au soir, mais qui ne peuvent arriver que vers cinq ou six heures du matin de l'avant-garde. Sa Majesté approuve tout ce que vous vous proposez de faire. Faites nettoyer Desna. Les cinq à six cents Cosaques qui ont infesté la route de Mojaïsk nous ont fait bien du mal ; ils ont fait sauter quinze caissons, et pris deux escadrons de marche de cavalerie, c'est-à-dire environ deux cents chevaux : ces escadrons appartenaient à une colonne de marche que conduit le général Lanusse, qui les avait imprudemment portés sur sa droite. Ils ont voulu ensuite attaquer un plus grand convoi d'artillerie, mais la fusillade les a éloignés. Comme je vous l'ai mandé hier, le major Letort s'est rendu à la maison du prince Galitzin avec deux cents

le Théâtre Français, et M. Maret en faisait jouer le répertoire par les employés de sa légation. C'est ainsi que les affaires étaient conduites.

A Varsovie, M. de Pradt avait pris au sérieux la constitution de la Pologne, et Napoléon n'y songeait déjà plus; homme d'esprit plus que d'action, M. de Pradt perdait un temps précieux dans des conversations avec la belle et grande noblesse polonaise; M. de Pradt, très propre à bien peindre une situation, était incapable de la dominer; il pensait naïvement que Napoléon voulait reconstituer la Pologne avec ses deux capitales, Wilna et Varsovie, et M. Maret le tenait dans cette illusion. Or, au lieu de ce poste politique qu'un évêque aurait pu heureusement remplir, qu'avait-on donné à M. de Pradt? une véritable intendance militaire; pas un seul mot pour la Pologne dans la correspondance avec Napoléon. Les dépêches de M. Maret, presque toujours l'intermédiaire du quartier-général, se résument à lui demander des hommes, des chevaux, des contributions, comme en pays conquis.

La diplomatie de M. de Pradt était donc réduite à n'être plus qu'une agence chargée de grandir les moyens militaires de Napoléon, et cela n'allait pas à son esprit;

---

chevaux sur la route de Mojaïsk. D'après les renseignements de votre dernière lettre, et d'après ceux donnés par le roi, Sa Majesté vient d'ordonner au général Saint-Sulpice de partir avec ses dragons pour appuyer le major Letort, si cela est nécessaire, ce qui sera probablement superflu, mais ce qui est sans inconvénient ; car les marches que vous faites faire par Podol et Desna doivent entièrement éloigner les Cosaques de la route de Mojaïsk. »

*Le major-général à Murat.*

« Sire, l'Empereur a reçu votre lettre du 22 septembre, à huit heures du soir, Il attend avec impatience de vos nouvelles, ainsi que de celles du duc d'Istrie. Des renseignements particuliers nous font croire que l'ennemi n'est plus à Podol. Si cela est vrai, le prince Poniatowski doit y être arrivé hier au soir, et Votre Majesté saura à quoi s'en tenir. Le duc d'Istrie, de son côté, doit être aujourd'hui à Podol. Des nouvelles particulières disent également que l'ennemi aurait évacué Desna, et se serait porté sur Serpuchow et Kalouga. Votre Majesté ne doit avoir qu'un seul but, celui de se remettre avec son avant-garde sur les traces de l'ennemi. »

et à ce moment, il faut remarquer que le grand-duché de Varsovie, la Lithuanie, menacés par le Nord et le Midi, avaient besoin de toutes leurs ressources pour se défendre : les corps russes qui arrivaient simultanément par la Livonie et le Danube préparaient leurs mouvements avec énergie sur la Bérésina ; les communications interrompues, M. Maret est privé des ordres de celui qui réchauffe ses pensées, il perd la tête, et M. de Pradt ne reçoit plus de Wilna que des avis sans importance, des bulletins fabriqués sur la situation de l'armée. Tout est déjà disloqué et en décadence dans ces provinces qui devraient servir de pivot à Napoléon en cas d'une retraite [1].

Quitter Moscou est devenu une nécessité inflexible pour l'armée ; cette position n'est plus tenable, c'est l'avis unanime, surtout depuis l'échec que Murat vient d'éprouver. Sa bravoure imprudente l'a exposé à une surprise ; il avait marché en avant pour seconder la jonction de Victor avec la grande armée par Smolensk ; les Russes l'ont surpris ; il a perdu de la cavalerie, des canons ; Kutusoff est tombé sur lui à l'improviste. Dans cette crise, le

---

*Le major-général à Murat.*

« Sa Majesté a reçu votre lettre du 2 octobre, à neuf heures du soir ; elle a vu avec plaisir que vous avez occupé Woronowo. Comme vous annoncez devoir écrire le 3, dans la matinée, l'Empereur attend votre lettre pour vous répondre. Sa Majesté, s'étant décidée à envoyer près du général en chef russe un de ses aides-de-camp, désire que vous fassiez écrire, par votre chef d'état-major, au général commandant l'avant-garde ennemie, une lettre conçue en ces termes :

« L'Empereur étant dans l'intention d'envoyer un de ses aides-de-camp généraux près du général en chef Kutusoff, on désire connaître le jour, l'heure et l'endroit où ce général veut le recevoir. » Cette lettre sera adressée au commandant de l'avant-garde, et l'on en tirera un reçu. Comme de raison, sire, l'Empereur vous laisse le maître de choisir le moment où vous ferez cette démarche, afin de la faire en temps opportun, et qu'elle n'ait en rien l'air de tenir aux circonstances.

*Napoléon au major-général.*

Moscou, le 6 octobre 1812.

« Mon cousin, donnez ordre que les dix soldats russes qui ont été découverts dans une cave du onzième quartier, soient fusillés, comme incendiaires ; que cela soit fait demain, à quatre heures du matin, sans éclat.

Napoléon.

[1]. Voici quelques extraits de la correspondance de Napoléon avec M. Maret.

génie de Napoléon se repliant sur lui-même conçoit une de ces idées fortes, supérieures, que la médiocrité seule ne comprit pas ; il veut marcher droit sur Saint-Pétersbourg. Il est un peu tard, mais qu'importe? puisqu'il faut quitter Moscou, on doit se résoudre à un grand parti : trois routes lui sont ouvertes, laquelle choisira-t-il? La première, sur Kalouga, est belle, grande ; et surtout, comme nulle armée n'a passé par cette voie, on est sûr d'y trouver l'abondance, des fourrages, des ressources ; Kalouga est vers le Midi, et déjà l'armée sent qu'elle a besoin d'avoir chaud ; il y a bien un peu plus loin le souvenir de Bender ; qu'importe? l'Empereur compte sur ses soldats ; il est haut de dix coudées au-dessus de Charles XII. Le district de Kalouga est une belle contrée ; on y trouvera Kutusoff ; il faut le détruire. La seconde route est sur Smolensk ; ici c'est une véritable retraite, on ne peut se le dissimuler, et quel effet moral cela ne va-t-il pas produire en France et en Europe? Et dans quel pays va-t-elle s'opérer? dans des contrées que les Français ont déjà ravagées par le pillage et l'incendie.

Il n'y a donc qu'une seule et grande voie, celle-là Napoléon l'a mesurée avec enthousiasme ; il veut et

« J'ai ici avec moi deux régiments prussiens qui se sont distingués à l'avant-garde de la grande armée, mais qui, comme on peut s'y attendre, ont beaucoup souffert. Le roi de Prusse ne pourrait-il pas relever ces régiments par deux autres, frais et bien montés? Les premiers pourraient retourner en Prusse où ils pourraient encore servir. J'ai donné au contingent prussien sa direction naturelle en l'envoyant à Riga ; mais je voudrais bien que le secours de ma septième division ne fût plus nécessaire dans ce quartier-là, je désire donc savoir, du roi de Prusse, s'il ne consentirait pas à envoyer un renfort de 1000 hommes de cavalerie et de 6,000 d'infanterie à Riga pour remplacer la septième division. Le roi peut aisément tirer ces troupes de Kœnigsberg, de Colberg et de Graudentz, et alors elles pourraient arriver en peu de jours. Ces dernières seraient remplacées par celles que l'on tirerait de plus loin, en rendant effectifs quelques squelettes de régiments, ou en faisant venir des troupes de la Silésie : de cette manière le roi de Prusse formerait un cordon de 4,000 hommes de cavalerie et de 20,000 d'infanterie.

« Il vous sera facile de lui faire comprendre qu'il est de son intérêt que cette

doit marcher sur Saint-Pétersbourg. Marcher sur Saint-Pétersbourg! c'est encore aller en avant; on court à une nouvelle conquête, on relève le courage du soldat; d'une capitale on court à une autre. Napoléon a presque autour de lui 100,000 hommes, braves, déterminés; avec cela on s'ouvre partout un passage; en marchant sur Saint-Pétersbourg on effraie l'esprit russe, on force Alexandre à traiter, et si l'on éprouve un échec, on peut, en se réunissant au corps de Macdonald sur Riga, prendre de bons quartiers d'hiver sur le Niémen. Ce projet si généreux, si grandiose, a mille chances de succès; il exalte le courage et ne le brise pas. Faut-il le dire? il trouve mille objections dans les âmes molles des généraux qui entourent Napoléon; ils sont vieillis, usés, sans énergie; ils regrettent Paris, leurs hôtels, leurs maîtresses, leurs tables! ils en ont assez: il y a fatigue, découragement; Saint-Pétersbourg est au nord [1], et l'on craint le froid; c'est s'aventurer encore plus loin de la patrie, pour laquelle on éprouve un indicible entraînement. Dans cet état bizarre et affaibli des âmes tout pas en arrière paraît un succès; quand on tourne les yeux vers le sol natal, on n'examine pas s'il faut marcher à reculons pour l'atteindre.

Ainsi pensent les généraux qui entourent l'Empe-

---

guerre se termine promptement, elle le gêne considérablement; et il n'y a qu'un moyen de la terminer, qui est de montrer à la Russie, qu'en raison des moyens que j'ai de recruter mes armées, non seulement dans mes États, mais par les secours de mes alliés, l'espérance qu'elle conçoit de détruire mon armée est absolument illusoire.

« Il faut tenir le même langage à l'Autriche, à la Bavière, à Stuttgard et partout. Je désire non seulement que l'on m'envoie des renforts, mais que leur nombre soit exagéré, et que ces souverains fassent insérer dans leurs gazettes, non seulement le grand nombre de troupes qu'ils envoient, mais que ce nombre soit doublé dans les États qu'ils publieront.
Napoléon.
Moscou, 16 octobre 1812.

[1] On craignait déjà beaucoup à Saint-Pétersbourg la marche des Français sur la capitale. Une proclamation insérée dans le supplément de la Gazette de Saint-Pétersbourg,

## RÉSOLUTION DE QUITTER MOSCOU (OCTOBRE 1812). 361

reur, ils le découragent, le ramollissent; M. de Caulaincourt a jeté dans l'armée ces paroles imprudentes, « que jamais Alexandre ne traitera qu'au-delà du Niémen. » Quitter Moscou est donc pour eux une joie ; retourner à Smolensk un triomphe. On veut revoir le Niémen, la Vistule, l'Elbe, et qui sait peut-être ? même le Rhin ; hélas ! l'infortune les leur fera bientôt toucher après de rudes épreuves, et avec le Rhin, la Meuse et la Seine. Triste opposition que les médiocrités fatiguées font ainsi au génie de Napoléon! Depuis 1809, ce besoin de repos nuit à toutes ses grandes pensées militaires ; on le voit se reproduire en 1813, lorsqu'il conçoit le projet de rallier les garnisons des places fortes, et plus tard, lorsqu'avant l'abdication de Fontainebleau, il propose de ramasser les troupes d'Italie, d'Espagne, d'Allemagne, et de transporter le champ de bataille à quelques centaines de lieues de Paris. La fatigue avait brisé toutes ces âmes, l'aigle n'avait plus ses aiglons pour suivre son vol audacieux.

La route de Kalouga fut préférée pour se porter ensuite sur Smolensk; Napoléon, juste gardien de l'honneur de son armée, ne voulait pas que sa retraite eût l'air d'une fuite ; il écrivit de sa main à Berthier pour qu'il donnât les ordres au maréchal Mortier sur l'évacuation régulière de Moscou [1] ; il annonçait que « le lendemain

---

du 2 (14) octobre, annonçait que l'Empereur s'était déterminé à faire transporter de Saint-Pétersbourg les effets que la prudence requérait de n'y pas laisser exposés à un danger qui semblait presque impossible, mais qu'il était sage de prévoir : c'était la prévoyance et non l'inquiétude qui dictait cette mesure avant que la glace n'interrompe la navigation des rivières. Cette proclamation se terminait par cette phrase : « C'est afin d'éviter le désordre et la confusion que nous anticipons ce moment, car nous avons pris l'invariable résolution (qui est dans le cœur de tous les Russes) de boire la coupe du malheur jusqu'à la lie, plutôt que de signer une paix honteuse qui soumettrait la Russie à un joug étranger. »

[1] *Napoléon au major-général.*
Moscou, le 18 octobre 1812.
« Mon cousin, faites connaître au duc de Trévise que je pars demain matin avec

19 octobre il quittait la capitale de son ennemi en ruine, son dessein était de poursuivre Kutusoff à outrance sur la route de Kalouga ; le maréchal Mortier devait loger au Krémlin, en faire garnison, armer les murailles, mettre les pièces en batterie. » Tout est prévu dans cette lettre pour la conservation de Moscou, comme si Napoléon voulait y revenir ; il semble dire : « Les bruits d'évacuation sont faux, je marche en avant encore, et seulement l'armée opère sur Kalouga ; » il est fier, lui, fier pour tous ; il est honteux de marcher en arrière, il a pourtant les Tuileries, ses lits mous, ses tapis soyeux; il a fait la fortune de tous, et tous veulent lui ôter son calme; lui seul garde l'honneur de la France comme dans un sanctuaire. Mortier devait se maintenir au Krémlin et y recevoir des vivres comme s'il devait le garder longtemps.

Le lendemain 19 octobre, l'armée, naguère conquérante, quitta Moscou, ou plutôt les ruines amoncelées que l'incendie avait faites; la saison était belle encore; une petite gelée donnait la santé au corps ; un soleil d'automne magnifique resplendissait ; la musique faisait entendre les airs de victoire comme pour constater qu'il ne s'agissait pas d'une retraite. On pouvait voir que la cavalerie avait beaucoup souffert, excepté celle de la garde, presqu'au complet. L'armée si belle encore, jeta un dernier regard sur Moscou qu'elle quittait avec joie parce qu'il y avait de la tristesse dans ces ruines ; elle n'avait plus

---

l'armée pour poursuivre l'ennemi ; que mon intention est que le duc de Trévise se loge au Krémlin, et y caserne :

1° La division Laborde.

2° La brigade du général Carrière, composée de quatre bataillons de cavalerie à pied, forte de près de 4,000 hommes.

3° Deux compagnies de sapeurs.

4° Une compagnie d'artillerie.

5° L'artillerie de la division Laborde.

Enfin, une brigade de 500 hommes à cheval: avec cette force le duc de Trévise pourra garder la ville, mais avec la prudence convenable. Le duc de Trévise fera travailler avec la plus grande activité à l'armement du Krémlin, et mettra en batterie les pièces

## NAPOLÉON QUITTE MOSCOU (19 OCTOBRE 1812). 563

cet esprit militaire des grandes campagnes de Napoléon ; on la voyait encombrée de voitures, de fourgons qui portaient le trésor de l'armée et les richesses de Moscou, et parmi ces dépouilles, la grande croix de Saint-Ivan de stinéeau dôme des Invalides. « Sainte croix nationale, tu ne seras pas le trophée du vainqueur ; Dieu ne permettra pas que tu franchisses la Bérésina, frontière de l'empire ! »

Napoléon marchait au milieu des chasseurs de la garde comme s'il allait à une victoire ; il fallait bien déguiser la retraite à l'ennemi. Toutes les colonnes se mirent en marche avec ordre, division par division, avec cette rectitude et cette précision des troupes habituées aux longues marches militaires. Le lendemain on arriva au petit village de Krasnoskoë, sur la route de Kalouga ; et c'est de là que Napoléon dicta à Daru cette lettre fatale, adressée à Berthier et qui devait laisser trace de son passage à Moscou.

« Mon cousin, donnez ordre au duc de Trévise de faire partir demain à la pointe du jour, les hommes fatigués et éclopés du corps du prince d'Eckmühl et du vice-roi, de la cavalerie à pied et de la jeune garde, et de diriger le tout sur Mojaïsk. Le 22 ou le 23, à deux heures du matin, il fera mettre le feu au magasin d'eau-de-vie, aux casernes et aux établissements publics, hormis la maison des enfants trouvés. Il fera mettre le feu au palais du Kremlin. Il aura soin que tous les fusils qui se trouvent ici ; il fera construire une petite batterie en terre sur le terre-plein, où il fera mettre ses pièces de campagne de manière à bien battre le pont de pierre ; il tiendra un fort poste au couvent du prince d'Eckmühl, dont la position est importante, parce qu'il commande un pont sur la Moskowa. Demain, quand l'armée sera partie, le duc de Trévise fera faire par la municipalité une proclamation pour prévenir les habitants que les bruits d'évacuation sont faux ; que l'armée se porte sur Kalouga, Tula et Briansk, pour s'emparer de ces points importants et des manufactures d'armes qui s'y trouvent: engager les habitants à maintenir la police, et em-

soient brisés en morceaux, et qu'il soit placé des poudres sous la tour du Kremlin ; que tous les affûts soient brisés ainsi que les roues des caissons. Quand ces expéditions seront faites, que le feu sera en plusieurs endroits du Kremlin, le duc de Trévise quittera le Kremlin et se portera sur Mojaïsk. A une heure, l'officier d'artillerie chargé de cette besogne fera sauter le Kremlin, comme il en a reçu l'ordre. Sur la route il brûlera toutes les voitures qui seraient restées en arrière, fera, autant que possible, enterrer les cadavres, briser tous les fusils qu'il pourra rencontrer. Arrivé au palais Galitzin, il y prendra les Espagnols et les Bavarois qui s'y trouvent, fera mettre le feu aux caissons et à tout ce qui ne pourra pas être transporté. Il ramassera tous les commandants de poste et reploiera les garnisons. Il arrivera le 25 ou le 26 à Mojaïsk, il recevra là des ordres ultérieurs pour se mettre en communication avec l'armée. Il laissera, comme de raison, une forte arrière-garde de cavalerie sur la route de Mojaïsk ; il aura soin de rester à Moscou jusqu'à ce qu'il ait vu lui-même le Kremlin sauter ; il aura soin de faire mettre le feu aux deux maisons de l'ancien gouverneur et à celle de Razumowsky. » Fatal autographe qui pouvait expliquer les vengeances de l'Europe en 1814 contre nos grandes cités.

Le 22 au matin une explosion terrible se fit entendre ; le vieux Kremlin, ce palais des Czars qui avait passé à

pêcher qu'on ne vienne achever la ruine de la ville. Le duc de Trévise fera dès demain commencer les travaux au Kremlin, et veillera à ce qu'ils soient poussés avec la plus grande activité ; il fera dans la ville une police sévère, et fera fusiller tout soldat russe qu'on trouverait dans la rue. Enfin, le duc de Trévise doit réunir le plus de vivres qu'il pourra, il fera confectionner beaucoup de biscuit, il s'assurera des vivres au moins pour un mois, en farine, pommes de terre, choucroûte, eaux-de-vie, etc. Il doit conserver cet approvisionnement pour les circonstances urgentes. Ayez soin de donner au duc de Trévise un chiffre, afin que la correspondance avec lui puisse être libre et sûre.

Napoléon.

travers les âges, n'était plus qu'un amas de décombres ; le maréchal Mortier exécuta les ordres inflexibles de l'Empereur ; il ne respecta ni les bâtiments somptueux, ni ce qui était riche, ni ce qui était saint. Et pourquoi cette implacable vengeance ? et pourquoi s'en prendre aux pierres des fatalités d'une campagne ? Le Kremlin en décombres laisserait-il une plus facile retraite, et n'était-ce pas là une de ces imprécations que l'ambition jette impuissante, pour constater qu'elle n'a pas réussi dans ses projets de domination et de conquête ? C'est la poignée de poussière que Julien l'Apostat jeta au ciel en s'écriant : « Tu as vaincu, Galiléen ! »

# CHAPITRE XII.

## SITUATION DES PARTIS,

### CONSPIRATION MALET.

Idée impériale sur l'hérédité. — Partis qui s'opposent à la réalisation de cette pensée. — Les républicains. — Les royalistes. — Le parti religieux. — Les prisons d'État. — Action de la police. — Les autorités. — La force publique. — Les cohortes. — Les soirées d'une conspiration. — Sénatus-consulte de déchéance. — La garde nationale. — Le tocsin. — Le gouvernement provisoire. — Préparatifs de Malet. — Sa sortie. — Les casernes. — L'hôtel du général Savary. — La préfecture de police. — L'hôtel-de-ville. — L'état-major. — Cambacérès. — Marie-Louise. — M. Réal. — Le ministre de la guerre. — Terreur des fonctionnaires. — Leur vengeance. — Malet devant le conseil de guerre. — Exécution de Grenelle. — Enquête secrète sur la conjuration. — Retentissement de la conspiration Malet. — Espionnage avec les Anglais. — Commissions militaires de Toulon et de Marseille. — Les Jacobins. — Affaiblissement du principe impérial.

### Octobre à décembre 1812.

L'idée fondamentale de Napoléon, la pensée intime de sa vie, fut toujours la stabilité. Il y consacre toute sa force d'action, toutes ses veilles, la puissance de son génie ; consul pour dix ans, il vise au consulat à vie, il marche à l'Empire héréditaire; quand il s'aperçoit que les constitutions qui appellent sa famille à la couronne ne sont qu'un vain papier, et que nul ne respectera l'ordre établi pour ses collatéraux, il brise un mariage stérile pour obtenir un enfant, l'héritier de sa race; il veut perpétuer une dynastie : l'histoire doit l'accepter comme un de ces grands fondateurs qui ne travaillent pas seulement pour eux-mêmes, mais encore pour un avenir lointain dont les vieilles chroniques parleront un jour aux générations futures. Voilà pourquoi il est si orgueilleux du roi de Rome ; ce n'est pas seulement l'amour paternel qui le fait presser en tressaillant ce noble fils dans ses bras, c'est une idée de fondation, de perpétuité dans le pouvoir [1]. Ce qu'il y eut donc de remarquable dans la conspiration du général Malet, ce qu'il y a de fort et d'intelligent dans cette tête, c'est que ce général comprit seul et de haut, que tous ces efforts de Napoléon sont vains ; il est assez initié dans les idées révolutionnaires pour savoir que table rase a été faite sur les prestiges de dynastie et de perpétuité par l'école de 1789 ; tout se résume, pour l'Empire, en la personne de Napoléon. Il est tout, son pouvoir, sa grandeur ; et en dehors de lui il n'est plus rien, c'est le vide ; et ce berceau d'or dans lequel repose un pauvre enfant sera oublié comme un meuble inutile du palais dans l'étonnement et l'incertitude que la mort de l'Empereur va partout répandre.

L'état des partis est essentiel à examiner pour expliquer cette forte conception d'un homme qui menaça de renverser l'Empire en une matinée. Le général Malet n'était pas un fou comme on a voulu le faire croire dans les écrits de l'école impériale ; en vain on l'a présenté comme un esprit exalté et maniaque, Malet était un homme réfléchi, qui seul comprit la fragilité de l'édi-

---

[1] Aussi les journaux ont ordre chaque jour de parler du roi de Rome. « La santé de Sa Majesté le roi de Rome vient de jour en jour plus forte, ses facultés se développent ; il marche tout seul depuis quelque temps, il se promène souvent dans les environs de Saint-Cloud, accompagné de sa maison ; partout il reçoit des marques de l'intérêt le plus tendre. » A quoi toutes ces phrases ont-elles servi ?

fice impérial à travers ses astragales et ses pompes. Le plan du général était-il à lui, ou provenait-il de Labbé-Lafond, son complice, esprit fin et distingué? Qu'importe! Tant il y a que ce fut là une conjuration bien combinée, habilement tissue, à la suite de l'examen très attentif de l'état des partis [1].

Les républicains, dispersés par la persécution, jetés, par les ordres de la police, à l'étranger, dans des villes d'exil ou dans des prisons, ne vivaient plus à l'état de parti, mais ils dominaient encore puissamment la société par les idées. Il faut bien distinguer dans la marche des temps l'état matériel des partis d'avec les principes qui les constituent; quelquefois un parti est abattu, anéanti, en tant que groupes matériels d'hommes, et cependant ses idées dominent et entraînent la société, et telle était la situation réelle des opinions républicaines en 1812; le peuple n'avait point oublié son éducation de 1789. Il y avait huit ans que l'Empire existait, la république fermentait dans beaucoup de têtes, les mœurs d'égalité existaient partout. En vain avait-on cherché à créer une nouvelle noblesse, à placer une hiérarchie dans les rangs; tout cela était factice, le peuple n'y croyait point: il prenait l'Empire comme une parade; il ne pouvait croire à la principauté de M. Cambacérès, aux comtés de M. Réal ou de M. Merlin. Il saluait l'Empereur comme une grande gloire; mais tous ces Franconis de l'Empire, ces acteurs de mélodrames ou de comédies tout cela lui faisait lever les épaules, à lui le géant u avait fait ces fortunes en combattant pour la patrie Ainsi le parti républicain n'existait plus comme action mais l'idée républicaine était dans les entrailles du peu-

---

[1] Labbé-Lafond a recueilli lui-même tous les souvenirs.

ple avec le principe d'égalité, une étincelle pouvait les réveiller, un mot pouvait répondre à ces sympathies; alors reparaîtraient les formules chéries des faubourgs, de l'armée et de la démocratie. Ici Malet avait donc parfaitement calculé.

Les royalistes n'existaient pas plus que les républicains en état de parti organisé; les jours de la Vendée et de la chouannerie étaient passés avec l'époque de la guerre active; la plupart des chefs avaient fait leur soumission; l'Empereur était entouré de noms vendéens ou de souvenirs royalistes; en tout cela l'idée monarchique avait considérablement grandi; Napoléon rebâtissait de ses mains le formulaire des Bourbons et les principes de leur pouvoir; il avouait, pour ainsi dire, la grande force de la légitimité des races. On n'entendait plus que des expressions empruntées au vocabulaire de Louis XIV; l'Empereur avait pris les habitudes somptueuses des rois, reconstituant peu à peu ce que la révolution de 1789 avait détruit; de là résultait une conséquence naturelle, c'est que la force de la vieille dynastie avait grandi. L'idée des Bourbons était donc puissante, puisque Napoléon [1], tout glorieux, en prenait l'empreinte dans ses actes et s'en faisait l'héritier. Si les principes républicains étaient maîtres du peuple, s'ils parlaient à ses sympathies révolutionnaires, les principes royalistes dominaient les institutions et les hautes classes; réunir ces deux forces sous une même bannière d'opposition était donc un fort levier contre l'Empire, et Malet avait encore ici raison.

Il existait un dernier parti tout récemment formé et

---

[1] Napoléon se laissa même une fois entraîner jusqu'à dire : « Louis XIV mon aïeul. » Était-ce seulement distraction?

prenant son origine dans la conscience religieuse ; la captivité du pape, la persécution contre les cardinaux et les évêques, avaient semé le mécontentement dans l'Église : Pie VII à Fontainebleau, les cardinaux à Vincennes ou exilés, les archevêques dans les prisons d'État, toutes ces rigueurs avaient fait naître une opposition secrète parmi ceux-là mêmes qui avaient exalté le Consul pour le Concordat ; MM. Alexis de Noailles, Matthieu de Montmorency, sans se poser ouvertement hostiles à l'Empereur, défendaient avec un dévouement simple et résolu, les principes de leur foi et la suprématie papale [1]. Ce parti modeste, obscur, ne se rattachait pas moins à toutes les consciences catholiques, et son ressort était grandi ; sa puissance intime s'étendait à toutes les parties de l'ordre social, de sorte que ce fut encore une pensée profonde qui engagea Malet et Lafond à compter sur le parti religieux pour seconder le mouvement qui se prononçait contre l'Empire ; catholicisme, république, Bourbons, tout cela fut mêlé par un syncrétisme philosophique, par un sentiment commun d'opposition.

La dispersion des partis ne permettait pas à leurs chefs principaux de s'entendre et de se réunir ; mais le malheur des temps avait créé un terrain neutre, une sorte de rendez-vous dans lequel on pouvait se rencontrer ; c'était les prisons d'État. L'Empire en étalait un grand luxe ; le décret de 1810 en avait réalisé l'organisation complète ; là, se trouvaient groupés royalistes, républicains, évêques, philosophes, tous sous le même verrou, à la Force, à Vincennes [2], les partis se

---

[1] C'était le parti de la petite église, en rapport avec le pape à Savone.
[2] Le général Savary dans ses Mémoires a célébré toute la douceur du régime des prisons d'État ; c'est une idylle de police.

pressaient la main en échangeant leurs douleurs, leurs espérances ; ici, vous trouviez MM. de Polignac et de Rivière ; là, les généraux Lahorie et Guidal ; plus loin l'évêque de Gand, M. de Broglie ; à côté, quelques ardents prosélytes de l'athéisme ; à l'Abbaye, les généraux Dupont et Marescot ; à Vincennes, les cardinaux ; à la Force surtout étaient les vieux républicains qui n'avaient pas pactisé avec leurs principes. Il était encore un autre lieu de rendez-vous pour les persécutés ; quand on avait les bonnes grâces du général Savary, il vous permettait une maison de santé ; captif sur parole, on avait l'air, les arbres, un peu de liberté pour compenser celle qu'on avait perdue, mais à condition de ne rien dire, de ne rien écrire ; l'ordre était sévère. Hélas ! rapprochés par le malheur, les prisonniers échangeaient quelques-unes de ces paroles qui s'entendent et se comprennent dans la commune proscription.

Si la superficie de ce grand édifice qu'on appelait l'Empire paraissait formidable et dure comme le diamant, la base en était fragile, et, à vrai dire, tout se résumait en la personne de l'Empereur, la seule institution vivante. Le Sénat, la première autorité de l'État, était, je le répète, un corps servile, soumis, abaissé ; mais il commençait à être honteux de cet état, à rougir de cet affaissement de tous sentiments généreux ; il comptait plus d'une âme vieillie dans le dévouement à la République ; Sieyès, Garat, Lambrecht, Lanjuinais, l'abbé Grégoire [1], n'avaient abdiqué aucune de leurs convictions, et à côté d'eux siégeaient des hommes assez faibles pour voter avec l'Empereur, tout en espérant comme un bienfait l'affaissement de sa tyrannie ; au

---

[1] Voyez chapitre 9, tome VII de ce livre.

premier succès d'une conjuration qui aurait pour but de rendre la liberté primitive à la patrie, on aurait vu accourir ce Sénat pour prononcer la déchéance de l'idole qu'il avait encensée; il y avait dans son sein des bouderies, des mécontentements qui n'échappaient pas même à Cambacérès; Fouché y conservait de nombreux amis, et de son exil il entretenait une active correspondance; M. de Talleyrand n'avait point oublié sa disgrâce, et de rares paroles protestaient contre la dictature. Il y avait plus d'un grief à reprocher à l'Empereur et à sa dynastie; au fond les idées du Sénat étaient républicaines; tous ou presque tous les sénateurs avaient passé leur vie sous l'influence du xviii$^e$ siècle, et de cette éducation qui prépara l'époque révolutionnaire; et ces choses ne s'oublient pas.

Au conseil d'État dominait cette même tendance philosophique; on était dévoué à l'Empereur, mais dans toute hypothèse on suivrait l'impulsion du Sénat. Le conseil d'État était un satellite autour de l'astre; la plupart des conseillers nés de la Révolution voyaient avec douleur le despotisme impérial; ils s'y résignaient comme à une situation commode et ramollie; qu'il vînt un jour de triomphe pour la cause démocratique, et ils s'y associeraient franchement. En cette hypothèse, les hommes du gouvernement opposeraient-ils de la résistance? Que pouvait être l'archi-chancelier Cambacérès, pusillanime comme une femme, altesse au ton aristocratique dans les temps paisibles, et tremblotant devant les dangers? Si l'on faisait sortir le chef provisoire du gouvernement d'une question de jurisprudence, il n'était plus rien; au jour d'une émeute sur la place publique, il aurait disparu; ce bruit lui faisait peur; il avait souvenir de la Convention, et une nouvelle

ESPRIT ET FORCE DU GOUVERNEMENT (1812).   373

journée de prairial le faisait frissonner. Si nul ne pouvait contester le courage et le dévouement du général Savary, pouvait-on parler de ses lumières et de sa sagacité de police ? Magistrat aux petites vues, aux persécutions vulgaires, pourrait-il apercevoir et suivre les premières trames d'un complot, si les conspirateurs demeuraient maîtres de la force militaire ? Le malheur des polices politiques est de s'arrêter aux choses indifférentes, tandis que les opinions et les idées marchent plus vite et plus haut.

Restait comme action dans le gouvernement, comme garantie de sa sûreté, la garnison de Paris: on avait là sous la main les dépôts de la garde impériale, 1,500 ou 2,000 hommes d'infanterie, quelques escadrons de cavalerie; parmi ces gardes, le dévouement à l'Empereur était incontestable; les autorités pouvaient compter sur cette force [1]. Mais depuis la levée de 1812, les huit ou neuf mille hommes formant la garnison de Paris se composaient des cohortes du premier ban de la garde nationale, soldats mécontents arrachés à leurs foyers par une mesure extraordinaire; les officiers et les sous-officiers, presque tous tirés des cadres du Consulat, avaient souvenir du beau temps de la République. A peine les cohortes connaissaient-elles l'Empereur, qui n'avait point baptisé leurs aigles par la victoire; elles devaient naturellement prêter la main à tout mouvement qui préparerait la liberté de la patrie et la paix; la plupart des chefs des cohortes étaient dans les opinions de Macdonald, de Moreau, de Bernadotte,

---

[1] Depuis le départ de l'Empereur la garnison de Paris comptait :

| | | | |
|---|---|---|---|
| Dépôt de la garde impériale, | 1,850 | Garde de Paris, | 1,200 |
| Dragons, | 250 | Cohortes. | 5,300 |
| | | | 8,600 |

toujours disposés pour un mouvement patriote, et, avec les cohortes, la garde de Paris professait les mêmes opinions.

Les magistrats de la capitale même ne pourraient pas arrêter une conjuration éclatant dans les conditions du 18 fructidor ou du 18 brumaire. M. Frochot, le préfet de la Seine, appartenait au fond à l'idée républicaine; girondin modéré, il n'avait donné à l'Empereur bien juste que le dévouement d'un fonctionnaire public; ses souvenirs étaient pour Mirabeau son ami; ses principes, ceux du salon de madame Roland et de la Législative. M. Frochot, esprit d'étude, calme, limité, n'avait rien de ce qui constitue une tête politique. Les fonctions de M. Pasquier, je le répète, ne se rattachaient point à la police politique; il n'avait rien à surveiller, rien à voir sur les personnes; les prisons d'État étaient en dehors de ses mains; l'Empereur lui avait expressément commandé de laisser la police politique au général Savary[1] et la police militaire au général Hullin, en limitant sa magistrature aux fonctions de l'édilité. Or, le général Malet savait tout cela, et surtout la fragilité de l'édifice impérial en dehors de Napoléon. Ce ne fut donc pas un projet de fou que le sien; tout était préparé avec un tact infini; et ces multiplications de formules, ces arrêtés, ces sénatus-consultes revêtus de scels, ces ordres du jour, furent rédigés dans le dessein de répondre aux habitudes légales que la révolution avait données à la France. Autrefois, sous la monarchie, la société se dirigeait par les mœurs et la tradition; depuis 1789, c'était par des feuilles de papier; on changeait de décrets comme d'habits; une signature et un

[1] Voyez chapitre 13, tome VIII de ce livre.

sceau suffisaient; un gouvernement s'improvisait; il tombait le lendemain pour faire place à une autre improvisation, et pour cela il ne fallait qu'un cachet et un nom; quelle facilité pour qui voulait agir!

Le général Claude-François de Malet était de Dôle, dans cette province de la Franche-Comté, moitié espagnole et moitié savoyarde, qui tire de ses montagnes une âpreté de mœurs comparable à la Suisse. Son père était chevalier de Saint-Louis, possesseur de fief; lui-même portait dans son blason une épée flamboyante. Malet, comme bon gentilhomme, entra à seize ans dans les mousquetaires; sa figure était jolie, sa taille bien proportionnée, son front large et beau; et comme il avait reçu une brillante éducation, il réussit dans le monde; son prestige fut grand comme causeur agréable; dans sa jeunesse dissipée, il aima les femmes avec passion. Il était parvenu à trente-six ans lorsque la révolution éclata; ses liaisons avec le parti philosophique l'entraînèrent vers ses principes; comme Malet portait l'épaulette, il fut nommé commandant de la garde nationale, puis chef de volontaires quand l'ennemi vint aux frontières; il partit pour l'armée du Rhin et fut bientôt aide-de-camp du marquis de Beauharnais; adjudant-général, il servit bien la République; général de brigade, il fit partie de cette armée sous Championnet qui passa les Alpes pour combattre les Autrichiens. Ami de Masséna, opposant à l'Empire [1], il combattit vaillamment à l'armée d'Italie

---

[1] Voici quelques autographes de Malet qui ont été retrouvés.
*Lettre du général Malet au chancelier de la Légion d'honneur Lacépède.*
11 nivôse an XII.
« Citoyen, j'ai reçu la lettre que vous m'avez fait l'honneur de m'écrire, et par laquelle vous m'annoncez la marque de confiance que vient de me donner le grand conseil de la Légion d'honneur, en m'admettant au nombre des membres de cet ordre. C'est un témoignage d'estime auquel je suis on ne peut pas plus sensible, et un encouragement à me rendre de plus en

pendant que Napoléon couchait sur le champ de bataille d'Austerlitz; après, il fut disgracié comme républicain, car on marchait aux idées monarchiques, et Malet n'aimait pas à s'abaisser; il conspira sans cesse pour renverser Napoléon, en 1807, à Eylau; en 1809, lorsque Fouché lui-même avait organisé un mouvement contre l'Empire, il fut arrêté; alors on avait tant d'intérêt à constater la durée et la grandeur du pouvoir qu'on ne poursuivit pas Malet, secrètement enfermé dans une prison d'État; au mariage de Napoléon, on transforma cette prison en une maison de santé sous la surveillance de la police.

Ame ardente, esprit inquiet, Malet reprit son idée de conjuration, car ce n'était pas une pensée neuve, mais un nouvel acte ajouté à son drame de 1809, alors qu'il devait paraître en uniforme et proclamer la déchéance de Napoléon. Qu'on accusât sa tentative de folie, c'était la tactique de la police; elle devait croire à la puissance immuable de Napoléon, à l'impossibilité de le renverser. Malet avait parfaitement combiné son projet; selon lui, Napoléon était tout, en dehors on ne trouvait plus rien; l'hérédité, vieille chimère, ne donnerait

---

plus digne d'une association fondée sur l'amour de la patrie et de la liberté. J'ai souscrit de cœur et d'âme au serment exigé.

« Recevez, etc. »
                                Malet.
*Lettre de Malet à Bonaparte.*

« Citoyen premier Consul,

« Nous réunissons nos vœux à ceux des Français, qui désirent voir leur patrie heureuse et libre. Si un empire héréditaire est le seul refuge qui nous reste contre les factions, soyez empereur; mais employez toute l'autorité que votre suprême magistrature vous donne, pour que cette nouvelle forme de gouvernement soit constituée de manière à nous préserver de l'incapacité ou de la tyrannie de vos successeurs, et qu'en cédant une portion si précieuse de notre liberté, nous n'encourions pas un jour, de la part de nos enfants, le reproche d'avoir sacrifié la leur.

« Je suis, etc. »
                                Général Malet.
En même temps il écrivit au général de division Gobert :

« J'ai pensé, mon général, que lorsqu'on était forcé par des circonstances impérieuses de donner une telle adhésion, il fallait y mettre de la dignité, et ne pas trop ressembler aux grenouilles qui demandent un roi. »

pas une couronne au roi de Rome ; « on pouvait le *rendre aux enfants trouvés sans scandale et sans bruit,* » c'était l'expression de Malet. Le plan conçu était simple : on répandait la nouvelle de la mort de Napoléon ; avec cette catastrophe, l'Empire était fini : adieu ces colifichets politiques, ces princes ridicules, ces comtes, ces blasons, la grande tenue de M. Maret, le jabot de M. Cambacérès, l'épée transversale de M. Regnauld de Saint-Jean-d'Angely ; les vieux républicains se réveillaient aux mâles accents du pays, aux cris de la *Marseillaise;* il s'en trouvait partout. On supposait un acte du Sénat; la déchéance une fois prononcée, on s'emparerait des forces de Paris, et avec la victoire, le Sénat ratifierait toujours, car en politique, les corps sanctionnent les faits accomplis! On formerait un gouvernement provisoire comme s'il n'était pas question d'hérédité; on y placerait des patriotes, des généraux irréprochables; on y adjoignait des royalistes, les chefs du parti religieux, afin d'appeler tous les mécontents en aide à la conspiration; on laissait un nom en blanc, place destinée pour le chef mystérieux : Bernadotte peut-être, le duc d'Orléans ou Louis XVIII, selon l'occurrence¹. Les cohortes seconderaient Malet, il n'y aurait plus qu'à se débarrasser de quelques fonc-

---

¹ Voici le résumé du sénatus-consulte :

« Le Sénat investissait le général Malet de tous ses pouvoirs pour commander la force armée, la requérir et la diriger comme il conviendrait.

« La mort de Napoléon y était annoncée du 7.

« Le gouvernement impérial détruit, le jeune Napoléon reconnu illégitime, le mariage de Marie-Louise cassé, la conscription abolie, ainsi qu'une partie des impôts ndirects.

« Le pape rendu à ses États.

« Un gouvernement provisoire établi, dont la première réunion devait avoir lieu à l'hôtel-de-ville.

« La France réduite à ses anciennes limites.

« Un congrès indiqué pour la paix générale.

« La conservation des honneurs et emplois publics assurée, ainsi que l'inaliénabilité des biens nationaux.

« Les signatures apposées au bas de cet acte étaient parfaitement imitées ainsi que le sceau du Sénat.

tionnaires impérialistes; pour cela on ouvrirait les prisons d'État, on en ferait sortir les victimes de la dictature : « le plus beau jour de la tyrannie, c'est le dernier, » a dit Tacite; on refermerait ces prisons sur ceux qui les avaient ouvertes pour tant d'autres : il pouvait être piquant de mettre un ministre de la police à la Force, et de refaire un bon sans-culotte de S. A. S. le prince Cambacérès, duc de Parme.

A l'extrémité du faubourg Saint-Antoine, sur la droite de la barrière du Trône, on voit un petit parc planté en tilleuls, auprès d'un jardin tout de légumes et de fleurs qui serpente autour d'une maison modeste. Là, dans un petit appartement carré de la maison de santé du docteur Dubuisson, quelques hommes conçurent le plan hardi de renverser ce qui paraissait si grand aux yeux de la France et de l'Europe. Le chef de ce projet était le général Malet, dont j'ai parlé, tête forte, intrépide; le second, un homme modeste, spirituel méridional, du nom de Labbé-Lafond; Gascon et Franc-Comtois devaient s'entendre. Lafond était royaliste, agent des princes, en correspondance avec les comités dans le Midi et la Vendée. Malet et lui se plurent à la première causerie; le gentilhomme républicain convint parfaitement à l'agent royaliste : le soir ils faisaient leur partie de cartes ou d'échecs; quand il tournait le roi, Lafond disait : « Allons, général, la monarchie a le dessus. » Quand, aux échecs, Malet faisait échec et mat, la république était préférée. Tant il y a que tous deux s'entendaient parfaitement dans leur haine contre Bonaparte; pour cela il n'y avait pas de division. Lafond faisait maintes gasconnades sur son prochain renversement; Malet se souvenait des fanfarons espagnols de la Franche-Comté. Au résumé, c'était deux têtes remarquables, puisque à elles seules elles prirent une si grande résolution.

Un peu plus tard, quand leur partie était finie, ils se mettaient tous deux à écrire, et qui pouvait deviner ce qu'ils faisaient [1] ? Lafond, l'homme civil, rédigeait des sénatus-consultes pour proclamer l'abolition de l'Empire : les considérants, parfaitement déduits, ressemblaient beaucoup à ceux que le Sénat développa pour proclamer la déchéance de Napoléon, en 1814. Un autre sénatus-consulte nommait un gouvernement provisoire; Malet, toujours ardent pour la cause républicaine, y mit en tête le général Moreau, son ancien ami, le rival de Bonaparte; il y appela M. Frochot, pour ne pas faire de changement dans l'administration municipale, et se donner un aide à Paris; il le connaissait républicain. Malet laissait à Lafond le choix de deux candidats qui devaient compléter le gouvernement provisoire, et l'agent désigna MM. de Montmorency et de Noailles. On ne s'entendit pas parfaitement sur le cinquième; serait-ce Masséna, Bernadotte, Brune, un Bourbon, un prince d'Orléans? On voulait laisser une porte ouverte à toutes les espérances. Un dernier sénatus-consulte organisait la garde nationale sur les bases et les prin-

---

[1] J'ai recueilli toutes les pièces autographes qui furent écrites dans ces longues soirées de Malet et de Lafond; elles sont d'une haute curiosité, parce qu'elles se rattachent aux idées qui renversèrent Napoléon en 1814.

*Proclamation du gouvernement provisoire.*

« Français, l'Empereur a cessé d'exister; l'homme qui entraîna la France dans des guerres sans fin, au profit de son ambition et pour élever sa famille, ne pèse plus sur la patrie de son joug de fer. Aujourd'hui encore il était allé épuiser les finances de l'Empire, et verser le sang des Français dans une guerre malheureuse contre la Russie ! Que n'avait-il pas osé contre le peuple, contre le droit de la nation ! Il en a envahi tous les pouvoirs, méconnu tous les droits. La patrie, fatiguée de tant d'excès, va reprendre enfin son rang; elle ne veut plus reconnaître la race de Napoléon. C'est au nom de la liberté que le Sénat vient s'adresser à la nation française.

« Le Sénat, réuni au nombre des membres prescrits par la constitution de l'an XII, déclare, au nom du peuple français, la déchéance de l'Empereur Napoléon et de sa famille; ordonne qu'il sera créé une com-

cipes de 1789; on en donnait le commandement à M. de Lafayette.

Tandis que Lafond rédigeait tous les actes pour la direction des autorités civiles, le général Malet s'occupait des ordres militaires avec une précision admirable; les commandements étaient assignés à chacun, et le nom de Lecourbe se trouva parmi les chefs appelés à des postes importants; une proclamation aux soldats annonçait la mort de Napoléon, l'abolition du système impérial; on donnait des ordres pour mettre les cohortes en mouvement, distribuer les postes, partager militairement le gouvernement de Paris, donner des gratifications aux troupes, faire des promotions, et tout cela avec une prescience, une régularité indicibles; Malet montrait ici une capacité supérieure.

Au dehors tout était préparé avec la même sollicitude. Malet, dans sa conspiration de prison, avait peu de complices, un caporal de la garde de Paris nommé Rateau, servant de secrétaire, transcrivait les actes en belle écriture, faisait graver un sceau où se trouvait un grand *L*, pour signifier loi; un prêtre proscrit achetait un uniforme d'officier-général et un d'aide-de-camp, et

mission de cinq membres pour exercer provisoirement tous les pouvoirs du gouvernement. Sont nommés membres de cette commission : le général Moreau, Mathieu de Montmorency, le comte de Noailles, Frochot. » (Le cinquième nom était en blanc.)

Première division militaire.
Place de Paris.
*Ordre du jour du 23 au 24 octobre* 1812.

« Au nom du Sénat, les troupes sont prévenues que l'Empereur Napoléon a trouvé la mort sous les murs de Moscou le 7 de ce mois.

« Toutes les mesures ont été prises pour sauver les restes de l'armée.

« Le Sénat a saisi cette circonstance pour changer un gouvernement oppresseur qui ne pouvait qu'empirer sous l'influence d'un enfant. Il a établi un gouvernement provisoire, dont les membres doivent obtenir la confiance entière des troupes; l'acte qui règle ce changement leur sera communiqué dans les casernes par des généraux et officiers d'état-major, accompagnés d'un commissaire de police.

« Le général Hullin, par une conduite inconsidérée dans la circonstance, a perdu la confiance du Sénat; il a été remplacé par le général Malet dans le commandement des troupes de la garnison de Paris et de la première division militaire. Il aura

tout cela avec un silence admirable. Or, si Malet n'avait de complices positifs que quelques subalternes, son projet trouvait des sympathies parmi les officiers dans toutes les casernes de Paris ; il reposait sur deux idées, surprendre et plaire : surprendre par la nouvelle subitement jetée de la mort de l'Empereur ; plaire par les sympathies que les idées républicaines pourraient rencontrer. Les dépôts de la garde impériale formaient un corps à part, caserné à l'École-Militaire et sur le quai ; ils excitaient la jalousie des autres troupes, et parmi les cohortes surtout : la garde de Paris, les vétérans ou les corps sédentaires n'aimaient pas les troupes privilégiées, et la haine était plus vive encore parmi les cohortes. Il y en avait alors trois dans le département de la Seine ; Malet, parcourant la liste des officiers, avait marqué à l'encre rouge Soulier, républicain de Sambre-et-Meuse ; Rabbe, colonel de la garde de Paris, également dévoué aux opinions démocratiques. Dans cette garde comme dans la dixième cohorte il y avait plus de la moitié des officiers ennemis secrets de l'Empire ; n'était-il pas à croire qu'ils adopteraient tous les actes qui les ramèneraient à la République, à la paix, au repos, à l'avancement ? c'était là

son quartier-général à l'hôtel-de-ville.

« Le général de division Desnoyers est nommé chef d'état-major de cette division.

« Le général de division Peilhardi est nommé commandant de l'artillerie, et prendra son quartier-général au château de Vincennes.

« Le général Guidal prendra le commandement des troupes qui se réuniront au Luxembourg pour la garde du Sénat.

« Le général commandant la dixième cohorte prendra le commandement des troupes qui se réuniront à la place de Grève, pour la garde de l'hôtel-de-ville.

« Les cohortes devant être licenciées, le général Chiner aura le commandement général de tous les dépôts d'infanterie légère de toute la division.

« Le général Rabbe, ci-devant colonel de la garde de Paris, aura le commandement des dépôts d'infanterie de ligne.

« Tous les autres généraux employés dans la division y continueront leur service.

« Le général Lecourbe est nommé général en chef de l'armée centrale qui va s'assembler sous les murs de Paris.

« Le général de division Lahorie en sera chef d'état-major général.

un fait dont personne ne pouvait douter. Rateau se procura également quelques bonnes notes sur les généraux détenus dans les prisons d'Etat, Lahorie et Guidal à la Force, Dupont et Marescot à l'Abbaye; et puis vingt-sept officiers généraux à Vincennes, dans les maisons de santé, qui tous paraissant en grand uniforme devaient faire effet sur la troupe; n'était-ce pas ainsi que Bonaparte avait fait le 18 brumaire? Avec cela on allait ferme et droit à un but; il ne fallait qu'un temps propice et une circonstance bien choisie.

Depuis le bulletin du 17 septembre, qui annonçait l'entrée des Français à Moscou et l'incendie affreux qui avait dévoré la seule espérance de l'armée, au milieu du frémissement que ce grand acte de patriotisme d'un peuple avait produit, on n'avait que des nouvelles rares, des bulletins écourtés sur l'empereur Napoléon. Ces nouvelles si vagues, si obscures, laissaient apercevoir un certain trouble, un vide inouï de résultats; elles ne disaient rien de nouveau; on aurait pu rédiger aussi bien à Paris qu'à Moscou ces descriptions colorées, ces dénombrements des pertes incalculables que faisait la Russie par l'incendie, ces tableaux enfin sur la beauté

---

« Les officiers d'état-major de la place et de la division, ainsi que les officiers et sous-officiers des troupes qui s'y trouvent, seront susceptibles d'obtenir un grade supérieur à celui qu'ils occupent actuellement, si le général Malet les en a trouvés dignes.

« Lors du licenciement des cohortes, les officiers et sous-officiers qui les commandent, qui voudront continuer leur service, seront attachés à l'état-major général jusqu'à leur remplacement.

« Les troupes de toutes les armes qui feront le service dans Paris, à dater de ce jour, recevront une haute paie de vingt sous par jour pour les fusiliers, de vingt-cinq pour le sergent ou maréchal-des-logis. Les officiers auront doubles appointements.

« Les troupes se tiendront sous les armes dans leurs casernes, prêtes à marcher au premier ordre. Si des ministres ou des généraux non désignés dans le présent ordre se présentaient, ils se trouveraient hors de la loi, conformément aux articles deux et neuf du sénatus-consulte. Ils seront arrêtés sur-le-champ, et conduits morts ou vifs au quartier-général de l'hôtel-de-ville.

« Les officiers-généraux, état-major et

de la saison, sur l'abondance des magasins : « toujours le beau temps ; quelques petites gelées blanches et magnifiques. » Napoléon faisait de la géologie, de l'astronomie à l'usage de Paris ; il annonçait que la Moskowa ne gelait pas avant la mi-novembre, qu'on aurait le printemps en octobre ; c'était du style descriptif à la manière de Delille, et ces nouvelles encore n'arrivaient que lentement, de huit jours en huit jours, tandis que l'Empereur avait accoutumé le pays à l'étonnement et aux merveilles. On était inquiet, les fonctionnaires étaient tristes, cela se voyait sur tous les visages. Or, le dernier bulletin était du 27 septembre ; il fallait quatorze jours pour venir de Moscou, on était le 19 octobre et point de nouvelles encore ; ces inquiétudes étaient répandues au sein de la garnison ; on répandait les bruits les plus sinistres. Les mécontents parlaient haut, et ce fut ce moment que choisit Malet pour mener à fin sa forte et grande entreprise ; la circonstance était favorable, y avait-il à hésiter ?

Le soir du 22 octobre tout fut prêt : Malet fit comme de coutume sa partie d'échecs ; il gagna et ne put s'empêcher de s'écrier : « Tout va bien ! » A une heure

autres, ainsi que les ordonnances qui ne seraient pas munies d'une carte portant l'empreinte du cachet placé au bas de cet ordre, seront arrêtés et conduits au même quartier-général.

« Les gardes ne seront point relevées ; les vivres seront portés de la caserne.

« Les légionnaires ne porteront que les rubans en attendant une nouvelle décoration.

« Le nouvel ordre de choses exigeant de la sagesse et de la prévoyance du gouvernement provisoire, qu'il s'assure de la personne de quelques hommes dangereux et corrompus, qui voudraient encore se servir de leur influence pour contrarier sa marche, le général Malet ordonne aux troupes qui seront employées à ce service, de le faire avec ordre et modération, mais avec toute l'énergie qu'exige une mesure commandée par la tranquillité publique.

« C'est par une pareille conduite qu'il jugera les officiers, sous-officiers et soldats dignes de l'avancement et des récompenses promises.

« Le général de division commandant la force armée de Paris et les troupes de la première division militaire.

« *Signé*, Malet. »

(Et scellé avec un cachet noir ayant l'empreinte L.)

Le général de division commandant en

de la nuit, deux hommes sortirent de la maison dont j'ai parlé, située à l'extrémité du faubourg Saint-Antoine; l'un était le général Malet, fort calme; l'autre, Lafond, un peu plus pensif; ils furent joints presqu'à l'entrée du jardin par deux jeunes gens : le caporal Rateau, qui devait servir d'aide-de-camp; et un précepteur du nom de Boutreux, fort doux, mais très avancé parmi les mécontents. Tous quatre descendant rapidement vers la Bastille, entrèrent dans une petite maison de la rue Saint-Gilles, près la place Royale, la demeure d'un prêtre espagnol du nom de Camagno. Là ils trouvèrent un uniforme de général de division destiné pour Malet, un autre d'aide-de-camp que Rateau devait endosser, et le précepteur Boutreux une écharpe de commissaire de police; et tous se mirent ainsi en marche.

Voyons maintenant comment agissent ces trois hommes. La première caserne qui se trouve sous leurs pas est celle de Popincourt; Malet se fait ouvrir les portes par ce simple mot : « De la part du commandant de Paris. » Il marche droit au colonel, alors le chef de bataillon Soulier, et s'annonce comme le général Lamotte; avec un chef la force armée de Paris et les troupes de la première division, à M. Soulier, commandant la dixième cohorte.

Au quartier-général de la place Vendôme, le 23 octobre 1812, à une heure du matin.

« Monsieur le commandant,

« Je donne l'ordre à M. le général Lamotte de se transporter à votre caserne, accompagné d'un commissaire de police, pour faire, à la tête de la cohorte que vous commandez, la lecture de l'acte du Sénat par lequel il annonce la mort de l'Empereur et l'abolition du gouvernement impérial. Ce général vous donnera aussi connaissance de l'ordre du jour de la division, par lequel vous verrez que vous avez été promu au grade de général de brigade, et qui vous indiquera les fonctions que vous aurez à remplir.

« Vous ferez prendre les armes à la cohorte avec le plus grand silence et le plus de diligence possible. Pour remplir ce double but plus sûrement, vous défendrez que l'on avertisse les officiers qui seraient éloignés de la caserne. Les sergents-majors commanderont les compagnies où il n'y aura pas d'officiers. Lorsque le jour sera arrivé, les officiers qui se présenteront à la caserne seront envoyés à la place de Grève, où ils attendront les com-

MALET EN ACTION (25 OCTOBRE 1812).

geste triste, il remet lui-même un paquet destiné au chef de la cohorte. « Colonel, l'Empereur est mort sous les murs de Moscou, le 7 octobre; voici une enveloppe à votre adresse. » La dépêche annonçait « que le général Lamotte se présenterait pour lire la proclamation du Sénat en même temps que la promotion de Soulier au grade de général de brigade; on devait faire prendre silencieusement les armes à la cohorte; celle-ci devait se rendre à la place de Grève de concert avec les compagnies de vétérans, un détachement de la garde de Paris et vingt-cinq dragons; on devait garder l'Hôtel-de-Ville, placer une escouade au clocher Saint-Jean pour sonner le tocsin au besoin; on inviterait le préfet à préparer une salle pour le gouvernement provisoire nommé par le Sénat. En achevant cette lecture, Malet jeta un bon de cent mille francs destiné à payer la haute solde de la troupe jusqu'à ce que la garde nationale fût organisée.

Il était quatre heures du matin; la première parole de Malet avait été celle-ci : « L'Empereur est mort, et le Sénat est assemblé; voici un sénatus-consulte, vous vous concerterez avec M. Frochot, préfet de la Seine. » Soulier, malade au lit d'une fièvre ardente, manifesta quelque cha-

pagnies qui devront s'y réunir, après avoir exécuté les ordres qui seront donnés par M. le général Lamotte, et auxquels vous voudrez bien vous conformer en le secondant de tout votre pouvoir.

« Lorsque ces ordres seront exécutés, vous vous rendrez à la place de Grève pour y prendre le commandement qui vous est indiqué dans l'ordre du jour. Vous aurez sous vos ordres les troupes ci-après désignées :

« 1º Votre cohorte,

« 2º Deux compagnies du second bataillon des vétérans,

« 3º Une compagnie du premier bataillon du régiment de la garde de Paris,

« 3º Vingt-cinq dragons de la garde de Paris,

« 5º La garde que vous y trouverez déjà placée.

« Vous ferez toutes vos dispositions pour garder l'hôtel-de-ville et ses avenues. Vous placerez au clocher de Saint-Jean un détachement pour être maître de sonner le tocsin au moment où cela deviendra nécessaire.

« Ces dispositions faites, vous vous présenterez chez M. le préfet, qui demeure à l'hôtel-de-ville, pour lui remettre le paquet ci-joint. Vous vous concerterez avec lui pour faire préparer une salle dans laquelle devra s'assembler le gouverne-

grin de la mort de l'Empereur; mais son cœur était républicain; il donna l'ordre à son adjudant-major de réunir la cohorte et de la mettre sous les ordres du général. Ainsi sur ce point, le premier succès était obtenu; on lut à la troupe l'acte du Sénat, l'abolition de l'Empire, et la cohorte accueillit ces nouvelles avec une certaine joie; les soldats en avaient assez, presque tous étaient sous les drapeaux par mesures extraordinaires; on promettait de les licencier après l'événement.

Dans la caserne de la garde de Paris, se passait une scène presque semblable avec plus de tendance à la complicité; Malet n'y vint même pas; une simple dépêche suffit [1]. Dans cette garde, Rateau était caporal; n'était-il pas l'intermédiaire entre Malet, le colonel Rabbe et la majorité des officiers? Les apparences furent ainsi, car au premier avis, ce régiment se mit sous les armes; on examina à peine les ordres émanés du Sénat, la caserne fut immédiatement en mouvement. Tout allait à souhait; nul n'avait songé aux constitutions de l'Empire, à l'hérédité, au roi de Rome enfant; quelques mots avaient suffi: «L'Em-

ment provisoire, et un emplacement commode pour recevoir mon état-major, qui s'y transportera avec moi sur les huit heures.

« S'il se présente à vous de ma part des commissaires, ils seront munis d'une carte portant le même timbre que celui placé au bas de cet ordre: vous pourrez prendre avec eux les mesures que les circonstances exigeraient pendant mon absence.

« Je m'en rapporte, pour tout ce qui ne serait pas prévu dans cette instruction, à votre sagesse, à votre expérience, et à votre patriotisme, dont on m'a donné le meilleur témoignage. C'est d'après ces raisons que je mets une entière confiance dans vos dispositions.

« En exécutant ponctuellement cet ordre, M. le commandant, vous serez sûr de servir utilement notre patrie, qui en sera reconnaissante. » *Signé*, Malet.

Ici se trouve l'empreinte d'un timbre rond portant la lettre L.

« P. S. M. le général Lamotte vous remettra un bon de 100,000 francs, destiné à payer la haute solde accordée aux soldats et les doubles appointements des officiers. Vous prendrez aussi des arrangements pour faire vivre votre troupe, qui ne rentrera à la caserne que lorsque la garde nationale de Paris sera assez organisée pour prendre le service. Cette somme est indépendante de la gratification qui vous est destinée. »

[1] « Le général de division, commandant en chef la force armée de Paris, et les troupes de la première division militaire.

## LES COHORTES EN MOUVEMENT (23 OCTOBRE 1812). 587

pereur est mort, le Sénat a prononcé l'abolition du gouvernement impérial », et tout cet échafaudage était tombe cet accord unanime, spontané, prouvait qu'on n'avait pas grande confiance dans les forces du système établi. Quand un gouvernement est fort, il faut de rudes coups pour faire perdre la confiance que tous ont en lui; quand il est faible, on peut annoncer chaque matin qu'il est tombé, et tout le monde y croit.

Les nuits d'octobre sont longues, le premier acte du drame, tout militaire, a trop bien réussi pour que Malet n'accomplisse pas le second; il se passe aux prisons d'État; il y a des amis, ses complices naturels, des hommes d'énergie, appui de son système, et Malet se rend à la Force. Là, dans son costume de général, suivi de son aide-de-camp, avec quelques soldats de la garde de Paris, il se fait ouvrir les portes par le concierge; il demande qu'on lui représente les généraux détenus, et parmi eux Lahorie et Guidal.

Lahorie est un homme marqué à l'antique, de l'école de Moreau, l'ami de Lecourbe, de Macdonald, de Carnot, et de toute l'école républicaine la plus pure, la plus élevée; son corps est couvert de cicatrices, reçues dans les grandes

---

« A M. Rouffe, commandant le deuxième bataillon du régiment de la garde de Paris.

« Monsieur le commandant,

« Je charge M. le général Lamotte de se rendre à la caserne où est le bataillon que vous commandez, pour lui faire donner lecture de l'acte du Sénat, qui fait connaître la mort de l'Empereur, et l'abolition du gouvernement impérial; je le joins ici, ainsi que l'ordre du jour de la division et ma proclamation, pour que vous en preniez une plus exacte connaissance. Vous exécuterez les ordres particuliers que pourra vous donner le général Lamotte, et voici ceux que vous exécuterez pour l'ensemble des mesures prises pour la sûreté de Paris.

« Aussitôt cet ordre reçu vous ferez prendre les armes à votre bataillon, avec le plus de silence et de célérité possible. Pour atteindre à ce double but, vous ordonnerez que l'on ne prévienne que les officiers qui sont très proches de la caserne.

« Comme le général Lamotte a plusieurs casernes à parcourir, s'il n'était pas arrivé à cinq heures au plus tard, vous feriez donner lecture des trois pièces ci-jointes en commençant par l'ordre du jour qui fait connaître aux troupes que je remplace le

25*

campagnes; chef d'état-major de Moreau en Allemagne, Lahorie avait préparé la bataille de Hohenlinden qui amena le traité glorieux avec l'Autriche; c'était un de ces officiers instruits, à la manière de Gouvion-Saint-Cyr, nourri des études de Plutarque, et à qui Napoléon n'avait jamais pardonné ses convictions républicaines. Guidal, moins capable, né dans le Midi, à l'imagination provençale, appartenait à cette masse d'officiers brusques et sans éducation, qui s'étaient opposés à la marche sociale du gouvernement consulaire, un de ces opposants au Concordat qui avait lancé des épithètes soldatesques au Consul; on le disait compromis dans une conspiration anglaise mêlée d'espionnage sur les côtes du Midi. Quelques autres personnes furent également délivrées, et parmi elles un Corse du nom de Boccheciampe, ennemi personnel de Napoléon, et détenu depuis dix ans comme le compatriote d'Aréna et de Topino-Lebrun.

Dans l'émotion première, on se distribuait les rôles avec plus ou moins d'intelligence: Lahorie, par un décret du Sénat, était nommé au ministère de la police; Guidal, au commandement militaire de la garde du Sénat; Boccheciampe est désigné comme préfet de la Seine; Boutreux est préfet de police, et chacun se met immédiatement

général Hullin dans le commandement, et en finissant par ma proclamation. Cela étant fait, vous enverrez chaque compagnie à sa destination comme il suit :

« 1° La compagnie de grenadiers à la barrière Saint-Martin ; elle se prolongera jusqu'à la barrière de Clichy.

« 2° La compagnie de voltigeurs à la barrière de Vincennes.

« 3° La première compagnie de fusiliers à la préfecture de police.

« 4° La deuxième compagnie sur le quai Voltaire.

« 5° La troisième compagnie à la place de Grève.

« 6° La quatrième à la place du Palais-Royal.

« Pour plus de célérité, je vous envoie les ordres particuliers à chaque compagnie; vous y ajouterez verbalement ceux que vous croirez devoir donner pour la bonne conduite et la police. Les compagnies seront commandées par les officiers présents; en leur absence, par le sergent-major. A mesure que les officiers arriveront au jour; ils seront envoyés à l'emplacement de leurs compagnies.

« Les compagnies étant disséminées, M. le commandant ainsi que les officiers-majors ne feront pour le moment d'autre

## DÉLIVRANCE DES PRISONNIERS D'ÉTAT (23 OCT. 1812). 589

en marche pour accomplir sa mission ; ainsi c'était prendre l'édifice par sa base, le gouvernement impérial par la police, son côté actif, vigilant. Il était entre six et sept heures du matin ; il faisait jour à peine comme à la fin d'octobre. Savary dormait, lorsqu'il est réveillé en sursaut ; il voit à travers les panneaux de sa chambre des soldats qui brisent les portes ; il se présente à eux, et leur demande ce qu'ils veulent ; les soldats répondent par ces seuls mots : « Appelez le général, qu'il vienne reconnaître monsieur ! » Alors se présente à Savary, tout bouleversé, Lahorie, vieille connaissance des camps. « Tu es arrêté, dit Lahorie ; félicite-toi d'être tombé en mes mains, il ne te sera fait aucun mal. »

Qu'on juge de l'étonnement du ministre de la police ! se voir lui-même dans les mains d'un prisonnier d'État ; quel talion ! lui arrêté, quel réveil ! « De quoi s'agit-il ? demanda Savary. » Lahorie répliqua : « Bonaparte a été tué le 7 octobre sous les murs de Moscou. — Tu me fais des contes, reprit Savary, j'ai une lettre de lui datée du 8 ; si tu veux, je vais te la faire voir. — Cela ne se peut pas, » répliqua Lahorie. A ces mots, il sortit pour aller

---

service que celui de pourvoir aux subsistances de la troupe sur l'emplacement qu'elle occupera, ne devant pas la quitter que la garde nationale de Paris ne soit assez organisée pour faire le service.

« Il sera donné une bouteille de vin par homme.

« M. le général Lamotte est chargé de lui remettre un bon de 100,000 francs pour subvenir à cette dépense, et pour acquitter la haute solde accordée, ainsi que les doubles appointements des officiers. Si ce général ne se rendait pas à la caserne, je les lui ferais passer dans la matinée.

« Il ne sera exécuté d'autres ordres que ceux qui seront munis du timbre mis au bas de celui-ci ; tout militaire qui se présenterait sans cela, sera arrêté.

« Si le général n'arrive pas à l'heure indiquée, je vous charge personnellement, M. le commandant, de l'exécution ponctuelle de tout ce qui est indiqué dans le présent ordre. Je ne doute pas que vous ne vous rendiez digne, dans cette importante circonstance, de l'avancement que vous recevrez et des récompenses promises. »

*Signé,* Malet.

(Scellé d'un cachet noir, portant la lettre L.)

chercher un sergent de planton; le ministre en profite pour haranguer la troupe; il était toujours en chemise, ce qui inspira peu de confiance en sa dignité; il leur parle du désir de les sauver tous; la troupe ne répond pas; un officier s'écrie : « Cette troupe a des ordres, elle les exécute [1]. » Dans ce moment, Guidal arrive, et ordonne de conduire le ministre à la Force. On demande un cabriolet de place, Savary s'habille, et y monte, Guidal est à ses côtés; en route, le ministre veut échapper [2], on le saisit aux cris de : « Arrête! arrête! » que pousse la troupe elle-même. Voilà donc le ministre de la police à la Force, sous le bras de deux soldats qui le tenaient fortement ; le concierge l'écroua tout en se confondant en excuses; mais enfin, Savary était sous les verroux en prison; on disait plaisamment que le grand geôlier de l'Empire avait été mis sous clef.

A la préfecture de police, une troupe de soldats envahit les cours sous les ordres de l'intrépide Boutreux, transformé en préfet; selon ses habitudes laborieuses et actives, M. Pasquier était debout; on lui signifie violemment l'ordre du sénat : « l'Empereur est mort, les constitutions de l'Empire sont abolies. » M. Pasquier veut parler, on ne l'écoute pas; les soldats s'emparent de lui,

---

[1] Le général Savary raconte lui-même cette scène dans ses notes :

« Je dis à l'adjudant-major qui avait la croix de la Légion-d'Honneur : « Mon cher monsieur, vous jouez là un jeu auquel il ne faut pas perdre, et prenez garde d'être fusillé dans un quart d'heure, si je ne le suis pas moi-même; il ne faut que ce temps-là à la garde impériale pour être à cheval et alors, gare à vous! Si vous êtes homme d'honneur, ne vous laissez pas souiller d'un crime et ne m'empêchez pas de vous sauver tous, je ne vous demande que de me laisser faire. » En achevant cela j'avançai mon bras droit pour saisir son épée; en me repoussant la main qu'il saisit avec force, il me dit d'un ton dur : « Non, vous marcherez où l'on me dira de vous conduire.—Allons, lui répondis-je, vous êtes un malheureux, et vous ne vous en prendrez qu'à vous-même lorsque vous serez à la fin de tout ceci. »

(Notes du général Savary.)

[2] « Lahorie et Guidal envoyèrent chercher

il est aussi destiné pour les prisons de la Force ; comme le ministre, il cherche à profiter d'un moment de tumulte pour s'évader ; il dépêche un secrétaire auprès de Cambacérès ; tout est inutile, nulle issue n'est ouverte. Boutreux, préfet de police, s'installe dans le cabinet comme le général Lahorie à l'hôtel du ministre, et M. Pasquier, conduit par la garde de Paris, est aussi écroué au greffe de la Force ; il y trouve M. Desmarest, le chef de la police secrète, arrêté lui-même dans ce mouvement politique ; tous deux échangent en latin quelques mots de surprise et d'effroi : que se passe-t-il ? quel est le but de la conspiration ? M. Desmarest a-t-il appris quelque chose ? M. Pasquier, menacé comme le général Savary, n'avait échappé que par miracle à ce tumulte de soldats. Le coup était donc porté à la police tout entière, à cette autorité qui répondait de la tranquillité de Paris, et de l'obéissance de tous à l'Empereur.

A l'Hôtel-de-Ville, le drame prenait un caractère plus sérieux et plus complet : dans tous les changements de système, l'Hôtel-de-Ville devait jouer un grand rôle, et ici il s'agissait d'une conspiration populaire. Le détachement de la dixième cohorte était arrivé à la place de de Grève, le fusil au bras, soutenu par quelques compagnies de la garde de Paris ; M. Frochot, le préfet, n'était point à son poste ; il couchait habituellement à sa

---

un cabriolet ; je me plaçai dans le premier et fis mettre Guidal, qui me conduisait, à ma gauche. Il fit marcher un détachement en avant et prit le chemin de la Force. Il passa le long du quai des Lunettes, cela me donna l'idée de m'échapper ; je décrochai doucement la portière du cabriolet, et en arrivant près de la tour de l'Horloge je sautai en bas et pris la course vers le Palais de Justice, où il y a toujours du monde de grand matin, mais je n'avais pas vu une troupe de soldats qui suivaient le cabriolet : ils se mirent à courir après moi en criant : Arrête ! arrête ! A Paris, il n'en faut pas davantage pour que chacun arrête ; aussi m'arrêta-t-on. Les soldats et Guidal m'ayant rejoint, me prirent bras dessus, bras dessous, et me menèrent à pied à la Force. »

(Notes du général Savary.)

maison de campagne, à Nogent-sur-Seine [1] : il revenait à cheval, vers les huit heures, lorsqu'il reçut sur la route un tout petit billet d'un de ses chefs de division : « On attend M. le préfet. » Au bas étaient encore deux mots latins au crayon, mots terribles : *Fuit Imperator*, expression classique, qui annonçait la catastrophe de Napoléon. Arrivé sur la place de Grève, M. Frochot la voit remplie de troupes et de peuple ; des officiers viennent à lui en toute hâte, et lui annoncent en effet que l'Empereur est mort. « Vous devez avoir reçu un paquet à votre adresse ? » lui dit-on ; ce paquet, retrouvé quelques instants plus tard, contenait la nomination du général Soulier à la garde de l'Hôtel-de-Ville ; la proclamation du gouvernement provisoire, qui bientôt allait se réunir ; puis une copie du décret du Sénat qui abolissait le système impérial. La commission provisoire du gouvernement devant se réunir à l'Hôtel-de-Ville, on demande au préfet une salle spéciale : « on attend à chaque minute les membres » ; M. Frochot, très empressé d'exécuter les ordres qu'il reçoit, répond que la grande salle pourra servir de lieu de réunion au gouvernement provisoire, tandis que l'état-major de la troupe se tiendra dans le bas de l'Hôtel-de-Ville ; tout est disposé ; on dresse des tables sous le tapis vert ; des fauteuils sont placés ; le préfet n'attend plus que la commission dont il est

---

[1] *Déclaration de M. Frochot.*

« Il était environ huit heures un quart ; je revenais de Nogent, à cheval, au pas, dans le faubourg Saint-Antoine, lorsqu'étant près de l'hospice des Orphelins, je vis venir, monté sur un de mes chevaux de voiture, le nommé Francard, mon homme d'écurie, m'apportant un billet.

« Ce billet était au crayon ; je reconnus malgré cela qu'il était de la main de M. Villemsens, mon ami depuis vingt ans, et chef de la première division de la préfecture. J'y lus : *« On attend M. le préfet »* ; au dessous étaient trois mots latins dont le premier paraissait barbouillé et effacé ; les deux autres me parurent être ceux-ci, *fecit Imperator*, ce qui ne présentait aucun sens clair.

« Quoi qu'il en fût, je hâtai ma marche, mais cherchant de moment à autre à déchiffrer le mot illisible. J'y avais renoncé, le billet m'était même échappé des mains ;

membre. La cause est ainsi gagnée à l'Hôtel-de-Ville comme aux casernes, au ministère de la police comme à la préfecture; la conspiration est en pleine voie de succès.

La tête du gouvernement, le chef officiel de l'État, était Cambacérès, qui dirigeait le conseil des ministres. Malet n'y prit garde, il savait l'archi-chancelier poltron, trembleur; on le rattacherait toujours à un système triomphant; qui sait? il présiderait au besoin le Sénat pour prononcer la déchéance de Napoléon, si le succès passait aux conjurés. Qu'on s'imagine l'effroi de Cambacérès salué à son grand lever par la nouvelle de la conjuration! Il lui prit une sorte de tremblement nerveux, et sa seule pensée fut d'ordonner au ministre de la guerre, Clarke, de lui envoyer pour sa sûreté un piquet de la garde impériale. Il se barricade dans son hôtel : à chaque moment il croit voir un émissaire destiné à le frapper, comme on lisait dans les annales de Rome: « que tel affranchi en avait fini, un poignard à la main, avec la vie du prince. » Les conspirateurs firent mieux : ils ne songèrent ni à Cambacérès, ni à l'Impératrice, ni au roi de Rome; ils ne s'adressèrent qu'aux têtes d'action. M. Réal, homme de police par excellence, à l'aspect de beaucoup de tumulte, avait envoyé au ministère et à la préfecture afin de savoir la cause de cette agitation, et pour être

je le fis ramasser, et l'examinant de nouveau, je lus enfin *fuit imperator*.

« Il est inutile de parler de mon saisissement et de mon effroi; je me mis à venir avec la plus grande vitesse.

« En tournant le coin des rues de la Tixeranderie et du Mouton, je vis de la troupe et beaucoup de peuple sur la place au devant de l'Hôtel-de-Ville. Cette vue me confirma ce que le billet m'avait donné à entendre.

« En mettant pied à terre dans ma cour j'y trouvai M. Villemsens pâle et consterné. Il me répéta ce que son billet m'avait dit; il m'informa de plus que le ministre de la police était venu me demander et que le commandant de la troupe stationnée sur la place avait ordre d'arrêter M. Lapierre, l'un des employés du bureau militaire.

« M. Lapierre est un très ancien employé du département ; il s'y est trouvé aux

introduit, son secrétaire avait dit : « C'est de la part de *son excellence le comte Réal.* » Alors un officier de la cohorte s'écria en raillant : « Allons donc, il n'y a plus d'*excellence*, plus de *comte*. » Cette réplique laissait apercevoir le sens de la conjuration : la tête puissante de Malet avait invoqué les souvenirs de la République ; les noms de Moreau et de Bernadotte devaient compléter l'édifice de son nouveau gouvernement; Lahorie n'était-il pas le chef d'état-major de Hohenlinden, la pensée et le bras de Moreau ?

Un dernier coup restait à tenter, plus difficile, plus hardi : il s'agissait de s'emparer de l'état-major pour mettre en mouvement toutes les troupes avec les ordres de la place. Il était un peu tard déjà, le jour resplendissait ; là fut la faute. Malet s'y était porté de sa personne, en grand costume de général ; suivi d'une troupe armée, il se fait ouvrir chez le commandant. Hullin s'était associé au système impérial d'une manière fatale, en présidant la commission militaire qui avait frappé le duc d'Enghien ; et ces liens le rattachaient comme un gage sanglant au pouvoir de l'Empereur : c'était un pacte mystérieux entre lui et Napoléon. Réveillé en sursaut comme Savary, Hullin se lève; Malet lui lit les sénatus-consultes annonçant la mort de l'Empereur, l'abolition du gouvernement impérial, et sur-le-champ il déclare qu'il est

---

époques les plus critiques de la Révolution; il est de fait qu'il a conservé assez mal à propos la réputation de ce qu'on appelle *jacobin.*

« Bouleversé comme je devais l'être, je montai chez moi.

« Le commandant de la troupe y arriva peu après avec un autre officier que je crus reconnaître pour un secrétaire ou employé des bureaux de M. le comte Hullin, mais que j'ai su depuis être l'officier payeur ou quartier-maître de la dixième cohorte.

« Quant au commandant, je le reconnus bien aussi pour appartenir à l'une des cohortes de la division, l'ayant vu plusieurs fois chez M. le comte Hullin, lors des séances du conseil d'administration de ces cohortes.

« Après m'avoir répété et confirmé la

chargé de l'arrêter par ordre du ministre de la police, comme simple précaution. Hullin fait quelque résistance, sa femme veut s'enquérir et crier ; Malet lui tire à bout portant un coup de pistolet qui le blesse grièvement à la face. Sans s'arrêter, il passe chez le général Doucet, chef d'état-major, et c'est là qu'en perdant un temps précieux à la lecture des sénatus-consultes et en explications, Malet est saisi par l'adjudant-général Laborde et l'inspecteur de police Pâques, exécuteur secret des ordres de Savary, le même qui avait arrêté Moreau et Pichegru.

Malet une fois captif, la tête puissante disparaissait du complot ; tout rentra naturellement dans l'ordre après quelque tumulte de soldats et des explications. Le général Savary, M. Pasquier et M. Desmarest, délivrés de la Force, reprirent le complet exercice de leurs fonctions. Le conseil des ministres se réunit en permanence chez Cambacérès ; de nombreuses arrestations furent faites ; Lafond parvint à se sauver, et lui-même a raconté les ingénieux moyens qu'il employa pour échapper à la police impériale, si active, si surveillante.

Le lendemain d'une honte, le gouvernement est toujours implacable[1] ; quand on a pu le voir bien bas, il a hâte de constater qu'il est remonté bien haut. Plus Cambacérès avait eu peur, plus il se montra rigoureux, inflexible,

fatale nouvelle qui était répandue tout autour de moi, ces officiers m'invitèrent à passer dans mon cabinet. Je les y conduisis en traversant la salle dite des Fastes, et le haut de la grande salle.

« Lorsque nous fûmes arrivés dans mon cabinet, le commandant s'assit comme un homme abattu par la douleur. L'autre officier et moi nous restâmes debout

» Le commandant me dit que je devais avoir reçu un paquet et des instructions à mon adresse ; j'en fis faire la recherche au secrétariat, chez le portier : il ne s'y trouva rien.

« Alors le commandant, dont même je ne sais pas encore le nom, car les uns me disent que c'était Soulier, et d'autres m'assurent qu'on l'a entendu appeler du du nom de Boucry, tira de sa poche et me remit, pour en prendre lecture, la lettre contenant les ordres en vertu desquels il se trouvait préposé à la garde de l'hôtel-de-ville. »

[1] Voici la seule publication que fit faire

cruel; non seulement Malet, Lahorie et Guidal furent arrêtés, mais encore des colonels, des officiers, des sous-officiers aux cohortes de la garde de Paris ; tous furent traduits devant une commission militaire le jour même sans autre instruction. On ne distingua pas ceux-là qui avaient conduit le complot et ceux-ci qui n'avaient fait que suivre l'impulsion sans en connaître le but; après avoir tremblé devant les conjurés, Cambacérès trembla devant la pensée que l'Empereur pourrait accuser sa faiblesse; on avait préparé la chute de ce pouvoir en une seule nuit; la société s'était aperçue qu'une simple trame de quelques heures suffisait pour détruire cette œuvre qu'on croyait éternelle, cet Empire, ces princes, ces ducs, ces comtes. Cambacérès voulait constater que ce gouvernement vivait encore, et, pour cela, il fallait montrer une sauvage énergie. Comme il y avait eu des complices d'idées, même parmi les autorités, chacun, pour se laver des soupçons, se hâta de donner un gage; on voulut faire croire à la folie là où il y avait une intelligence profonde de la situation, des choses et des esprits ; on lava dans le sang la robe de complicité.

La tête énergique de Malet avait deviné toutes les faiblesses de ce système de Napoléon; il avait touché le côté vulnérable de l'organisation impériale; il avait dit : « Point de stabilité, point d'hérédité ; princes et nobles de ce régime, rois et dignitaires, vous n'êtes que de la comédie ! »

le général Savary. On y voit encore l'expression de *brigand* si recherchée du Consulat et de l'Empire :

Paris, 23 octobre 1812.
*Ministère de la police générale.*
« Trois ex-généraux, Malet, Lahorie et Guidal, ont égaré les gardes nationales, et les ont dirigées contre les membres de la police générale, contre le commandant de la place de Paris. Ils ont faussement fait circuler le bruit que l'Empereur était mort. Les trois ex-généraux ont été arrêtés. Ils ont été convaincus d'imposture ; on va en faire justice. La tranquillité la plus parfaite règne dans Paris ; elle n'a été troublée que dans trois hôtels où les *brigands* s'assemblaient. »

*Signé*, Le duc de Rovigo,
ministre de la police générale.

et cela ne fut pas pardonné. Tous furent donc traduits devant une commission militaire, généraux, officiers, soldats, et ce fut un beau spectacle que celui qu'offrit Malet en face de ses juges; les mâles accents républicains s'y firent entendre comme dans les premiers jours du Consulat. Cambacérès, pour compromettre la partie du Sénat qu'on croyait opposée à l'Empereur, nomma pour présider le conseil de guerre le général Dejean [1], l'ami de Moreau et de Lahorie. Malet y comparut avec une fermeté romaine; quand on l'interrogea sur ses moyens de défense, il déclara qu'il n'en avait aucun : « Lorsqu'on attaque de force un gouvernement et que l'on est victorieux, la palme est à vous, sinon la mort. » Le général Dejean lui demanda s'il avait des complices : « La France tout entière, dit Malet, et vous-même, Dejean, si j'avais réussi. » Cette apostrophe fit pâlir le président, il ne répondit pas un mot. Malet, indifférent pour lui-même, fut sublime dans sa défense pour les autres [2]; justifia Soulier, les officiers : « lui seul était coupable, les autres avaient été trompés. » Les séances du conseil furent remplies de scènes douloureuses; Soulier à plusieurs reprises s'écria : « Messieurs, ayez pitié de nous; nous sommes de vieux officiers criblés de balles, des pères de famille! » On fut impitoyable, on avait peur

---

[1] Voici les noms des juges de la conspiration de Malet :

Le général Dejean, premier inspecteur général du génie, président ;

Le général Deriot, commandant les dépôts de la garde impériale ;

Le général Henry, major de la gendarmerie d'élite de la garde impériale

Génval, colonel de la dix-huitième légion de la gendarmerie impériale ;

Le colonel Moncey, aide-de-camp de camp du maréchal Moncey.

Thibault, major du douzième régiment d'infanterie légère.

Delon, capitaine-adjoint à l'état-major de la première division militaire, remplissant les fonctions de rapporteur.

[2] « *Le président.* — Accusé Malet, vous avez la parole.

« *Malet.* — Un homme qui s'est constitué le défenseur des droits de son pays n'a pas besoin de défense; il triomphe ou il meurt.

« *Malet.*—Président, la défense de M. Ra-

de la colère de Napoléon; Malet, Lahorie, Guidal, Soulier, Rabbe et dix autres accusés furent condamnés à mort, et des suspensions durent être accordées pour Rabbe et Rateau.

La sentence fut exécutée; Savary même n'intercéda pas pour Lahorie, ce vieux camarade, qui l'avait protégé. Malet marcha fermement à la plaine de Grenelle, haranguant partout la troupe avec ces mâles accents qui parlaient aux soldats de la République; il s'écria (car il était homme à fortes études) : « Citoyens, je tombe, mais je ne suis pas le dernier des Romains. » L'holocauste fut épouvantable; il fallut achever Malet à coups de baïonnette, et ce fut affreux; les impérialistes crurent par là donner plus de force au gouvernement. Cambacérès se montra rayonnant le soir dans ses salons; il put faire un beau rapport sur la journée à l'Empereur. Ce vaste supplice, cette fusillade, qui rappelait l'esprit de la Convention et du Directoire, ne fut à vrai dire qu'un affreux sacrifice à la peur.

L'intrépide projet de Malet parut tristement tourmenter le gouvernement; Cambacérès était hors de lui; son esprit

---

teau me regarde plus personnellement que la mienne :

« M. Rateau est venu dans la maison de santé où j'étais, y voir un ami de son pays ou bien un parent, je crois qu'on m'avait dit un parent. Je l'ai vu là quatre ou cinq fois : il s'est trouvé une circonstance où son ami me dit : « Si vous pouvez tâcher par vos connaissances de le faire avancer, vous me rendrez un service personnel. » La circonstance s'est trouvée : sans rien dire à M. Rateau, je lui demandai s'il avait bien envie de s'avancer; il me dit que c'était l'envie de tous les militaires, et qu'il ne servait que pour cela. Je lui dis : « Mon ami, l'occasion s'en présentera peut-être, je vous le dirai. » Le soir où je l'ai rencontré, je lui ai fait mention que j'étais chargé par le Sénat de mettre à exécution des ordres, et que s'il voulait être mon aide-de-camp, je lui donnerais l'avancement que j'avais promis. Il a accepté : les choses s'ensuivirent : il est venu avec moi dans la maison; il a mis l'uniforme d'aide-de-camp; il ne savait pas venir pour autre chose. Voilà la vérité pour M. Rateau.

« *alet*. — J'ai pris tous les moyens pour prouver que j'agissais d'après les ordres supérieurs; je crois que M. le commandant Soulier devait obéir comme il l'a fait. C'est moi seul qui l'ai mis dans l'erreur; j'ai pris pour cela tous mes moyens, comme ma déposition le constate. »

Le colonel Soulier fit alors la déclara-

juste, même à travers ses peurs, avait vu l'étendue du danger. Dès qu'il sortit de sa terreur, il courut à Saint-Cloud près de l'Impératrice et du roi de Rome auxquels personne n'avait songé dans la crise; il peignit à Marie-Louise en termes vifs, colorés, toutes les phases de cette conspiration qui avait menacé l'édifice impérial et l'existence de tous. L'Impératrice, toujours apathique, répondit sans s'émouvoir: « Mais on m'aurait laissée m'en retourner à Vienne auprès de mon père. » Alors le visage blême de Cambacérès se colora; il fixa ses yeux fauves sur l'Impératrice, et, brisant presque le respect qu'il lui devait, il s'écria: « Eh! madame, savez-vous bien ce que les conspirateurs voulaient faire de S. M. le roi de Rome? — Hé bien, qu'en aurait-on fait? demanda la princesse. — On le déclarait bâtard, et on le mettait aux Enfants-Trouvés. » L'Impératrice sourit un peu à ces paroles, fit un signe d'incrédulité, et Cambacérès indigné sortit. Toute la journée fut employée à rétablir un peu d'ordre et de foi dans les autorités politiques; le télégraphe annonça partout la *folie* de Malet, l'entreprise téméraire, insensée de vils conspirateurs qui

---

ion suivante pour constater son innocence :

« Le 23 octobre, vers les quatre heures du matin, il s'est présenté chez moi trois personnes, savoir : un général, ou se disant tel, en grand uniforme, avec un aide-de-camp portant les épaulettes de capitaine ; et un homme qui s'est dit commissaire de police, ayant une écharpe.

« Le soi-disant général me dit d'abord : « Le Sénat s'est assemblé ; l'Empereur est mort devant Moscou le 7 de ce mois-ci, et nous allons vous donner connaissance d'un sénatus-consulte rendu cette nuit, avec un ordre du jour et une lettre qui vous est adressée, sur le service dont vous êtes chargé dans cette circonstance : et vous vous concerterez pour cela avec M. Frochot, préfet de la Seine. »

« Alors le commissaire de police m'a lu les trois pièces ; après cette lecture, l'aide-de-camp s'est rendu à la caserne de Popincourt, pour aller chercher l'adjudant sous-officier de la cohorte, ne pouvant pas y aller moi-même et n'ayant personne pour y envoyer.

« Il est revenu avec l'adjudant sous-officier, M. Rabutel, par qui j'ai envoyé chercher l'adjudant-major Piquerel, qui demeure comme moi près de la caserne.

« Lorsque M. Piquerel fut arrivé, je lui dis ce dont ces messieurs venaient de me faire part ; il a pris les pièces, et les a lues de suite ; après quoi, je lui dis : « Je ne puis

doutant de la grandeur et de la majesté des fonctionnaires de l'Empire, avaient osé déclarer que M. Réal, l'ancien procureur-syndic de la Commune, n'était plus comte [1].

En résultat, un coup irréparable fut porté au système de Napoléon par la conspiration Malet; à Paris, ce ne furent pas seulement des quolibets qui prirent en moquerie la police captive et les geôliers enfermés. Les hommes sérieux virent plus loin et plus haut dans cette conjuration de Malet; le gouvernement impérial avait perdu son prestige; on ne pouvait plus avoir de foi en lui, en sa durée, en sa transmission. « Quoi! nul n'avait pensé au roi de Rome? après la mort de l'Empereur, il n'y avait donc pas d'héritiers? Les constitutions seraient-elles une vaine feuille livrée au vent? un seul mot, « Bonaparte n'est plus », et tout est fini pour l'Empire; en serait-il de même de toutes les dignités héréditaires? quel était le but des conjurés? La République! elle n'était donc pas morte dans tous les cœurs? quel prestige désormais pouvaient avoir les autorités impériales? Le ministre de cette terrible police dont on parlait tant avait été mis à la Force; la préfecture était bouleversée; tout avait dépendu de la résistance d'un

---

pas sortir (j'étais alors en fièvre), vous allez rassembler la cohorte, et vous ferez exécuter à ma place les ordres qui sont donnés par le général, d'après les ordres du Sénat. »

[1] Trois jours après les journaux publièrent le texte du jugement de la commission militaire qui condamnait :

« 1° A l'unanimité, le nommé Claude-François Malet, ex-général de brigade, en réparation du crime contre la sûreté intérieure de l'État, par un attentat dont le but était de détruire le gouvernement et l'ordre de successibilité au trône, et d'inviter les citoyens ou habitants à s'armer, à la peine de mort, et à la confiscation de ses biens;

« 2° A l'unanimité les nommés Victor-Claude-Alexandre Fanneau Lahorie et Maximilien-Joseph Guidal, ex-généraux de brigade; Gabriel Soulier, chef de bataillon; Nicolas-Josué Steenhouver, capitaine; Pierre Borderieux, capitaine; Antoine Piquerel, capitaine; Louis-Charles Fessart, lieutenant; Louis-Marie Régnier, lieutenant; Hilaire Beaumont, lieutenant; Louis-Joseph Lefebvre, sous-lieutenant; et Jean-Auguste Rateau, caporal, en réparation du

sous-chef d'état-major. Cette machine impériale, à l'aspect si formidable, ne reposait donc sur rien, un souffle pouvait l'emporter; on pouvait se réveiller un beau matin avec Moreau ou Bernadotte président de la République, et alors il n'y aurait plus de comte Réal, comme l'avait dit l'officier des cohortes, pas plus que de prince de Parme et d'archi-chancelier, de comte Merlin, Berlier, Berlay. Quelles révélations! quel cauchemar affreux! »

Je considère donc la conspiration Malet comme l'événement qui porta le plus grand coup à l'Empire : on n'eut plus de foi en lui; le génie de Napoléon ne put suffire pour anéantir le mal qu'avait fait ce drame de cinq heures; l'Empire, au milieu de ses vêtements d'or, sous ses astragales, fut soudainement réveillé par un homme qui lui dit : « Tu n'es qu'un grand cirque plein de mimes et d'acteurs drapés! » Malet, symbole d'un principe qui n'était point éteint dans l'armée, toucha l'étincelle d'égalité, et partout elle éclata parce qu'elle était électrique; le général avait compris la situation de la France et de l'Europe; on était fatigué du gouvernement impérial : l'Espagne résistait au nom de la liberté; l'Allemagne murmurait par les sociétés secrètes; Bernadotte dans l'entrevue d'Abo avait échangé quelques paroles avec le Czar dans le but de préparer une révolution en France contre

crime de complicité avec le nommé Malet, à la peine de mort et à la confiscation de leurs biens ;

« 3° A la majorité de six voix contre une, le nommé Jean-François Rabbe, en réparation du crime de complicité, avec le nommé Malet, à la peine de mort et à la confiscation de ses biens ;

« 4° A la majorité de cinq voix contre deux, le nommé Joseph-Louis Bocchecampe, prisonnier d'Etat, à la peine de mort.

« La commission acquitte et décharge :

« 1° A l'unanimité, les sieurs Gomont, dit Saint-Charles, sous-lieutenant ; Joseph-Alexandre Lebis et Amable-Aimé Prévost, lieutenants; Jean-Auguste-François Godard, capitaine ; Joseph-Antoine Viallevielhe, Henri Caron, et Pierre-Charles Limozin, adjudants sous-officiers ; Jean-Auguste Caumette et Jean-Joseph Julien, sergents-majors, du crime de complicité, dont ils étaient accusés.

« 2° A la majorité suffisante de trois contre quatre, le sieur Georges Rouffe, capitaine, du crime de complicité dont il était accusé. »

Bonaparte ; Moreau pouvait venir sur le continent pour se mettre à la tête d'un mouvement patriote; sa correspondance commence avec Macdonald, Gouvion-Saint-Cyr, Lecourbe, Masséna, et tout ce qu'il y a d'âmes fortes dans l'armée ; on n'en veut qu'au système impérialiste, à cette boursouflure de royauté, de noblesse, de titres ridicules, et à la dictature de Bonaparte [1].

Cette agitation du parti républicain, ce mouvement de délivrance se manifeste partout en Europe, et l'Angleterre le sait bien; des escadres viennent aider le gouvernement espagnol ; le pavillon britannique se mêle à la constitution sicilienne : en Hollande, en Amérique même les principes démocratiques éclatent; est-ce de bonne foi ou pour assurer sa prépondérance que les escadres anglaises favorisent ces idées? qu'importe? le parti républicain en France a l'instinct que de la Grande-Bretagne doit venir la fin de ses persécutions : il est donc partout en rapport avec elle; les amiraux Pelew, sir Sidney Smith ont ordre de soulever le monde contre Bonaparte; ils sont sur les mers ce que Robert Wilson est sur le continent; tous crient : liberté ! liberté !

De là tous les mouvements qui éclatent sur les côtes; le vieux parti républicain s'agite dans le Midi, presque toujours en rapport avec les Anglais. Une commission militaire réunie à Toulon est chargée de juger une

---

[1] Voici ce que le gouvernement fit écrire dans les départements sur le complot Malet pour rassurer l'opinion.
*Circulaire du ministre.*
Paris, 28 octobre.
« Les individus arrêtés et ceux qui sont soupçonnés d'être leurs complices ont été transférés à l'Abbaye. Une commission militaire a été nommée pour décider de leur sort ; elle s'est assemblée et elle a entendu les accusations et les interrogatoires.

« Le 23 octobre, à sept heures et demie du matin, les trois ex-généraux Malet, Lahorie et Guidal, ont essayé de commettre des actes de violence contre les autorités spécialement chargées de maintenir l'ordre public dans cette capitale. Trois quarts d'heure après leurs premiers actes de violence, ces insensés ont été arrêtés, et mis hors d'état de mal faire. Deux heures après, tous leurs complices et tous leurs adhérents, savoir, quinze officiers et

conspiration dans laquelle se mêle encore le nom de Guidal; on fusille deux jacobins de Marseille, d'une intrépidité remarquable, l'un tailleur, l'autre boulanger, et avec eux un ami de Barras du nom de Paban. Partout les Anglais sont mêlés aux insurrections, et l'on considère souvent comme espionnage ce qui se rattache à des idées politiques. Barras, qu'on n'ose frapper, est obligé de quitter le château des Eygalades, trop près de la mer; le général Savary lui ordonne de rentrer dans l'intérieur. Fouché, surveillé à Aix, examine attentivement la marche des événements; il cache sa pensée politique sous un amour ardent comme celui d'un jeune homme pour une femme de grand nom en Provence; il ne voit pas Barras, mais ils s'entendent et se comprennent; l'ancien directeur déteste Bonaparte; Fouché ne le déteste pas, il veut le perdre et il y réussira; Barras se laisse emporter à l'injure, Fouché parle de Sa Majesté Impériale avec respect, et sous main il fait ce qu'il peut pour abattre l'homme qui l'a sacrifié.

Si Malet eût réussi à Paris, toutes ces fermentations du parti jacobin se seraient manifestées comme par un coup de théâtre; sur l'ordre du télégraphe on aurait vu un mouvement anti-napoléonien éclater partout; l'armée, le peuple, tous y auraient pris part; les villes étaient pleines d'exilés; le silence était bien imposé,

sous-officiers qu'ils avaient séduits et trompés, étaient au pouvoir de la police. Le rapport sinistre que ces brigands avaient fait circuler a d'abord créé quelques alarmes, mais les informations officielles les ont bientôt dissipées.

« Paris est resté si tranquille que les fonds publics n'ont pas éprouvé la moindre altération.

« L'examen de ces hommes coupables a pris toute la journée et une partie de la nuit. Il résulte du rapport des témoins que la conspiration, si on peut donner ce nom à une affaire semblable, n'existait que dans les têtes de Malet et de ses deux principaux confidents. On n'a découvert aucun indice qui puisse faire soupçonner un seul citoyen de Paris et des départements de complicité ou d'intelligence avec les coupables.

« Le soir on a publié dans tous les quar-

mais les cœurs se comprenaient sans avoir besoin de la parole humaine. Il n'y avait plus en France qu'une forte administration, elle seule faisait marcher les hommes ; et qu'on se représente partout le terrible effet de cette dépêche télégraphique au moment de la décadence militaire de l'Empire, lorsque la retraite de Russie détruisait le prestige des victoires de Napoléon !

tiers de Paris une communication du ministre de la police. La lecture de cet écrit fut partout accueillie par des cris de *vive l'Empereur!*

« Avant-hier, ces trois ex-généraux et les individus qu'ils ont séduits dans cette coupable entreprise ont été conduits à pied, de l'hôtel du ministre de la police générale à l'Abbaye, entre deux haies doubles de gendarmes d'élite. Partout sur leur passage le peuple exprimait son indignation, et les accompagnait d'acclamations mille fois répétées de *vive l'Empereur!* Jugés le lendemain, ils ont subi la peine de leur crime à la plaine de Grenelle.

# CHAPITRE XIII.

### RETRAITE DE RUSSIE.

Grande pensée de l'Empereur. — Opposition des généraux. — Fautes qui en résultent. — La route de Kalouga. — Manœuvres de Kutusoff. — Combat de Malo-Jaroslawetz. — Grandeur de vues. — Nouvelle opposition. — Retour sur Smolensk. — Stratégie de Miloradowitch. — Combat de Wiazma. — Aspect de Smolensk. — Le froid ne cause pas la perte de l'armée. — Manœuvres des deux armées russes du Danube et de Finlande. — Instructions du prince de Schwartzenberg. — Retraite de Gouvion-St-Cyr et de Victor. — Rendez-vous de l'armée russe à la Bérésina. — Souffrance et retard de l'armée de Kutusoff. — Combat de Borisow. — Passage de la Bérésina. — Impression qu'il laisse sur l'armée. — Rédaction du 29e bulletin. — Qui l'inspire? — A quel dessein? — Accusation de l'Empereur contre l'armée.

### 24 octobre au 5 décembre 1812.

Lorsqu'au milieu du vaste Empire, sous le prestige d'une forte administration, la seule nouvelle de la mort de Napoléon inspirait à des hommes d'énergie la possibilité d'un changement politique, l'Empereur avait quitté Moscou et ses ruines fumantes. S'il avait pu faire prévaloir sa hardie et magnifique pensée de marcher sur Saint-Pétersbourg, peut-être la fortune lui aurait souri encore; il avait 100,000 hommes de bonnes troupes, une infanterie à l'épreuve; ses pertes étaient grandes, mais ses forces suffisaient pour la plus vaste opération; qui sait? la renommée en battant ses ailes brillantes aurait pu le conduire à Saint-Pétersbourg, et en cas de revers, Napoléon se repliant jusqu'à Riga et au Niémen, pouvait trouver là Macdonald et s'appuyer sur la belle ligne de forteresses qui de Kœnigsberg s'étendait jusque sur l'Elbe. Mais les pusillanimes conseils de ses généraux fatigués l'avaient poussé sur la route de Kalouga ; les hommes du Midi craignaient de toucher le pôle et les âpres frimas de l'hiver ; on s'était ramolli, et les souvenirs de la neige d'Eylau engourdissaient les imaginations et les cœurs.

On était donc sur la route de Kalouga, au milieu d'une riche campagne comme toutes celles du midi de la Russie. L'armée paraissait magnifique, tous les corps étaient pourvus d'artillerie; si la cavalerie avait éprouvé bien des pertes, il restait une bonne infanterie, et Napoléon savait bien qu'elle était la base et le pivot des batailles régulières. Toutefois l'armée avait contracté dans son long séjour à Moscou des habitudes presque orientales : la discipline sévère n'était plus autant respectée ; les sacs étaient alourdis par du butin ; les officiers étalaient des fourrures somptueuses, les soldats avaient fait ressource des peaux de mouton ; après de longues files d'infanterie venaient des voitures chargées, des calèches élégantes remplies d'objets précieux, ou même de futilités de toilette qu'on rapportait à ses femmes, à ses amantes. Comme il y avait un grand nombre de Français à Moscou, beaucoup, à la suite de l'armée, traînaient des chariots chargés de leur fortune ; l'Empereur lui-même semblait autoriser cet esprit de pillage, car il se faisait suivre non seulement par son trésor particulier, mais encore par ce qu'il appelait ses trophées ; ces trophées étaient la croix de Saint-Ivan, vaste morceau d'orfévrerie byzantine, et puis des reliquaires de Moscou, des vases sacrés, des drapeaux turcs destinés aux Invalides. La grande maîtresse de l'Empereur, c'était la France; il lui destinait ses cadeaux de retour; tout cela demandait des escortes, et l'armée s'appauvrissant d'autant de forces effectives, devenait comme une vaste cohue.

La route qui mène de Moscou à Kalouga¹ est belle et neuve : de vastes campagnes, çà et là des châteaux magnifiques, des forêts profondes, des villages plus riches, se déploient sous un beau ciel; le soleil caressait de ses rayons d'octobre la dernière verdure des champs; ses feux semblaient d'autant plus bienfaisants, qu'ils allaient disparaître, c'était comme leur baiser d'adieu. Aussi l'armée de France conservait-elle quelques-uns de ces caractères de gaieté qui toujours la distinguent en campagne; Napoléon annonçait sérieusement qu'on allait détruire Kutusoff, marcher sur les manufactures d'armes de Tula, anéantir ainsi les dernières ressources militaires des Russes. Ce pays riant consolait un peu les soldats de leurs premières souffrances,

---

[1] Ce fut sur cette route que Napoléon fit une étrange scène au général Winzingerode. On ne s'explique pas ces maladresses qui compromettaient sa position. Napoléon, à la vue de ce général fait prisonnier à Moscou, s'écria : « Qui êtes-vous ? un homme sans patrie ! vous avez toujours été mon ennemi personnel ! quand j'ai fait la guerre aux Autrichiens, je vous ai trouvé dans leurs rangs ! l'Autriche est devenue mon alliée, et vous avez demandé du service à la Russie. Vous avez été un des plus ardents fauteurs de la guerre actuelle. Cependant vous êtes né dans les États de la Confédération du Rhin; vous êtes mon sujet. Vous n'êtes point un ennemi ordinaire, vous êtes un rebelle ; j'ai le droit de vous faire juger ! Gendarmes d'élite, saisissez cet homme-là. » Les gendarmes restèrent immobiles. L'Empereur reprit : « Voyez-vous, monsieur, ces campagnes dévastées, ces villages en flammes ? A qui doit-on reprocher ces désastres? A cinquante aventuriers comme vous, soudoyés par l'Angleterre, qui les a jetés sur le continent; mais le poids de cette guerre retombera sur ceux qui l'ont provoquée. Dans six mois je serai à Pétersbourg, et l'on me fera raison de toutes ces fanfaronnades. » Alors s'adressant à l'aide-de-camp de Winzingerode, prisonnier comme lui : « Pour vous, comte Nariskin, je n'ai rien à vous reprocher ; vous êtes Russe, vous faites votre devoir : mais comment un homme de l'une des premières familles de Russie a-t-il pu devenir l'aide-de-camp d'un étranger mercenaire ? Soyez l'aide-de-camp d'un général russe, cet emploi sera beaucoup plus honorable. »

l'armée s'était améliorée à Moscou; les propos soldatesques jetés de rang en rang annonçaient que la joie était revenue. L'armée était d'autant plus forte qu'elle commençait à se concentrer; les corps séparés étaient moins étrangers les uns aux autres; il y avait une plus grande uniformité de mœurs, on se comprenait mieux, on avait une plus haute confiance; on se groupait plus aisément autour de l'Empereur.

L'armée russe, parfaitement instruite des moindres mouvements stratégiques de Napoléon, n'avait point ignoré l'abandon de Moscou; le vieux Kutusoff, informé par les rapports intimes de toutes les phases de l'occupation, savait les causes réelles de la retraite, et le dessein qu'avaient les Français de se retirer sur Kalouga, et d'atteindre la Gallicie. Depuis le 7 septembre, jour de la bataille de Borodino[1], Kutusoff avait mis toute sa sollicitude à réparer les forces matérielles et morales de ses corps d'armée; les vides étaient grands; la mort, les maladies, avaient fait des ravages. Le patriotisme russe avait suppléé à toutes ces trouées sanglantes des batailles et des épidémies; les recrues accouraient de tous côtés au simple appel de la milice; les gouvernements de l'intérieur avaient envoyé au camp des recrues qui s'in-

---

[1] Alexandre suivant toujours l'impulsion des vieux Moscovites déclarait la guerre nationale et implacable!
*Proclamation de l'empereur Alexandre.*
«Russes! enfin, l'ennemi de notre pays, de l'indépendance et de la liberté de la Russie, commence à éprouver la vengeance terrible qu'a provoquée son insolente agression. Du moment qu'il s'est avancé de Wilna, sa nombreuse armée, renommée par son courage et sa discipline, exaltée par le souvenir des victoires qu'elle avait remportées dans d'autres régions, a osé menacer les Russes de les asservir. Le système qu'il avait adopté augmentait sa confiance. Les batailles meurtrières livrées sur la route, et qui l'ont rendu maître pour un temps de Smolensk, lui ont donné toutes les illusions de la victoire. Il est arrivé à Moscou et il s'est cru invincible et invulnérable. Il se complaisait dans l'idée qu'il allait recueillir le fruit de ses efforts et de ses fatigues; il se flattait d'avoir conduit ses soldats dans des quartiers d'hiver tranquilles, et, de là, d'envoyer au printemps prochain des troupes rafraîchies ravager et brûler nos cités, réduire nos compatriotes en esclavage, anéantir nos lois et notre religion, et tout soumettre à ses caprices arbitraires. Ces espérances ont été déçues

struisaient avec une rapidité surprenante; on faisait l'exercice tous les jours : infanterie, cavalerie, artillerie, manœuvraient avec un zèle indicible, et les détonations annonçaient qu'une instruction rapide, incessante, ferait bientôt des soldats d'élite avec ces Mougiks naguère arrachés de leurs champs. Quand Napoléon quitta Moscou, Kutusoff pouvait disposer de 140,000 hommes à son camp de Tarutino, placé sur le flanc de Moscou et de Kalouga, et sans compter les troupes irrégulières, les Cosaques, les Baskirs qui arrivaient par masses des steppes de l'Asie; il se trouvait ainsi que l'armée du prince Kutusoff était plus considérable, à elle seule, que les forces de Napoléon, éloignées de quelques centaines de lieues de ses frontières. Kutusoff prévoyant la marche des Français sur Kalouga voulut la prévenir; maître du camp fortifié de Tarutino et des chemins de traverse, il jeta de grandes masses sur la route de Moscou à Kalouga que devait traverser l'armée française, marchant par divisions, à quelques lieues de distance les unes des autres; il voulait les surprendre, les battre et les briser successivement. A cet effet il vint se poser sur un point intermédiaire, à cheval sur les deux routes.

Malo-Jaroslawetz est à moitié de la grande voie qui

ces insolentes menaces ont été vaines. Une population de 40,000,000 d'hommes attachés à leur prince et à leur patrie, fidèles à leur religion et à leurs lois, dont le moins brave est supérieur aux confédérés que notre ennemi traîne à sa suite comme des victimes, ne peut être subjuguée par les forces hétérogènes qui le suivent, fussent-elles triples de ce qu'elles étaient.

» A peine avait-il atteint Moscou, et essayé de trouver quelque repos au milieu de ses ruines fumantes, qu'il s'est trouvé environné de baïonnettes russes. Alors, mais trop tard, il s'est aperçu que la possession de Moscou ne lui donnait pas celle de l'empire : que sa témérité l'avait conduit dans un piége, et qu'il ne lui restait d'alternative que celle de la retraite ou de la destruction; il a choisi la première; voyez quelles en sont les conséquences !

« Russes ! le Tout-Puissant a entendu nos prières et exaucé nos vœux; il a couronné nos efforts. Partout l'ennemi est en mouvement, le désordre de ses mouvements indique assez ses craintes : il voudrait traiter de sa sûreté, mais la justice et la politique exigent un châtiment terrible. L'histoire ne doit conserver le souvenir de la témérité qu'en éternisant celui de la catastrophe qui l'a suivie. Cent mille hommes

conduit de Moscou à Kalouga ; Kutusoff pouvait s'y porter rapidement et s'y asseoir; son camp de Tarutino était à peine éloigné de dix lieues; par des traverses il y arrivait avant l'armée française, et se plaçant ainsi au centre du mouvement de Napoléon sur Kalouga, il l'empêchait matériellement de se développer. Doctoroff fut chargé d'occuper cette position importante avec les grenadiers russes: il y marche en toute hâte, et là fut le lieu et l'occasion du combat engagé par le général Delzons, tué au champ d'honneur, combat repris par Guilleminot, et enfin appuyé par le corps entier d'Eugène. La presque totalité de l'armée prit part à cette bataille, qui fut désastreuse parce qu'elle se donnait loin des renforts ; chaque homme ou chaque cheval qui tombait dans les rangs français était un vide que rien ne pouvait remplir ; les Russes au contraire étaient à chaque moment fortifiés par des hommes nouveaux. A Malo-Jaroslawetz, la ville, couverte de morts, demeura comme un sanglant théâtre sous le glorieux drapeau de l'armée française[1] ; les Russes furent encore cette fois culbutés.

sacrifiés à sa présomption attestent votre courage et votre dévouement à votre patrie, et doivent lui faire abandonner un projet impossible à réaliser. Il reste cependant beaucoup à faire encore, et il est en votre pouvoir de le faire. Que la ligne par laquelle il essaiera de se retirer de notre territoire devienne mémorable par les traces de votre indignation et de votre vengeance; détruisez tout ce qui pourrait lui être de quelque utilité ; nos généraux ont reçu nos ordres de vous indemniser de vos pertes. Rendez les routes impraticables; détruisez les ponts. Enfin, adoptez et exécutez les desseins que peuvent inspirer le courage, la sagesse et le patriotisme, et montrez-vous dignes de la reconnaissance de votre patrie et de votre souverain.

«Si les débris de l'armée ennemie gagnent les frontières de notre empire et essayaient d'y prendre des quartiers d'hiver, il faut qu'ils y éprouvent toutes les rigueurs du climat et de la saison, et le courage indomptable de nos troupes. Harassé, épuisé, anéanti, ce superbe ennemi aura reçu le prix de sa témérité. »

*Signé*, Alexandre.

[1] On publia dans l'armée russe plusieurs ordres du jour de Kutusoff ; en voici la traduction :

*1er ordre du jour.*

« Au moment où l'ennemi est entré dans Moscou il a vu s'évanouir les folles espérances qu'il avait conçues ; il s'attendait à y trouver l'abondance et la paix, il a été privé de toutes les nécessités de la vie. Fatigué par des marches longues et continuelles, épuisé par le manque de vivres,

Le soir, Napoléon tint conseil de ses maréchaux et de ses généraux les plus intimes : qu'allait-on décider ? continuerait-on à marcher sur Kalouga ? Lui, restant avec ses mâles inspirations, persistait à combattre Kutusoff : « puisqu'on n'avait pas pris la route de Saint-Pétersbourg, il fallait rester au moins dans celle de Kalouga ; le pays était beau et neuf ; la route qui menait de là soit à Varsovie, soit en Gallicie, n'avait été traversée par aucune armée ; à chaque pas on trouverait des ressources ; il fallait arriver vite sur les renforts ; une fois en Pologne, on prendrait de bons quartiers d'hiver, et l'armée en avait besoin. » Cette pensée d'une nouvelle bataille est repoussée par la plupart des généraux ; ils n'en veulent pas plus que du projet de marcher sur Saint-Pétersbourg ; ils ne comprennent pas tout ce que peut avoir de décisif une énergique résolution ; ils ont hâte de revenir sur leurs pas ; la route la plus courte leur paraît la meilleure. Par Saint-Pétersbourg, Napoléon pouvait rendre la campagne de Russie glorieuse, et peut-être aurait-il entraîné la paix ; par Kalouga, il aurait pu éviter la fatale retraite sur des pays déjà dévo-

harcelé par trois partis qui interceptent les faibles secours qui lui arrivaient, il a perdu des milliers de soldats tombés sans combat honorable sous le fer de nos milices. Il n'avait plus de perspective que la vengeance d'une nation qui avait juré d'anéantir son armée, et chaque Russe lui montrait un héros auquel ses promesses fallacieuses inspiraient à la fois le mépris et l'horreur Enfin toutes les classes qui composent la population de l'empire opposaient à ses efforts une insurmontable barrière Après avoir éprouvé des pertes incalculables, il a reconnu, mais trop tard, combien était insensé l'espoir qu'il avait conçu d'ébranler les fondements de l'em-

pire par la prise de Moscou ; il ne lui est plus resté de salut que dans une fuite précipitée. Il a donc évacué Moscou le 11 (23) de ce mois, abandonnant ses malades à la vengeance d'un peuple outragé.

« Les excès horribles qu'il a commis pendant son séjour dans cette capitale sont déjà connus et ont gravé dans le cœur de tous les Russes un sentiment profond de vengeance. Sa rage impuissante s'est signalée au moment même de son départ par la destruction d'une partie du Kremlin ; là, l'interposition de la puissance divine s'est manifestée en sauvant la cathédrale et nos saints temples.

« Hâtons-nous de poursuivre cet impie

rés, et le passage de la Bérésina. Eh bien! ses généraux s'y opposent.

Tandis que Napoléon a repris toute son activité, tandis qu'il s'élève à une grande hauteur de conception, l'esprit des généraux se ramollit et s'affaisse : on songe aux beaux hôtels de Paris, aux tables somptueuses ; il faut y revenir par la route la plus courte et le plus vite. Napoléon, cédant une fois encore, abandonne la route de Kalouga pour se porter de Malo-Jaroslawetz sur Mojaïsk, c'est-à-dire qu'il revient dans le pays que l'armée envahissante a déjà dévasté, au milieu des incendies, à travers les champs de bataille, spectacle capable de démoraliser des hommes déjà tant fatigués : un pays neuf, des émotions neuves, voilà ce qui peut relever l'armée; et voici ce que la résolution faible et lâche des généraux lui donne : à quelques lieues de Mojaïsk se retrouve le champ de la Moskowa; c'est là que se déploient les vastes débris de la bataille de Borodino ; la Moskowa coule encore, les eaux sont paisibles, mais à deux lieues sont couchés sur les champs désolés les cadavres que déchirent des nuées de corbeaux. Ici des débris d'armes, là des canons, des affûts, des roues brisées, des chevaux les flancs

---

tandis que d'autres armées, qui sont en Lithuanie, agissent de concert avec nous pour sa destruction. Il précipite déjà sa fuite, brûlant ses caissons, abandonnant ses bagages et ses trésors arrachés par des mains impies aux autels mêmes du Seigneur. La désertion et la famine répandent la confusion autour de Bonaparte; les murmures des soldats s'élèvent derrière lui, semblables au mugissement des vagues menaçantes. Tandis que ces clameurs effrayantes accompagnent la retraite des Français, aux oreilles des Russes retentit la voix de leur monarque magnanime. Écoutez, soldats, les paroles qu'il vous adresse : *éteignez les flammes de Moscou dans le sang de votre ennemi*. Russes! obéissez à cet ordre solennel! alors votre patrie, apaisée par cette juste vengeance, se retirera satisfaite du théâtre de la guerre, et derrière ses vastes frontières, elle prendra une attitude majestueuse entre la paix et la gloire.

« Guerriers russes! Dieu est votre guide. »
Le général en chef, prince Kutusoff.
2ᵉ *ordre du jour*.
« Après les succès extraordinaires que nous avons obtenus journellement sur l'en-

entr'ouverts, des boulets couvrant la terre comme si Dieu en avait envoyé une grêle dans sa colère, comme si un orage de sang, d'obus et de balles avait crevé sur ces campagnes. Mais le spectacle le plus horrible, le plus extraordinaire, ce fut de voir des blessés, après cinquante jours, restés encore sur le champ de bataille et demandant des secours à leurs frères d'armes. Tacite a peint dans ses Annales l'impression lugubre que fit sur les légions romaines l'aspect des champs où tombèrent les soldats de Varus; le grand peintre a retracé la douleur qu'éprouvèrent les prétoriens, les vétérans; et ces légions encore marchaient pour les venger; mais ici c'était une armée en pleine retraite à qui l'on donnait ce fatal spectacle.

Il fallait pourtant traverser ce champ de bataille pour se porter de Mojaïsk sur Wiazma : le soldat, la tête baissée, sentait s'affaiblir les forces morales de son esprit; tous avaient l'œil morne; les feux de gloire ne brillaient plus à leurs fronts, plus de ces chants de gaieté et de joie, des souvenirs du pays, puis la retraite, trois cents lieues de déserts et de dévastations à traverser. On marchait donc de Mojaïsk sur Wiazma, lorsqu'on apprit que l'armée de Kutusoff avait devancé la marche des Français, et que, par des chemins de tra-

nemi, il ne nous reste plus qu'à le poursuivre rapidement; et alors le sol russe, qu'il espérait subjuguer, sera couvert de ses ossements. Poursuivons-le donc sans relâche; l'hiver s'approche. Mais que craignez-vous, fiers enfants de la Russie? qu'avez-vous à craindre de la neige et de la glace? Vos cœurs d'acier ne redoutent pas plus la rigueur de la saison que le bras de l'ennemi, sa haine, sa fureur, ses cruautés, ses perfidies, n'ébranleront vos cœurs. Vous êtes supérieurs à tout, et vous saurez souffrir même des besoins momentanés, s'il le faut, pour hâter la poursuite de l'ennemi. De bons soldats se montrent tels par le courage et la patience dont les vétérans donnent l'exemple. Que chacun de vous ait présent à la mémoire Suwarow, qui sut supporter la faim et le froid, quand la victoire ou la gloire de la nation russe était l'objet de ses privations! Marchons! Dieu est avec nous, et que la paix et le bonheur renaissent dans les lieux que nous délivrerons de sa présence. »

Le général en chef, prince Kutusoff.

verse, elle était arrivée à Wiazma pour disputer le passage à ces nobles débris qui retournaient vers la patrie.

Il faut ici remarquer la stratégie que développe l'armée russe; Napoléon est obligé de prendre la grande route, de suivre des chemins qu'il a déjà traversés. Tout autour de lui est dévastation; les ressources sont rares, les grandes routes les mieux tracées sont tortueuses et demandent du temps; Kutusoff, Miloradowitch, au contraire, abandonnant ces grandes voies, passent par des chemins de traverse qui abrègent considérablement les trajets; leurs partis de cavalerie légère, constamment sur les flancs de l'armée de Napoléon en retraite, attaquent et surprennent les divisions. Ce qu'il y a de plus terrible dans ces mouvements, ce qui leur donne un caractère plus dangereux pour l'armée française, c'est qu'à l'aide de ces chemins de traverse indiqués par les paysans, les Russes se trouvent presque toujours en force et retranchés dans les points où les Français doivent passer; tantôt sur le penchant d'une ville fortifiée, tantôt sur un champ, ici dans un bois, ce sont de continuelles embuscades qu'il faut éviter, ou bien il faut se résoudre à combattre et à s'affaiblir. Voyez quel ordre, quelle persistance! lorsque Napoléon se rend par la grande route de Moscou à Kalouga, Kutusoff de son camp de Tarutino vient disputer le passage de Malo-Jaroslawetz¹; lorsqu'abandonnant la route de Kalouga, les Français sont obligés de se porter sur Mojaïsk, ils

¹ Voici comment la marche de Kutusoff est expliquée par les Russes.

Saint-Pétersbourg, 11 novembre.

« Après que Moscou eut été reprise par les Russes sous les ordres du général Winzingerode, Bonaparte fit prendre à son armée la route de Kalouga, et se porta sur Borowsk, croyant, ainsi que le prouvent les lettres trouvées sur un courrier fait prisonnier, pouvoir s'ouvrir un chemin dans les plus fertiles provinces.

« Le maréchal Kutusoff frustra complétement ce dessein par une attaque vigoureuse qui eut lieu le 24 octobre à Malo-Jaroslawetz; cette petite ville fut prise et reprise à différentes fois; à la fin les Fran-

trouvent encore Miloradowitch avec l'avant-garde russe qui leur barre le passage à Wiazma.

Cette activité des Russes s'explique par plusieurs causes : d'abord ils font une guerre nationale et sur leur territoire ; ils peuvent ainsi user de toutes leurs ressources, les paysans, les serfs, les aident de leurs bras, de leurs moyens ; l'enthousiasme est partout, les proclamations de l'empereur Alexandre sont affichées dans les villages, et ces proclamations racontent : « comment Moscou a été occupé, puis abandonné par ces impies du Midi, comment ils n'ont rien respecté, ni les traditions saintes, ni l'église, ni la croix même de Saint-Ivan ; le temps est venu de se soulever en masse, l'ennemi est en fuite. » Le langage d'Alexandre est toujours empreint d'un mysticisme religieux qui parle aux mœurs des nations slaves : il y a des accusations jetées contre la France, capables d'exciter toute la fureur des paysans ; Alexandre parle des malheurs de Moscou, de ce grand désastre : « Il faut éteindre, s'écrie-t-il, dans le sang des Français l'incendie de Moscou » ; image barbare qui répond aux ressentiments de la nation. Kutusoff, conservant quelque chose de plus sauvage encore dans ses proclamations, ne parle

---

çais furent forcés à la retraite avec perte de seize pièces de canon.

« Bonaparte alors abandonna son plan, quitta l'armée, et prit la route de Smolensk, après avoir donné l'ordre que toute l'armée le suivît par la même route. Pour cacher sa retraite autant que possible, il ordonna à un corps de se jeter sur Médyn, comme s'il eût eu l'intention de tourner la gauche de l'armée russe. Pendant ce temps-là les gardes et la plus grande partie de l'armée marchèrent vers Mojaïsk.

« Aussitôt que le maréchal Kutusoff eut appris cela, il leva son camp et suivit l'ennemi avec toute son armée.

« L'avant-garde russe sous les ordres de Platoff atteignit l'armée française le 1er novembre, près de Kolotsk, pas loin de Borodino, et lui prit deux drapeaux et vingt-quatre pièces de canon.

« Le 3 novembre, le général Miloradowitch, soutenu par Platoff, attaqua plusieurs corps français près de Wiazma, commandés par le vice-roi d'Italie et par Ney. Ces corps furent complètement battus et perdirent un drapeau, cinq pièces de canon, 2,000 prisonniers, parmi lesquels est le général Vetien. Toute la route jusqu'à Mojaïsk est couverte de chariots d'artillerie et de chevaux morts. Les Français dans leur retraite font 50 werstes par jour. »

plus de l'empereur des Français que pour le signaler sous le nom de Bonaparte, le tyran du monde; Kutusoff annonce le plan de campagne qui déjà se développe sur les flancs, les derrières de l'ennemi; on ne laissera aucun repos à ce Bonaparte; on le poursuit jour pour jour; lui, Kutusoff, il a réuni 150,000 hommes, tous animés de la plus patriotique ardeur; les armées du Danube et de Finlande se sont également donné rendez-vous sur la Bérésina, et c'est là qu'on prendra Napoléon entre trois feux.

A Wiazma donc, il y eut une affaire d'arrière-garde de Miloradowitch, secondé par l'hetman Platoff, contre le corps d'Eugène[1], de Davoust et de Ney. Les Cosaques jouent de ce moment un grand rôle dans la guerre : Platoff commande à vingt régiments ou plucks chacun de 1,500 hommes; sa race est honorée depuis des siècles parmi les Tartares qui bordent les rives du Don; nul n'est plus respecté dans ces rangs confus; c'est le chef, c'est le père et l'hetman de trente mille Cosaques qui le saluent dans leurs hourras! Quand ces vingt régiments se déploient autour de lui sur leurs chevaux de petite taille, à la longue crinière, on dirait une immense volée d'oiseaux de proie s'élançant des plaines

---

[1] *Rapport du maréchal Kutusoff à l'empereur Alexandre.*
De la ville d'Alny, 28 octobre (9 nov.) 1812.

« Dieu est grand. Très gracieux souverain ! je tombe aux pieds de V. M. I., et la félicite sur une nouvelle victoire.

« Je reçois à l'instant le rapport du comte Platoff, dont je joins ici l'original, de la défaite complète du quatrième corps de l'armée française, commandé par le vice-roi d'Italie. Nous avons fait 3,000 prisonniers : le nombre des tués est plus considérable, et nous avons pris soixante-deux pièces d'artillerie avec les caissons.

« Les Cosaques font des miracles : non seulement ils détruisent les colonnes d'infanterie, mais ils se précipitent sur l'artillerie.

« Les prisonniers français qu'on m'amena il y a quelques jours demandèrent avec instance à entrer au service russe, et hier, 15 officiers de la garde italienne se présentèrent et sollicitèrent la même faveur, disant qu'ils ne concevaient pas un plus grand honneur que de porter l'uniforme russe. »

LES COSAQUES (NOVEMBRE 1812). 417

du Volga : ils attaquent de tous côtés l'armée en retraite ; ce n'est point une misérable cavalerie comme l'a dit Napoléon ; mais ce sont des hommes qu'il faut employer selon leurs mœurs et leurs habitudes [1]. Si les Cosaques ne valaient rien pour une charge à fond sur des carrés d'infanterie la baïonnette croisée, ils étaient admirables pour arrêter les convois, intercepter les communications, séparer les corps les uns des autres, et l'armée française en retraite éprouva bientôt les terribles effets de ces *hourras* de Tartares, qui furent peut-être ses plus redoutables adversaires dans ce mouvement rétrograde, parce qu'ils faisaient peur!

Combien ne fit-il pas de mal à l'armée, ce cri : « voilà les Cosaques ! » Platoff, leur chef respecté, recevait les hommages de tous ; on le distinguait à sa barbe blanche, longue et vénérable, à l'ordre de Saint-Wladimir brillant sur sa veste de Kalmouck brochée d'or ; et lorsqu'il paraissait au milieu des bivouacs, les yeux ronds et sauvages des Tartares se fixaient sur le père commun et sur son fils, qui portait le costume de colonel des Cosaques de la garde ; valeureux fils, qui mourut atteint d'une balle dans la campagne ; à son

---

[1] Napoléon secrètement avait crainte des Cosaques, en voici la preuve :
*Le major-général au maréchal Davoust.*
Wiazma, le 2 novembre, à midi.
« Il est très important, prince, de changer la manière avec laquelle on marche devant l'ennemi, qui a une si grande quantité de Cosaques. Il faut marcher comme nous marchions en Égypte, les bagages au milieu, marchant sur autant de files que la route le permet, un demi-bataillon en tête, un demi-bataillon en queue, des bataillons sur les flancs en file, de manière qu'en faisant front, il y ait du feu partout. Il n'y a pas d'inconvénient que ces bataillons soient à quelque distance les uns des autres, mettant quelques pièces de canon entre deux sur les flancs. On ne doit pas souffrir un homme isolé, ni un homme sans fusil.

« Passé le défilé de Wiazma, M. le duc d'Elchingen fera l'arrière-garde ; l'Empereur ordonne, prince, que passé Wiazma, vous marchiez de manière à soutenir le duc d'Elchingen, si cela était nécessaire, et à cet effet, vous vous entendrez avec lui, et vous aurez constamment un officier de votre état-major près de lui. Vous réglerez votre marche sur celle du duc d'Elchingen. » *Signé*, Alexandre.

dernier convoi parut l'empereur Alexandre, le Czarewitch Constantin, et le malheureux père se couvrit la tête de cendres, car son nom était éteint.

Miloradowitch commandait aussi un corps de troupes légères bien redoutables. Kutusoff, vieillard déjà, lourd et fatigué dans ses mouvements, ne pouvait toujours suivre Napoléon dans les marches rapides; ses membres engourdis n'avaient plus la vie de la jeunesse. Toute la faute ne fut pas en lui pourtant : la majorité des troupes de Kutusoff n'étaient point bonnes; les forts, les grands, les héroïques, étaient morts à Borodino; presque toutes ses troupes étaient des recrues, des milices qui comptaient à peine quelques mois d'exercice; c'est ce qui explique cette hésitation, cette absence de spontanéité dans les mouvements. Kutusoff aurait pu plusieurs fois atteindre Napoléon, couper sa retraite, et il opéra presque toujours sans activité. Il n'en était pas ainsi de Miloradowitch, à la tête de meilleures troupes, avide de distribuer des coups de sabre : Murat le connaissait bien; cette manière lui allait, à lui l'impétueux, le fier; ils s'étaient donné rendez-vous à plus d'une glorieuse rencontre. Miloradowitch opérait presque toujours avec Platoff; c'était comme l'infanterie légère des Cosaques. Platoff et Miloradowitch se portèrent donc sur Wiazma, où se trouvaient les arrière-gardes d'Eugène, de Ney, de Davoust, protégeant la retraite. Une nuée de Cosaques [1] se précipite dans les intervalles des corps et les sépare; puis l'infanterie

---

[1] Berthier, singe de l'Empereur, répète le mot canaille pour les Cosaques.

*Le major-général au général Ney.*
Wiazma, le 2 novembre, à midi.
« L'Empereur, M. le duc, vous a donné verbalement ses instructions, et personne n'est plus à portée que vous de connaître les dispositions qu'il y aura à faire. Il faut réprimer avec vigueur les entreprises de cette canaille de Cosaques, et se conduire avec eux comme nous le faisions en Egypte avec les Arabes. »  Signé, Alexandre.

de Miloradowitch les attaque avec la régularité des troupes d'élite : ces cris, ces hourras étonnent les soldats français, déjà accablés de fatigues; les carrés se forment péniblement; pourtant chacun fait encore son devoir, et le corps d'Eugène est plein de fermeté. Mais, hélas! comme dans toute cette triste campagne, le seul trophée que l'on obtint avec tant de sang ce fut un passage à travers la route jonchée de cadavres. Il fallut recommencer à marcher, accablés de privations et de misères !

Et ici se manifeste le grand fléau qui bris a ces co lonnes de marche bien plus que le froid, je veux parler de la désorganisation; elle vient de loin. Dès le départ de cette grande armée qui passe l'Elbe, la Vistule et le Niémen, on peut facilement s'apercevoir qu'elle n'a aucun des caractères qui constituent l'unité et la discipline; composée de mille nations diverses, elle est plutôt une multitude, selon l'expression antique, qu'une armée; il faut tout le prestige qui brille sur le front de l'Empereur pour maintenir les lois d'organisation même dans la victoire; le torrent déborde, il ravage. Ce n'est point là cette forte armée du camp de Boulogne, si magnifique de tenue et de discipline; ce ne sont pas même les régiments de nouvelles levées qui suivirent glorieusement leur Empereur dans la campagne de 1809; c'est quelque chose qui tient de la cohue, une tour de Babel où se parlent mille langues. Sous le prestige des victoires, dans la marche en avant, on obéit mal, témoin le début de la campagne; les précautions les plus usuelles sont omises; on pille, on dévaste, la route se couvre de fourgons, de voitures de transports, d'élégantes calèches, de beaux équipages. Souvent l'Empereur, en parlant des masses de l'ennemi, avait pris pour symbole de leur confusion l'armée de Xerxès; ici on peut appliquer cette épithète à ses soldats : la cohue est avec lui; les belles phalanges macédoniennes sont mortes à Austerlitz, à Iéna; on les avait reléguées en Espagne; l'Empire en est à l'époque des Perses; les mœurs asiatiques ont corrompu les généraux.

Or, si déjà la confusion se faisait sentir dans la marche en avant du Niémen à la Moskowa, combien ne dut-elle pas être plus terrible dans la retraite! la désorganisation devient étrange et fatale; les Allemands jettent leurs armes, il y a parmi les Russes une légion de leur pays toute prête à les recevoir; les Italiens, les Suisses, les Espagnols trouvent abri dans les rangs ennemis; on les invite à quitter les aigles, à fuir le drapeau oppresseur; les Français eux-mêmes s'enfuient et s'éparpillent par bandes; sans munitions, sans vivres, ils ne reconnaissent plus le frein de la discipline; ils marchent en troupeau. La mort fit moins de ravages dans ces rangs confus que le désordre; ce grand corps que l'on appela l'armée de Russie se dépeça comme le cadavre d'un géant qui tomberait en putréfaction. Et ici se présente une question grave; en histoire j'aime les faits positifs : j'aborde hautement les préjugés, je les discute; que faut-il donc croire de l'opinion généralement répandue, que le froid immodéré fut la cause principale de la catastrophe de Russie [1]? D'après les rapports officiels, le temps, qui avait été beau jusqu'à Wiazma, commença ses plus âpres journées le 7 novembre; il se continua jusqu'au 18. Du 10 au 14, l'armée resta à Smolensk; dans cet espace le froid fut très intense, le thermomètre descendit à dix-

---

[1] Je discute cette question sur les documents du ministère de la guerre.

## CAUSE DE RUINE POUR L'ARMÉE (NOVEMBRE 1812).

sept degrés ; c'était beaucoup sans doute, mais en ce moment où en était le personnel de l'armée en hommes et en chevaux ? car ce froid n'a pu atteindre que ce qui restait debout, les morts étaient à l'abri.

D'après les états de la guerre, quatre-vingt-cinq mille chevaux de cavalerie passèrent le Niémen dans la marche en avant ; on n'en avait plus que soixante mille à Witepsk, moins de quarante-cinq mille à la Moskowa ; la grande mortalité se fit sentir à Moscou ; l'on doit se rappeler que le temps resta constamment beau, et néanmoins la cavalerie était déjà presque toute démontée. Le 7 novembre, quand le froid commença, il restait à peine douze mille chevaux en y comprenant l'artillerie ; ainsi le froid ne put agir que sur cette masse bien restreinte, soixante-huit mille chevaux étaient déjà tombés. Ce ne fut donc pas le froid qui fut cause de cette grande ruine, mais le manque de fourrage, le peu de soin, la mauvaise administration. Pour les hommes, mêmes calculs : plus de quatre cent mille baïonnettes passent le Niémen ; à la Moskowa, en y comprenant les corps détachés, on en comptait à peine la moitié. Lorsque la retraite de Moscou commence, toujours par le plus beau temps du monde, 100,000 hommes à peine sortent de la capitale en cendres ; à Wiazma l'armée n'en compte plus que 58,000 et c'est seulement quatre jours après que le froid se manifeste, circonstance essentielle à noter[1]. Ce n'est donc pas ce terrible aspect des

---

[1] Je ne publie ici que des états officiels.
*Force des différents corps de l'armée de Moscou avant le combat de Wiazma.*

| | | | |
|---|---:|---|---:|
| Infanterie de la garde | 14,000 | 5e corps | 3,500 |
| Cavalerie de la garde | 2,000 | 8e corps | 1,200 |
| 1er corps | 13,000 | Cavalerie démontée, organisée en infanterie | 500 |
| 3e corps | 6,000 | Le 4e corps de cavalerie | 1,900 |
| 4e corps | 12,000 | Cavalerie légère attachée aux corps d'armée | 1,200 |
| | | Totaux, 52,200 | 5,100 |

neiges, cette impression d'une nature vivement secouée par les ouragans du nord, qui ensevelit ces immenses masses d'hommes; mais, je le répète, le défaut d'organisation, la fuite, le manque de vivres, la désertion, l'absence de toute unité; puis la confusion qui se glisse au milieu de cette multitude : l'armée se dissout d'elle-même; cette cohue se disperse; les uns vont chercher abri même dans les rangs ennemis, les autres fuient éperdus.

Pour s'en convaincre il faut lire les rapports secrets des généraux russes à leur gouvernement; ils s'effraient de la désertion des corps entiers d'Allemands, d'Italiens, de Polonais qui jettent leurs armes et demandent du pain aux Russes; de là vient ce grand nombre de prisonniers faits dans cette campagne, au-delà de 135,000, généraux, officiers et soldats; ce fut moins le froid que la faim qui fit tomber les hommes et les chevaux. L'armée était perdue avant que la saison prît cet aspect rigoureux; alors il fallut sacrifier ces trophées emportés de Moscou, les fourgons, les voitures élégantes des généraux; et à ce moment on se plaignit d'une rigueur si affreuse; le froid et les chemins glacés entraînèrent la perte des débris de l'artillerie, on aima mieux abandonner les canons que de les traîner; ce ne sont plus là les soldats du mont Saint-Bernard qui soulevaient les pièces sur des traîneaux, et conduisaient les chevaux à la main au milieu des neiges éternelles [1]. Napoléon put juger la grande dégénération de l'armée; elle en était à la décré-

---

[1] L'artillerie en quittant Moscou était encore fort belle.

*État de l'artillerie le 20 octobre 1812.*

| | | | |
|---|---|---|---|
| Pièces de 12 | 13 | Obusiers de 6 p. 4 l. | 10 |
| Pièces de 6 | 264 | Obusiers de 5 p. 6 l. | 119 |
| Pièces de 4 | 32 servies par l'art. de la jeune garde. | Total, | 565 |
| Pièces de 3 | 122 servies par l'art. régimentaire. | | |

pitude. Lui, le fort, le fier Empereur, continuait sa route au milieu de sa garde, la seule troupe qui eût conservé sa dicipline[1] : combien ne dut-il pas s'applaudir d'avoir réservé cette force qu'on lui conseillait de sacrifier à la Moskowa! s'il avait été livré à cette multitude qu'on appelait encore la grande armée, qui sait ce qui lui serait arrivé?

Des murmures s'élèvent déjà parmi ces hommes qui, oubliant toutes les lois de la discipline, accusent l'Empereur de leurs calamités; Napoléon ne sort plus des carrés de la garde, un soldat mécontent peut en finir avec lui; il se montre peu, il change son costume traditionnel autant pour n'être pas reconnu que pour se préserver du froid; au lieu de son habit vert de colonel de la garde, de sa redingote grise, de son petit chapeau, il prend le costume polonais, une pelisse en fourrure chaude et bien doublée, relevée par des brandebourgs d'or; c'était l'élégance la plus finie, elle pouvait rivaliser avec celle des boyards et des grands de Pologne dans leurs jours de pompes. Ce fut dans sa voiture de voyage, et couvert de fourrures, que Napoléon fit son entrée à Smolensk; les débris de l'armée y marchaient avec impatience, car là on trouverait des res-

---

[1] La correspondance militaire de l'Empereur avec Berthier et celle du major-général avec les commandants de corps d'armée est toujours très active.

*Napoléon au major-général.*
Mikalewka, le 9 novembre 1812.
« Mon cousin, écrivez au duc de Belluno la lettre suivante : « S. M. ordonne que vous réunissiez vos six divisions et que vous abordiez sans délai l'ennemi, et le poussiez au-delà de la Dwina : que vous repreniez Polotsk. Ce mouvement est des plus importants : dans peu de jours, vos derrières peuvent être inondés de Cosaques. L'armée et l'Empereur seront demain à Smolensk, mais bien fatigués par une marche de 120 lieues sans s'arrêter. Prenez l'offensive, le salut des armées en dépend; tout jour de retard est une calamité. »

*Signé,* Napoléon.
*Le major-général au maréchal Davoust.*
Smolensk, 14 novembre à 7 heures du matin.
« Monsieur le prince d'Eckmühl, l'intention de l'Empereur est que vous souteniez le duc d'Elchingen dans la retraite d'arrière-

sources, et pour cela on pouvait braver la température froide qui dura douze jours environ.

A Smolensk étaient les grands magasins de l'armée, il y avait plus de sept millions de rations; eh bien! lorsque l'Empereur voulut présider lui-même à cette distribution pour sa garde, il trouva les magasins presque vides; et d'où cela provenait-il? Les fuyards qui précédaient l'armée par milliers s'étaient abattus sur Smolensk comme les loups de Sibérie pressés par la faim; ils avaient menacé de tout piller si on ne leur livrait les magasins. Les fuyards, gorgés de viande, de pain et d'eau-de-vie, chargèrent leurs sacs, grands comme des outres; beaucoup jetèrent leurs armes; sans fusils, sans sabres ni gibernes, ils pouvaient porter plus de vivres, mieux se vêtir, mieux se couvrir; et s'ils étaient rencontrés par des corps russes, ils se laissaient prendre; Allemands, Italiens, Polonais, trouvaient parmi les Russes protection; on ne leur faisait aucun mal. Cet état de démoralisation fut ce qui frappa le plus vivement l'esprit haut et prévoyant de Napoléon; il ne put voir sans frémir cette dévastation des magasins de Smolensk; le

garde qu'il fait. Le vice-roi devant partir demain 15 pour se rendre à Krasnoë, vous verrez à faire relever et occuper les postes que vous jugerez convenable, et que le vice-roi sera dans le cas d'évacuer.

« L'intention de l'Empereur est que vous vous reployiez, avec votre corps d'armée et celui du duc d'Elchingen, sur Krasnoë, en faisant votre mouvement le 16 ou le 17. Le général Charpentier, avec sa garnison composée de trois troisièmes bataillons polonais et d'un régiment de cavalerie, quittera la ville.

« Avant de partir, vous ferez sauter les tours de l'enceinte de Smolensk, en faisant mettre le feu aux mines déjà préparées, vous veillerez à ce qu'on fasse brûler les munitions d'artillerie, et détruire les caissons et tout ce qu'on ne pourra pas emmener, ainsi que les fusils. Quant aux canons qu'on ne pourra pas emmener, l'artillerie fera scier les tourillons et les fera enterrer.

« Les généraux Chasseloup et Lariboissière resteront ici pour exécuter, chacun en ce qui le concerne, les dispositions ci-dessus.

« Vous aurez soin, M. le maréchal, d'ordonner des patrouilles, pour qu'il ne reste ici aucun traînard français. Vous prendrez aussi des mesures pour ne laisser dans les hôpitaux que le moins de malades possible.»

Alexandre (Berthier).

*Le major-général au maréchal Ney.*
Smolensk, 14 novembre, à 8 heures du matin.

« L'empereur, M. le duc, se rend à Kras-

froid le préoccupait moins que cet affreux tumulte, cet abandon de la discipline, ce sauve qui peut général dans tous les rangs, et si indigne d'une armée brave et vieillie sous les drapeaux; lui, le général d'Italie, d'Égypte, d'Austerlitz et de Wagram, ne reconnaissait plus son armée; il quitta Smolensk le cœur navré. A peu de distance, dans la petite ville d'Orsza, l'Empereur fut obligé de rappeler aux soldats, en termes âpres et durs, qu'ils violaient leur devoir, l'honneur et la sûreté des camps. Berthier répéta ces mêmes paroles dans un ordre du jour adressé à l'armée [1]; Napoléon crut nécessaire de rappeler à sa garde la majesté de son devoir.

Le 19 novembre, à une lieue environ de Dubrowna, l'Empereur mit pied à terre, fit former l'infanterie de la vieille garde en carré, au milieu duquel il se plaça, la haranguant en ces termes : « Grenadiers de ma garde, vous êtes témoins de la désorganisation de l'armée; la plupart des soldats, par une fatalité déplorable, ont jeté leurs armes. Si vous imitiez ce funeste exemple, tout espoir serait perdu; le salut de l'armée vous est confié, vous justifierez la bonne opinion que j'ai de vous. Il faut

noë : il est nécessaire que vous continuiez à faire l'arrière-garde; le prince d'Eckmühl vous soutiendra. Vous devez rester dans la position où vous êtes aujourd'hui; demain 15, vous prendrez la position du couvent et du faubourg, et le 16 vous ferez sauter la ville en vous en allant, ou simplement vous prendrez la position de la tête de pont, pour ne faire sauter la ville que le 17, si tout n'était pas prêt. Il est nécessaire que vous vous concentriez avec le prince d'Eckmühl et le général Charpentier. L'Empereur vous recommande surtout de faire en sorte que les pièces et les munitions soient détruites, et qu'on laisse le moins de traîneurs possible dans la place. »
Alexandre (Berthier).

[1] *Ordre du jour de Berthier.*
« Soldats, un grand nombre de vous ont quitté leurs drapeaux et marchent isolément; ils violent par là leurs devoirs, l'honneur et la sûreté de l'armée; prenant d'eux-mêmes différentes directions, ils tombent dans les mains de l'ennemi.
« Un pareil désordre doit finir.
« L'Empereur ordonne que tous les hommes isolés, blessés et sans armes qui ont quitté leurs drapeaux, les rejoignent à Orsza : 1º les hommes du premier corps, aux ordres du prince d'Eckmühl, se réuniront sur les hauteurs de la ville d'Orsza, entre le chemin de Minsk et celui de Senno, sous les ordres du général Charrier; là, ils rejoindront dans la journée leur ré-

non seulement que les officiers maintiennent une discipline sévère, mais que les soldats exercent entre eux une rigoureuse surveillance, et punissent eux-mêmes ceux qui s'écarteraient de leurs rangs. »

Cet appel à l'honneur du drapeau fut écouté en silence ; la garde était ployée à une telle discipline qu'elle pressa ses rangs autour de lui. Ces vieilles têtes d'ailleurs, habituées à la guerre, savaient qu'un immense danger entourait de toute part l'armée impériale ; si la poursuite tardive du vieux Kutusoff laissait à Napoléon le temps de respirer, on recevait des rapports terribles de la Lithuanie : ce n'était plus de Moscou que venait le danger, mais de Witepsk et de Minsk, c'est-à-dire sur les routes qui menaient aux frontières de la Pologne et de l'Allemagne ; les deux armées russes du Danube et de Finlande, sous l'amiral Tschichakoff et le général Wittgenstein, s'étaient donné rendez-vous sur la Bérésina. Saint-Cyr et Victor qui devaient protéger la retraite étaient eux-mêmes harcelés ; l'armée du Danube, forte de 60,000 hommes, sous l'amiral Tschichakoff, s'était portée à marches forcées sur Minsk ;

---

giments qui viendront prendre position sur les hauteurs. (Ici Berthier fixait le lieu où les soldats de chaque corps devaient se réunir.) Tous soldats qui, après la publication du présent ordre, seraient trouvés marchant isolément, seront arrêtés et punis prévôtalement ; les chevaux dont ils seront trouvés munis seront saisis et réunis à l'artillerie et aux transports : les effets dont ils seront chargés, hormis ceux du linge et de la chaussure, seront brûlés. Tous MM. les officiers généraux et autres de l'armée feront exécuter, partout où ils en trouveront l'occasion, les dispositions de l'ordre ci-dessus ; ils feront sentir que l'honneur de nos armes et la sûreté de l'armée en dépendent. L'état-major général, les commandants des corps d'armée et les chefs de corps feront publier au son de la caisse et lire à haute voix sur tous les points à proximité, la proclamation ci-dessus ; autant que possible, on joindra un fifre ou autre musique au tambour pour fixer l'attention. Il ne doit plus y avoir à l'armée que les voitures indispensables au service ; en conséquence, on fera brûler dans la journée toutes les voitures qui ne seraient pas d'une absolue nécessité et qui ne seraient pas autorisées par les lois ; aucun soldat ne peut conduire de chevaux et bagages. On laissera au petit nombre de réfugiés de Moscou les voitures nécessaires. »

Fait à Orsza, le 19 novembre 1812.

Par ordre de l'Empereur,

Le prince de Neufchâtel, major-général.

*Signé*, Alexandre.

les instructions secrètes du cabinet de Vienne au prince de Schwartzenberg lui enjoignaient de se borner à défendre la Gallicie, de voir venir et de temporiser. L'armée de Tschichakoff s'était donc emparée de Minsk, point important, où Napoléon avait réuni de grands magasins; dès lors, les Russes s'étaient portés sur Borisow, la porte de ce grand gouffre qu'on appelait la Bérésina; à sa face, l'Empereur allait trouver les troupes aguerries de Langeron, de Lambert, généraux d'origine française, et de Sacken, qui toutes marchaient sous l'amiral. Au même moment, l'armée russe du Nord, sous Wittgenstein, opérait de manière à pouvoir seconder l'armée du Danube dans un rendez-vous de mort et d'extermination contre les débris de l'armée de Napoléon. Wittgenstein déployait son mouvement sur Witepsk, et descendant par la gauche il devait prêter la main à l'armée du Danube sur la Bérésina; Witepsk et Minsk, les deux points où Napoléon pouvait opérer sa retraite, étaient ainsi occupés par deux armées considérables, tandis que Kutusoff était à sa poursuite et que Miloradowitch avec l'hetman des Cosaques Platoff le pressaient sur ses flancs[1].

En face de ce terrible avenir, pour répondre à ce danger, Napoléon n'a plus que cette armée désorganisée, dont le tableau est hideux de misère, de déses-

---

[1] Voici une dépêche de l'ambassadeur de Suède à Saint-Pétersbourg, adressée à Bernadotte, qui suit avec beaucoup d'attention la retraite de l'armée française :

« Lorsque Bonaparte quitta Moscou, il ordonna à Murat d'attaquer le général Bennigsen, mais il fut repoussé. Bonaparte alors attaqua Kutusoff en personne avec la plus grande fureur à Malo-Jaroslawetz et fut encore une fois repoussé. Il se proposait alors de livrer une bataille générale, et s'il la gagnait, de marcher par la route de Kalouga vers la Pologne, et d'y prendre ses quartiers d'hiver aussi près de la Gallicie que possible. Mais il trouva les Russes tellement fortifiés, que c'était impossible; il n'avait plus en conséquence d'autre parti à prendre que de concentrer toutes ses forces, et de s'en retourner par Smolensk, qui est entièrement détruite; les mauvais

poir et de découragement. Il ne fait plus froid, le dégel arrive; en sortant de Smolensk, les rapports officiels font monter l'armée à 37,000 hommes, compris 2,000 cavaliers montés; Ney, qui commande l'arrière-garde, a été beau dans cette retraite : il soutient et protége la grande cohue avec 5,000 hommes. On le croit perdu : un moment ses propres soldats ont voulu se rendre; ils ont jeté leurs armes; Ney, l'œil enflammé, la colère sur le visage, leur dit alors : « Vous êtes des lâches! » et il a pris un fusil comme un simple grenadier; il n'y a plus avec lui ni duché, ni bâton de maréchal; il fait son métier de soldat et il le fait bien : il a sauvé ses camarades.

Eugène à son tour s'est montré grand capitaine sous les inspirations de son dévouement militaire; les Italiens se sont bien conduits, la garde royale surtout, et cet exemple a retenu bien des soldats qui voulaient se rendre aux Russes dans ces moments de désespoir; Napoléon ne les oublie pas. Parmi les fidèles se montre Grouchy, le chef d'un escadron sacré, formé d'officiers, prélude des gardes-du-corps; les lieutenants sont simples gardes. Cet escadron sacré est destiné à garantir la personne de l'Empereur; Murat le guide. Dans toute cette multitude, un soldat pouvait se lever et dire : « C'est

---

chemins et l'état effroyable de l'armée française mirent Kutusoff à même de l'atteindre près de Wiazma, il lui livra bataille, et la défit. Avant la bataille, Bonaparte donna le commandement à Murat, et avec 6,000 hommes se rendit lui-même à Smolensk dans l'intention de continuer sa route vers la France; mais il rencontra le détachement du général Ortel, qui l'obligea à rebrousser chemin. Il essaya alors de pénétrer par la route qui conduit de Smolensk à Witepsk; là, il rencontra l'avant-garde de Wittgenstein, fut battu, et obligé de se replier sur la grande armée.

« Il a maintenant en front les armées de Tormassoff, de Tschtchakoff et de Wittgenstein, et sur ses derrières le prince Kutusoff avec 150,000 hommes.

« Les Russes font journellement de 3 à 4,000 prisonniers; Wittgenstein dans un seul jour en prit 6,000 et 23 pièces d'artillerie; Platoff, 30 pièces d'artillerie et 3,700 prisonniers. »

un homme qui nous a fait tout ce mal ; un homme de moins, et nous ne serions pas dans ces douleurs. » Infatigable, l'Empereur semblait avoir retrouvé son énergie. Il y a des caractères ainsi forts, ils se révèlent magnifiques dans le malheur. Napoléon fut bien grand dans cette retraite ; on l'entoure, on lui prodigue des reproches ; on semble dire : « cet homme-là est impitoyable, il veut nous faire tous périr. » On lui reproche jusqu'à son sang-froid ; on voudrait qu'il pleurât comme une femme. Et lui, qui doit conduire et sauver une armée, un empire, répond par ces belles paroles : « Laissez-moi mon calme ! » Oui, laissez-lui son calme, pour empêcher que tous vous ne restiez captifs et que les aigles ne soient abaissées ; oui, laissez-lui son calme, pour retenir l'armée dans les derniers liens de la discipline qui seule peut la préserver. A côté de l'Empereur, Murat s'efface jusqu'à n'être plus que le chef de l'escadron sacré avec Grouchy, on ne parle plus de lui ; les Russes lui ont enlevé sa caisse, ses panaches, ses dolmans ; c'est que Murat n'est fort que dans la marche en avant d'une armée ; il a besoin de la victoire, elle seule lui donne sa grandeur ; sans la victoire, ce n'est plus qu'un homme ordinaire.

L'armée, si l'on peut appeler armée une masse confuse, s'avance toujours pour trouver un chemin qui la conduise vers la Lithuanie ; Minsk et Witepsk sont occupées par les Russes ; les deux portes sont ainsi fermées, et pour passer la Bérésina il n'y a plus qu'un seul point, celui de Borisow ; Napoléon place ses espérances dans les deux corps commandés par Victor et Oudinot qui, organisés à Wilna, ont conservé leur discipline ; ils ont éprouvé des froids aussi vifs que ceux qu'a subis la colonne de Moscou ; ils ont maintenu leur rang, ils ont pu combattre, l'un Tschichakoff, l'autre Wittgenstein. S'ils se sont retirés devant les masses plus considérables des armées du Danube et de Finlande, ils ont néanmoins conservé une armée capable d'obéir à des ordres militaires, ils n'ont pas sous les yeux une cohue informe. Aussi Napoléon s'occupe-t-il plus des corps de Victor et d'Oudinot [1] que de la masse confuse qui l'entoure; il n'a ni cavalerie ni artillerie, les soldats sont dispersés comme des nuées de corbeaux, il met sa confiance en Victor et Oudinot; il les avait d'abord appelés à son aide, les armées du Danube et de Finlande les ont arrêtés.

Dès ce moment Napoléon se trouve comme entouré par trois corps formidables qui forment une enceinte de fer; c'est le plan primitif qui s'exécute. Kutusoff le poursuit désormais mollement; son armée souffre les plus cruelles privations; composée de milices, elle n'a pas cette hardiesse des soldats qui arrivent des campagnes du Danube ou de Finlande. Kutusoff d'ailleurs est tellement persuadé que tout passage se trouve impossible à la Bérésina, qu'il ne se presse pas dans sa poursuite; les masses de fuyards tomberont nécessairement sur les baïonnettes de Tschichakoff et de Wittgenstein, et il faut leur laisser la gloire de cette capture. Les trois corps russes agirent avec trop de précaution et de timidité; Wittgen-

---

[1] La correspondance du quartier-général n'a plus d'autre pensée que la nécessité du passage de la Bérésina.

*Le major-général au maréchal Victor.*

Dubrowna, le 19 novembre, à trois heures du matin.

« Je vous envoie, M. le maréchal, par l'aide-de-camp du duc de Reggio, le duplicata des ordres que je vous ai adressés hier par votre aide-de-camp.

« L'Empereur arrive à Orsza aujourd'hui à midi; il est nécessaire, M. le maréchal, que la position que vous prendrez vous mette plus près de Borisow, de Wilna et d'Orsza que l'armée ennemie. Faites en sorte de masquer le mouvement du duc de Reggio, et de faire croire au contraire que l'Empereur se porte sur le général Wittgenstein, manœuvre assez naturelle. L'intention de S. M. est de se porter sur Minsk, et quand on sera maître de cette ville, de prendre la ligne de la Bérésina.

stein pouvait refouler Victor, Tschichakoff comptait le double de soldats d'Oudinot, et si Kutusoff avait lancé Miloradowitch sur l'arrière-garde, c'en était fait de l'armée de France qui se serait trouvée acculée à la Bérésina. Il faut le dire aussi, le désespoir avait donné à cette armée malheureuse une énergie sombre et fatale; elle marchait avec la conviction de se faire un passage au prix de son sang; de pareils hommes poussés au désespoir sont terribles, qui peut les arrêter? Ces débris se groupaient donc; ce que la discipline ne put accomplir, le désespoir le fit tout seul. Victor et Oudinot furent les sauveurs de ces débris; les fuyards durent éprouver quelque honte à l'aspect de ces régiments qui avaient conservé leur discipline; Oudinot et Victor avaient des troupes peu nombreuses, mais elles n'avaient pas perdu leur moral; elles durent jeter un regard de pitié sur ces soldats en fuite, sans uniformes, sans drapeaux et sans armes; malheureux compagnons, ils avaient donc oublié la grande histoire de l'armée de France?

Les corps d'Oudinot et de Victor, destinés à protéger le passage de la Bérésina, auraient vu leur force se doubler si des ordres avaient été expédiés à Macdonald pour abandonner la ligne de Riga désormais inutile, et se porter à marches forcées sur Witepsk : comment se fit-il que Macdonald resta dans une complète ignorance de la

---

Il serait donc possible que vous reçussiez l'ordre de vous porter sur Bérésino, de couvrir par là la route de Wilna, et de vous trouver réuni en communication avec le sixième corps. Etudiez ce mouvement et faites-moi connaître vos observations.

« Aussitôt que vous m'aurez instruit de la situation de l'artillerie que vous pouvez céder aux autres corps, je vous enverrai des ordres pour le point vers lequel elle peut être dirigée. J'avais chargé le général Nansouty de vous remettre un chiffre, je pense qu'il l'aura laissé au duc de Bassano, qui vous l'aura peut-être envoyé. Faites-moi connaître si vous l'avez reçu, afin de pouvoir écrire dans les lettres quelques notes en chiffres, qui empêchent que ces lettres ne soient utiles à l'ennemi dans le cas où elles tomberaient entre ses mains; cette mesure est indispensable, attendu la quantité de Cosaques qui vont se trouver partout.» Alexandre (Berthier).

retraite désastreuse et précipitée de Napoléon? il eut seulement connaissance de l'itinéraire jusqu'à Smolensk. Le maréchal, par instinct militaire, se serait déterminé de lui-même à se porter sur Dunabourg et Witepsk ; mais M. Maret, chargé de communiquer les nouvelles du quartier-général et de répartir les bulletins, annonçait continuellement des victoires : « L'Empereur n'avait éprouvé aucun échec ; pour lui tout était succès ; on devait conserver même la ligne de Riga. » Macdonald ainsi trompé ne marcha pas sur la Bérésina, et quel immense secours n'aurait-il pas prêté à la marche de Napoléon, avec 30,000 hommes de bonnes troupes? Il est vrai qu'on ne pouvait déjà plus compter sur les Prussiens et les Saxons ; si les généraux d'Yorck et Massenbach obéissaient encore, officiers et soldats murmuraient hautement ; il eût été difficile de les conduire sur la Bérésina, et l'aspect de l'armée en fuite n'eût pas favorisé le dévouement des Prussiens aux drapeaux de Napoléon.

Sur cette fatale rivière de la Bérésina allaient se porter les grands coups pour sauver la masse confuse qui accompagnait l'Empereur ; c'était pour la préserver qu'avaient été dirigées toutes les manœuvres de Victor et d'Oudinot. L'état militaire rédigé la veille même du passage est effrayant à voir ; la vieille garde, qui seule a conservé son attitude et son personnel, compte à peine 3,500 hommes ; la brillante et belle

---

*Le major-général au maréchal Oudinot.* Toloczin, le 23 novembre, à une heure du matin.

« Monsieur le duc de Reggio, je reçois votre lettre du 22, datée de Nacza. Le duc de Bellune sera aujourd'hui 23 à Kolopéniczi ; il se portera le 24 sur Baran. Tâchez d'être maître du gué de Wésélowo le plus tôt possible, d'y faire construire des ponts, des redoutes, des abattis pour le garantir ; nous pourrons de là revenir sur la tête du pont de Borisow pour en chasser l'ennemi, ou de là revenir sur Minsk, ou enfin, comme vous le proposez, nous poster sur Wileika par la route que vous avez faite, et que vous avez trouvée très bonne. Le principal est, comme l'Empereur vous l'a mandé par le général Dode, d'être maître promptement du passage de la Bérésina. »    Alexandre (Berthier).

cavalerie de Bessières, ces magnifiques corps de la garde ont conservé 1,400 hommes. En dehors de ces troupes d'élite il n'y a plus rien; Davoust conduit à peine mille baïonnettes, Ney trois mille, Eugène douze cents; Junot n'a plus un seul soldat, et chose effrayante, la réserve de cavalerie, qui comptait trente-deux mille chevaux, n'est portée sur l'état militaire qu'à 100 hommes sous les ordres de Latour-Maubourg [1].

Ainsi les récits enluminés sur les pertes éprouvées au passage de la Bérésina sont aussi inexacts que ce que l'on a écrit sur les désastres occasionnés par le froid; Napoléon n'avait plus d'armée, il ne pouvait donc pas en perdre; les deux seuls corps qui combattirent furent ceux de Victor et d'Oudinot, l'un fort de 10,000 hommes, l'autre de 7,000 hommes, et tous deux n'avaient pas fait la campagne de Moscou. Mais comme il a fallu expliquer cette fatale ruine d'hommes, cette immense catastrophe, on a pris deux grandes causes, l'âpre climat de la Russie et le passage de la Bérésina. En France on aime les tableaux, les images saisissantes, et ces forêts de sapins couvertes d'une robe blanche, et ces routes unies de glaces, ces ponts où se précipitent des masses d'hommes confuses, ont prêté au pinceau de déchirants épisodes. Quant aux funérailles de ce géant qu'on appela l'armée de Russie, elles étaient accomplies avant le grand froid et le passage de la Bérésina; ses vastes ossements

---

[1] *État officiel des forces de l'armée le 26 novembre.*

| | | | |
|---|---|---|---|
| Vieille garde, Lefebvre. | 3,500 | | |
| Jeune garde, Mortier. | 1,500 | | |
| Cavalerie de la garde, Bessières | | 1,400 | |
| 1er corps, Davoust. | 1,200 | | |
| 2e corps, Oudinot. | 5,600 | 1,400 | |
| 3e et 5e corps y compris la division Claparède, Ney. | 2,700 | 300 | |
| 4e corps, Eugène. | 1,200 | | |
| Le 8e corps et la cavalerie démontée, organisée en infanterie sous Junot, était en entièrement dissous. | | | |
| 9e corps, Victor. | | 10,000 | 800 |
| Les 4 corps des réserves de cavalerie, Latour-Maubourg. Parmi ces 100 cavaliers il y avait 80 cuirassiers saxons. | | | 100 |
| | | 25,700 | 4,000 |

étaient dispersés; à la Bérésina il n'y eut que la garde et les corps de Victor et d'Oudinot qui payèrent glorieusement leur bonne venue.

A peine l'Empereur s'est-il mis en communication avec Oudinot qu'il lui fait écrire de s'emparer sur-le-champ de la tête du pont de Borisow; il lui faut à tout prix un passage; il y a des points faiblement défendus, on doit s'en saisir. Napoléon n'examine pas si le maréchal a devant lui un ennemi plus considérable en troupes, en artillerie; il se confie à lui pour le salut de l'armée, il lui faut un gué, et le plus tôt possible. Oudinot n'hésite point, il attaque et culbute la division Palhen, c'est un succès, et depuis si longtemps on n'en a pas obtenu! Trois généraux d'état-major, Éblé, Chasseloup et Jomini, se rendent auprès d'Oudinot pour présider à la construction des ponts; les mesures furent prises pour enlever aux armées l'attirail qui les embarrassait; presque toutes les voitures furent brûlées[1]; quelques troupes polonaises revinrent rejoindre le maréchal Ney qui soutenait en arrière-garde les cohues d'Eugène et Davoust, abandonnant les terres de Russie. Une empreinte indicible de tristesse régnait dans l'armée; on savait que Wittgenstein était sur la droite et Tschichakoff sur la gauche, et ils avaient coupé les ponts; tout allait donc dépendre de la manœuvre hardie, impé-

---

[1] *Le major-général au général \*\*\**,
Losnitza, le 25 novembre, à cinq heures du matin.

« L'Empereur ordonne, M. le général, que vous vous mettiez en mouvement de bonne heure pour vous porter entre Losnitza et Niamanitza; vous passerez le ravin qui est entre ces deux endroits; l'Empereur vous ordonne de faire brûler toutes les voitures de ceux qui n'ont pas le droit d'en avoir. Quant aux généraux qui y ont droit, ils doivent se borner à une seule voiture. L'Empereur a vu que le général \*\*\* en a quatre, vous deux ou trois. J'ai vu à la suite de mes équipages une voiture du capitaine \*\*\*; aucun soldat ni vivandier ne doit avoir de voiture; faites-les donc brûler : il faut le dire, dans vingt-quatre heures nous serons peut-être obligés de tout brûler; donnez tous les bons chevaux à l'artillerie. »

Alexandre (Berthier).

## PASSAGE DE LA BÉRÉSINA (26, 27 ET 28 NOV. 1812).

tueuse d'Oudinot. L'intrépide maréchal avait lui-même présidé à toutes les opérations pour le passage de la Bérésina; un point fut choisi; à Studianka le gué sondé n'offrit de profondeur que de trois à six pieds : alors Oudinot commence des démonstrations à Borisow pour donner le change à l'ennemi; Victor contient Wittgenstein par d'héroïques efforts, et Napoléon arrive de sa personne pour activer la construction des ponts. Le 26 novembre au matin tout fut fini; le dévouement des pontonniers fut admirable, ils se jetèrent au milieu des flots, nagèrent dans ces eaux bourbeuses, glacées et mortelles: rien ne les arrêta, car il fallait sauver les misérables débris de la grande armée.

L'ennemi avait paru tout autour de la Bérésina; sur les hauteurs escarpées, au milieu des touffes de bois, se montraient les avant-postes de Kutusoff; à gauche, l'amiral Tschichakoff déployait ses colonnes profondes sur Borisow; Oudinot le contenait par l'attitude la plus martiale; à droite, Victor faisait des miracles pour préserver de l'attaque subite de Wittgenstein l'étrange et confuse cohorte. Le premier pont construit, Oudinot passa sur la rive droite et se précipita sur l'ennemi avec un courage désespéré; une route fut dès lors à lui. Un second pont jeté fut destiné aux voitures et à l'artillerie; le 27, une partie de l'armée était sur la rive droite; le corps de Victor seul continua de faire face à Wittgenstein; il protégeait les masses confuses qui s'éparpillaient dans les marais pour attendre et disputer le passage sur le pont, et les plus lâches, les plus chargés de butin, n'étaient pas les derniers : les mêmes hommes qui avaient compromis le salut de l'armée, les traîneurs, les pillards, rendirent le passage lent, dangereux ; on se disputait ce pont étroit au milieu des angoisses et d'étranges cris, comme celui de la mort dans la *Divina Comedia*.

Cependant les débris d'Eugène, de Davoust, de Latour-Maubourg passant sur la rive droite, il ne restait plus sur l'autre rive que les divisions Partouneaux et Gérard; on ne peut dire quelle confusion régnait partout; les fuyards ne permettaient plus aucun ordre dans les divisions solides de l'armée : ils se plaçaient dans les régiments et brisaient les bataillons; c'est ainsi que Partouneaux, entraîné et enveloppé par le corps de Wittgenstein, fut obligé de mettre bas les armes [1]. Ce fut alors que le plan russe se déploya dans toute son énergie : les généraux ennemis laissèrent passer la moitié des troupes sur la rive droite; ils voulurent les séparer et les avoir à meilleur marché en les attaquant par fractions. Quand Ney, Oudinot, Napoléon et la garde furent sur la rive droite, voici tout à coup que le canon gronde, Tschichakoff arrive et fond sur deux colonnes avec la plus grande impétuosité; Oudinot est blessé, Ney est seul chargé du commandement, depuis deux heures on se bat. Alors surgit un autre danger; Victor est resté sur la rive gauche; Partouneaux a mis bas les armes, la division Gérard compte 5,000 hommes à peine; elle est impétueusement attaquée par Wittgenstein et l'armée de Finlande.

A ce moment la cohue des fuyards de Moscou eut

---

[1] Il peut être curieux de lire la dépêche que lord Cathcart adressa sur le passage de la Bérésina au vicomte Castlereagh.

Saint-Pétersbourg, 12 décembre 1812.
« Mylord,
« Votre seigneurie verra par leurs rapports que le passage de la Bérésina a coûté aux Français au-delà de 20,000 hommes, en tués, blessés, noyés et prisonniers, et que les restes de l'armée de Bonaparte, avec lesquels il est encore, essaient de gagner Wileika; et que le corps du général Wittgenstein marche sur sa droite, et qu'il y a toute probabilité qu'il le devancera; que l'armée de Moldavie sur la gauche marche sur Malodeczno; et que le corps principal d'armée, sous le comte Tormassoff, marche sur une ligne parallèle à celle de l'armée de Moldavie, à peu de distance d'elle, tandis que le comte Platoff, avec un fort détachement de Cosaques, de cavalerie légère, et d'artillerie légère, et l'infanterie sous le général Erma-

peur, et ce fut elle qui, par sa lâcheté, vint encombrer les ponts et se faire étouffer sous les chevaux ou au bord de la Bérésina : quelques boulets de Wittgenstein avaient rebondi dans leurs rangs pressés ; les pillards ne voulaient pas se séparer de leurs voitures, de leur argent ; ils se cramponnaient à leur butin ; de là le premier désordre : tandis que Victor sur une rive, Ney et Oudinot sur l'autre, sacrifiaient leur vie et celle de leurs braves, les lâches se jetaient dans les rangs, brisaient l'ordre des divisions, encombraient toutes les routes. A la fin le salut de l'armée exigea que l'on coupât les ponts : l'on incendia donc les frêles ouvrages construits par le génie, il resta sur l'autre rive, après que Victor eut défilé, environ 5,000 personnes qui s'agitaient confusément. Les nuées des Cosaques de Platoff entourèrent cette fourmilière qui tendait des mains suppliantes ; on ne leur fit aucun mal, car le spectacle de ces masses était pitoyable : il y avait des enfants, des femmes, et surtout de ces hommes que les soldats flétrissent du nom de *fricoteurs*. Wittgenstein prit ces masses confuses sous sa protection ; on leur arracha les trésors qu'elles avaient conservés aux dépens de la discipline de l'armée. Les bulletins russes constatent les sentiments de pitié que manifestèrent même les Cosaques à l'aspect d'une terreur si triste, si misérable.

L'armée active avait passé la Bérésina après des tra-

loff, doit être en avant des Français dans la ligne même qu'ils suivent.

« Les levées patriotiques russes arrivent toujours avec le même zèle, et il paraît qu'une nouvelle armée de 50,000 hommes d'infanterie et de 20,000 de cavalerie, de quelques-unes des provinces méridionales, est déjà assemblée et prête à entrer en campagne.

« Les Français marchent pendant la nuit, et font halte pendant le jour en bataillons carrés. Comme ils sont entourés par les Cosaques, leurs provisions sont nécessairement très précaires, et sur tous les terrains qui ont été occupés par leur armée, on trouve un nombre considérable d'hommes morts de faim et de froid. »

Cathcart.

vaux inouïs et de glorieuses actions; on ne peut dire le brillant courage que déployèrent les deux corps de Victor et d'Oudinot; cela tenait du prodige; Ney laissa des souvenirs merveilleux, Eugène s'était distingué, Davoust avait été mou et Junot complétement nul. Faut-il le dire? les états d'appel, à quelques lieues après la Bérésina, ne comptaient plus que 8,800 hommes, noyau de troupes éprouvées, car elles avaient résisté à tant d'efforts[1]. Autour d'elles voltigeaient toujours des masses informes complétement désorganisées, un pêle-mêle de soldats, d'officiers et de généraux. Il n'y avait plus de rang; on vivait dans la camaraderie la plus funeste pour la discipline; le général tendait la main au soldat, s'il avait plus de ressources que lui. Ici, là, des êtres devenus stupides et dont l'intelligence avait fui; il ne leur restait plus d'autre instinct que celui de la brute. Après la Bérésina, le froid reprit et les vivres devinrent plus abondants. Victor forma constamment l'arrière-garde; l'on marchait avec quelque espérance sur la route de Wilna, où devaient se trouver mille ressources et des renforts. Les Russes, fatigués eux-mêmes, poursuivaient mal cette armée qui put s'arrêter un moment à Malodeczno. Napoléon voulut réorganiser ces débris; il avait trouvé dans ce bourg quelques vivres et quelques munitions; il espérait rendre un peu de courage à ces misérables troupes qui avaient empêché les merveilles de tant de braves et dignes soldats. Ce fut en vain : la réorganisation ne put s'accomplir, et l'Empereur en éprouva un vif et profond dépit. L'armée

---

[1] Trois jours après le passage de la Bérésina, l'armée ne comptait plus que 8,800 hommes (état officiel).

| | Inf. | cav. |
|---|---|---|
| Vieille garde. | 2,000 | 1,200 |
| Jeune garde. | 800 | |
| Commandement de Ney. | 1,800 | 500 |
| Corps de Victor. | 2,000 | 100 |
| 1er et 4e corps. | 400 | |
| Totaux. | 7,000 | 1,800 |

avait perdu sa discipline, le soldat son moral, et ce fut alors que, dans un sentiment de douleur pour tous et de mépris pour quelques-uns, Napoléon dicta le vingt-neuvième bulletin [1].

Fatal aveu! Mais l'Empereur voulait, en disant la vérité, donner une sévère leçon à son armée. L'idée d'attribuer tous les ravages au froid domine dans cette belle dictée, et cela se conçoit : il ne voulait pas avoir été vaincu par les hommes, les éléments seuls avaient pu le détruire. Il y avait là un de ces mensonges que Napoléon jeta souvent à l'histoire comme un manteau pour couvrir les fautes. J'ai déjà dit que le froid n'avait commencé que le 7 novembre, alors que l'armée ne comptait plus que 40,000 hommes : la faim et la désorganisation avaient tout fait. Il faut bien étudier ce vingt-neuvième bulletin, acte d'accusation contre l'armée ; Napoléon cache sa colère sous des descriptions ; ce sont des images de verglas, des calculs de thermomètre ; à Moscou, Napoléon avait parlé de la chaleur, du printemps, de l'automne ; le vingt-neuvième bulletin est une longue dissertation sur le froid. Ensuite il se plaint de l'armée ; il accuse les hommes que la nature n'a pas trempés fortement ; s'il traite les Cosaques de misérable cavalerie, c'est pour dénoncer le peu de sang-froid et de discipline de l'infanterie française : « Une simple compagnie de voltigeurs, ajoute-t-il, aurait suffi pour arrêter ces Cosaques. » Elle ne s'était donc pas

---

[1] Voici quelques extraits du vingt-neuvième bulletin si remarquable :

« Le froid, qui avait commencé le 7, s'accrut subitement, et du 14 au 15 et au 16, le thermomètre marqua seize et dix-huit degrés au-dessous de glace ; les chemins furent couverts de verglas ; les chevaux de cavalerie, d'artillerie, de train, périssaient toutes les nuits, non pas par centaines, mais par milliers, surtout les chevaux de France et d'Allemagne.

« Cette armée si belle le 6 était bien différente dès le 14, presque sans cavalerie, sans artillerie, sans transports. L'ennemi,

trouvée, cette compagnie fière et forte? Amère accusation contre l'armée que cette phrase du vingt-neuvième bulletin! elle s'était laissé entamer par une misérable cavalerie! Voyez combien Napoléon exalte Ney et ses 2,000 braves de l'arrière-garde qui ont su se défendre contre l'ennemi; il exalte Oudinot, qui a su résister aux Russes; il exalte Victor pour sa belle défense d'arrière-garde. La bataille de la Bérésina est le dernier reflet de tant de gloire; aussi voit-on la joie de Napoléon revenir dans cette partie de son bulletin; il a retrouvé ses braves; ils ont fait des prisonniers, pris des canons. Le corps de Victor et d'Oudinot n'était plus la cohue de Moscou.

La fin du bulletin est encore une accusation contre le manque de discipline. Ecoutez l'Empereur : « L'armée a besoin de se refaire, de se réorganiser; le repos est sa première nécessité. Les Cosaques ont pris beaucoup d'hommes isolés; pourquoi préféraient-ils marcher ainsi isolés que dans leur corps? » L'Empereur, content de sa garde, avait continuellement marché au milieu d'elle; il ne dit pas un mot de l'armée de ligne, et finit son bulletin par signaler le rare dévouement de quelques hommes à sa personne. Quatre compagnies d'officiers s'étaient groupées autour de lui comme des gardes-du-corps; les généraux faisaient les fonctions de capitaine, les colonels celles de sous-officiers; Grouchy commandait ce bataillon sous Murat, et Napoléon l'appelait

qui voyait sur les chemins les traces de cette affreuse calamité qui frappait l'armée française, chercha à en profiter. Il enveloppait toutes les colonnes par ses Cosaques, qui enlevaient, comme les Arabes dans les déserts, les trains et les voitures qui s'écartaient.

« L'Empereur a toujours marché au milieu de sa garde, la cavalerie commandée par le maréchal duc d'Istrie, et l'infanterie par le duc de Dantzick. Sa Majesté a été satisfaite du bon esprit que sa garde a montré; elle a toujours été prête à se porter partout où les circonstances l'auraient

sacré, car il ne perdait pas de vue la majesté de l'Empereur.

Napoléon, en effet, avait souvent couru des dangers non seulement par les surprises des Cosaques, mais par les ressentiments personnels; plus d'un œil fauve de soldat se porta sur celui qu'ils considéraient comme l'auteur de tant de maux; il y eut des complots d'officiers qui allèrent bien avant; la garde et l'escadron sacré veillèrent sur l'Empereur. On l'a beaucoup accusé d'une phrase bien froide sur le bon état de sa santé; ces paroles étaient d'une grande portée politique après la conspiration Malet; elles disaient aux mécontents, aux fonctionnaires : « Prenez garde, Napoléon vit et vous surveille. » Le vingt-neuvième bulletin est comme un testament historique et solennel; il jette à la postérité ces paroles : « A Moscou ce n'est pas l'Empereur qui déserte l'armée, mais l'armée qui a déserté l'Empereur, la discipline et le drapeau! »

exigé; mais les circonstances ont toujours été telle que sa simple présence a suffi, et qu'elle n'a pas été dans le cas de donner.

« Notre cavalerie était tellement démontée, que l'on a pu réunir les officiers auxquels il restait un cheval pour en former quatre compagnies de 150 hommes chacune. Les généraux y faisaient les fonctions de capitaine, et les colonels celles de sous-officier. Cet escadron sacré, commandé par le général Grouchy, et sous les ordres du roi de Naples, ne perdait pas de vue l'Empereur dans tous les mouvements.

« La santé de Sa Majesté n'a jamais été meilleure. »

## CHAPITRE XIV.

#### DÉPART DE L'EMPEREUR,

##### ACTES DE SON GOUVERNEMENT A PARIS.

Motifs qui déterminent l'Empereur à quitter l'armée. — Communication à ses généraux. — Il choisit Murat. — M. Maret à Wilna. — Le corps diplomatique. — Arrivée de Napoléon. — M. de Pradt à Varsovie. — La conversation avec l'Empereur. — Trajet rapide vers Paris. — Entrevue à Dresde avec le roi de Saxe. — Impression produite par le 29e bulletin. — Napoléon aux Tuileries. — Effroi de Marie-Louise. — Les ministres mandés. — Conversation avec Cambacérès. — Clarke. — Savary. — Idée monarchique. — Adresses du Sénat et du conseil d'État. — Réponses de Napoléon. — Jugement et destitution de M. Frochot. — Premier projet d'une régence. — Rappel de Fouché à Paris. — M. de Talleyrand. — Conseil pour la paix ou la guerre. — Les gardes-du-corps. — Tendance du gouvernement. — Affaire pontificale. — Visite de Napoléon au Pape. — Caractère de leur conversation. — Concordat de 1813.

#### Décembre 1812. — Janvier 1813.

Durant la fatale et sanglante retraite de Moscou à la Bérésina, Napoléon s'était conduit avec une grande fermeté de caractère; au milieu des reproches irrités et des paroles amères de cette multitude désorganisée, il lui avait fallu du calme, et il n'en avait pas manqué; ce qu'on appelait insensibilité n'était à vrai dire que la résolution tout énergique d'un chef militaire qui doit présider au salut de tous, lorsque le découragement et la désorganisation s'étaient montrés partout. A la Bérésina, la tâche de l'Empereur finissait; le résultat essentiel de la retraite était de s'ouvrir un passage à travers les deux armées du Danube et de Finlande, et d'échapper en même temps à la poursuite de Kutusoff. Cette stratégie avait réussi : après des travaux inouïs et des succès glorieux, la Bérésina était passée, et les pertes éprouvées par l'armée dans ce funeste passage s'étaient plutôt étendues à la masse des fuyards qu'aux troupes régulières qui tenaient encore leurs rangs avec discipline et fermeté.

Au-delà de la Bérésina la retraite devait prendre un caractère plus fixe et plus régulier; l'armée s'avançait sur ses renforts, et à mesure qu'elle faisait une marche militaire, elle trouvait des places largement approvisionnées, des garnisons ou des régiments qui se portaient à la grande armée; avec un peu d'habileté et de courage, un esprit d'organisation pouvait régulariser le mouvement rétrograde, reformer l'armée, et en se posant à la face des Russes, on aurait empêché l'étrange terreur qui précipitait l'armée depuis la Moskowa jusqu'à l'Elbe. La présence de l'Empereur n'était plus essentielle sous la tente, le difficile était accompli; on avait sauvé ce qui restait de l'armée; hélas! pouvait-on même appeler armée ces 8,000 hommes qui se pressaient autour de leurs drapeaux? Qu'était-il besoin d'un Empereur, lorsque les soldats réunis formaient à peine une division?

D'autres motifs entraînaient le chef suprême à cette résolution de laisser l'armée pour remplir des devoirs plus essentiels; des préoccupations graves agitaient son esprit, la conspiration Malet revenait sans cesse à son imagination : « Quoi! lorsqu'il commandait une armée formidable sous les murs de Moscou, un général audacieux avait pu menacer son gouvernement! Quoi! la simple nouvelle de sa mort avait suffi pour compromettre l'existence d'un édifice qu'il avait si péniblement élevé! Qu'allait-il arriver aujourd'hui après tant de malheurs? n'était-il pas à craindre que quelque nouveau mécontent essayât, après le vingt-neuvième bulletin, ce que Malet avait tenté lorsque la campagne de Moscou était heureuse encore? Paris était le centre de toute organisation; il fallait reformer l'armée, empêcher les soulèvements en Hollande, en Italie, sur le Rhin, partout où les ennemis pouvaient jeter des forces. La place de Napoléon n'était plus dans les camps, mais aux Tuileries, parce que lui seul était la vie et la force de son gouvernement. Chef d'un grand empire, il devait se placer au centre.

Après le passage de la Bérésina cette résolution fut irrévocablement prise, l'Empereur la tint secrète d'abord; à Smorgoni l'armée s'était arrêtée, parce qu'elle pouvait y trouver quelques vivres et un peu de repos [1]. Napoléon profita de cette circonstance pour délibérer sur les moyens de laisser une bonne organisation à cette armée que les circonstances le forçaient d'abandonner. Dès son campement à Bénitza, il songe au choix qu'il doit faire pour le remplacer en son absence; quel sera le chef suprême qui mènera les débris de l'armée

---

[1] Voici les actes qui se rattachent au départ de l'Empereur :

*Napoléon au major-général.*

Benitza, le 5 décembre 1812.

« Mon cousin, deux ou trois jours après mon départ, on mettra le décret ci-joint à l'ordre de l'armée (ce décret nommait Murat commandant en chef); on fera courir le bruit que je me suis porté sur Varsovie, pour rallier le corps autrichien et le 7ᵉ corps. Cinq à six jours après, suivant les circonstances, le roi de Naples fera un ordre du jour, pour faire connaître à l'armée qu'ayant dû me porter à Paris, je lui ai confié le commandement; qu'il espère qu'officiers généraux et soldats lui accorderont la confiance qu'il mérite par son dévouement et ses services, etc., etc., qu'il

après son départ? il est mécontent de Murat, le général qui, avec sa bravoure, a fait le plus de fautes dans la campagne; comment se fait-il que l'Empereur le préfère à tous? Murat a le courage le moins propre à la retraite; il n'a pas cette fermeté froide, indispensable quand il faut diriger un mouvement rétrograde; et cependant il le choisit; n'avait-il pas autour de lui des capacités plus spéciales? il n'est pas un seul général qui n'ait plus mérité que Murat un rôle si important, Eugène de Beauharnais, Ney si admirable, Victor, Oudinot, tous ont montré tant de caractère et d'énergie que l'Empereur pouvait leur laisser ce commandement.

Et pourquoi choisit-il Murat? Napoléon est encore ici aveuglé par l'idée de monarchie; Murat est roi, il a donc le pas sur le vice-roi, sur de simples maréchaux. Ainsi un roi improvisé, Jérôme, a fait manquer la campagne dès son début par un oubli de discipline; un roi théâtral changera la retraite en une fuite misérable. Napoléon persiste; à Bénitza il dicte un ordre adressé à Berthier sur la résolution qu'il va prendre; on cachera le départ de l'Empereur pendant deux ou trois jours, puis on répandra le bruit qu'il s'est porté sur Varsovie pour rallier le corps autrichien; ce ne sera que huit jours après qu'on fera connaître par un ordre spécial le choix qu'il a fait de Murat pour con-

s'empressera de faire connaître à l'Empereur, à son retour, les officiers qui dans cette circonstance l'auront le mieux secondé. »  *Signé*, Napoléon.

*Napoléon au major-général.*
Bénitza, le 5 décembre 1812.
« Mon cousin, je vous envoie ci-joint une instruction pour la réorganisation générale de l'armée; le roi de Naples y apportera les modifications que les circonstances exigeront. Je pense cependant qu'il est nécessaire d'organiser aussitôt les Lithuaniens à Kowno, le cinquième corps à Varsovie, les Bavarois à Grodno, le huitième corps et les Wurtembergeois à Olita, les petits dépôts à Merecz et Olota, et la cavalerie à pied sur Varsovie et Kœnigsberg, ainsi que les soldats du train et les équipages mili-

duire et diriger l'armée. Napoléon formule ses intentions définitives : Murat doit s'occuper surtout de réorganiser l'armée ; chaque corps a sa position centrale pour se reformer ; son but est la conservation de Wilna, centre choisi pour rétablir les corps affaiblis. Si l'on ne peut tenir la ligne du Niémen, on gardera une tête de pont en s'appuyant sur les forteresses prussiennes ; avant tout il faut réorganiser l'armée, tâche devenue plus facile à mesure qu'on se rapproche de l'Allemagne et des bords de la Vistule ; fermeté et célérité sont les doubles conditions pour rétablir le moral de cette armée si fortement éprouvée par les privations et le manque de discipline.

Le 5 décembre à huit heures du matin, le jour commençait à peine, lorsque Napoléon partit pour Smorgoni, où devait se réunir le dernier conseil des maréchaux à qui le sort de l'armée allait être confié, Murat, Eugène, Ney, Davoust, Berthier, Lefebvre, Bessières et Mortier ; là, l'Empereur leur fit connaître sa résolution de quitter l'armée : « il allait directement à Paris ; qu'avait-il à faire désormais sous la tente ? ses devoirs étaient en d'autres lieux. » Tous les maréchaux étaient dévoués à sa personne ; il y eut bien quelques mots durs, aigres, sur les souvenirs de l'Égypte, et Napoléon leur présenta comme réponse la correspondance du

---

taires qui n'ont pas de chevaux. Il faut faire partir après-demain toutes les remontes de cavalerie de Wilna sur Kœnigsberg ; il faut faire partir après-demain les agents diplomatiques pour Varsovie ; il faut également faire partir pour Varsovie et Kœnigsberg tous les généraux et officiers blessés, en leur faisant comprendre la nécessité de débarrasser Wilna, et d'y avoir des logements pour la partie active de l'armée. On assure que le trésor de Wilna est considérable ; donnez ordre d'en envoyer à Varsovie et à Kœnigsberg, où cela est nécessaire, ce qui débarrassera d'autant Wilna. Enfin, tous les ordres qui tendent à débarrasser Wilna doivent être donnés demain, puisque cela est utile pour plusieurs raisons.

« Sur ce, etc. »

Napoléon.

ministre de la guerre Clarke; il n'eut pas de peine à leur démontrer : « qu'il était en France le seul représentant de l'armée, de ses dignités et de ses priviléges, et que si son pouvoir tombait sous les efforts des factions, le prestige de leurs titres s'écroulerait avec lui; leurs fortunes se liaient à la sienne, il ne fallait pas l'oublier dans le grand drame dont tous étaient également acteurs.

La majorité des maréchaux l'approuva; puis les embrassant tous, il leur recommanda l'armée. « Il reviendrait bientôt les joindre avec des masses considérables, les cohortes, les conscrits de 1813, et tout serait prêt pour une nouvelle campagne sur la Vistule. » Il dîna sobrement, fit appeler Caulaincourt, Duroc, l'aide-de-camp général Mouton, qu'il désigna pour l'accompagner; Caulaincourt devait tenir la gauche dans sa voiture, Duroc et Mouton monteraient dans un traineau; puis le Mameluck Roustan, le fils de l'Égypte et de son soleil brûlant, devait se placer sur le siége de la voiture, sous une température de dix-huit degrés au-dessous de zéro; avec lui était un capitaine polonais de la garde destiné à servir d'interprète. Dans le passeport délivré par Berthier, Napoléon prit le nom de M. de Rayneval, secrétaire de légation, voyageant avec M. de Caulaincourt; une petite escorte de cavalerie na-

---

*Instruction.*
Smorgoni, le 5 décembre 1812.
« Rallier l'armée à Wilna, tenir cette ville et prendre ses quartiers d'hiver; les Autrichiens sur le Niémen couvrant Brezesc, Grodno, Varsovie; l'armée sur Wilna et Kowno. En cas que l'armée ennemie marche, et qu'on ne croie pas pouvoir tenir en-deçà du Niémen, la droite couvrant Varsovie, et s'il se peut Grodno; le reste de l'armée en ligne derrière le Niémen, gardant comme tête de pont Kowno. Faire faire de grands approvisionnements de farine à Kœnigsberg, Dantzick, Varsovie, Thorn, faire tout évacuer de Wilna et de Kowno, afin d'être libre de ses mouvements: les évacuations auront lieu sur Dantzick pour ce qui est le plus précieux.»
Napoléon.

politaine marchait en l'entourant pour le défendre contre les partis ennemis.

Wilna fut la première ville que ce petit cortége dut traverser : naguère il l'avait saluée en triomphateur, à la tête de deux cent mille hommes. A Wilna, M. Maret, ministre des relations extérieures, tenait sa cour plénière depuis l'ouverture de la campagne ; très dévoué à l'Empereur, M. Maret était tout à fait incapable de jouer à Wilna le rôle si habile, si puissant, que M. de Talleyrand avait tenu à Vienne en 1805, au temps d'Austerlitz ; il fut la cause de la mauvaise tournure diplomatique de cette campagne. Tous les ministres des puissances alliées à la France étaient à Wilna, et suivaient M. Maret, qui avait la mission de diriger leur conduite et de présider à leur résolution ; avec un amour-propre indicible, M. Maret s'imaginait tromper les représentants des cabinets sur la situation de la campagne, comme si les puissances ne recevaient pas des bulletins d'agents secrets [1] sur tous les points de l'Europe. Les ambassadeurs lui laissaient croire qu'on le considérait à Vienne, à Berlin, comme un oracle ; ils l'idolâtraient avec lui comme des jeunes gens : à Wilna on jouait la comédie ; tel ministre faisait Crispin, l'autre

---

[1] Un ministre prussien écrivait de Wilna à Berlin :

« Les fuyards qui nous arrivent à chaque moment présentent un spectacle affligeant, quoique leur misère ne soit qu'un juste châtiment de leurs crimes. Les généraux nous arrivent ici, déguisés en paysans, en juifs. Les grands dignitaires arrivent en traîneaux, à moitié morts de faim et de froid. Le prince Adam de Wurtemberg est arrivé, à la lettre, en haillons ; il avait une chemise qu'il portait depuis cinq semaines, et pendant tout ce temps il n'a pas une seule fois couché dans un lit ; il a couché à la belle étoile tout le temps qu'il a été avec l'armée, et il a vécu pendant trois semaines de chair de cheval. Un personnage qui a fait hier une visite à M. M***, lui a dit qu'il avait été aussi à la chair de cheval pour toute nourriture, et qu'il a vu les blessés, mourant de faim, ronger les morceaux de chair qui tombaient des blessures de leurs camarades. Les soldats ne se donnaient pas la peine de tuer les chevaux, ils les saignaient d'abord à coups de baïonnette ou de sabre et suçaient le sang pour étancher leur soif, et coupaient des tranches de chair qu'ils mangeaient crues. Je crois que ces détails suffiront pour vous donner une idée de l'état dans lequel est *la grande armée !* »

Mondor, à la joie de tous. M. Maret était fort laborieux, mais de cette activité brouillonne, qui fait beaucoup et produit peu; il correspondait avec tout le monde, donnait des ordres, des contre-ordres, des nouvelles, des bulletins arrangés; et comme dans les événements de la guerre il est difficile de tromper lorsque les résultats sont à vos portes, M. Maret se remuait très stérilement; il devint même nuisible : ainsi, à Wilna, il était l'intermédiaire par lequel Napoléon pouvait correspondre avec Schwartzenberg et Macdonald, les deux corps d'armée qui auraient pu appuyer la retraite; or, M. Maret envoyait des bulletins brillants, à Macdonald sur les succès de l'Empereur, même à la Bérésina; il écrivait à Schwartzenberg la même chose, comme si le général autrichien ne recevait pas des nouvelles de sa cour et des communications secrètes de Pétersbourg et de Moscou. Le danger de cette sécurité trompeuse et béate, c'est que lorsque la vérité était connue, souvent le malheur devenait irréparable.

Aussitôt que M. Maret eut appris que l'Empereur était sur la route de Wilna, il alla au-devant de lui, prit place dans sa voiture, et tous deux eurent une longue conversation sur l'état des affaires : « avait-on des magasins à Wilna[1]? quelles ressources allait-on trouver? que ferait le corps diplomatique? » L'Empereur parla avec beaucoup de chaleur à M. Maret, s'élevant surtout contre l'administration de l'armée : elle avait affamé le soldat; rien n'avait été prévu; on n'avait ni pain ni

---

[1] « Quant à l'armée, dit Napoléon à Maret, il n'y en a plus; on ne peut appeler armée une troupe de débandés, errant çà et là pour chercher leur subsistance et des abris. On en ferait encore une armée si, sur un point rapproché quelconque, on pouvait donner du pain à des affamés, des souliers et des vêtements à des hommes qui ne peuvent continuer de marcher sur la glace avec de mauvaises chaussures, et qui sont en proie à un froid de plus de vingt degrés; mon administration militaire n'a rien prévu, et mes ordres n'ont point été exécutés. »

souliers; les ordres n'avaient donc pas été exécutés? M. Maret répondit avec sa sécurité habituelle « que la faute n'était pas en lui »; il montra l'état des subsistances réunies à Wilna; il y en avait, disait-il, pour l'armée entière, et préparées avec les soins d'un véritable commissaire des guerres. « Ah! dit Napoléon, vous me rendez la vie! Vous êtes donc sûr que l'armée pourra se réparer à Wilna? » M. Maret, toujours dans les mêmes illusions, justifiées par les états écrits, répondit « qu'il en était certain; ainsi on pourrait défendre la ligne de la Vistule; il y aurait de quoi reconstituer les huit corps d'armée, comme avant les désastres de la campagne. » — « C'est bien, ajouta Napoléon, restez ici pour instruire Berthier de ce que vous me dites[1]. Quant à moi, je pars, ma présence est utile à Paris. » M. Maret se garde de toute observation sur les périls de ce voyage; la parole de l'Empereur était pour lui un oracle; il dit à peine quelques mots de la conspiration Malet. M. Maret croyait à la fortune de Napoléon comme à son propre destin. « Je vais à Paris rapidement, ajouta Napoléon; je vais y paraître comme un coup de foudre. Avez-vous des nouvelles de M. de Pradt à Varsovie? Qu'y fait l'abbé? A-t-il des hommes, des munitions? » Et M. Maret s'étendit beaucoup sur le peu de zèle de l'archevêque de Malines « qui n'avait pas été à la hauteur de l'énergie et du dévouement que la personne sacrée de l'Empereur imposait à tous ses sujets. »

Ces insinuations de M. Maret avaient-elles de la vérité? L'abbé de Pradt s'était-il montré au-dessous de ses

---

[1] Il adressa ces mots à M. Maret : « Je compte que vous réussirez à persuader à Murat qu'il peut faire prendre ici une face nouvelle à la retraite; dites-lui que le salut de l'armée est là; dites-lui que je compte sur lui. »

fonctions à Varsovie? Il faut se rappeler d'abord la nature même de la mission confiée à l'archevêque de Malines; lorsque Napoléon désigna l'abbé de Pradt pour le représenter à Varsovie, celui-ci crut qu'il s'agissait sérieusement d'une réorganisation politique de la Pologne; un prélat pouvait utilement la seconder, car son caractère sacré répondait à l'esprit catholique des Polonais. Ainsi M. de Pradt avait compris sa mission; ainsi il l'avait expliquée aux trois jeunes secrétaires que Napoléon avait placés auprès de lui : le premier, M. de Broglie, auditeur sérieux et à fortes études; les autres, MM. de Panat et de Brevannes, d'une éducation brillante et fort avancée. L'Empereur n'avait nullement ce dessein: quand la campagne fut engagée au-delà de Wilna, il demanda surtout à la Pologne des sacrifices : « Armez! armez! » furent ses seules paroles : des vivres, des soldats, des chevaux, voilà le sens de toutes ses dépêches. Or, M. de Pradt n'était pas l'homme qu'il fallait pour de telles fonctions; elles pouvaient convenir à un commissaire des guerres; un archevêque ne devait rien entendre à lever des régiments ou à organiser des magasins en farines et biscuits, fonctions en toutes hypothèses singulières pour un ambassadeur. Aussi, M. de Pradt, dénoncé par la correspondance journalière de M. Maret, dut être frappé de disgrâce; la rapidité de la retraite avait seule empêché le coup. M. de Pradt, à Varsovie, n'avait pas tenu la même conduite que M. Maret à Wilna; il n'avait pas le style antithétique et louangeur de M. Bignon; il laissait respirer les autorités polonaises, les ministres, la diète; et tout cela ne convenait pas à Napoléon.

Il y avait quinze jours qu'on n'avait reçu de nouvelles à Varsovie, lorsqu'arriva en toute hâte une dépêche de

M. Maret; les expressions en étaient rassurantes : à l'entendre il n'y avait pas un seul désastre depuis Moscou jusqu'à la Bérésina, « l'Empereur, partout victorieux, battait les Russes; néanmoins on avait besoin de reconstituer l'armée, de lui faire prendre des quartiers d'hiver. » M. Maret recommandait à M. de Pradt un renouvellement de zèle, en répétant sa phrase poétique : « Il faut mettre la Pologne à cheval. »

Au milieu de cette sécurité, tout à coup M. de Pradt subit un terrible réveil. Le 10 décembre, il reçut une nouvelle dépêche de M. Maret pour lui annoncer l'arrivée du corps diplomatique à Varsovie; l'ambassadeur travaillait dans une nuit d'hiver en Pologne, lorsque les portes de son appartement s'ouvrent et donnent passage à un homme grand et sec qui marchait appuyé sur un de ses secrétaires. « Un tafetas noir enveloppait la tête du fantôme; son visage était comme perdu dans l'épaisseur de la fourrure où il était enfoncé; sa démarche était appesantie par un double rempart de bottes fourrées. C'était une espèce de revenant. Je me lève, dit M. de Pradt, je l'aborde, et saisissant quelques traits de son profil, je le reconnais et m'écrie : « Ah! c'est vous, Caulaincourt! où est l'Empereur? » — « A l'hôtel d'Angleterre. Allons, marchons, l'Empereur vous attend. » Je me précipite dans la cour, dans la rue; j'arrive à l'hôtel d'Angleterre. Il était une heure et demie... Je trouve dans la cour une petite caisse de voiture sur un traîneau fait de quatre morceaux de bois de sapin, il était à moitié fracassé.... La porte d'une salle basse s'ouvre mystérieusement. Rustan me reconnaît et m'introduit. L'Empereur, comme à l'ordinaire, se promenait dans la chambre; je le trouvai enveloppé d'une superbe pelisse couverte d'une étoffe verte, avec de magnifiques brandebourgs en or. Sa tête était recouverte d'une espèce de capuchon fourré, et ses bottes de cuir étaient enveloppées de fourrures... »

Ainsi fut le premier aspect de ce grand Empereur, qui naguère avait traversé Varsovie à la tête des rois. Napoléon montra un visage riant; sa première parole à M. de Pradt fut celle-ci : « Ah! vous voilà, monsieur l'ambassadeur! » M. de Pradt, restant comme atterré, s'écria par une exclamation involontaire : « Vous m'avez donné bien de l'inquiétude, vous vous portez bien? Enfin vous voilà, je suis bien aise de vous voir. » Napoléon ne répondit pas d'abord, et tandis qu'on l'aidait à défaire sa pelisse, il commença ses questions : « Que se passe-t-il ici? que faites-vous, l'abbé, avec les Polonais? » M. de Pradt lui traça le tableau de la situation déplorable du duché de Varsovie depuis l'occupation française; c'était déplaire à l'Empereur, qui n'aimait pas les tableaux rembrunis; et toujours avec son ton de légèreté, Napoléon multiplia ses questions pressées : « Qui donc a ruiné la Pologne? où sont les Russes et les Autrichiens? où est Reynier? L'abbé, il faut lever 10,000 Cosaques dans ce pays et les armer d'une lance et d'un cheval. » La conversation se continuait sans importance, jusqu'à ce qu'on annonçât le comte Stanislas Potocki, le chef du gouvernement, et avec lui le ministre des finances du royaume de Pologne. Dès que Napoléon les aperçut, il prit un air gracieux et tranquille : « Eh bien! comment vous portez-vous, monsieur Stanislas? Et vous, monsieur le ministre des finances? » Ceux-ci répondirent que leur santé était moins précieuse que celle de leur auguste protecteur, sans doute fortement ébranlée par les dangers qu'il avait courus pendant une pénible et longue campagne.

« Des dangers ! pas le moindre. Je vis dans l'agitation, plus je tracasse, mieux je vaux. Il n'y a que les rois fainéants qui engraissent dans leurs palais : moi, c'est à cheval et dans les camps. Du sublime au ridicule il n'y a qu'un pas. Je vous trouve bien alarmés ici. » — « C'est que nous ne savons que ce qu'apportent les bruits publics. » — «Bah! l'armée est superbe, j'ai 120,000 hommes; j'ai toujours battu les Russes[1]; ils n'osent tenir devant nous. Ce ne sont plus les soldats de Friedland et d'Eylau. On tiendra devant Wilna; je vais chercher 300,000 hommes. Le succès rendra les Russes audacieux; je leur livrerai deux ou trois batailles sur l'Oder, et dans six mois je serai encore sur le Niémen. Je pèse plus sur mon trône qu'à la tête de mon armée; sûrement, je la quitte à regret, mais il faut surveiller l'Autriche et la Prusse. Tout ce qui arrive n'est rien : c'est un malheur, c'est l'effet du climat; l'ennemi n'y est pour rien, je l'ai battu partout. On voulait me couper à la Bérésina; je me moquai de cet imbécile d'amiral; j'avais de bonnes troupes et du canon, la position était superbe : mille cinq cents toises de marais. J'en ai vu bien d'autres : à Marengo, j'étais battu jusqu'à six heures du soir; le lendemain j'étais maître de l'Italie. A Essling, j'étais le maître de l'Autriche. Cet archiduc avait cru m'arrêter; il a publié je ne sais quoi; mon armée avait déjà fait une lieue et demie en avant; je ne lui avais pas fait l'honneur de faire des dispositions, et on sait ce que c'est quand je suis là. Je ne puis pas empêcher que le Danube grossisse de seize pieds dans une nuit. Ah! sans cela la monarchie autrichienne était finie, mais il était écrit au ciel que je devais épouser une ar-

---

[1] C'était là sa parole habituelle; il ne voulait pas être vaincu.

chiduchesse. De même, en Russie, je ne puis pas empêcher qu'il gèle[1]. On vient me dire tous les matins que j'ai perdu dix mille chevaux dans la nuit; eh bien! nos chevaux normands sont moins durs que les russes; ils ne résistent pas passé neuf degrés de glace; de même des hommes. Allez voir les Bavarois, il n'en reste pas un. Peut-être dira-t-on que je suis resté trop longtemps à Moscou. Cela peut être : mais il faisait beau; la saison a devancé l'époque ordinaire; j'y attendais la paix. Le 5 octobre, j'ai envoyé Lauriston pour en parler. J'ai pensé à aller à Saint-Pétersbourg, j'avais le temps; ou bien de marcher dans les provinces du midi de la Russie, et passer l'hiver à Smolensk. On tiendra à Wilna; j'y ai laissé le roi de Naples. Ah! ah! c'est une grande scène politique; qui ne hasarde rien n'a rien. Les Russes se sont montrés; l'empereur Alexandre est aimé. Ils ont des nuées de Cosaques. C'est quelque chose que cette nation! les paysans de la couronne aiment leur gouvernement. La noblesse est montée à cheval. On m'a proposé d'affranchir les esclaves; je n'en ai pas voulu, ils auraient tout massacré; c'eût été horrible. Je faisais une guerre réglée à l'empereur Alexandre; mais aussi qui aurait cru qu'on frappât jamais un coup comme celui de l'incendie de Moscou? Cela eût fait honneur à Rome. Beaucoup de Français m'ont suivi: ils me retrouveront. »

Que de désordre, que de divagation dans cette causerie saccadée! on voyait que l'Empereur voulait rassurer les Polonais, atténuer à leurs yeux les affreux désastres de son armée; il passait rapidement d'un sujet à un autre, d'une idée à une émotion, désirant produire un effet profond

---

[1] L'armée était réduite à 37,000 hommes avant qu'il ne gelât.

et durable, et surtout laisser l'idée extraordinaire de son tempérament et de sa volonté de fer. Immédiatement il s'occupa des affaires du duché de Varsovie; dans un travail rapide avec le comte Stanislas et le ministre des finances, il régla les affaires pressées de la Pologne, lui accorda quelques secours. Puis sans s'arrêter, et sur ce traîneau qui portait César et sa fortune, il s'élança sur la route d'Allemagne avec Caulaincourt qui ne le quittait pas plus que son ombre. Il voyageait toujours, lui, sous le nom de M. de Rayneval, secrétaire de la légation française en Russie [1]; le traîneau allait comme un trait lancé d'une main vigoureuse ; on craignait les complots, les embuscades; et d'ailleurs il fallait au plus vite toucher Paris, la grande cité.

La capitale du vaste Empire était à ce moment agitée par les fatales nouvelles de l'armée. La conspiration Malet, les exécutions qui l'avaient suivie, avaient inspiré un double sentiment au sein de la population inquiète ; l'entreprise hardie d'un seul homme, la facilité qu'il avait trouvée pour son exécution, en jetant une grande incertitude dans les esprits, avaient pleinement détruit la confiance sur la durée du vaste édifice élevé par l'Empereur; « tout cela ne tenait donc à rien et pouvait être renversé par un coup de fortune ! un général audacieux s'agitait, et tout était fini»; le peuple avait également vu dans la fusillade de Grenelle un retour sanglant vers les jours de la Convention et du Directoire ; treize personnes frappées dans la même journée! innocentes ou coupables, toutes étaient réunies dans un même holocauste ; la faiblesse avait fait ce sacrifice à la peur; on lavait dans

---

[1] M. de Rayneval, un des hommes les plus instruits de la grande école diplomatique, était petit, un peu gros, comme l'Empereur. Il est mort dans son ambassade à Madrid.

le sang la honte qu'avaient subie les autorités couvertes de dignités, de places d'or; ces gens-là avaient agi si impitoyablement parce qu'ils voulaient se sauver d'une destitution ; on craignait le courroux de l'Empereur, ses foudroyantes paroles dénonçant la pusillanimité des magistrats; et c'était pour constater leur énergie que Cambacérès, Savary et Clarke surtout avaient commandé sans pitié l'affreuse boucherie de Grenelle.

Dans cette agitation sourde et menaçante des esprits, ce qui jetait mille craintes sombres et terribles dans l'âme des fonctionnaires, c'était la rareté des bulletins et l'insignifiance de tous ceux qui arrivaient de la grande armée[1]. Depuis l'origine de la campagne, voici dans quel ordre les bulletins avaient été reçus : le 19e avait annoncé la prise de Moscou; les trois suivants donnaient le tableau de l'incendie, le panorama de la grande ville en proie aux flammes, enluminé par M. Daru. Par le 23e bulletin on dit un mot de l'évacuation de Moscou ; dès ce moment les nouvelles commencent à être pleines d'incertitudes : on fait des conjectures, on ne raconte plus les faits, on en raisonne : « quelques-uns disent qu'on gardera le Kremlin, d'autres qu'on le fera sauter; » on discute sur la fertilité des provinces russes, sur les beautés de Tula et de Kalouga. Ce n'est plus la manière large, nette, énergique des bulletins d'Al-

---

[1] Les journaux anglais se moquaient de l'insignifiance des bulletins français, ils les résument ainsi pour se railler des Parisiens :

« Bonaparte se porte bien; l'armée est dans le meilleur état, et continue sa marche tranquillement; à la vérité les chevaux de la cavalerie et de l'artillerie ont souffert, mais ils se rétabliront bientôt quand ils auront du fourrage en abondance ; Murat et Beauharnais se portent aussi bien que Bonaparte; l'amiral Tschichakoff a été attaqué et battu le 28 novembre (ils ne disent pas où), et le même jour, le corps de Wittgenstein a essayé de faire une diversion, mais il a été tenu en échec par le corps d'Oudinot ; le froid n'est pas plus considérable, mais plus agréable (parce qu'il est plus sec) en Pologne qu'en Hollande ; enfin on rappelle aux Parisiens que J.-J. Rousseau a le premier remarqué que les Français s'accommode à merveille de tous les climats. »

lemagne, dictés par l'Empereur; point d'opérations militaires; on affirme seulement qu'on doit se rapprocher de Pétersbourg et de Wilna. Napoléon reprend sa manière plus hardie dans le récit du combat de Malo-Jaroslawetz; ensuite vient encore la beauté des chemins, la chaleur du soleil; on résume ce bulletin en disant: « Il n'y a plus d'infanterie russe, toutes leurs forces consistent en Cosaques ». Combien cela était vrai ! quelle exactitude dans ce tracé des faits !

Quinze jours s'écoulent, et point de nouvelles; quel est le sort de l'armée? on l'ignore ! Quels sont les desseins de l'Empereur? tout est vague, indécis; puis on reçoit un bulletin daté de Smolensk, le premier de la retraite; le temps a été beau jusqu'au 6 novembre, l'hiver a commencé le 7; il est supportable, on avait perdu des chevaux, mais avec tout cela des victoires; les Russes sont partout culbutés, ils ne résistent pas à nos charges. Ce bulletin avait fait naître quelques alarmes; ce qui les accroît, c'est que plus de vingt jours se passent encore sans nouvelles; la police fait publier de fausses lettres, écrites de Wilna, des extraits des dépêches de M. Maret [1], et point de bulletins: alors s'accréditent les bruits les plus sinistres, le peuple se demande ce qu'est devenu son Empereur et l'armée? Cependant, tel était le prestige attaché à la fortune de Napoléon, qu'on ne pouvait croire à une de ces grandes catastrophes qui en finissent avec les conquérants: ne s'était-il pas trouvé dans des positions aussi délicates, aussi désespérées, à Marengo, à Prussich-Eylau, à Essling? Les ministres, les fonctionnaires, je dirai même la nation, avaient une telle confiance en lui

[1] Le *Moniteur* et les journaux remplissaient leurs colonnes du dictionnaire géographique sur le climat et les villes de la Russie; cela tenait lieu de bulletins.

qu'on ne désespérait jamais. On se faisait donc illusion; au premier jour viendraient les nouvelles d'une victoire gage et mobile de la paix! l'aigle était si habitué à dominer les orages!

Qu'on s'imagine donc le sentiment effrayant, la terreur indicible que dut éprouver Cambacérès lorsque recevant une dépêche du quartier-général, il la décachète et lit le vingt-neuvième bulletin écrit avec cette franchise qui ne déguise rien, parce que Napoléon a besoin de soulager son cœur vivement ému de la désorganisation de l'armée! il avoue la plus grande destruction d'hommes; il n'a plus rien, ni armes, ni matériel. L'esprit pusillanime de Cambacérès en fut atterré; il convoque sur-le-champ un conseil des ministres, à onze heures du soir; on y accourt en toute hâte, car on savait que l'archi-chancelier avait reçu un courrier de l'armée; est-ce une victoire? est-ce la paix? et Cambacérès, le visage effrayant de pâleur, lit d'une voix émue le vingt-neuvième bulletin. La terreur se répand et gagne les ministres; les caractères les plus fermes, les plus mâles, en sont vivement éprouvés : « Faut-il publier ce triste bulletin, faire savoir à la nation tant de pertes? ou bien doit-on les dissimuler d'abord afin de préparer l'opinion? » Les ordres du quartier général sont précis; Napoléon veut que le bulletin soit inséré dans le *Moniteur* avec une note étrange et laudative rédigée par les écrivains du ministère de la police. On fait un commentaire sur le bulletin, on le proclame digne, par son style mâle, des écrits de Xénophon et des Commentaires de César, « c'est un pièce historique du premier rang [1]. » Ainsi une belle armée a péri; 400,000

---

[1] On trouve ces étranges mots dans la note qui suit le 29e bulletin dans *le Moniteur* : « Ce bulletin doit ajouter à l'admiration qu'inspirent la fermeté stoïque et le puissan

hommes sont dispersés par la désorganisation et la mort, et l'on examine en académicien la pureté de la diction de ce beau morceau d'histoire! Cela dit toute la lâcheté d'une époque.

Le 17 au matin le *Moniteur* parut avec avec le bulletin daté de Malodeczno : quel réveil pour le peuple! quelle nouvelle jetée aux mères, aux femmes, à toute cette génération qui avait des intérêts, des affections abritées sous les drapeaux de l'Empereur! Ce fut comme un long gémissement de la patrie : quoi! 400,000 hommes étaient là-bas couchés sous les neiges, et pas un mot de pitié pour eux, pas un *De Profundis* de gloire! Ce froid et didactique bulletin faisait frissonner par l'égoïsme qui rattachait tout à un seul homme. Des plaintes s'élevèrent de toutes parts, on jeta des imprécations contre l'Empereur, la police même de la tyrannie fut impuissante pour empêcher les paroles atroces contre un homme qui avait sacrifié toute une armée dans un but insensé : « les plus glorieuses légions avaient trouvé la mort, comment les remplacer sur le champ de bataille? quels sacrifices fallait-il encore faire? on allait redemander le sang le plus pur, le plus noble! la Prusse et l'Autriche n'allaient-elles pas se lever contre Napoléon, et faudrait-il recommencer une guerre générale pour défendre un seul homme? Ainsi s'expliquait la belle énigme de Malet; combien n'avait-il pas raison en songeant à renverser le tyran! «La Bourse baissa de 7 francs dans une seule semaine, toutes les transactions furent spontanément arrêtées ; Paris fut en pleurs et en deuil; on se passait ce bulletin pour le commenter dans toutes

génie de S. M. Peu de pages dans l'histoire ancienne et moderne peuvent être comparées à ce mémorable bulletin, sous le rapport de la noblesse, de l'élévation et de l'intérêt; c'est une pièce historique du premier rang. Xénophon et César ont ainsi écrit, l'un la *Retraite des dix mille*, l'autre ses *Commentaires*. »

NAPOLÉON A PARIS (18 DÉCEMBRE 1812). 461

les expressions les plus sinistres. Cette inquiétude durait depuis deux jours ; elle était à son paroxisme, lorsque le 19 au matin une salve de cent un coups de canon annonça l'arrivée subite de Sa Majesté l'Empereur et Roi aux Tuileries.

Il avait traversé rapidement l'Allemagne ; s'arrêtant quelques heures à Dresde [1], il reçut en suzerain le roi Frédéric-Auguste dans le palais Marcolini, et rassura son esprit : « bientôt il reparaîtrait à la tête d'une armée plus forte, plus disciplinée, plus brillante ; le lion n'était pas mort. » Napoléon était là, dans ce palais Marcolini, où il avait reçu naguère l'empereur d'Autriche, le roi de Prusse ; il y avait traité les monarques avec hauteur, les diadèmes s'abaissaient, les rois faisaient antichambre ; aujourd'hui tout avait changé de face, la main de Dieu avait brisé son orgueil ; le chêne superbe était abattu par l'ouragan des neiges. Cette âme trempée de fer ne fit point paraître les déchirements de ses entrailles ; il dévora tout en présence de Frédéric-Auguste, si digne de ses épanchements et de sa confiance, prince allemand, candide et loyal. Pendant les quelques heures qu'il resta dans Dresde, il écrivit à l'empereur d'Autriche en termes affectueux ; il lui donnait le titre de « monsieur mon frère et très cher beau-père », le rassu-

---

[1] C'est là qu'il écrivit à Cambacérès par estafette ; il adressa également la lettre suivante à l'empereur d'Autriche :

Dresde, le 14 décembre 1812.

« Monsieur mon frère et très cher beau-père. Je m'arrête un moment à Dresde pour écrire à V. M., et lui donner de mes nouvelles. Malgré d'aussi grandes fatigues, ma santé n'a jamais été meilleure. Je suis parti le 5 de ce mois, après la bataille de la Bérésina, de Lithuanie, laissant la grande armée sous les ordres du roi de Naples, le prince de Neufchâtel continuant à faire les fonctions de major-général. Je serai dans quatre jours à Paris ; j'y resterai les mois d'hiver pour vaquer aux affaires les plus importantes. Peut-être V. M. jugera-t-elle utile d'y envoyer quelqu'un en l'absence de son ambassadeur dont la présence est utile aux armées.

« Les différents bulletins que le duc de Bassano n'aura pas manqué d'envoyer au

rant sur sa bonne santé qui avait résisté à tant et de si longues fatigues; la grande armée, il l'avait quittée à la Bérésina, la laissant sous le commandement de Murat; dans quatre jours il serait à Paris, où il espérait recevoir bientôt un ambassadeur autrichien pour s'entretenir des conditions de l'alliance; Napoléon demandait qu'on mobilisât un corps de 60,000 hommes, par une extension bienveillante aux articles du traité d'alliance; cette demande était dictée par la nécessité d'arrêter le mouvement russe se déployant avec tant d'énergie; aussi bien contre l'Autriche que contre la Prusse. »

De Dresde à Mayence, la course de Napoléon fut rapide : deux jours suffirent de l'Elbe au Rhin; il craignait quelque entreprise contre lui au milieu de cette Allemagne si justement indignée. Le plus grand incognito fut gardé, et malgré cela des émeutes de peuples grondent; on veut un moment l'enlever; la fortune de César le protége; il ne s'arrête ni à Metz ni à Troyes, et ses chevaux s'élancent sur Paris. Napoléon arrive au milieu des ténèbres d'une nuit de décembre; à onze heures il était à la grille des Tuileries; il dut se nommer pour se faire ouvrir l'enceinte du palais. L'Empereur monte l'escalier rapidement, s'avance à travers les vastes salles; le pas de ses bottes retentit lourdement sous les galeries; il

---

comte Otto auront instruit V. M. de la marche des affaires. Il serait important, dans ces circonstances, que V. M. rendît mobile un corps de Gallicie et de Transylvanie, en portant ainsi vos forces entières à 60,000 hommes. J'ai une pleine confiance dans les sentiments de V. M. L'alliance que nous avons contractée forme un système permanent dont nos peuples doivent retirer de si grands avantages, que je pense que V. M. fera tout ce qu'elle m'a promis à Dresde pour assurer le triomphe de la cause commune, et nous conduire promptement à une paix convenable.

« Elle peut être persuadée que, de mon côté, elle me trouvera toujours prêt à faire tout ce qui pourra lui être agréable, à la convaincre de l'importance que j'attache à nos relations actuelles, et lui donner des preuves de la plus parfaite estime avec laquelle je suis de V. M. le bon frère et beau-fils.»
Napoléon.

court vers le salon de Marie-Louise, qui venait de se mettre au lit, et pénètre sans préambule dans sa chambre à coucher. Les femmes s'effraient, appellent; Napoléon se découvre, et Marie-Louise[1], surprise comme elle le fut lors de l'entrevue cavalière de Compiègne, accueille son mari avec quelques démonstrations de tendresse et de joie. Napoléon, galant, empressé, ne s'occupe que d'elle; il ne pense plus à ses soldats, qui n'avaient pour oreiller que la neige; le lendemain, il ne se réveilla qu'à huit heures. Les ministres, mandés la veille, durent se trouver à son royal lever; les appartements du château étaient remplis d'une foule empressée, les uns curieux, les autres tremblants, car de grandes choses s'étaient passées et des comptes restaient à régler. C'était remplis d'effroi que ces hommes s'approchaient de celui qui se croyait en sa personne quelque chose d'inspiré et d'infini.

La nuit même du 18 au 19, le général Savary avait été prévenu le premier de l'arrivée de l'Empereur; lui plus qu'un autre était compromis, car nul ne pouvait oublier comment Malet l'avait traité. Le général Savary accourt sur-le-champ chez Cambacérès : « l'Empereur est à Paris ! que faire? comment s'entendre? » Tous les ministres se réunirent en conseil; tous croyaient porter la responsabilité de l'affaire Malet : comment répondre aux nom-

---

[1] Napoléon avait écrit plusieurs fois à l'Impératrice, mais sans lui annoncer son retour; il arriva sans être attendu Marie-Louise, triste et souffrante depuis quelque temps, venait de se mettre au lit. La femme de chambre, qui couchait dans la pièce voisine, se disposait à en faire autant, et à fermer toutes les portes, quand elle entendit plusieurs voix dans le salon qui précédait. Au même instant, la porte s'ouvre, et elle voit entrer deux hommes couverts de grands manteaux fourrés. Elle se précipite vers la porte qui conduit à la chambre de l'Impératrice pour en barrer l'entrée, quand un des deux ayant écarté son manteau, elle reconnut l'Empereur. Un cri qu'elle jeta avertit l'Impératrice qu'il se passait quelque chose d'extraordinaire dans la chambre voisine, et elle allait sauter hors de son lit, quand son mari la serra dans ses bras. L'entrevue fut tendre et affectueuse. » (Récit d'un témoin oculaire.)

breuses questions que leur adresserait l'Empereur sur la situation du pays? Tant de choses s'étaient passées depuis le départ pour Moscou! Quel visage prendraient-ils devant lui? Le caractère irritable de Napoléon devait s'être aigri encore par des secousses si répétées; le malheur rend méchant. Dans cette crise de la conspiration Malet, nul n'avait songé au roi de Rome comme à l'héritier de l'Empire; on avait oublié le sang de la race! Le ministre le plus spécialement compromis, Savary, n'avait ni prévu ni réprimé: il s'était laissé conduire et traîner à la Force, où il en avait fait conduire tant d'autres, et ces sortes de fautes, ces ridicules, coups mortels portés à l'autorité, l'Empereur les pardonnait rarement.

Il fallait pourtant se décider à paraître devant ce visage que tous étudiaient comme la source de la faveur et de la disgrâce. Dès neuf heures, les salons d'or et de soie des Tuileries s'emplirent d'une foule immense; Cambacérès le premier fut admis dans un entretien particulier. Chef du gouvernement, Napoléon lui demanda ce qu'on avait fait en son absence, quel était l'état des esprits, le sentiment des corps politiques; il paraissait préoccupé d'une idée, celle qu'en France « le malheur venait de ce qu'on manquait de toute foi monarchique: « il déclama contre la révolution et les hommes qui l'avaient conduite dans les voies sanglantes; et ce ne fut pas sans manquer de convenances, car il avait à la face Cambacérès; les principes révolutionnaires lui paraissaient la véritable plaie de l'époque; à plusieurs reprises Napoléon revint sur la nécessité d'organiser plus monarchiquement la France, et il répéta devant un homme qui avait voté la mort d'un roi, la vieille maxime des Bourbons: Le roi est mort, vive le roi! Quelle étrange allusion!

### NAPOLÉON AUX TUILERIES (19 DÉCEMBRE 1812).

Après Cambacérès, le tour fut à Clarke, le ministre de la guerre. Napoléon le pressa de questions vives, saccadées : « quel était Malet? Cet homme avait une tête énergique, une âme forte ; son projet était le plus surprenant de tous ceux qu'on avait vus depuis le Consulat ; on avait été trop vite ; on aurait pu rattacher Malet, et c'était pour le système impérial une conquête ; Guidal ne valait pas la peine qu'on s'occupât de lui ; mais Lahorie, l'ami de Moreau, évidemment le représentait dans la conspiration, et c'était là un fait grave : pourquoi faire si vite exécuter le colonel Soulier, brave soldat, et tous ses capitaines et lieutenants, qui pouvaient n'être pas complices ? On était allé trop loin et trop fort. » Clarke fit connaître les preuves de culpabilité : « au temps où l'on vivait, répondit-il, pour donner du nerf et du dévouement à l'armée, il fallait ne pas hésiter ; on devait prouver à tous avec la rapidité de la foudre que le gouvernement de Napoléon était héréditaire ; après S. M. on devait songer au roi de Rome, et pour cela un exemple avait paru nécessaire. »

Enfin Savary fut introduit ; on le fuyait comme frappé irrévocablement de disgrâce ; on se trompa : l'Empereur savait le dévouement de son ministre ; chez Savary il n'y avait pas de complicité possible ; son bras était aveugle, et l'Empereur avait une grande prédilection pour ces caractères. Tous deux causèrent longuement sur le sens de la conspiration ; il sut gré à Savary de ses opinions très rationnelles sur le but de la conjuration Malet. Quant à sa conduite personnelle, Savary eut quelque peine à lui faire comprendre que c'était là un de ces coups hardis qui se renfermaient souvent dans une seule tête ; on ne pouvait faire la police de tous les cerveaux humains ; Savary rejeta beaucoup de fautes sur la police de la place de Paris, trop indépendante de la sienne. De toutes ces causeries il résulta pour les ministres cette conviction, qu'ils se communiquèrent, à savoir : que Napoléon revenait avec des idées plus absolues, et que pour lui plaire il fallait le servir dans cette ligne de devoirs, et ne plus lui parler que la langue de M. de Fontanes; les souvenirs même de la Révolution étaient proscrits.

Le lendemain, grande réception du dimanche; le Sénat dut complimenter l'Empereur par la bouche de M. de Lacépède[1], son président, tâche assez difficile à remplir après l'éclat sanglant de la conspiration Malet. Sans doute le Sénat n'était ni compromis, ni complice dans cette hardie conspiration ; mais Malet avait pensé au Sénat comme à un instrument; les conjurés faisaient reposer sur cette autorité la base d'un changement dans les constitutions et la dynastie, le Sénat était donc coupable non pas de ce qu'il avait fait, mais de ce qu'on avait cru qu'il pouvait faire; il avait donc à se justifier. Aussi M. de Lacépède, en complimentant l'Empereur, se hâtait de dire « que son absence était une calamité publique; on avait vu par

---

[1] Voici ce que disait M. de Lacépède dans son langage monarchique :

« Le Sénat, premier conseil de l'Empereur, et dont l'autorité n'existe que lorsque le monarque la réclame et la met en mouvement, est établi pour la conservation de cette monarchie et de l'hérédité de votre trône dans notre quatrième dynastie.

« Dans les commencements de nos anciennes dynasties, sire, on vit plus d'une fois le monarque ordonner qu'un serment solennel liât d'avance les Français de tous les rangs à l'héritier du trône, et quelquefois, lorsque l'âge du jeune prince le permit, une couronne fut placée sur sa tête, comme le gage de son autorité future, et le symbole de la perpétuité du gouvernement.

« L'affection que toute la nation a pour le roi de Rome prouve, sire, et l'attachement des Français pour le sang de V. M., et le sentiment intérieur qui rassure chaque citoyen et qui lui montre dans cet auguste enfant la sûreté des siens, la sauvegarde de sa fortune, et un obstacle invincible à ces divisions intestines, ces agitations civiles et ces bouleversements politiques, les plus grands des fléaux qui puissent affliger les peuples. »

*Réponse de l'Empereur.*

« Sénateurs, ce que vous me dites m'est

expérience qu'il manquait un complément aux institutions » (c'était indiquer la nécessité de la régence et du couronnement du prince impérial); M. de Lacépède ajoutait que des insensés, des échappés de prison, avaient voulu troubler l'ordre public ; le Sénat, premier conseil de l'Empereur, n'avait d'autorité que lorsque le prince la mettait en jeu, et pour la conservation et l'hérédité de la quatrième dynastie ; au commencement de notre histoire un serment solennel liait le peuple à l'héritier du trône et le Sénat désirait que l'Empereur pût répondre à l'attachement de la France pour le roi de Rome, en liant la nation et le prince par un nouveau couronnement. » M. de Lacépède insista sur cette double phrase : « Le Sénat, premier conseil de l'Empereur, et qui n'avait d'autorité que lorsque le prince la mettait en jeu. » Et pourquoi cela ? c'est que si le Sénat n'était qu'un conseil, il ne pouvait détruire le souverain, et s'il ne pouvait agir sans l'Empereur jamais il ne pourrait agir contre lui, et le trône était ainsi garanti.

Napoléon dissimulant ses ressentiments et ses haines contre l'esprit intime du Sénat, répondit avec gravité : « qu'il avait à cœur la gloire et la puissance de la

fort agréable. J'ai à cœur la gloire et la puissance de la France ; mais mes premières pensées sont pour tout ce qui peut perpétuer la tranquillité intérieure, et mettre à jamais mes peuples à l'abri des déchirements des factions et des horreurs de l'anarchie. C'est sur la ruine de ces ennemis du bonheur des peuples que j'ai fondé, avec la volonté et l'amour des Français, ce trône auquel sont attachées désormais les destinées de la patrie.

« Des soldats timides et lâches perdent l'indépendance des nations ; mais des magistrats pusillanimes détruisent l'empire des lois, les droits du trône et l'ordre social lui-même.

« La plus belle mort serait celle d'un soldat qui périt au champ d'honneur, si la mort d'un magistrat périssant en défendant le souverain, le trône et les lois, n'était plus glorieuse encore.

« Lorsque j'ai entrepris la régénération de la France, j'ai demandé à la Providence un nombre d'années déterminé. On détruit dans un moment, mais on ne peut rééditier sans le secours du temps. Le plus grand besoin de l'état est celui de magistrats courageux.

« Nos pères avaient pour cri de ralliement : *Le roi est mort, vive le roi !* Ce peu de mots contient les principaux avantages de la monarchie. Je crois avoir bien étudié

France ; le trône était désormais lié aux destinées de la patrie. » Puis apostrophant les magistrats pusillanimes, il ajouta que si de lâches soldats perdaient l'indépendance des nations, les faibles magistrats compromettaient les droits du trône et de l'ordre social. » Napoléon les invitait donc à mourir pour défendre le souverain et les lois ; car des magistrats courageux étaient le premier besoin de l'ordre. Enfin il proclama en pleine face du Sénat la maxime héréditaire : « Le roi est mort, vive le roi » ! mots qui contenaient selon lui les avantages de la monarchie.

Cette réponse frappa au plus haut point les esprits ; elle étonna les vieux révolutionnaires ; sans le savoir, sans le vouloir, l'Empereur reconstruisait la dynastie des Bourbons et les bases sur lesquelles elle reposait tout entière. Il se montra encore plus monarchique avec le conseil d'État, parce qu'il le savait composé d'hommes qui appartenaient presque tous ou au xviii<sup>e</sup> siècle ou à l'époque révolutionnaire, et il voulait leur donner une leçon. Pour éviter l'orage, le conseil d'État avait exprimé dans son adresse les plus pures opinions[1] ; Malet y était appelé un homme en délire : « tout le monde devait rivaliser pour donner des gages à la monarchie et à l'hérédité ; si Dieu privait la France du grand monar-

---

l'esprit que mes peuples ont montré dans les différents siècles. J'ai réfléchi à ce qui a été fait aux différentes époques de notre histoire ; j'y penserai encore.

« La guerre que je soutiens contre la Russie est une guerre politique. Je l'ai faite sans animosité ; j'eusse voulu lui épargner les maux qu'elle-même s'est faits. J'aurais pu armer la plus grande partie de sa population contre elle-même en proclamant la liberté des esclaves ; un grand nombre de villages me l'ont demandé ; mais lorsque j'ai connu l'abrutissement de cette classe nombreuse du peuple russe, je me suis refusé à cette mesure, qui aurait voué à la mort et aux plus horribles supplices bien des familles. Mon armée a essuyé des pertes, mais c'est par la rigueur prématurée de la saison.

« J'agrée les sentiments que vous m'exprimez. »

[1] *Discours du conseil d'État*, prononcé par M. *Defermont*.

« Sire, le premier besoin qu'éprouvent, avec tous vos fidèles sujets, les membres de votre conseil d'État, est d'apporter au pied du trône de V. M. les félicitations sur son heureux retour.

que, on se réunirait autour d'un berceau pour prêter les serments de fidélité à cet enfant, le symbole de tous les droits et de toutes les espérances. »

A ces paroles l'Empereur répondit sévèrement, comme devant le Sénat abaissé ; il déclama contre l'idéologie et la métaphysique. Napoléon savait bien ce qu'il faisait ; flétrissant toute pensée généreuse et libérale, il les dénonçait comme la cause première des malheurs publics qu'avait éprouvés la France, en amenant, disait-il, le régime des hommes de sang. Quelle colère ! et contre qui l'Empereur éclatait-il avec tant de violence ? Il y avait de l'impertinence à jeter à la face des régicides, des révolutionnaires, tels que Merlin, Berlier, Treilhard, des déclamations contre les assemblées délibérantes dont presque tous avaient fait partie. « Ces assemblées, continuait l'Empereur, avaient détruit la sainteté des lois ; elles seules avaient proclamé le principe d'insurrection comme un devoir. Le conseil d'État d'un grand empire devait joindre aux sentiments monarchiques un courage à toute épreuve, et être prêt, à l'exemple des présidents Harlay et Molé, à mourir pour le souverain, le trône et les lois. » Désormais le

---

« Sire, nous avons vu avec la plus profonde douleur l'attentat commis par un homme en délire, qui, par un premier crime constaté, avait déjà mérité une peine que V. M. avait eu la générosité de lui remettre ; mais sa tentative n'a servi qu'à prouver à nos anciens ennemis l'inutilité de pareils complots, et à mettre dans un nouveau jour le sincère attachement de tous les fonctionnaires de l'Empire pour la constitution que V. M. lui a donnée. Toutes les parties de l'Empire ont montré la preuve de leur dévouement, et tous vos sujets ont rivalisé avec les fonctionnaires publics de respect pour les principes, et d'attachement à votre personne sacrée et à son auguste dynastie.

« Dieu, qui protège la France, la préservera longtemps du plus grand des malheurs ; mais dans cette circonstance, tous les cœurs se rallieraient autour du prince qui est l'objet de nos vœux et de nos espérances, et chaque Français renouvellerait à ses pieds les serments de fidélité et d'amour pour l'Empereur que la constitution appelle à succéder. »

*Réponse de l'Empereur au conseil d'État.*

« Conseillers d'État, toutes les fois que

langage de l'Empereur ne sortait pas de ces formules, et l'on en comprend le but : au Sénat, Napoléon voulait indiquer les limites de son autorité, qui ne pouvait être légitimée que par lui ; au conseil d'État, il voulait signaler l'esprit et la tendance que désormais devaient avoir ses actes et sa jurisprudence. Ce conseil avait à poursuivre et à punir les fonctionnaires publics et pusillanimes, toutes ces colères de l'Empereur tombaient en plein sur M. Frochot.

A l'arrivée de l'Empereur, on croyait à la disgrâce de M. Pasquier comme à celle du général Savary ; on se trompait : l'Empereur accueillit gracieusement le préfet de police ; lui-même prit la parole pour aider à sa justification. L'Empereur savait que la surveillance des officiers dans les prisons d'État n'appartenait pas au préfet ; elle dépendait absolument de la police militaire fort jalouse de ses attributions ; il répéta : « que personne ne pouvait répondre d'un coup de tête, d'un coup de force ou de surprise ; on s'était emparé de M. Pasquier, preuve qu'il était dévoué à sa personne et que les conjurés ne comptaient pas sur sa trahison ; au retour même du préfet à son hôtel, les cohortes avaient voulu lui faire un mauvais parti, on le savait ; la préfecture de police était purement une fonction d'édilité, la politique était en dehors d'elle. »

j'entre en France, mon cœur éprouve une bien vive satisfaction. Si le peuple montre tant d'amour pour mon fils, c'est qu'il est convaincu par sentiment des bienfaits de la monarchie.

« C'est à l'idéologie, à cette ténébreuse métaphysique qui, en recherchant avec subtilité les causes premières, veut sur ces bases fonder la législation des peuples, au lieu d'approprier les lois à la connaissance du cœur humain et aux leçons de l'histoire, qu'il faut attribuer tous les malheurs qu'a éprouvés notre belle France. Ces erreurs devaient et ont effectivement amené le régime des hommes de sang. En effet, qui a proclamé le principe d'insurrection comme un devoir ? Qui a adulé le peuple en le proclamant à une souveraineté qu'il était incapable d'exercer ? Qui a détruit la sainteté et le respect des lois, en les faisant dépendre non des principes sacrés de la justice, de la nature des choses et de la justice civile, mais seulement de la volonté d'une assemblée composé d'hommes étrangers à

L'Empereur le confirma donc en son poste de confiance : « Veillez bien, et que Paris soit content. » M. Pasquier lui parla alors pour la première fois de la création d'un corps spécial de gendarmerie avec les deux conditions militaire et municipale, et qui dépendrait spécialement du préfet de police, si souvent appelé aux fonctions judiciaires. L'Empereur en comprit fort l'utilité; il fut institué quelques mois après sur un rapport spécial de M. Pasquier, dont la conduite fut en tout point approuvée.

Il n'en fut pas ainsi de M. Frochot; il fallait un exemple, on le choisit; les conspirateurs l'avaient placé parmi les hommes sur lesquels ils pouvaient compter : était-il complice, car Malet l'avait mis dans son gouvernement provisoire? la chose n'était pas probable; mais tant il y a qu'il s'était prêté avec une complaisance extrême à tous les actes, à toutes les volontés des conspirateurs; premier magistrat de la capitale, chef du conseil municipal, comment se faisait-il qu'en supposant l'Empereur mort, il n'avait pas songé au roi de Rome? comment se faisait-il qu'il avait fait préparer la salle nécessaire pour un gouvernement provisoire formé de conspirateurs? c'étaient donc là ces magistrats pusillanimes, idéologues, dont Napoléon avait parlé au conseil d'État; il les dénonçait pour appeler sur la tête de M. Frochot un jugement inflexible et solennel des sections réunies. En vain

---

la connaissance des lois civiles, criminelles, administratives, politiques et militaires?

« Lorsqu'on est appelé à régénérer un État, ce sont des principes constamment opposés qu'il faut suivre. L'histoire peint le cœur humain : c'est dans l'histoire qu'il faut chercher les avantages et les inconvénients des différentes législations. Voilà les principes que le conseil d'État d'un grand Empire ne doit jamais perdre de vue ; il doit y joindre un courage à toute épreuve, et, à l'exemple des présidents Harlay et Molé, être prêt à périr en défendant le souverain, le trône et les lois.

« J'apprécie les preuves d'attachement que le conseil d'État m'a données dans toutes les circonstances, j'agrée ses sentiments. »

le préfet disgracié invoquait-il son dévouement passé, la terreur qu'il avait éprouvée en apprenant la mort de l'Empereur, les pleurs qu'il avait versés; Napoléon n'en tint compte, et M. Frochot fut traduit devant les sections du conseil d'État.

Là tout fut dit et délibéré pour consommer sa perte; chaque section donna son avis sur des formules préparées d'avance [1]; les paroles de l'Empereur avaient donné le ton, tous l'imitèrent et le suivirent. La section de législation, qui comptait trois régicides, déclara avec une extrême exaltation monarchique qu'il fallait destituer M. Frochot parce qu'il avait méconnu l'hérédité et la sainteté de la couronne dans le prince impérial. La section de l'intérieur, composée d'hommes plus élégants et plus gentilshommes, fut modérée dans son indignation contre les conspirateurs qui n'avaient pas cru à la royauté : MM. de Ségur, le duc Dalberg, d'Hauterive, Molé, déclarèrent que les fautes de M. Frochot résultaient « d'une âme abattue, et non d'un cœur infidèle ». La section des finances toute inflexible trouva des motifs pour mettre M. Frochot en jugement; elle ne l'excusait que par son égarement d'esprit; M. Béranger le déclarait pusilla-

---

[1] Je donne les avis des sections du conseil d'État sur l'affaire de M. Frochot.

*Section de législation.*

« La section de législation est d'avis à l'unanimité, qu'il est évident que le comte Frochot n'a pas été complice de ladite sédition, mais qu'il n'a pas montré la présence d'esprit, le courage et le dévouement que la circonstance exigeait de sa part, et qu'ayant totalement oublié les obligations que les constitutions de l'Empire, ses fonctions et son serment lui imposaient envers le prince impérial, l'intérêt public exige qu'il ne conserve pas la place de préfet du département de la Seine. »

*Section de l'intérieur.*

« Dans les circonstances où le comte Frochot s'est trouvé le 23 octobre, il faut distinguer les sentiments qu'il a éprouvés et la conduite qu'il a tenue.

« Les sentiments ont conservé le caractère d'attachement et de fidélité qu'il a toujours professés et manifestés pour la personne de l'Empereur; et leur force même paraît lui avoir fait perdre de vue, dès qu'il eut appris la fausse nouvelle de la mort de Sa Majesté, les obligations que cet événement lui aurait imposées, s'il eût été vrai.

« Il n'a pas fait sentir à Soulier que, dans la fatale supposition à laquelle il

nime, en toutes lettres. La section de la marine déclara « qu'il avait manqué à ses devoirs. » La section de la guerre prononça son indignité.

Toutes ces déclarations d'un monarchisme exalté, même parmi les conventionnels les plus ardents, motivèrent un arrêt du conseil d'État qui prononça la destitution de M. Frochot; l'Empereur frappait moins l'homme que la doctrine, les antécédents que l'acte même. M. Frochot était classé parmi les philosophes, les amis de Mirabeau et de Cabanis; c'était un fonctionnaire aux idées de 1789, aux pensées libérales que l'Empereur avait proscrites; telles furent les causes réelles de sa disgrâce. On le remplaça par un magistrat aux formes plus dévouées, gendre de M. Lebrun; c'était le préfet de Savone, M. de Chabrol; issu d'une bonne famille d'Auvergne, élevé dans les idées monarchiques, M. de Chabrol s'était distingué au service de l'État; élève de l'école Polytechnique, il avait suivi Bonaparte dans la campagne d'Égypte et accompli des travaux sérieux à Savone; le tracé de plusieurs routes lui appartient. M. de Chabrol, né avec la vie politique de l'Empire, comprit ses fonctions de préfet de la Seine comme M. Pasquier celles de préfet de police;

---

ajoutait foi, l'autorité civile, comme la force militaire, avaient d'autres devoirs à remplir avec le roi de Rome, héritier du trône, envers son auguste mère, et envers la dynastie de Napoléon.

« Il a ordonné, même sans y avoir été contraint, ni par menaces, ni par violence, de préparer un lieu de séances et des tables pour une commission de gouvernement, contre laquelle, au contraire, il devait s'armer de toute l'autorité qui lui était confiée, contre laquelle il devait s'efforcer de tourner la force militaire qui l'environnait, contre laquelle il devait défendre jusqu'à la mort le chef-lieu de l'administration municipale.

« Ces fautes graves ont été celles d'une âme abattue et non d'un cœur infidèle.

« Mais le sentiment profond de leur gravité a fait penser unanimement à la section de l'intérieur que le comte Frochot ne doit pas conserver les fonctions dans l'exercice desquelles il les a commises. »

*Section des finances.*

« 1° M. Frochot, préfet de la Seine, a-t-il reçu de Soulier connaissance du complot du 23 octobre tendant à détruire le gouvernement impérial ?

« Les opinions recueillies sont unanimes pour l'affirmative.

2° M. Frochot a-t-il donné l'ordre provoqué par Soulier de faire établir un bu-

M. de Chabrol se fit le chef du conseil municipal, comme M. Pasquier se fit la base de toute la sûreté de la capitale; Paris était désormais aux mains de deux hommes dévoués aux idées monarchiques.

Tout alors n'avait-il pas cette tendance au monarchisme? l'Empereur l'indiquait par ses paroles, par ses actes, par ses volontés, et pour tous les corps politiques un seul désir du souverain était un ordre. Au retour de la campagne de 1812, on ne parla plus que du couronnement du prince impérial à Notre-Dame, ou peut-être à Reims, c'était plus antique; tous les corps d'État, le peuple, l'armée, se presseraient à ses pieds pour le saluer Empereur; ainsi Charlemagne avait fait pour son fils Louis, qu'il revêtit du pallium au milieu des acclamations des grands, des évêques et des *missi dominici*. L'Empereur se complut à cette idée, seulement il en retarda l'exécution parce qu'il fallait courir au plus pressé, la guerre ne permettait pas de songer à ce grand déploiement des solennités monarchiques; il fallait un drapeau de victoire pour ombrager la tête de cet enfant.

---

reau pour le gouvernement provisoire?

« Les opinions recueillies sont unanimes pour l'affirmative.

3° M. Frochot a-t-il essuyé des violences ou des menaces pour donner cet ordre?

« Les opinions recueillies sont unanimes pour la négative.

« Quel parti convient-il de prendre à l'égard de M. Frochot?

« La section est d'avis que, d'après les faits constatés et recueillis, il y aurait lieu à faire rendre par le conseil d'État une décision, conformément à l'article 75 des constitutions de l'Empire, pour autoriser à mettre en jugement M. Frochot, préfet du département de la Seine; mais considérant le peu de temps qui s'est écoulé du moment de sa rentrée à la préfecture à celui où MM. Saulnier et Laborde sont venus ordonner au commandant Soulier de se retirer avec la troupe; la surprise éprouvée par M. Frochot, l'égarement d'esprit dans lequel il a été plongé, enfin les inconvénients et difficultés qu'entraînerait l'instruction d'une nouvelle procédure, que le parti le plus convenable dans la circonstance est de le destituer de ses places. »

*Section de la marine.*

La section est d'avis que M. le préfet de la Seine a montré, dès l'origine, une hésitation condamnable; qu'il n'a rien fait soit pour désabuser Soulier sur l'illégalité des ordres qu'il avait reçus, soit pour re-

L'école de M. de Fontanes inspira au Sénat la pensée de la régence immédiatement applicable pour le cas où l'Empereur se remettrait à la tête de ses armées ; avec la régence, l'hérédité était assurée, on n'avait plus à redouter les fautes et les erreurs d'un conseil de ministres ; la femme de l'Empereur, la mère du prince impérial, présiderait à tous les conseils. La régence était une idée vieille et monarchique, un principe fondamental ; il y avait quelque chose d'auguste et de majestueux dans cette femme qui présidait les conseils de gouvernement ; elle rappelait la reine Blanche, Anne d'Autriche, et ces formules caressaient la pensée orgueilleuse de Napoléon. Dans ses idées d'alliance intime avec l'Autriche, il y eut de l'habileté à choisir Marie-Louise pour lui confier le gouvernement de la France, c'était un double lien. Dès ce moment les adresses, les félicitations des corps, les cours de justice comme les fonctionnaires civils, tous ne parlèrent plus que de régence et du cri que poussaient nos pères : *« Le roi est mort, vive le roi!»* Dans cette régénération des maximes vieil-

---

pousser toute atteinte à l'autorité légitime, fondée sur les constitutions de l'Empire, qui établissent l'ordre de succession au trône, et de gouvernement dans les cas prévus.

« La section pense qu'il n'est pas coupable de complicité avec Malet, mais qu'il n'a pas eu le sentiment énergique de ses devoirs ; qu'il a m connu les obligations du serment qu'il a prêté de maintenir les lois constitutionnelles de l'Empire. En conséquence, elle déclare qu'il ne peut pas être continué dans l'exercice de ses fonctions. »

*Section de la guerre.*

« La section est d'avis que M. le comte Frochot a été pusillanime, indigne du premier magistrat du département, et mérite d'être puni, soit qu'il y ait lieu, d'après les lois, de le mettre en jugement pour faire examiner ses intentions, soit que sa faiblesse lui fasse perdre la confiance de Sa Majesté. »

*Destitution de M. Frochot.*

« Napoléon, Empereur des Français, etc.

« Sur le rapport du ministre de l'intérieur, nous avons décrété et décrétons ce qui suit :

« Art. 1er. Le comte Frochot est destitué de ses fonctions de conseiller d'État et de préfet du département de la Seine.

« 2. Notre ministre de l'intérieur est chargé du présent décret.

« Au palais des Tuileries, le 23 décembre 1812. »   Napoléon.

lies, tout ne fut plus en France qu'un long commentaire des réponses de l'Empereur[1] au Sénat et au conseil d'État.

On pouvait voir qu'autour de lui allaient se décider de grandes affaires. Il avait mandé Fouché de son exil dans la sénatorerie d'Aix, soit qu'il voulût alors le surveiller de plus près à Paris, soit qu'il voulût le consulter. Chose remarquable, Fouché approuva beaucoup l'idée de régence; cela lui plaisait, parce que, la guerre pouvant enlever Napoléon, et lui Fouché, se trouvant de plein droit dans le conseil de régence, il pourrait saisir le gouvernement, objet de son ambition. Napoléon se rapproche aussi de M. de Talleyrand; il le consulte, il l'appelle dans tous les conseils; il fait trêve à quelques disputes d'amour-propre. La question est de savoir s'il faut faire la paix ou continuer la guerre, point bien vague quand les conditions restent complexes. Cambacérès penche pour la paix; il ne voulait pas ainsi exposer l'Empire; il avait peur pour ses dignités; les cartes pouvaient mal tourner. Clarke, qui pénétrait mieux la pensée intime de Napoléon, fut un des partisans les plus prononcés de la guerre, déclarant « que la France en avait les éléments et le pouvoir; il fallait la continuer à outrance; la patrie se sacrifierait tout entière pour défendre ses vastes limites; il ne fallait céder ni un

---

[1] « Le bon sens, dit M. de Fontanes, s'arrête avec respect devant le mystère du pouvoir et de l'obéissance; il l'abandonne à la religion qui rendit le prince sacré en le faisant l'image de Dieu même. C'est lui qui terrasse l'anarchie et les factions en proclamant l'hérédité du trône; c'est lui qui fit de cette loi un dogme français et, si je puis parler ainsi, un article fondamental de la loi de nos pères: la nature ordonne en vain que les rois se succèdent, le bon sens veut que la royauté soit immortelle... Permettez donc, sire, que l'Université détourne un moment les yeux du trône que vous remplissez de tant de gloire, vers cet auguste berceau où repose l'héritier de votre grandeur. Nous le confondons avec Votre Majesté dans le même

village, ni une influence du noble et vaste Empire.

M. de Talleyrand, à son tour consulté, aperçut le piége que Napoléon lui tendait en posant la difficulté dans des limites sans précision. « Que signifiait ce terme vague : faire la paix ou la guerre ? Le tout était de savoir à quelles conditions. » M. de Talleyrand savait que M. Maret, selon sa vieille rancune, voulait le compromettre ; pressé de répondre, il posa la question sur un meilleur terrain ; son opinion fut qu'on devait *négocier*, et l'expression négocier signifiait proposer ou accepter des conditions, sans en dire les bases, ni les limites. Plein d'impatience, Napoléon s'écria : « Expliquez-vous mieux, M. de Talleyrand » ; et après s'être fait prier, le prince répondit : « En ce moment, V. M. a encore des effets négociables ; elle peut les offrir et les donner, il peut arriver plus tard que le cours en soit plus difficile. » En ces mots était toute la question. Mais l'opinion belliqueuse du général Clarke sur la nécessité de continuer la guerre se rattachait davantage aux sentiments de l'Empereur, et le Conquérant préféra la pousser jusqu'au bout.

Si on se préparait à consolider la monarchie par la régence et le couronnement du prince impérial, on parlait aussi d'établir des compagnies privilégiées autour du trône, lesquelles, sous le titre de gardes-du-corps, seraient

---

respect, et dans le même amour. Nous lui jurons d'avance un dévouement sans bornes comme à vous-même. »

(Discours du 25 décembre 1812.)

« Sire, dit M. Séguier, premier président de la cour impériale de Paris, l'autorité impériale n'aura jamais de plus fermes appuis que les magistrats... Nos pères ont affronté les périls pour maintenir l'hérédité de la couronne ; leur esprit vit encore parmi nous : nous sommes prêts à tout sacrifier pour votre personne sacrée, et pour la perpétuité de votre dynastie. Veuillez, sire, recevoir ce nouveau serment, nous y serons fidèles jusqu'à la mort. »

(Discours du 27 décembre.)

plus spécialement chargées de la conservation de l'Empereur et du prince impérial, sorte d'ornement militaire pour l'édifice dynastique qu'on voulait élever. La recrudescence vers les idées de Louis XIV grandissait : régence, couronnement à Reims, gardes-du-corps, que pouvaient désirer de plus les plus fervents adeptes du principe monarchique? Napoléon jouait à la vieille monarchie, et pourquoi s'arrêterait-il là? Il avait besoin des idées religieuses, de l'appui du clergé, pour préparer le sacre de son fils; Pie VII viendrait mettre l'onction sainte sur ce front d'enfant. Les dissidences avec Rome[1] jetaient de la confusion dans l'Église même, il fallait en finir; le Pape était à Fontainebleau, le palais chéri de François I$^{er}$, orné par le Primatice, et François I$^{er}$ n'avait-il pas signé le concordat avec Léon X? Toutes ces idées plaisaient encore au fondateur du grand Empire dans sa monomanie de suzerain, « on supposait une grande partie de chasse, délassement royal; il arrivait donc tout botté et tout éperonné; et, après avoir forcé un cerf, il emportait un concordat à la course! » Il y avait là du Louis XIV. Il habituait ainsi ses conseils, ses cours, à le voir éperonné et faisant retentir les dalles des palais sous ses bottes de fer.

A peine arrivé de sa désastreuse campagne de Moscou, l'Empereur avait envoyé, à l'occasion du Premier de l'An, un chambellan pour complimenter le Pape; les négociations avaient recommencé par l'entremise de M. Duvoisin, évêque de Nantes, qui voulait rattacher le sacerdoce à l'Empire. Le pape était souffrant, fatigué, importuné; il ne prenait presque aucune nourriture, et son corps débile, altéré par l'âpre climat de Fontaine-

---

[1] L'Empereur mit une sorte d'affectation à faire publier une adresse de Rome, comme pour dire au pape qu'il ne devait plus compter sur la grande cité.

bleau, semblait n'être plus destiné qu'à la mort, lorsque tout à coup, le 19 janvier, les fanfares du cor annoncent l'arrivée de Napoléon et de Marie-Louise. Sans se débotter, l'Empereur entre chez le Pape, et l'embrasse avec cordialité ; la conversation se fit en italien ; Napoléon parlait cette langue avec un accent corse, le pape avec l'accent pur de Toscane ; ils se traitèrent mutuellement de *san padre* et de *mio figlio*. Dans la première entrevue on ne dit rien de sérieux ; on ne se fit que de simples compliments ; le lendemain quelques discussions commencèrent avec une vivacité si grande qu'on alla plus tard jusqu'à dire que Napoléon avait saisi le Pape rudement dans un accès de colère, pour le contraindre à signer. En 1815, au moment des passions si vives contre l'Empereur, Pie VII, interrogé, répondit : « Non, il ne s'est pas porté à une telle iniquité, et Dieu permet que dans cette occasion nous

---

La députation qui vint à Paris se composait de MM. Louis Marconi, adjoint au maire de Rome ; du prince Paluzzo Attieri, et du marquis Joseph Tortonia. « La ville de Rome, disaient-ils, a l'honneur d'offrir à Votre Majesté, avec l'hommage de sa fidélité et de son obéissance, les vœux les plus sincères pour la gloire de votre règne et la prospérité de votre auguste dynastie... C'est de vous, sire, que Rome a obtenu le haut rang de la seconde ville de l'Empire. Pour mettre le comble à son bonheur, il ne vous reste plus qu'à l'honorer de votre présence. Venez au palais des Césars, vous y entendrez, sire, les acclamations longtemps prolongées des Romains. Nous ceindrons votre front d'un laurier toujours vert, et votre entrée dans nos murs sera le plus solennel, le plus applaudi, le mieux mérité de tous les triomphes. »

La députation de Milan disait : « Les peuples de votre royaume d'Italie prennent aussi la plus vive part à ce mouvement de joie, de tendresse et d'admiration que votre retour inspire... Notre royaume, sire, est votre ouvrage ; il vous doit ses lois protectrices, ses monuments, ses routes, ses canaux, la prospérité de son agriculture et de son industrie, ses lycées, son université, l'honneur des arts et la paix intérieure dont il jouit... Les peuples d'Italie le déclarent à l'univers : il n'est aucun sacrifice auquel ils ne soient résolus pour que Votre Majesté achève le grand œuvre qui lui a été confié par la Providence. Dans des circonstances extraordinaires, il faut des moyens extraordinaires, et nos efforts seront illimités... Il faut des armes, des armées, de l'or, de la fidélité, de la constance ! Tout ce qui dépend de nous, sire, nous vous l'offrons. Ce n'est point le conseil de l'autorité ; c'est la conviction, c'est le sentiment, c'est le cri général exprimé par le besoin de notre existence. »

n'ayons pas à proférer un mensonge[1]. » Paroles admirables ! car elles supposent que s'il y avait eu excès, Pie VII n'en aurait rien dit. Pressé de s'expliquer de nouveau, le Pape répondit à un pieux Français qui l'interrogeait : « Que voulez-vous ? Napoléone était vif, et Dieu n'a pas permis qu'il nous frappât ; mais de temps à autre il portait son poing vers nous ; c'était défaut d'éducation corse, une gesticulation italienne. »

Tant il y a que la conversation fut très vive de la part de l'Empereur ; il y eut peu de politesse, point de convenances ; il pressa, tortura Pie VII ; devant lui était un vieillard de soixante-onze ans, dont la vie était desséchée par la douleur ; le Pape ne mangeait pas depuis cinq jours, les cardinaux le pressaient ; on le menaça de détruire la religion en France ; le pontife était privé de ses amis, aucune voix sage et noble n'était là pour le consoler ; l'Empereur prit la plume[1], la lui mit dans les

---

[1] Voyez l'excellente *Biographie de Pie VII*, par M. Artaud.

[2] *Texte du Concordat.*

« Art. 1er. Sa Sainteté exercera le pontificat en France et dans le royaume d'Italie, de la même manière et avec les mêmes formes que ses prédécesseurs.

« 2. Les ambassadeurs, ministres d'affaires des puissances près le saint-père, et les ambassadeurs, ministres ou chargés d'affaires que le Pape pourrait avoir près des puissances étrangères, jouiront des immunités et priviléges dont jouissent les membres du corps diplomatique.

« 3. Les domaines que le saint-père possédait, et qui ne sont pas aliénés, seront exempts de toute espèce d'impôts, ils seront administrés por ses agents ou chargés d'affaires. Ceux qui seraient aliénés seront remplacés jusqu'à la concurrence de 2,000,000 de francs de revenus.

« 4. Dans les six mois qui suivront la notification d'usage de la nomination par l'Empereur aux archevêchés et évêchés de l'Empire et du royaume d'Italie, le pape donnera l'institution canonique, conformément aux concordats et en vertu du présent indult. L'information préalable sera faite par le métropolitain. Les six mois expirés sans que le pape ait accordé l'institution, le métropolitain, et à son défaut, ou s'il s'agit du métropolitain, l'évêque le plus ancien de la province, procédera à l'institution de l'évêque nommé, de manière qu'un siège ne soit jamais vacant plus d'une année.

« 5. Le pape nommera soit en France, soit dans le royaume d'Italie, à dix évêchés qui seront ultérieurement désignés de concert.

« 6. Les six évêchés suburdicaires seront rétablis. Ils seront à la nomination du papes.

« 7. A l'égard des évêques des États romains absents de leurs diocèses par les circonstances, le Saint-Père pourra exercer en leur faveur son droit de donner des évêchés *in partibus*.

doigts, le força, pour ainsi dire, à apposer son nom, et quand il y fut, il mit le sien à côté, quelques-uns disent au-dessus, et il emporta le Concordat avec vivacité, comme chose accomplie. On fit croire à Pie VII que c'étaient de simples préliminaires destinés au secret entre lui et Napoléon ; et quelques jours après le Concordat parut dans le *Moniteur ;* cet acte satisfaisait pleinement l'Empereur ; Pie VII obtenait ses biens personnels et deux millions de revenus en échange de ses domaines aliénés ; le Pape devait donner l'institution canonique aux évêques, et après six mois le métropolitain le remplaçait même pour l'anneau ; à certains évêchés Pie VII devait nommer directement ; les archives et la propagande le suivraient dans sa résidence, partout où elle serait fixée ; l'Empereur déclara qu'il rendait ses bonnes grâces aux cardinaux, aux évêques, alors en captivité, absents ou dispersés sous la surveillance de la police ; des places dans le Sénat furent même promises aux cardinaux français.

Maître de ce Concordat, Napoléon crut dominer les affaires religieuses de son empire. La régence, le couronnement du prince impérial, voilà pour la dynastie ; le Concordat l'élevait à l'égal de Charlemagne et de François Ier. Le Pape était sous sa main ; n'était-ce pas là un beau résultat pour la majesté de l'Empereur ? Na-

---

« 8. Sa Majesté et Sa Sainteté se concerteront en temps opportun sur la réduction à faire, s'il y a lieu, aux évêchés de la Toscane et du pays de Gênes, ainsi que pour les évêchés à établir en Hollande et dans les départements anséatiques.

« 9. La propagande, la pénitencerie, les archives seront établies dans le lieu du séjour du Saint-Père.

« 10. Sa Majesté rend ses bonnes grâces aux cardinaux, évêques, prêtres, laïques qui ont encouru sa disgrâce par suite des événements actuels.

« 11. Le Saint-Père se porte aux dispositions ci-dessus par considération de l'État actuel de l'Église, et dans la confiance que lui a inspirée S. M. qu'elle accordera sa puissante protection aux besoins si nombreux qu'a la religion dans les temps où nous vivons. »

Napoléon. Pius, P P. VII.
Fontainebleau, le 25 janvier 1813.

poléon oubliait une seule chose, c'est qu'il ne travaillait pas pour recueillir le fruit de son œuvre; en reconstruisant les vieux principes monarchiques, il préparait la restauration des Bourbons, la légitimité, toute dans cet axiome : « Le roi est mort! vive le roi! » Et que pouvait être un Concordat signé par le Pape captif? Semblable à l'abdication de Ferdinand VII à Bayonne, il était conçu et signé sans liberté : Fontainebleau ne fut pour le Pape qu'un guet-apens magnifique et ombragé. Valençay et Fontainebleau furent de grandes prisons de pontife et de roi, et les actes qu'on signe sous les verroux (les verroux seraient-ils d'or sont frappés d'une nullité radicale.

## CHAPITRE XV.

### EFFET PRODUIT EN EUROPE

#### PAR LE DÉSASTRE DE RUSSIE.

L'Allemagne. — Situation morale. — La philosophie. — Les écoles. — Poésies et chants nationaux.—L'étudiant poëte Kœrner. — Les généraux Yorck et Massenbach se prononcent pour la cause germanique. — Rapports des sociétés secrètes avec Wittgenstein. — L'Italie.—Pensée d'unité.—Système autrichien.—Caroline Murat. — Système national et patriote. — Les Carbonari. — Constitution de la Sicile. — L'Espagne. — Actes des Cortès. — Mouvement de l'insurrection. —Joseph Bonaparte et les maréchaux français. — L'Angleterre. — Sa protection aux idées patriotes. — Philosophie et littérature. — Idée aristocratique, Walter-Scott. — Idée de délivrance.— Lord Byron. — Childe-Harold en Espagne et en Portugal. — Etat moral des villes anséatiques, — de la Hollande, — de la Belgique. — Joie des ennemis de Napoléon. Bernadotte. — Moreau. — Lecourbe. — Pozzo di Borgo. — Winzingerode. — Wittgenstein. — Stadion. — Gentz.— Plan pour la destruction de l'Empire. — Réveil des vieilles dynasties. — Démarche populaire de Louis XVIII.

Décembre 1812 à Février 1813.

Si les désastres de l'armée française retentirent comme un chant funèbre dans les cités de l'Empire ému ; si les mères, les épouses et les sœurs gémissantes, demandèrent compte à Napoléon du sang versé loin de la patrie, quel effet plus grand dut encore produire ce désastre sur les peuples que courbait le sceptre du conquérant! La France s'était attachée à lui par les services immenses qu'il avait rendus à l'ordre, à la force du gouvernement ; elle lui devait tant, qu'elle put s'associer à ses mauvais jours ; mais les populations d'Allemagne, d'Italie, soumises à son empire, la Hollande, l'Espagne, qui gémissaient sous son joug, ne durent-elles pas voir avec une joie secrète un événement sinistre sans doute, mais qui pouvait faire luire pour elles une époque de délivrance et de nationalité ? Au Nord et au Midi l'exemple était donné ; des murs de Moscou aux Colonnes-d'Hercule, des villes glacées de la Moskowa aux chaudes cités de l'Andalousie, on enseignait aux masses le moyen de se délivrer de la domination étrangère.

L'Allemagne avait tant souffert, la Prusse et la Saxe surtout ! l'humiliation était si grande ! le caractère français léger et moqueur avait complétement blessé cet esprit germanique, grave et sévère, qui avait sa fierté et sa grandeur. La Prusse gémissait sous un joug effroyable ; les incessantes contributions n'avaient pu satisfaire les généraux avides ; l'occupation militaire continuait avec ses plus impératives exigences. Napoléon avait garnison à Berlin ; allié de la Prusse, il l'avait traitée comme un pays conquis ; des réquisitions avaient marqué le passage des troupes françaises ; comme une armée envahissante, elles entraînaient tout derrière elles ; les troupeaux des vertes campagnes de l'Elbe et de l'Oder, les grains, les fourrages, les produits de la sueur du paysan. Et ce qui blessait plus profondément encore la partie noble et élevée de l'Allemagne[1], c'est qu'en la dépouillant, on l'humiliait aussi ; les peuples ne pardonnent jamais aux

---

[1] Les agents secrets de l'Angleterre faisaient ainsi les peintures de cette situation des esprits en Allemagne et en France :

« Au commencement de décembre, il y a eu des troubles à Berlin ; et dans tout le territoire prussien les paysans tuent les soldats français qu'ils trouvent isolés.

« A Vienne, le public a manifesté sa joie en apprenant les désastres de l'armée de Bonaparte. Le hasard fit que le jour que

hommes qui leur font sentir leur sujétion, on oublie la main qui pèse, mais jamais la parole qui méprise. Ainsi agissaient les Français en Prusse; c'était une manière de gouverner à coups de cravache, et de ces façons-là, vient un jour où l'on se venge.

Il arrivait précisément qu'à cette époque, toute abaissée qu'elle pût être, la Prusse grandissant par de fortes études, se repliait sur elle-même pour se préparer à des jours fiers et heureux : jamais les universités ne furent plus fécondes en grandes œuvres; à la philosophie de Kant avait succédé le système de Fichte, ce stoïcisme patriote qui faisait sacrifier la chair au noble dévouement de l'âme. Les molles doctrines de Wiéland et de Gœthe n'étaient plus qu'une distraction mondaine, bonne pour certains hommes qui vivaient dans la paresse et dans les grandeurs sensualistes; la jeunesse ardente, studieuse, se précipitait dans les universités pour entendre la doctrine de Fichte : elle leur disait de préparer leur mâle courage pour des jours meilleurs; une haine profonde s'exaltait dans les âmes contre la domination française, et toutes les œuvres eurent pour but de relever la dignité et l'unité germanique. Le travail qui révèle le plus cette haute destination de l'avenir est le prospectus de la grande collection des *Monumenta Germaniæ* que Perthz allait publier; lors-

---

la nouvelle en arriva, on jouait sur les différents théâtres des pièces dont les titres prêtaient à des allusions que les spectateurs ont avidement saisies; c'était : Le *glaive de la justice. Le trésor perdu, Les voleurs*. M. Otto, ambassadeur de Bonaparte, s'est plaint : on lui a répondu qu'il était difficile de prendre connaissance d'une affaire de cette nature, car on ne savait qui punir.

« Jérôme Bonaparte a fait ses paquets, et se dispose à partir pour Paris : le peuple westphalien lui a manifesté qu'il aimerait mieux n'être pas sujet d'un Bonaparte.

« Le général Winzingerode dit qu'il est convaincu que le nombre de corps morts qu'il a vus sur la route de Moscou à Smolensk excédait 60,000. Ce général a entendu Bonaparte donner aux gendarmes qui étaient chargés de l'escorter l'ordre de

qu'on abaissait la patrie allemande, un savant patriote recueillait les débris des glorieux monuments de l'histoire germanique ; quand Napoléon de son pied superbe semblait jeter le mépris à l'Allemagne, on lui disait à la face : « Nous aussi nous avons eu notre Charlemagne; il vivait dans ses palais de larges pierres à Francfort et à Mayence, et l'abbaye de Fulde a conservé ses annales; à cette époque, il y eut un Saxon du nom de Witikind, la Germanie le compte parmi ses glorieux enfants ; tout se brise dans la marche des temps, et c'est en vain que l'on cherche encore quelques débris de la dynastie des Carlovingiens. Qui sait ce que tu deviendras, toi, l'empereur des Français, et ton édifice fragile? »

La poésie donna l'impulsion noble et fière à la Germanie; et ces deux vierges au front étoilé, se pressèrent dans de nobles étreintes; ici, ce ne furent pas les chants des montagnards appelant les Suisses à la liberté, mais les accents de nobles écoliers, jeunes hommes, qui rêvaient l'unité allemande, comme la fiancée de leur amour. Dans ces réunions du soir, quand les longs tourbillons de fumée s'élevaient de leurs pipes ardentes, lorsque les pots de bierre de Passaw, le kirsch de Souabe, le vin de Rhin ou de Hongrie resplendissaient dans leurs verres de cristal de Bohême, un chœur se faisait entendre pour réciter les chants

---

lui brûler la cervelle s'ils jugeaient qu'il y eût apparence qu'il pût être délivré par les Russes.

« On se rappelle que dans un de ses rapports le maréchal Kutusoff a dit, que Bonaparte pendant *sa glorieuse retraite* voyageait dans un carrosse escorté par ses gardes. Les soldats français imaginant que c'était plutôt pour se garantir de *la rigueur* *prématurée* de l'hiver que pour se dérober à sa gloire et aux témoignages de leur amour et de leur admiration, ont crié si haut et si longtemps : *hors du carrosse! hors du carrosse!* que le héros en est descendu et les a accompagnés à cheval. Mais il avait un *witshoura* bon et chaud ; et les compagnons de *sa glorieuse retraite* étaient presque nus et gelés. Les cris : *à bas le*

des frères allemands, les poésies patriotiques de Arndt ou du jeune Kœrner, Kœrner, l'étudiant aux passions ardentes, qui mourut, une balle dans la poitrine, un fusil à la main, sur les bords de l'Elbe. Arndt chantait la patrie allemande, l'unité du peuple : « Dites-moi, mes amis, où est la patrie des Allemands? Est-ce la Prusse? est-ce la Souabe? est-ce aux bords du Rhin où fleurissent les vignes? Non, ma patrie est quelque chose de plus grand! Ce n'est pas là l'Allemagne ! — Où donc est ma patrie? Est-ce la Bavière, la Westphalie, les lieux où roule le Danube, le Tyrol, la Suisse? Ah! ce sont de braves et beaux pays, mais ma patrie est quelque chose de plus grand! Ce n'est pas là l'Allemagne! — L'Allemagne! l'Allemagne! dites-moi donc où elle est? — Elle est partout où retentissent les sons de la langue allemande; partout où des hymnes de piété s'élèvent vers Dieu ; partout où, en se serrant la main, on jure de mourir ensemble pour la liberté ; partout où l'honnêteté est dans les yeux et l'amour dans les cœurs; c'est là, mes amis, c'est là qu'est l'Allemagne » !

Kœrner, l'étudiant plus mélancolique, chantait les malheurs de cette noble patrie sous l'image du chêne antique, l'arbre national, l'emblème symbolique, paré encore de sa verdure. « Que de choses le temps a brisées ! que de choses mortes d'une mort prématurée ! C'est le

---

*witshoura! à bas le witshoura!* se firent entendre de manière à décider *le héros* à se débarrasser de son witshoura. Aussi n'a-t-il pas manqué, dans son bulletin, de dire à quel degré était le thermomètre de Réaumur pendant la retraite de Moscou. Beaucoup de gens qui ne connaissent pas le soldat français de la Révolution, douteront de cette anecdote; les conscrits que Bonaparte laisse vieillir dans les prisons d'Angleterre n'en douteront pas.

« En voici une autre qui a été racontée à Douvres par des contrebandiers revenant de la côte de France, et qui explique pourquoi Bonaparte a mis tant d'importance à ce qui est arrivé au théâtre de la rue Feydeau.

« Il paraît que les spectateurs s'étaient

soir ; les bruits du jour se taisent, et la dernière lueur du soleil luit d'une pourpre ardente, et moi je m'asseois sous vos branches, et mon cœur est si plein, si plein ! Vieux témoins des anciens temps, la fraîche verdure de la vie vous pare encore, et l'antiquité avec ses images de force et de puissance vit dans l'imposante grandeur de votre feuillage. — Que de choses nobles le temps a brisées ! que de belles choses mortes d'une mort prématurée ! Mais vous, insensibles au sort, le temps vous a en vain menacés, et j'entends sortir de vos branches agitées ces mots : « Tout ce qui est grand triomphe de la mort. » Et vous avez triomphé ! vous verdissez frais et hardis. Aucun pèlerin ne passe devant vous qu'il ne se repose sous vos ombrages. Et même, quand à l'automne tombent vos feuilles, toutes mortes qu'elles sont, elles vous servent encore ; filles bienfaisantes, c'est leur chair et leur sang qui se mêlent à la terre pour nourrir la beauté de votre prochain printemps. Belles images de l'ancienne loyauté allemande, vous avez vu de meilleurs temps ; c'était le temps de la vie, de la hardiesse, du mépris de la mort, de la fondation des États. Hélas ! à quoi sert-il de renouveler nos douleurs ? Il est une douleur que tout le monde se confie à l'oreille : peuple allemand, peuple souverain, tes chênes sont debout et tu es tombé ! »

Le poëte, l'étudiant, le noble et beau jeune homme ne se contente pas de cette image antique, de ce vieux chêne dont le feuillage toujours vert annonce de meilleurs

---

partagé les rôles. Aussitôt que quelques-uns d'entre eux demandèrent l'acteur, d'autres se mirent à crier *paix-là ; paix-là ;* et après quelques moments au lieu de *paix-là* tout le monde criait : la paix, la paix !

« Nous savons par les dépêches de lord Cathcart que 70,000 hommes étaient prêts à se réunir aux armées, et une proclamation d'Alexandre a ordonné une nouvelle levée de 300,000 hommes. A cela Bonaparte a à opposer ce qu'il appelle *son ban*, et que *son bon peuple* de Paris avait rangé, longtemps avant le dernier sénatus-consulte, en trois classes : 1º les ban-boches, 2º les ban-croches, 3º les ban-dits. »

jours pour la patrie; il aime à en personnifier le symbole, à prendre l'image d'une femme, l'objet de son culte et son amour : cette image, c'est Louise de Prusse, la reine dont le fier Empereur a brisé la fierté; elle est morte de la honte de la patrie. « Comme elle dort doucement! ses traits respirent encore je ne sais quel air de vie. Ah! puisses-tu dormir jusqu'au jour où ton peuple lavera dans le sang la rouille de son épée; dormir jusqu'à la nuit, la plus belle des nuits, qui verra briller sur les montagnes les signaux de la guerre! Éveille-toi, alors, éveille-toi, sainte patronne de l'Allemagne; sois son ange, l'ange de la liberté et de la vengeance[1] ! »

Voilà donc ce que chantaient les étudiants de Prusse, de Saxe, lorsque réunis en chœur, les portes fermées, ils rêvaient la délivrance et l'honneur de la patrie. Ces serments de vengeance à qui s'adressaient-ils? A Napoléon, l'implacable Empereur et à l'occupation française; ils menaçaient ses généraux insolents, ces administrateurs petits-maîtres, ces auditeurs que les salons de MM. Cambacérès, Maret, Regnauld de Saint-Jean d'Angély envoyaient en uniformes dorés, à cette fière et mâle génération des écoles. Aussi, faut-il le dire? la nouvelle des désastres de Moscou fut-elle accueillie avec une grande joie sur les bords de l'Elbe, de l'Oder et de la Saale; on vit dans ces malheurs la délivrance de la patrie. La Russie et l'Espagne firent l'admiration de ces universités; Palafox et Rostopchin furent désignés, honorés comme les héros du patriotisme; ces

---

[1] J'emprunte la traduction de M. Saint-Marc Girardin.

« Aux armes, cria Kœrner; aux armes ! répéta le peuple.

« Le phénix de la Russie s'est élancé du bûcher, jeune, immortel, et déployant ses ailes qu'a ranimées la flamme; c'est notre guide et notre augure : aux armes, compagnons ! »

*Les hommes et les lâches* de Kœrner.

« Le peuple se lève, l'orage commence! Fi du lâche qui reste la main dans son

hommes s'étaient dépouillés de leur chair, de leur sensualisme, selon la doctrine de Fichte, pour tout sacrifier à la patrie; le *moi* de Kant avait disparu devant le tout, la patrie, l'âme morale du pays; Moscou avait donné le grand exemple; c'était le phénix dont les cendres devaient réveiller l'Europe et sauver le monde.

Ces sentiments enthousiastes n'étaient pas une nouveauté en Allemagne. Dès 1809 ces sociétés secrètes avaient éclaté avec les tentatives de Schill, du duc de Brunswick-OEls; mais alors la main de Napoléon était trop puissante et ses armées victorieuses jetaient 200,000 hommes en Germanie. Aujourd'hui dispersées comme des grains de sable, elles fuyaient des flots du Niémen; le moment n'était-il pas bien choisi? L'Allemagne ne devait-elle pas se débarrasser du fier dominateur, de l'homme indomptable qui avait conduit au tombeau Louise de Prusse, l'héroïne mélancolique de la Germanie? Des universités ces idées étaient passées à l'armée; plutôt que de servir avec les Français, le vieux Blücher, Gneisenau et l'ardent patriote Scharnhorst, avaient brisé leurs épées; tous trois vivaient dans la retraite, retraite active qui partout avait des ramifications; ils étaient le lien intime, les conducteurs mystérieux, pour ainsi dire, de cette électricité qui réunissait l'armée et les étudiants dans un système de noble résistance.

Par le traité du mois de mars 1812, la Prusse avait mis sous les ordres de Napoléon une armée de 20,000 hommes commandée par le général d'Yorck; la cavalerie

manteau; fi du poltron qui se cache derrière le poêle! Va, tu n'es qu'un misérable! Loin de toi les baisers des jeunes filles allemandes; loin de toi la joie des chansons allemandes; loin de toi l'ivresse des vins d'Allemagne; mais nous, trinquons, trinquons d'hommes à hommes; trinquons, et l'épée hors du fourreau! »

obéissait au général Massenbach. Ces corps prussiens furent incorporés dans l'armée de Macdonald en Livonie ; la loyauté du maréchal avait gagné la confiance des Allemands qui servaient avec courage et résignation. Mais en pénétrant dans ces âmes, on trouvait que les jeunes officiers gardaient une haine vive, sinistre, contre l'homme qui avait réduit leurs nobles compatriotes à ramer dans les bagnes de Brest et de Rochefort ; les compagnons de Schill étaient là.

Macdonald connaissait l'esprit de cette armée ; trop honorable et trop patriote lui-même pour le blâmer, il se bornait à maintenir une discipline sévère et à consoler par ses manières les généraux et les officiers des corps prussiens. Bientôt les désastres de l'armée de Napoléon leur parvinrent et ils ne dissimulèrent pas leur joie ; le maréchal eut peine à les contenir. Les émissaires des sociétés secrètes vinrent au camp ; tous considéraient Blücher et Gneisenau comme leurs chefs naturels ; étudiants, officiers, soldats, tous se pressaient la main en portant des toast à la liberté de l'Allemagne. Wittgenstein répandaient des proclamations aux Allemands pour les inviter à la délivrance ; lui-même, Livonien, s'adressait à ses compatriotes : « Il n'y avait plus d'armée française, Dieu l'avait dispersée comme fond la neige des montagnes de Bohême ; le temps était venu de secouer le joug. » Wittgenstein n'hésita pas à faire proposer une suspension d'armes[1] au général d'Yorck ; les bases

---

[1] Tous les actes des généraux prussiens qui constatent les rapports avec la Russie et l'action des sociétés secrètes sont pleins de curiosité :

*Convention du général d'Yorck.*

« Ce jourd'hui les soussignés, savoir, le commandant en chef le corps auxiliaire prussien, lieutenant-général d'Yorck, d'un côté, et le quartier-maître-général de l'armée impériale russe sous les ordres du comte de Wittgenstein, général-major de Diebitsch, de l'autre, après mûre délibération, ont passé la convention qui suit :

« Art 1ᵉʳ. Le corps prussien occupera

ne furent pas difficiles à régler : « Les Russes ne faisaient pas la guerre aux Prussiens; loin de là, ils voulaient aider leur délivrance; il s'agissait de former une armée allemande et patriote ; Yorck et Massenbach en seraient le noyau; on devait venger les mânes de Schill, donner l'impulsion aux levées des universités sous Blücher et Gneisenau. »

Tous poussaient donc ce cri : aux armes ! aux armes ! pour réveiller la nationalité allemande. Les généraux d'Yorck et Massenbach, les premiers, donnèrent l'impulsion nationale ; les liens factices qui unissaient les Prussiens aux Français ne furent pas difficiles à briser. Le général d'Yorck, dans une lettre adressée au maréchal Macdonald, exprima les motifs qui l'avaient déterminé à conclure une suspension d'armes avec le général Diebitsch, simple traité de neutralité : « Yorck avait cru de son devoir de signer cet acte, les circonstances majeures l'avaient déterminé et les motifs les plus purs avaient dicté cette démarche. » Le général Massenbach fit la même déclaration au maréchal Macdonald et joignit ses troupes à celles du général d'Yorck; toutes pas-

---

dans l'intérieur du territoire prussien la ligne le long de la frontière depuis Memel et Nimmerlat jusqu'à la route de Voinuta à Tilsitt. Depuis Tilsitt, la route qui passe par Schillapischkeu et Melanken jusqu'à Labiau, y compris les villes qu'elle touche, déterminera l'étendue du pays que doit occuper le susdit corps prussien. Ce territoire sera borné de l'autre côté par le Curisch-Haff, de manière que toute cette étendue sera considérée comme parfaitement neutre tant que les troupes prussiennes l'occuperont.

« Il est bien entendu que les troupes russes pourront aller et venir sur les grandes routes précitées, mais elles ne pourront prendre leurs quartiers dans les villes de cet arrondissement.

« 2. Les troupes prussiennes resteront en parfaite neutralité dans l'arrondissement désigné article 1er, jusqu'à l'arrivée des ordres de S. M. le roi de Prusse : mais elles s'engagent, dans le cas où sadite Majesté leur ordonnerait de rejoindre les troupes impériales françaises, de ne pas combattre contre les armées russes pendant l'espace de deux mois à dater du présent jour.

« 3. Dans le cas où S. M. le roi de Prusse ou S. M. l'empereur de toutes les Russies refuseraient de ratifier la présente convention, le corps prussien sera libre de se porter là où les ordres de son roi l'appelleront.

sèrent avec enthousiasme à la nationalité de l'Allemagne ; elles fraternisèrent ainsi avec Blücher, Gneisenau et toutes les sociétés secrètes et patriotiques de la Saxe et de la Prusse : quel exemple et quelle contagion que ce patriotisme !

Quand l'Allemagne accomplissait ainsi sa première protestation militaire contre le système oppressif de Napoléon, l'Italie accueillait avec un mélange de tristesse et d'espérance le fatal vingt-neuvième bulletin. Elle avait fourni un glorieux contingent à la campagne de Russie : ses fils avaient marché autour des aigles de Napoléon ; on avait vu les régiments de Naples, les troupes des États romains campés autour de Moscou, et eux, bercés aux doux rivages de l'Arno et du Tibre, étaient restés là morts, couchés sur la neige ; il y eut donc bien des pleurs à Milan, à Rome, à Florence. Mais les sociétés secrètes du carbonarisme virent ces désastres avec une sorte de joie, comme un signe saintement précurseur, et l'arbre de la liberté grandit au milieu des ouragans du Nord : des Alpes jusqu'aux provinces de Tarente, du Piémont à la Sicile, on voulait

« 4. On rendra au corps prussien tous les traîneurs qu'on trouvera sur la grande route de Mittau, et également tout ce qui fait partie du matériel de l'armée. Quant à la branche des approvisionnements et du train dudit corps, tout ce qui la compose pourra traverser sans obstacle les armées russes pour rejoindre de Kœnigsberg, ou de plus loin, le corps d'armée prussien.

« 5. Dans le cas où les ordres du lieutenant-général d'Yorck pourraient encore atteindre le lieutenant-général de Massenbach, les troupes qui se trouvent sous le commandement de ce dernier seront comprises dans la présente convention.

« 6. Tous les prisonniers que pourraient faire les troupes russes commandées par le général-major de Diebitsch sur les troupes du général de Massenbach seront également compris dans cette convention.

« 7. Le corps prussien conservera la faculté de concerter tout ce qui est relatif à son approvisionnement avec les régences provinciales de la Prusse, le cas non excepté où ces provinces seraient occupées par les armées russes.

« La convention précitée a été expédiée en double et munie de la signature et du sceau particulier des soussignés. »

Fait au moulin de Poscherun le 18 (30) décembre 1812.

*Signé,* d'Yorck.
De Diebitsch.

*Lettre du général d'Yorck au maréchal Macdonald.*

Tarroggen, le 30 décembre 1812.

« Monseigneur, après des marches très pénibles, il ne m'a pas été possible de les

former tout un peuple, soumis aux mêmes impressions, aux mêmes mœurs : c'était le rêve de tous les patriotes italiens, de Botta, qui écrivait l'histoire de la patrie ; des savants et des érudits de la Crusca, qui ne sacrifiaient pas à Napoléon : il semblait naturel aux patriotes que la couronne de fer fût restaurée par suite des grands événements politiques; les sociétés secrètes étaient en rapport avec les puissances qui avaient intérêt à protéger cette unité ; on entourait déjà Murat et sa femme Caroline, qu'on savait peu disposés pour Napoléon, le frère pourtant qui les avait élevés si haut.

Deux influences paraissent dès lors dominer en Italie : la première appartient à l'Autriche; le cabinet de Vienne commence ses rapports avec Caroline Murat ; dès que le désastre de Moscou est connu, on l'entoure ; M. de Metternich a des souvenirs gracieux pour Caroline au temps de son ambassade à Paris, et ces souvenirs servent aux plans politiques de l'Autriche. Napoléon n'a pas été content de Murat dans la retraite de Moscou, bientôt il lui enlèvera le commandement : nul n'ignore ces dissen-

continuer sans être entamé sur mes flancs et sur mes derrières. C'est ce qui a retardé ma jonction avec V. E. ; et, devant opter entre l'alternative de perdre la plus grande partie de mes troupes, et tout le matériel qui assurait ma subsistance, ou de sauver le tout, j'ai cru de mon devoir de faire une convention, par laquelle le rassemblement des troupes prussiennes doit avoir lieu dans une partie de la Prusse orientale, qui se trouve, par la retraite de l'armée française, au pouvoir de l'ennemi.

« Les troupes prussiennes formeront un corps neutre, et ne se permettront pas d'hostilités envers aucune partie. Les événements à venir, suite des négociations qui doivent avoir lieu entre les puissances belligérantes, décideront de leur sort futur.

« Je m'empresse d'informer V. E. d'une démarche à laquelle j'ai été forcé par des circonstances majeures.

« Quel que soit le jugement que le monde portera de ma conduite, j'en suis peu inquiet. Le devoir envers mes troupes et la réflexion la plus mûre me la dictent ; les motifs les plus purs, quelles qu'en soient les apparences, me guident.

« En vous faisant, monseigneur, cette déclaration, je m'acquitte des obligations envers vous et vous prie d'agréer les assurances du profond respect avec lequel je suis, etc., etc. »

Signé, d'Yorck.
*Lettre du général Massenbach au maréchal Macdonald.*

« Monseigneur, la lettre du général d'Yorck aura déjà prévenu V. E. que ma dernière démarche m'est prescrite, et que

timents qui se changent en paroles dures. Caroline est ambitieuse et faible tout à la fois ; elle a pris sa royauté au sérieux ; on caresse son idée de puissance et de couronne indépendante : M. de Metternich continue une correspondance importante avec elle ; on s'adresse à M. de Vauguyon, l'aide-de-camp chéri de Murat, et au général Pino, l'homme d'énergie de la patrie italienne ; il faut constituer cette unité, et Joachim peut servir à cette grande œuvre en posant sur son front la couronne tout entière d'Italie, qu'on enlèvera à Eugène. Ces idées vont à la tête appauvrie mais chevaleresque de Murat ; il a pris en haine les Beauharnais, et lui ne se croit-il pas digne de toutes les destinées ?

Le second système appartient aux Anglais ; ils veulent s'ouvrir à Murat. Lord Bentinck a obtenu un triomphe éclatant en Sicile pour l'influence britannique ; il a établi un parlement, des institutions qui reposent sur la libre pensée[1] : au total, ce n'est qu'un déguisement du système de l'Angleterre, qui veut s'assurer une prépondérance en Italie. Ces idées de liberté, de parlement, les Anglais les proposent aux patriotes italiens et à Murat : « Que Joachim se déclare contre Napoléon, et l'Angleterre le

---

je n'en pourrais changer rien, parce que la mesure de prévoyance que V. E. fit prendre cette nuit me parut suspecte, de vouloir peut-être me retenir par force, ou désarmer mes troupes dans le cas présent. Il me fallut prendre le parti dont je me suis servi pour joindre mes troupes à la convention que le général commandant a signée, et dont il me donne l'avis et l'instruction ce matin.

« V. E. pardonne que je ne sois venu moi-même pour l'avertir du procédé : c'était pour m'épargner une sensation trop pénible à mon cœur, parce que les sentiments de respect et d'estime pour la personne de V. E., que je conserverai jusqu'à la fin de mes jours, m'auraient empêché de faire mon devoir. »

*Signé*, Massenbach,
lieutenant-général.

Le 31 décembre 1812.

[1] La Constitution de la Sicile se rapproche de celle des Cortès.

« 1. Le pouvoir suprême de faire des lois et d'imposer des lois réside dans la nation seule.

« 2. Le roi a le pouvoir exécutif.

« 3. Le pouvoir judiciaire est confié à des magistrats, qui seront approuvés par le parlement ;

reconnaîtra. » Les affreux malheurs de la campagne de Moscou, les irritations de Murat, dont je dirai la cause, servent ces négociations primitives. « Pourquoi l'Italie se sacrifierait-elle aux volontés d'un despote? Pourquoi n'absorberait-elle pas ses forces sur elle-même au lieu de les dépenser au profit d'un tyran? Eugène est incapable, on le sait; son pouvoir est le calque du despotisme de son beau-père; il faut que l'Italie soit libre sous un roi. » Ainsi Murat pour monarque, et la nationalité pour but, voilà le résumé de la politique des sociétés secrètes après la campagne de Russie.

Moscou a été une révélation pour l'Europe; il y a eu là bas, dans les steppes glacés, des hommes énergiques à la taille des vieux jours de Rome : la Russie a eu ses Palafox, ses Mina, ses Castaños; Alexandre a tendu la main aux Cortès, l'embrasement de Moscou a répondu au saccagement de Saragosse; le jour de la délivrance est donc bien près; enfin les chants de joie commencent après tant de pleurs; la victoire viendra consoler la patrie désolée de si nobles funérailles. Les Cortès sont toujours rassemblées à Cadix, sans abattement et sans crainte : de ce point, organisant l'Espagne, elles lèvent des guérillas, enlacent les troupes françaises

---

« 4. La personne du roi est sacrée.

« 5. Les ministres sont responsables au parlement.

« 6. Il y aura une chambre des seigneurs dans laquelle siégera le clergé, et une chambre des communes.

« 7. Les barons n'auront chacun qu'une voix.

« 8. Le roi seul a le droit d'assembler le parlement, qui doit être rassemblé tous les ans.

« 9. La nation est seule propriétaire de l'État.

« 10. Aucun Sicilien ne peut être jugé et condamné que par les lois reconnues par le parlement.

« 11. Le régime féodal est aboli, ainsi que le droit d'investiture.

« 12. Les priviléges des barons sur leurs vassaux sont abolis.

« 13. Toute proposition relative aux impôts doit venir de la chambre des communes, et être approuvée par la chambre des seigneurs.

« 14. On s'occupera dans cette session d'établir une constitution qui se rapproche de celle de l'Angleterre. »

qui manœuvrent avec leur supériorité habituelle. Suchet tient la Catalogne et préserve le royaume de Valence ; l'Empereur place en lui sa plus haute confiance, elle est bien méritée ; il lui donne le duché d'Albuféra avec d'immenses revenus, propriété naguère du favori qui a livré l'Espagne ; son bâton de maréchal est brillanté de diamants : c'est un encouragement aux généraux de division qui sortent de ligne.

Le maréchal Soult est bien supérieur à Suchet sur le champ de bataille, et comme organisateur militaire ; Suchet est un général de siéges, de tranchées ; le maréchal Soult a l'œil étendu, une grande fermeté ; il voit de plus loin, il embrasse de plus haut. Marmont, blessé à la bataille de Salamanque, conserve cette science toujours malheureuse sur le champ de guerre, et qui imprime à sa vie un mélancolique intérêt ; ses conceptions sont généralement bien résumées ; la fortune n'est pas pour lui. Jourdan est médiocre ; les souvenirs de Sambre-et-Meuse sont des vieilleries qui ne vont plus à la tactique du jour. L'incapacité de Joseph se révèle au milieu de tout cela : il singe le monarque et joue au *moi le Roi ;* absorbé dans sa dignité, il veut diriger les opérations militaires ; si les maréchaux Soult et Suchet cédaient à cette impulsion pitoyable, les plus grandes fautes seraient commises : capacités militaires, ils ne conservent quelques avantages que parce qu'ils gardent leur indépendance ; plier sous Joseph serait pour eux trop

---

[1] Au mois de janvier 1813, voici quelle était la composition des armées françaises en Espagne. Le maréchal Soult commandait à soixante-dix-neuf bataillons répartis en sept divisions, comptant un effectif de 48,000 baïonnettes ; quarante-trois escadrons ne réunissant pas plus de 6,300 cavaliers. L'effectif de l'armée d'Aragon, aux ordres du maréchal Suchet, consistait en cinq divisions actives d'infanterie, formant 17,000 combattants ; en 2,500 cavaliers, en 1,500 artilleurs et sapeurs ; en 14,000 hommes occupant Barcelonne, Figuières, Gironne, etc.

ridicule ; ils le laissent à Valladolid avec Jourdan, dont la médiocrité docile lui plaît, et avec Marmont, qui subit malheureusement trop les conseils de Joseph. Tout cet ensemble forme un singulier amalgame : Jourdan se pose comme le duc de Berwick à côté de Philippe V. La campagne n'a présenté jusqu'ici qu'un fait décisif, la bataille de Salamanque, l'évacuation de Madrid et la marche des Anglais ; mais cette bataille des Arapilles n'est qu'une pointe presque imprudente pour lord Wellington, car il peut être débordé par le maréchal Soult, qui marche par le flanc de son armée. Lord Wellington n'est pas homme à se laisser tourner ; il fait sa retraite habilement : il quitte la ligne de Badajoz pour rentrer une fois encore dans le Portugal, et se couvrir de ses impénétrables retranchements ; de Torres-Vedras, il peut s'élancer à l'improviste. C'est de cette campagne, où manœuvrent si habilement le maréchal Soult et lord Wellington, qu'est venue l'estime que se portent réciproquement ces deux remarquables chefs militaires : tous deux s'étudient ; ils se retrouveront sur d'autres champs de bataille ; leur taille n'est pas tellement inégale qu'ils ne puissent se mesurer l'un et l'autre : c'est le maréchal Soult qui ramène pour la troisième fois Joseph à Madrid ; ce pauvre sire peut signer encore *Moi, le roi*, dans le Buen-Retiro.

Les malheurs de la campagne de Russie donnent une issue fâcheuse à ces efforts. Napoléon a besoin de rappeler les cadres des meilleurs régiments au-delà des Pyrénées ; dès lors il faut renoncer à l'offensive ; l'armée d'Espagne se désorganise ; les guérillas grandissent et se multiplient sur toutes les routes ; la démocratie se lève en Espagne, car la résistance vient du peuple : l'oppression est grande. Savez-vous quels sont les hommes qui forment ces fameuses guérillas dans la Catalogne ? un curé de village, comme Mérino ; un gardeur de chèvres, comme El Pastor [1] ; un meunier, un garçon de ferme, un toréador. Ils se lèvent spontanément ; déjà en 1812 les guérillas ont 40,000 hommes de troupes réglées sous les armes, prêts à se porter sur tous les points, sorte d'Arabes du désert, Cosaques des sierras, redoutables pour les armées qui combattaient au nom de Joseph ; ils empêchent la levée de l'impôt, pendent les autorités, et soulèvent les villages ; et quelle que soit la rigueur des généraux français, des administrateurs, l'obéissance échappe partout : c'est la guerre à mort.

A Palenzia, l'exigence des Français va si loin que tout retardataire des contributions doit recevoir cinquante coups de bâton d'heure en heure, et en présence de l'auditeur au conseil d'Etat de S. M. I. et R. [2]. Est-ce avec cela qu'on croit administrer la Catalogne ? Et pourtant on l'a confiée à un professeur de philosophie, à un philanthrope émérite. On s'imagine quelle réaction sanglante devait naître dans le cœur d'une population demi-sauvage

[1] *État des guérillas espagnoles à la fin d'octobre* 1812.

| | Infanterie. | Cavalerie. |
|---|---|---|
| Espoz y Mina, | 6,000 | 2,000 |
| Longa, | 6,000 | 700 |
| Tapia, | 1,000 | » |
| El Empecinado, | 2,400 | 700 |
| Padella, | 1,000 | 250 |
| Herricos, | 800 | 400 |
| Campillo, | 1,000 | 400 |
| Salazha, | 1,300 | 500 |
| Mérino, | 2,000 | 600 |
| Marquinez, | 600 | 700 |
| Saordul, | 500 | 300 |
| El Pastor, | 300 | 700 |
| Rovilla, | » | 123 |
| Borbon, | » | 300 |
| Binto, | 1,000 | 250 |
| Temprano, | » | 300 |
| Duran, | 3,000 | 400 |
| Amor, | 3,000 | 400 |
| Taquenca, | 3,000 | 400 |
| Porlier, | 4,000 | 400 |
| Ortegra, | » | 300 |
| Total. | 38,300 | 8,923 |

[2] Voici en original cette curieuse ordonnance, qui constate l'aménité de l'occupation française :

« Vecinos de Palenzia, Ya sabeis que no se puede retardar mas el pago de la contribucion en generos, y metalico, correspondiente à los cinco ultimos meses de 1812 ; asi mismo sabeis quantas gracias yà

comme celle de Catalogne, et si fatalement opprimée. Ainsi la guerre au couteau s'explique.

Ce fut en Angleterre surtout qu'éclata la joie la plus vive de nos désastres en Russie ; ennemie invétérée de la suprématie de Napoléon, la Grande-Bretagne l'avait combattu avec un acharnement indicible au moyen de tous les sacrifices si largement imposés par le grand système de Pitt ; elle touchait enfin à son triomphe, car l'orgueilleux Empereur recevait un échec irréparable ; l'ombre du fils de Chatam devait se consoler sous les vastes voûtes de Westminster ; Castlereagh et Liverpool, ses élèves, s'étaient faits les héritiers de sa forte pensée ; l'Angleterre voyait enfin le continent échapper à la puissance de Napoléon ; elle votait des subsides immenses, mais ces subsides habilement distribués lui créaient des amis en substituant à l'influence de la France sur l'Europe la toute puissance de l'Angleterre ; son crédit politique grandissait à ce point que les cabinets de Vienne, de Berlin, de Saint-Pétersbourg attendaient avec une vive sollicitude les inspirations de lord Castlereagh, cette tête si ferme, si absolue ; le succès préparait le vote unanime du parlement ; l'Angleterre en masse était entrée dans le système des hostilités implacables contre Napoléon. Dans cette année, l'opposition presqu'entière disparaît des Communes ; il n'y a plus qu'une idée, la chute du chef qui préside aux destinées de la France.

---

la ciudal conseguido en este particular.

« Os queda á saber que no pagando en los terminos fixados, estais expuestos á rigor que me caracteriza en la execution de las ordenes del gobierno. Quien merecera la aplicacion de este rigor principará por pagar quaranta-cinco pecetas, á los quince soldados que yo pondré á discrecion en su casa. Estos soldados le detendrán ne su casa para recibir de ora en ora cinquanta palos en mi presencia. Cada dia nuevas quaranta-cinco pecetas, y nuevas distribuciones de palos.

« Del vecino que no se encontrara en su casa esta sera saqueada.

« El auditor del consejo de S. M. I. y R., encargado de la contribucion de Palenzia y jurisdiccion. »

10 janvier 1813.

L'esprit littéraire même poussait le peuple britannique à une grande levée de boucliers. Si l'on examine à cette époque le mouvement de la littérature anglaise, elle commence à se personnifier en deux hommes : Walter Scott empreint toutes ses œuvres d'un haut sentiment d'aristocratie ; il s'est fait le barde des vieilles choses, des traditions de châtellenies, de l'épopée de la patrie. Walter Scott a été un des grands instruments des restaurations européennes ; il a préparé les esprits à ne plus mépriser les siècles écoulés, les générations au sépulcre, les vieux créneaux de nos pères, et les dynasties tombées. Walter Scott, en parlant des Stuarts, sanctifie le caractère de Charles Ier au milieu des Puritains, à la face de Cromwell, aux jours des grandes révolutions ; il poétise Charles II, il entraîne tous les cœurs vers Édouard en Écosse, le noble descendant d'une dynastie proscrite ; il est le barde des choses du passé, et lorsqu'il parlait des Stuarts, plus d'un regard attentif ne devait-il pas se porter sur les Bourbons ?

Byron donne à son âme ardente une mission qui a bien aussi son retentissement politique : Childe-Harold a visité le Portugal et l'Espagne ; lorsque son navire a quitté l'Océan et les tempêtes, lorsqu'il a adressé ses adieux mélancoliques à la terre d'Albion, il débarque à Lisbonne ; son premier salut est pour ce palais de Mafra aux mille tours, où les Portugais placent leurs dynasties nationales. Lord Byron traverse Cintra, là où fut signée la convention avec Junot, et il attaque le général Dalrymple, dont la main funeste a signé la capitulation du corps d'armée français. A travers ces campagnes embaumées d'orangers, de citronniers, Byron rêve la délivrance de l'Espagne ; il traverse en pèlerin la Sierra-Morena, où des boulets empilés attestent l'héroïque défense de la

Péninsule. Childe-Harold est à Séville, où les jeunes toréadors ont suspendu la guitare aux saules du Guadalquivir; tout y respire la guerre, et lord Byron salue ces femmes aux noirs cheveux, qui font retentir les amphithéâtres du cri de *mort aux Français!* A Cadix, son séjour de prédilection, Childe-Harold assiste aux délibérations de la junte, et de mâles accents de liberté retentissent à ses oreilles. Il quitte l'Espagne pour visiter la Grèce, l'Albanie, et c'est au pied du mont Olympe qu'il jette aux Espagnols ces souhaits de victoire contre l'oppression d'un conquérant.

La publication du premier chant de *Childe-Harold* fit une vive et profonde impression en Angleterre; ce fut comme un poétique pamphlet. Walter Scott avait récité de nobles pensées sur les dynasties tombées; Byron, lui, chante les peuples, et ses vers jettent des imprécations au chef des guerriers de France, dont l'aigrette rouge signale la dévastation et le ravage. La grande popularité des deux poëtes servit la cause des restaurations en Angleterre; leurs chants émurent ceux qui rêvaient l'indépendance des nations, comme ceux qui voulaient la restauration des trônes; tout dut concourir au même but de renversement contre la dictature de Bonaparte. De là cette spontanéité pour le vote des subsides au parlement, dans la Chambre des Lords comme dans la Chambre des Communes : l'opposition a presque disparu. « Enfin, disait-on, voilà des succès : en Espagne, où lord Wellington décore d'un noble laurier le drapeau britannique, où les guérillas se lèvent en masse, où partout elles pressent les aigles de Napoléon ; en Russie, un peuple aussi brave a poursuivi à travers les neiges les débris de l'armée française, comme le noir chasseur de la Mort des ballades du Rhin ; le succès est partout complet ; il ne faut plus désormais se montrer avare de subsides, on en stipulera pour tout le monde. » Sir Charles Stewart doit passer par la Suède pour faire accéder activement Bernadotte à la cause commune; lord Walpoole est désigné pour une mission confidentielle à Vienne; et tandis que sir Charles Stewart se dirigera de Stockholm vers Berlin, lord Cathcart doit offrir à la Russie les moyens de poursuivre la guerre avec acharnement. Il faut détruire ce colosse qui pèse sur tous, briser cette maille d'acier dont le système continental a enveloppé l'Europe.

Pour arriver à ce but, le plan de l'Angleterre est simple ; cet empire français, quelle que soit la main puissante qui a voulu lui imprimer l'unité, forme une réunion confuse de peuples hostiles par leur histoire, leurs mœurs, les habitudes, la religion et les souvenirs; rien ne sera plus aisé que de le dissoudre; on doit renoncer à toutes ces idées d'insurrection vendéenne ou bretonne des époques antérieures: saisir l'Empire au cœur, c'est folie; il faut donc l'attaquer par les extrémités, préparer la gangrène aux doigts, à la tête, aux pieds: avec cela la vie ne sera pas longue. A l'extrémité nord sont les villes anséatiques : Hambourg, Lubeck, gémissent sous l'occupation; les départements réunis sont prêts à succomber sous le système continental, il faut leur rendre l'indépendance et la liberté commerciale ; avec cela on remuera les peuples. Au-dessous de ces villes est la Hollande, soumise aux mêmes infirmités par le système continental, pleine d'inquiétude, d'esprit de révolte depuis sa réunion à la France ; que faut-il donc à ce pays? lui rendre sa liberté commerciale comme aux villes anséatiques, il faut abolir les douanes françaises, la conscription, les droits-réunis. Pour la Hollande il existe une race chérie qui l'a gouvernée paisiblement; c'est la famille des princes d'Orange, des stathouders, dont l'histoire se lie par un échange de services à l'indépendance des Pays-Bas. Le parti orangiste est puissant, il ne s'agit que de le mettre en action à Utrecht, à Amsterdam; les princes de cette famille sont unis à l'Angleterre par mille liens différents; vive la liberté! vive Orange! ce cri doit plaire aux Pays-Bas, et l'Angleterre sera la première à seconder l'insurrection[1]. En Belgique, on sait les mécontentements qu'éprouvent les catholiques à l'occasion des persécutions que l'Empereur des Français fait subir à leurs évêques; on s'appuiera sur cette irritation des esprits. Dans ces contrées, la plupart des révolutions ne se sont-elles pas opérées par des idées religieuses? La Belgique est un pays fabricant et productif; la Hollande est au contraire un pays d'exportation et de consommation; on pourra lier la Belgique et la Hollande par un commun intérêt, en former un seul royaume comme une barrière à la France.

Au midi de l'Empire français, l'insurrection peut servir également la cause européenne; les provinces extrêmes de cet Empire s'étendent jusqu'au-delà de l'Illyrie; population moitié grecque, moitié turque; et pourquoi ne rendrait-on pas ces peuples à leurs mœurs, à leur ancienne souveraineté? L'Illyrie est un beau lot qu'on peut offrir à l'Autriche; Raguse serait rendue à la pensée républicaine sous un pavillon national; on ferait insurger Naples et l'Italie avec ces deux mots : « Abolition des droits-réunis et de la conscription. » Les Carbonari et les sociétés secrètes seraient les instruments de cette délivrance au nom de la nationalité; on emploierait même Murat à cette fin, on lui offrirait la couronne d'Ita-

---

[1] La révolution des Pays-Bas se fit à ces cris de Orange-boven.

lic. Quant au protectorat sur l'Allemagne, l'insurrection en ferait justice ; les universités seules suffiraient pour anéantir ce joug oppresseur. Ainsi ce grand tout appelé l'Empire français, se dissolvant de lui-même, se briserait en lambeaux comme la monarchie de Charlemagne, et plus rapidement encore, parce que les temps étaient plus avancés et la civilisation plus dévorante ; les années étaient des siècles depuis la révolution de 1789 ; les choses tombaient, se relevaient pour tomber encore avec une effrayante mobilité.

Ce plan de l'Angleterre était admirablement servi par tous les ennemis personnels de Napoléon ; il y en avait beaucoup sur la surface du monde, et Bernadotte en tête ; le prince royal s'était trop compromis pour ne pas éprouver une certaine satisfaction des désastres épouvantables de la guerre de Russie ; si Napoléon avait réussi dans sa campagne, évidemment la Suède et Bernadotte étaient perdus ; les armes impériales auraient puni cet insolent vassal qui tentait de résister au suzerain. Désormais la haine de Bernadotte était satisfaite, l'expédition de Bonaparte avait échoué ; loin de le craindre, on pouvait l'attaquer avec un juste espoir de succès ; les plaintes si aigres, si hautaines de Bernadotte n'étaient-elles pas pleinement justifiées ? il avait dit : « que Bonaparte sacrifiait le sang de ses soldats pour de folles ambitions, » et les glaces de Russie étaient rougies d'une sinistre empreinte ; il avait dit à l'armée mécontente : « Vous vous sacrifiez à un homme, » et cela n'était-il pas vrai quand on lisait le vingt-neuvième bulletin ? Le rôle de Bernadotte devenait donc plus facile, plus haut, soit qu'il restât Suédois, soit qu'un vote du Sénat lui fît une grande position dans l'ancienne patrie.

Moreau dut aussi tressaillir dans ses forêts du Nouveau-

Monde à l'aspect de ces désastres de Moscou; s'il versa quelques larmes sur la mort de plusieurs de ses compagnons de victoire aux jours de la République, il éprouvait aussi une sorte de satisfaction de voir ses prophéties se réaliser. Ses plaintes, ses jugements sur Bonaparte, comme ceux de Bernadotte, s'étaient pleinement confirmés; son amour-propre dut sentir une joie secrète, car lui, Moreau, avait fait une admirable retraite en Allemagne, celle de Moscou était déplorable; il jugeait très sévèrement Bonaparte comme tacticien, et maintenant il avait beau jeu pour déclamer contre les maladresses et les imprévoyances de son rival de gloire. L'exécution impitoyable de Lahorie, son ami, son chef d'état-major, lui avait laissé au cœur un sentiment de vengeance; il pouvait désormais venir sur le continent; l'empereur de Russie lui faisait des propositions pour qu'il passât dans les rangs de son armée [1], avec le titre de feld-maréchal-général; les armées russes étaient pleines d'officiers français : Lambert, Langeron, Saint-Priest, Richelieu; on se flattait comme une illusion d'organiser une légion avec les prisonniers restés en Russie, dont Moreau serait le chef. Lecourbe, son ami, recevait aussi des propositions; on savait à Paris qu'il vendait ses biens pour aller prendre du service auprès d'Alexandre; les républicains, péniblement fatigués du joug de Napoléon, se mettaient dans les rangs de l'indépendance européenne.

Ce fut dans les joies de ce premier triomphe contre Bo-

---

[1] Voici la lettre autographe du Czar pour appeler Moreau sur le continent:

*Lettre de l'empereur Alexandre au général Moreau.*

« M. le général Moreau, connaissant les sentiments qui vous animent, en vous proposant de vous rapprocher de moi, je me fais un plaisir de vous donner l'assurance formelle que mon unique but est de rendre votre sort aussi satisfaisant que les circonstances pourront le permettre, sans qu'en aucun cas vous soyez exposé à mettre votre conduite en opposition avec vos principes. Soyez persuadé, M. le général Moreau, de toute mon estime, ainsi que de mon affection. »       Alexandre.

naparte que se montra tout à coup dans les rangs de l'armée russe l'ennemi acharné du Corse d'Ajaccio, le colonel Pozzo di Borgo, que la vieille vendetta avait séparé de Bonaparte. On a vu que Pozzo di Borgo, persécuté par Napoléon à Vienne, à Saint-Pétersbourg, avait cherché refuge en Angleterre où sa haine avait servi la cause européenne; patriote de principe, le colonel dut facilement s'entendre avec Bernadotte qu'il visita lors de son passage à Stockholm; Pozzo même ne fut pas sans influence sur les déterminations du prince royal pour se rapprocher de l'Angleterre et de la Russie; guerre à Bonaparte fut son mot d'ordre; guerre inflexible, implacable; et dans ces dispositions il alla joindre le quartier impérial d'Alexandre. On s'imagine bien avec quelle joie il fut accueilli; il avait quitté le Czar aux entrevues de Tilsitt et d'Erfurth, au moment où ce prince tendait la main à Napoléon; il le retrouvait dans une campagne victorieuse, la haine au cœur, la vengeance à la bouche: combien cela ne devait-il pas convenir au colonel Pozzo di Borgo? combien son œil fin, pénétrant, ne dut-il pas s'animer en voyant l'Europe prête à se lever contre celui qui la foulait naguère sous les pieds? Sa vendetta prenait un caractère plus vaste, plus étendu; Bonaparte l'avait persécuté, et lui aussi allait le poursuivre et combattre une fois encore à sa face.

Dès ce moment il y eut dans les armées, dans la diplomatie, des officiers-généraux, des hommes politiques, avec la haine au cœur contre Bonaparte: on pouvait compter parmi eux Winzingerode, de race germanique, l'expression des sociétés secrètes; Wittgenstein, aussi implacable que lui dans son esprit de vengeance; en Prusse, le vieux Blücher, Gneisenau, tous patriotes. Parmi les hommes d'État se trouvait une diplomatie publique et une diplomatie secrète. Si MM. de Metternich et de Hardenberg conservaient des ménagements, un système de temporisation, du respect même pour l'Empereur des Français, il n'en était pas ainsi du comte de Stadion, de Stein, et de Gentz surtout, l'élégant écrivain, un des plus forts prosateurs de l'Allemagne. Gentz préparait les manifestes avec cette claire exposition de principes, cette élégance de formes qui caractérise aussi la causerie et la pensée de M. de Metternich. J'aime ce talent de Gentz, moitié germanique et moitié français, grave, profond, facile; j'aime ce caractère de plaisir et de dissipation joint aux graves affaires, ce cœur qui ne trouva de remède au vide de ses émotions épuisées qu'au murmure de quelques douces paroles auprès de la jeune et gracieuse Fanny Elssler.

Parmi toutes les têtes graves, actives, pensantes, qui suivaient avec une vive attention les accidents de fortune de Bonaparte, se trouvait un vieux roi proscrit, le plus patient peut-être de tous les prétendants à la couronne. Le château d'Hartwell, avec ses beaux parcs, ses grandes pièces d'eau, voyait un prince à cinquante-sept ans déjà, et qui conservait la vigueur de toutes ses pensées. A six heures debout, il descendait presque immédiatement dans le parc, lisait avec avidité les journaux de France, et le *Moniteur* surtout; à ses côtés se plaçait une jeune femme qu'il aimait à appeler son Antigone. Louis XVIII, est-il besoin de le nommer? n'avait jamais renoncé à une restauration de sa race; son esprit plein de sagacité avait jugé très sainement l'état des partis en France; il avait vu que s'il y avait beaucoup d'intérêts qui se rattachaient en France aux idées monarchiques, il n'y avait de force, d'énergie, que dans le parti militaire et patriote. D'où il avait conclu une chose fort simple : c'est qu'il fallait préparer la Restauration monarchique à l'aide du parti de la Révolution mécontente. De là son premier projet d'une charte et sa correspondance avec quelques-uns des chefs du parti de 1791; sincèrement ou habilement, Louis XVIII voulait partir de l'alliance des principes libéraux avec la restauration de la légitimité ; aux jours même les plus heureux de Napoléon, il avait toujours songé à la guerre qu'on pouvait faire au pouvoir impérial au nom de la liberté publique, du commerce et de l'indépendance des nations.

La lecture du vingt-neuvième bulletin inspira donc au roi Louis XVIII deux démarches d'une grande portée [1] : l'une se rapportant à ce que je pourrais appeler sa diplomatie, l'autre rentrant dans l'action politique sur les partis à l'intérieur. Le roi venait d'apprendre qu'un nombre infini de prisonniers français étaient restés au pouvoir d'Alexandre dans les steppes de Russie; il se hâta d'écrire une lettre parfaitement rédigée, comme il savait les faire, au czar Alexandre, afin qu'il apportât quelques soulagements au sort des prisonniers restés dans ses mains : « c'étaient des Français égarés, disait-il, mais encore ses enfants. » Ainsi Louis XVIII se rendait populaire dans les rangs de l'armée nationale; cette lettre serait publiée, qui sait? on la lirait peut-être dans les camps, et cela grandirait la popularité du vieux roi. Ensuite ne rappelait-il pas à l'Europe que le roi de France, n'abandonnant aucun de ses droits, se croyait encore la couronne

---

[1] *Lettre de Louis XVIII à l'empereur Alexandre.*

« Le sort des armes a fait tomber dans les mains de V. M. I. plus de 150,000 prisonniers, français pour la plupart. Peu importe sous quels drapeaux ils ont servi; ils sont malheureux ; je ne vois parmi eux que mes enfants. Je les recommande à la bonté de V. M. I. ; qu'elle daigne adoucir la rigueur de leur sort et considérer combien un grand nombre d'entre eux ont déjà souffert! Puissent-ils apprendre que leur vainqueur est l'ami de leur père! V. M. ne peut donner une preuve plus touchante de ses sentiments pour moi. »

Louis.

au front. Par une seule lettre, il tirait un mandat sur le cœur de ses futurs sujets et sur les cabinets des souverains.

La seconde démarche fut toute d'intérieur : les fonctionnaires publics, sénateurs, ministres, généraux, officiers, reçurent sous enveloppe, par une main mystérieuse, une déclaration de Louis XVIII; elle promettait à chacun la conservation de son poste, une amnistie générale, une constitution qui serait présentée au Sénat, un mélange enfin des idées de restauration et des principes de 1789, et comme couronnement l'abolition de la conscription et des droits-réunis. « Le moment est enfin arrivé, disait le roi Louis XVIII, où la providence paraît vouloir briser l'effet de sa colère. L'usurpateur du trône de saint Louis, le dévastateur de l'Europe, éprouve à son tour des revers. N'auront-ils d'autre effet que d'aggraver les maux de la France, et n'osera-t-elle renverser un pouvoir odieux que ne protégent plus les illusions de la victoire? Quels projets, quelles craintes pourraient encore l'empêcher de se jeter dans les bras de son roi, et de reconnaître dans le rétablissement de son autorité légitime le seul gage de la paix, de l'union et du bonheur que ses promesses ont si souvent garantis à ses sujets opprimés[1]? Ne pouvant et ne voulant obtenir que par leurs efforts ce trône, que ses droits et leur affection peuvent seuls affermir, quels vœux pourraient-ils former contraires à ceux qu'il a invariablement formés? Quel doute pourrait-on concevoir de ses intentions paternelles? Dans ses déclarations antérieures, le roi a dit et il renouvelle

---

[1] La déclaration de Louis XVIII, habilement rédigée, faisait des promesses à tous, aux militaires, aux administrateurs :

« Le roi a garanti aux militaires de leur conserver le rang, les grades, la paye et les postes dont ils jouissent en ce moment. Il promet aussi à tous les généraux, officiers et soldats qui se signaleront dans le soutien de sa cause, des récompenses plus solides, et des distinctions plus honorables que toutes celles qu'ils pourraient recevoir de l'usurpateur, toujours prêt à méconnaître, ou même à redouter leurs services. Le roi s'engage de nouveau à abolir cette

l'assurance que les corps administratifs et judiciaires seront maintenus dans la plénitude de leurs pouvoirs; qu'il conservera à ceux qui lui prêteront le serment de fidélité les places qu'ils occupent; que les tribunaux dépositaires des lois défendront toutes poursuites relativement aux temps malheureux dont son retour doit sceller l'entier oubli; qu'enfin le Code souillé du nom de Napoléon, mais qui est formé, en grande partie, des anciennes ordonnances et coutumes du royaume, demeurera en vigueur, à l'exception des lois contraires à la doctrine de la religion, qui, ainsi que la liberté du peuple, a été soumise aux caprices du tyran. »

A ces promesses flatteuses le vieux roi joignait un appel au Sénat; il savait bien le rôle qu'il pouvait être destiné à jouer dans une restauration; Louis XVIII ajoutait donc ces paroles d'encouragement aux sénateurs:
« Le Sénat, où siégent quelques hommes distingués par leurs talents, et que des services importants rendent illustres aux yeux de la France et de la postérité; ce corps dont l'utilité et l'importance ne peuvent être justement appréciées qu'après la restauration, apercevra certainement la glorieuse destinée qui l'appelle à être le premier instrument de ce grand bienfait, qui sera la plus solide comme la plus honorable garantie de son existence et de ses prérogatives. » Cette déclaration devait servir de base à la grande charte que méditait déjà l'esprit classique de Louis XVIII. Avant les désastres de Moscou, on se fût moqué de ces démarches,

---

funeste conscription qui détruit le bonheur des familles et l'espoir de la patrie.

« Telles ont toujours été, et telles sont encore les intentions du roi. Son rétablissement sur le trône de ses ancêtres ne sera pour la France qu'une heureuse transition des calamités d'une guerre que la tyrannie perpétue, aux bienfaits d'une paix solide dont les puissances étrangères ne peuvent trouver de garantie que dans la parole du souverain légitime. »

Hartwell, 1er février 1813.

car on était heureux, l'Empire dans sa force et dans sa gloire pouvait se rire de ses ennemis ; mais dans les moments de tristesse et de découragement tout cela portait son coup ; on voyait toutes les chances possibles de l'avenir, et on songea un peu plus aux Bourbons, comme à une solution dans la crise sociale et militaire.

Contre tant d'ennemis acharnés sur cette vaste proie de l'Empire français, que restait-il à Napoléon ? Quelle arme avait-il dans les mains pour se défendre ? Il aurait pu répondre le grand *moi* de Corneille ; certes, son beau génie devait, en se repliant sur lui-même, trouver ce dernier et puissant feu qui, plus d'une fois, avait frappé ses adversaires ; ce n'est pas en vain que sur son blason l'aigle lançait la foudre. Un tel homme ne s'abattait pas d'un seul coup ; Antée touchait la terre et se relevait plus fort. Il avait dans les mains l'administration la plus énergique, la plus formidable. Il faut maintenant la voir agir et créer les vastes ressources d'une nouvelle et gigantesque campagne.

FIN DU NEUVIÈME VOLUME.

# TABLE
## DES CHAPITRES
### DU NEUVIÈME VOLUME.

Pages.

**CHAPITRE I.** — Esprit de la société a la naissance du roi de Rome. — La cour. — La ville. — Les dignitaires. — L'administration. — L'armée. — La bourgeoisie. — Les propriétaires. — Les commerçants. — Napoléon et le conseil des Manufactures. — Le clergé. — Le concile à Paris. — Délibérations. — Commencement d'inquiétude dans les esprits. — Les plaintes du commerce. — Mauvaise récolte de 1811. — Menace de famine. — Révolte de Caen. — La comète. — Sinistres présages. — Juillet 1812.) 1

**CHAPITRE II.** — Situation diplomatique de l'empire avant la guerre de Russie. — Changement dans le ministère des relations extérieures. — Les trois périodes. — M. de Talleyrand. — M. de Champagny. — M. Maret. — Caractère de M. Maret. — Rapports avec la Russie. — Premiers griefs. — Le commerce. — Occupation militaire de la Prusse. — Le grand-duché d'Oldenbourg. — Diplomatie russe. — Le prince Kourakin à Paris. — Les voyages du comte de Czernicheff. — Échange de notes. — Relations avec l'Angleterre. — Le ministère anglais. — Assassinat de M. Perceval. — Double base de négociations. — Développement de la puissance de lord Castlereagh. — Rapports de la France et de la Prusse. — Proposition d'alliance. — Situation respective de Napoléon et de l'Autriche. — Difficultés dans les négociations. — Griefs de la Suède. — Le commerce. — Le pa-

TABLE DES CHAPITRES.

villon neutre. — Correspondance de Napoléon et de Bernadotte. — La Porte ottomane avant l'expédition de Russie. — (Mai 1811 à Mai 1812.) 26

CHAPITRE III. — LES PEUPLES ET LES ENNEMIS PERSONNELS DE NAPOLÉON. — Développement de la haine des Espagnols. — Les Cortès. — La constitution de 1812. — Embarras de Joseph. — Négociations de M. Hamilton. — Énergie de l'insurrection. — Le peuple anglais. — L'aristocratie. — Union des wighs et des tories. — Progrès des sociétés secrètes. — Mot d'ordre des conjurés. — L'unité allemande. — La triple association. — Les universités. — Organisation des Carbonari en Italie. — Patrie et liberté. — Les nations slaves. — L'aristocratie russe. — Le peuple. — Plan de délivrance. — Premières communications faites à Moreau. — Correspondance avec Bernadotte. — Propositions de l'empereur de Russie. — Dumouriez. — Sa correspondance avec lord Wellington. — Son plan de campagne. — Pozzo di Borgo. — Son activité. — Ses voyages. — Arrivée en Angleterre. — Sir Robert Wilson. — Madame de Staël. — Benjamin Constant. — (Mai 1811 à 1812.) 62

CHAPITRE IV. — LES FORCES ET LES ARMÉES EN PRÉSENCE. — L'armée française en 1812. — La garde. — Les régiments de ligne. — La cavalerie. — L'artillerie. — Les arsenaux. — La marine. — Les armées d'Espagne. — Les garnisons d'Allemagne. — Les alliés. — Troupes italiennes. — Polonaises. — La Confédération du Rhin. — Armées prussienne, autrichienne, anglaise, portugaise, espagnole. — Organisation militaire de la Russie. — Ses généraux. — Ses cadres. — Effectif de ses corps. — Esprit de son armée. — Bernadotte. — L'armée suédoise. — (Mars et Avril 1812.) 89

CHAPITRE V. — DERNIÈRES NÉGOCIATIONS DES CABINETS. — MESURES DU GOUVERNEMENT AVANT LA CAMPAGNE DE RUSSIE. — Explications diplomatiques avec le prince Kourakin. — Audience de l'Empereur. — Notes des deux cabinets. — Organisation en trois bans de la garde nationale. — Levées en masse. — Inquiétude des esprits. — Rupture avec la Suède. — Mauvais résultat des négociations avec la Porte Ottomane. — Exécution des traités d'alliance avec la Prusse et l'Autriche. — Communication au Sénat. — Tristesse des opinions. — Organisation du gouvernement. — Départ de Napoléon pour Dresde. — (Mars à Mai 1812.) 119

TABLE DES CHAPITRES.

CHAPITRE VI. — SÉJOUR A DRESDE. — NÉGOCIATIONS. — Dresde.— cour plénière des rois. — Napoléon. — Marie-Louise. — François II. — L'impératrice d'Autriche. — Le roi de Prusse. — Caractère et activité de Napoléon. — Ses rapports avec les cabinets. — Préparatifs militaires à Dresde. — Organisation du corps diplomatique. — Dernière démarche pour la paix. — Préparatifs d'Alexandre. — Ses rapports de cabinet. — Traité avec la Suède et Bernadotte. — Suite et développement des négociations avec l'Angleterre. — Préliminaires signés avec la Turquie. — Négociations avec les Cortès espagnoles. — L'armée russe. — (Mai et Juin 1813.) . . . . . . . . . . . . . . . . . . . . . . 152

CHAPITRE VII. — LA POLOGNE. — PREMIÈRE PÉRIODE DE LA CAMPAGNE DE RUSSIE JUSQU'A WITEPSK. — Idées politiques de Napoléon sur la Pologne. — Envoi de M. de Pradt. — M. Bignon. — M. Maret. — Organisation du grand-duché de Varsovie. — Esprit des Polonais. — La noblesse. — Le clergé. — La bourgeoisie. — Le peuple. — Alexandre à Wilna. — Jérôme et les Allemands à Varsovie. — La Diète. — Les généraux français Vandamme et Dutail. — Passage du Niémen. — Aspect du pays. — Retraite des Russes. — Napoléon à Wilna. — Organisation provisoire de la Lithuanie. — Tentative pour le réveil de la Pologne. — Système militaire des Russes. — Suite de combats. — Stratégie jusqu'à Witepsk. — (Juin et Juillet 1812.) . . . 185

CHAPITRE VIII. — RÉSISTANCE DE LA NATIONALITÉ RUSSE. — DEUXIÈME PÉRIODE DE LA CAMPAGNE JUSQU'A SMOLENSK. — Esprit de la nationalité russe. — Le parti allemand-courlandais. — Le parti moscovite. — Nécessité d'un appel à l'antique nationalité. — Voyage d'Alexandre. — Visite à Moscou. — A Novogorod. — Le métropolitain Platon. — Reliques et processions saintes. — Les nobles russes. — Kutusoff. — Répugnance pour Barclay de Tolly. — Triomphe des opinions moscovites. — Nouveau caractère de la résistance. — Désert et incendies. — Vie et caractère du comte Fœdor Rostopchin. — Proclamation aux Français et aux Allemands. — Alexandre et Bernadotte à Abo. — Promesses de l'entrevue. — Ratifications des traités politiques avec l'Angleterre, la Suède, la Porte et les Cortès espagnoles. — Stratégie des Français depuis Witepsk jusqu'à Smolensk. — Belle résistance des Russes. — (Juillet et Août 1812.) . . . 219

CHAPITRE IX. — TROISIÈME PÉRIODE DE LA CAMPAGNE DE RUSSIE. —

TABLE DES CHAPITRES.

Pages.

DE SMOLENSK AUX MURS DE MOSCOU. — Napoléon à Smolensk. — Combat de Valutina-Gora. — Développement de la marche militaire. — Espoir d'une bataille. — Mouvement de concentration. — Les armées détachées. — Situation stratégique. — Arrivée de Kutusoff. — Résignation de Barclay de Tolly. — Désordre de l'armée française. — Champ de bataille choisi par les Russes à Borodino. — Dispositions dans les deux camps. — Esprit du soldat. — Piété des Russes. — Raillerie des Français. — Attaque de Ney. — Bagration. — Développement de la bataille de Borodino ou de la Moskowa. — Kutusoff et Napoléon. — Pressentiment moral de l'Empereur. — Refus de faire donner la garde. — Campement des Russes. — Leur retraite. — Esprit des populations. — Dévouement de Moscou. — Assemblée des nobles, des marchands et des serfs. — Héroïsme du comte Fœdor Rostopchin. — Organisation de l'incendie. — Marche des Français sur Mojaïsk. — Aspect des murs de Moscou. — (19 Août au 14 Septembre 1812.)       251

CHAPITRE X. — PARIS ET LA FRANCE PENDANT LA CAMPAGNE DE RUSSIE. — L'impératrice Marie-Louise. — Le roi de Rome. — Saint-Cloud. — Trianon. — La famille Bonaparte. — Les eaux d'Aix. — Le pape à Fontainebleau. — Charles IV à Rome. — Ferdinand VII et les infants à Valençay. — Le gouvernement. — Le Sénat. — Le conseil d'État. — Cambacérès. — Les ministres. — Le conseil du gouvernement. — Savary. — La police. — L'opinion publique. — Les bulletins. — L'armée d'Espagne. — Progrès de lord Wellington. — Les bulletins de Russie. — Inquiétude. — Levée prématurée de la conscription. — Les cohortes. — Esprit de Paris. — Littérature. — Philosophie. — Théâtres. — Ouvrages d'arts. — Monuments de Paris. — Travaux publics. — (Mai à Septembre 1812.)       288

CHAPITRE XI. — NAPOLÉON A MOSCOU. — Préparatifs administratifs pour le gouvernement de Moscou. — M. Daru. — M. de Lesseps. — Entrée de Murat. — Solitude et silence. — Napoléon en vue de Moscou. — La députation. — Le soir du 14 septembre. — Désordre. — Pillage. — Le Kremlin. — Premières lueurs de l'incendie. — Le Kremlin. — Le château de Pétrowskoë. — Rentrée dans le Kremlin. — L'empereur Alexandre. — Situation des armées russes. — Esprit des populations. — Second séjour de Napoléon au Kremlin. — Ses illusions sur la paix. — Lauriston et Kutusoff. — Murat et Miloradowitch. — Beau projet de Napo-

TABLE DES CHAPITRES.

léon sur Saint-Pétersbourg. — Découragement des siens. — Le génie et les médiocrités. — Affaiblissement moral de l'armée.— Actes de Napoléon. — Décret de gouvernement. — Projets d'embellissement et de théâtre. — Nécessité de quitter Moscou. — M. Maret à Wilna.—M. de Pradt à Varsovie.—Les trois routes. — Le midi.—Le nord. — Le centre. — Évacuation de Moscou. —Aspect de l'armée. — Le Kremlin et le maréchal Mortier. — (14 Septembre au 25 Octobre 1812.) . . . . . . . . . . . . 323

CHAPITRE XII. — SITUATION DES PARTIS. — CONSPIRATION MALET. — Idée impériale sur l'hérédité. —Partis qui s'opposent à la réalisation de cette pensée. — Les républicains. — Les royalistes. — Le parti religieux. — Les prisons d'État. — Action de la police. — Les autorités. — La force publique. — Les cohortes. — Les soirées d'une conspiration. — Sénatus-consulte de déchéance.—La garde nationale. — Le tocsin. — Le gouvernement provisoire. — Préparatifs de Malet. — Sa sortie. — Les casernes. — L'hôtel du général Savary. — La préfecture de police. — L'hôtel-de-ville. — L'état-major. — Cambacérès. — Marie-Louise. — M. Réal. — Le ministre de la guerre. — Terreur des fonctionnaires. — Leur vengeance. — Malet devant le conseil de guerre. — Exécution de Grenelle. —Enquête secrète sur la conjuration. — Retentissement de la conspiration Malet. — Espionnage avec les Anglais. — Commissions militaires de Toulon et de Marseille.— Les Jacobins. — Affaiblissement du principe impérial. —(Octobre à Décembre 1812.) . . . . . . . . . . . . 366

CHAPITRE XIII. — RETRAITE DE RUSSIE. —Grande pensée de l'Empereur. — Opposition des généraux. — Fautes qui en résultent. — La route de Kalouga. — Manœuvres de Kutusoff. — Combat de Malo-Jaroslawetz. — Grandeur de vues. —Nouvelle opposition. — Retour sur Smolensk. — Stratégie de Miloradowitch. — Combat de Wiazma. —Aspect de Smolensk.—Le froid ne cause pas la perte de l'armée. — Manœuvres des deux armées russes du Danube et de Finlande. — Instructions du prince de Schwartzenberg. — Retraite de Gouvion-St-Cyr et de Victor. — Rendez-vous de l'armée russe à la Bérésina. —Souffrance et retard de l'armée de Kutusoff. — Combat de Borisow. — Passage de la Bérésina. — Impression qu'il laisse sur l'armée. — Rédaction du 29e bulletin. — Qui l'inspire ? — A quel dessein ? — Accusation de l'Empereur contre l'armée. — (24 Octobre au 5 Décembre 1812.) . . . . . . . . . . . . 405

CHAPITRE XIV. — ACTES DE SON GOUVERNEMENT A PARIS. — Motifs qui déterminent l'Empereur à quitter l'armée. — Communication à ses généraux. — Il choisit Murat. — M. Maret à Wilna. — Le corps diplomatique. — Arrivée de Napoléon. — M. de Pradt à Varsovie. — La conversation avec l'Empereur. — Trajet rapide vers Paris. — Entrevue à Dresde avec le roi de Saxe. — Impression produite par le 29ᵉ bulletin. — Napoléon aux Tuileries. — Effroi de Marie-Louise. — Les ministres mandés. — Conversation avec Cambacérès. — Clarke. — Savary. — Idée monarchique. — Adresses du Sénat et du conseil d'État. — Réponses de Napoléon.—Jugement et destitution de M. Frochot. — Premier projet d'une régence. — Rappel de Fouché à Paris. — M. de Talleyrand. — Conseil pour la paix ou la guerre. — Les gardes-du-corps. — Tendance du gouvernement. — Affaire pontificale. — Visite de Napoléon au Pape. — Caractère de leur conversation. — Concordat de 1813. — (Décembre 1812. — Janvier 1813.) 442

CHAPITRE XV. — EFFET PRODUIT EN EUROPE PAR LE DÉSASTRE DE RUSSIE. — L'Allemagne. — Situation morale. — La philosophie. — Les écoles. — Poésies et chants nationaux. — L'étudiant poëte Kœrner. — Les généraux Yorck et Massenbach se prononcent pour la cause germanique. — Rapports des sociétés secrètes avec Wittgenstein. — L'Italie. — Pensée d'unité. — Système autrichien.—Caroline Murat. — Système national et patriote. — Les Carbonari. — Constitution de la Sicile. — L'Espagne. — Actes des Cortès. — Mouvement de l'insurrection. — Joseph Bonaparte et les maréchaux français. — L'Angleterre. — Sa protection aux idées patriotes. — Philosophie et littérature. — Idée aristocratique, Walter Scott. — Idée de délivrance. — Lord Byron. — Childe-Harold en Espagne et en Portugal. — Etat moral des villes anséatiques, — de la Hollande, — de la Belgique. — Joie des ennemis de Napoléon.—Bernadotte.—Moreau.—Lecourbe. — Pozzo di Borgo. — Winzingerode. — Wittgenstein. — Stadion. — Gentz. — Plan pour la destruction de l'Empire. — Réveil des vieilles dynasties. — Démarche populaire pour Louis XVIII. — (Décembre 1812 à Février 1813.) 483

FIN DE LA TABLE DES CHAPITRES.

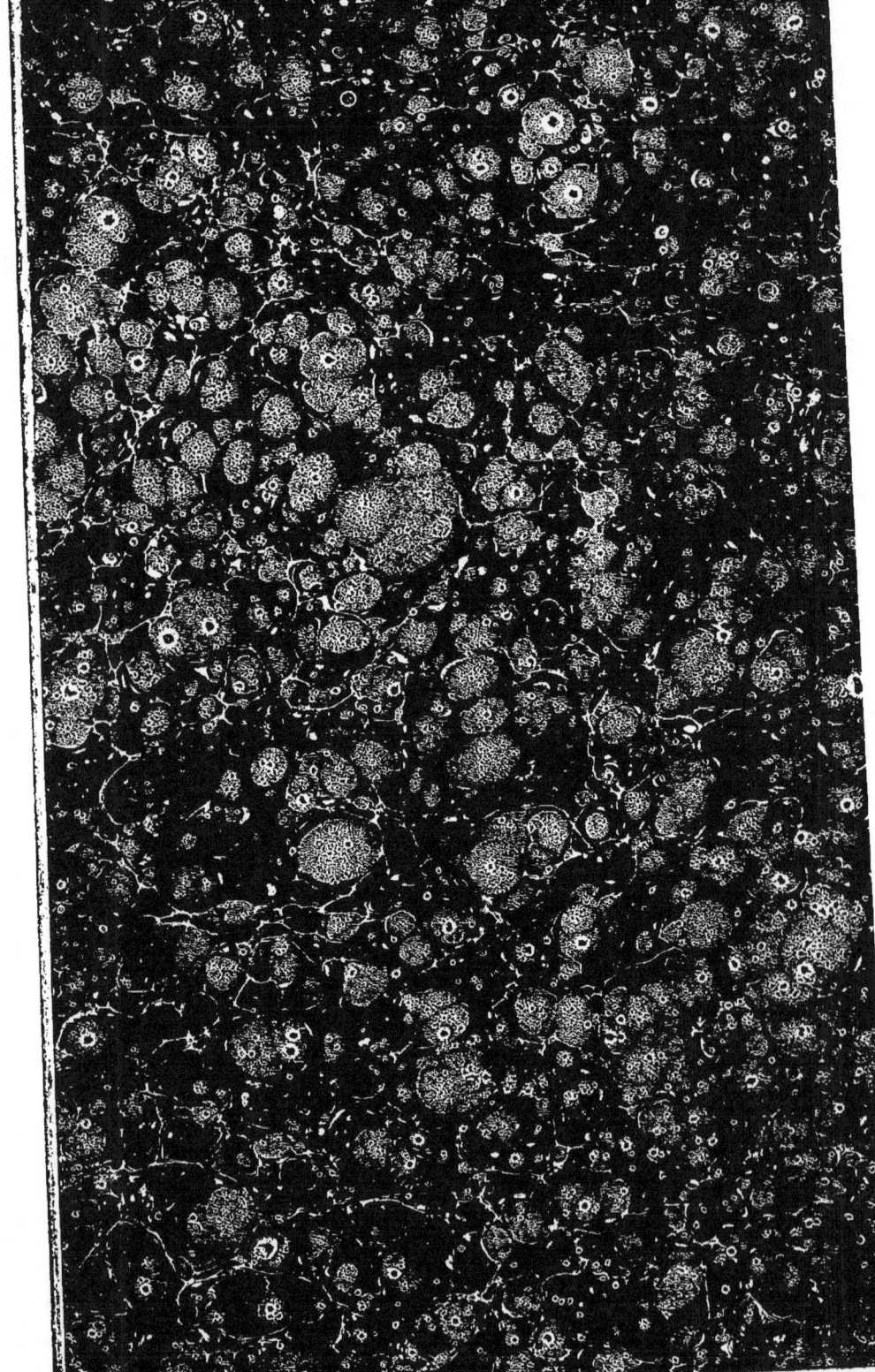

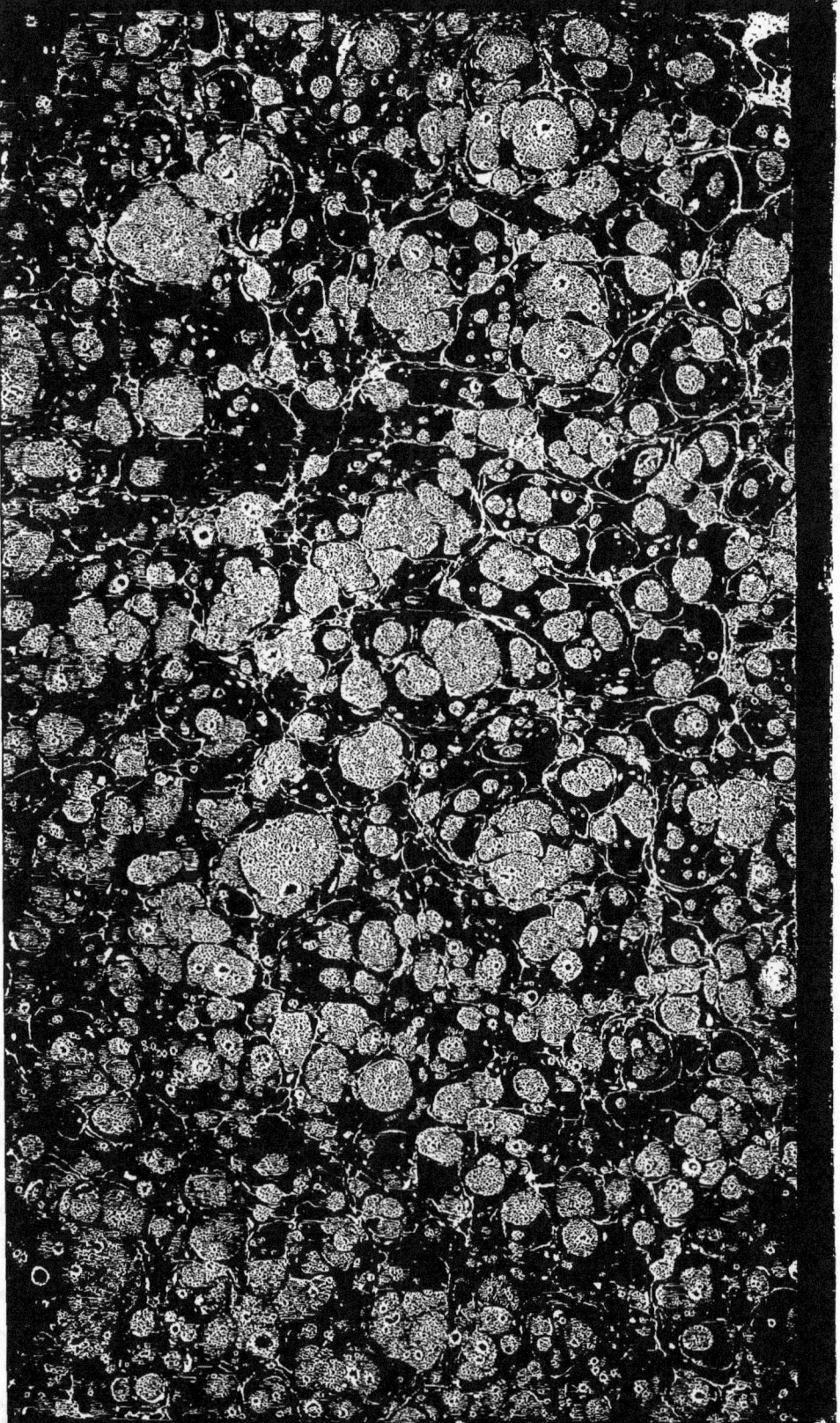

www.ingramcontent.com/pod-product-compliance
Lightning Source LLC
Chambersburg PA
CBHW070841230426
43667CB00011B/1877